中华经典名著

全本全注全译丛书

朱惠荣　李兴和◎译注

徐霞客游记 四

中华书局

滇游日记七①

【题解】

《滇游日记七》是徐霞客旅游云南西北部的游记续篇。

崇祯十二年(1639)二月的最初十天,徐霞客在丽江受到木增的盛情款待,设宴"大肴八十品",馈赠奇点酒果,让他游象鼻水,到木家院欣赏巨山茶。这段时间,他为木增的《云薖淡墨》集整理编校,为《山中逸趣》集写跋,为木增的儿子写范文、评文章,又为木增推荐名士,圆满完成了一位中原文化使者和木氏家塾名师的任务,为发展边疆民族地区的文化"连宵篝灯,丙夜始寝",不辞辛劳。《徐霞客游记》的有关篇章,真实记录了明末丽江纳西族聚居区的气候、风光、物产、生活、礼仪和民族关系。

二月十一日,徐霞客离开丽江南下,途经鹤庆,游青玄洞,并考察了鹤庆的龙潭群。再往西经汝南哨、山塍塘,十四日抵剑川州。徐霞客在剑川遍游金华山上的土主庙、天王石、玉皇阁、三清阁、玉虚亭、崖门诸胜;勇攀莽歇岭,观玉皇阁及山顶摩崖;以后又游石宝山的宝相寺。十八日抵浪穹县(今洱源县),在何巢阿的精心安排下,徐霞客泛舟茈碧湖,考察九气台温泉,游佛光寨,尽湖山之胜。

己卯二月初一日② 木公命大把事以家集黑香白镪十两

来馈②。下午，设宴解脱林东堂，下藉以松毛，以楚雄诸生许
姓者陪宴，仍侑以杯缎③。银杯二只，绿绉纱一匹。大肴八十
品，罗列甚遥，不能辨其孰为异味也。抵暮乃散。复以卓席
馈许生，为分犒诸役④。

【注释】

①《滇游日记七》：在乾隆刻本第七册下。

②己卯：崇祯十二年，公元 1639 年。

③白镪（qiǎng）：白银的别称。

④侑（yòu）：酬报。

⑤复以卓席馈许生，为分犒诸役：原脱此十二字，据徐本补。

【译文】

己卯年二月初一日　木公命令大把事拿来家中收集的黑香、白银十
两馈赠给我。下午，在解脱林东堂设宴，地下垫着松毛，让楚雄府姓许的
书生陪宴，并用银杯绸缎作为酬报。银杯两只，绿色绉纱一匹。八十种大菜，
陈列得很远，不能分辨出哪些菜是奇珍异味了。到天黑宴席才散。又
把一桌宴席馈赠给姓许的书生，为了分别犒劳众差役。

初二日　入其所栖林南净室，相迎设座如前。既别，仍
还解脱林。昨陪宴许君来，以白镪易所侑绿绉纱去。下午，
又命大把事来，求作所辑《云薖淡墨》序①。

【注释】

①薖（kē）：空。《云薖淡墨》，共六卷，木增撰。《四库全书总目》子部
　　杂家类有存目，并载："增好读书，多与文士往还，是书盖其随笔
　　摘抄之本，大抵直录诸书原文，无所阐发，又多参以释典道藏之

语,未免糅杂失伦,特以其出自蛮陬,故当时颇传之云。"但据注
者最近研究,此处书名《云薖淡墨》误,霞客所写应为《山中逸趣》
跋。详拙文《徐霞客〈山中逸趣跋〉的发现》。

【译文】

初二日　进入木公居住的解脱林南静室,木公相迎设座和前次一样。
辞别之后,仍然返回解脱林。昨天陪宴的许君前来,用白银把酬报我的绿
色绉纱换走。下午,又命令大把事来,请我为他编纂的《云薖淡墨》作序。

初三日　余以叙稿送进,复令大把事来谢。所馈酒果,
有白葡萄、龙眼、荔枝诸贵品,酥饼、油线、细若发丝,中缠松子
肉为片,甚松脆。**发糖**白糖为丝①,细过于发,千条万缕,合揉为一,以
细面拌之,合而不腻。**诸奇点。**

【注释】

①发糖:应即丝窝糖,近年一些农村还有生产。用燕麦制的马尾松
　糖,也是发糖。

【译文】

初三日　我把序言的稿子送进去,又命令大把事前来致谢。馈赠
的酒果,有白葡萄、龙眼、荔枝等珍贵的果品,还有酥饼、油线、细如头发
丝,中间缠着松子肉做成片状,非常松脆。**发糖**白糖制成丝,细得超过头发丝,千条万
缕,揉和在一起,用细面粉拌进去,拌合后才不腻。**各种奇特的点心。**

初四日　有鸡足僧以省中录就《云薖淡墨》缴纳木公。木
公即令大把事传示,求为较政①。其所书洪武体虽甚整,而讹
字极多,既舛落无序,而重叠颠倒者亦甚。余略为标正,且言
是书宜分门编类,庶无错出之病。晚乃以其书缴入。

【注释】

①较政:通"校正"。

【译文】

初四日　有鸡足山的僧人把在省城中抄录好的《云薖淡墨》送交给木公。木公立即命令大把事送来给我看,请我为书校正。书中所写的洪武字体虽然十分工整,但错字极多,既错落无序,而重叠颠倒也很严重。我略微加以订正,并且建议此书应该分门别类编排,这样或许才不会有错误重出的毛病。晚上才把这本书交进去。

初五日　复令大把事来致谢。言明日有祭丁之举①,不得留此盘桓,特令大把事一人听候。求再停数日,烦将《淡墨》分门标类,如余前所言。余从之。以书入谢,且求往忠甸②,观所铸三丈六铜像。既午,木公去,以书答余,言忠甸皆古宗③,路多盗,不可行。盖大把事从中沮之④,恐觇其境也⑤。是日,传致油酥面饼,甚巨而多,一日不能尽一枚也。

【注释】

①祭丁:古代风俗,于仲春、仲秋的上丁日,祭奠先圣先师,称为祭丁。

②忠甸:又作"中甸",清代设中甸厅,1913 年改为中甸县。即今香格里拉县,为迪庆藏族自治州首府。下句所称"三丈六铜像",系明代中甸纳帕海西北山上衮钦寺内之强巴佛像,清初该像毁于教派之争。

③古宗:明代以来,称云南境内的藏族为古宗。《天下郡国利病书》"云南贵州交阯备录·种人"载:"古宗,西番之别种。滇之西北,与吐番接壤。流入境内,丽江、鹤庆皆间之有。"

④沮(jǔ)：阻止。

⑤觇(chān)：窥看。

【译文】

　　初五日　再次命令大把事前来致谢。说明天有祭祀至圣先师的活动，不能长期滞留于此地。特地命令一个大把事前来听候吩咐。请我再停留几天，麻烦将《云薖淡墨》分门标类，如我前一天所说的。我同意了这件事。写信去向木公致谢，并请求去忠甸，观看那里铸造的三丈六尺高的铜像。午后，木公离去，写信答复我，说忠甸都是藏族，路上强盗很多，不能前去。大概是大把事从中阻挠，害怕窥探他们的辖境。这一天，送来油酥面饼，很大而且很多，一天吃不完一个。

　　初六日　余留解脱林校书。木公虽去，犹时遣人馈酒果。有生鸡大如鹅，通体皆油，色黄而体圆，盖肥之极也。余爱之，命顾仆腌为腊鸡。

【译文】

　　初六日　我留在解脱林校书。木公虽然离开了，还不时派人送来酒果。有像鹅一样大的活鸡，全身都是油，色黄而体圆，肥到了极点。我喜欢这种鸡，让顾仆腌制成腊鸡。

　　解脱林倚白沙坞西界之山。其山乃雪山之南，十和后山之北，连拥与东界翠屏、象眠诸山，夹白沙为黄峰后坞者也。寺当山半，东向，以翠屏为案，乃丽江之首刹，即玉龙寺之在雪山者①，不及也。寺门庑阶级皆极整②，而中殿不宏，佛像亦不高巨，然崇饰庄严，壁宇清洁，皆他处所无。正殿之后，层台高拱，上建法云阁，八角层甍，极其宏丽,内置万历时所赐《藏经》焉。阁前有两庑,余寓南庑中。两庑之外,南有圆殿,以茅为顶,而中实砖盘。佛像乃白石刻成者,甚古而精致。中止一像,而无旁列,甚得清净之意。其前即斋堂香积也。北亦有圆阁一座,而上启层窗,阁前有楼三楹,雕窗文槅③,俱饰以金碧,乃木公燕憩之处,扃而不开。其前即设宴之所也。其净室在寺右上坡,门亦东向,有堂三重,皆不甚宏敞,四面环垣仅及肩,然乔松连幄,颇饶烟霞之气。闻由此而上,有拱寿台、狮子崖,以迫于校雠,俱不及登。

【注释】

①玉龙寺:在今玉峰寺处,位于白沙北面的玉龙村后。至今还有明代茶花一株,枝叶盘错成凉棚,花繁叶茂,生长良好。

②庑(wǔ):殿阁周围的廊屋。

③槅(gé):房屋的隔板。

【译文】

　　解脱林紧靠白沙坞西部的山。这座山在雪山的南面,十和后山的北面,与东面一列翠屏山、象眠山等山相连围抱着,与白沙相夹成为黄峰后面的山坞的地方了。寺院位于半山腰,面向东,以翠屏山作为案山,是丽江府数第一的寺院,就是在雪山上的玉龙寺,也赶不上。寺院的山门、廊庑、台阶都极为工整,而中间的大殿不宏伟,佛像也不高大,然而崇敬粉饰得十分庄严,墙壁屋宇清洁,都是其他地方所没有的。正殿的后方,层层高台拱立,上面建了法云阁,八角形的屋脊层层叠累,极其宏伟壮丽,里面存放着万历时期(1573—1619)朝廷赐给的《大藏经》。法云阁前两边有廊庑,我住在南面的廊庑中。两边的廊庑之外,南边有个圆形佛殿,用茅草盖顶,可中间用砖环绕砌实。佛像是用白色石头雕刻成的,非常古朴而精致。殿中只有一尊佛像,而两旁没有排列其他雕像,很有清净的意境。殿前就是寺中吃斋的饭堂和厨房。北边也有一座圆形的阁子,上面开有一层窗子,阁前有座三开间的楼房,雕刻着花纹的花窗和格子门,都用黄金碧玉来装饰,是木公休息的处所,门关着没打开。楼前就是设宴的场所了。寺院的静室在寺右上方的坡上,门也是向东,有三层堂屋,都不怎么宽敞宏伟,四面环绕的墙仅到肩头处,然而高大的松树连为一片,很是富有烟霞之气。听说从此处上走,有拱寿台、狮子崖,因为忙于校书,都来不及上登。

初六、初七日　连校类分标,分其门为八①。以大把事候久,余心不安,乃连宵篝灯,丙夜始寝。是晚既毕,仍作书付大把事,言校核已完,闻有古冈之胜②,不识导使一游否? 古冈者,一名偲偑,在郡东北十余日程,其山有数洞中透,内贮四池,池水各占一色,皆澄澈异常,自生光彩。池上有三峰中峙,独凝雪莹白,此间雪山所不及也③。木公屡欲一至其地,诸大把事言不可至,力尼之,数年乃得至,图其形以归。今在解脱林后轩之壁,北与法云阁相对,余按图知之。且询之主僧纯一,言其处真修者甚多,各住一洞,能绝粒休粮,其为首者有神异,手能握石成粉,足能顿坡成洼,年甚少而前知。木公未至时,皆先与诸土人言,有贵人至,土人愈信而敬之。故余神往而思一至也。

【注释】

①分其门为八:木增《云薖淡墨》有两种版本。一为《四库全书总目

提要》所载,六卷,当时有浙江吴玉墀家藏本。一为上海图书馆藏,八卷,今影印收入《四库存目丛书》和《续修四库全书》。八卷本正是徐霞客为之重为编订者,闪仲俨作序事亦见《滇游日记十》和《滇游日记十一》。《云薖淡墨》今云南省图书馆有藏本,但仅存卷三至卷六,共四册。

②古冈:又作牯冈,应即贡嘎,为今稻城县南部的贡嘎日俄,三座雪峰耸峙,主峰高 6032 米。儴俣应即水洛,纳西语意为盛产铁矿的山谷,今木里县西部有水洛河、水洛乡。

③"池上"三句:池上有三峰者应即泸沽湖。《寰宇通志》永宁府载:"泸沽湖,在府城东三十里,周回三百里,中有三岛。"今名同,湖是腰子形,由草海和亮海组成。草海在东北,约万亩,水浅;亮海约九万余亩,水质极佳。湖面平均海拔 2700 米,周围群山环抱,绿林如海。古冈、儴俣、泸沽湖所在跨今稻城、木里、盐源、宁蒗诸县境。在滇川界上连成一片,为风景胜地。

【译文】

初六、初七日　连日校对、分类、标目,全书分为八个门类。由于大把事等候的时间太久,我心里不安,就连夜点灯苦战,三更天才睡下。这天晚上完事后,就写信交给大把事,信中讲,书的校对核定已经完成,听说有处古冈的胜景,不知能否派人引导我去游一次? 古冈这地方,另一个名字叫儴俣,在府城东北十多天路程的地方,那里的山有几个中间穿透的山洞,洞内贮有四池水,池中的水各有一种颜色,都异常澄澈,自然生出光彩。水池上有三座山峰耸峙在中间,凝结的冰雪特别晶莹洁白,是这一带的雪山赶不上的。木公多次想去一次那个地方,诸位大把事说不能去,竭力阻止,几年后才得以到那里,画了古冈的地形图归来。地图如今在解脱林后轩廊的墙壁上,北面和法云阁相对,我根据地图知道这个地方。并且向主持僧人纯一打听过这地方,纯一说那里真正修行的人很多,各人住一个山洞,能绝食断粮,那为首的,有神异之处,手能把石头握成粉末，脚能把山坡踩成洼地，年纪很轻却能知道未来的事。木公还没来到时，都事先和许多当地人说，有贵人要来，当地人愈加相信和崇敬他。所以我十分神往，想去一次。

初八日　昧爽，大把事赍册书驰去，余迟迟起。饭而天雨霏霏。纯一馈以古磁杯、薄铜鼎，并芽茶为烹瀹之具。备马，别而下山。稍北，遂折而东下，甚峻，二里至其麓。路北有涧，自雪山东南下，随之东半里，有木桥。渡涧西北逾山为忠甸道；余从桥南东行，半里，转而东，是为崖脚院，倚山东向。其处居庐连络，中多板屋茅房。有瓦室者，皆头目之居，屋角俱标小旗二面，风吹翩翩，摇漾于天桃素李之间。宿雨含红，朝烟带绿，独骑穿林，风雨凄然，反成其胜。院东南有洼地在村庐间，中涸无水，尚有亭台堤柳之形，乃旧之海子环为园亭者，今成废壑矣。又南二里，有枯涧嵌地甚深，乃雪山东南之溪，南注中海者。今引其水东行坞脊，无涓滴下流涧中，仅石梁跨其上。度梁之东，即南随引水行，四里，望十和村落在西，甚盛。其南为中海，望之东南行，其大道直北而去者，白沙道也。南四里，有枯涧东西横坞中，小石梁南跨之。

【译文】

初八日　黎明，大把事带着书册疾驰而去，我迟迟才起床。饭后天气雨势霏霏。纯一拿古瓷杯、薄铜鼎以及芽茶赠送给我，作为烧水烹茶的器具。备好马，和纯一告别后下山。稍向北，就转向东下走，十分陡峻，二里来到山麓。路北有条山涧，从雪山上往东南下流，顺着山涧往东行半里，有座木桥。渡过山涧向西北翻山走是去忠甸的路；我从桥南往东行，半里，转向东，这是崖脚院，靠着山，面向东。此处居民房屋连接不断，其中大多是木板房和茅草房。有瓦房的地方，都是头目的家，屋角都插着两面小旗子，风吹得翩翩舞动，摇晃飘动在妖艳的桃花和素淡的李花之间。红花含着夜间的雨滴，清晨的炊烟围绕着一片翠绿，独自骑马穿过树林，风雨凄凉，反而成为一种优美的景致。崖脚院东南有洼地在村居房屋之间，洼地中干涸无水，还留有亭台堤柳的形迹，是昔日环绕着海子建为园林亭台的地方，今天成为废弃的壑谷了。又往南行二里，有条干枯的山涧嵌入地下很深，是雪山东南的溪流，往南流入中海的河道。今天把雪山的水引向东流经山脊下的山坞，没有一滴水下流到山涧中，仅有石桥横跨在山涧上。过到桥的东边，就向南顺着引流来的水前行，四里，望见十和村在西边，十分兴盛。村南是中海，望着中海往东南行，那大路一直向北而去的，是去白沙的路。往南行四里，有条干枯的山涧呈东西向横在山坞中，小石桥向南跨过山涧。

又东五里，东瞻象眠山已近[1]。通事向许导观象鼻水[2]，至是乃东南行田间，二里，抵山下。水从坎下穴中西出，穴小而不一，遂溢为大溪，折而南去。二里，析为二道，一沿象眠而南，一由坞中倒峡；过小石桥，又析为二，夹路东西行。五里，至黄峰山北，所引之水，一道分流山后而去，一道东随黄峰而南。始知黄峰之脉，自象鼻水北坡垂坞中南下，至此结为小峰，当坞之口，东界象眠山亦至此南尽，西界山自中海西南环绕而北，接十和后山。南复横开东西大坞，南龙大脊，自西而东列案于前，其上乌龙峰，独耸文笔于西南，木家院南峰，回峙雄关于巽位[3]。众大之中，以小者为主，所以黄峰为木氏开千代之绪也。从黄峰左腋南上西转，又一里，出其南，则府治东向临溪而峙，象鼻之水环其前，黄峰拥其后。闻其内楼阁极盛，多僭制，故不于此见客云。

【注释】

①象眠山：即今丽江古城北郊的象山。象山脚下的水源有清溪和黑龙潭，清溪泉群在黑龙潭上游，距丽江城中心三公里，近年建清溪水库。黑龙潭明末尚无，清乾隆二年(1737)辟为潭，建龙王庙，被清廷敕封"龙神"，因称黑龙潭。

②象鼻水：今名黑龙潭，为丽江著名风景区，现有五凤楼、得月楼和丽江文化馆。黑龙潭又称玉泉，泉水通过丽江城内，称为玉河，分为若干明渠，清流伴街，纵横交错，形成丽江城独特的秀丽景色。

③巽(xùn)位：巽为八卦之一，以八卦定方位，巽位为东南方。

【译文】

又向东五里，往东远望象眠山已经很近。通事之前答应带我去看象鼻水，到这时就向东南行走在田间，二里，到达山下。水从高坎下的洞穴中往西流出来，洞小而且不止一个，水溢出来于是成为大溪，折向南流去。二里，大溪分为两条支流，一条沿着象眠山往南流，一条流经山坞中倒流进峡谷；走过小石桥，又分为两条水流，夹在道路东西两边流淌。五里，来到黄峰山的北面，所引流的水，一条分流到山后流去，一条向东沿着黄峰往南流。才知道黄峰的山脉，从象鼻水北面的山坡下垂到山坞中往南下延，延到这里盘结为小山峰，挡在山坞口，东面的象眠山也延到此地而到了南面的尽头，西面一列山自中海西南往北环绕，连接十和村的后山。南面又横向展开一个东西向的大山坞，南面的山脉主脊，自西往东排列在前方成为案山，主脊上的乌龙峰，在西南方单独耸立为文笔峰，木家院的南峰，如险要的关口样环绕耸峙于东南方。众多的大山之中，以小山为主，所以黄峰成为木氏家族开创千秋万代事业的根基。从黄峰左侧向南上走转向西，又行一里，出到山峰南面，就见府衙向东面临溪流矗立着，象鼻水流来的水环绕在府衙前方，黄峰围护在府衙后方。听说府衙内的楼阁极为华丽，多有僭越制度的地方，故而不在这里会见客人。

先是未及黄峰三里，有把事持书，挈一人荷酒献胙①，冲雨而至，以余尚未离解脱也。与之同过府治前，度玉河桥，又东半里，仍税驾于通事小楼。读木公书，乃求余乞黄石斋叙文，并索余书，将令人往省邀吴方生者。先是木公与余面论天下人物，余谓："至人惟一石斋。其字画为馆阁第一，文章为国朝第一，人品为海宇第一，其学问直接周、孔，为古今第一。然其人不易见，亦不易求。"因问："可以亲炙者②，如陈、董之后，尚有人乎？"余谓："人品甚难。陈、董芳躅，后来亦未见其继，即有之，岂罗致所及？然远则万里莫俦，而近则三生自遇。有吴方生者，余同乡人，今以戍侨寓省中。其人天子不能杀，死生不能动，有文有武，学行俱备，此亦不可失者。"木公虑不能要致，余许以书为介，故有是请，然尚未知余至府治也。使者以复柬返。前缴册大把事至，以木公命致谢，且言古冈亦艰于行，万万毋以赀蹈不测。盖亦其托辞也。然闻去冬亦曾用兵吐蕃不利，伤头目数人，至今未复，傈僳、古宗皆与其北境相接，中途多恐，外铁桥亦为焚断。是日雨阵时作，从楼北眺雪山，隐现不定，南窥川甸，桃柳缤纷，为之引满③。

【注释】

①挈(qiè)：带领。　胙(zuò)：祭祀用的肉。

②亲炙：亲身受到教益。

③引满：举饮满杯的酒。杨慎《游点苍山记》："不觉惊喜，拍手大笑，因引满尽醉。"

【译文】

　　这之前在没到黄峰三里处，有个把事拿着信，带领一人挑着酒和肉，冒雨前来，以为我还没离开解脱林。与他们一同路过府衙前，走过玉河桥，又往东行半里，仍旧停歇在通事的小楼上。读木公的信，是请我向黄石斋讨要一篇序文，并要我写信，将派人前往省城去请吴方生。这之前，木公与我当面谈论天下人物，我说："完人只有一个黄石斋。他的字画在翰林院数第一，文章是本朝第一，人品是海内第一，他的学问直接继承周公、孔子，是古今第一。但这个人不容易见，也不容易求。"木公因此问："可以亲自受到教诲，例如陈、董之后的，还有人吗？"我说："人品很难。陈、董的美德事迹，后来也没见有人继承，即使有这样的人，哪里能是收罗来的？不过，远处的则万里之外无法相伴，而近处的却能在前生、今生、来生中自然相遇。有个吴方生，是我的同乡人，如今因为戍守边地侨居在省城中。这个人天子不能杀，生死不能动摇，有文有武，学问德行都具备，这也是不可错失的人才。"木公担心不能把他邀请来，我答应写信介绍，所以有现在的请求，但还不知道我已到府城了。使者拿着回信返回去。先前去送书册的大把事来到，按照木公的命令来致谢，并且说去古冈的路上也很艰险，万万不要用宝贵的生命去冒意外的风险。大概这也是木公推托的借口。但是听说去年冬天也曾经对吐蕃用兵，没打胜，伤了几个头目，至今没有恢复，㒩㑩、古宗都与丽江府北部辖境相接，途中多有让人害怕的事，外铁桥也被烧断。这一天阵雨不时地下，从楼上向北眺望雪山，时隐时现不稳定，往南观看一马平川的坝子，桃柳缤纷，为此举杯饮下满杯酒。

　　是方极畏出豆①。每十二年逢寅，出豆一番，互相牵染，死者相继。然多避而免者。故每遇寅年，未出之人，多避之深山穷谷，不令人知。都鄙间一有染豆者，即徙之九和，绝其往来，道路为断，其禁甚严。九和者②，乃其南鄙，在文笔峰南山大脊之外，与剑川接壤之地。以避而免于出者居半，然五六十岁，犹惴惴奔避。木公长子之袭郡职者，与第三子俱未出，以旧岁戊寅，尚各避山中，越岁未归。惟第二、第四名宿，新入泮鹤庆③。者，俱出过。公令第四者启来候④，求肆文木家院焉。

【注释】

①出豆：即传染病天花。

②九和：今作九河，在玉龙县南境，石鼓以南。

③泮（pàn）：即学宫前的水池，形如半月，故称泮池。因称学宫为泮宫，考入府州县学即称入泮或游泮。

④第四者：据《丽江木氏宦谱》，木增四子名阿春、阿光、阿宝、阿仁。长子阿寺阿春即木懿，袭知府职。

【译文】

　　这地方极为害怕出水痘。每十二年遇到虎年时，就出一次水痘，互相传染，死亡的人接连不断。不过大多数人躲避开而能幸免。所以每到虎年，没有出痘的人，大多躲避到深山穷谷之中，不让人知道。城乡间一有传染上水痘的人，马上把他搬到九和，断绝与他的来往，道路被截断，禁令很严。九和这地方，是丽江府城的南部偏远之地，在文笔峰南山的大山脊之外，与剑川州接壤的地方。靠躲避而免于出痘的人占一半，而且五六十岁的人，仍然惴惴不安地逃避。木公要继承知府职位的长子与第三子都没出过水痘，因为去年是虎年，还各自躲避在山中，跨年了还没回来。只有第二子、第四子名宿，新近考入鹤庆府府学。两人，都出过痘。木公命令第四子用书信来问候，请求到木家院研习文章。

初九日　大把事复捧礼仪来致谢，酬校书之役也。铁皮褥一，黄金四两。再以书求修《鸡山志》，并恳明日为其四子校文木家院，然后出关。院有山茶甚巨，以此当折柳也。余许之。是日仍未霁，复憩通事楼。

【译文】

初九日　大把事又捧着礼物来致谢，酬劳校书的事。铁皮褥子一床，黄金四两。木公再次写信请我修纂《鸡足山志》，并恳请明天在木家院替他的四儿子订正文章，然后再出关。木家院有棵十分巨大的山茶树，用山茶来代替折柳送行。我同意了。这一天天气仍然没转晴，又在通事的楼上休息。

其俗新正重祭天之礼。自元旦至元宵后二十日，数举方止。每一处祭后，大把事设燕燕木公。每轮一番，其家好事者费千余金，以有金壶八宝之献也。

【译文】

这里的风俗新年正月重视祭天的礼仪。从元旦到元宵节后的二十天内，举行几次才结束。每一次祭天之后，大把事要设宴宴请木公。每轮完一遍，那些好事的人家要花费一千多两银子，因为有献祭金壶和八宝的礼仪。

其地田亩，三年种禾一番。本年种禾，次年即种豆菜之类，第三年则停而不种。又次年，乃复种禾。

【译文】

　　这地方的土地，三年轮种一次稻谷。当年种稻子，次年就种豆、菜之类，第三年就停止不种。再下一年，才又种稻。

　　其地土人皆为麽㱔①。国初汉人之戍此者，今皆从其俗矣。盖国初亦为军民府，而今则不复知有军也。止分官、民二姓，官姓木，初俱姓麦，自汉至国初。太祖乃易为木。民姓和，无他姓者。其北即为古宗。古宗之北，即为吐蕃。其习俗各异云。

【注释】

①麽㱔（mó xiē）：又作"磨些"、"摩沙"，即今纳西族。

【译文】

　　这地方的土著居民都是麽㱔。本朝初年来此地戍守的汉人，今天都接受了当地的习俗了。原来本朝初年也是军民府，而今天却不再知道有军人了。只分为官、民两种姓氏，当官的姓木，最初都姓麦，从汉朝到本朝初年。太祖皇帝时才改为木姓。百姓姓和，没有别的姓氏。丽江府北面就是古宗。古宗的北面，就是吐蕃。他们的风俗各不相同。

　　古宗北境雨少而止有雪，绝无雷声。其人南来者，至丽郡乃闻雷，以为异。

【译文】

　　古宗北部辖境内少雨却只有雪，绝对没有雷声。那里的人来到南方的，到丽江府才听到过雷声，认为很奇异。

丽郡北，忠甸之路有北岩，高阔皆三丈，崖石白色而东向。当初日东升，人穿彩服至其下，则满崖浮彩腾跃，焕然夺目，而红色尤为鲜丽，若镜之流光，霞之幻影。日高则不复然矣。

【译文】

丽江府北境，去忠甸的路上有北岩，高处宽处都是三丈，崖石是白色的而且面向东方。当太阳从东方初升时，人穿着彩色衣服来到北岩下，整个石崖上就会有浮动的彩光腾跃，焕然夺目，而红色尤其鲜丽，好像镜子流动的光彩，彩霞的幻影。太阳升高后就不再这样了。

初十日　晨餐后，大把事复来候往木家院。通事具骑，而大把事忽去，久待不至，乃行。东向半里，街转南北，北去乃象眠山南垂，通安州治所托①，南去乃大道。半里，过东桥，于是循溪南岸东南行。三里，有柳两三株，在路右塍间，是为土人送行之地。其北有坞，东北辟甚遥。盖雪山之支，东垂南下者两重，初为翠屏、象眠，与解脱、十和一夹而成白沙坞；再为吴烈东山，与翠屏、象眠再夹而成此坞，其北入与白沙等。其北度脊处，即金沙江逼雪山之麓而东者。东山之外，则江流南转矣。脊南即此坞，中有溪自东山出，灌溉田畴更广。由此坞东北逾脊渡江，即香罗之道也②。坞中溪东南与玉河会于三生桥之东，又有水西南自文笔山沿南山而东转，随东圆冈之下，经三生桥而东与二水会，于是三水合而成漾共江之源焉。东员冈者③，为丽郡东南第一重锁钥。盖有大脊自西来,穹为木家院后高峰大脊,从此南趋鹤庆。其东下者为邱塘关,其东北下者,环转而为此冈,直逼东山之麓,束三水为一,沿东山南下而出邱塘东峡,自七和、冯密而达鹤庆。冈首回环向郡,南山之溪经其下,巩桥度之,曰三生桥。桥北有二坊,两三家为守者。自柳塘至此,又五里矣。其北皆良畴,而南则登坡焉。一里,升坡之巅,平行其上。右俯其坡内抱,下辟平坞,直北接郡治,眺其坡,斜削东下,与东山夹溪南流。坡间每有村庐,就洼傍坎,桃花柳色,罨映高下。三里,稍下就洼,有水成痕,自西而东下于溪。又南逾一坡,度板桥而南,则木家院在是矣④。

【注释】

①通安州:为丽江军民府附郭,与丽江府同点,在今丽江古城。

②香罗:明设香罗甸长官司,隶云南永宁府,治所在今四川木里县西北。

③东员冈:上句作"东圆冈"。冈北今有东元桥,位置约即明代三生桥。

④木家院:在今丽江古城南8公里漾西村,又称万德宫。今存门楼、过厅及北厢。

【译文】

初十日　早餐后,大把事又来等候前去木家院。通事备好马,可大把事突然离去,等了很久不来,于是出发。向东走半里,街道转成南北向,往北去是象眠山的南垂,通安州的治所在那里,向南去是大路。半里,走过东桥,于是沿着溪流的南岸往东南行。三里,有两三棵柳树,在路右边的田间,这里是当地人送行的地方。这里北面有山坞,向东北方延展得非常遥远。原来雪山的支脉,东垂往南下延的山有两层,第一层是翠屏山、象眠山,与解脱林、十和院首先相夹成为白沙坞;第二层是吴烈东山，与翠屏山、象眠山再次相夹成为这个山坞，这个山坞往北进去的深远处与白沙坞相同。山坞北面山脊延伸之处，就是金沙江逼近雪山的山麓往东流去的地方。东山之外，江流就向南转去了。山脊南面就是这个山坞，山坞中有溪水从东山流出来，灌溉的田野更加广阔。由这个山坞往东北翻越山脊渡江，就是去香罗甸长官司的道路。山坞中的溪水往东南流与玉河在三生桥东边汇流，又有条河水从西南方的文笔山沿着南山往东转，顺着东圆冈之下，流经三生桥后往东流与两条河水汇合，在这里三条河水汇合成漾共江的源头。东圆冈这地方，是丽江府东南的第一层军事要地。大体上，有大山脊从西面延伸而来，高耸而起成为木家院后高峰的大山脊，从此处向南延伸到鹤庆府。那往东下延的山是邱塘关，那往东北下延的山，环绕成为这座山冈，一直逼近东山的山麓，把三条河水约束成为一条河，沿着东山往南下流后流出邱塘关东面的峡谷，自七和、冯密村而后到达鹤庆府。山冈的头对着府城环绕，南山的溪水流经山冈下，有拱桥跨过溪流，叫做三生桥。桥北有两座牌坊，两三家人是守桥的人。自柳塘来到此地，又是五里了。溪流北岸都是良田，而南面则上登山坡了。一里，爬到坡顶，平缓行走在坡顶上。俯瞰右边，这条山坡向内围抱，坡下敞开为平坦的山坞，一直向北接到府治，眺望这条山坡，斜斜地向东削下去，与东山夹住溪水往南流。坡上处处有村舍，就着洼地，傍着土坎，桃红柳绿，高下掩映。三里，渐渐下到洼地中，有流水的痕迹，自西向东下流到溪流中。又往南翻越一条山坡，走过板桥后往南行，就见木家院在这里了。

　　先是途中屡有飞骑南行，盖木公先使其子至院待余，而又屡令人来，示其款接之礼也。途中与通事者辄唧唧语，余不之省。比余至，而大把事已先至矣，迎入门。其门南向甚敞，前有大石狮，四面墙垣之外，俱巨木参霄。甫入，四君出迎，入门两重，厅事亦敞。从其右又入内厅，乃拜座进茶。即揖入西侧门，搭松棚于西庑之前，下藉以松毛，以示重礼也。大把事设二卓，坐定，即献纸笔，袖中出一小封，曰："家主以郎君新进诸生，虽事笔砚，而此中无名师，未窥中原文脉，求为赐教一篇，使知所法程，以为终身佩服。"余颔之。拆其封，乃木公求余作文，并为其子斧正①。书后写一题曰："雅颂各得其所。"余与四君，即就座拈毫②，二把事退候阶下。下午，文各就。余阅其作，颇清亮。二把事复以主命求细为批阅。余将为举笔，二把事曰："馁久矣，请少迟之。后有茶花，为南中之冠，请往一观而就席。"盖其主命也，余乃从之。由其右转过一厅，左有巨楼，楼前茶树，盘荫数亩，高与楼齐。其本径尺者三四株丛起，四旁菱蕤下覆甚密③，不能中窥。其花尚未全舒，止数十朵，高缀丛叶中，虽大而不能近觑。且花少叶盛，未见灿烂之妙，若待月终，便成火树霞林，惜此间地寒，花较迟也。把事言，此树植与老把事年相似，屈指六十余。余初疑为数百年物，而岂知气机发旺，其妙如此。已还松棚，则设席已就。四君献款，复有红毡、丽锁之惠。二把事亦设席坐阶下，每献酒则趋而上焉。四君年二十余，修皙清俊④，不似边陲之产，而语言清辨可听，威仪动荡，悉不失其节。为余言北崖红映之异。时余欲由九和趋剑川，四君言："此道虽险而实近，但此时徙诸出豆者在此，死秽之气相闻，而路亦绝行人，不若从鹤庆便。"肴味中有柔猪、牦牛舌，俱为余言之，缕缕可听。柔猪乃五六斤小猪，以米饭喂成者，其骨俱柔脆，全体炙之，乃切片以食。牦牛舌似猪舌而大,甘脆有异味。惜余时已醉饱,不能多尝也。因为余言,其地多牦牛,尾大而有力,亦能负重,北地山中人,无田可耕,惟纳牦牛银为税。盖鹤庆以北多牦牛,顺宁以南多象,南北各有一异兽,惟中隔大理一郡,西抵永昌、腾越,其西渐狭,中皆人民,而异兽各不一产。腾越之西,则有红毛野人,是亦人中之牦、象也。抵暮乃散。二把事领余文去,以四君文畀余,曰:"灯下乞细为削抹,明晨欲早呈主人也。"余领之。四君送余出大门,亦驰还郡治,仍以骑令通事送余。东南二里,宿村氓家。余挑灯评文,就卧其西庑。

【注释】

①斧正:请人修改文章的客气话。

②拈(niān)毫:执笔。

③萎蕤(wēi ruí):又作"葳蕤",形容草木茂盛枝叶下垂的样子。

④修皙:即修长而白皙,身体瘦高,皮肤白净。

【译文】

这之前途中多次有飞驰的骑马人向南走,大概是木公让他的儿子先到木家院等我,而且又多次派人来,指示他诚恳接待的礼节。途中来的人与通事总是唧唧唧的说话,我听不懂。等我到的时候,而大把事已先到了,迎进门。院门向南,非常宽敞,门前有高大的石狮子,四面围墙之外,都是参天的巨树。刚进门,四公子出来迎接,进了两重门,大厅也很宽敞。从大厅右边又进入内厅,才行礼入座献茶。随即请进西侧门,在西面的廊庑之前搭起一座松棚,下面用松毛铺地,以表示隆重的礼节。大把事摆了两张桌子,坐定后,马上献上纸笔,袖子中拿出一个小信封,说:"我家主人因为公子新近考进学宫,虽然初学文墨,但此地学宫中没有名师,未能窥见到中原文章的条理,请求为他赐教一篇文章,使他了解应该效法的章法程式,以便作为他终身佩服的榜样。"我点头同意。拆开那信封,是木公求我写篇文章,并为他儿子修改文章。信后边写一个题目,是"雅颂各得其所"。我与四公子马上就座拿起笔,二把事退下台阶等候。下午,各人的文章都写好。我读了四公子的文章,很是爽朗明快。二把事又奉主人的命令求我仔细为他批阅。我即将提笔批改,二把事说:"饿了很久了,请稍等晚一些改。后面有茶花,在云南省中数第一,请去观赏一番再去入席。"大概是他主人的命令,我就听从了他。由松棚右边转过一个厅堂,左边有座巨大的高楼,楼前方的茶花树,圆圆的树荫有几亩地,高处与楼平齐。有三四株直径一尺粗的树干成丛立起,茂盛的枝叶向四旁下覆,十分浓密,看不到中间。树上的花还没有完全绽放开,只有几十朵,高高点缀在丛生的枝叶中,花虽大却不能近看。况且花少叶茂,没看见茶花灿烂的美景,如果等到月底,便会成为火树霞林,可惜此地气候寒冷,花开得较晚。把事说,这棵树种植的时间与老把事的年纪相似,屈指算来有六十多年。我最初怀疑是几百年的树,却哪里知道气候条件让它生长旺盛,自然的奥妙竟然如此。不久返回松棚,就见宴席已经摆设好。四公子殷勤敬酒,又有红毡子、丽江锁的赠礼。二把事也摆设了席位坐在台阶下,每次敬酒就急忙走上台阶。四公子年纪有二十多岁,体貌修长白净,清秀英俊,不像生长在边疆的人,而且说话的声音清晰可辨,十分动听,举止仪容庄重,全都不失礼节。对我说起北崖红光映照的奇异景致。这时我想经由九和赶到剑川州去,四公子说:"这条路虽然险要但实际上近些,但这时许多出水痘的人都搬到此地,死尸污秽的气味四处都能闻到,而且路上行人也断绝了,不如从鹤庆府走方便。"菜肴美味中有乳猪、牦牛舌,四公子都给我讲解,一条条很是动听。乳猪是五六斤重的小猪,用米饭喂养成的,猪骨柔软松脆,整只猪烘烤,再切成片吃。牦牛舌像猪舌头但大一点,甘甜松脆有奇异的味道。可惜我这时已经吃饱喝醉,不能多尝一些了。因而对我说,这地方牦牛很多,尾巴大而且有力,也能够驮负重物,北部的山里人,无田可耕,只有缴纳牦牛银作为税金。大体上鹤庆府以北多产牦牛,顺宁府以南多产大象,南北各有一种奇异的野兽,只是中间隔着大理一个府,西面抵达永昌府、腾越州,那西边地势渐渐狭窄起来,山中都有人,各地却不再出产一种奇异的野兽。腾越州的西面,则有红毛野人,这也是人群中像牦牛、大象一样奇异的族类了。到傍晚才散席。二把事拿了我的文章离去,把四公子的文章交给我,说:"请在灯光下细细为他修改,明天早晨想要早早呈报给主人。"我点头答应了。四公子把我送出大门,也骑马奔回府治,仍然派马命令通事送我。往东南行二里,住在村民家中。我点上油灯批改文章,在村民的西厢房睡下。

　　十一日　昧爽,通事取所评文送木家院,就院中取饭至,已近午矣。觅负担者,久之得一人,遂南行。二里,抵南山下。循山东南一里,下越一坑底,仍东南上二里,出邱塘关。关内数家居之①,有把事迎余献茶。其关横屋三楹,南向踞岭上,第南下颇削,而关门则无甚险隘也。其岭自西大脊分支东突,与东山对,夹漾共江于下,关门东脊临江之嘴,竖塔于上,为丽东南第二重锁钥。隔江之东山,至是亦雄奋而起,若与西大峰共为犄角者。关人指其东麓,即金沙江南下转而东南,趋浪沧、顺州之间者②。此地有路,半日逾此岭,又一日半而东南抵浪沧卫③。

【注释】

①关内数家居之:"数家",徐本作"数十家"。

②顺州:隶鹤庆府,今仍称顺州或州城,在永胜县西境,团街稍北。

③浪沧卫:上句"浪沧"及此处"浪沧卫",皆应为"澜沧卫"。

【译文】

　　十一日　黎明,通事取走我批改的文章送到木家院,到院中取饭来到时,已将近中午了。找挑担子的人,很久才找到一个人,于是向南走。二里,到达南山下。沿着南山往东南行一里,下走越过一个深坑底部,仍然向东南上行二里,走到邱塘关。关内有几家人住在这里,有把事迎接我献上茶水。邱塘关横排着三间房屋,面向南,坐落在山岭上,只是南面下去相当陡削,可关门却不怎么险要。这座山岭从西面的大山脊分出支脉向东前突,与东山相对,把漾共江夹在山下,关门东边的山脊面临江流的山嘴,上面竖了塔,是丽江府东南方的第二层军事要地。隔着江流的东山,延伸到这里也是雄伟地奋起,好像是与西面的大山峰共同成为犄角的样子。守关的人指着山的东麓说,那就是金沙江往南下流转向东南,流往浪沧卫、顺州之间的地方。此地有路,半天翻越此岭,又走一天半后往东南到达浪沧卫。

　　出关,辞通事以骑返,余遂同担夫仍南向就小道下山。其道皆纯石嵯峨,践隙攀峰而下,二里,乃抵其麓。遂西南陟桥,桥西有坡,南向随之。半里,复下坡,西有坞南开,而中无水。又半里,横陟之,由西坡上半里,依西大山之麓转而东南行。一里余,路左复起石山,与西山对夹,路行其中。二里,逾脊南下,脊右有石崖下嵌,而东半石峰,尤为巉岈。南一里,东峰始降,复随西坡盘而西南。二里,其支复东突,再南逾之。下半里,还顾东突峰南,有崖嵌空成门,返步探之,虽有两门,而洞俱不深。又循西山而南,一里余,三四家倚西山下,于是复见漾共江出峡而下盘其麓,峡中始环叠为田,村之前,已引水为渠,循山而南,抵七和矣。随渠盘西山东突之嘴,又三里而抵七和。七和者,丽郡之外郭也[1],聚落倚西山,颇盛。其下坞中,水田夹江,木公之次子居此,其宅亦东向。由其前又南半里,为税局,收税者居之。又南渐下一里,复过一村,乃西南上坡。一里,陟坡顶,其上甚平。由其上平行而南,二里,有数家居坡脊,是为七和哨,则丽江南尽之鄙也,故设哨焉。

【注释】

①外郭(fú):外城,又称郭。此系比喻七和位置重要,有如丽江的外城。

【译文】

出关来,辞别通事,让马返回去,我就同挑夫仍旧向南走小道下山。这条小道是高峻的纯石路,踩着石缝攀着石峰而下,二里,就到达山麓。于是往西南登上桥,桥西有条坡向南走,顺着山坡走。半里,又下坡,西面有个向南敞开的山坞,可山坞中没有水。又行半里,横向穿过山坞,由西边的山坡上行半里,靠着西面大山的山麓转向东南行。一里多,路左边又耸起石山,与西山对峙,道路行走在两山之中。二里,越过山脊向南下走,山脊右边有下嵌的石崖,而东边的半座石峰,尤为高险。向南一里,东峰开始降低高度,又顺着西面的山坡绕向西南行。二里,东峰的支脉又向东前突,再向南越过这座山。下行半里,回头看见向东前突山峰的南面,有石崖嵌入空中形成洞口,便返回去查看,虽然有两个洞口,可洞都不深。又沿着西山往南行,一里多,三四家人紧靠在西山下,到这里又见到漾共江流出山峡后绕着山麓下流,峡中开始环绕着层层田地,村庄的前边,已引水建为水渠,沿着山往南流,流到七和。顺着水渠绕着西山向东突的山嘴,又行三里后到达七和。七和这地方,是丽江府的外城,聚落紧靠西山,十分兴盛。七和下面的山坞中,水田夹住江流,木公的次子住在此地,他的宅院也是面向东。由宅院前又往南半里,是税局,收税的人住在这里。又往南渐渐下走一里,又经过一个村子,就向西南上坡。一里,爬到坡顶,坡顶上十分平坦。由坡顶上往南平缓前行,二里,有几家人住在坡脊上,这是七和哨,是丽江府南部边地的终点,所以在此地设立哨所。

哨南又半里,有路自东南横过西北者,为三岔黄泥冈。盖是坡自西大山下垂,由此亘而东南,横路随其脊斜去,脊西遂下陷成峡,黑龙潭当其下焉[①]。大道由峡东直南,鹤庆、丽江之界,随此坡脊而分。故脊西下陷处,自西盘而南至冯密,其下已属鹤庆;脊东盘亘处南下冯密东,其内犹属丽江,此东西两界大山内之横界也。于是西瞰峡内,松箐遥连,路依东脊南向渐下,六里而至冯密。

【注释】

①黑龙潭:在鹤庆县北隅,今扩建为大龙潭水库。

【译文】

从哨所南又行半里,有条路自东南横向西北过去,是三岔黄泥冈。原来这条山坡自西面的大山垂下来,从这里往东南绵亘,横着的路顺着坡脊斜下去,坡脊西面便下陷成峡谷,黑龙潭位于坡脊下方。大路由峡谷东边一直向南走,鹤庆府、丽江府的边界,沿着这条坡脊划分。因此坡脊西面下陷之处,自西向南绕到冯密,冯密以下已经属于鹤庆府;坡脊往东盘绕绵亘之处向南下到冯密东边,那以内仍然属于丽江府,这是东西两列大山内横向的分界了。在这里向西俯瞰山峡内,松竹远远相连,路紧靠东面的山脊向南逐渐下行,六里后来到冯密。

日才过午,觅宿店,漫投一楼上,乃陈生某家也,向曾于

悉檀相晤者。担人卸担去,余炊饭其家,欲往青玄洞。陈生
止余曰:"明日登程,可即从此往。今日晚,可一探东山之麓
乎?"遂同东陟坞塍。盖此坞即自黑龙潭南下,至此东向而
出者,坞北则黄泥冈之坡,直垂而逼东山之麓,江亦东逊若
逗而出于门者,故坞东之界,直以此门而分。由坞东行一
里,即与漾共江遇。溯之东北半里,有木桥横江上。从桥东
度,木凡四接。循东岸溯之而北,半里,登东陇,其上复盘陇
成畦,辟田甚广。又北一里,直对黄泥之嘴,东界尖峰最耸,
是为笔架峰,正西与冯密后堆谷峰相对焉。陈生父冢正在
其陇之上,时将议迁,故来相度。余劝其勿迁,惟来脉处引
水开渠,横截其后,若引从墓右,环流于前,是即旋转之法。
陈生是之。仍从木桥度江,共三里,还寓。陈生取酒献酢。
余嘱其觅远行担夫,陈言明日可得,不必嘱也。

【译文】

　　时间才过中午,找住宿的旅店,随意投宿到一家人楼上,是某个姓
陈的儒生家,从前曾在悉檀寺见过面。挑夫放下担子离开了,我在他家
做饭,想去青玄洞。陈生阻止我说:"明天上路,可以就从这里去。今天
晚了,可以去看一看东山的山麓吗?"于是一同向东穿越过山坞中的田
埂。原来这个山坞就是从黑龙潭往南下延,到此地向东伸展出去,山坞
北面就是黄泥冈所在的山坡,一直下垂逼近东山的山麓,漾共江也向东
退进去,好像停留后再出门的样子,所以山坞东面的界限,直接以这个
山口来划分。从山坞中往东行一里,立即与漾共江相遇。溯江流往东
北行半里,有座木桥横在江上。从桥上向东走,木桥一共接了四段。沿
着江东岸溯江流往北走,半里,登上东边的土陇,土陇上又围着土陇开
垦成田地,开垦的田地十分宽广。又向北一里,正对着黄泥冈所在的山

嘴，东面的尖峰最为高耸的，那是笔架峰，与正西冯密后面的堆谷峰相对。陈生父亲的坟墓正在这条土陇之上，此时正商议打算迁坟，所以前来察看地形。我劝他不要迁坟，只要在山脉延伸来的地方开渠引水，在坟墓后方横截而过，如果从坟墓的右边引水，环绕流过坟前，这就是旋转转运的方法。陈生认可了这个方法。仍旧从木桥上过江，共三里，返回寓所。陈生取酒来敬我。我嘱咐他去找能远行的挑夫，陈生说明天就可找到，不必叮嘱。

十二日　陈为余觅夫，皆下种翻田，不便远去，已领银，复来辞。既饭，展转久之，得一人曰赵贵，遂行。余以纯一所馈瓯二鼎一，酬陈生之貰酒①。从其居之西涉一涧，既截坞而西北，一里余，登西坡，已逼堆谷峰下。坡上引水为渠南注，架木而度，即南循东下之脊而上，半里，得平冈。由冈上西行半里，直逼西山下，有庙临冈而峙。庙南东下腋底，有庙祀龙王，南临一池，甚广而澄澈，乃香米龙潭也。庙南西上层崖，有洞东向辟门，其上回崖突兀，即青玄洞也②。二庙俱不入，西蹑山直上，半里，抵崖下，则洞门有垂石中悬，门辟为二，左大而右小。有僧倚中垂之石，结庐其外，又环石于左门之下，以为外门。由环石窦间入，登左门，其门大开，西向直入，置佛座当其中。佛座前稍左，其顶上透，引天光一缕下坠，高盖数十丈也。其右则外悬之壁当其前，中旁达而南，即豁为右门，门稍东南向，下悬石壁，可眺而不可行也。盖佛座之前，悬石外屏，既觉回环，而旁达两门，上通一窍，更为明彻，此其前胜也。佛座以后，有巨碑中立，刻诗于上。由此而内，便须秉炬。乃令担人秉炬前，见内洞亦分两门,则右大而左小。先循左壁攀左隙上跻,既登一崖,其上夹而成隙。披隙入,转而南向,有穴下坠甚深。先投炬烛其底,以为阱也,乃撑隙支空而下,三丈,至其底;稍南见有光遥透,以为通别窦矣;再前谛视,光自东入,始悟即右门所入之大窦也。复转而西入,内有小门渐下,乃伏而穷之。数丈,愈隘不能进,乃倒退而出。循右崖之壁,从其西南,复得一门。初亦小,其内稍开,数丈后,亦愈隘而渐伏,亦不能进,复倒退而出,即前之有光遥透处也。向明东蹈,左审右顾,石虽蜿蜒而崖无别窍。遂至大碑后录其诗,并出前洞,以梯悬垂石内后崖,亦录其诗。僧瀹茶就,引满而出下洞前,则有桃当门,犹未全放也。是洞前后分岐岙窠,前之罨映透漏,后之层叠岭岈;擅斯二美,而外有回崖上拥,碧浸下涵,亦胜绝之地。

【注释】

① 赀(shì):赊欠。

② 青玄洞:在逢密村西,西悬倒壁,东瞰香米龙潭的碧波。洞口由石柱分为4道石门,北壁上有天生石盆,名通天洞。主洞深84.6米,由8棵石柱隔为若干洞间;右侧洞深38米,洞底有3个小水潭;左侧洞深25米。大洞侧又有15个小岔洞。

【译文】

十二日　陈生替我找挑夫,都要下地耕田播种,不便远行,已领走银子的,又来辞退。饭后,折腾了很久,找到一个人叫赵贵,就动身。我把纯一和尚赠送的两个碗、一个鼎,酬谢赊欠陈生的酒资。从陈生家的西边涉过一条山涧,不久横截山坞往西北行,一里多,上登西面的山坡,已逼近堆谷峰下。坡上引水建为水渠向南流淌,架有木板越过水渠,随即往南沿着往东下延的山脊上走,半里,遇到平缓的山冈。由山冈上往西行半里,径直逼近西山下,有座庙面临山冈矗立着。庙南往东下到山窝底,有座庙祭祀龙王,南边面临一个水池,十分宽广清澈,是香米龙潭了。庙南往西上登层层山崖,有个洞口向东张开的山洞,洞上方回绕着突兀的石崖,就是青玄洞了。两座庙我都不进去,向西一直朝上登山,半里,来到石崖下,就见洞口有下垂的岩石悬在中间,洞口被剖为两个,左边的大而右边的小。有个僧人斜靠着下垂在中间的岩石上,房屋建在洞口外,又在左边的洞口下堆石块环绕着,作为洞外的门。由环绕的石块孔洞间进去,登上左边的洞口,洞口十分开阔,向西一直进去,位于洞的正中设置了佛座。佛座前方稍往左边点,洞顶上通,引入一缕天上的亮光射下来,高处大概有几十丈。佛座右边则是向外悬空的崖壁,正在佛座前方,洞中往南面的旁边通去,就裂开成为右边的洞口,洞口稍偏向东南,下方悬着石壁,可以眺望却不能通行了。原来佛座的前方,屏风样向外悬空的石壁,已经让人觉得迂曲回绕,而旁边通着两个洞口,上方通着一个石窍,更显得通明透亮,这是山洞前边的优美之处。佛座的后面,有块巨碑立在中央,刻有诗在碑上。由此往里走,就必须拿上火把。于是命令挑夫举着火把在前走,看见内洞也分为两个洞口,却是右边的大而左边的小。先沿着左边的洞壁攀着左边的石缝上登,登上一层石崖后,石崖上夹成缝隙。分开缝隙进去,转向南,有个洞穴下陷得很深。先将火把扔下去照亮洞底,以为是陷阱样的,就支撑着缝隙腾空而下,下去三丈,来到洞底;稍往南走,看见有亮光远远透进来,以为是通到别的洞穴;再往前仔细看,亮光从东边进来,这才明白就是从右边的洞口进来的大洞。又转向西进去,里面有小洞渐渐低矮下来,就趴伏着去穷究。几丈后,愈发狭窄得不能前进,就倒退着出来。沿着右边的崖壁进去,在崖壁的西南,又找到一个洞口。最初洞口也很小,洞内稍微开阔一点,几丈后,也越来越窄而且渐渐低伏下去,也是不能前进,又倒退着出来,就是先前有亮光远远透进来的地方了。向着明亮处向东走,左顾右盼,石崖虽然蜿蜿蜒蜒但崖壁上没有别的洞穴。于是来到大碑后抄录碑上的诗,并出到前洞,用梯子悬靠在下垂岩石里面的后崖壁上,也抄录了那里的诗。僧人沏好茶送来,一饮而尽后出来下到洞口前,就见有桃树挡在洞口,桃花还没有全部开放。这个洞前后分岔,幽远深邃;前边透进亮光,互相掩映;后面层层叠叠,十分深远。拥有这两种美景,而且洞外有回绕的石崖向上围着,碧绿的池水浸润涵蓄在山下,也是优一处优美绝顶的地方。

既下,至平冈,余欲北探黑龙潭。担者言:"黑龙潭路当从黄泥冈西下,不然,亦须从冯密后溯流入。此山之麓,无通道可行。盖此中有二龙潭,北峡为黑龙潭,此下为香米龙潭,皆有洞自西山出,前汇为潭,其胜如一轨,不烦两探。"余然之,遂南向趋香米。其潭大数十亩,渊然澄碧。盖即平冈之脊,东向南环,与西山挟潭于中,止西南通一峡容水去。路从潭西循西山而南,山崖忽迸,水从中溢于潭,乃横石度崖口。崖前巨石支门,水分漱巨石之隙,横石亦分度之。其石高下不一,东瞰澄波,西悬倒壁,洞流漱其下,崖树络其上,幽趣萦人,不暇他顾。已乃披隙入洞,洞中巨石斜骞,分流衍派,曲折交旋,一洞而水石错落,上如悬幕,下若分莲,蹈其瓣中,方疑片隔,仰其顶上,又觉空洞。入数丈,后壁犹有余光,而水自下穴出,无容扪入矣。

【译文】

下山后,来到平缓的山冈上,我想往北走去看黑龙潭。挑夫说:"去黑龙潭的路应当从黄泥冈往西下走,不然,也必须从冯密后面溯溪流进去。这座山的山麓,没有路可以通行。因为这里有两个龙潭,北面的峡谷中的是黑龙潭,这里下去是香米龙潭,都有水从西山的山洞中流出来,洞前汇积成深水潭,它们的优美之处如出一辙,不必麻烦去看两个地方。"我同意他的说法,就向南赶去香米龙潭。这个龙潭大处有几十亩地,水非常深,澄澈碧绿。原来就是平缓山冈的山脊,自东向南环绕,与西山把龙潭夹住中间,只有西南方通有一条峡谷容纳潭水流出去。道路从龙潭西边沿着西山往南行,山崖忽然逆裂开,水从缺口中溢到龙潭中,于是横放着石板越过山崖缺口。山崖前有巨石支撑在洞口,水从巨石的缝隙间分别潆绕流淌,也分别横放有石板越过去。那些巨石高低不一,往东俯瞰澄碧的潭水,西面倒悬着崖壁,山洞流出的水流淌在脚下,崖壁上的树枝缠绕在头顶上,幽雅的情趣萦绕在人心间,无暇他顾。不久后就分开石缝进洞,洞中的巨石斜斜地翘起,水分流为许多支流,曲曲折折,交相回旋,一个洞却水石错落,,上方如高悬的帷幕,下边似分开的莲花,脚踩在莲瓣之中,正怀疑为何一片片隔开,仰面看见洞顶上,又觉得洞中极为空阔。进去几丈,洞的后壁还有余光,而水从下面的洞穴中流出来,不容许摸着进去了。

出洞,依西山南行二里,有数家倚山而居。由其前又南一里,转而西行一里,又逼西山之麓。复南行二里,则西山中断,两崖对夹如门,上下逼凑,其中亦有路缘之上。盖此崖乃丽江南尽之界,川内平畴,鹤庆独下透而北,两界高山,丽江俱前踞而南,以两山之后,犹麽些之俗耳。自此而南,东西界后亦俱倮倮,属鹤庆土官高千户矣。又南二里,一溪自西山下出,余溯而穷之。稍转北半里,其水分两穴东向出,皆溢自石下,无大窍也。乃逾出水石上,由水之西,循山南行。半里,有洞连裂三门,倚崖东向,洞深丈余,高亦如之,三门各峙，中不相通，而石色殷红，前则桃花点缀，颇有霞痕锦幅之意，但其洞不中透，为可惜耳。崖右，其支峰自上东向，环臂而下，腋中冲砂坠砾，北转而倾于崖前。腋底亦有一洞，南登环臂之脊，始回眺见之，似亦不深，乃舍之。南逾臂脊，东南下半里，有村庐十数家，倚西山之嘴，是为四庄①。其南腋中，有龙潭一围，大百余亩，直逼西山，西山石崖插潭而下。路盘崖上凌其南，又一里，循潭东岸南绕之，泄水之堰，在其东南，悬坑下坠，即东出而注于小板桥者也。其西北腋崖回转，石脚倒插，复东起一崖，突潭中如拇指，结槛其上，不知中祀何神，其下即潭水所自出也，亦不知水穴之大小。然其境水石潆回，峰崖倒突，而水尤晶莹晃漾，更胜香米之景，惜已从潭东一里，抵泄水之堰，不便从西崖逾险而上矣。由其南循西山又二里，有石山一支，自西山东向突川中，其西南转腋处，有古庙当其间，前多巨石嶙峋，如芙蓉簇萼，其色青殷②，而质廉利，不似北来之石，色赭而质厉也。入叩无人，就庑而饭。既乃循东突之峰东行半里，转而南盘其嘴。其嘴东临平川，后耸石峰，嘴下石骨棱棱，如侧刃列锷，水流一线，穿于其间，汩汩南行，心异之。仰眺其后耸石峰，万萼云丛，千葩蝂结，以为必有灵境。担者曰："近构一寺，曰鹤鸣，不识有人栖否。"余乃令担仆前行，独返而蹑其上，披绡蹈瓣半里，陟峰头而庵在焉。其门东北向，中有堂三楹，供西方大士，左有楼祀文昌，俱不大，而饰垩未完。有一道者栖其间。盖二年前，居人见山头有鸣鹤之异，而道者适至，募建此庵，故乡人感而名之。道者留余迟一宿，余以担仆已前,力辞之,不待其炊茶而别。

【注释】

①四庄:今作士庄,在鹤庆县北隅,辛屯以西。水潭今存,称士庄龙潭。

②殷(yān):赤黑色。

【译文】

出洞后,靠着西山往南行二里,有几家人靠山而居。由村前又往南行一里,转向西行一里,又逼近西山的山麓。再往南行二里,就见西山从中断开,两面的山崖如门一样对面相夹,上下紧逼合拢,缺口中有路顺着向上走。这座山崖是丽江府南部尽头的分界处,平川内田野平整,鹤庆府独自往北下穿,两面的高山,丽江府都向南前伸,因为两面山的后面,还是麽些的风俗。从此地往南走,东南两面也全是倮㑩,隶属于鹤庆府的土官高千户了。又往南行二里,一条溪水从西山下流出来,我溯溪流去穷究它。稍转向北行半里,溪水分别从两个孔洞中向东流出来,都是从石头下溢出来,没有大的洞。于是越过出水的石头上方,由水的西边,沿着山往南行。半里,有个山洞一连裂开三个洞口,靠着山崖面向东,洞深一丈多点,高处也如此,三个洞口各自屹立,洞中不相通,而石头是殷红色,洞前有桃花点缀,颇有些霞痕锦帛的意境,只是这几个洞中间不相通,感到可惜罢了。山崖右边,一座分支的山峰从上方向东延伸,似手臂样环绕而下,山窝中冲落下砂砾,向北转后倾斜到山崖前。山窝底部也有一个洞,往南登上手臂样环绕的山脊,才回头远远看见这个洞,似乎也不深,就放弃了它。往南越过手臂样的山脊,向东南下行半里,有个十几家人的村庄,紧靠西山的山嘴,这是四庄。村南的山窝中,有一池龙潭,大处有一百多亩,一直逼近西山,西山的石崖往下插入龙潭。道路绕着石崖上登到龙潭南面,又行一里,沿着龙潭东岸往南绕着龙潭走,泄水的堤堰,在龙潭的东南面,水悬空下坠到深坑中,就是向东流出去然后流淌到小板桥的溪流了。龙潭西北侧，石崖回转，石脚倒插，东边又耸起一座石崖，如拇指一样突立在潭水中，那上面建了栅栏，不知里面祭祀什么神，石崖下面就是龙潭中的水流出来的地方，也不知出水洞的大小。不过这里的环境水石潆洄，山峰突起石崖倒立，而潭水尤其晶莹荡漾，更胜过香米龙潭的景色，可惜我已经从龙潭往东走了一里，走到了泄水的堤堰，不方便从西边的石崖上越过险阻上登了。由堤堰南边沿着西山又行二里，有一座分支的石山，从西山向东前突到平川中，石山转向西南的山窝处，有座古庙位于山窝间，庙前有许多嶙峋的巨石，如同一簇芙蓉的花瓣，石头颜色青中泛红，而石质棱角锋利，不像从北边过来见到的石头，颜色赭红而石质粗硬。进庙敲门，没有人，就在廊庑下吃饭。饭后就沿着向东前突的石峰往东行半里，转向南绕过山嘴。山嘴东边面临平川，后方耸立着石峰，山嘴下骨状的岩石棱角分明，如侧放成排的刀刃，一条线一样的水流，穿流在石丛间，汩汩地往南流淌，心里感到很奇异。抬头眺望身后高耸的石峰，万朵花萼成丛如云，千枝花朵盘结盛开，以为必定有灵异的地方。挑夫说："最近建了一座寺，叫鹤鸣寺，不知是否有人居住。"我于是命令挑夫和仆人往前走，我独自返回去上登石峰，分开薄纱样的草丛踩着花瓣样岩石走半里，登上峰头，而寺庵就在峰头。寺门面向东北，寺中有三间堂屋，供奉观音菩萨，左边有楼，祭祀文昌帝君，都不大，而且粉刷还没完。有一个道士住在寺中。原来是两年前，居民见山头有鹤鸣的异事，而道士恰好来到，募资建了这座寺庵，所以乡里人感念而起名叫鹤鸣寺。道士留我住一宿，我因为挑夫和仆人已往前走了，竭力辞谢了他，没等他烧火沏茶就告别了。

其庵之南，村庐倚西山下者甚盛。三里余，又有危峰自西山东突，与鹤鸣之峰南北如双臂前舒，但鹤鸣嶙峋而缭绕，此峰耸拔而拱立为异耳。是峰名石寨，前有村名石寨村①。有一龙泉自峰下出,汇水为潭,小于四庄,东乃环堤为堰,水从堰东注壑去,即东出于大板桥者也。半里,越堤之南,复循西山南行,其地渐莽,无田塍村庐之托,想无水源故也。八里,始有溪东注,路东转而南渡之,于是东望为演武场北村②,西望为西龙潭大村③,盖此水即西龙潭所分注者也。西龙潭亦当西山东突之腋,汇水颇大,东北流者为此水,中为城北大路口水,东南引者为城中之水,其利为一郡之冠云。又南二里,出大路。正当大路所向之处,其东有竹丛村庐,即来时所遵道也。从大路南四里余,而抵鹤庆北关,托宿于关外,乃入北门,是为旧城。南半里,转而西,为御前守御所在焉。摩尼庵复吾师之子张生家北向而居,入叩之,往摩尼未返也。又转南,再入城门,是为新城。始知鹤庆城二重,南新北旧,南拓而北束。入新城,即从府治东南向行,半里,东转郡学前,南向有大街,市舍颇盛。已乃仍出两北门,入寓而餐始熟,遂啜而卧。

【注释】

①石寨村:今名新华,在鹤庆县北隅,板桥以西。水潭今存,仍称石寨子龙潭。

②演武场:在鹤庆县北郊的公路上,今称教场坝。

③西龙潭:今名同,已扩为西龙潭水库。

【译文】

寺庵的南面,村居房屋紧靠在西山下的很是兴盛。三里多,又有险峰从西山向东前突,与鹤鸣寺所在的石峰一南一北如同双臂向前舒展,但鹤鸣寺所在的石峰山石嶙峋而缭绕,这座山峰高耸挺拔而拱立,这是不同处。此峰名叫石寨峰，山峰前有个村庄名叫石寨村。有一股山泉从山峰下流出来，泉水汇积为龙潭，比四庄的龙潭小，东面环绕着堤堰，水从堤堰东边流淌到壑谷中去，就是向东流出去流到大板桥下的溪流了。半里，越到水堤的南边，又沿着西山往南行，这一带渐渐长满草丛，没有田地村屋，想来是没有水源的缘故。八里，才有溪水往东流淌，道路自东转向南渡过溪流，在这里向东望去是演武场北村，向西望去是西龙潭大村，原来这条溪水就是西龙潭分流出来的水。西龙潭也是位于西山向东前突的山窝中，积水相当大，向东北流的就是这条溪水，中间的是城北大路口的水，往东南引流的是城中的水，它的灌溉之利在鹤庆府数第一。又往南二里，出到大路上。正在通向大路的地方，东边有竹丛村舍，就是来时所走的路了。沿大路往南行四里多，就到鹤庆府城北关，投宿在关外，于是进入北门，这是旧城。向南走半里，转向西，是御前守御所所在地。摩尼庵复吾法师的儿子张生的家面向北居住，进去敲门，张生去摩尼庵还没回来。又转向南行，再进入城门，这是新城。这才知道鹤庆府城有两座，南边是新城北面是旧城，南城宽阔而北城狭小。进入新城，就从府衙前向东南行，半里，往东转到府学前，向南之处有大街，集市房屋十分兴盛。不久就仍然走出两道北门，进入寓所后饭刚刚熟，就吃饭后睡下。

　　鹤庆西倚大山，为南龙老脊，东向大山，为石宝高峰，石宝山高穹独耸，顶为偬多尊者道场[①]。此山自丽江东山南向下，南尽于金沙江。中夹平川，自七和南下。但七和之南，又有三岔黄泥冈，自西而横逼东山。故其川以冯密南新屯为甸头，直下而南，共五十里，有象眠山西自西大脊东属于石宝山。石宝山西与剑川同名，《一统志》称为峰顶山，从《志》为是。象眠山与丽江同名，《一统志》称为龙珠山，亦当从《志》为是。漾共江贯于中川,南抵象眠,分注众窍,合于山腹,南泄为一派,合枫木之水,东南入金沙江。两旁东有五泉,出石宝之下;西有黑龙、西龙诸潭②,出西大山下。故川中田禾丰美,甲于诸郡。冯密之麦,亦甲诸郡,称为瑞麦,其粒长倍于常麦。

【注释】

①道场:佛教礼拜、诵经的场所。

②"西有黑龙"句:鹤庆坝子边缘以龙潭著称,风景甚佳,亦颇饶灌溉。万历《云南通志》鹤庆军民府山川载:"龙潭,在府治者有十五:曰黑龙、曰青龙、曰白龙、曰西龙、曰龙宝、曰吸钟、曰石朵、曰香米、曰北漠、曰柳树、曰小柳南、曰赤土和、曰宣化,俱流入漾共江;曰龙公,流入金沙江;曰大龙,其周五亩余,深不可测,亦不深泄"。该府堤闸又载:"去府北四十里,又有黑龙潭,西北三十里,有香米龙潭,俱筑有堤,灌溉逢密等村田地。白龙潭,在府西北八里,灌溉罗尾邑等村田地。又有南漠潭、北漠潭,大小漠潭,石寨子龙潭、龙公潭,俱利灌溉,军民赖之。"吸钟龙潭又称黄龙潭。

【译文】

　　鹤庆府西面紧靠大山,是往南延伸山脉的主脊,东边面对大山,是石宝山的高峰,石宝山高大穹窿,独自耸立,山顶是偓多尊者的道场。这座山从丽江府的东山向南下延,南面的尽头到金沙江。中间夹着的平川,从七和往南伸展下来。但在七和的南面,又有三岔黄泥冈,从西面横向逼近东山。所以这个平川以冯密南边的新屯作为甸头,一直往南伸展下来,共有五十里,西面有象眠山从西面的大山脊往东延伸连接到石宝山。石宝山与西边剑川州的石宝山同名,《一统志》称为峰顶山,采纳志书说的才对。象眠山与丽江府的象眠山同名,《一统志》称为龙珠山,也应当采纳志书说的才对。漾共江流贯在平川中,往南流到象眠山,分别流进众多的洞穴中,在山肚子中汇流,向南外泄形成一条水流,汇合枫木桥下的水,向东南流入金沙江。平川两旁东面有五处山泉,从石宝山下流出来;西面有黑龙潭、西龙潭等龙潭,从西面大山下流出来,所以平川中稻田丰美,在各府中数第一。冯密的麦子,也在各府中数第一,称为瑞麦,麦粒比普通的麦粒长一倍。

十三日　早饭,平明抵北门。从门外循旧城而西,一里,转而南,半里,其南则新城复拓而西出。随之又西半里,又循城南转半里,过西门,乃折而西向行。度一桥,西三里,乃蹑坡,二里,逾坡西稍下。其坡自西山东下,至此伏而再起,其南北俱有峰舒臂前抱,土人称为旗鼓山,而坡上冢累累,盖即郡城之来脉也。土人言:"昔土官高氏之冢当此冈,国初谓其有王气,以大师挖断其后脉,即今之伏处也。"不知起伏乃龙脉之妙,果挖之,适成其胜耳,宜郡城之日盛也。由伏处即上蹑坡行,一里,至坡脊,南北俱坠坑成峡。又一里,南度西峡之上,从南坡蹑峻西登,二里稍平。再缘南坡折而上,一里,复随峡西入,一里,抵西岭下,转而北向蹑峡中。其峡乃坠水枯涧,巨石磊磊,而叠磴因之,中无滴沥,东西两崖,壁夹骈凑,石骨棱棱,密翳蒙蔽,路缘其中,白日为冷。二里余,有巨石突涧道中,若鹢首之浮空[①],又若蹲狮之当户。由其右崖横陟其上,遂循左崖上,其峻束愈甚。二里始平,西行峡中。一里稍上,北崖峭壁耸起,如奋翅劈霄,而南崖亦崭削相逼,中凑如门,平行其中,仰天一线,余以为此南度之大脊也。透其西,峰环壑转,分为二岐:一由脊门西下,循北山而西北;一由脊门直出,循南山而西南。莫定所适。得牧者,遥呼而问之,知西北乃樵道也,遂从其西南行。

半里,有峰中悬壑中,两三茅舍当其上,亦哨守者之居也。从其南平行峡中,西望尖峰耸立,高出众顶,余疑路将出其西北。及西二里,稍下洼中,半里,抵尖峰东麓,其处洼而无水,西北、西南之峡,俱似中坠,始悟脊门西来平壑,至此皆中洼,而非外泄之峡矣。从洼西南上,遂披尖峰东南峡而登,密树蒙茸,高峰倒影。二里,循峰西转,遂逾其东度之脊。西半里,盘尖峰之南,西北半里,又逾其南度之脊。北脊高于东度者,然大脊所经,又似从东度者南转,而脊门犹非其度处也。逾脊,遂北向而下,一里,已出尖峰之西,至此盖三面挟尖峰而行矣。

【注释】

①鹢(yì):像鹭鸶样的水鸟,能高飞。

【译文】

十三日　早饭后,天亮时到北门。从北门外沿着旧城往西行,一里,转向南,半里,这里的南边就是新城又往西拓展出去的地方。顺着新城又往西行半里,又沿着新城向南转半里,经过西门,于是折向西行。走过一座桥,向西三里,就上登山坡,二里,翻过山坡往西慢慢下走。这个山坡从西山往东伸展下来,到此地低伏下去又再隆起,山坡南北都有山峰展开手臂向前围抱,当地人称为旗鼓山,而山坡上坟墓重重叠叠的,大概就是延伸到府城的龙脉了。当地人说:“从前高土官家族的坟墓就在这座山冈上,国朝初年认为这里有帝王之气,按风水大师的意思挖断了山冈后面的地脉,就是如今低伏的地方了。”这是不知道地势起伏是龙脉的妙处,果真挖断了它,恰好成为优美的景致了,难怪府城会一天天兴盛起来了。由低伏之处就往上登坡,前行一里,来到坡脊上,南北两面的深坑都下坠成峡谷。又行一里,往南过到西面峡谷的上方,从南面的山坡踏着陡峻的路向西上登，二里后渐渐平缓起来。再沿着南面的山坡转向上走，一里，又顺着峡谷向西进去，一里，到达西岭之下，转向北穿行在峡谷中。这个峡谷是泄水的干枯山涧，巨石磊磊，而层层石阶顺着地势走，山涧中没有一滴水，东西两面的山崖，似两面墙壁样相夹凑拢，骨状的岩石棱角分明，浓荫遮蔽，道路顺着峡谷中走，白天都感到冷。二里多，有巨石突立在山涧的道路中间，像鹬鸟的头飘在空中，又像石狮蹲坐在大门口。从巨石右边的石崖下横爬到巨石上，就沿着左边的石崖上走，那路越来越险峻狭窄得厉害。二里才平缓一些，向西行走在峡谷中。一里逐渐上走，北面的悬崖峭壁耸起，好像要振翅冲向云霄，而南边的山崖也是高险陡峻紧逼过来，中间挤拢像门一样，平缓行走在峡谷中，抬头看天只有一线宽，我认为此地是向南延伸的大山主脊了。钻到峡谷西边，山峰回绕壑谷弯转，分为两条岔路：一条从山脊口往西下行，沿着北山向西北走；一条经由山脊口一直出去，沿着南山往西南走。无法决定往哪里走。遇到放牧的人，远远呼叫着向他问路，知道向西北的是打柴的小道，就从那通往西南方的路走。半里，有座山峰高悬在壑谷中，两三间茅屋位于山峰上，也是守哨所的人的住房。从山峰南边平缓行走在峡谷中，望见西面耸立的尖峰，高出群山的山顶，我怀疑道路将会从尖峰西北方出去。等到向西行二里后，逐渐下到洼地中，半里，到达尖峰的东麓，此处地势下洼却没有水，西北、西南的峡谷，似乎都向中间下坠，这才明白从山脊口往西来的平展的壑谷，到这里都向中间下洼，而不是往外泄水的峡谷。从洼地往西南上行，就穿越尖峰东南的峡谷上登，浓密的树丛茂密葱茏，高峰倒映下山影。二里，沿着尖峰向西转，便翻越尖峰往东延伸的山脊。向西半里，绕过尖峰的南麓，往西北行半里，又翻越尖峰往南延伸的山脊。北面的山脊比往东延伸的山脊高，然而主脊的走向，又似乎是从往东延伸的山脊往南转，而且山脊口还不是主脊延伸而过的地方。越过山脊，就向北下走，一里，已经出到尖峰的西边，来到这里，大体上傍着尖峰的三面走过了。

　　乃西向随峡下坠，一里，峡始开。一里，转而西南，乃循南山之坡曲折西下，三里，抵盘壑中。其处东北西三面皆崇峰，西北东南二面皆坠峡，惟西南一脊如堵垣。平陟其上，共二里，逾前冈，有废舍踞冈头，是为汝南哨^①。其东南坞中，有村倚东山，乃土官所居，土人又名为虞蜡播箕。由哨南下，行坞中一里余，遂南入峡。东西皆土峰逼夹，其下颇峻。二里出峡，乃饭。复见东南有坠壑，乃盘西峰之南，复西陟其坞。一里余，复陟其西峰而南盘之，遂西向循坡下，北峰南壑，路从深树叠石间下，甚峻。四里，转峡度脊，其下稍平。西南半里，有茅棚卖浆冈头，乃沽以润枯肠。又西南半里，下至壑底，有水自南峡来，竟壑中，北透峡去，是为清水江^②。始知壑西之山，反自大脊南度而北，其水犹滥觞细流，不足名溪，而乃以江名耶？其下流北出，当西转南下，而合于剑川之上流，然则剑川之源，不第始于七和也。清水江东岸，有数家居壑中，上有公馆，为中道。

【注释】

①汝南哨：今名同，又称新峰，在鹤庆县西隅。

②清水江：此水今仍称清水江，在剑川县东北隅。水边有村亦名清水江。

【译文】

　　于是向西顺着峡谷下坠，一里，峡谷才开阔起来。一里，转向西南，就沿着南山的山坡曲折向西下行，三里，来到盘绕的壑谷中。此处东、北、西三面都是高峰，西北、东南两面都是深坠的峡谷，只有西南方的一条山脊像一堵墙。平缓地登到山脊上，共走二里，翻越前方的山冈，冈头上有废弃的房屋,这是汝南哨。哨所东南的山坞中,有个村子紧靠东山,是土官居住的地方,当地人又称之为虞蜡播箕。由哨所往南下山,行走在山坞中一里多,就向南进入峡谷。东西两面都是土峰紧逼相夹,那下走的路很陡峻。二里后走出峡谷,于是吃饭。又看见东南有下坠的壑谷,就绕着西峰的南麓,又向西穿越这里的山坞。一里多,又登上西峰后往南绕过西峰,就向西顺着山坡下行,北面是山峰南面是壑谷,道路从幽深的树林和叠累的岩石间下走,十分陡峻。四里,转过峡谷越过山脊,那下走的路稍微平坦一些。往西南行半里,有座在冈头上卖酒浆的茅草棚,就买酒润一润干枯的肠子。又往西南行半里,下到壑谷底,有水从南面的峡谷中流来,流贯整个壑谷中,向北穿过峡谷流去,这是清水江。这才知道壑谷西面的山,反而从主脊由南往北延伸,这里的水还是起源处的涓涓细流,不足以称得上溪流,可怎么竟然用江来取名呢?江水下游往北流出去,应当转向西往南下流,而后与剑川州水流的上游汇合,这样看来,剑川州的水源,不仅仅起始于七和了。清水江东岸,有几家人住在壑谷中,上面有公馆,是中途。

　　涉水西,从西坡南向上,迤逦循西山而南,三里余,乃折而西南上,甚峻。一里,又折而西,半里,西逾岭脊,即南从东大脊西度北转者,当北尽于清水江西透之处者也。越脊西下峡中,二里,峡始豁而下愈峻,又一里余,始就夷。行围壑间,又一里余,乃循南峰之西而南盘之。一里,出其口,始见其西群峰下伏,有峡下嵌甚深,南去稍辟,而东南峡中,似有水光掩映者,则剑川湖也;西南层峰高峙,雪色弥莹者,则老君山也。南盘二里,又见所盘之崖,其西石峰倒涌,突兀嵯峨,骈错趾下,其下深壑中,始见居庐环倚,似有楼阁瞻依之状,不辨其为公馆、为庙宇也。从其上南向依东崖下,二里,西度峡脊,已出居庐之南,遂循西峰南下,一里,则东峡已南向,直趋剑湖矣①。于是南望湖光杳渺,当东山之麓,湖北带塈连青,环畦甚富,意州治已在其间,而随峡无路。路反从峰头透坳西去,一里稍下,又转西峰而盘其南。又一里,于是南面豁然,其前无障,俯见南湖北坞,而州治倚西山,当其交接处,去此尚遥。路盘坡西行,一里余,乃从坡西峡中南下。又一里,抵山麓,乃循崖西转。半里,则村居倚山临坞,环堵甚盛,是为山塍塘。问距州尚十里,而担者倦于行,遂止。

【注释】

①剑湖:《嘉庆重修一统志》丽江府山川:"剑川湖,在剑川州南五里,亦名东湖,周广六十里,尾绕罗鲁城,流为漾濞江,亦曰潆溪江。俗称为海子,岁办鱼课。"今剑湖水面仅 7.5 平方公里,平均水深 4 米,最深处 9 米,平均水位海拔 2186 米。

【译文】

涉水到西岸,从西面山坡向南上行,曲曲折折沿着西山向南走,三里多,便折向西南上登,很陡峻。一里,又折向西,半里,向西翻越岭脊,就是南边从东面的大山主脊往西延伸向北转的山脊,北边应当在清水江向西穿越之处到了尽头。越过山脊往西下到峡谷中,二里,峡谷开始开阔起来,可下走更加陡峻,又行一里多,才走上平路。前行在围绕的塈谷间,又行一里多,于是沿着南峰的西边往南绕着山峰走。一里,走出山口,才看见山口西面群峰低伏,有峡谷下嵌得非常深,往南去渐渐开阔起来,而东南方的峡谷中,似乎有水光掩映的地方,就是剑川湖了;西南方层层山峰高耸对峙,雪光弥漫晶莹的地方,就是老君山了。往南绕行二里,又看见绕行之处的山崖,它西面的石峰倒立涌起,突兀嵯峨,在脚下交错罗列，石峰下的深壑中，才看见有房屋紧靠环绕着山，似乎有楼阁相依的样子，分辨不出那是公馆还是庙宇了。从壑谷上方向南靠着东边的山崖下走，二里，往西越过峡谷旁的山脊，已经出到房屋的南边，就沿着西峰往南下行，一里，就见东面的峡谷已经向南，一直通往剑湖了。在这里望见南面湖光杳渺，湖水位于东山的山麓，湖北面的壑谷青翠之色连成带状，环绕着非常多的田地，猜想州城已经就在这一带，但顺着峡谷去没有路。路反而从峰头穿过山坳往西去，一里逐渐下走，又转向西峰后绕到山峰南面。又行一里，到这里南面豁然开阔，前方没有障碍，俯瞰南面的湖水、北边的山坞，而州城紧靠西山，位于湖水和山坞交接之处，离此地还很遥远。路绕着山坡往西行，一里多，就从山坡西边的峡谷中向南下走。又行一里，抵达山麓，于是沿着山崖往西转。半里，就见村庄房屋背靠山面临山坞，环绕的围墙很长，这里是山塍塘。打听到离州城还有十里，可挑夫疲倦了，走不动，便停下了。

十四日　昧爽，饭于山塍塘，平明乃行。自是俱西南向平畴中行矣。二里余，有一小山南突平川，路从其北西转而挟之。复西南行平畴中，雨霏霏至。二里，有大溪自北而南，平流浅沙，汤汤南注湖中，然湖自下山塍，已不可见矣。随溪南行，又半里，大石梁西跨之，其溪流盖北自甸头来。按《志》，州西北七十里山顶，有山顶泉，广可半亩，为剑川之源。此山不知何名，今丽江南界七和后大脊，实此川发源之所①，则此山即在大脊之南可知。更有东山清水江之流，亦合并之，其盘曲至此，亦不下七十里，则清水江亦其源可知。从桥北望，乃知水依西山南下，其东则山塍塘北之山盘夹之，山塍塘之东山南坠而为川，又东，则东山乃南下而屏其东，与西界金华山为对。是山塍塘者，实川之北尽处，其东

南辟而为川以潴湖，其西北夹而为峡以出水者也。过桥，风
雨大至。随溪南行半里，避于坊下，久之稍止，乃西南复行
塍间。一里余，有一小流西来，乃溯之西一里，抵剑川州②。

【注释】

①"实此川"句：甸头，今名同，在玉龙纳西族自治县九河。至今此
水仍发源于九河。《滇游日记八》三月二十三日记也明确说："此
水发源于九和，经剑川别而南流，故曰漾别。"则此处"七和"应为
"九和"之误。

②剑川州：隶鹤庆军民府，治今剑川县金华镇。

【译文】

十四日　黎明，在山塍塘吃饭，天亮就上路。从这里起都是向西南
在平旷的田野中前行了。二里多，有一座小山向南突起在平川中，路从
小山北面转向西后靠着山走。又往西南行走在平旷的田野中，细雨霏
霏来临。二里，有条大溪自北往南流，平缓流过浅水处的细沙，浩浩荡
荡向南流入湖中，然而湖水自从走下山塍塘，已经不能见到了。顺着溪
流往南行，又行半里，大石桥自西跨过溪流，这条溪流大概是从北面的
甸头流来的。根据《一统志》，州城西北七十里的山顶上，有个山顶泉，
大处约有半亩，是剑川的源头。这座山不知道是什么名字，如今丽江府南
境七和后面的大山脊，实际是这条河川发源的地方，那么这座山就在大
山脊的南面是可以知道的。还有东山清水江的水流，也是合并入这条
河川，河水弯弯曲曲流到此地，也不下七十里路，那么清水江也是它的
源头是可以知道的。从桥上向北望，才知道河水靠着西山往南下流，河
东边就是山塍塘北面的山盘绕夹住河流，山塍塘的东山往南下坠成平
川，又往东，就是东山向南下延后屏风样矗立在平川东面，与西面的金
华山相对立。因此山塍塘这个地方，实际是平川北面的尽头处，它的东
南展开成为平川，蓄水成湖，它的西北夹成峡谷以便水流出去。过桥

后,风雨猛烈来临。顺着溪流往南行半里,在牌坊下避雨,很久后雨渐渐停了,于是向西南又行走在田野间。一里多,有一条小溪流从西边流来,就溯溪流向西一里,到达剑川州。

州治无城,入其东街,抵州前,乃北行,税行李于北街杨贡士家。乃买鱼于市。见街北有祠,入谒之,乃祠死节段公者。段名高选,州人,万历末,以进士为重庆巴县令[1],阖家死奢酋之难[2],故奉诏立祠。今其长子暄荫锦衣在都。祠中有一生授蒙童。植盆中花颇盛,山茶小仅尺许,而花大如碗。出祠,东还寓,以鱼畀顾仆,令守行囊,而余同主人之子,令担者挈饭一包,为金华之游。

【注释】

①"段名高选"四句:本作"段名某,州人,万历末,以进士为重庆某县令",据"四库"本、叶本补。巴县:为重庆府附郭县,在今四川重庆市渝中区。

②"阖家"句:明时设永宁宣抚司,在今四川叙永县。奢酋指永宁宣抚司土官奢崇明。天启元年(1621),奢崇明请调马步兵二万援辽,其部党领兵至重庆,乘机起事,杀明官,据重庆,分兵攻合江、纳溪,破泸州,陷遵义,进围成都百日。崇祯初始平。

【译文】

州治没有城墙,进入东街,到达州衙前,就往北行,把行李放在北街的杨贡生家。于是在集市上买鱼。看见街道北边有个祠堂,进去祭拜,是祭祀死于气节的段公的祠堂。段公名叫高选,本州人,万历末年,以进士的身份出任重庆巴县县令,全家死于奢崇明之难,所以奉皇帝的诏命修建了祠堂。今天他的长子段暄因为父亲的功勋在都城锦衣卫。祠堂中有一个儒生在教小孩读书。盆中种的花很茂盛，山茶小的仅有一尺左右高，可花大如碗。走出祠堂，向东返回寓所，把鱼交给顾仆，让他守护行李，而我和房主人的儿子，命令挑夫带上一包饭，去游金华山。

出西郊，天色大霁，先眺川中形势。盖东界即大脊南下分为湖东之山者，是为东山。西界则金华山最高，北与崖场诸山，南与罗尤后岭，颉颃西峙，是为西山。其金华之脉，实西南从老君山来。老君山者①，在州西南六十里杨村之北，其山最高，为丽江、兰州之界，出矿极盛，倍于他山者。土人言，昔亦剑川属，二十年前，土千户某姓者，受丽江贿，以其山独界丽江。丽江以其为众山之脉，禁矿不采。然余按《一统志》，金华山脉自西番罗均山来②，盖老君即罗均之讹，然谓之西番者，则《统志》之讹也。其山犹在兰州之东，西番在兰州西澜沧江外，其山即非剑川属，亦丽江、兰州界内，胡以有西番之称？然即此亦可知此山原不属剑川，土人贿界之言，不足信也。其北则山塍后岭，自东山北转，西亘而掉其尾。其南则印鹤山，自东山南下，西顾而回其岭。中围平川，东西阔十里，南北长三十里，而湖汇其半。湖源自西北来，向西南破峡去，而湖独衍于东南。此川中之概也。其地在鹤庆之西，而稍偏于南；在丽江之南，而稍偏于西③；在兰州之东，而稍偏于北；在浪穹之北，而稍偏于西。此四境之准也。州脉自金华北岭东环而下，由州治西行一里余，及其麓。有二寺，并列而东向，俱不宏敞。寺后有亭有轩，在层崖盘磴之上，水泉飞洒，竹影桃花，罨映有致，为乡绅杨君之馆。由其北蹑崖西上，有关帝庙，亦东向，而其处渐高，东俯一川甸色湖光，及东山最高处雪痕层叠，甚为明媚。由庙后循大路又西上半里,北循坡而下,为桃花坞;南分岐而上,为万松庵;而直西大道,则西逾岭而抵莽歇岭者也。

【注释】

①老君山:今名同,仍是玉龙、兰坪、剑川三县界山,最高峰海拔4298米。

②西番:此指今普米族。《维西见闻录》载:"巴苴,又名西番,亦无姓氏。……浪沧江内有之。板屋栖山,与麽些杂居,亦麽些头目治之。"直至近代,兰坪县的普米族仍最多。

③而稍偏于西:"西"原作"东",据徐本改。

【译文】

走出西郊,天气大晴,先眺望平川中的地势。东面就是大山主脊往南下延分支成为剑湖东面的山,那是东山。西面一列山则是金华山最高,北面与崖场的群山,南面与罗尤后面的山岭,不分高低地在西面对峙,那是西山。金华山的山脉,实际是从西南的老君山延伸而来。老君山,在剑川州西南六十里的杨村北面,这座山最高,是丽江府、兰州的分界处,出产的矿石极多,是其他山的两倍。当地人说,从前也是剑川州的属地,二十年前,一个不知姓什么的土千户,接受丽江府的贿赂,把这座山私下送给丽江府。丽江府把它视为群山的命脉,禁止不许采矿。不过我要对《一统志》,金华山的山脉是从西番的罗均山延伸来的,大概"老君"就是"罗均"的错读,然而认为是从西番来的,则是《一统志》的错误了。这座山还在兰州的东面,西番在兰州西面的澜沧江以外,这座山既不是剑川州的属地,也不在丽江府、兰州境内,怎么会有西番来的说法呢?但是就根据这种说法也可以知道此山原本就不属于剑川州,当地人贿赂、赠送一类的说法,不能够相信。平川北面就是山塍塘后面的山岭,自东山往北转,往西绵亘后掉转尾部。平川南面是印鹤山,自东山往南下延,向西回过头来回绕成南岭。中间围成平川,东西宽十里,南北长三十里,而湖水汇积占了平川的一半。湖中的水源从西北流来,向西南冲破山峡流去,而湖水独自溢满在东南方。这是平川中的大概面貌。平川的地点在鹤庆府的西面,而稍偏向南;在丽江府的南面,而稍偏向西;在兰州的东面,而稍偏向北;在浪穹县的北面,而稍偏向西。这是四面边界的准确位置。州内的山脉从金华山北岭向东环绕而下,由州治往西行一里多,到达金华山山麓。有两座寺庙,并排面向东,都不宏大宽敞。寺后有亭子有轩廊,在石阶盘绕的层层石崖之上,泉水飞洒,竹影桃花,掩映有致,是乡绅杨君的别墅。由别墅北边踩着崖石往西上登,有座关帝庙,也是面向东,而此处地势渐渐高起来,向东俯视整个平川中的湖光山色和甸子中的景色,以及东山最高处重重叠叠的白雪痕迹,非常明媚。由庙后沿着大路又往西上行半里,向北顺着山坡下走,是桃花坞;往南从分出的岔路上行,是万松庵;而一直向西的大路,则是向西越岭后到达莽歇岭的路。

　　乃随杨君导,遂从北坡下,数百步而桃花千树,深红浅晕,倏入锦绣丛中。穿其中,复西上大道,横过其南,其上即万松庵,其下为段氏墓,皆东向。段墓中悬坞中,万松高踞岭上,并桃花坞,其初皆为土官家山,墓为段氏所葬,而桃花、万松,犹其家者。万松昔为庵,闻今亦营为马鬣①,门扃莫由入。遂仍从关庙侧,约一里下山。山之北,有峡甚深,自后山环夹而出,涧流嵌其下,是为崖场。两崖骈立,其口甚逼,自外遥望,不知山之中断也。余欲溯其流入,以急于金华,遂循山南行。一里余,有冈如堵墙,自西山而东亘州南,乃引水之冈也。逾冈又南一里余,有道宫倚西山下,亦东向。其内左偏有何氏书馆,何乡绅之子读书其中。宫中焚修者,非黄冠②,乃瞿昙也③。引余游馆中,观茶花,呼何公子出晤,而何不在,留余少憩。余急于登山，乃出。

【注释】

①马鬣(liè)：马颈上的长毛。此处引申为马栈。

②黄冠：道士所戴束发的冠为黄色，因此道士也别称黄冠。

③瞿昙(qú tán)：系乔答摩的另一译法，为佛教创始人释迦牟尼的姓，故常称佛为瞿昙。此处以瞿昙称和尚。

【译文】

　　于是跟随杨君的引导，就从北面的山坡下走，几百步后就有千树桃花，深红浅晕，突然间进入锦绣丛中。穿越在桃树林中，又往西走上大路，横过桃树林南边，路上面就是万松庵，路下方就是段氏的墓地，都是面向东。段氏墓地高悬在山坞中，万松庵高高坐落在岭上，加上桃花坞，它们最初都是土官家的山，墓地被段家占用，而桃花坞、万松庵，仍然是土官家的。万松庵从前是寺庵，听说现在改建为马厩，门关着无法进去。于是仍然从关帝庙侧边，大约下山一里。山的北边，有条峡谷很深，从后山环绕相夹着出来，山涧嵌在峡底流淌，那是崖场。两面山崖并立，峡口十分狭窄，从外面远远望去，不知山从中间断开了。我想溯涧水进去，因为急于去金华山，就沿着山往南行。一里多，有座山冈像一堵墙，自西山往东绵亘到州治南面，是引水的山冈。越过山冈又往南行一里多，有座道观紧靠在西山下，也是面向东。道观内左侧有何氏书馆，何姓乡绅的儿子在书馆中读书。道观中焚香修炼的，不是道士，而是和尚。和尚带我在书馆中游览，观赏茶花，叫何公子出来会面，但何公子不在，挽留我稍作歇息。我急于去登山，就出来了。

　　从宫右折而西上坡①，一里，有神庙当石坡上，为土主之宫。其庙东向而前有阁，阁后两古柏夹立，虬藤夭矫，连络上下，流泉突石，错落左右，亦幽阒名区也。与何公子遇，欲拉余返馆，且曰："家大人亦祈一见。"盖其父好延异人，故其子欲邀余相晤。余约以下山来叩。后询何以进士起家，乃名可及者，忆其以魏党削夺②，后乃不往。遂从庙右西上，于是崇攀仰陟，遵垂坡以登，三里，转突崖之上。其崖突兀坡右，下临深峡，峡自其上石门下坠甚深。从此上眺，双崖骈门，高倚峰头，其内环立翯翠，仿佛有云旌羽裳出没。益鼓勇直上，路曲折悬陡，又一里而登门之左崖。其上有小石塔，循崖西入，两崖中辟，上插云霄，而下甚平。有佛宇三楹当其中，楹左右恰支两崖，而峡从其前下坠，路由左崖入，由右崖栈石壁而盘其前以登玉皇阁。佛宇之后，有池一方，引小水从后峡滴入，池上有飞岩嵌右崖间，一僧藉岩而栖。当两崖夹立之底，停午不见日色，惟有空翠冷云，绸缪牖户而已。由崖底坡坳而登内坞，有三清阁；由崖右历栈而蹑前崖，有玉虚亭，咫尺有幽旷之异。余乃先其旷者，遂蹑栈盘右崖之前。栈高悬数丈，上下皆绝壁，端耸云外，脚插峡底，栈架空而横倚之。东度前崖，乃盘南崖，西转北上而凌其端，即峡门右崖之绝顶也。东向高悬，三面峭削，凌空无倚。前俯平川，烟波村树，历历如画幅倒铺。后眺内峡，环碧中回，如蓉城蕊阙，互相掩映，窈蔼莫测。峰头止容一阁，奉玉宸于上。

【注释】

①"从官右折"句：此即登金华山。金华山是剑川县西郊风景胜地，
　　今存石牌楼、白塔、卧佛及石将军像。石将军像系山腰路旁一块
　　孤立的巨石，上雕天王像，高 4.55 米，全身戎装，右手持戟，左手

擎塔，左右有二小像侍立，双手合十，近人研究为南诏时雕像。
金华山的建筑，有土主庙、老君殿、玉皇阁、望海楼等。

②魏党：明末，宦官魏忠贤（1568—1627）为司礼秉笔太监，又兼管
东厂，自称九千岁，专断国政，累兴大狱。其爪牙、私党遍全国，
人称魏党。崇祯帝即位，魏被黜职逮治，在途中惧罪自缢。其私
党皆被当时人所痛恨，后亦遭削夺。

【译文】

从道观右边折向西上坡，一里，有座神庙位于石坡上，是座土主庙。
这座庙面向东而庙前有楼阁，楼阁后面夹立着两棵古柏树，拳曲的藤蔓
天矫屈曲，上下连缀着，流淌的泉水，突立的岩石，错落在左右，也是幽
雅寂静的胜景。与何公子相遇，想拉我返回书馆，并且说："家父也希望
见一面。"原来他父亲喜欢延揽奇人，所以他的儿子想邀请我相见。我
约好在下山后前去拜见。后来打听到，姓何的以进士身份起家，是个名叫何可及的
人，回忆起他因为是魏忠贤的党羽被削夺官职，后来就没去。于是从庙右边往西上
行，从这里起仰面攀登高处，沿着下垂的山坡上登，三里，转到前突的山
崖之上。这座山崖突兀在山坡右侧，下临深峡，峡谷从峡谷上方的石门
下坠得很深。从此处往上眺望，两边的石崖像门一样并立，高高靠在峰
顶，石门内岩石环立，翠色掩映，仿佛云中有旌旗羽衣出没。愈加鼓足
勇气一直上登，道路曲折，高悬陡峻，又行一里后登上石门左边的石崖。
石崖上有座小石塔，沿着石崖向西进去，两边石崖从中分开，上方直插
云霄，而下面很是平坦。崖壁中有三间佛寺，左右的柱子恰好支撑在两
边的石崖上，而峡谷从寺前下坠，道路从左边的石崖进去，经由右边石
崖石壁上的栈道绕向前方以便登上玉皇阁。佛寺的后方，有一池水，把
从后面的峡谷中滴落的小股水流引来，水池上方有飞空的岩洞嵌在右
边的石崖上，一个僧人借着岩洞居住。在两面崖壁夹立的峡谷底，正午
见不到阳光，只有空阔的翠色和冷冷的云雾，缠绵在门窗之间而已。经
由石崖底部山坳中的山坡登上石门内的山坞，有三清阁；经由石崖右侧

走过栈道登上前边的石崖,有玉虚亭,咫尺之间有幽闭和空旷的不同。我于是先去那空旷的地方,就踩着栈道绕到右边石崖的前方。栈道高高悬空几丈,上下都是绝壁,头上高耸云天外,脚下插入峡谷底,栈道架空而横靠着崖壁。向东越过前边的石崖,于是绕到南面的石崖,由西转向北登上石崖顶端,就是峡谷石门右侧石崖的绝顶了。绝顶向东高悬,三面陡峭如削,凌空而立,无依无靠。前方俯瞰着平川,烟波村树,历历在目,如同画卷倒着铺开。向后面眺望里面的峡谷,峡谷中回环着葱翠之色,如同芙蓉般的城而有花蕊般的门阙,互相掩映,深远葱茏不可测。峰头上之容得下一座楼阁,楼中供奉着玉皇大帝。

余凭揽久之,四顾无路,将由前道下栈,忽有一僧至,曰:"此间有小径,可入内峡,不必下行。"余随之,从阁左危崖之端,挨空翻侧,践崖纹一线,盘之西入,下瞰即飞栈之上也,半里而抵内峡之中。峡中危峰内簇,瓣分蒂绾,中空如莲房。有圆峰独穹于后,当峡中峙,两旁俱有峰攒合,界为两峡,合于中峰前。旁峰外缀连冈,自后脊臂抱而前,合成崖门,对距止成线峡。外围中簇,此亦洞天之绝胜矣。冈上小峰共有五顶,土人谓上按五行,有金木水火土之辨。此亦过求之论,即不藉五行,亦岂输三岛哉?中峰前结阁,奉三清[①],前有古柏一株颇巨,当两峡中合之上。余欲上蹑中峰,见阁后路甚仄,陟左峡而上,有路前蹈峡门左崖之顶,乃陟峡而北蹑之。东出西转,有塔峙坡间,路至此绝。余犹攀巉践削,久之不得路,而杨氏之子与担夫俱在下遥呼,乃返。从内峡三清阁前下坠峡底,共一里而至峡门内方池上,就岩穴僧栖,敲火沸泉,以所携饭投而共哎之。乃与僧同出峡门,循左崖东行。僧指右峡壁间突崖之下,石裂而成峡,下临绝壑,中嵌巉崖,其内直逼山后莽歇,峡中从来皆虎豹盘踞,无敢入者。余欲南向悬崖下,僧曰:"既无路而有虎,君何苦必欲以身试也。且外阻危崖,内无火炬,即不遇虎,亦不能入。"杨氏子谓:"急下山,犹可觅罗尤温泉。此不测区,必不能从也。"乃随之东北下山。一里,路分两岐:一循山北下,为入州便道;一直东随坡下,即来时道。僧乃别从北去,余仍东下。一里,路左有一巨石,当坡东向而峙,下瞰土主庙后,石高三丈,东面平削,镌三大天王像于上,中像更大,上齐石顶,下踏崖脚,手托一塔,左右二像少杀之,土人言,土司出兵,必宰猪羊夜祭之,祭后牲俱乌有,战必有功。是为天王石。又下一里,至土主庙南,乃逾涧南上坡,循西山之东,逾坡度坞,南向而行。村之倚坡临川者,篱舍屈曲,竹树扶疏[2],缀以夭桃素李,光景甚异,三里余而得一巨村,则金华之峰,至是南尽。又下为盘岭,回亘南去,兰州之道,由是而西逾之,从杨村而达焉。

【注释】

①三清:道教称天上有三种最高仙境,其中居住着三位最高天神,即玉清元始天尊、上清灵宝天尊、太清太上老君,合称"三清"。

②扶疏:树木高大,而且枝叶茂盛分披。

【译文】

我凭栏观览了很久,四面环顾没有路,将要从先前的路下到栈道,忽然一个僧人来到,说:"这里有条小径,可以进入里面的峡谷,不必往下走。"我跟随着他,从楼阁左边危崖的前端,凌空挨着石崖侧边翻越,踩着崖壁上一线宽的石纹，向西绕进去，向下俯瞰就在飞架在空中的栈道上方，半里后来到里面的峡谷中。峡中险峰成簇聚在里面，如花瓣分开，似花蒂盘结，中间空如莲蓬。有座圆圆的山峰独自穹窿在后面，在峡谷正中间耸峙，两旁都有山峰聚合在一起，隔成两道峡谷，在中峰的前方会合。旁边的山峰外连缀着山冈，从后面的山脊处像手臂样向前围抱，合成石崖门，峡谷两边相对的距离成为一条线。外面围着中间簇拥，这也是绝顶优美的洞天了。山冈上的小山峰共有五座山顶，当地人认为上面按照五行，分为金、木、水、火、土五座山峰。这也是过分苛求的言论，即使不借助于五行，难道又会输给东海的三座仙岛吗？中峰前建有楼阁，供奉三清神像，前方有一棵古老的柏树相当巨大，位于两条峡谷在中间会合处的上方。我想要上登中峰，看见楼阁后面的路很窄，沿着左边的峡谷上走，有条路通往峡口左边石崖的顶上，就穿过峡谷往北攀登。从东边出来向西转，有座塔矗立在山坡上，路到此断了。我仍然攀爬在悬崖峭壁间，很久找不到路，而杨贡生的儿子与挑夫都在下面远远地呼叫，只好返回来。从里面峡谷三清阁前下坠到峡底，共行一里后来到峡口内的方形水池上，就着僧人住的岩洞，点火烧泉水，把带来的饭放入水中后一同分了吃。于是与僧人一同走出峡口，沿着左边的石崖往东行。僧人指点说，右边峡谷绝壁间前突崖石的下面，岩石裂成峡谷，下临断绝的壑谷，中间嵌有巉岩，那里面一直通到山后的莽歇岭，峡中从来都是虎豹盘踞的地方，无人敢进去。我想向南从悬崖上下去，僧人说："既无路又有虎，您何苦一定要以身试险呢！况且外面有危崖阻隔，里面没有火把，即使没遇上老虎，也不能进去。"杨贡生的儿子说："赶快下山，还可以去找罗尤温泉。这是不能预测危险的地方，必定不能从这里走。"于是跟随他们往东北下山。一里，路分为两条岔路：一条顺着山往北下走，是去州治的便道；一条笔直往东顺着山坡下走，就是来时走的路。僧人于是告别从北边去了，我仍旧向东下行。一里，路左边有一块巨石，位于坡上向东矗立，下方俯瞰土主庙的后面，巨石高三丈，东面平滑如刀削，上面刻有三大天王的神像，中间的天王像更大，上面与岩石顶齐平，下面踏着石崖脚，手中托着一座塔，左右二位天王像稍矮一些，当地人说，土司要出兵，一定要宰杀猪羊在夜里祭祀神像，祭祀后祭品都没有了，作战必定成功。这是天王石。又下行一里，来到土主庙南边，就越过山涧往南上坡，沿着西山的东面，翻越山坡穿过山坞，向南前行。有靠着山坡面临平川的村庄，弯弯曲曲的篱笆围着村舍，竹丛树木疏密有致，点缀些妖艳的桃花素雅的李花，风光景色甚是奇异，三里多后走到一个大村子，就见金华山的山峰，延伸到这里到了南面的尽头。又下去是盘绕的山岭，回绕着往南绵亘而去，去兰州的路，由这里往西翻越山岭，经由杨村后就到达那里了。

　　由村南东盘东突之嘴，共里余，南转而得罗尤邑，亦百家之聚也。其处有温泉，在村洼中出，每冬月则沸流如注，人争浴之，而春至则涸成污池焉。水止而不流，亦不热矣。有二池，一在路旁，一在环堵之内，今观之，与行潦无异。土人言，其水与兰州温泉彼此互出，溢于此则彼涸，溢于彼则此涸。大意东出者在秋冬，西出者在春夏，其中间隔重峦绝箐，相距八十里，而往来有时，更代不爽，此又一异也。村中有流泉自西峡出，人争引以灌，与温泉不相涉。其上有石龙寺，以晚不及探，遂由大道北返。四里，北越一桥，桥北有居庐，为水寨村。从村北折而西，望金华山石门之峡，高悬双阙，如天门复峙。又二里，北抵州治，入南街，又里余而返寓。

　　【译文】
　　由村南向东绕过向东前突的山嘴，共一里多，往南转后走到罗尤邑，也是个百户人家的聚落。此处有温泉，在村子的洼地中流出来，每到冬月沸腾如注的泉水流出来，人们争相洗浴，而春天来临就干涸成污水池。泉水静止不流，也不热。有两个水池，一个在路旁，一个在围墙之内，今天看来，和积水的凹坑没有两样。当地人说，这泉水和兰州的温泉彼此互通，在此地溢出来则那里就干涸，那里溢出来则这里就干涸。大体上秋冬季在东边流出来，春夏时在西边流出来，这中间隔着重重山峦和绝深的山箐，相距八十里，可泉水按季节流来流去，东西交替不出差错，这又是一件奇异的事。村中有流动的泉水从西面峡中流出来，人们争着引水来灌溉，与温泉不相干。村子上面有座石龙寺，因为天晚来不及探访，就由大路向北往回走。四里，往北越过一座桥，桥北有居民房屋，是水寨村。从村北转向西，远望金华山石门的峡谷，像双阙高悬，如天门远远矗立。又行二里，往北抵达州治，进入南街，又行一里多后返回寓所。

十五日　余欲启行，闻杨君乔梓言莽歇岭为一州胜处[①]，乃复为一日停。命担者裹饭从游，先从崖场入。崖场者[②]，在金华北峰之下，有涧破重壁而东出，剖层峰为二，其内皆云春水碓，极幽寂之致。莽歇正道，当从南崖上；余意披峡而西，由峡底觅道上，更可兼尽，遂溯流入。始缘涧北，不得入。仍渡涧南西入，南崖之上，即昨桃花迷坞处，而此当其下嵌。矫首两崖逼霄，但谓涧底流泉，别有天地，不复知峰头春色，更占人间也。曲折三里，只容一溪宛转，乱春互答。既而峰回峡转，前岭西亘，夹涧北来，中壑稍开，环崖愈嵌，路亦转北，而回眺西南岭头，当是莽歇所在，不应北入。适有樵者至，执而问之，曰："此涧西北从后山来。莽歇之道，当从西亘之岭，南向蹑其脊，可得正道。"余从之。遂缘西亘岭西南跻之，虽无路径，方位已不出吾目中。一里余,遂南蹑其北突之脊,东来之路,亦逾此转南矣,遂从之。此峰自金华山北向横突,从此下坠,前尽于崖场峡口,后尽于所逾之脊。其西又有山一支,亦自南北向横突金华山之后,而为北下之峡。盖二山俱从西南老君山来,分支并驰,中夹成箐,石崖盘错,即所谓莽歇岭也③。于是循金华山之西南向二里,又渐下者半里,而抵箐中。其箐南来,东崖即金华北岭之后,西崖是为莽歇,皆纯石危亘,骈峡相对,而路当其下。先有一崖,北向横障箐中,下嵌成屋,悬覆二丈余,而东北一石下垂,如象鼻柱地,路南向无隙。从象鼻卷中,傍东崖上透,遂历覆崖之上。望东西两崖,俱有石庋壁覆云,而西崖尤为突兀,上露两亭,因西向蹑危登之。其亭皆东向,倚崖缀壁,浮嵌敧仄,而南列者较大,位佛像于中。左壁有泉自石镵出,下涵小池而不溢。北亭就嵌崖通路。撼虚而过,得片石冒亭其上,三面悬削,其路遂绝。此反北凌箐口,高出象鼻覆崖之上矣。凭眺久之,闻木鱼声甚亮④,而崖回石障,不知其处。复东下箐底,溯细流北入,则西崖转嘴削骨,霞崩嶂压,其势弥异。半里,矫首上眺,或下嵌上突,或中刳旁裂,或层堆,或直劈,各极骞腾。有书其上为"天作高山"者,其字甚大,而悬穹亦甚高,或云以篾箩藤索,从峰顶倒挂而书者。西崖有白衣大士,东崖有胡僧达摩,皆摩空粘壁而成,非似人迹所到也。更南半里,有玉皇阁当箐中。由此攀西崖,挋石磴,有僧嵌一阁于崖隙。其阁亦东向。其崖上下陡绝,中嵌横纹,而阁倚之。挨横纹而北,又覆一亭,中供巨佛,倚壁而立,以崖逼不容青莲座也。其北横纹迸绝矣。前闻鲸声遥递，即此阁僧。其师为南都人，茹淡辟幽，栖此有年，昨以禅诵赴崖场，而守庐者乃其徒也，留余待之。余爱其幽险，为憩阁中作记者半日。

【注释】

①乔梓(zǐ)：原为二木名，乔树果实向上，梓树果实下俯，因以此比喻父子。

②崖场：今作岩场，在剑川县稍西北，永丰河出山口。

③莽歇岭：今作满贤林，意为贤士荟萃的山林。在剑川县城西，金华山后，海拔2500米。亦风景胜地。近年，当地工匠就山崖雕遍大小不同、形态各异的石狮群，俗称千狮山。

④木鱼：佛教法器名，以木雕挖成鱼形，中空。念经时敲击伴诵，以调音节。下文的"鲸声"即礼佛时敲击木鱼的声音。

【译文】

十五日　我打算上路，听杨君父子说，莽歇岭是全州景色最美的地方，就又为此停留一天。命令挑夫裹上饭随从我游览，先从崖场进去。崖场这地方，在全华山北峰之下，有涧水冲破重重崖壁向东流出来，层层山峰被一剖为二，峡谷内都是在云雾间舂米的水碓，极尽优雅寂静的景致。去莽歇岭的正路，应当从南面的山崖上走；我考虑穿过峡谷往西行，经由峡底找路上走，更能兼及全部景色，就溯水流进去。开始时沿着山涧北岸走，不能进去。仍然渡到涧水南岸往西进去，南面的山崖之上，就是昨天桃花迷乱的山坞处，而此地正在桃花坞下方深嵌之处。抬头看两面的山崖直逼云霄，便只认为涧底流淌着泉水，别有一番天地，不再知道峰头的春光，更是占尽人间美景。曲曲折折三里，峡中只容得下一条溪流弯弯转转，杂乱的水碓互相呼应。不久之后峰回峡转，前面的山岭往西绵亘，夹着山涧向北流来，中间的壑谷稍微开阔了一些，环绕的山崖愈加深嵌，道路也转向北，可回头眺望西南方的岭头，应该是莽歇岭所在的地方，不应该向北进去。恰好有个打柴的人来到，拉着他问路，他说："这条山涧从西北方的后山流来。去莽歇岭的路，应该沿着向西绵亘的山岭走，向南翻越山脊，就可找到正路。"我听从他的话。于是沿着向西绵亘的山岭往西南登山，虽然没有路，具体方位已不会超出我的眼中了。一里多，就往南攀登那向北前突的山脊，东边来的路，也越过这里转向南了，就顺着路走。这座山峰从金华山向北横突，从这里下坠，前面在崖场的峡口到了尽头，后面在我所翻越过的山脊处到了尽头。山的西面又有一列山，也是自南向北横突到金华山的后面，而后成为往北下延的峡谷。大概两列山都是从西南的老君山延伸而来，分支并排延伸，中间夹成山箐，石崖盘绕错落，就是所谓的莽歇岭了。从这里沿着金华山的西面向南行二里，又渐渐下行半里，而后到达山箐中。这个山箐从南边来，东边的山崖就是金华山北岭的后面，西面的山崖就是莽歇岭，都是清一色的石崖高险绵亘，并排相对夹成峡谷，而道路正当山崖下方。先有一座石崖，面向北横挡在山箐中，下面凹嵌成石屋，高悬下覆有二丈多，而东北一块下垂的石柱，如象鼻一样竖在地上，路向南去没有空隙。从象鼻卷中间，靠着东面的山崖往上钻，便经过下覆石崖之上。望见东西两面山崖，都有石壁高架白云覆盖，而西面的山崖尤其突兀，上面露出两座亭子，因而向西踏险登山。两座亭子都面向东，靠着石崖连着崖壁，浮空倾斜，而位于南边的较大，在亭中设了佛像。左边的石壁上有泉水从石峰中流出，下面积水一小池却不外溢。北边的亭子就嵌在崖壁上道路通过的地方，挑选空处过去，有一片岩石盖在亭子上方，三面悬空陡削，道路于是断了。这里往回登上箐口北面，高高站在象鼻和下覆石崖之上了。凭眺了很久，听见有敲木鱼的声音十分响亮，可山崖回绕石壁阻隔，不知木鱼声来自何处。又往东下到山箐底，溯细小的溪流往北进去，就见西面的山崖山嘴回转，骨状壁立，似云霞崩塌，如直立的山峰下压，山势更加奇特。半里，抬头向上眺望，有的下嵌上突，有的中剖旁裂，或者层层堆积，或者一直劈开，各自极尽飞举奔腾的姿态。有人在石壁上写有"天作高山",字非常大,而悬崖穹窿也非常高,有人说是用藤索下坠篾篓,从峰顶倒挂着写成的。西面的崖壁上有观音菩萨,东面的崖壁上有西域僧人达摩,都是凌空贴着崖壁刻绘成的,似乎不是人迹所能到的了。再往南半里,有座玉皇阁位于山箐中。由此地攀登西面的山崖,顺着石阶走,有僧人在石崖缝隙中嵌入了一座楼阁。这座楼阁也是向东。这里的石崖上下陡绝,中间嵌入横向的石缝,而楼阁就紧靠在石缝中。沿着横向的石缝往北行,又覆盖着一座亭子,亭中供着巨大的佛像,靠着崖壁站立,是因为崖石逼仄容不下青莲座。亭子北边横向的石缝断绝了。先前听见木鱼声远远传来,就是这阁中的僧人。僧人的师傅是南京人,吃素开辟了这片幽境,住在此地有些年份了,昨天因为坐禅诵经到崖场去了,而守房子的是他的徒弟,挽留我等待他师傅。我喜爱这里的幽静险要,为此在阁中休息半天写日记。

　　僧为具餐。下午而师不至。余问僧:"此处有路通金华山否?"僧言:"金华尚在东南,隔大脊一重,箐中无路上。东向直蹑东崖,乃南趋逾顶而东下之。盖东崖至是匪石而土,但峭削之极,直列如屏,其上为难。"余时已神往,即仍下玉皇阁,遂东向攀岭上。时有游人在玉皇阁者,交呼:"此处险极难阶!"余不顾,愈上愈峻。二里,有路缘峰腰自南而北,担者欲从北去,余强之南。半里,此路乃东通后岭,非东南逾顶者,乃复东向蹑峻。担者屡后,呼之不至,余不复待,竭蹶上跻,一里余而东逾其脊。从脊上俯视,见州治在川东北矣,乃即从脊南趋。半里,又东南蹑峻上,一里,始凌金华山顶。于是北眺丽江,西眺兰州①,东眺鹤庆,南眺大理,虽嵌重峰之下,不能辨其城郭人民;而西之老君,北之大脊,东之大脊分支处,南之印鹤横环处,雪痕云派,无不历历献形,正如天际真人下辨九州②,俱如一黍也。复从顶脊南行,脊上已有路,直前一里,渐西转向老君,余知乃杨庄道③,乃转而北瞰东向之路,得一线垂箐下,遂从之。下里余,路穷箐密,倾崖倒坎,欹仄蒙翳,下嵌莫测。乃攀枝横跌,跌一重复更一枝,幸枝稠箐密,不知倒空之险。如是一里,如蹈碧海,茫无涯际。既而审视,忽见一塔下涌,虽隔悬重箐,而方隅在目,知去石门,不在弱水外矣。益用攀坠之法,又一里,有线径伏箐间,随之亟行。半里,得中洼之峡,又半里,出三清阁之后,即昨来审视而难从者。于是下峡门,过昨所饭处,皆阒无一人。乃前趋过昨所望虎穴之上,此直康衢,非险道矣。乃从北道循西山北向下,五里而返寓,则担夫犹未归也。

【注释】

①兰州:隶丽江府。元明时治所在今剑川县西部的坡脚。

②真人:修真得道的人,传说中的成仙者。道家成仙者,男为真人,女为元君。

③杨庄:十四、十七日记皆作"杨村",今剑川县西北隅仍有杨家村,距老君山不远。

【译文】

僧人为我准备了午餐。下午法师还没到。我问僧人:"此处是否有路通往金华山?"僧人说:"金华山还在东南方,隔着一层大山脊,山箐中无路上走。向东一直登上东面的山崖,就向南越过山顶后往东下山。东面的山崖延伸到那里不是石山而是土山,但陡峭峻削到极点,笔直排列如同屏风,那上去的路十分艰难。"我此时已经神往,立即仍然下到玉皇阁,就向东攀登山岭上走。这时有在玉皇阁游览的人,交相呼叫:"此处极其危险,难以上登!"我不理会,越上走越险峻。二里,有路沿着山峰半中腰自南通向北,挑夫想向北去,我强逼他往南走。半里,此路是往东通向后面山岭的,不是往东南翻越山顶的路,就又向东上登险峻的山峰。挑夫屡次落后,呼叫他不见来,我不能再等,竭力跌跌撞撞上登,一里多后往东越过山脊。从山脊上俯视,见到州治在平川的东北方了,于是立即从山脊上往南赶去。半里,又往东南踩着险峻的山路上走,一里,这才登上金华山山顶。在这里向北眺望丽江府,向西眺望兰州,向东眺望鹤庆府,向南眺望大理府,虽然深嵌在重重山峰之下,不能分辨出那里的城郭人民;可西面的老君山,北面的大山脊,东面大山脊分支的地方,南面印鹤山横亘环绕之处,雪山的痕迹和云样的山系,无不历历在目,献出形迹,正像天边的仙人,分辨下方的九州,都像一粒黍子。又从山顶上的山脊往南行,山脊上已经有路,一直前行一里,渐渐向西转,面向老君山,我知道是去杨庄的路,于是转向北俯瞰着向东去的路,见到一条线一样的路下垂到山箐中,就顺着这条路走。下行一里多,路断了,山箐林密,斜立的石崖,倒立的土坎,倾斜浓密,下嵌很深,无法推测。就攀着树枝横着下跌,跌下去一层再换一条树枝,幸好树枝竹丛稠密,不觉得倒腾在空中的危险。如此一里,如踩在碧绿的海洋中,茫无边际。不久之后仔细查看,忽然看见一座塔在下面涌出来,虽然悬隔着重重山箐,而方位已在眼中,心知距离石门,不会在几千里的弱水之外了。再用攀挂悬坠的方法,又是一里,有条线一样宽的小径伏在山箐间,顺着这条路急忙前行。半里,走到中间下洼的峡谷,又行半里,出到三清阁的后面,就是昨天来时仔细查看却不能走的地方。于是下到峡口,走过昨天吃饭的地方,都寂静无一人。便往前赶,走过昨天望见虎穴的上面,这里一直是平安的大路,不再是险途了。于是从北道沿着西山向北下山,五里后返回寓所,而挑夫还没回来。

　　十六日　平明，炊饭而行。遵南街出，七里至罗尤邑。余以为将滨湖而行，而大道俱西南循坡，竟不见波光渚影。途中屡陟冈越涧，皆自西向东，而冈涧俱不巨，皆有村庐。八里，一聚落颇盛。从其南又一里，大路将东转而趋海门桥[①]，有岐西南入，乃石宝山道也，从此始与大道别。南瞻印鹤山，尖耸而当湖之南，为一川之南屏。其脉自湖东南下伏，而西度复耸，故榆城大道，过海门桥绕湖南而东，由其东伏处南逾而出观音山；湖流所注，由海门桥绕山北而西，由其西尽处南捣而下沙溪。石宝山又在印鹤西南，东隔此溪南下，又西隔驼强江北流，故其路始从此溪北峡入，又从驼强江东峡渡，然后及石宝之麓焉。由岐路循西坡南下，一里，度一峡，从峡南上，转而西行，二里余，已遥望石宝山尖穹西大峰之南矣。

【注释】

　　①海门桥：今称海门口，在剑湖出口。曾在此发现新石器时代晚期水边村落遗址和三千八百年前的青铜器时代早期文物。

【译文】

　　十六日　天亮时，做饭吃后动身。沿着南街出来，七里到罗尤邑。我以为就要沿着湖边走，可大路都是往西南沿着山坡走，竟然见不到波光湖影。途中多次上登山冈越过山涧，都是自西向东走，而山冈山涧都不大，都有村居房屋。八里，一个村落相当兴盛。从村落南边又行一里，大路就要转向东通往海门桥，有条岔路向西南进去，是去往石宝山的路，从此处开始与大路分别。往南远看印鹤山，尖尖耸起而位于湖水的南岸，是整个平川南面的屏障。印鹤山的山脉自剑湖的东南往下低伏，而后往西延伸再耸起，所以去大理府城的大路，经过海门桥绕道湖水南岸往东走,经由东面山脉低伏处向南穿越后出到观音山;湖水的流向,经由海门桥绕流到山的北面后往西流,经由山脉西面的尽头处向南冲捣后下流到沙溪。石宝山又在印鹤山的西南,东边隔着这条往南下流的溪流,西边又隔着向北流的驼强江,所以这条路才从这条溪流北岸进入峡中,又从驼强江东岸渡过峡谷,然后才到达石宝山的山麓。由岔路沿着西面的山坡向南下行,一里,穿过一个峡谷,从峡谷往南上走,转向西行,二里多,已远远望见石宝山的山尖隆起在西面大山峰的南面了。

于是复西南下一里,涉涧,乃南向升层冈,峡中曲折三里,始南逾其脊。南下二里,有水自西南峡来,至此折而东去,是为驼强江,有大石梁南跨之,桥南环塍连阡。南陟之,半里,有村庐倚南坡下,颇盛,是为驼强村。从村南复随箐南上,一里余,登岭脊。从脊上西望,老君山雪色峥嵘,在重峰夹涧之西,始知石宝之脉,犹从金华南下,而尽于驼强北转之处;若老君之脉,则南从横岭而尽于黑会、澜沧之交矣。平行脊上一里余,稍南下,度峡坳,半里,东望海门桥之溪,已破峡嵌底而南,有路随箐直下而就之,此沙溪道也;有岐南上盘西峰之南,此石宝道。乃南上盘峰,一里余,凌峰之南,遂西转而饭。从岭头西向行二里,稍下而逾脊西,随之南转西向,一里,又西南逾其北突之崖,始平望石宝之尖,与西峰并峙,而白塔高悬其间。

【译文】

从这里再往西南下行一里,涉过山涧,就向南爬升层层山冈,曲曲折折走在峡中三里，才向南翻越山脊。往南下行二里，有江水从西南峡中流来，流到此处转向东流去，这是驼强江，有座大石桥跨到江南，桥南田地环绕阡陌相连。过到桥南，半里，有个村庄紧靠在南面山坡下，很是兴盛，这是驼强村。从村南又顺着山箐往南上走，一里多，上登岭脊。从岭脊上向西望，老君山雪景峥嵘，在重重山峰山涧相夹的西面，这才知道石宝山的山脉，还要从金华山往南下延，而后在驼强江向北转的地方才到尽头；至于老君山的山脉，则是从横向排列的山岭处向南延伸，而后在黑会江、澜沧江的交汇处到了尽头。平缓行走在岭脊上一里多，渐渐往南下行，越过峡中的山坳，半里，向东望海门桥的溪流，已经冲破峡谷嵌入峡底往南流去，有条路顺着山箐一直下走后通向溪流，这是去沙溪的路；有条岔路向南上走绕到西峰的南面，这是去石宝山的路。于是向南上行绕着山峰走，一里多，登上山峰的南面，就向西转后吃饭。从岭头向西行二里，稍下走后翻越到山脊西面，沿着山脊南面向西转，一里，又往西南翻越那向北前突的山崖，开始平视石宝山的山尖，与西峰并排对峙，而白塔高悬在山上。

南一里，遂坠壑直下，一里，抵崖麓，则驼强江自南而北，奔流石峡中，而两崖东西夹峙，巉石飞骞，古木盘耸，悬藤密箐，蒙蔽山谷，只觉绿云上幕，而仰不见天日，玉龙下驰，而旁不露津涯。盖西即石宝之麓，东乃北绕之峰，骈夹止容一水，而下嵌上逼，极幽异之势。循东崖南行三里，夹壁稍开，有石梁西度，立梁上四眺，尚不见寺托何处。梁南两崖，溯水而上，已无纤径，而桥东有路，南逾东峰，则沙溪之道也。度桥西半里，西壁稍开，中坠一坑，甚峻，有巨阁当其口，已倾圮不蔽风雨，而坑中亦无入路，惟仰见其上盘崖层叠，云回幛拥，如芙蓉十二楼，令人目眩心骇。路循坑右盘崖磴曲折上，一里余而入石宝寺山门①。门殿三四层，俱东向，荒落不整，僧道亦寂寥；然石阶殿址，固自雄也。

【注释】

①石宝寺：在剑川县城南25公里，占地面积约11平方公里，分为石钟寺和宝相寺两部分。石宝山区遍布天然奇石。《重建石宝山祝延寺碑记》载，宝相寺周围"灵泉结乳，怪石磊磊，作仙佛相，鸟兽相，钟鼓琳琅相，种种天成。"后因改祝延寺为宝相寺。康熙《剑川州志》载："钟山，石宝山南，其中有石龛、石佛、石狮、石虎、牛、马。"石钟寺周围更甚。

作者按：宝相寺坐落山北，山高谷深，树密藤拥，奇花异草甚多，以自然风光取胜。宝相寺依筑在高耸的削壁上，沿石栈转折攀登，分上下两层，下层有大殿，上层为玉皇阁。海云居（回龙寺）在万树丛中，别有天地。还有牛魔王洞，据说长达五百米，约可容千人。

石钟寺在宝相寺南五公里，文物价值最高，有西南边疆规模最大的石窟群，包括石钟寺八窟，其北的狮子关三窟，其南的沙登村后山谷中五窟。石窟反映的内容极为广泛，在大量的佛像中，还夹有"剖腹观音"，"愁面观音"，"酒醉鬼观音"和属于密宗系统的八大明王雕像。其中三窟雕南诏王及其家属官吏等，还有"波斯国人"雕像，藏文题记。有一窟雕一女性生殖器，白族语称为"阿盎白"，一直受到祷拜。石窟保留了南诏、大理以来的大量题记，如"大理圙"、"天启十一年"（850）、"盛德四年"（1179）等，明代李元阳重游石宝山题诗亦保留至今。该石窟开凿于南诏，大理时也有增刻，为我们保留了研究南诏历史的生动资料，被列为全国重点文物保护单位。

进入石宝山区的路线不同。一般人由南而北，从沙溪坝子北端的甸头村登山,先石钟后宝相;若由公路边的明涧哨岔路口往西进山,则先到海云居;徐霞客从北而南,先宝相后石钟,宝相即《游记》中所称石宝寺,但因无人向导,把石钟寺石窟错过了。

【译文】

往南行一里,就望着壑谷一直下坠,一里,抵达山麓,就见驼强江自南往北流,奔流在石山峡谷中,而两面的石崖东西夹立对峙,高险的山石斜飞,古树盘绕高耸,高悬的藤蔓,浓密的竹丛,遮蔽山谷,只觉得头上是幕布一样的绿云,而抬头不见天日,下方江水似玉龙奔驰,而江畔不见露出的渡口江岸。大概西面就是石宝山的山麓,东边是向北绕的山峰,并排夹立只容得下一条江水,而下面深嵌上方逼窄,极尽幽深特异的气势。沿着东面的石崖往南行三里,夹立的崖壁稍微开阔一点,有座石桥过到西边,站在桥上四面眺望,还看不见佛寺在何处。桥南两面是石崖,逆江水上行,已经没有小路,而桥东有条路,往南翻越东峰,就是去沙溪的路了。过到桥西行半里,西面的崖壁逐渐变开阔,中间下坠成一个深坑,非常陡峻,有座巨大的楼阁正在坑谷口,已经倒塌不能遮蔽风雨,而且也没有进入坑中的路,只是仰面见到坑谷上方盘绕着层层叠叠的石崖,如云朵样缭绕着,似幛子状拥围着,如同十二层楼高的芙蓉,令人目眩心惊。道路沿着坑谷右边绕着崖壁上的台阶曲折上走,一里多后进入石宝寺的山门。山门佛殿有三四层,都是面向东,荒凉冷落不整齐,和尚道士也很稀少;然而石阶和殿址,自身本来就很雄壮。

余停行李于后殿之右,一老僧栖其后,初不延纳。余不顾,即从殿北盘左腋,穷北岩二重,复下,从殿南盘右腋,穷北岩一重,再下,则老僧已炊黄粱相待。时已下午,复从右腋上玉皇阁,穷塔顶,既暮始下。盖后殿正嵌崖脚,其层亘之崖,重重上盘,而路各从两旁腋间,分道横披而入,其前既悬削,不能直上,而上亦中断,不能交通,故殿后第一层分嵌三窍,北窍二重,路从北腋转,南窍一重,路从南腋转,俱回临殿上,而中间不通。其上又环为第二层,殿后仰瞻不见也。路又从玉皇阁北转,即凭临第一层之上,从突崖北陟,蹑北支西上三里余,凌后峰之顶。顶颇平,西半里,有白塔当坪间,又中洼为土塘者二而无水。洼之南,皆石坡外突,平庋如塘堰,而石面有纹如龙鳞,有小洼嵌其上,皆浅而有水。其顶即西并大峰,其峰横列上耸,西拥如屏,欲蹑其上,路绝日暮而止。僧言其上有天成石像,并不竭石池,余所睹颇不一,亦少就雕刻,不辨孰为天成也。

【译文】

我把行李停放在后殿的右侧,一个老和尚住在殿后,起初不接纳我。我不理会,立即从殿北绕到左侧,去穷究北面的两层陡岩,又下来,从殿南绕到右侧去穷究北面的一层陡岩,再次下来,则见老和尚已经煮好黄米饭等着了。此时已是下午,又从右侧上登玉皇阁,穷究塔顶,黄昏后才下来。原来后殿正嵌在石崖脚下,那层层绵亘的石崖,一层层向上盘绕,而道路各从两旁的侧旁间,分为两条路横穿进去,前方既悬空陡削,不能径直上走,而往上走路也中断,不能通行,所以殿边的第一层分别嵌着三个洞穴,北边的洞穴有二重,路从北侧转,南边的洞穴有一重,路从南侧转,都要迂回到殿的上方,但中间不相通。第一层上面又环绕成为第二层,在殿后抬头看不见了。路又从玉皇阁向北转,随即登临第一层的上方,从突立的崖石往北上走,登上北面的支脉往西上走三里多,登上后峰的峰顶。峰顶很平缓,向西半里,有座白塔立在平地中,又有两个中间下洼没有水的泥塘。洼地的南边,都是向外突的石坡,平架着如同水塘的堤坝,而且石头表面有如同龙鳞的纹路,有小凹坑嵌在岩石上,都很浅但有水。这峰顶西面就是并列的大山峰,大山峰横列向上高耸,向西围抱如同屏风,想要登到那上面去,因道路断绝天色已晚而止步。僧人说,峰顶上有天然形成的石像,以及不会枯竭的石头水池,我所看见的不止一处,也有稍作雕刻的,分辨不出哪里是天然生成的了。

十七日　由石宝饭而下山。二里,度桥东上,即转东南,二里,东逾其脊,乃转而南行。渐下,转而西南,三里,又转而东,一里,循山南转。其地马缨盛开①,十余小朵簇成一丛,殷红夺目,与山茶同艳。二里,过一南度之脊,里余,越岭而南,始望见沙溪之坞,辟于东麓。所陟之峰,与东界大山相持而南,中夹大坞,而剑川湖之流②,合驼强江出峡贯于川中,所谓沙溪也③。其坞东西阔五六里,南北不下五十里,所出米谷甚盛,剑川州皆来取足焉。从岭南行又二里,峰头石忽涌起,如狮如象,高者成崖,卑者为级,穿门蹈瓣,觉其有异,而不知其即钟山也。去而后知之,欲再返观,已无及矣。又一里,遂东南下,三里及其麓。从田塍间东南行,二里,得一大村,曰沙腿④。遇一僧,即石宝山之主僧也,欲留余还观钟山,且言:"从此西四十里,过蕨食坪,即通杨村、兰州,由兰州出五盐井⑤,径从云龙州抵永昌,甚便。"余将从之,以浪穹何巢阿未晤,且欲一观大理,更闻此地东去即观音山,为鹤庆、大理通道,若舍此而西,即多未了之愿。

【注释】

①马缨:当指杜鹃花科马缨杜鹃,为常绿灌木至小乔木,花色深红

艳丽，云南全省皆有分布。《滇海虞衡志》载："马缨花，冬春遍山，山氓折而盈抱，入市供插瓶，深红不下于山茶。"

②剑川湖：此湖流出的水即前称"黑会"，今作黑惠江，往南流入澜沧江。驼强江今称羊岑河、桃园河。

③沙溪：今名同，在剑川县南境。

④沙腿：南诏、大理时已称沙退，见石宝山石窟题记。即今沙登村，在石钟山东南麓，甸头村南。

⑤五盐井："五盐井"之说始于明初。洪武十六年（1383）设五井盐课提举司于诺邓，并在所辖的诺邓井、大井、山井、师井、顺荡井等五处设置盐课大使。万历四十二年（1614）废五井盐课提举司，各井改属云龙州、浪穹县管，仍按习惯概称五盐井。后来新开盐井逐渐增多，旧井又有湮废。虽年湮代久，新旧互异，数量变化，但直到近代仍有"云龙五井"的说法。"五盐井"产区主要分布在沘江沿岸。今云龙县治为石门井，曾设石门镇，稍北即诺邓井，近年县治改名诺邓镇。石门稍南的宝丰为原洛马井，稍东的和平为原天耳井。师井、顺荡井在今云龙县北部，为聚落名，保存至今。

【译文】

十七日　在石宝寺吃饭后下山。二里，过到桥东上走，随即转向东南行，二里，往东越过山脊，就转向南行。渐渐下行，转向西南，三里，又转向东，一里，围着山往南转。这地方马缨花盛开，十多朵小花簇拥成一丛，殷红夺目，与山茶一样艳丽。二里，越过一条往南延伸的山脊，一里多，越岭往南行，开始望见沙溪所在的山坞，在山的东麓展开来。所登越的山峰，与东面一列大山互相对峙往南延伸，中间夹成大山坞，而剑川湖的水流，汇合驼强江流出山峡后流贯在平川中，是所谓的沙溪了。这个山坞东西宽五六里，南北不下五十里，出产的谷米非常多，剑川州都来这里取粮补充不足。从岭上又往南行二里，峰头的岩石突然涌起，如狮子如大象,高的成石崖,低的成台阶,穿过石门,踩着石花瓣,觉得有些特异,却不知这里就是钟山了。离开后才知道,想再返回去观赏,已来不及了。又行一里,就往东南下行,三里到达山麓。从田野间往东南行,二里,走到一个大村子,叫沙腿。遇见一个僧人,就是石宝山的主持僧人了,想挽留我返回去观览钟山,并说:"从此地往西走四十里,经过蕨食坪,就通往杨村、兰州,由兰州去到五盐井,经过云龙州去到永昌府,十分便捷。"我将要听从他的话,但因为还没见到浪穹县的何巢阿,而且想去观看一下大理府,更听说此地往东去就是观音山,是去鹤庆府、大理府的通道,如果舍弃这里往西去,就有许多未了却的心愿。

乃别僧东南行塍间,三里至四屯①,村庐甚盛,沙溪之水流其东,有木梁东西驾其上,甚长。度桥,又东南望峡坡而趋,二里,由峡蹑坡东向上者五里,得一坡顶,踞而饭。又东一里余,见路右有峡西坠如划堑,其南有崖北向,一洞亦北向辟门,艰于坠峡,惟隔崖眺望,不及攀也。又东里余,抵东脊之下,有洞自北来,小水流其中,南注西坠峡间。大路涉涧而东逾脊,已乃知其为三营道,如欲趋观音山,当溯涧而北入坞。余乃复返涧西,北向溯之入,行夹中,径甚微,两旁石树渐合。二里出夹,乃东北蹑坡而上,坡间万松森列,马缨花映日烧林,而不闻人声。五里,转而东,又上五里,始蹑其脊。脊南北俱峰,中反洼而成坞,穿坞一里,始东北向而下。望见东界,遥山屏列,上干云汉,而其下支撑陇盘,犹不见下辟之坞也。

【注释】

①四屯：即今仕登，又作寺登。为沙溪镇驻地。

【译文】

于是告别僧人往东南行走在田野间，三里到四屯，村居房屋十分兴盛，沙溪的水流过村东，有座木桥呈东西向架在溪流上，很长。过桥，又往东南望着峡谷山坡赶过去，二里，由峡中的山坡向东上登五里，走到一处坡顶，坐下吃饭。又向东一里多，看见道路右边有峡谷向西深坠像割开的堑壕，峡谷南边有向北的山崖，一个山洞也是面向北敞开洞口，很难坠入峡谷中，只好隔着山崖眺望，来不及攀登了。又向东一里多，抵达东面山脊的下方，有山涧从北边过来，小溪水流淌在山涧中，往南流入向西深坠的峡谷中。大路涉过涧水后向东翻越山脊，随后才知道这是去三营的路，如想去观音山，应当溯涧水往北进入山坞。我于是又返回到山涧西面，向北溯涧水进去，想前行在夹谷中，小径很小，两旁岩石树丛渐渐合拢过来。二里走出夹谷，就往东北上登山坡，山坡上万棵松树森然耸立，马缨花在日光映照下烧红松林，却听不到人声。五里，转向东，又上行五里，才登上山脊。山脊南北都是山峰，中间反而下注成为山坞，穿行山坞一里，向东北方下行。望见东面，远山屏风样排列，上冲云霄，而山下支脉前伸山陇盘绕，还看不见山下开阔的山坞。

坠峡而下二里，又见东麓海子一围，水光如黛，浮映山谷，然其径芜塞，第望之东下。又二里，始有路自北顶而下，随之东北降，又五里余，始及山麓。麓之东，平壑内环，小山外绕，自西大山北麓分支，回环东抱，又转而西，夹于南麓，四周如城，中辟如规，北半衍为平畴，南半潴为海子。海子之水，反西南逼大山之麓，破峡坠去，其中盖另一天也。当壑之中，有居庐骈集，是为罗木哨①。其北冈峰，如负扆独拥于后，而前有庐室倚其阳，是为李氏之居。李名某，以进士任吏部郎。今其家居②。地灵人杰，信有征哉。东行塍畛间二里，过罗木哨村。又东一里余，有大道自西北向东南，交过之。又东半里，抵东冈下，循之而北，半里，乃东向逾坳而上，又半里乃下，及其东麓，数家濒东溪而居。其溪自三岔路洄峡发源，经观音山过此，而西南绕出洞鼻，合浪穹海子及凤羽闷江，而同入普陀崆，南经中所下洱海者也。其时将暮，担者欲止，问村人不得，乃误从村南度小桥，由溪东大道北行。二里，得观音铺村，已日暮矣，遂宿。

【注释】

①罗木哨：今作龙门哨，在洱源县北隅。其南的海子称海西海，南北长 3.6 公里，东西宽 0.9 公里，面积约 2.6 平方公里。岸线长约 10 公里，平均水深 10 米，最深处 16 米。正常水面海拔 2122 米。海子今扩建为海西水库。

②今其家居：原脱此四字，据徐本补。

【译文】

望着峡谷下坠二里，又见到东麓有海子一片，水光如青黑色，浮光映照山谷，然而这条小径荒芜闭塞，只是望着海子往东下走。又行二里，才有路从北边的山顶下来，顺着路向东北下降，又行五里多，才来到山麓。山麓的东边，平敞的壑谷在里面环绕，小山在外面围绕，自西面的大山北麓分出支脉，向东回环围抱，又转向西，夹在南麓，四周如同城墙，中间开阔如像圆规画成的，北半边地势低平成为平旷的田野，南半部积水成为海子。海子的水，反而向西南逼近大山的山麓，冲破山峡泄流出去，峡谷中大概是另一番天地了。在壑谷的中间，有居民房屋聚集，这是罗木哨。它北面的山冈峰峦，如背靠的屏风独自拥围在后方，而前方有房屋紧靠山的南面，这是李氏的居所。李某，以进士身份出任吏部郎。如今他在家闲居。地灵人杰，确实有应验。往东行走在田野间二里，经过罗木哨村。又往东行一里多，有条大路从西北通向东南，交叉走过大路。又向东半里，抵达东面的山冈下，沿着山冈往北行，半里，就向东穿越山坳往上走，又行半里才下走，到达山冈的东麓，有几家人濒临东溪居住。这条溪流从三岔路的峡谷山涧中发源，流经观音山后流过此地，而后往西南绕过出洞鼻，汇合浪穹海子和凤羽冈江的水流，而后一同流入普陀崆，往南流经中所下流进洱海。此时天快黑了，挑夫想停下来，问遍村里人找不到住处，就错从村南走过小桥，沿溪水东岸的大路往北行。二里，到观音铺村，天已经黑了，于是住下。

十八日　昧爽促饭，而担夫逃矣。久之，店人厚索余赀，为送浪穹。遂南行二里，过一石桥，循东山之麓而南，七里，至牛街子①。循山南去，为三营大道；由岐西南，过热水塘②，行坞中，为浪穹间道。盖此地已为浪穹、鹤庆犬牙错壤矣。于是西南从支坡下，一里，过热水塘，有居庐绕之。余南行塍间，其坞扩然大开。西南八里，有小溪自东而西注。越溪又南，东眺三营③，居庐甚盛，倚东山之麓，其峰更崇；西望溪流，逼西山之麓，其畴更沃；过此中横之溪，已全为浪穹境矣。三营亦浪穹境内，余始从鸡山闻其名，以为山阴也，而何以当山之南？至是而知沐西平再定佛光寨，以其地险要，特立三营以控扼之。土人呼"营"为"阴"，遂不免与会稽之邻县同一称谓莫辨矣④。

【注释】

①牛街子：今仍名牛街，在洱源县北境。

②热水塘：云南俗称温泉为热水塘，此处专指牛街温泉。该温泉至

今仍存,在牛街稍南的公路边。

③三营:今名同,在洱源县北境。

④"土人呼营"二句:明置绍兴府,山阴、会稽两县同为其附郭县,治所皆在今浙江绍兴。

【译文】

十八日　黎明催促开饭,而挑夫逃走了。很久,店主人多要我的钱,为我送行李到浪穹县。于是往南行二里,走过一座石桥,沿着东山的山麓往南行,七里,到牛街子。沿着山往南去,是去三营的大路;由岔路往西南,经过热水塘,走山坞中,是去浪穹县的便道。原来此地已经是浪穹县、鹤庆府犬牙交错的地带了。从这里向西南从分支的山坡下行,一里,经过热水塘,有村居房屋绕着水塘。我往南行走在田间,这里山坞豁然开阔。往西南行八里,有条小溪自东向西流注。越过溪水又往南,向东眺望三营,居民房屋非常兴盛,紧靠东山的山麓,那里的山峰更加高大;往西远望溪流,逼近西山的山麓,那里的田野更加肥沃;过了这条横在中间的溪流,已全部是浪穹县的辖境了。三营也在浪穹县境内,我最初在鸡足山听到三营的名字,以为是"山阴"二字,却为什么在山的南面?到这里才知道西平侯沐英第二次平定佛光寨,因为那里地势险要,特地设立三营来控制扼守那里。当地人把"营"称为"阴",就不免与会稽县的邻县山阴县是同一个称谓,无法分辨了。

又南十里,则大溪自西而东向曲①。由其西,有木桥南北跨之,桥左右俱有村庐。南度之,行溪之西三里,溪复自东而西向曲。又度桥而行溪之东三里,于是其溪西逼西山南突之嘴,路东南陟陇而行。四里,则大溪又自西而东向曲,有石梁南跨之,而梁已中圮,陟之颇危。梁之南,居庐亦盛,有关帝庙东南向,是为大屯。屯之西,一山北自西大山分支南突,其东南又有一山,南自东大山分支北突,若持衡之针,东西交对,而中不接。大溪之水北捣出洞鼻之东垂,又曲而南环东横山之西麓,若梭之穿其隙者。两山既分悬坞中,坞亦若界而为二。

【注释】

①大溪:即今㳭茨河。

【译文】

又向南十里,有条大溪自西向东弯曲。经由大溪西岸,有木桥南北横跨溪流,桥左右都有村庄房屋。向南过桥,在溪流的西岸行三里,溪流又自东向西弯曲。又过桥后在溪流的东岸行三里,到这里这条溪流往西逼近西山向南前突的山嘴,道路向东南上登土陇前行。四里,就见大溪又自西向东弯曲,有石桥向南跨过溪流,可桥中间已经坍塌,过桥很是危险。桥的南边,居民房屋也很多,有座关帝庙面向东南,这里是大屯。大屯的西面,北边一座山自西面的大山分支向南前突,它的东南又有一座山,在南边自东面的大山分支向北前突,好似保持平衡的指针,东西相对,而中间不相连接。大溪的水向北冲捣着出洞鼻的东垂,又转向南,环绕往东横亘的山的西麓,像梭子一样穿过两山间的空隙。两座山既分别高悬在山坞中,山坞也被分隔为两部分。

于是又西南行塍间,三里,转而西,三里,过一小石梁,其西则平湖浩然,北接海子,南映山光,而西浮雉堞,有堤界其中,直西而达于城。乃遵堤西行,极似明圣苏堤,虽无六桥花柳,而四山环翠,中阜弄珠,又西子之所不能及也。湖中鱼舫泛泛,茸草新蒲,点琼飞翠,有不尽苍茫、无边潋滟之意,湖名"茈碧"①,有以也。西二里,湖中有阜中悬,百家居其上。南有一突石,高六尺,大三丈,其形如龟。北有一回冈,高四尺,长十余丈,东突而昂其首,则蛇石也。龟与蛇交盘于一阜之间,四旁沸泉腾溢者九穴,而龟之口向东南,蛇之口向东北,皆张吻吐沸,交流环溢于重湖之内。龟之上建玄武阁,以九穴环其下,今名九炁台②。余循龟之南,见其腭中沸水,其上唇覆出,为人击缺,其水热不可以濯。有僧见余远至,遂留饭,且及夫仆焉。其北蛇冈之下,亦新建一庵,余以入城急,不暇遍历。

【注释】

①芘(zǐ)碧湖:道光《云南通志》卷六九大理府物产载:"芘碧花产宁湖中,似白莲而小,叶如荷钱,根生水底,茎长六七丈,气清芬,采而烹之,味美于莼。八月花开满湖,湖名芘碧以此。"该湖特产芘碧花,因以名湖。花俗称芘碧莲,属睡莲科草本水生植物。花有白色、粉红,还有花瓣边缘为紫色的,但花蕊都是金黄色。七八月间开放,每天上午十一时陆续开放,正午最盛,下午五时左右闭合,又称"子午莲"。

②炁(qì):同"气"。

【译文】

从这里又往西南行走在田野间,三里,转向西,三里,走过一座小石桥,桥西就是平静广阔的湖面浩浩荡荡,北边连接着海子,南边倒映着山光,而西边浮动着城墙,有堤隔在湖水中,一直往西通到县城。于是沿着湖堤往西行,极像西湖的苏堤,虽然没有六桥花柳,但四面青山环翠,湖中的小土山如串珠样逗弄人,又是西子湖所不能赶上的了。湖中渔舟飘荡,茸茸的水草,新生的蒲草,琼玉点缀,翠色飞舞,有无穷的苍茫无边、水光潋滟的意境,湖取名"芘碧",有原因的呀!往西行二里,湖中有小土山悬在中央,百多家人住在山上。南边有一块突起的岩石,高有六尺，大处有三丈，石头形状像乌龟。北边有一座回绕的土冈，高有四尺，长十多丈，向东前突而且高昂着头，就是蛇石了。龟与蛇交错盘踞在一座小土山之间，四旁是沸腾外溢的九个泉眼，而龟的嘴朝向东南，蛇的嘴朝向东北，都张着嘴吐出沸腾的泉水，交相外溢环流于重重湖水之中。龟的上方建有玄武阁，由于有九个泉眼环绕在阁下，今天名叫九炁台。我绕到龟石的南边，见龟腭中沸腾的泉水，龟的上唇凸出下覆，被人敲缺了，泉水热得不可以洗脚。有个僧人见我远道而来，就留我吃饭，并且惠及挑夫和仆人。土山北面蛇形土冈的下面，也新建有一座寺庵，我因为急于进城，无暇游遍。

　　由台西复行堤间，一里，度一平桥，又二里，入浪穹东门①。一里，抵西山之下，乃南转入护明寺，憩行李于方丈。寺东向，其殿已久敝，僧方修饰之。寺之南为文昌阁，又南为文庙，皆东向，而温泉即洋溢于其北。既憩行李，时甫过午，入叩何公巢阿，一见即把臂入林，欣然恨晚，遂留酌及更②，仍命其长君送至寺宿焉。何名鸣凤，以经魁初授四川郫县令③，升浙江盐运判官。尝与眉公道余素履，欲候见不得。其与陈木叔诗，有"死愧王紫芝，生愧徐霞客"之句，余心愧之，亦不能忘。后公转六安州知州，余即西游出门。至滇省，得仕籍④，而六安已易人而治；讯东来者，又知六安已为流寇所破，心益忡忡。至晋宁，会教谕赵君⑤，为陆凉人，初自杭州转任至晋宁，问之，知其为杭州故交也，言来时从隔江问讯，知公已丁艰先归。后晤鸡足大觉寺一僧，乃君之戚，始知果归，以忧离任，即城破，抵家亦未久也。

【注释】

①浪穹：明为县，隶邓川州，即今洱源县。

②更（gēng）：古代夜间计时的单位，一夜分为五更，每更约两小时。

及更就是直到天黑后打更。

③"何名鸣凤"二句：何鸣凤，字巢阿，云南浪穹（今云南洱源）人。万历四十三年(1615)乡试为经魁。崇祯间，授四川郫县令，后升浙江盐运判官，又转六安州知州。后回家乡，置万卷书，以诱掖后进为己任。著有《半留亭稿》《嵩寮集》。其有关徐霞客的诗，被收入陈函辉《小寒山子集·合刻纪游诗》。经魁(kuí)：科举制度以五经取士，每经各取一名为首，称为经魁。郫县：隶成都府，即今四川郫县。

④仕籍：官吏的名册。

⑤教谕：县学中主持祭祀和考试、教育和管束生徒的学官。

【译文】

由九炁台往西又走在堤上，一里，走过一座平桥，又行二里，进入浪穹县城东门。一里，抵达西山下，就向南转入护明寺，把行李放在方丈中。寺面向东，寺中殿宇已破败了很久，僧人正在修整粉饰。寺院的南边是文昌阁，再南边是文庙，都是面向东，而温泉就在寺北滚滚溢出来。放下行李后，时间刚过中午，进去叩见何巢阿公，一见面就握着手臂请进门，十分高兴，相见恨晚，就留我饮酒直到打更时分，于是命令他的长子把我送到寺中住下。何公名叫鸣凤，最初以经魁的身份被任命为四川省郫县县令，后升任浙江省盐运司判官。曾经和陈眉公说起过，我是布衣平民，想拜见却不能。他写给陈木叔的诗，有"死愧王紫芝，生愧徐霞客"的诗句，我心里对此很惭愧，也不能忘怀。后来何公转任六安州知州，我就出门西游。到云南省后，看到官吏的名册，而六安州已经换了人来治理；向东部来的人打听，才知道六安州已经被流寇攻破，愈加忧心忡忡。到晋宁州时，见到教谕赵君，是陆凉州人，当初从杭州转任来到晋宁州，向他打听，知道他们在杭州是老朋友，说起在他来就任时从与六安州隔江的地方打听过，了解到何公已因为父母去世先回乡了。后来在鸡足山大觉寺见到一个僧人，是何公的亲戚，才知道何公果然回乡了，因父母去世离任，随即六安州城被攻破，回到家也没多久。

十九日　何君复具餐于家，携行李入文庙西庑，乃其姻刘君匏石读书处也。上午,何君具舟东关外,拉余同诸郎四人登舟。舟小仅容四人,两舟受八人,遂泛湖而北①。舟不用楫②,以竹篙刺水而已。渡湖东北三里,湖心见渔舍两三家,有断埂垂杨环之。何君将就其处,结楼缀亭,绾纳湖山之胜,命余豫题联额,余唯唯。眺览久之,仍泛舟西北,二里,遂由湖而入海子。南湖北海,形如葫芦,而中束如葫芦之颈焉。湖大而浅,海小而深,湖名苴碧,海名洱源。东为出洞鼻,西为刷头村,北为龙王庙,三面山环成窝,而海子中溢,南出而为湖。海子中央,底深数丈,水色澄莹,有琉璃光穴从水底喷起,如贯珠联璧,结为柱帏,上跃水面者尺许,从旁遥觑水中之影,千花万蕊,喷成珠树,粒粒分明,丝丝不乱,所谓“灵海耀珠”也。《山海经》谓洱源出罢谷山,即此。杨太史有《泛湖穷洱源》遗碑没山间,何君近购得之,将为立亭以志其胜焉。从海子西南涯登陆,西行田间,入一庵,即护明寺之下院也。何君之戚,已具餐庵中,为之醉饱。下午,仍下舟泛湖,西南二里,再入小港,何君为姻家拉去,两幼郎留侍,令两长君同余还,晚餐而宿文庙西庑。

【注释】

① “遂泛湖”句:该湖即苴碧湖,前称浪穹海子,明代又称宁湖、明河。《明史·地理志》:浪穹县“西北有宁湖,亦曰明河,即普陀江上源。”《明一统志》大理府山川:“明河(即)宁湖,在浪穹县西北五里,周回五十里,水色如镜。”现苴碧湖湖面为 8 平方公里,南北长 6 公里,东西宽 1~2 公里,一般水深 11 米,最深处 32 米,平均水位海拔 2056 米。

②楫(jí)：划船的短桨。

【译文】

十九日　何君又在家备好饭菜，我带着行李进入文庙的西廊庑，是何君的姻亲刘鲍石君读书的地方。上午，何君在东关外准备好小船，拉我和他的四个儿子一同登上船。船小，仅容得下四个人，两条小船乘坐八个人，于是在湖中向北泛舟。船不用浆划，只是用竹篙撑入水中而已。在湖中向东北行船三里，湖心见到两三家渔户的房屋，有断开的堤坝下垂的杨柳围绕着。何君将要在此处建盖楼亭，收揽湖光山色的美景，命我预先题写楹联匾额，我应从了。眺望观览了很久，仍然向西北泛舟，二里，就由湖面进入海子。南面是湖北面是海，形状如像葫芦，而中间紧束如同葫芦的颈部。湖大但水浅，海小却水深，湖名叫茈碧，海名叫洱源。东面是出洞鼻，西面是刷头村，北面是龙王庙，三面山环绕成山窝，而海子充溢在其中，往南流出后成为湖。海子的中央，海底有几丈深，水色澄碧晶莹，有琉璃般的光芒从水底的洞穴中喷起来，如一串串珍珠或连贯的玉璧，结为帷幕状的水柱，向上跃出水面一尺左右，从旁边远看水中的影像，千花万蕊，喷成珍珠样的树，粒粒分明，丝丝不乱，是所谓的"灵海耀珠"的景观了。《山海经》说洱源出自于罢谷山，就是这里。杨太史有《泛湖穷洱源》的遗碑隐没在山中，何君最近买到这块碑，将要为碑建亭子来记载这里的胜景。从海子的西南岸登陆，往西行走在田间，进入一座寺庵，就是护明寺的下院了。何君的亲戚，已经在庵中备好午饭，为此酒饱饭足。下午，仍然下船泛舟湖中，向西南行二里，再次驶入小港，何君被姻亲家拉去了，两个年幼的儿子留下陪我，让两个年长的公子同我一起返回，晚餐后住在文庙西廊庑。

二十日　何君未归，两长君清晨候饭，乃携盒抱琴，竟堤而东，再为九炁台之游①。拟浴于池，而浴池无覆室，是日以街子，浴者杂沓，乃已。遂由新庵掬蛇口温泉，憩弄久之，仍至九炁台,抚琴命酌。何长君不特文章擅藻,而丝竹俱精②。就龟口泉瀹鸡卵为餐,味胜于汤煮者。已而寺僧更出盒佐觞,下午乃返。西风甚急,何长君抱琴向风而行,以风韵弦,其声泠泠,山水之调,更出自然也。

【注释】

①九炁台:今名九气台温泉,在洱源县城东郊九气台村,水温达76℃,可烫熟鸡蛋。当地群众并从温泉沟道上刮取天生磺。村周围今已成陆,四周荷田垂柳,景色秀丽。真武阁今存,为二层木结构建筑。

②丝竹:对弦乐器与竹制管乐器的总称。

【译文】

二十日　何君没回来,两位年长的公子清晨就等候我吃饭,于是带着食盒抱着琴,一直向东走完湖堤,再次去游九炁台。打算在池子中洗浴,可浴池没有房子遮盖,这一天因为是街子天,洗浴的人很杂乱,就没洗。就到新建的寺庵用手捧蛇嘴里的温泉水,休息玩耍了很久,仍旧来到九炁台,弹琴饮酒。何君的大公子不仅擅长文章辞藻,而且精通音乐。就着龟嘴中的泉水煮鸡蛋作为午饭,味道胜过开水煮的。继而寺中的僧人又拿出食盒来助酒,下午才返回来。西风很急,何大公子抱着琴迎风前行,用风声和着琴声,琴声清越,山水之音,更出于自然了。

二十一日　何君归,饭余于前楼,以其集示余,中有为余咏者。余亦作二诗以酬之。

【译文】

二十一日　何君归来,在前楼款待我吃饭,把他的文集给我看,其中有为我吟咏的诗。我也作了两首诗来酬对他。

二十二日　何君特设宴宴余。余以小疾欲暂卧,恳辞不获,强起赴酌。何君出所藏山谷真迹、杨升庵手卷示余。

【译文】

二十二日　何君专门设宴宴请我。我由于生小病想暂时卧床不起,诚恳推辞没有获准,勉强起床去赴宴。何君拿出他收藏的黄山谷的真迹、杨升庵的手卷给我看。

二十三日　何长君联骑同为佛光寨之游。佛光寨者,浪穹东山之最高险处①。东山北自观音山南下,一穹而为三营后山,再穹而为佛光寨,三穹而为灵应山②,其势皆崇雄如屏,连障天半,遥望虽支陇,其中实多崩崖叠壁,不易攀跻,故佛光寨夙称天险。《名胜志》谓为孟获首寨,然载于邓川,而不载于浪穹,误矣。国初既平滇西,有右丞普颜笃者③,复据此以叛,久征不下,数年而后克之。今以其地建灵光寺。从寺后而上,有一女关最险,言一女当关,莫之能越也。颜笃据寨,以诸女子分守峰头,遥望山下,无所不见。从关而上,即通后山之道,北出七坪,南下北牙者也。余闻其胜,故与长君先及之。仍从九氖台,共十里,过大屯石梁。其梁已折而重建,横木桥以度。遂从东北行五里,转而东,从径路又三里,直抵东山下,乃沿山东北上,又二里而及灵光寺。寺门东向,下临遥川,其前坡虽峻而石不多,惟寺前一石,高突如屋。前楼后殿,两庑为炊卧之所,乃何君之伯某府别驾所建,今且就圮矣。余至,先有三客在,皆吕姓,一少而麻衣者,为吕挥使子,其二长者,即其叔也。具餐相饷,为余言一女关之胜,欲即登之,诸君谓日晚不及。迨下午,诸吕别去,何长君亦往三营戚家,余独留寺中,为明晨遍历之计。诸吕留蔬果于僧④,令供余,且导余游。

【注释】

①佛光寨:又称佛光山。《明史·地理志》:浪穹县"东北有佛光山,山半有洞,可容万人,山后险仄,名一女关。"因普颜笃立过旗杆,今名旗杆山,海拔 3119 米。灵光寺今已不存。据《鹤庆县地名志》,佛光山主峰在鹤庆,海拔 3427 米。

②灵应山:今名同,在旗杆山南,隔大河涧相望。海拔 3256 米。

③有右丞普颜笃者:原脱"右丞"二字,据"四库"本补。

④诸吕留蔬果于僧:"果","四库"本作"米"。

【译文】

二十三日　何大公子和我一同骑马去佛光寨游览。佛光寨这地方,是浪穹县东山最高最险要的地方。东山自北面的观音山往南下延,第一次隆起成为三营的后山,再次隆起成为佛光寨,第三次隆起成为灵应山,山势都是高大雄伟如同屏风,高山相连遮住半边天,远望虽然是条状的山陇,山中其实有很多崩塌的山崖和层叠的崖壁,不容易攀登,所以佛光寨素来被称为天险。《名胜志》认为是孟获最重要的山寨,但记载在邓川州,却没记载在浪穹县,错了。建国初年平定滇西后,有个叫普颜笃的右丞,又占据此地叛乱,征讨很久没有攻下,几年后才攻克了这里。今天在此地建了灵光寺。从寺后往上走,有处一女关最险要,说是一个女子挡住关口,无人能够越过。普颜笃占据佛光寨时,派众女子分别据守峰头,远望山下,无所不见。从一女关往上走,就是通到后山的路,是往北出到七坪,往南下到北牙的路。我听说过这处名胜,所以和大公子先去那里。仍然从九炁台走,共十里,走过大屯的石桥。这座桥已经折断而且正在重建,横架木桥过去。于是往东北行五里,转向东,从小路又走三里,径直抵达东山下,就顺着山势向东北上登,又行二里后来到灵光寺。寺门向东,下临远方的平川,寺前的山坡虽然陡峻石头却不多,只是寺前的一块岩石,高高突立如同房屋。前边是楼后边是殿,两边的廊庑是做饭和住宿的地方,是何君的伯父、某府的别驾建盖的,如今快要倒塌了。我来到时,先有三个客人在这里,都姓吕,一个年少而穿麻衣的,是吕指挥使的儿子,其中两个年长的,就是他的叔父了。他们备好饭请我吃,对我说起一女关的胜景,我想立即去登一女关,诸位先生说天晚来不及了。等到下午,几个姓吕的告别离去,何大公子也前往三营的亲戚家,我独自留在寺中,打算明天早晨游遍这里。诸位姓吕的把蔬菜水果留给僧人,让僧人给我吃,并引导我游览。

二十四日　晨起索饭,即同寺僧从寺后跻危坡而上。二里余,有岐:北盘入峡者,向寨址道也;历级直上而南越峰头者,向一女关道也。余从其上者,一里余,凌坡之脊,随之南转,俯瞰脊东盘夹中,有遗址围墙,即普颜笃之旧寨也,反在其下矣。南一里,峰头始有石累累。从其下东转,南突危崖,北临寨底,线径横腰①。(下缺)

(二十五日至月终俱缺)

【注释】

①“线径横腰”句:原整理者注:“二十五日至月终俱缺。”此后数日皆在浪穹县(今洱源县)无疑。

【译文】

　　二十四日　早晨起床要来饭吃了，立即同寺里的僧人从寺后攀登陡坡上走。二里多路，有岔路：向北绕进峡谷的，是去向佛光寨遗址的路；沿着石阶一直上走后向南越过峰头的，是通向一女关的路。我沿那往上走的路走，一里多，登上山坡的坡脊，顺着坡脊向南转，俯瞰坡脊东边盘绕的夹谷中，有围墙的遗址，就是普颜笃原来的山寨了，反而在坡脊的下面。向南一里，峰头开始有层层叠叠的岩石。从峰头下向东转，南边是突立的险崖，北边下临谷底的山寨，线一样的小径横贯山腰。（下文缺失。）

　　（二十五日到月底的日记都已缺失。）

滇游日记八①

【题解】

《滇游日记八》是徐霞客旅游云南西部苍山洱海胜景的游记。

崇祯十二年(1639)三月初,徐霞客到浪穹县(今洱源县)南部的凤羽坝子居停七日,登鸟吊山,游清源洞。在白族聚居的凤羽,徐霞客目睹清明扫墓,欣赏"胡舞"紧急鼓,饮钩藤酒、孩儿茶,民族风情甚浓。初九日离浪穹县城,往南经邓川州(今洱源县南部)赴大理府,沿途过普陀崆考察温泉,游邓川西湖,考察油鱼洞、蝴蝶泉,观"十里香"奇树,探古佛洞,游清碧溪,赶观音街子(即三月街),欣赏多彩的大理石,在著名的三塔寺和感通寺留连。这一带风光旖旎,阅读《徐霞客游记》如展画卷,引人入胜。

三月二十日徐霞客离大理,过下关,往西经漾濞街、永平县。途中攀登苍山西坡的石门,浴曲硐温泉,登宝台山,记录炉塘的红铜矿。考察澜沧江铁索桥,这一带重山叠嶂,路径起伏,徐霞客详记了沿途的山川地貌,辨析了漾水和濞水,探讨了澜沧江和礼社江的关系。二十八日抵平坡,进入永昌府(今保山市)境。

己卯三月初一日② 何长君以骑至文庙前③,再馈餐为包,乃出南门。一里,过演武场,大道东南去,乃由岐西南循西山行。四里,西山南尽,有水自西峡出,即凤羽之流也,其水颇大④。南即天马山横夹之,与西山南尽处相峙若门,水出其中,东注芘碧湖南坡塍间,抵练城而南入普陀崆。路循西山南尽处溯水而入,五里,北崖忽石峰壁立耸首,西顾其内坞稍开,有村当耸首下坞中,是名山关。耸首之上,有神宇踞石巅,望之突兀甚,盖即县后山,自三台分支南下,此其西南尽处也。其内大脊稍西曲,南与天马夹成东西坞。循溪北崖间又三里余,西抵大脊之下,于是折而南,一里,渡涧,东循东山南行。一里,为闷江门哨,有守哨者在路旁。又南二里,有小山当峡而踞,扼水之吭,凤羽之水南来,铁甲场之涧西出,合而捣东崖下。路乃缘崖袭其上,二里,出扼吭之南,村居当坡东,若绾其口者。由是村南山坞大开,西为凤羽,东为启始后山,夹成南北大坞,其势甚开。三流贯其中,南自上驷,北抵于此,约二十里,皆良田接塍,绾谷成村。曲峡通幽入,灵皋夹水居⑤,古之朱陈村、桃花源,寥落已尽,而犹留此一奥,亦大奇事也。循东山而南,为新生邑⑥,共五里,折而西度坞中。截坞五里,抵西山凤羽之下,是为舍上盘,古之凤羽县也⑦。今有巡司,一流一土,土尹姓。名忠,号懋亭,为吕挥使梦熊之婿。吕梦熊先驰使导为居停,而尹以捕缉往后山,其内人出饭待客,甚丰。薄暮尹返,更具酌,设鼓吹焉。是夜大雨,迨晓而雪满西山。

【注释】

①《滇游日记八》:在乾隆刻本第八册上。

②己卯:崇祯十二年,公元 1639 年。

③何长君以骑至文庙前："君"原作"公"，据徐本改。

④"有水自西峡出"三句：此水明代称凤羽溪，即今凤羽河。

⑤皋（gāo）：近水的高地。

⑥新生邑：今名大新生，又称凤河，在洱源县南境，凤羽坝子东缘。

⑦凤羽县：大理时已设凤羽郡。元置凤羽县，隶邓川州。明初亦设
　　凤羽县，隶邓川州，后并入浪穹县为凤羽乡，设巡检司。景泰及
　　正德《云南志》皆已记载凤羽县省入浪穹县，则省并时间当更早。
　　古凤羽县治在今洱源县南部的凤羽。

【译文】

己卯年三月初一日　　何大公子骑马送我到文庙前，再次馈赠包好的食品给我，于是走出南门。一里，经过演武场，大路向东南去，就从岔路往西南沿着西山行。四里，到了西山南面的尽头，有溪水从西面的峡谷中流出来，就是凤羽溪的流水了，那水势相当大。南面就是天马山横向夹住溪流，与西山南面尽头处的山峰对峙像门一样，溪水从其中流出去，向东注入茈碧湖南面山坡的田畦之间，流到练城后往南流入普陀崆。道路沿着西山南面的尽头处逆水进去，五里，北面的山崖忽然间石峰壁立，山头高耸，向西边回头看，见山崖内山坞较为开阔，有个村庄位于山头高耸处下方的山坞中，这里名叫山关。山头高耸处的上方，有座神庙盘踞在石峰顶，远望石峰，十分高峻，大概就是浪穹县的后山，从三台山分出支脉往南下延，这里是它西南方的尽头处。后山里面的大山脊稍向西弯曲，南边与天马山相夹形成东西向的山坞。沿着溪流北岸的山崖间又行三里多，向西抵达大山脊之下，从这里折向南行，一里，渡过山涧，向东顺着东山往南走。一里，是冈江门哨，有守哨所的士兵在路旁。又往南行二里，有座小山正当峡谷中央盘踞着，扼住流水的咽喉，凤羽的水从南边流来，铁甲场的涧水从西边流出来，合流后直捣东面的山崖下。道路于是顺着山崖进入到山崖上，二里，走出扼住流水咽喉小山的南边，有村庄房屋位于山坡东面，就好像扼住流水出口的样

子。从这个村子往南，山坞十分开阔，西面的凤羽山，东面是启始后山，两面的山夹成南北向的大山坞，地势非常开阔。三条水流流贯山坞中，南面起自上驷村，北面抵达这里，方圆约二十里，都是良田，田地相连，盘结的山谷中形成村落。通过曲折的峡谷进入幽静的地方，夹住流水灵秀的高地上散布着村居，古代的朱陈村、桃花源，已经衰落完全消失了，而还存留着这一片古朴的山区腹地，也是一件大奇事啊！沿着东山往南行，是新生邑，共五里，折向西横穿在山坞中。横穿山坞五里，到达西山即凤羽山的下面，这里是舍上盘，是古代的凤羽县了。今天设有巡检司，一个流官一个土官，土官姓尹。名字叫忠，别号懋亭，是指挥使吕梦熊的女婿。吕梦熊事先就派使者骑马来充当向导并安排住宿，而尹土官因为缉拿罪犯去了后山，他的妻子拿出饭来招待客人，十分丰盛。傍晚尹土官回家，再次准备酒宴，安排了乐队奏乐佐餐。这天晚上下大雨，到天亮时皑皑白雪布满了西山。

　　初二日　晨餐后，尹具数骑，邀余游西山。盖西山即凤羽之东垂也，条冈数十支，俱东向蜿蜒而下，北为土主坪，南为白王寨。是日饭于白王寨北支帝释寺中。其支连叠三寺，而俱无僧居，言亦以避寇去也。从土主庙更西上十五里，即关坪，为凤羽绝顶①。其南白王庙后，其山更高，望之雪光皑皑而不及登。凤羽，一名鸟吊山。每岁九月②，鸟千万为群，来集坪间，皆此地所无者。土人举火，鸟辄投之③。

【注释】

①凤羽绝顶：凤羽山，今称罗坪山，在凤羽坝子西缘，最高处海拔3612米。

②每岁九月：原作"每禁□月"，据叶本改补。

③"鸟千万"句:有关鸟吊山的记载很早。《续汉书·郡国志》注引
《广志》载:"有吊鸟山,(叶榆)县西北八十里,在阜山,众鸟千百
群共会,鸣呼啁哳,每岁七月八月晦望至,集六日则止,岁凡六
至。雊雀来吊,特悲。其方人夜燃火伺取,无嗛不食者以为义
鸟,则不取也。俗言凤凰死于此山,故众鸟来吊。"这种动人的奇
景至今仍然存在。每年中秋前后,在大雾迷濛、细雨绵绵的夜
晚,成群结队按一定路线迁徙的候鸟,迷失了方向,在山间徘徊
乱飞,当地群众在山上四处点燃火把诱鸟,火光缭乱,群鸟乱扑。
鸟吊山的奇景,在云南共有三十多处。墨江哈尼族自治县坝溜
乡瑶家寨附近的大风丫口,至今每年秋天总有二三晚"鸟会",有
时也出现在春季。还有巍山的"鸟道雄关",弥渡的打雀山,南涧
的凤凰山,南华的大中山,镇沅、新平间的金山丫口,富宁的鸟王
山等。

【译文】

初二日　早餐后,尹忠备好几匹马,邀请我去游览西山。原来西山
就是凤羽山往东下垂的山峦,条状的山冈有几十条支脉,都是向东蜿蜒
下延,北面是土主坪,南面是白王寨。这天在白王寨北面的支脉上的帝
释寺中吃饭。这条支脉上连续重叠着三座寺庙,可都没有僧人居住,据
说也是因为躲避盗贼离开了。从土主庙再往西上登十五里就是关坪,
是凤羽山的绝顶。它南面的白王庙后面,那山势更高,遥望它,满山白
雪皑皑,银光闪闪,可来不及去攀登。凤羽山,另一个名字叫鸟吊山,每年九月
间,成千上万的鸟类成群飞来聚集在山间坪地间,全是此地没有的种类。当地人燃起篝
火,鸟就会纷纷投入火中。

初三日　尹备骑,命四人导游清源洞,晨餐后即行。循
西山南行五里,过一村,有山横亘坞南,大坞至是南尽而分
为二峡,西峡路由马子哨通漾濞,有一水出其中;东峡路由

花甸哨出洪珪山,有二水出其中,其山盖南自马子哨分支北突者。由其北麓二里,东降而涉坞,过上驷村①,渡三涧,三里,东抵一村,复上坡循东山南行。一里余,渡东涧之西,乃南蹑坡冈,则东之蜡坪厂山其厂出矿②,山之东即邓川州。与西之横亘山又夹成小坞。南行里余,乃折而东逾一坳,共一里,东向下,忽见一水自壑底出,即东涧之上流,出自洞下者也。亟下壑底,睹其水自南穴出,涌而北流成溪。其上崖间一穴,大仅二三尺,亦北向,上书"清源洞"三字③,为邓川缙绅杨南金笔④。水不从上洞出。由洞口下降而入,亦不见水。或曰:"行数里后,乃闻水声。"其入处逼仄深坠,恰如茶陵之后洞。导者二,一人负松明一筐,一人然松明为炬以入。南入数丈,路分为二,下穿者为穴,上跻者为楼。楼之上复分二穴。穿右穴而进,其下甚削,陷峡颇深,即下穿所入之峡也,以壁削路阻不得达。乃返穿左穴而进,其内曲折骈夹,高不及丈,阔亦如之,而中多直竖之柱,或连枝剖楹,或中盘旁丛,分合间错,披隙透窾,颇觉灵异,但石质甚莹白,而为松炬所薰,皆黑若烟煤,着手即腻不可脱。盖其洞既不高旷,烟雾莫散,而土人又惯用松明,便于伛偻,而益增其煤腻。盖先是有识者谓余曰:"是洞须岁首即游为妙,过二月辄为烟所黑。"余问其故,曰:"洞内经年,人莫之入,烟之旧染者,既渐退而白,乳之新生者,亦渐垂而长,故一当新岁,人竞游之,光景甚异。从此至二月,游者已多,新生之乳,既被采折,再染之垢,愈益薰蒸,但能点染衣服,无复领其光华矣。"余不以其言为然。至是而知洞以低故,其乳易采,遂折取无余,其烟易染,遂薰蒸有积,其言诚不诬也。透柱隙南入,渐有水贮柱底盘中。其盘皆石底回环,大如盆盎,颇似粤西洞中仙田之类,但不能如其多也。约进半里,又坠穴西下,其深四五尺,复夹而南北,下平上凑,高与阔亦不及丈,南入三丈而止,北入十余丈,亦窨缩不能进。乃复出,升坠穴之上,寻其南隙,更披隘以入。入数丈,洞渐低,乳柱渐逼,俯膝透隙,匍匐愈难。复返而出,由楼下坑内批隙东转,又入数十丈,其内高阔与南入者同,而乳柱不能比胜。既穷,乃西从下坑透穴出。由坑仰眺,其上稍觉嵌岈,即入时由楼上俯瞰处。既下穴出,渐见天光,乃升崖出口,满身皆染淄蒙垢矣⑤。乃下,濯足水穴之口,踞石而浣。水从乱穴中汩汩出,遂成大溪北去,清冷澈骨。所留二人,炊黄粱于洞外者亦熟。以所携酒脯,箕踞啖洞前⑥,仰见天光如洗,四山如城,甚惬幽兴。饭后,仍逾西坳,稍南遵花甸路,遂横涉中溪,西上横亘山之东坂。沿山陟陇,五里下,出上驷村之西,仍循西山北行。一里,过一村,遂由小径遵西山陇半搜剔幽奥。上下冈坂十余里,抵暮,还宿于尹宅。

【注释】

①上驷村:今作上寺,在凤羽坝子南端。

②蜡坪厂:今仍称腊坪,属洱源县右所。

③清源洞:今存,在洱源县凤羽坝子东南角,为游览胜地。每年农历六月十三日传统的清源洞会,附近群众皆来此游玩。

④缙绅(jìn shēn):原为古代官宦的装束。缙意为插,插笏于绅;绅为束在衣外的大带子。亦用以称官吏或做过官的人。

⑤淄(zī)：黑色。

⑥箕踞：古人一种比较随便的坐势。两脚张开坐，形如簸箕，故称
　　箕踞。

【译文】

初三日　尹忠备好坐骑，命令四个人领路去游清源洞，早餐后立即出发。沿着西山往南行五里，路过一个村子，有座山横亘在山坞南面，大山坞至此到了南边的尽头，而后分为两条峡谷，西边峡谷中的路经由马子哨通往漾濞，有一条溪水从峡谷中流出来；东边峡谷的路经由花甸哨出到洪珪山，有两条溪水从峡谷中流出来，那座山大概是从南面的马子哨分出支脉向北前突形成的。由这座山的北麓前行二里，向东下行后涉过山坞，经过上驷村，渡过三条山涧，三里，抵达东面的一个村子，又上坡沿着东山往南行。一里多，渡到东边山涧的西岸，于是向南上登陡坡山冈，就见东面的蜡坪厂所在的山蜡坪厂出产矿石，山的东面就是邓川州。与西面横亘的山又夹成小山坞。向南行一里多，便折向东穿越一个山坳，共一里，向东下走，忽然看见一条溪水从壑谷底流出来，就是东边山涧的上游，是出自清源洞下的水了。急忙下到壑谷底，看见那溪水从南边的洞穴中流出来，涌出后向北流成溪。溪水上方的山崖间有一个洞穴，大处仅有二三尺，也是面向北，上方写着"清源洞"三个字，是邓川州官绅杨南金的手笔。溪水不是从上面的洞穴中流出来。由洞口下走进入洞中，也不见有水。有人说：要走几里路后，才能听到水声。那进洞的地方狭窄倾斜，深深下坠，恰好像茶陵的后洞。导游的两个人，一个人背着一筐松明，一个人点燃松明作为火把以便进洞。向南进去几丈，路分为两条，从下方穿过去就是洞穴，往上攀登的地方就像是楼。楼的上方再分为两个洞穴。穿过右边的洞穴进去，那下边十分陡削，下陷的峡谷很深，就是从下方穿进去的峡谷了，由于石壁陡削道路险阻而不能到达。于是返回来穿过左边的洞穴进去，洞穴内曲曲折折洞壁相夹，高不到一丈，宽处也如此，而洞中有很多直立的石柱，有的似相连的树枝，有的像

厅堂前分立的柱子,有的立在中央,四旁围绕着成丛的石柱,或分或合,间隔交错,分开缝隙钻过窟窿,觉得很是灵异,只是石质十分晶莹洁白,却被松明火把熏染,全都黑得像烟煤一样,用手一摸就油腻得无法去掉。原来是这个洞既不高大宽阔,烟雾无法散去,而当地人又习惯用松明照明,便于弯腰前行,从而更增多了洞内的黑烟腻垢。这之前,有一位有见识的人对我说:"这个洞一定要年头去游才好,过了二月就被烟火熏黑了。"我问是什么缘故,他说:"洞内经过一年,没有人进洞去,旧时被烟火染黑的石头,既已渐渐褪色变白,新生的钟乳石,也渐渐下垂长长了,所以一到新年,人们竞相去游洞,洞中的光景十分奇异。从新年到二月,游洞的人已经很多了,新生的钟乳石既已被折断采摘,再熏染上烟垢,就更加烟熏火燎,只能污染衣服,不再能领略到洞中的光彩了。"我不把他的话当真。到这时才知道清源洞因为低矮的缘故,洞中的钟乳石容易采摘,就都被折断拿走没有剩余的了,松明火烟容易熏染,于是烟雾蒸腾不断积多,他的话确实不假。钻过石柱间的缝隙向南进去,渐渐有水贮存在石柱底部的石盘中。石盘都是石柱底部回环而成的,大小像盆盎一样,很像广西石洞中的仙人田一类,只是没有像那里那么多罢了。大约前进了半里,又下坠到洞穴中向西下走,洞穴深四五丈,洞壁又相夹而呈南北向,下方平坦而上面紧凑,高处与宽处都不到一丈,往南进去三丈便止步了,向北进去十多丈,也因身体受困蜷缩不能前进。于是再出来,爬到深坠洞穴的上方,寻找它南边的缝隙,再穿过狭窄处进去。进去几丈,洞渐渐变低,钟乳石柱渐渐紧逼过来,曲膝俯身钻过缝隙,后来连爬行也越来越难了。再次反身出来,经由楼一样的地方下面的坑谷穿过缝隙向东转,又进去几十丈,那里面高处宽处与从南边进去的洞相同,而钟乳石柱不能比美。到头后,就往西从下面的坑谷中钻洞出来。从坑谷中抬头眺望,坑谷上方觉得稍微空阔些的地方,就是进洞时从像楼一样的地方俯视之处。从下面的洞穴中出来后,逐渐见到天光,就爬上石崖走出洞口,满身都染成黑色蒙上烟垢了。于是下山,在水洞口洗脚,坐在石头上洗衣服。水从散乱的洞穴中汩汩流出来,于是汇成一条大溪向北流去,溪水清澈,寒冷刺骨。留在洞外的两个人,也把黄粱小米饭煮熟了。拿出带来的酒和肉干,盘腿坐在洞前吃着,抬头望见那如洗的天光,四围青山如同城墙,十分惬意,探幽的兴致大起。饭后,仍然穿过西面的山坳,稍转向南沿着去花甸哨的路走,于是横向涉过中溪,向西上登横亘之山东面的山坡。顺着山势登上土陇,五里后下走,出到下驷村的西边,仍旧沿着西山往北行。一里,经过一个村子,就从小径沿着西山土陇的半山腰去搜寻幽静隐秘的胜景。在山冈陡坡间上上下下十多里,到傍晚时,回到尹家宅院住宿。

初四日　尹备数骑,循西山而北。三里,盘西山东出之嘴。又北半里,忽见山麓有数树撑空,出马足下,其下水声淙淙出树间,则泉穴自山底东透隙而出也。又北半里,有坑自北山陷坠成峡,涉之。稍东,又盘一嘴,又三里而至波大邑①,倚西山而聚庐,亦此间大聚落也。由村北坠坑而下,横涉一涧,又北上逾冈,三里而下,是为铁甲场②,有溪自西山东注,村庐夹之。前闷江门南当峡扼水,小山又东踞,为此中水口,南北环山两支,复交于前,又若别成一洞天者。过溪,上北山。北山自西山横拖而来,为铁甲场龙砂,实凤羽第三重砂也,东束溪流,最为紧固,其西南之麓即铁甲,东北之麓即闷江门,凤羽一川,全以此为锁钥焉。骑登其上。还饭于铁甲场居民家。置二樽于架上,下煨以火,插藤于中而递吸之,屡添而味不减③。其村氓惯走缅甸,皆多彝货,以孩儿茶点水飨客④,茶色若胭脂而无味。

下午，仍从波大邑盘泉穴山嘴，复西上探其腋中小圆山。风雨大至，沾濡而返。

【注释】

①波大邑：今作包大邑，又名起凤。

②铁甲场：今作铁甲。二村皆在凤羽坝子北端。

③"置二樽于架上"三句：此处所述即用钩藤饮酒。《滇略·产略》载："钩藤，藤也，可以酿酒，土人渍米麦于罂，熟而着藤其中，内注沸汤，下燃微火，主客执藤以吸。按钩藤即千金藤，主治霍乱及天行瘴气，善解诸毒，其功似与槟榔同也。"

④孩儿茶：即儿茶，又称黑儿茶，傣语称"西谢"。豆科植物，用其树干黄褐色的心材制取儿茶膏，作为饮料，可清热、生津、化痰。在我国云南西双版纳、广东、广西皆有种植。

【译文】

初四日　尹忠备好几匹马，沿着西山往北行。三里，绕过西山向东突出来的山嘴。又往北行半里，忽然看见山麓有几棵树撑入空中，出现在马足之下，那下面淙淙流水声从树丛间传出，那么洞穴中的泉水是从山底下往东渗过缝隙后流出来的了。又向北半里，有个坑谷从北山下陷坠落成峡谷，涉过峡谷。稍往东走，又绕过一个山嘴，又行三里后来到波大邑，背靠西山而房舍聚居，也是这一带的大村落了。由村北望着坑谷下坠，涉水横渡一条山涧，又往北翻越山冈，三里后下走，这里是铁甲场，有溪水自西山向东流注，村子房屋夹住溪流。前方有闷江门哨位于南面的峡口，扼住流水，一座小山又盘踞在东面，是这里的出水口，南北环绕着两列山，再相互交错于前方，又好像另成一个洞天的样子。渡过溪流，上登北山。北山是从西山横向延伸而来的，是铁甲场的龙砂，实际上又是凤羽山的第三重山了，它东面约束着溪流，最为紧要坚固，它西南面的山麓就是铁甲场，东北面的山麓就是闷江门哨，凤羽坝子一片平川，完全是以此地作为锁钥的。骑马登到北山上。回来在铁甲场居民家中吃饭。在架子上放了两个盛酒的樽，下面用微火慢慢煮，把钩藤条插进酒樽中，而后依次传递着吸酒，多次添水进去可酒味并未减淡。这里的村民习惯于跑缅甸做生意，每家都有许多边地民族的货物。他们用孩儿茶泡水待客，茶水颜色像胭脂一样却没有味道。下午，仍然从波大邑绕过泉水流出洞穴所在的山嘴，再往西上山，去探山窝中的圆形小山。风雨暴降，返回的路上衣服湿透了。

初五日　晨起欲别，尹君以是日清明，留宴于茔山①，即土主庙北新茔也。坐庙前观祭扫者纷纷，奢者携一猪，就茔间火炕之而祭；贫者携一鸡，就茔间吊杀之，亦烹以祭。回忆先茔，已三违春露，不觉怃然②！亟返而卧。

【注释】

①茔（yíng）：墓地。

②怃（wǔ）然：悲哀惆怅。

【译文】

初五日　早晨起床想要告别，尹忠君以为这一天是清明节，挽留在坟山设宴款待，就是土主庙北面新开的坟地。坐在庙门前观看祭祀扫墓的人纷纷扰扰，奢侈的人带来一头猪，就地在坟茔间挖坑生火烧熟后祭祀；贫穷的人带来一只鸡，就地在坟茔间杀了吊祭，也有煮熟后拿来祭祀的。回想起祖先的坟茔，已有三年不能亲自在春天举行露天祭祀，不知不觉悲伤惆怅起来！急忙返回来睡下。

初六日　余欲别，而尹君谓，前邀其岳吕梦熊，期今日至，必再暂停。适村有诸生许姓者，邀登凤羽南高岭，随之。下午返而吕君果至，相见甚欢。

【译文】

　　初六日　我想告别,可尹忠君说是先前邀请了他的岳父吕梦熊,约定今天到来,必定要再暂作停留。恰好村中有个姓许的儒生,约我去登凤羽山的南高岭,就跟随他前往。下午回来后吕梦熊君果然来到了,互相见面十分欢喜。

　　初七日　尹君仍备骑,同梦熊再为清源洞之游。先从白米村截川而东①,五里,遵东山南行。山麓有骑龙景帝庙②,庙北有泉一穴,自崖下涌出,崖石嵌磊,巨木盘纠,清泉漱其下,古藤络其上,境甚清幽。土人之耕者,见数骑至,以为追捕者,俱释耜而趋山走险③,呼之,趋益急。又南五里而抵清源洞。不复深入,揽洞前形势。仍西渡中溪,遍观西山形胜而返。下午,余苦索别,吕君代为尹留甚笃。是日宴张氏两公子。客去,犹与吕君洗盏更酌,陈乐为胡舞,曰“紧急鼓”④。

【注释】

①白米村:今名同,在凤羽坝子中部。

②骑龙景帝庙:该庙祀南诏王世隆。世隆又作酋龙,谥景庄皇帝。

③耜(sì):即耒耜,是我国最原始的翻土工具,形似犁。后世也以耒耜为各种耕地农具的总称。

④紧急鼓:聂乾先《云南民族舞蹈文集》谓:“‘紧急鼓’即为大理白族在‘绕三灵’等活动中跳的‘金钱鼓舞’。白语为‘纠几股’,与‘紧急鼓’音谐同”

【译文】

　　初七日　尹忠君仍旧备好马,同吕梦熊再次去游清源洞。先从白米村横截平川向东走，五里，沿着东山往南行。山麓有座骑龙景帝庙，庙北有一眼泉水，从山崖下涌出来，石崖深嵌叠累，巨树盘根错节，清泉冲刷在石崖下方，古藤缠绕在石崖之上，环境十分清净幽雅。当地耕种的人，见有几匹马来到，以为是来追捕的差役，全都抛下农具逃向山中的险要之处，呼唤他们，逃得更急。又往南行五里后到达清源洞。不再深入洞中，饱览洞前的地形。仍然往西渡过中溪，观遍了西山的地形胜景后返回来。下午，我苦苦想要告别，吕梦熊君代替尹忠君挽留我非常诚恳。这一天宴请张家的两位公子。客人离开后，仍然与吕梦熊君洗过杯子再饮，安排了乐人表演胡人的歌舞，称为"紧急鼓"。

初八日　同梦熊早饭后别尹君。三十五里，抵浪穹南门。梦熊别去，期中旬晤榆城①。余入文庙，命顾仆借炊于护明寺，而后往候何六安。何公待余不至，已先一日趋榆城矣。余乃促何长君定夫，为明日行计。何长君留酌书馆，复汲汤泉为浴而卧。

【注释】

①榆城：大理的别称。西汉时置叶榆县，中心在今大理喜洲附近，后因称大理为榆城。

【译文】

初八日　同吕梦熊早饭后告别了尹忠君。三十五里，抵达浪穹县城的南门。吕梦熊告别离开了，约定本月中旬在大理城会面。我进入文庙，命令顾仆在护明寺借火做饭，然后我前去问候何六安。何公等我不见来，已经在前一天赶到大理城去了。我就催促何大公子议定脚夫，为明天上路做准备。何大公子留我在书馆饮酒，又取来温泉水沐浴后躺下。

　　初九日　早饭于何处。比行，阴云四合，大有雨意，何长君、次君仍以盒饯于南郊。南行三里，则凤羽溪自西而东注，架木桥度之。又南里余，抵天马山麓，乃循而东行，风雨渐至。东里余，有小阜踞峡口之北，曰练城①，置浮屠于上，为县学之案。此县普陀崆水口既极逼束，而又天生此一阜，中悬以锁钥之。茈碧湖、洱源海及观音山之水出于阜东，凤羽山之水出于阜西，俱合于阜南，是为三江口。由其西望之而行，又二里，将南入峡，先有木桥跨其上流，度桥而东，应山铺之路自东北逾横山来会②，遂南入峡口。

【注释】

①练城：今作炼城，又称中炼，在洱源坝子东南缘。

②应山铺：今名同，又称永乐，在洱源坝子东缘。

【译文】

　　初九日　在何家吃早饭。到上路时，阴云四面合拢，大有要下雨的势头，何大公子、二公子仍然带着食盒在南郊为我饯行。往南行三里，就见凤羽溪自西往东流注，架有木桥渡过溪水。又向南一里多，抵达天马山的山麓，就沿着山麓往东行，风雨渐渐来临。向东一里多，有座小土山盘踞在峡口的北边，叫做练城，在山上建有佛塔，是县学的案山。这个县普陀崆的河口既已极为狭窄，而此处又天然生出一座土山，悬在中央如锁钥一般。茈碧湖、洱源海子以及观音山的水流从土山东边流出去，凤羽山的水流从土山西边流出去，全都在土山南面合流，这就是三江口。由土山西面望着它前行，又行二里，即将往南进入峡谷，先有一座木桥横跨在溪水上游，过桥后往东行，应山铺来的路从东北方越过横亘的山前来会合，就向南进入峡口。

　　是峡东山即灵应山西下之支，西山即天马山东尽之处，
两山逼凑，急流捣其中，为浪穹诸水所由去。路从桥东，即
随流南入峡口。有数家当峡而居，是为巡检司①。时风雨交
横，少避于跨桥楼上。楼圮不能蔽，寒甚。南望峡中，风阵
如舞；北眺凌云诸峰，出没闪烁。坐久之，雨不止，乃强担夫
行。初从东崖南向行普陀崆中，一里，峡转而西曲，路亦西
随之。一里，复转而南，一里，有一家倚东崖而居。按《郡
志》，有龙马洞在峡中，疑即其处，而雨甚不及问。又南，江
流捣崆中愈骤，崆中石耸突而激湍，或为横槛以扼之，或为
夹门以束之，或为龃龉，或为剑戟，或为犀象，或为鸷鸟，百
态以极其搏截之势；而水终不为所阻，或跨而出之，或穿而
过之，或挟而潆之，百状以尽超越之观。时沸流倾足下，大
雨注头上，两崖夹身，一线透腋，转觉神王②。二里，顾西崖
之底，有小穴当危崖下，东向与波流吞吐，心以为异。过而
问热水洞何在，始知即此穴也。先是，土人言普陀崆中有热
水洞，门甚隘而中颇宽，其水自洞底涌出如沸汤。人入洞
门，为热气所蒸，无不浃汗，有疾者辄愈。九疮台止可煮卵，而此
可糜肉。余时寒甚，然穴在崆底甚深，且已过，不及下也。

【注释】

　　①巡检司：此即普陀崆巡检司，位于普陀崆峡口，约在今巡检村
　　　　附近。

　　②王：通"旺"，旺盛。

【译文】

　　这个峡谷东面的山就是灵应山往西下延的支脉，西边的山就是天

马山在东面的尽头处，两面的山紧逼凑拢过来，激流冲捣在峡中，是浪穹县各条水流经由的去路。道路从桥东起，立即顺着流水向南进入峡口。有几家人在峡中居住，这是巡检司。这时风雨交加，暂时在跨桥楼上避雨。楼已坍塌不能遮蔽风雨，寒冷极了。向南远望峡中，狂风阵阵，如同在起舞；往北远眺凌云等群峰，闪闪烁烁，忽隐忽现。坐了很久，雨不停，便强迫挑夫上路。起初从东面的山崖向南行走在普陀崾中，一里，峡谷转向西弯曲，路也顺着峡谷向西走。一里，又转向南，一里，有一家人紧靠东面的山崖居住。根据《大理府志》，在峡谷中有个龙马洞，怀疑就是此处，因雨太大来不及过问。又往南走，江流冲捣在普陀崾中愈加急骤，普陀崾中岩石高耸突兀而激流湍急，有的似横卧的门槛以扼住流水，有的如夹立的门扇束住水流，有的像参差不齐的牙齿，有的仿佛刀枪剑戟，有的似犀牛大象，有的如同凶猛的苍鹰，千姿百态，极尽它们搏击拦截流水的气势；但流水始终未被这些岩石阻止住，有时跨过岩石流出去，有时穿过岩石流出去，有时夹着岩石濚洄流淌，千百种状态，尽情展示了流水超越障碍的景观。这时沸腾的激流倾泻在脚下，大雨浇注在头上，两面的山崖夹住身体，一线宽的路穿过山侧，反而觉得精神大振。二里，回头看见西边山崖的底下，有个小洞正在高险的山崖之下，面向东，与波涛洪流一同吞吐，心里认为很奇异。过来后打听热水洞在哪里，这才知道就是这个洞穴了。这之前，当地人说起普陀崾中有处热水洞，洞口非常狭窄而洞中相当宽敞，洞内的水从洞底涌出来如同开水。人进入洞口，被热气熏蒸，无不汗流浃背，有病的人马上就痊愈了。九炁台只可以煮鸡蛋，而此处可以把肉煮烂。我此时冷极了，但是洞穴在普陀崾底下非常深，并且已经走过了，来不及下去了。

　　又南一里，峡乃尽，前散为坞，水乃出崾，而路乃下坡。半里抵坞，是为下山口①。盖崾东之山，即灵应南垂，至是南尽，余脉逊而东，乃南衍为西山湾之脊；崾西之山，南自邓川西逆流而上;中开为南北大坞,而弥苴佉江贯其中焉②。峡口之南,有村当坞,是为邓川州境,于是江两岸垂杨夹堤。路从东岸行,六里余而抵中所③。时衣已湿透,风雨不止,乃觅逆旅,沸汤为饭。入叩刘陶石。名一金。父以乡荐为涿州守④,卒于任。前宿其来凤庄者。刘君出酒慰寒,遂宿其前楼。出杨太史《二十四气歌》相示,书法带赵吴兴,而有媚逸之致。

【注释】

①下山口:今名同,在洱源县南境,邓川坝子北端,属右所镇。

②弥苴(zuǒ)佉(qū)江:本作"弥宜佉江",据陈本、叶本改。下同。《明史·地理志》:邓川州"又有普陀江,一名蒲萄江,又名弥苴佉江,南入西洱河。"弥苴佉江今又作㳽苴河,在洱源县南部,从北往南流入洱海。

③中所:今名同,在邓川坝子北部、㳽苴河西岸。

④涿州:今河北涿州市。

【译文】

又往南行一里,峡谷才到了头,前方散开成为山坞,水流才流出普陀崆,而道路由此下坡。半里抵达山坞,这里是下山口。原来普陀崆东面的山,就是灵应山的南垂,垂到这里到了南面的尽头,余脉向东退去,于是往南延伸成为西山湾的山脊;普陀崆西面的山,从南面邓川州的西部逆流上延;中间辟为南北向的大山坞,而弥苴佉江流贯在山坞中。峡口的南边,有个村子位于山坞中,这里是邓川州的辖境,从这里起江两岸下垂的杨柳夹住江堤。路从江东岸走,六里多后到达中所。这是衣服已经湿透,风雨不停,只好找旅店,烧开水做饭。进村叩拜刘陶石。名叫刘一金。他父亲以举人的身份出任涿州州官,死于任上。就是先前寄宿在他的来凤庄的人。刘陶石君拿出酒来驱寒，就住在他的前楼中。刘陶石拿出杨太史的《二十四气歌》给我看，书法杂带有赵孟頫的意趣，而且有妩媚飘逸的风貌。

初十日　雨止而余寒犹在，四山雪色照人。迨饭而担夫逸去，刘君乃令人觅小舟于江岸之西覆钟山下，另觅夫肩行李从陆行，言西山下有湖可游，欲与余同泛也。盖中所当弥苴佉江出峡之始，其地平沃，居屯甚盛，筑堤导江，为中流所；东山之下，有水自焦石洞下，沿东山经龙王庙前，汇为东湖，流为闷地江①，是为东流所；西山之下，有水自钟山石穴中，东出为绿玉池②，南流为罗苴江③，是为西流所。故其地亦有三江之名。然练城之三江合流，此所之三江分流，虽同南行注洱海，而未尝相入也。

【注释】

①闷地江：今名永安江。

②绿玉池：今名同，在中所西邻。

③罗苴江：今作罗时江。

【译文】

初十日　雨停后余寒还在，四面群山雪光照人。到吃饭时挑夫逃走了，刘陶石君于是派人在江岸西边的覆钟山下找来小船，另外找来脚夫肩担行李从陆路走，说是西山下有个湖泊值得一游，想要与我一同泛舟游览。原来中所位于弥苴佉江流出峡谷的起点，这里土地平旷肥沃，居民屯田十分繁荣，修筑堤坝引流江水，是中流所；东山之下，有水流从焦石洞下流，沿着东山流经龙王庙前，汇聚成东湖，流出来成为闷地江，那是东流所；西山之下，有水流源自钟山的石洞中，向东流出来后成为绿玉池,往南流成为罗苴江,那是西流所。所以此地也有三江之名。不过练城是三江合流,此地的三个所是三江分流,虽然同是往南流注入洱海,但未曾互相连通。

余与刘君先西过大石梁,乃跨弥苴佉江上者。西行塍中一里,有桥跨小溪上,即罗苴江也。桥之北,水塘潋滟[1],青蒲蒙茸;桥之南,溪流如线,蛇行两畦间。因踞桥待舟,北望梅花村、绿玉池在里外,而隔浦路湿,舟至便行,竟不及北探也。此地名中所。东山之东,罗川之上,亦有中所,乃即此地之分屯也,余昔自鸡山西下所托宿处。大约此地正东与鸡鸣寺,西与凤羽舍上盘相对,但各间一山脊耳。桥西诸山皆土,而峭削殊甚,时多崩圮。钟山峙桥西北,溪始峙桥正西[2],盖钟山突而东,溪始环而西。溪始之上,有水一围,汇绝顶间,东南坠峡而下,高挈众流之祖,故以"溪始"名。下舟,随溪遵其东麓南行。两旁塍低于溪,壅岸行水于中,其流虽小而急。此处小舟如叶,止受三人。其中弥苴佉江似可通大舟,而流急莫从。二里,则两岸渐平,而走沙中壅,舟胶不前。刘君与余乃登岸行陇,舟人乃凌波曳舟。五里,乃复下舟。少曲而西,半里,遂南挺而下湖。湖中菱蒲泛泛,多有连芜为畦,植柳为岸,而结庐于中者。汀港相间,曲折成趣,深处则旷然展镜,夹处则宵然罨画[3],翛翛有江南风景[4];而外有四山环翠,觉西子湖又反出其下也。湖中渚田甚沃[5],种蒜大如拳而味异,莺粟花连畴接陇于黛柳镜波之间,景趣殊胜。三里湖尽,西南瞻邓川州治当山腋曲间[6],居庐不甚盛而无城,其右有崩峡倒冲之;昔年迁于德源城,以艰于水,复还故处。大路在湖之东,弥苴佉江西岸,若由陆路行,不复知此中有湖,并湖中有此景也。

【注释】

①潋滟(liàn yàn):水满波连的样子。

②溪始:今作起始河,有起始河水库。

③罨(yǎn)画:彩色杂陈的画。

④脩(xiāo)脩:风景天成,无拘无束、自由自在的样子。

⑤渚(zhǔ)田:水中小洲上的田。此水今称西湖,湖长 3 公里,宽2.5 公里,面积 3.3 平方公里。枯水期蓄水量 593 万立方米,洪水期蓄水量达 1000 万立方米。水域内有六村七岛,水产丰富。湖内芦苇、垂柳遍布,扁舟轻摇,湿地风光绝佳。

⑥邓川州:隶大理府,治今洱源县南部邓川坝子西缘的旧州。

【译文】

　　我与刘陶石君先向西走过大石桥,是跨在弥苴佉江上的桥。往西在田野中行一里,有座桥跨在小溪上,就是罗莳江了。桥的北边,水塘波光粼粼,青青的蒲草蒙蒙茸茸;桥的南边,溪流像线一般,像蛇一样流淌在两岸的稻田间。趁着坐在桥头等船的时间,远望北边的梅花村、绿玉池在一里开外,可隔着水边道路湿滑,船到了便动身,竟然来不及向北去探看一下。此地名叫中所。东山的东面,罗川的岸上,也有个中所,仅仅只是此地分兵屯垦的地方,是我从前从鸡足山向西下山投宿之处。大约此地正东与鸡鸣寺、西面与凤羽的舍上盘相对,只是各自隔着一条山脊罢了。桥西的群山全是土山,可峻峭陡削得特别厉害,不时有很多崩塌的地方。钟山屹立在桥的西北方,溪始山屹立在桥的正西方,大体上钟山往东前突,溪始山向西环绕。溪始山之上,有一池水,汇积在绝顶间,向东南方的峡谷中下坠,高高在上,是众多溪流的起始处,所以用"溪始"来取山名。下船后,顺着溪流沿着溪始山的东麓往南行。

两旁田地的地势低于溪流,培土筑起堤坝让水流淌在河道中,水流虽小但很湍急。此处的小船如一片树叶,只能承受三个人。其中的弥苴佉江似乎可以通行大船,但水流太急无法从那里走。二里,就见两岸地势渐渐平缓,而流沙壅积在江中,船像胶粘住一样不能前进。刘陶石君与我于是登上岸行走在土陇上,船夫只好登上河岸拖船。五里,才再下到船中。稍微弯向西,半里,就笔直向南下到湖中。湖中菱角蒲草漂浮,有许多连片的荒地开垦为稻田,湖岸上种植了柳树,而且有在湖中建盖房屋的人。绿洲港湾相间,曲曲折折,自成情趣,水深处则是一片空阔,如平展的镜子,狭窄处则是杳渺一派,如五彩的风景画,悠悠然有江南风景的韵味;而外围有四面青山翠色环绕,觉得西子湖反而不如它了。湖中小洲上的田地非常肥沃,种的蒜大处如拳头而且味道很特异,罂粟花在翠柳与镜子般的水波间连片接陇,景色情趣特别优美。三里后湖面完了,向西南方远看,邓川州州治位于山侧的弯曲处,居民房屋不怎么多而且没有城墙,州治右边有崩塌的峡谷倒倾着对着它;前几年州治迁到德源城,因为用水艰难,又迁回原处。大路在湖的东面、弥苴佉江的西岸,假如从陆路走,不会知道这一带有个湖,并且湖中有如此美景啦。

又南行港间一里余,有路自东横亘于西山,即达州治之通道也。堤之下,连架三桥以泄水。舟由堤北东行,一里,穿桥而南。又半里,有小桥曰三条桥,即北从中所来之大道也。水穿桥东,路度桥南,俱南向行。初约顾仆以行李待此而不在,刘君临岐踟蹰①。时已过午,腹馁,余挥手别刘君,令速返。余遵大道南行,始见路东有小山横亘坞中,若当门之槛,截坞而出者,是为德源城②,盖古迹也。按《志》,昔六诏未一,南诏延五诏长为星回会,邓赕诏之妻劝夫莫往,曰:"此诈也,必有变。"以铁环约夫臂而行。后五诏俱焚死,遗尸莫辨,独邓赕以臂约认之还。后有欲强妻之,复以计诮之,得自尽,不为所污。故后人以"德源"
旌之③。山横坞中不甚高,而东西两端,各不属于大山。山之
西,与卧牛相夹,则罗苴江与邓川驿路从之;山之东,与西山
湾山相夹,则弥苴佉、闷地二江从之。南三里,从其西峡傍
卧牛山东突之嘴行。卧牛山者,邓川东下南砂之臂也,一大
峰,一小峰,相属而下,大者名卧牛,小者名象山;土人以象
小而牛大,今俱呼为象山云。凑峡之间,有数十家当道,是
为邓川驿④。过驿一里,上盘西山之嘴,始追及仆担。遂南
望洱海直上关而北,而德源横亘之南,尚有平畴,南接海滨。
德源山之东,大山南下之脊,至是亦低伏东转,而直接海东
大山。盖万里之脉,至洱海之北而始低渡云。

【注释】

①跼踖(jú jí):不安的样子。跼,同"局"。踖,用极小的步子走路。

②德源城:为唐代前期六诏之一邓赕诏的中心,在今洱源县邓川东
　北,公路东边的小山上。三面陡峻,弥苴河流绕山脚,如天然堡
　垒。山顶平坦,周围遗留至今的土筑城墙还清晰可见,随地势高
　低起伏。城内有一古庙,过去供奉慈善夫人(即邓赕诏之妻)木
　雕像,衣冠服饰都反映了南诏的遗俗。城内地下曾挖出过陶片、
　砖瓦及引水用的陶制水管。是保存较完整的六诏城池遗址之
　一,为云南省重点文物保护单位。

③"按志"句:唐代前期,洱海地区有六诏,唐中央政府即其地分别
　设置州县,进行治理。其中蒙舍诏在今巍山,位置最南,又称南
　诏,唐置为蒙舍州。蒙嶲诏在今巍山坝子北部,唐置阳瓜州。越
　析诏在今宾川县牛井,唐置越析州。浪穹诏在今洱源坝子,唐置
　浪穹州。施浪诏在今洱海北岸的江尾一带,唐置舍利州。邓赕

诏在今洱源县邓川镇的德源山,唐置邓备州。737年,南诏统一六诏,并遂步发展势力,建立地方政权。其范围比今云南全省大得多,中心先在太和城,后迁阳苴咩城(今大理古城)。902年为郑买嗣所灭。《游记》这里讲的是南诏统一六诏的传说。

④邓川驿:后又称新州,即今邓川镇,在洱源县南境。

【译文】

又往南在港汊间前行一里多,有条路从东边横亘到西山,就是通往邓川州治的通道了。堤岸之下,一连架有三座桥来泄水。船从堤坝北边往东行,一里,穿过桥下往南行。又行半里,有座小桥叫做三条桥,就是北面从中所来的大路了。水穿流到桥东,路越到桥南,都是向南行。起初与顾仆约好带着行李等候在此地,但此时却不在,刘陶石君面对岔路犹豫不决。此时已过中午,腹中饿极了,我挥手告别刘君,要他快回去。我沿着大路往南行,这才见到路东边有座小山横亘在山坞中,好像挡在门口的门槛,横截山坞伸出来,这里是德源城,是一处古迹。根据《大理府志》,从前六诏没有统一时,南诏邀请五诏的酋长召开星回会,邓睒诏诏主的妻子劝丈夫不要去,说:"这是奸计,必定有变故。"用铁环套在丈夫的手臂上才动身。后来五诏诏主都被烧死,遗体无法辨认,唯独邓睒诏诏主因为手臂套有铁环才得以认尸返回来。后来有人想强行娶她为妻,她又用计骗了此人,得以自杀身亡,没有被侮辱。因此后人用"德源"来表彰她。山横在山坞中不怎么高,而东西两头,各自不与大山连接。山的西面,与卧牛山相夹,则罗蒔江与去邓川驿的路经由那里;山的东边,与西山湾的山相夹,则弥苴佉江、闷地江两条江水流经那里。向南三里,从山西边的峡谷中傍着卧牛山向东前突的山嘴前行。卧牛山,是邓川州东面向南下延山脉的手臂,一座大山峰,一座小山峰,相连下延,大的山名叫卧牛山,小的山名叫象山;当地人认为象小而牛大,今天都称为象山了。紧束的峡谷之间,有几十家人挡在路上,这里是邓川驿。走过驿站一里路,向右绕过西山的山嘴,才追上仆人和挑夫。于是向南望见洱海一直到达上关的北边,而德源城横亘的南面,还有平旷的田野,往南连接到洱海之滨。德源城的东面,大山往南下延的山脊,到这里也

是低伏下去向东转,而后径直连接到洱海东面的大山。大体上,万里长
的山脉,到了洱海的北面后才低伏延伸而去。

　　由嘴南仍依西山南下,二里,下度一峡口,其峡自西山
出,横涉之而南上坡间。又二里,有坊当道,逾坡南行,始与
洱海近。共五里,西山之坡,东向而突海中,是为龙王庙。
南崖之下,有油鱼洞,西山腋中,有十里香奇树,皆为此中奇
胜。而南瞻沙坪,去坡一里而遥,急令仆担先觅寓具餐,余
并探此而后中食。乃从大路东半里,下至海崖。其庙东临
大海,有渔户数家居庙中,庙前一坑下坠,架石度其上如桥。
从石南坠坑下丈余,其坑南北横二丈,东西阔八尺,其下再嵌
而下,则水贯峡底,小鱼千万头,杂沓于内。渔人见余至,取饭
一掌撒,则群从而嗫之①。盖其下亦有细穴潜通洱海,但无大
鱼,不过如指者耳。油鱼洞在庙崖曲之间,水石交薄,崖内逊
而抱水,东向如玦,崖下插水中,崆峒透漏。每年八月十五,有
小鱼出其中,大亦如指,而周身俱油,为此中第一味,过十月,
复乌有矣。崖之后,石笋片如芙蓉裂瓣,从其隙下窥之,多有
水漱其底,盖其下皆潜通也。稍西上,有中洼之岩当路左,其
东崖漱根,亦有水外通,与海波同为消长焉。

【注释】

　　①嗫(zuō):咬吃。

【译文】

　　由山嘴南边仍然靠着西山往南下行,二里,下山越过一处峡口,这
个峡谷从西山通出来,横涉过峡谷后往南上爬到山坡上。又行二里,有

座牌坊位于道路中央，翻过山坡往南行，开始与洱海接近。共行五里，西山的山坡，向东前突到海中，这便是龙王庙。南面的山崖之下，有个油鱼洞，西山的山窝中，有棵十里香奇树，都是这一带奇特的胜景。而向南远望沙坪，距离山坡有一里远，急忙命令仆人和挑夫先找寓所备好饭，我一并探看了这两处胜景后再吃中饭。于是从大路往东行半里，下到海边的山崖上。这座庙东边面临大海，有几家渔民住在庙中，庙前一个深坑下陷，上边架有石板越过深坑如桥一样。从石板南边下坠到坑中一丈多，这个深坑南北横处有二丈，东西宽八尺，坑下再往下深嵌，就见水流贯在峡底，千万条小鱼，杂乱地游动在水中。渔夫见我来到，拿了一把饭撒在水中，就见鱼群追着吞食饭粒。原来水下也有细小的洞穴暗中通到洱海，只是没有大鱼，不过是些如手指大小的鱼罢了。油鱼洞在庙宇所在的山崖弯曲之处，海水山石交相拍击，山崖向内退去而环抱着海水，面向东，如同玉玦，山崖下插进水中，有许多玲珑剔透的空洞。每年八月十五日，有小鱼出没在空洞中，大处也像手指头，而周身都是油，是这地方数第一的美味，过了十月，又没有了。山崖的后方，石片高耸如芙蓉裂开的花瓣，从石缝中向下窥视下方，很多地方有水激荡在石崖底部，原来那边都是暗中相通的了。稍往西上走，有块中间下注的岩石位于路左边，它东边的石崖根部激荡着水波，也有水通到外面，与海水一同消退上涨。

从其侧交大路而西逾坡，不得路，望所谓三家村者，尚隔一箐踞西峡间。乃西半里，越坡而下，又西半里，涉箐而上，乃沿西山南向而趋。一里，渐得路，转入西腋，半里，抵三家村。问老妪，指奇树在村后田间。又半里，至其下。其树高临深岸，而南干半空，矗然挺立，大不及省城土主庙奇树之半，而叶亦差小。其花黄白色，大如莲，亦有十二瓣，按月而闰增一瓣，与省会之说同；但开时香闻远甚，土人谓之"十里香"，则省中所未闻也。榆城有风花雪月四大景，下关风①，上关花，苍山雪②，洱海月。上关以此花著。按《志》，榆城异产有木莲花，而不注何地，然他处亦不闻，岂即此耶？花自正月抵二月终乃谢，时已无余瓣，不能闻香见色，惟抚其本辨其叶而已。乃从村南下坡，共东南二里而至沙坪③，聚落夹衢。入邸舍，晚餐已熟，而刘君所倩担夫已去，乃别倩为早行计。

【注释】

①下关：俗称风城。位于苍山南端的缺口，一年中至少有 250 天以上是刮风天，每年平均约有 35 天以上的大风，风的强度经常在七级左右，最大风力超过八级，还常发生阵风，冬春两季特别突出。

②苍山：又称点苍山，是横断山脉中段一座名山，如屏风障在大理坝子西缘，北起邓川，南抵下关，南北长五十多公里，东西宽约十多公里。山顶积雪时间很长，五月还能看到皑皑白雪。新雨后，山腰飞瀑如练。山上云雾变幻无常，望夫云、玉带云都极美丽动人。苍山风景极佳，山脚的蝴蝶泉、清碧溪、下关温泉、天生桥，山腰的龙眼洞，凤眼洞，山顶的洗马塘等都各具特色。

③沙坪：今名同，原在洱源县南隅，属江尾镇。近年，洱海北岸原洱源县江尾镇和双廊镇划属大理市，江尾镇更名为上关镇，沙坪、油鱼洞、龙王庙、三家村一片，皆为大理市辖。

【译文】

从它的侧边与大路相交后往西翻过山坡，找不到路，远望所谓的三家村的地方，还隔着一个山箐盘踞在西面的峡谷中。于是向西行半里，越过山坡下行,又向西半里,涉过山箐上走,然后沿着西山向南赶路。一里,渐渐找到路,转入西侧,半里,抵达三家村。询问老妇,指点奇树在村后的田间。又行半里,来到树下。这棵树高高下临深深的海岸,而树干向南伸入半空中,矗立挺拔,大处不到省城土主庙奇树的一半,而且叶片也略小些。树上的花是黄白色,大如莲花,也是有十二瓣,按月份和闰月增加一瓣,与省城的说法相同;只是开花时香气在很远都能闻到,当地人把它称为"十里香",这却是在省城中没有听说过的了。大理城有风、花、雪、月四大景色,就是下关的风,上关的花,苍山的雪,洱海的月。上关以此花著名。据《一统志》记载,大理城奇异的物产有木莲花,却没有注明在何地,不过其他地方也没听说过,难道就是此花吗?花从正月开到二月底才凋谢,此时已经没有剩余的花瓣,不能闻到花香见到花的颜色了,只能抚摸树干分辨树叶而已。于是从村南下坡,共向东南行二里后来到沙坪,聚落夹住大路。进入旅店时,晚饭已经熟了。而刘君所请的挑夫已经离去,只好另外请人为明早上路做准备。

十一日　早炊,平明,夫至乃行。由沙坪而南,一里余,西山之支,又横突而东,是为龙首关,盖点苍山北界之第一峰也。凤羽南行,度花甸哨南岭而东北转者,为龙王庙后诸山,迤逦从邓川之卧牛、溪始,而北尽于天马,南崎者为点苍,而东垂北顾,实始于此,所以谓之"龙首"。《一统志》列点苍十九峰次第①,自南而北,则是反以龙尾为首也。当山垂海错之处,巩城当道,为榆城北门锁钥,俗谓之上关②,以据洱海上流也。入城北门,半里出南门,乃依点苍东麓南行。高眺西峰,多坠坑而下,盖后如列屏,前如连袂,所谓十九峰者,皆如五老比肩,而中坠为坑者也。

【注释】

①苍山十九峰:峰间夹十八溪,自北而南,排列如下:云弄峰——霞
移溪,沧浪峰——万花溪,五台峰——阳溪,莲花峰——芒涌溪,
白云峰——锦溪,鹤云峰——灵泉溪,三阳峰——白石溪,兰
峰——双鸳溪,雪人峰——隐仙溪,应乐峰——梅溪,观音
峰——桃溪,中和峰——中溪,龙泉峰——绿玉溪,玉局峰——
龙溪,马龙峰——清碧溪,圣应峰——莫残溪,佛顶峰——莩莫
溪,马耳峰——南阳溪,斜阳峰。其中以马龙峰最高,海拔达
4122 米。

②上关:今名同,在大理市北隅,至今还能看到蜿蜒的古城残迹,西
抵苍山,东达洱海。

【译文】

十一日　早起做饭,黎明,脚夫来了就上路。由沙坪往南行,一里
多,西山的支脉,又横着突向东,这便是龙首关,是点苍山北面的第一
峰。凤羽山往南延伸,延过花甸哨的南岭后向东北转的山,是龙王庙后
的群山,逶逶迤迤从邓川州的卧牛山、溪始山起始,往北在天马山到了
尽头,耸峙在南面的是点苍山,而往东下垂向北回绕,实际起始于此地,
所以把它称为"龙首"。《一统志》列举了点苍山十九座山峰的次序,由南向北,那是
反而把龙尾作为龙头了。在山峰下垂海岸交错之处,坚固的城关挡住道路,
是大理城北门的军事要地,俗称为上关,是因为它占据着洱海的上游。
进入城关北门,半里走出南门,就靠着点苍山的东麓往南行。眺望西面
高大的山峰,大多往下坠成坑谷,大体上后面如屏风一样排列,前面如
衣袖相连,所谓的十九峰,全都如同五老峰一样并肩而立,而山峰之间
下陷为坑谷。

　　南二里,过第二峡之南,有村当大道之右,曰波罗村。
其西山麓有蛱蝶泉之异①,余闻之已久,至是得土人西指,乃

令仆担先趋三塔寺,投何巢阿所栖僧舍,而余独从村南西向望山麓而驰。半里,有流泉淙淙,溯之又西,半里,抵山麓。有树大合抱,倚崖而耸立,下有泉,东向漱根窍而出,清冽可鉴。稍东,其下又有一小树,仍有一小泉,亦漱根而出。二泉汇为方丈之沼,即所溯之上流也。泉上大树,当四月初即发花如蛱蝶,须翅栩然,与生蝶无异②。又有真蝶千万,连须钩足,自树巅倒悬而下,及于泉面,缤纷络绎,五色焕然。游人俱从此月,群而观之,过五月乃已③。余在粤西三里城,陆参戎即为余言其异,至此又以时早未花,询土人,或言蛱蝶即其花所变,或言以花形相似,故引类而来,未知孰是。然龙首南北相距不出数里,有此二奇葩,一恨于已落,一恨于未蕊,皆不过一月而各不相遇。乃折其枝、图其叶而后行。

【注释】

①蛱(jiá)蝶:蝴蝶的一类,成虫为赤黄色。

②与生蝶无异:"生蝶"原作"蛱蝶",据"四库"本、叶本改。

③"游人"三句:至今每年阴历四月十五日为蝴蝶会。笔者有幸得与其盛。泉边有一棵大合欢树,树上吊着蝶团,每团都有成百上千的蝴蝶挤在一起,犹如树上吊的峰房,也有的蝴蝶蜷伏在树叶上,远看犹如枯叶,但偶尔动几下,证明它们不是花或叶。还有一些在绿树丛中穿梭飞舞,但种类不多,体型较大的有带红点的黑蝴蝶,较小的有黄蝶、枯叶蝶等。也有人认为,成串垂吊在树枝上的是蛾,而不是蝴蝶,蝴蝶会中的蛾类实际上比蝶类多,大约有一百一十种以上。

【译文】

向南二里,经过第二条峡谷的南边,有个村子位于大道的右边,叫做波罗村。村西的山麓有蛱蝶泉的奇景,我听说过这里已经很久了,来到这里得到当地人的指点,在西边,就命令仆人挑夫先赶去三塔寺,到何巢阿寄宿的僧房中投宿,而我独自一人从村南向西望着山麓急速赶过去。半里,有淙淙流淌的泉水,溯泉水又往西走,半里,抵达山麓。有棵树,大处有一抱粗,紧靠山崖耸立着,树下有泉水,朝向东方从树根下的石窍中流出来,清澈凉爽,可当做镜子。稍往东一点,山崖下又有一棵小树,还是有一处小泉,也是从树根间流出来。两处泉水汇成一丈见方的池水,就是所溯泉水的上游了。泉水上的大树,在四月初就开花如同蝴蝶,触须翅膀栩栩如生,与活蝴蝶没有不同之处。又有千万只真蝴蝶,触须相连腿部相勾,从树梢倒悬而下,垂到水面上,缤纷络绎,五彩焕然。从这个月起,游人都成群前来观看这一奇景,过了五月才结束。我在广西三里城时,陆参将就对我说起过这里的奇异之处,来到这里又因为季节还早没有开花,询问当地人,有人说蝴蝶就是树上的花变的,有人说,是花的形状相似,所以引来蝶类,不知谁说的对。然而龙首关南北相距不超出几里地,有这两种奇花,一种遗憾的是花已零落,一种遗憾的是还未开花,都不超过一个月的时间却各自不能相遇。只好折下树枝、画下树叶,然后上路。

已望见山北第二峡,其口对逼如门,相去不远,乃北上蹑之。始无路,二里,近峡南,乃得东来之道,缘之西向上跻,其坡甚峻。路有樵者,问何往,余以寻山对。一人曰:"此路从峡南直上,乃樵道,无他奇。南峡中有古佛洞甚异,但悬崖绝壁,恐不能行,无引者亦不能识。"又一老人欣然曰:"君既万里而来,不为险阻,余何难前导。"余乃解长衣,并所折蛱蝶枝,负之行。共西上者三里,乃折而南,又平上者三里,复西向悬跻。又二里,竟凌南峡之上,乃第三峡也。

于是缘峡上西行，上下皆危崖绝壁，积雪皑皑当石崖间，旭日映之，光艳夺目。下瞰南峰，与崖又骈峙成峡，其内坠壑深杳，其外东临大道，有居庐当其平豁之口，甚盛。以此崖南下俱削石，故必由北坡上，而南转西入也。又西上二里，崖石愈巉岊，对崖亦穹环骈绕，盖前犹下崖相对，而至此则上峰俱回合矣。又上一里，盘崖渐北，一石横庋足下，而上崖飞骞刺空，下崖倒影无底。导者言，上崖腋间，有洞曰大水，下崖腋间，有洞曰古佛^①，而四睇皆无路。导者曰："此庋石昔从上崖坠下，横压下洞之上，路为之塞。"遂由庋石之西，攀枝直坠，其下果有门南向，而上不能见也。门若裂罅，高而不阔，中分三层。下层坠若智井，俯窥杳黑而不见其底，昔曾置级以下，燃灯而入甚深^②，今级废灯无，不能下矣。中层分瓣排棂，内深三丈，石润而洁，洞狭而朗，如披帷践榭，坐其内，随峡引眺，正遥对海光；而洞门之上，有中垂之石，俨如龙首倒悬，宝络中挂。上层在中洞右崖之后，盘空上透，望颇奓窏，而中洞两崖中削，内无从上。其前门夹处，两崖中凑，左崖前削，石痕如猴，少刓其端，首大如卵，可践猴首飞度右崖，以入上洞。但右崖欹侧，与左崖虽中悬二尺余，手无他援，而猴首之足，亦仅点半趾，跃陟甚难，昔亦有横板之度，而今无从觅。余宛转久之，不得度而下。导者言："数年前有一僧栖此崖间，多置佛，故以'古佛'名。自僧去佛移，其叠级架梯，亦久废无存，今遂不觉闭塞。"余谓不闭塞不奇也。乃复上庋石，从其门扪崖直上。崖亦进隙成门，门亦南向，高而不阔，与下洞同，但无其层叠之异。峡左

石片下垂,击之作钟鼓声。北向入三丈,峡穷而蹑之上,有
洼当后壁之半,外耸石片,中刓如齑臼③,以手摸之,内圆而
底平,乃天成贮泉之器也。其上有白痕自洞顶下垂其中,如
玉龙倒影,乃滴水之痕。臼侧有白磁一,乃昔人置以饮水
者。观玩既久,乃复下庋石。导者乃取樵后峡去,余乃仍循
崖东下。

【注释】

①古佛洞:在周城村西,苍山云弄峰神魔洞内约3公里。东向,高5
　米,宽3米,深10米。就钟乳石雕有大小不等的四十余躯佛像。

②燺(gòu):举火。

③刓(wán):剜刻。

【译文】

不久,望见山北面的第二条峡谷,峡口对峙紧束如同门洞,相距不
远,于是向北上登峡口。开始没有路,二里,走近峡口南边,才遇上东面
来的道路,沿着路向西上登,这里的山坡非常陡峻。路上有打柴的人,
问我要去哪里,我回答要去找山景。一个人说:"这条路从峡谷南边一
直上走,是打柴的路,没有别的奇异之处。南边的峡谷中有个古佛洞十
分奇异,只是悬崖绝壁,恐怕无法走,无人领路也不能找到。"又有一个
老人欣然说道:"您既然从万里之外来到,不被艰险所阻,我在前边引路
又有何难?"我于是脱下长衣,连同折下的蝴蝶树枝,扛起来上路。共往
西上登三里路,就折向南,又平缓上行三里,再向西悬空上登。又行二
里,竟然登到南面峡谷的上方,这是第三条峡谷了。从这里沿着峡谷上
方往西行,上下都是危崖绝壁,积雪白皑皑的,布满石崖之间,旭日映照
着白雪,光艳夺目。向下俯瞰南面的山峰,与石崖又对峙成峡谷,峡谷
内深陷的壑谷幽深杳渺,峡谷外东边面临大路,有村居房屋位于平敞开

阔的峡口，十分兴盛。由于这里的石崖南边下去都是陡削的岩石，所以必得经由北面的山坡上来，然后由南转向西进峡。又往西上爬二里，崖石更加高峻突兀，对面的山崖穹隆而起并排环绕，在前边下面的山崖还互相对峙，而到了此地后则上面的山峰全都回绕合拢了。又上登一里，绕着山崖慢慢往北走，一块岩石横架在脚下，而头上的石崖斜着飞刺到空中，下方的石崖倒影看不见底。导游的老人说，上崖的山窝间，有洞名叫大水；下崖山窝间，有洞名叫古佛，而看看四方都没有路。导游的老人说："这块横架的岩石过去从上面的山崖上坠落下来，横压在下洞的上方，路被石头堵住了。"于是从横架着的岩石的西边，攀着树枝一直下坠，岩石下果然有个向南的洞口，可在上边不能看见。洞口像裂开的缝隙，高而不宽，洞中分为三层。下层深陷好像枯井，俯身窥视深杳漆黑看不见洞底，从前曾放有梯子以便下去，点燃灯火进去十分深邃，今天梯子废弃了，又没有灯火，不能下去了。中层呈瓣状分开，似窗棂一样排列，洞内深三丈，石质圆润光洁，山洞狭窄但却明亮，如同分开帷幔踩在台榭上，坐在洞内，顺着峡谷放眼眺望，正好远远对着洱海中的波光；洞口的上方，有块悬垂在中央的岩石，俨然似倒悬的龙头、挂在正中的华盖。上层在中洞右侧石崖的后面，旋绕着向上通到空中，看起来很是深远，可是中洞两侧的石崖中间如刀削一般，里面无法上去。它的前洞口相夹之处，两面的石崖向中间凑拢过来，左边的石崖前方陡削，有石纹如同猴子，稍微凿去它的顶端，头部大如鸡蛋，可以踩着猴头飞跃到右边的石崖上，才能进入上洞。但右边的石崖倾斜，与左边的石崖虽然中间只悬隔着二尺多，手没有其他攀援之处，而且猴头上的下脚处，也仅能放半个脚趾，跳跃攀登都很难，从前也有横放的木板越过去，可今天无法找到了。我辗转了很久，不能过去便下来了。导游的老人说："几年前有一个僧人住在这里的石崖间，放了很多佛像，所以用'古佛'来起洞名。自从和尚离开佛像移走后，那些垒砌的台阶架起的梯子，也废弃了很久不再存在，今天想不到竟然闭塞起来了。"我认为不闭塞就不奇特了。于是又登上横架着的岩石，从洞口摸着石崖一直上爬。石崖上也有迸裂的缝隙形成洞口，洞口也是向南，高而不宽，与下洞相同，但没有下洞层层叠叠的奇异景象。峡谷左边有石片下垂，敲击石片发出钟鼓样的声音。向北进洞三丈，峡谷完后踩着石壁上登，有个凹陷处在后洞壁的半中腰，外边耸立着石片，中间凿刻进去如像石臼，用手去摸它，里面圆圆的而底部平滑，是天然形成的贮存泉水的器物。它的上方有条白色的痕迹从洞顶下垂到石臼中，如玉龙倒立的身影，是滴水形成的痕迹。石臼侧边有一个白瓷碗，是从前的人放在这里饮水用的。观察玩赏了很久之后，才再下到横架的岩石上。导游的老人于是到后面的峡谷中去取柴火，我就仍旧沿着山崖向东下山。

　　三里，当南崖之口，路将转北，见其侧亦有小岐，东向草石间，可免北行之迂，乃随之下。其下甚峻，路屡断屡续。东下三里，乃折而南，又平下三里，乃及麓，渡东出之涧。涧南有巨石高穹，牧者多踞其上，见余自北崖下，争觇眺之，不知为何许人也。又南一里半，及周城村后①，乃东出半里，入夹路之衢，则龙首关来大道也。时腹已馁，问去榆城道尚六十里，呕竭蹶而趋。遥望洱海东湾②，苍山西列，十九峰虽比肩连袂，而大势又中分两重。北重自龙首而南至洪圭，其支东拖而出，又从洪圭后再起为南重，自无为而南至龙尾关，其支乃尽。洪圭之后，即有峡西北通花甸；洪圭之前，其支东出者为某村，又东错而直瞰洱海中，为鹅鼻嘴，即罗刹石也。不特山从此叠两重，而海亦界为两重焉。十三里，过某村之西，西瞻有路登山，为花甸道；东瞻某村，居庐甚富③。又南逾东拖之冈，四里，过二铺，又十五里而过头铺④，又十三里而至三塔寺。入大空山房，则何巢阿同其幼子相望于门⑤。僧觉宗出酒沃饥而后饭。夜同巢阿出寺，徘徊塔下，踞桥而坐，松阴塔影，隐现于雪痕月色之间，令人神思悄然。

【注释】

①周城村：今仍名周城，在大理市北境。

②洱海：《明一统志》大理府山川："西洱海，在府城东，古叶榆河也，一名洱海，又名西洱河。源自邓川，合点苍山之十八川而汇于此，形如人耳，周三百余里，中有罗荃、浓禾、赤崖三岛及四洲九曲之胜，下流合于漾备江。"现今洱海湖面宽 250 平方公里，南北长 40.5 公里，东西宽 3.4～8.4 公里，湖岸线长 116 公里，平均水位海拔 1974 米，湖水呈绿色。喜洲附近有一沙堤伸入海中，俗称海舌，分洱海为两部分。北为内海，水深一般不足 13 米；南为外海，平均水深 15 米，最深处达 21 米。

③"十三里"五句：此村应即今喜洲，在大理市北境，距洱海甚近。元代已有"喜州"之名，见《元混一方舆胜览》，明时亦应称喜州。花甸：今仍称花甸坝，在大理西北隅苍山后，古代大理到凤羽的大道即经花甸。

④头铺：今名同，在大理市北境的公路上，银桥东邻。

⑤其幼子：史夏隆序本作"小乃郎"。

【译文】

　　三里，在南面山崖的山口，道路即将转向北，看见路侧边也有一条岔开的小路，往东通向草石间，可以免去向北绕路走，便顺着小路下走。那下走的路非常陡峻，路多次时断时续。往东下山三里，于是折向南，又平缓下行三里，才到达山麓，渡过向东流出去的山涧。山涧南边有巨石高高隆起，许多放牧的人坐在巨石上，看见我从北边的山崖上下来，争着探望我，不知我是什么人。又往南行一里半，来到周城村后，就向东出去半里，走进房屋夹路的街道，就是从龙首关来的大路了。这时腹中已饿极了，打听到去大理府城的路还有六十里，急忙尽力跌跌绊绊地赶路。遥望洱海东面的海湾，苍山排列在西面，十九座山峰虽然并肩相连，但大体的山势又从中分为两重。北边的一重从龙首关往南延伸到洪圭山，它的支脉向东延伸而出，又从洪圭山后再度耸起成为南面一重山，从无为山往南延伸到龙尾关，它的支脉才到了头。洪圭山的后面，就有峡谷往西北通往花甸；洪圭山的前方，那向东伸出的支脉所在的地方是某个村庄，又往东交错而径直俯瞰洱海中央，是鹅鼻嘴，就是罗刹石了。不仅山从这里重叠为两层，而且海也被隔为两半了。十三里，经过某个村子的西边，远望西面有登山的路，是去花甸的路；远望东边的某个村庄，居民房屋十分富庶。又往南越过向东下垂的山冈，四里，经过二铺，又行十五里后路过头铺，又行十三里后来到三塔寺。进入大空山房，就见何巢阿同他的小儿子在门口相望了。僧人觉宗拿来酒灌入饥肠后吃饭。夜里同何巢阿出寺来，徘徊在塔下，靠着桥头坐下，松荫塔影，隐约出现在雪影月色之间，让人精神思绪安静下来。

十二日　觉宗具骑挈餐，候何君同为清碧溪游①。出寺即南向行，三里，过小纸房，又南过大纸房。其东即郡城之西门，其西山下即演武场。又南一里半，过石马泉。泉一方在坡坳间，水从此溢出，冯元成谓其清冽不减慧山②。甃为方池，其上有废址，皆其遗也。《志》云："泉中落日照见有石马，故名。"又南半里，为一塔寺③，前有诸葛祠并书院。又南过中和、玉局二峰。六里，渡一溪，颇大。又南，有峰东环而下。又二里，盘峰冈之南，乃西向觅小径入峡。峡中西望，重峰罨映④，最高一峰当其后，有雪痕一派，独高垂如匹练界青山,有溪从峡中东注,即清碧之下流也。从溪北蹑冈西上,二里,有马鬣在左冈之上,为阮尚宾之墓。从其后西二里,蹑峻凌崖。其崖高穹溪上,与对崖骈突如门,上耸下削,溪破其中出。从此以内,溪嵌于下,崖夹于上,俱逼仄深宵。路缘崖端,挨北峰西入,一里余,马不可行,乃令从者守马溪侧,顾仆亦止焉。

【注释】

①清碧溪:又称翠盆水,见万历《云南通志》大理府山川。在下关西北 13 公里,从感通寺西北侧取小道进入山箐,约 1 小时可达。为点苍山 18 溪中风光最美的一溪,有上、中、下三潭,水清如碧玉,纤尘不染,澄潭飞瀑相映成趣,恍若桃源。溪水东流出谷,灌农田千顷,俗称德溪。

②慧山:即无锡惠山。晋代有西域僧人慧照在那里讲经说法,名声大振,人们因以慧照名称该山为慧山。慧、惠两字可通,后多作惠山。

③一塔寺:《明一统志》大理府寺观:"弘圣寺,在点苍山七峰麓,中有塔高二十丈,又名一塔寺。"此塔今存。

④罨映:彼此掩覆而衬托。罨,通"掩"。

【译文】

十二日　觉宗备好马匹带上午饭,等候何巢阿君一同去游清碧溪。出寺门马上向南行,三里,经过小纸房,又往南经过大纸房。村东就是府城的西门,村西的山下就是演武场。又往南行一里半,路过石马泉。一池泉水在山坡与山坳之间,泉水从此处溢出去,冯元成认为泉水的清冽不比慧山的泉水差。砌成方池,池上有废弃的遗址,都是冯元成的遗迹。《一统志》说:"落日下泉水中照见有石马,所以这样起名。"又向南半里，是一塔寺，寺前方有诸葛祠及书院。又往南经过中和、玉局两座山峰。六里，渡过一条溪流，水势很大。又往南行，有山峰向东环绕而下。又是二里，绕过峰下山冈的南边，于是向西寻找小径进峡。在峡中向西望，重重山峰互相掩映，最高的一座山峰位于群山之后，有一片白雪的痕迹，独自高高下垂，如同一匹白色的丝绢隔断了青山，有溪水从峡中向东流注，就是清碧溪的下游了。从溪流北岸踏着山冈向西上登，二里，有坟丘在左边的山冈之上，是阮尚宾的坟墓。从墓地后往西行二里，踏着峻岭登上山崖。这里的山崖高高隆起在溪流上，与对面的山崖并立突起如门洞一样，上方高耸下面陡削，溪流冲破门洞中流出去。从此处以内，溪流深嵌在下方，山崖夹立在上方，全都狭窄倾斜，幽深杳渺。路沿着山崖前端，紧靠北面的山峰往西进去，一里多，马不能再走，就命令跟随的人在溪流边守马，顾仆也停在了这里。

余与巢阿父子同两僧溯溪入。屡涉其南北，一里，有巨石蹲涧旁，两崖巉石，俱堆削如夹。西眺内门，双耸中劈，仅如一线，后峰垂雪正当其中，掩映层叠，如挂幅中垂，幽异殊甚。觉宗辄解筐酌酒，凡三劝酬。复西半里，其水捣峡泻石间，石色光腻，文理灿然，颇饶烟云之致。于是盘崖而上，一里余，北峰稍开，得高穹之坪。又西半里，自坪西下，复与涧遇。循涧西向半里，直逼夹门下，则水从门中突崖下坠，其高丈余，而下为澄潭。潭广二丈余，波光莹映，不觉其深，而突崖之槽，为水所汨，高虽丈余，腻滑不可着足。时余狃之不觉，见二僧已逾上崖，而何父子欲从涧北上，余独在潭上觅路不得。遂蹑峰槽，与水争道，为石滑足，与水俱下，倾注潭中，水及其项。亟跃而出，踞石绞衣。攀北崖，登其上，下瞰余失足之槽，虽高丈余，其上槽道曲折如削，腻滑尤甚；即上其初层,其中升降,更无可阶也。再逾西崖,下觑其内有潭,方广各二丈余,其色纯绿,漾光浮黛,照耀崖谷,午日射其中,金碧交荡,光怪得未曾有。潭三面石壁环窝,南北二面石门之壁,其高参天,后面即峡底之石,高亦二三丈;而脚嵌颡突,下与两旁联为一石,若剖半盎,并无纤隙透水潭中,而突颡之上,如檐覆潭者,亦无滴沥抛崖下坠;而水自潭中辄东面而溢,轰倒槽道,如龙破峡。余从崖端俯而见之,亟攀崖下坠,踞石坐潭上,不特影空人心,觉一毫一孔,无不莹彻。亟解湿衣曝石上,就流濯足,就日曝背,冷堪涤烦,暖若挟纩。何君父子亦百计援险至,相叫奇绝。

【译文】

　　我与何巢阿父子连同两个僧人溯溪流深入。多次涉到溪流的南北两岸,一里,有块巨石蹲在山涧旁,两面山崖上高险的山石,全都陡削地堆积着如同夹道。向西眺望里面的石门,双双高耸,当中劈开,仅像一条线,后面山峰上下垂的积雪正位于门中,互相掩映,层层叠叠,如挂在墙上的条幅垂在中央,特别幽雅奇异。觉宗总是解下竹筐斟酒,共劝饮了三次酒。再向西走半里,溪水冲捣着峡谷奔泻在岩石间,石头颜色光洁细腻,花纹灿烂,颇富有烟云的意态。从这里绕着山崖上走,一里多,北面的山峰略微敞开一些,走到一块高高隆起的平地。又向西半里,从平地向西下走,再次与山涧相遇。沿着山涧向西行半里,直接逼近相夹的石门下,就见溪水从石门中突立的石崖上下泻,石崖高一丈多,而下方是澄澈的深水潭。水潭宽二丈多,波光晶莹映照,不觉得水深,而突立崖石上的沟槽,被水流冲刷,高处虽只有一丈多,腻滑得不能落脚。当时我只顾戏水没察觉,看见二位僧人已翻越到上面的石崖上,而何家父子想从山涧的北边上登,我独自一人在水潭上方找路,找不到。于是踩着峰上的沟槽上走，与水流争路，被脚下的石头滑倒，与流水一起冲下来，倾注在深潭中，水没过脖子。急忙跳出水来，坐在石头上绞去衣服上的水。攀着北面的石崖，登到石崖上，往下俯瞰我失足跌倒的沟槽，虽然高仅一丈多，岩石上的沟槽水道曲曲折折，如像刀削一般，腻滑得尤其厉害；即使登上它的第一层，峡谷中上上下下之处，再也没有可以踩踏之处了。再翻越西面的山崖，向下看去，山崖内有水潭，长宽各有二丈多，水色纯绿，波光荡漾，青山浮动，照耀在山崖峡谷之中，正午的艳阳照射在水中，金碧交辉，流波激荡，光怪陆离得未曾有过。水潭三面的石壁环成一个窝状，南北两面石门的石壁，高耸进天空中，后面就是峡底的岩石，高处也有二三丈；可石脚下嵌上方前突，下边与两旁连成一块岩石，好似剖开的半个瓦瓮，并没有丝毫缝隙漏水到水潭中，而前突的崖石之上，如屋檐覆盖在水潭上方的地方，也没有水滴从石崖上抛洒下落；然而水总是从水潭中向东面溢出去，轰鸣着倒入沟槽水道之中，如神龙冲破峡谷。我从石崖顶端俯身见到此景，急忙攀着石崖坠落下来，盘腿坐在水潭边的岩石上，不仅山影荡空人心的一切杂念，觉得每一根汗毛每一个毛孔，无不晶莹透彻。连忙脱下湿衣服晒在岩石上，就着流水洗脚，就着阳光晒脊背，冷得足以洗去烦恼，暖得好像怀抱着丝绵被。何君父子也千方百计攀援险阻来到，互相高声叫喊奇绝。

久之，崖日西映，衣亦渐干，乃披衣复登崖端，从其上复西逼峡门，即潭左环崖之上。其北有覆崖庋空，可当亭榭之憩，前有地如掌，平甃若台，可下瞰澄潭，而险逼不能全见。既前，余欲从其内再穷门内二潭，以登悬雪之峰。何君辈不能从，亦不能阻，但云："余辈当出待于休马处。"余遂转北崖中垂处，西向直上。一里，得东来之道，自高穹之坪来，遵之曲折西上，甚峻。一里余，逾峡门北顶，复平行而西半里，其内两崖石壁，复高骈夹起，门内上流之间，仍下嵌深底。路旁北崖，削壁无痕，不能前度，乃以石条缘崖架空，度为栈道者四五丈，是名阳桥，亦曰仙桥。桥之下，正门内之第二潭所汇，为石所亏蔽，不及见。度桥北，有叠石贴壁间。稍北，叠石复北断，乃趁其级南坠涧底。底有小水，蛇行块石间，乃西自第一潭注第二潭者。时第二潭已过而不知，只望涧中西去，两崖又骈对如门，门下又两巨石夹峙，上有石平覆如屋而塞其后，覆屋之下，又水潴其中，亦澄碧渊渟①，而大不及外潭之半。其后塞壁之上，水从上涧垂下，其声潺潺不绝，而前从块石间东注二潭矣。余急于西上，遂从涧中历块石而上。涧中于是无纤流，然块石经冲涤之余，不特无污染，而更光腻，小者践之，巨者攀之，更巨者则转夹而梯之。上瞩两崖，危蠱直夹，弥极雄厉。渐上二里，硐石高穹，滑不能上，乃从北崖转陟箐中。崖根有小路，为密箐所翳，披之而行。又二里，闻人声在绝壁下，乃樵者拾枯于此，捆缚将返，见余，言前已无路，不复可逾。余不信，更从丛篁中披陡而西上。其处竹形渐大，亦渐密，路断无痕。余莽披之，去巾解服，攀竹为绠。复逾里余，其下壑底之涧，又环转而北，与垂雪后峰，又界为两重，无从竟升。闻清碧涧有路，可逾后岭通漾濞，岂尚当从涧中历块耶？

【注释】

①渊渟(tíng)：深水潭。

【译文】

很久之后，石崖上阳光西射，衣服也渐渐干了，就披上衣服再次登上石崖顶端，从那上面再向西逼近峡谷中的石门，就在水潭左边环绕的山崖之上。这里的北边有下覆的石崖平架在空中，可以当做亭台楼榭来休息，前方有块如手掌大的地，平平地砌得好像高台，可以向下俯瞰澄碧的水潭，可险要狭窄得不能看见全貌。向前走后，我想从峡谷内再去穷尽石门内的两个水潭，并上登高悬积雪的山峰。何君这帮人不能跟随，也不能阻止我，只是说："我们这些人将出去在马匹休息的地方等候。"我于是转过北面山崖垂在中央之处，向西一直上登。一里，遇到东边来的路，是从高高隆起的平地来的路，顺着这条路曲折向西上登，非常陡峻。一里多，越过峡中石门北面的山顶，再往西平缓前行半里，这以内两侧山崖的石壁，又高高耸起并排相夹，石门内山涧上游之间，底部仍然深深下嵌。路旁北边的山崖，陡削的石壁上没有裂痕，不能过到前方，就用条石沿着崖壁架空，横架为栈道，有四五丈长，这里名叫阳桥，也叫做仙桥。桥的下方，正是石门内第二个水潭积水的地方，被岩石遮挡着，来不及见到。过到桥北，有叠垒的石阶贴在石壁上。稍往北走，叠垒的石阶在北边又断了，就趁着石阶向南下坠到山涧底下。山涧底有小溪，像蛇一样流淌在石块间，是从西面的第一个水潭流注到第二个水潭的水流。这时第二个水潭已经错过却不知道，只管望着山涧中向西走去，两面的山崖又并排相对如同门扇，石门下又有两块巨石夹立对峙，上边有块岩石平平地覆盖着如同房屋，但堵住了后面，覆盖的房屋之下，又有水蓄积在其中，也是澄碧的深水潭，可大处不到外边水潭的一半。它后边堵塞的石壁之上，水从上边的山涧中垂流下来，水声潺潺不绝，然后从前方的石块间往东注入第二个深潭中去了。我急于向西上登，便从山涧中经过石块上走。山涧中从这里起没有了纤细的水流，然而石块经过冲刷洗涤之后，不尽没有污泥沾染，而且更加光滑细腻，小些的踩着它走，大点的攀着它走，更大的就转过夹缝把它当做梯子。从上边远望两面的山崖，危崖矗立，笔直相夹，更加极尽雄伟壮丽之姿。慢慢上登二里，山涧中的岩石高大穹隆，光滑得不能上去，只好从北边的山崖转到山箐中上登。石崖脚下有条小路,被浓密的竹丛遮蔽了,分开竹丛前行。又是二里,听见有人声在绝壁下,是打柴的人在此处拾枯枝,捆好后即将返回去,见到我,说是前方已经没有路,不再能翻越过去。我不信,再从成丛的竹子间拨开道路陡峻地往西上登。此处竹子的形态渐渐大起来,也渐渐浓密起来,路断了,毫无踪迹。我不着边际地拨开竹丛前行,去掉头巾脱下衣服,抓住竹子作为绳索。又穿越一里多,脚下壑谷底的山涧,又环绕着转向北,与后面积雪下垂的山峰,又分隔为两层,无法径直上登。听说过清碧涧有路,可以翻越到后面的山岭通往漾濞,莫非还是应当从山涧中经过石块上走么?

时已下午,腹馁甚,乃亟下;则负刍之樵,犹匍匐箐中。遂从旧道五里,过第一潭,随水而前,观第二潭。其潭当夹门逼束之内,左崖即阳桥高横于上,乃从潭左攀磴隙,上阳桥,逾东岭而下。四里至高穹之坪,望西涧之潭,已无人迹,亟东下沿溪出,三里至休马处。何君辈已去,独留顾仆守饭于此,遂啜之东出。三里半,过阮墓,从墓右下渡涧,由涧南东向上岭。路当南逾高岭,乃为感通间道;余东逾其余支,三里,下至东麓之半。牧者指感通道,须西南逾高脊乃得,复折而西南上跻,望崖而登,竟无路可循也。二里,登岭头,乃循岭南西行。三里,乃稍下,度一峡,转而南,松桧翳依,净字高下,是为宕山,而感通寺在其中焉①。

【注释】

①"是为宕山"二句:宕山,《明一统志》作荡山,又称上山。《元混一方舆胜览》大理路崇圣寺条载:"又西南有上山寺,幽雅之趣非云南诸寺比。"感通寺又称上山寺,元代已很著名。

【译文】

此时已经是下午，腹中饿极了，便急忙下山；就见背负柴草的樵夫，还爬行在山箐中。于是从原路返回，五里，经过第一个水潭，顺水往前走，观看了第二个水潭。这个水潭正当夹立的石门狭窄处之内，左边的石崖上就是阳桥高高横在上方，于是从水潭左边攀着石缝中的石阶，登上阳桥，越过东岭下山。四里后来到高高隆起的平地，远望西面山涧中的水潭旁，已经没有人的踪迹，急忙往东下走沿着溪流出来。三里路来到马匹休息的地方。何君一帮人已经离开，单独留下顾仆在此地守着饭，于是吃饭后向东出山。三里半，路过阮尚宾的墓地，从墓地右侧下走渡过山涧，由山涧南边向东登岭。路应当往南翻越高高的山岭，是去感通寺的便道；我向东翻越它的余脉，三里，下到东麓的半山腰。放牧的人指点去感通寺的路，必须向西南翻越高大的山脊才能到达，又折向西南上爬，望着山崖上登，居然无路可走了。二里，登上岭头，就沿着岭南往西行。三里，才稍稍下走，越过一条峡谷，转向南，松柏密闭依稀，佛寺高低错落，这里是宕山，而感通寺就在山中了。

　　盖三塔、感通，各有僧庐三十六房，而三塔列于两旁，总以寺前山门为出入；感通随崖逐林，各为一院，无山门总摄，而正殿所在，与诸房等，正殿之方丈有大云堂，众俱以大云堂呼之而已。时何君辈不知止于何所，方逐房探问。中一房曰斑山，乃杨升庵写韵楼故址，初闻何君欲止此，过其门，方建醮设法于前，知必不在，乃不问而去。后有人追至，留还其房。余告以欲觅同行者，其人曰："余知其所止，必款斋而后行。"余视其貌，似曾半面，而忘从何处，谛审之，知为王赓虞，乃卫侯之子，为大理庠生，向曾于大觉寺会于遍周师处者也。今以其祖母忌辰，随其父来修荐于此，见余过，故父子相谂^①，而挽留余饭焉。饭间，何君亦令僧来招。既饭而暮，遂同招者过大云堂前北上，得何君所止静室，复与之席地而饮。夜月不如前日之皎。

【注释】

①谂（shěn）：知悉。

【译文】

三塔寺、感通寺，各有僧舍三十六房，而三塔寺的是排列在两旁，总的以寺前的山门作为出入口；感通寺顺着山势靠着树林而建，各自辟为一院，没有山门统摄，而且正殿所在的地方，与各处的僧房一样高，正殿的方丈有处大云堂，僧众都用"大云堂"来称呼正殿而已。此时不知何君那帮人住在何处，打算逐一到僧房去打听。其中有一房叫做斑山，是杨升庵写韵楼的旧址，起初听说何君想要住在此处，经过房门，正在门前设坛念经做法事，心知必定不在，便不问就离开了。后边有人追上来，留我返回他们房中。我告诉他想去找同行的人，那人说："我知道他们住的地方，一定要招待了斋饭再走。"我看他的容貌，似乎曾见过一面，但忘了是在什么地方，仔细审视他，知道是王赓虞，是卫侯的儿子，大理府的生员，从前曾在大觉寺遍周法师那里见过面。今天因为是他祖母去世的忌日，跟随他父亲来此处施斋做法事，见我路过，所以父子俩都认出了我，便挽留我吃饭。吃饭时，何君也命令僧人前来召唤。饭后天色已晚，就同前来召唤的僧人经过大云堂前往北上走，找到何君住宿的静室，再与他席地坐下饮酒。夜里月光不如前一天那样皎洁。

十三日　与何君同赴斋别房，因遍探诸院。时山鹃花盛开，各院无不灿然。中庭院外，乔松修竹，间以茶树^①。树皆高三四丈,绝与桂相似,时方采摘,无不架梯升树者。茶味颇佳,炒而复曝,不免黝黑。已入正殿,山门亦宏敞。殿前有石亭,中立我太祖高皇帝赐僧无极《归云南诗》十八章②,前后有御跋。此僧自云南入朝,以白马、茶树献,高皇帝临轩见之,而马嘶花开,遂蒙厚眷。后从大江还故土,帝亲洒天藻,以江行所过,各赋一诗送之,又令诸翰林大臣皆作诗送归。今宸翰已不存③,而诗碑犹当时所镌者。李中谿《大理郡志》以奎章不可与文献同辑④,竟不之录。然其文献门中亦有御制文,何独诗而不可同辑耶? 殿东向,大云堂在其北。僧为瀹茗设斋。

【注释】

①茶树:《明一统志》大理府物产:"感通茶,感通寺出,味胜他处产者。"《滇略·产略》将感通茶与太华茶相比,结论是:"点苍感通寺之产过之,值亦不廉。"

②太祖高皇帝:即明太祖朱元璋(1328—1398)。《游庐山日记》称"高帝"。《楚游日记》丁丑四月二十七日称"高皇帝。"赐僧无极归云南诗十八章:"无极"原作"某","十八章"原作"十二章"。据"四库"本、叶本、谢肇淛《滇略·胜略》、诸葛元声《滇史》、《嘉庆重修一统志》大理府寺观补改。

③宸翰(chén hàn):皇帝的亲笔文字。宸,帝王的宫殿,引申为帝王的代称。翰,文字、文词。

④奎章:帝王的手笔。

【译文】

十三日　与何君一同去别的僧房赴斋宴,因而探遍了各寺院。这个季节杜鹃花盛开,各寺院无不山花灿烂。中庭院的外边,高大的苍松修长的翠竹，间杂有茶树。茶树都有三四丈高，与桂树极其相似，此时正在采摘，无处不是架着梯子爬到树上的人。茶的味道很好，炒后再晒，色泽不免黝黑。不久进入正殿，山门也很宏伟宽敞。正殿前有座石砌的亭子，亭子中立有我朝太祖高皇帝赐给僧人无极的十八首《归云南诗》石碑，前后都有高皇帝写的跋文。这位僧人从云南进朝廷，用白马、山茶树进贡，高皇帝亲临轩廊接见了他，当即白马嘶鸣茶花开放，于是受到厚爱。后来从长江返回故乡，皇帝亲自抛撒鲜花，根据沿江要走过的地方，各赋了一首诗送给他，又命令翰林院诸位大臣都作诗送他回归。今天皇帝亲笔书写的诗篇已不存在，但诗碑还是当时所刻的。李中谿的《大理府志》认为帝王的诗文不能与文献一同辑录，竟然不收录这些诗。不过该书的文献类中也有皇帝写的文章，为什么唯独诗就不能一同辑录呢？正殿面向东，大云堂在正殿北边。僧人为我沏茶摆上斋饭。

　　已乃由寺后西向登岭，觅波罗岩。寺后有登山大道二：一直上西北，由清碧溪南峰上，十五里而至小佛光寨，疑与昨清碧溪中所望雪痕中悬处相近，即后山所谓笔架山之东峰矣；一分岐向西南，溯寺南第十九涧之峡，北行六里而至波罗岩。波罗岩者，昔有赵波罗栖此，朝夕礼佛，印二足迹于方石上，故后人即以"波罗"名。波罗者，乃此方有家道人之称。其石今移大殿中为拜台。时余与何君乔梓骑而行。离寺即无树，其山童然。一里，由岐向西南登。四里，逾岭而西，其岭亦南与对山夹涧为门者。涧底水细，不及清碧，而内峡稍开，亦循北山西入。又一里，北山有石横叠成岩，南临深壑。壑之西南，大山前抱，如屏插天，而尖峰齿齿列其上，遥数之，亦得十九，又苍山之具体而微者。岩之西，有僧构室三楹，庭前叠石明净，引水一龛贮岩石下，亦饶幽人之致。僧瀹茗炙面为饵以啖客。久之乃别。

【译文】

　　随后就由寺后向西登岭，去找波罗岩。寺后登山的大路有两条：一条一直向西北上走，经由清碧溪的南峰上去，十五里后到达小佛光寨，怀疑与昨天在清碧溪中望见的上有雪迹悬在中央的地方相接近，就是后山中所谓的笔架山的东峰了；一条分开岔向西南方，逆着寺南边第十九条山涧的峡谷，往北行六里后到波罗岩。波罗岩这地方，从前有个赵波罗住在这里，朝夕拜佛，印下两个脚印留在方形岩石上，所以后人就用"波罗"来起名。"波罗"一词，是这地方对有家室的僧人的称呼。那块岩石如今被移到大殿中作为跪拜用的石台。这时我与何巢阿先生父子骑马前行。离开寺院就没有树，这里的山光秃秃的。一里，由岔路向西南登山。四里，越过山岭往西行，这里的山岭也是在南面与对面的山夹着山涧形成门的样子。涧底的水流细小，赶不上清碧溪，而里面的峡谷稍微开阔些，也是沿着北山向西进去。又行一里，北山上有岩石横着叠累成岩洞，南边面临深深的壑谷。壑谷的西南方，大山向前围抱，像屏风一样插向天空，而且有一齿齿的尖峰排列在山上，远远数了数，也是有十九座山峰，这又是苍山具体而微之处了。岩洞的西边，有僧人建了三间房，庭院前叠垒的岩石明丽洁净，引来一坑水贮存在岩石下，也很有让人生出幽思的情趣。僧人煮茶烤面饼给客人吃。很久之后才道别。

　　从旧路六里，过大云堂，时觉宗相待于斑山，乃复入而观写韵楼。楼已非故物，今山门有一楼，差可以存迹。问升庵遗墨，尚有二扁，寺僧恐损剥，藏而不揭也。僧复具斋，强吞一盂而别。其前有龙女树。树从根分挺三四大株，各高三四丈,叶长二寸半,阔半之,而绿润有光,花白,小于玉兰,亦木莲之类而异其名。时花亦已谢,止存数朵在树杪,而高不可折,余仅折其空枝以行。

【译文】

　　从原路返回六里,经过大云堂,此时觉宗在斑山等候,就再次进门观览写韵楼。楼已经不是原有的建筑物,今天山门上有一座楼,差不多算是可以保留一点遗迹。打听杨升庵遗留下的墨迹,还有两块匾,寺里的僧人担心剥落损伤,收藏起来不肯揭开。僧人又准备了斋饭,勉强吞下一钵盂后告别了。寺前有棵龙女树。树从根部分出三四枝挺拔的大树枝,各枝高有三四丈,树叶长二寸半,宽处是长处的一半,而碧绿润泽有光,花是白的,比玉兰花小,也是木莲一类的,但它们的名字不同。这时花也已凋谢,只留下几朵在树梢上,可太高不能折到,我仅折下树上的空树枝就走了。

　　于是东下坡,五里,东出大道,有二小塔峙而夹道;所出大道,即龙尾关达郡城者也。其南有小村曰上睦①,去郡尚十里。乃遵道北行,过七里、五里二桥②,而入大理郡城南门③。经大街而北,过鼓楼,遇吕梦熊使者,知梦熊不来,而乃郎已至。以暮不及往。乃出北门,过吊桥而北,折而西北二里,入大空山房而宿。

【注释】

　　①上睦:今作上末。

　　②七里桥:今名同。　　五里桥:今名同。皆在大理古城南境,从南往北依次排列于下关至大理古城的公路附近。

③大理：明置大理府，治太和县，即今大理古城。方正的城垣和整齐的街道，至今还大体保持了明清时期的面貌。

【译文】

从这里往东下坡，五里，向东走上大路，有两座小塔夹住道路对峙；所走上的大路，就是从龙尾关到府城的路了。塔南边有个小村子叫上睦，离府城还有十里。于是顺着大路往北行，经过七里桥、五里桥两座桥，而后进入大理府城的南门。经过大街往北行，路过鼓楼，遇见吕梦熊派来的使者，知道吕梦熊不来了，但他儿子已来到。因为天晚来不及前去。于是走出北门，过了吊桥向北走，折向西北行二里，进入大空山房住下。

十四日　观石于寺南石工家。何君与余各以百钱市一小方。何君所取者，有峰峦点缀之妙；余取其黑白明辨而已①。因与何君遍游寺殿。是寺在第十峰之下，唐开元中建，名崇圣。寺前三塔鼎立，而中塔最高，形方，累十二层，故今名为三塔②。塔四旁皆高松参天。其西由山门而入，有钟楼与三塔对，势极雄壮；而四壁已颓，檐瓦半脱，已岌岌矣。楼中有钟极大，径可丈余，而厚及尺，为蒙氏时铸③，其声闻可八十里。楼后为正殿，殿后罗列诸碑，而中谿所勒黄华老人书四碑俱在焉。其后为雨珠观音殿，乃立像铸铜而成者，高三丈。铸时分三节为范，肩以下先铸就而铜已完，忽天雨铜如珠，众共掬而熔之，恰成其首，故有此名。其左右回廊诸像亦甚整，而廊倾不能蔽焉。自后历级上，为净土庵，即方丈也。前殿三楹，佛座后有巨石二方，嵌中楹间，各方七尺，厚寸许。北一方为远山阔水之势，其波流潆折，极变化之妙，有半舟庋尾烟汀间。南一方为高峰叠障之观，其氤氲浅深，各臻神化。此二石与清真寺碑跌枯梅④，为苍石之最古者。清真寺在南门内，二门有碑屏一座，其北跌有梅一株，倒撇垂跌间。石色黯淡，而枝痕飞白，虽无花而有笔意。新石之妙，莫如张顺宁所寄大空山楼间诸石，中有极其神妙更逾于旧者。故知造物之愈出愈奇，从此丹青一家，皆为俗笔，而画苑可废矣。张石大径二尺，约五十块，块块皆奇，俱绝妙著色山水，危峰断壑，飞瀑随云，雪崖映水，层叠远近，笔笔灵异，云皆能活，水如有声，不特五色灿然而已。其后又有正殿，庭中有白山茶一株，花大如红茶，而瓣簇如之，花尚未尽也。净土庵之北，又有一庵，其殿内外庭除，俱以苍石铺地，方块大如方砖，此亦旧制也；而清真寺则新制以为栏壁之用焉。其庵前为玉皇阁道院，而路由前殿东巩门入，绀宫三重，后乃为阁，而竟无一黄冠居守，中空户圮，令人怅然。

【注释】

①“观石”数句：此即大理特产的大理石，明代称点苍石、苍石或文石，当地人又称砭石。《明一统志》大理府物产载：“点苍石，点苍山出，其石白质青，文有山水草木状，人多琢以为屏。”杨慎《滇程记》载：点苍山“五台峰怪石是产，巧出灵陶，文有云树人骑，是斫屏障。”以花纹不同，大理石又分彩花、水墨花、纯白花三大类，是精致的玩赏装饰品及优良的建筑材料，至今北京故宫和承德避暑山庄还有当年皇帝享用的大理石镶嵌的屏风及桌椅。现大理石厂产品已有六十多种，远销十多个国家。

②三塔：崇圣寺三塔迭经风雨地震，一直保存到现在，为全国重点

文物保护单位。中塔称千寻塔,高 69.13 米,方形十六层,每层
的高度和宽度自下而上逐渐收缩,为中空密檐式砖塔,建于唐
代。北塔、南塔各高 42.19 米,皆为八角形十层实心砖塔,建于
晚唐或五代。

③蒙氏:《蛮书》卷三,"蒙舍,一诏也,居蒙舍川,在诸部落之南,故
称南诏也。姓蒙。"正德《云南志》蒙化府建置沿革:"乐进求时有
细奴逻者,亦哀牢之裔,耕于蒙化巍山之下,因号蒙氏,部属渐
盛。"蒙氏系南诏统治家族,自元以来,亦称南诏统治时期为"蒙
氏时"。

④趺(fū):碑下的石座。

【译文】

十四日　在寺南的石匠家观赏石头。何君与我各用一百文钱买了
一小方块石头。何君选中的石头,上有峰峦点缀在上边的美妙之处;我
选了其中一块黑白分明的而已。于是与何君遍游寺中的殿宇。这座寺
院在第十座山峰之下,唐代开元年间创建,名叫崇圣寺。寺前的三座塔
像鼎足一样矗立,中间的一座塔最高,方形,重叠十二层,所以今天称之
为三塔。塔的四旁都是高耸参天的松树。寺西由山门进去,有钟楼与
三塔相对,气势极为雄壮;但四面的墙壁已经倒塌,屋檐上的瓦片有一
半脱落,已经岌岌可危了。楼中有口铜钟非常大,直径大约一丈多,而
钟壁厚达一尺,是蒙氏时期铸造的,钟声可在八十里外听到。楼后面是
正殿,正殿后面罗列着许多石碑,而李中谿所刻的黄华老人书写的四块
碑全在其中。石碑后面是雨珠观音殿,是用铜铸成的立像,高三丈。铸
造时分为三段制成模子,肩头以下先铸成后铜就已用完,忽然天上落下
珠子一样的铜雨,众人一起用手捧起来熔化,恰好铸成铜像的头部,所
以有了这个名字。雨珠观音殿左右回廊中的众神像也十分严整,但回
廊倒塌得不能遮蔽风雨啦。从殿后沿着石阶上走,是净土庵,就是方丈
了。前殿有三开间,佛座后边有两块巨石,嵌在中间两根柱子之间,各

有七尺见方,厚一寸左右。靠北的一块有远山阔水的气势,石头上流水波涛潆洄曲折,极尽变化的妙趣,有半条船尾停靠在烟波绿洲之间。南面的一块是高峰层峦叠嶂的景观,石间的氤氲之气深浅相宜,各自臻于出神入化的境界。这两块石头与清真寺中古梅花纹的碑座,是大理石中最古老的东西。清真寺在南门外,二门内有一座屏风样的石碑,碑座朝北的一面上有一棵梅花,倒垂飘拂在碑座上。石质颜色黯淡,但树枝的痕迹却露出丝丝白色,虽然没有花却有绘画的意境。新采石头中奇妙的,没有比得上顺宁府张知府寄放在大空山房楼上的那些石头的,其中有极其神妙更加超过旧石的。因此了解到造物主的创造是越来越神奇,从此之后,画家的绘画全是俗笔,而画苑可以废除了。张知府的石头,大的直径有二尺,约有五十块,每块都很奇特,全是绝妙的着色山水画,高险的山峰,断绝的壑谷,飞瀑追随着流云,积雪的山崖倒映在水中,层层叠叠,远近疏朗有致,笔笔灵动奇异,云气都能活过来,流水如有声,不仅仅是五彩灿烂而已。前殿后边又有正殿,庭院中有一棵白山茶,花的大小如红山茶,而且花瓣成簇也像红山茶,花还没有开完。净土庵的北面,又有一座寺庵,佛殿内外的庭院石阶,都是用大理石铺地,方形的石块大小如方砖,这也是旧时制成的;但清真寺则是用新制成的大理石作为栏杆护板。这座寺庵前边是玉皇阁道观,可路要经由前殿东边的拱门进去,有三层道宫,后面就是楼阁,但是竟然没有一个道士居留守护,殿中空空,门户倒塌,令人怅然不快。

十五日　是日为街子之始。盖榆城有观音街子之聚[①],设于城西演武场中[②],其来甚久。自此日始,抵十九日而散,十三省物无不至,滇中诸彝物亦无不至,闻数年来道路多阻,亦减大半矣。晨餐后,何君以骑同余从寺左登其祖茔。过寺东石户村,止余环堵数十围,而人户俱流徙已尽,以取石之役,不堪其累也。寺南北俱有石工数十家,今惟南户尚存[③]。取石之处,由无为寺而上,乃点苍之第八峰也,凿去上层,乃得佳者。又西上二里半，乃登其莹。脉自峰顶连珠下坠，前以三塔为案，颇有结聚环护之胜。还二里，至寺后，转而南过李中谿墓④，乃下马拜之。中谿无子，年七十余，自营此穴，傍寺以为皈依，而孰知佛宇之亦为沧桑耶！由西石户村入寺饭。同巢阿趋街子，且欲入城访吕郎，而中途雨霰大作，街子人俱奔还，余辈亦随之还寺。

【注释】

①观音街子：即现在通称的三月街。三月街始于何时，无明确记载。大理地区长期流传的《白国因由》载南诏细奴逻时，观音口授方广经辞张敬入寂一段说："观音令婆罗部十七人以白音口授之，不久皆熟，自是转相传授，上村下营，善男信女，朔望会集。于三月十五日在榆城西搭篷礼拜方广经。是日，彩毫绵布，观音驾云而去，众皆举首遥望，攀留不及。年年三月十五日，众皆聚集，以蔬食祭之，名曰祭观音处，后人于此交易，传为祭观音街，即今之三月街也。"

②演武场：在今大理城西苍山脚下，为一大广场，从明至今，皆在此赶三月街。广场上有大德八年(1304)立的《元世祖平云南碑》，碑通高4.44米，宽1.65米，由两块石头相接成，有较高的历史价值，被列为全国重点文物保护单位。

③南户：此南户位置应为现在的三文笔村，过去称础石街，村中精于石工者甚多，至今仍以产大理石著名。

④李中谿(1497—1580)：即李元阳，字仁甫，嘉靖时进士，选为庶吉士，出知江阴、分宜等县，有政绩，入为监察御史，巡按福建，以持正不阿著称，"墨吏望风解绶"。父丧返乡后，蛰居家乡四十余年，修有万历《云南通志》、《大理府志》等书。晚年信佛教，常来

往于鸡山、大理等处。当时人李选撰有《侍御中谿李公行状》载李元阳知江阴政绩事甚详。其墓仍在大理古城西郊三文笔村西。

【译文】

十五日　这天是街子的头一天。原来大理城有观音街子的集市，设在城西的演武场中，其由来非常久远。从这天起，到十九日才散，十三省的货物无所不至，云南省内各民族地区的货物也无所不至，听说几年来道路常被阻断，也减少大半了。早餐后，何巢阿君骑马同我从寺左去登他的祖坟。路过寺东的石户村，只剩下几十圈环绕着的围墙，而匠人居民都已流亡迁徙光了，这是因为采石的劳役，民众不堪忍受这种劳累就逃亡了。寺院南北都有几十家石匠，如今只有寺南的匠户还在。采石的地方，从无为寺上去，是点苍山的第八座山峰，凿去上面一层，才能得到好的石料。又往西上登二里半，才登上他家的坟地。地脉从峰顶像串连的珠子一样下坠，前方以三塔作为桌案，颇有些聚落前结环绕守护的优美之处。返回来二里，来到寺后，转向南经过李中谿的坟墓，于是下马祭拜了他。李中谿无子，年龄七十多岁时，自己营建了这个墓穴，紧靠佛寺以示皈依佛门，可谁知佛寺也已成为沧海桑田了呢！由石户村向西进入寺中吃饭。同何巢阿去赶街子，并且想进城去拜访吕家儿郎，可半路上雪珠风雨大作，街子上的人都往回奔跑，我们这帮人也随着人流返回寺中。

十六日　巢阿同乃郎往街子，余由西门入叩吕梦熊乃郎。讯其寓，得于关帝庙前，盖西城内之南隅也，时已同刘陶石往街相马矣。余乃仍由西门西向一里半，入演武场，俱结棚为市，环错纷纭。其北为马场，千骑交集，数人骑而驰于中，更队以觇高下焉。时男女杂沓，交臂不辨，乃遍行场市。巢阿买文已返，刘、吕物色无从，遇觉宗，为饮于市，且觅面为饭。观场中诸物，多药，多毡布及铜器木具而已，无足观者。书乃吾乡所刻村塾中物及时文数种，无旧书也。既暮，返寺中。

【译文】

十六日　何巢阿同他儿子去赶街子，我从西门进城去叩拜吕梦熊的儿子。打听他的寓所，在关帝庙前找到，是在西城内靠南的角落，这时他已同刘陶石到街子上相马去了。我只好仍然经由西门向西行一里半，进入演武场，到处搭起棚子作为市场，环绕错杂，纷纷扰扰。集市北边是赛马场，成千的骑手交集在一起，几个人骑马奔驰在场中，分为几队轮番比赛以见出高低。此时男女杂乱，交臂擦肩不能分辨，只好在市场上四处走走。何巢阿买了文章已经返回去，刘陶石、吕家儿郎无从寻找，遇到觉宗，为此在市场上饮酒，并找面来当饭吃。观察市场上的各种货物，药材很多，有许多毡子、布匹以及铜器、木制器具而已，没有值得观看的东西。书籍是我家乡刻印的乡村私塾中用的东西和几种当代流行的科考书，没有经典旧书。天黑后，返回寺中。

十七日　巢阿别而归，约余自金腾东返，仍同尽点苍之胜，目下恐渐热，先为西行可也。送至寺前，余即南入城。遇刘陶石及沙坪徐孝廉[①]，知昌郎已先往马场，遂与同出。已遇吕，知买马未就。既而辞吕，观永昌贾人宝石、琥珀及翠生石诸物，亦无佳者。仍觅面为饭。饭后觅顾仆不得，乃返寺，而顾仆已先在矣。

【注释】

①孝廉：明清时亦称举人为孝廉。

【译文】

十七日　何巢阿告别回乡，约我从金腾返回东部，仍然一同去游完点苍山的胜景，眼下担心天气渐渐热起来，可以先往西走。送到寺前，我立即向南进城。遇见刘陶石和沙坪的徐孝廉，了解到吕家儿郎已先去了赛马场，就与他们一同出城。不久遇上姓吕的，知道他没买成马。继而辞别了姓吕的，去观看永昌府商人卖的宝石、琥珀及翡翠石等货物，也没有好东西。仍旧找面来当饭吃了。饭后找不到顾仆，只得返回寺中，可顾仆已先在寺中了。

十八日　由东门入城，定巾，买竹箱，修旧箧。再过吕寓，叩刘、吕二君。吕命其仆为觅担夫，余乃返。

【译文】

十八日　由东门进城，定购头巾，买来竹箱，修理旧箱子。再次拜访吕家寓所，叩访了刘陶石、吕家儿郎两位先生。姓吕的命令他的仆人替我找挑夫，我于是返回来。

十九日　早过吕寓，二君留余饭。同刘君往叩王赓虞父子，盖王亦刘戚也，家西南城隅内。其前即清真寺。寺门东向南门内大街，寺乃教门沙氏所建，即所谓回回堂也。殿前槛陛窗棂之下，俱以苍石代板，如列画满堂，俱新制，而独不得所谓古梅之石。还寺，所定夫来索金加添，余不许。有寺内僧欲行，余索其定钱，仍揢不即还。令顾仆往追，抵暮返，曰："彼已愿行矣。"

【译文】

十九日　早上去拜访吕家寓所,二位先生留我吃饭。同刘君前去叩拜王赓虞父子,原来王家也是刘陶石的亲戚,家在城内西南角。他家前边就是清真寺。寺门向东对着南门内的大街,清真寺是教门中姓沙的人修建的,就是所谓的回回堂了。大殿前的门槛台阶窗棂之下,全部用大理石代替木板,如满堂陈列着山水画,全是新制的,可唯独找不到所谓有古梅的石碑座。回到寺中,讲定的挑夫来要求加价,我不同意。寺内有僧人打算上路,我想要回挑夫的定金,仍然刁难我不肯马上退还。叫顾仆去追,到天黑时顾仆回来,说:"他已愿意走了。"

二十日　晨起候夫,余以其溪壑无厌,另觅寺僧为负。及饭,夫至,辞之。索所畀,彼展转不还①。余乃以重物寄觉宗,令顾仆与寺僧先行。余乃入西门。自索不得,乃往索于吕挥使乃郎,吕乃应还②。余仍入清真寺,观石碑上梅痕,乃枯槎而无花,白纹黑质,尚未能如张顺宁所寄者之奇也。

【注释】

①余以其溪壑无厌,另觅寺僧为负。及饭,夫至,辞之。索所畀,彼展转不还:原作"晨起候夫不至",据徐本改补。

②余乃入西门。自索不得,乃往索于吕挥使乃郎,吕乃应还:原脱此段,据徐本补。

【译文】

二十日　早晨起床等候挑夫,我因为他的欲壑无法满足,另外找寺中的僧人为我挑担子。到吃饭时,挑夫到了,辞退了他。追要给他的定金,他翻来覆去不肯还来。我只好把重东西寄放在觉宗那里,命令顾仆和寺中的僧人先走。我于是进入西门。自己要不到,只得去向吕指挥使的儿子索赔,姓吕的只好答应赔还。我仍然走入清真寺,观赏石碑上古梅痕迹,是枯树枝却没有花,白色的花纹,黑色的质地,还不如顺宁府张知府寄存的那些石块奇特。

　　出南门,遂与僧仆同行。遵西山而南,过五里、七里二桥,又三里,过感通寺前入道。其南,有三四家夹道,曰上睦。又南,则西山巍峨之势少降,东海弯环之形渐合。十里,过阳和铺①。又十里,则南山自东横亘而西,海南尽于其麓,穿西峡而去。西峡者,南即横亘之山,至此愈峻,北即苍山,至此南尽,中穿一峡,西去甚逼。而峡口稍旷,乃就所穿之溪,城其两崖,而跨石梁于中以通往来,所谓下关也②,又名龙尾关。关之南则大道,东自赵州,西向漾濞焉。

【注释】

①阳和铺:明代阳和铺有别于现在五里桥附近的阳和村。依其里距,应即今大理南的太和村。南诏中心太和城遗址即在今太和村一带,南北两道城墙,西起苍山,东至洱海,至今还依稀可辨。南诏德化碑现仍屹立在太和城遗址,碑高 3.02 米,宽 2.27 米,有很高的史料价值,被列为全国重点文物保护单位。

②下关:即今大理市驻地下关镇,为滇西的交通中心,大理白族自治州首府。

【译文】

出了南门,便与僧人仆人同行。沿着西山往南行,过了五里桥、七里桥两座桥,又行三里,经过感通寺前走上大道。寺南有三四家人夹住道路,叫上睦。又向南,就见西山巍峨的山势渐渐降低,东面洱海弯曲环绕的地势逐渐合拢。十里,路过阳和铺。又行十里,就见南山自东向西横亘,洱海的南边在南山的山麓下到了尽头,穿过西面的峡谷流去。西面的峡谷这地方,南面就是横亘的山,延到此地后愈加高峻,北面就是苍山,延到此地后到了南边的尽头,中间通着一条峡谷,向西进去非常狭窄。而峡口略微空旷一些,便就着穿过峡谷的溪流,在溪流两面的山崖上建了城墙,而中间跨有一座石桥,以便来往通行,这是所谓的下关了,又叫做龙尾关。城关的南面就是大路,东边起自赵州,往西通向漾濞。

　　既度桥出关南,遂从溪南西向行。三里,南北两山俱逼凑,水捣其中如线,遥睇其内,崇峰北绕苍山之背,壁立弯环,掩映殊异。破峡而入,又二里,南峰俱成石壁,倒压溪上,北峰一支,如渴兕下赴①,两崖相粘,中止通一线,剖石倒崖,始行峡中,继穿石下。峡相距不盈四尺,石梁横架其西②,长丈五尺,而峡仅尺余,正如天台之石梁,南崖亦峻,不能通路。出南崖上,俯而瞰之,毛骨俱悚。又西里余,折而北,其溪下嵌甚微。又北,风雨大至。北三里余,数家倚西山下,是为潭子铺③,其地为赵州属。北五里,转而西,又北十五里,有溪自西峡来入,是为核桃箐④。渡箐溪,又北五里,有三四家倚西山下,是为茅草房⑤,溪两旁至此始容斫崖之塍,然犹杯棬之缀于箐底也⑥。是日,榆道自漾濞下省⑦,赵州、大理、蒙化诸迎者,蹀躞雨中⑧。其地去四十里桥尚五里,计时才下午,恐桥边旅肆为诸迎者所据,遂问舍而托焉,亦以避雨也。

【注释】

①兕(sì)：古代称雌性犀牛为兕。

②石梁：此即今下关西面的天生桥，在西洱河上。《明一统志》："龙尾关，在点苍山南，其右有石长丈余，名天桥，洱河之水过其下，两岸石险，人不可度，又名石马桥。"

③潭子铺：今作塘子铺。

④核桃箐：应即今大菠箐。

⑤茅草房：今作茅草哨。皆在下关西郊西洱河两岸的狭谷里。塘子铺附近的公路边有下关温泉，《南诏野史》高河条"温汤"注："今龙尾关西温泉"，即指此。大理石镶嵌的浴池和满院的茶花，突出了该温泉的特点。

⑥杯棬(quān)：曲木制成的盂。

⑦道：明代布政、按察二司因辖区广大，派出布政司的佐官左右参政、参议分理各道钱谷，称为分守道，按察司的佐官副使、佥事分理各道刑名，称分巡道。这些皆称为道员，或省称"道"。

⑧蹀躞(dié xiè)：小步行走。

【译文】

过桥后出到城关南边，就从溪流南岸向西行。三里，南北两面的山都紧逼凑拢过来，溪水冲捣在峡谷中像一条线，远远斜视峡谷内，高大的山峰在北面绕到苍山的背后，墙壁一样矗立，弯曲环绕，互相掩映，特别奇异。破开峡谷进去，又行二里，南面的山峰全成了石壁，倒压在溪流上方，北面的一条山峰，如饥渴的母犀牛猛扑下来，两面的山崖互相粘在一起，中间只通着一线宽的地方，石崖剖开，悬崖倒立，开始时走在峡谷中，继而穿越在石崖下。峡谷相距不足四尺，石桥横架在峡谷西边，桥长一丈五尺，而峡谷宽仅一尺多点，正像天台山的石桥，南面的山崖也很险峻，不能通路。到了南面的山崖上面，俯视峡底，全身毛骨悚然。又往西行一里多，折向北，那条溪流深嵌在下方，非常细小。又向北走，风雨猛烈降临。往北行三里多，几家人紧靠西山脚下，这里是潭子铺，这个地方是赵州的属地。往北行五里，转向西，又向北十五里，有溪水从西面的峡谷中前来汇入溪流中，这里是核桃箐。渡过山箐中的溪流，又往北行五里，有三四家人紧靠在西山下，这里是茅草房，溪流两旁到了这里开始能容下挖山开辟的田地，然而仍然只是些像杯子碗口大的山地点缀在山箐底部。这天，大理道道员从漾濞去省城，赵州、大理府、蒙化府众多迎接的官员，小步行走在雨中。此地距四十里桥还有五里，估计此时才是下午，担心桥边的旅店被众多迎接的官员所占据，便打听住处投宿在这里，也是借以避雨。

二十一日　鸡再鸣①，促主者炊，起而候饭。天明乃行，云气犹勃勃也。北向仍行溪西，三里余，有亭桥跨溪上，亭已半圮，水沸桥下甚急，是为四十里桥②。桥东有数家倚东崖下，皆居停之店，此地反为蒙化属。盖桥西为赵州，其山之西为蒙化，桥东亦为蒙化，其山之东为太和③，犬牙之错如此。至是始行溪东，傍点苍后麓行。七里余，有数十家倚东山而庐，夹路成巷，是为合江铺④。至是始望西北峡山横裂，有山中披为隙，其南者，余所从来峡也；其北来者，下江嘴所来漾濞峡也；其西南下而去者，二水合流而下顺宁之峡也。峡形虽遥分，而溪流之会合，尚深嵌西北峡中，此铺所见，犹止南来一溪而已。出铺北，东山余支垂而西突，路北逾之，遂并南来溪亦不可见，盖余支西尽之下，即两江会合处，而路不由之也。西北行坡岭者四里，始有二小流自东北两峡出。既而盘曲西下，一涧自东北峡来者差大，有亭桥跨之，亭已半圮，是为亨水桥⑤。盖苍山西下之水，此为最大，亦西南合于南北二水交会处。然则"合江"之称,实三流,不止漾水、濞水而已也。从桥西复西北逾一小岭,共一里,始与漾水遇。其水自漾濞来经此,即南与天生桥之水合⑥,破西南山峡去,经顺宁泮山而下澜沧江。路溯其东岸行。其东山亦苍山之北支也,其西山乃罗均南下之脉,至此而迤逦西南,尽于顺宁之泮山。

【注释】

①鸡再鸣:史序本作"鸡初鸣"。

②四十里桥:今名同,在漾濞县东隅,西洱河北岸。

③太和:为大理府附郭县,即今大理古城。

④合江铺:今分大合江、小合江二村,皆在漾濞县东隅、西洱河北岸。

⑤亨水桥:疑为"响水桥",霞客据音录记为"亨水桥"。

⑥"其水"二句:上句漾水即今漾濞江。天生桥之水:即今西洱河。二水相交处今称平坡。

【译文】

二十一日　鸡叫第二遍,催促房主人做饭,起床后等着吃饭。天明才动身,云气仍然十分浓郁。向北仍旧行走在溪流西岸,三里多,有座亭桥横跨在溪流上,亭子已有一半倒塌,溪水沸腾在桥下十分湍急,这里是四十里桥。桥东有几家人紧靠在东面的山崖下,全是停留住宿的客店,此地反而是蒙化府的属地。原来桥西是赵州,这座山的西面属蒙化府,桥东也属蒙化府,这座山的东面是太和县,辖地犬牙交错竟然如此。到这里才走在溪流东岸,靠着点苍山后山的山麓前行。七里多,有几十家人背靠东山建了房,夹住道路形成巷道,这里是合江铺。到这里才望见西北方山峡横向裂开,有座山从中间剖开成为缝隙,那在南面的，是我从那里来的峡谷；那从北边来的，是从下江嘴来漾濞的峡谷；那向西南下延而去的，是两条水流合流后下流到顺宁府的峡谷。峡谷的地形虽然在远处能分别出来，可溪流会合之处，还深嵌在西北方的峡谷之中，在这个合江铺所能见到的，还只有南边流来的一条溪水而已。出到合江铺北，东山的余脉向西下垂前突，道路向北越过这里，于是连同南边流来的溪水也不能见到了，大概这条余脉在西边的尽头处的下面，就是两条江水会合的地方，可路不从那里走了。往西北行走在山坡山岭间四里，才有两条小水流从东面和北面的两条峡谷中流出来。不久之后，绕着曲折的路向西下走，一条从东北方的峡谷中流来的山涧水势稍大一些，有座亭桥跨在溪流上，亭子已有一半倒塌，这是亨水桥。苍山上向西下流的水流，这条最大，也是流向西南方在南、北两条江水交汇处合流。这样看，"合江"的名称，实际上是三条水流，不仅只是漾水、濞水而已了。从桥西再向西北翻越一座小山岭，共走一里，这才与漾水相遇。这条江水自漾濞前来流经此地，立即向南与天生桥的水合流，冲破西南方的山峡流去，流经顺宁府的泮山后下流进澜沧江。道路溯漾水东岸走。这里的东山也就是苍山往北延伸的支脉了，这里的西山是罗均山向南下延的山脉，延伸到此地后向西南逶迤而下，在顺宁府的泮山到了尽头。

北行五里，有村居夹而成巷，为金牛屯①。出屯北，有小溪自东山出，架石梁其上，侧有石碑，拭而读之，乃罗近溪所题《石门桥诗》也。题言石门近在桥左，因矫首东望，忽云气迸坼②，露出青芙蓉两片，插天拔地，骈立对峙，其内崇峦叠映，云影出没，令人神跃。亟呼顾仆与寺僧，而二人已前，遥追之，二里乃及。方欲强其还，而一僧旁伺，问之，即石门旁药师寺僧也。言门上有玉皇阁，又有二洞明敞可居，欣然愿为居停主。乃东向从小路导余,五里,抵山下,过一村,即药师寺也,遂停杖其中。其僧名性严,坐余小阁上,摘蚕豆为饷。时犹上午,余欲登山,性严言,玉皇阁蹑峰而上十里余,且有二洞之胜,须明晨为竟日游,今无及也。盖性严山中事未完,既送余返寺,遂复去,且以匙钥置余侧。余时慕石门奇胜③,餐饭即扃其阁,东南望石门而趋,皆荒翳断塍,竟不择道也。

【注释】

①金牛屯:今名同,在漾濞县东境,漾濞江东岸。

②迸坼(chè):裂开。

③石门:在漾濞彝族自治县东南境,为点苍山马龙峰西坡的一断崖峡谷,长千余米,宽约 100 米,石门河从中湍流,形成串串水塘,景色奇秀,被誉为"天开石门"。过石门关,穿林绕石,登石门山顶,有玉皇阁。

【译文】

往北行五里,有村庄房屋夹成巷道,是金牛屯。出到屯北,有条小溪从东山流出来,架有石桥在溪流上,侧边有石碑,擦拭后阅读碑文,是罗近溪题写的《石门桥诗》。题诗中说到石门近在桥的左边,因此抬头向东望去,忽然云气迸裂开,露出两片青色的芙蓉,插入天空,拔地而起,并立对峙,石门以内高大的山峦层叠掩映,云影出没,令人深思踊跃。急忙呼唤顾仆和寺里的僧人,可两人已走在前边,远远地追赶他们,二里后才赶上。正想强逼他们返回去,而一个僧人在路旁观望,向他打听,就是石门旁药师寺的僧人了。他说,石门上有个玉皇阁,又有两个山洞明亮宽敞可以居住,欣然表示愿意做我们停留住宿的主人。于是向东从小路为我领路,五里,抵达山下,路过一个村子,就到药师寺了，就停宿在寺中。这个僧人名叫性严，请我坐在小阁上，摘来蚕豆做饭吃。此时还是上午，我想要登山，性严说，到玉皇阁要登山上走十里多路，况且还有两个山洞的胜景，必须明天早晨去游一整天，今天来不及了。原来性严在山中的事没有办完，送我返回寺中后，就又离开了，而且把钥匙放在我身旁。我此时向往石门奇妙的胜景，饭后立即锁上他的阁子，望着东南方的石门赶过去，全是荒草蔽野，田埂残断，竟然顾不上选择道路了。

二里，见大溪自石门出，溪北无路入，乃下就溪中；溪中多巨石，多奔流，亦无路入。惟望石门近在咫尺，上下逼凑，骈削万仞，相距不逾二丈，其顶两端如一，其根止容一水。盖本一山外屏，直从其脊一刀中剖而成者，故既难为陆陟，复无从溯溪。徘徊久之，乃渡溪南，反随路西出。久之得一径东向，复从以入，将及门下，复渡溪北。溪中缚木架巨石以渡，知此道乃不乏行人，甚喜过望。益东逼门下，丛篁覆道。道分为二，一东蹑坡磴，一南下溪口。乃先降而就溪，则溪水正从门中跃出，有巨石当门扼流，分为二道。袭之而下，北则漫石腾空，作珠帘状而势甚雄；南则嵌槽倒隙，为悬溜形而势甚束。皆高二丈余，两旁石皆逼削，无能上也。乃复上就东岐蹑磴。已又分为二，一北上蹑坡，一南凌溪石。乃先就溪凌石，其石大若万斛之舟，高泛溪中，其根四面俱湍波潆激，独西北一径悬磴而上，下瞰即珠帘所从跃出之处，上眺则石门两崖劈云削翠，高骈逼凑，真奇观也。但门以内则石崩水涌，路绝不通，乃复上就北岐蹑磴。始犹藤箐蒙茸，既乃石崖耸突，半里，路穷，循崖南转，飞崖倒影，上逼双阙，下临绝壑，即石门之根也，虽猿攀鸟翥①，不能度而入矣。久之，从旧路返药师寺。穷日之力，可并至玉皇阁，姑憩而草记，留为明日游。

【注释】

①翥(zhù)：飞翔。

【译文】

二里，见有一条大溪从石门流出来，溪流北岸无路进去，就下到溪中；溪中有许多巨石，多奔泻的激流，也无路进去。只是望见石门近在咫尺，上下紧逼束拢，两面陡削，有万仞高，相距不超过两丈，山顶两端如同一体，山脚只容得下一条溪水。原来它本来是一座山，外看像屏风，从山脊上一刀从中间笔直剖开形成的，所以既难以从陆地上上登，又无法从溪中逆流进去。徘徊了很久，只好渡到溪流南岸，反身顺着路向西出来。很久之后找到一条向东去的小径，又顺着小径进去，将要到达石门下，又渡到溪流北岸。溪水中有绑着的木头架在岩石上以便渡过去，心知这条路有不少行人，大喜过望。再往东逼近石门下，竹丛遮住了道路。道路分为两条，一条向东上登山坡上的石阶，一条往南下到溪口。于是先往下走近溪流，就见溪水正好从石门中腾跃出来，有巨石挡在门口扼住水流，分为两条水道。水流顺着水道下流，北边的则漫过岩石在空中飞腾，作出珠帘的形状而且气势非常雄壮；南边的则嵌入水槽中倒流进缝隙中，现出悬垂下泻的样子，但水势受到相当的约束：都是两丈多高，两旁的石崖都逼束陡削，不能上登。只好再往上走上东边的岔路上登石阶。不久路又分为两条，一条往北上登山坡，一条向南登上溪边的巨石上。就先走近溪边登上巨石，这块巨石好像能装万石粮食的大船，高高漂浮在溪流中，岩石根部四面都是湍急的波涛潆洄激荡，唯独西北方有一条小径悬有石阶上来，向下俯瞰就是珠帘从那里飞跃出去的地方，往上眺望就见石门两面的石崖劈开云天，削成青山，双双高耸，狭窄紧凑，真是奇观呀！但是石门以内则是岩石崩塌，溪水奔涌，路断不通，只能再次往上走上北边的岔路上登石阶。开始时还是藤条竹丛蒙蒙茸茸的，继而石崖高耸突立，半里，路到了头，沿着石崖向南转，石崖飞空，倒映山影，上方双阙紧逼过来，下边面临断绝的壑谷，这就是石门的根部了，即使是能攀登的猿猴会飞翔的鸟类，也不能飞越进去了。很久，从原路返回药师寺。用完一天的力气，可以一并去到玉皇阁，姑且休息一下写日记，留待明天去游。

二十二日　晨起候饭，性严束火负铛[①]，摘豆裹米，令僧仆分携，乃从寺后东向登山。二里，转而南向循山腰上，二里，复随峡转东，一里，从峡尽处南转逾岭。一里，路分二岐。一东上者，为花椒庵石洞道；一南上者，一里而逾石门之上。此石门之北崖也，所登处已在门之内，对瞰南崖崩削之状，门底轰沸之形，种种神旺，独所踞崖端危险，不能返观，犹觉未能两尽也。东眺门以内，峡仍逼束，水自东南嵌底而来。其正东有山一支，巍然中悬，恰对峡门，而玉皇阁即踞其上，尚不能遥望得之，盖其内木石茸密，非如外峰可以一览尽耳。于是缘冈脊东上一里，南与峡别，折而东北上半里，坳间有颓垣遗构，为玉峰寺废址。玉峰者，万历初僧石光所建，药师乃其下院，而性严即其后嗣也。其后又有一废址，曰极乐庵。从其后复转向东南上半里，再与东峡遇，乃缘支峡东向行，古木益深。半里，支峡东尽，乃南度其上，复北转，共二里而得玉皇阁。阁南向石门而遥，东临峡壁而逼，初创于朱、史二道人，有僧三贤扩而大之，今前楼之四壁俱颓，后阁之西角将仆，盖岌岌矣。阁东有台，下临绝壑，其下有洞，为二道静修处。时二僧及仆，俱然火觅泉将为炊②，余不及觅洞，先从阁援石独上。盖遥望峡后大山，上耸三峰者，众皆指为笔架峰，谓即东南清碧溪后主峰，余前由四潭而上，曾探其阳，兹更欲一穷其阴，以尽石门洞水之源，竟不暇招同行者，而同行僧仆亦不能从。余遂贾勇直前。

【注释】

①铛(chēng)：底平而浅的铁锅。

②然：为"燃"的本字，即燃烧。

【译文】

二十二日　早晨起床等着开饭，性严捆上柴火背着浅底铁锅，摘来蚕豆裹上米，命令僧人仆人分别带上，从寺后向东登山。二里，转向南沿着山腰上走，二里，再顺着峡谷转向东，一里，从峡谷的尽头处往南转翻越山岭。一里，道路分为两条岔路：一条往东上行的，是去花椒庵石洞的路；一条向南上走的，一里后翻越到石门的上方。这是石门靠北的石崖，上登之处已经在石门之内，俯瞰对面南边的石崖崩裂陡削的状态，石门底下轰鸣沸腾的形态，种种令人精神焕发的奇观，只是所坐的石崖顶端太危险，不能回身观览，仍然觉得不能两全其美。向东面眺望石门以内，峡谷仍然狭窄紧束，溪水从东南方嵌在谷底流来。石门正东有一条山脉，巍然悬在中央，恰好正对着峡口，而玉皇阁就盘踞在山上，还不能远远望到它，大概是山内树木山石丛生浓密，不像在外边的山峰上那样可以一览而尽罢了。从这里顺着冈上的山脊往东上行一里，与南边的峡谷分别，折向东北上走半里，山坳间有坍塌的墙壁残存的建筑物，是玉峰寺废弃的遗址。玉峰寺，是万历初年僧人石光修建的，药师寺是它的下院，而且性严就是寺里的后代传人。它的后方又有一处废弃的遗址，叫做极乐庵。从极乐庵后边再转向东南上行半里，再次与东面的峡谷相遇,于是沿着分支的峡谷向东前行,古树愈加幽深。半里,分支的峡谷到了东边的尽头,就向南翻越到山上,再向北转,共二里后找到了玉皇阁。玉皇阁面向南,远远与石门相望,东临峡谷,峡壁逼窄,最初创建于朱、史两位道士,有个三贤和尚扩建了寺院,今天前楼的四面墙壁全部倒塌了,后面楼阁的西角落即将倒下,大多岌岌可危了。楼阁东边有个高台,下临绝深的壑谷,台下有个洞,是两位道士静心修炼的地方。这时两个僧人和仆人,都在点火找泉水做饭,我来不及去找山洞,先从玉皇阁抓着岩石独自一人上登。遥望峡谷后面的大山,山上耸立着三座山峰的地方,大家都指着说是笔架峰,我认为就是东南方清碧溪后面的苍山主峰,我先前经由四个水潭上登,曾经探察过苍山的南面,现在更想一并穷尽苍山北面,以便穷尽石门山涧水的源头,竟然顾不上招呼同行的人,而且同行的和尚仆人也不能跟随。我于是鼓足勇气一直往前走。

二里,山石既穷而土峰峻甚,乃攀树。三里,山树亦尽,渐陟其顶。层累而上,登一顶,复起一顶。顶皆烧茅流土,无复棘翳,惟顶坳间,时丛木一区,棘翳随之。余从岭脊烧痕处行,虎迹齿齿,印沙土间。连上数顶,始造其极,则犹然外峰也。始知苍山前后,共峰两重:东峙者为正峰,而形如笔架者最高;西环者南从笔架、北从三塔后正峰,分支西夹,臂合而前,凑为石门。但其中俱崩崖坠派,不复开洋,俱下盘夹箐,水嵌其底,木丛其上。余从峰头东瞰笔架山之下,有水悬捣涧底,其声沸腾,其形夭矫,而上下俱为丛木遥罨,不能得其全,此即石门之源矣。又从外岭北行,见其北又分支西下,即漾濞驿北之岭,西尽于漾濞桥者也。时日色正午,开霁特甚[①],北瞻则凤羽之西,有横山一抹,自西北斜亘而来

者,向从沙溪南望,斜亘其西南,为桥后水口者也②,剑川之
路,溯之北入;南眺则潭子铺西之山,南截漾、㵲二水之口,为
合江铺者,大理之路,随之北来;西览则横岭铺之脊,排闼西
界,北接斜亘之岭,南随合江西下,永昌之路,逾之西向;惟东
面内峰巉屼,榆城即在东麓,而间隔莫逾,一以峰高崖陡,攀跻
既难,一以山划两重,中箐深陷,降陟不易。闻此山北坳中,有
大堡白云寺,可跻内峰绝顶,又南逾笔架,乃东下清碧溪。大
堡之路,当即从分支西下之岭,循度脊而上,无此中堑之箐,沐
西平征大理,出点苍后,立旗帜以乱之,即由此道上也。

【注释】

①开霁(jì):云雾散,天气放晴。

②桥后:今作乔后,在洱源县西境,为著名盐井之一。

【译文】

　　二里,山石走完后就是土山,陡峻极了,只好抓着树枝攀登。三里,
山上的树也完了,渐渐登到山顶。一层层叠累而上,登上一座山顶,又
耸起一座山顶。山顶上全是火烧过的茅草和流动的沙土,不再有荆棘
遮盖着,唯有山顶和山坳之间,不时有一片丛林,密蔽的荆棘伴随着树
丛。我从岭脊上有火烧过的痕迹的地方走,老虎的脚印一齿齿的,印在
沙土上。一连登上几座山顶,这才到达最高处,却仍然只是外层的山
峰。这才知道,苍山前后,共有两重山峰:屹立在东方的是主峰,而形状
如同笔架的山峰最高;向西环绕的山,南边从笔架峰、北边从三塔后面
的主峰,分出支脉向西相夹,手臂一样往前合抱,凑拢成为石门。但两
重山之间都是崩塌的山崖深坠的支脉,不再有开阔的地方,全都是下面
盘绕着狭窄的山箐,水流深嵌在山箐底下,树木丛生在山上。我从峰头
向东俯瞰笔架山的下方,有高悬的水流捣入涧底,水声沸腾,水流的形

态弯弯曲曲,可上下都被丛林远远挡住了,不能看到水流的全貌,这就是石门的源头了。又从外层的山岭上往北行,只见它的北边又分出支脉向西下延,就是漾濞驿北面的山岭,往西延伸在漾濞桥到了尽头的山。这时天色是正午,云开雾散特别晴朗,眺望北方,就见凤羽山的西面,有一抹横卧的青山,从西北方斜斜地绵亘而来,这是以前我从沙溪向南望,斜着横亘在沙溪西南方、形成桥后河口的山了,去剑川州的路,逆流往北进去;眺望南方,就见潭子铺西面的山,往南横截漾水、濞水两条江水的江口,成为合江铺的山,去大理府的路,顺着山从北边来;向西观览,就见横岭铺的山脊,门扉一样排列在西境,北边连接着斜向绵亘的山岭,往南顺着合江铺向西下延,去永昌府的路,向西翻过这列山;只有东面靠内一层的山峰巍峨险峻,大理城就在山的东麓,但中间阻隔无法穿越,一是因为山峰太高,石崖陡峻,攀登已很艰难,一是因为山被划为两重,中间山箐深陷,上上下下不容易。听说这座山北面的山坳中,有个大堡白云寺,可以登上里面一层山峰的绝顶,再往南越过笔架峰,才下到东边的清碧溪。去大堡的路,应当就是从分支向西下延的山岭,顺着延伸的山脊上走,没有这样堑沟一样横在中间的山箐,西平王沐英征大理时,从点苍山后出兵,竖起旗帜以惑乱敌军,就是从这条路上去的。

凭眺久之,乃循旧迹下。三里,忽误而坠西北支,路绝崖歆,无从悬坠,且空山杳隔,莫辨真形,竟不知玉皇阁所倚之支在南在北也。疑尚濒南涧箐中①,而涧中多岐,且峻崖绝坂,横度更难,有棘则蒙翳,无棘则流圮。方徘徊间,雨复乘之,忽闻南箐中有呼噪声,知玉皇阁在其下。余亦漫呼之,已遥相应,而尚隔一箐,树丛不可见,路绝不可行。盘箐之上腋二里,始得石崖,于是攀隙坠空,始无流坠之恐,而雨倾如注。又一里而出玉皇阁之右,炊饭已寒,重沸汤而食之。阁左少下，悬崖之间，有洞南向，下临深涧，乃两巨石合掌而成者。洞高一丈，下阔丈五，而上合尖，其深入约及数丈，而底甚平。其石质粗砺，洞形亦无曲折之致，取其通明而已。洞前石崖上下危削，古木倒盘，霏烟揽翠，俯掬轰流，令人有杳然别天之想。

【注释】

①疑尚濒南涧箐中："尚"原作"南"，据徐本、丁本改。

【译文】

凭眺了很久，就沿着来时的脚印下山。三里，忽然错误地下到西北方的支脉上，道路断绝石崖倾斜，无处可悬空下坠，而且空旷的山野杳渺隔绝，无法辨别山的真实形状，竟然不知道玉皇阁所依托的支脉是在南还是在北了。怀疑还在濒临南边山涧的山箐中，可山涧中岔路很多，并且山崖险峻山坡断绝，横向穿越更难，有荆棘则浓密遮蔽，没有荆棘却流土倾塌。正在徘徊之时，雨又乘机而来，忽然听见南面的山箐中有呼叫的声音，知道玉皇阁就在山箐下方。我也漫无目的地呼叫他们，已经远远地互相呼应，但还隔着一条山箐，树林丛密不能看见，道路断绝不能前行。绕着山箐的上侧走了二里，才见到石崖，于是攀着石缝坠在空中，这才没有了流土下坠的担心，可大雨倾盆如注。又行一里后出到玉皇阁的右边，做好的饭已经凉了，重新烧开水吃了饭。玉皇阁左边稍微下走，在悬崖之间，有个洞面向南方，下临深深的山涧，是两块巨石像手掌一样合拢形成的洞。洞高一丈，下边宽一丈五尺，但上方合拢过来尖尖的，洞内深入进去约有几丈，而洞底非常平整。岩石的石质粗糙，洞的形状也没有曲折的景致，取它能射入亮光而已。洞前的石崖上下都高险峻削，古树倒垂盘曲，烟云霏霏，远揽翠色，俯身可捧起轰鸣的流泉，让人有杳渺悠然别有洞天的想象。

　　时雨已复霁，由旧路转北而下，三里，至玉峰寺旧址。由岐下北壑，转峡度坞，一里余而得花椒庵石洞。洞亦巨石所覆，其下半叠石盘，半庋空中，空处浮出二三丈，上下亦离丈余，而平皆如砥。惟北粘下盘之上，而东西南三面，俱虚檐如浮舫，今以碎石随其檐而窒之，只留门西向，而置佛于中。其前架楼三楹，而反无壁；若以窒洞者窒楼，则洞与楼两全其胜矣。其北又一巨石隆起，下有泉出其隙间，若为之供者。此地境幽坞绕，水石错落，亦栖真之地。龛中器用皆备，而寂无居人，户亦设而不关。余愧行脚不能留此，为怅然而去。乃西向平下一里，即石门北顶北来之道，向所由上者。又北六里而返药师。途中遇一老人，负桶数枚下山，即石洞所栖之人，每日登山箍桶，晚负下山，鬻以为餐，亦不能夜宿洞间也。

【译文】

　　这时雨已停了，天又转晴，由原路转向北下山，三里，来到玉峰寺旧址。由岔路下到北边的壑谷中，转过峡谷越过山坞，一里多后找到花椒庵的石洞。石洞也是巨石覆盖成的，洞的下半部分叠垒成石盘，一半架在空中，空的地方浮出地面二三丈，上下也离着一丈多，可平整得如同磨刀石。只有北边粘在下边的石盘之上，而东、西、南三面，都是虚空的屋檐状，犹如漂浮着的船只，如今用碎石沿着屋檐堵住了空处，只留下向西的门，而且在洞中放置了佛像。洞前架起三间楼，但反而没有墙壁；如果用堵洞的碎石来堵楼，那么洞与楼都能两全其美了。洞北边又有一块巨石隆起，下面有泉水从石缝中流出来，很像是专门为花椒庵提供的。此地环境幽静，山坞环绕，水石错落，也是一处隐居修真养性的地方。佛龛中用具都很齐全，可空无人住，也装有门但没关上。我惭愧要云游四方不能留在此地，为此闷闷不乐地离开了。于是向西平缓下行一里，就是石门北边的山顶向北来的路，是先前上山经过的路。又向北六里后返回药师寺。途中遇见一位老人，背着几只木桶下山，他就是住在石洞中的人，每天登上山箍木桶，晚上背下山，卖了作为饭钱，夜里也不能住在洞中。

　　二十三日　　晨起，为性严作《玉皇阁募缘疏》①。因出纸请书，余书而后朝食。山雨忽作，因停屐待之。近午雨少杀，余换草履，性严披毡送之。出药师殿门，即北行，二里，涉一枯涧。其涧自东北山麓出，下嵌甚深，苍山之后至此，又西北一里矣。既渡，西北上西纤之坡，一里逾其上，始见其西开一东西坞，漾濞之水从其中东注之。西向平下共二里，山南有数十家当大路，是为漾濞驿。别送僧，西行溪北田塍中三里余，北界山环而稍南，扼水直逼南山下，是为矶头村，亦有数十家当矶之腋。路南向盘之，遂蹑矶嘴而西。半里，雨止，路转北，复开南北坞，于是倚东山西麓北行。三里余，抵漾濞街②。居庐夹街临水甚盛，有铁锁桥在街北上流一里，而木架长桥即当街西跨下流，皆度漾濞之水，而木桥小路较近。

【注释】

①募缘：意即和尚向人募化钱物，以结善缘。募缘疏为僧道条陈广求大家帮助的文字。

②漾濞街：又作样备，明设样备巡检司，属蒙化府，即今漾濞彝族自治县治。

【译文】

二十三日　　早晨起床，替性严写《玉皇阁募缘疏》。性严于是拿出纸请我写,我写好后吃早饭。山雨忽然来临,因此停下来等雨停。接近中午雨势稍小了些,我换上草鞋,性严披上毡子送我。走出药师寺的殿门,立即往北行,二里,涉过一条干枯的山涧。这条山涧从东北方的山麓出来,下嵌得十分深,苍山的后山到此地后,又往西北延伸了一里。渡过山涧后,向西北上爬向西曲折延伸的山坡,一里翻越到坡头上,这才看见山坡西面敞开一个东西向的山坞,从漾濞流来的水流自山坞中往东流注。向西平缓下走,共二里,山的南边有几十家人位于大路上,这里是漾濞驿。告别了送行的僧人,往西前行在溪水北岸的田野中三里多,北面一列山渐渐向南环抱,扼住流水,一直逼到南山下,这是矶头村,也有几十家人住在石矶的侧旁。路向南绕过石矶,于是踩着石矶嘴往西行。半里,雨停了,路转向北,又敞开一个南北向的山坞,从这里起紧靠东山的西麓往北行。三里多,到达漾濞街。居民房屋夹街临水,十分兴盛,有座铁索桥在漾濞街北面上游一里处,而木头架的长桥就在街道西边横跨下游,都是跨过漾濞江的桥,而木桥是小路比较近。

　　按《志》:剑川水为漾,洱海水为濞,二水合流故名。今此桥去合江铺北三十里,驿去其北亦十五里,止当漾水,与濞水无涉,何以兼而名之耶?岂濞水非洱海,即点苍后出之别流耶?然余按:水出丽江府南者,皆谓之漾。如漾共发源于十和之中海,经七和下鹤庆,合东西诸泉而入穴,故曰漾共。此水发源于九和,经剑川别而南流,故曰漾别。则"别"乃分别之"别",非口鼻之"鼻"也。然《一统志》又称为"漾备",此又与胜备同名,亦非"濞"字之一征也。

【译文】
　　根据《一统志》:源自剑川湖的水是漾水,源自洱海的水是濞水,两条江水合流后因此起名漾濞江。今天这座桥距合江铺北边有三十里,漾濞驿距合江铺北边也有十五里,只应当是漾水,与濞水无关,为什么兼用两条江水来给它起名呢？难道濞水不是源于洱海,却是点苍山后山流出来的别的水流吗？不过,据我的考察:源出于丽江府南部的水流,都被称之为"漾"。例如,漾共江发源于十和的中海,流经七和下流到鹤庆府,汇合东西两岸各地的泉水后流入洞穴,所以称为漾共江。这条江水发源于九和,流经剑川州另外往南流,所以叫做漾别江。那么,"别"是分别的"别",不是口鼻的"鼻"了。不过,《一统志》又称为漾备江,这又与胜备江同名,也不是"濞"字一样得到证明了。

　　余乃就木桥东买蔬米,即由此度,不及北向铁桥度,其中始觉汤汤,倍于洱水。西向又有一峡自西来,是为永平道;望大坞北去,亦数里而分为二;而永昌大道,则从此而西。始行坞中,二里渐上。又二里,有数家夹道,大坊跨之,曰"绣岭连云",言登岭之始也,是为白木铺[①]。由是循南坡西向上,二里,由坡间转向南,一里余,复转向西,于是回眺东之点苍,东北之凤羽,反愈近,然所临之峡则在南。更西蹑坡,迤逦而上,又四里,有寺东向,当坡嘴中悬,是为舍茶寺。就而饭。由其后又西上,路稍平,其南临东出之涧犹故也。又二里,有村当岭脊,是为横岭铺[②]。铺之西,遂西蹑夹坑中,又上三里而透岭坳之脊。其坳夹隘如门,透其西,即有坑北坠,又有坑西流。路随西流者下,二里,路转向南峡,而水乃由北峡去,始知犹北流而东入漾濞上流者。

【注释】

①白木铺：今作柏木铺，在漾濞县城西南邻。

②横岭铺：今作秀岭铺，在柏木铺稍西的公路旁。

【译文】

　　我于是就在木桥东头买菜买米，立即由此处过桥，来不及向北去过铁索桥，在桥中间才发觉江水浩浩荡荡，超过洱水一倍。向西走又有一条峡谷从西面来，是去永平县的路；望着大山坞往北去，也是几里路后分为两条路；而去永昌府的大路，则是从此地往西走。开始时行走在山坞中，二里逐渐上走。又行二里，有几户人家夹住道路，大牌坊跨在路上，题为"绣岭连云"，是说这里是登岭的起点，这是白木铺。由这里沿着南面的山坡向西上爬，二里，从山坡上转向南，一里多，再转向西，在这里回头眺望东方的点苍山，东北方的凤羽山，反而更加近了，不过我所登临的峡谷则在南边。再往西爬坡，逶迤而上，又行四里，有座寺庙面向东，挡在坡嘴上悬在中央，这是舍茶寺。走进寺中吃饭。由寺后又往西上行，路稍微平缓些，路南边下临向东流出来的山涧依然如故。又行二里，有个村子位于岭脊上，这里是横岭铺。从横岭铺的西边，就向西跋涉在狭窄的坑谷中，又上行三里后穿越山坳上的山脊。这个山坳夹立的隘口如门一样，钻到它的西边，马上有个坑谷向北下陷，又有一个坑谷中有水向西流。路顺着有水向西流的坑谷下走，二里，路转向南面的峡谷，可水就经由北面的峡谷流去，这才知道这仍然是往北流后向东流入漾濞江上游的水流。

　　又南二里，其峡中平而水忽分南北，始知其脉由此峡中自西而东度，其上所逾夹隘，乃既度而北突之峰，非南来之脊也。盖此脊西北自罗均山分支，东南至此，降度峡底，乃东突崇峰，由其北而东下者为横岭，而东尽于白木铺，由其南逶迤南去者,东挟碧溪江①,西挟胜备水②,而尽于两水交会处,是其脉亦不甚长也。从峡中南行半里转西,有小水自东南坠峡来,始成流西去。又一里,随流南转,始循水东崖下。既渡其西,复涉其东,四里余,有水自东峡出,西与南下之涧合,其流始大,而峡愈逼,东崖直瞰水而西,路乃渡而循西崖下。南出隘,已昏黑。稍上坡,共二里,有一二家倚西坡上,投宿不得。又南,两崖愈凑,三里及之,复渡溪东,则数家倚东崖下,是为太平铺③,乃宿其敝楼。按《志》,是水为九渡河④,沿山绕流,上跨九桥者是。其下流与双桥河合于黄连堡东南,入胜备江。

【注释】

①碧溪江:又作备溪江,指今漾濞江及与胜备河汇流后的黑惠江。

②胜备水:今作胜备河或顺濞河。

③太平铺:今名同,在漾濞县西境的公路上。

④九渡河:今称太平铺河,至今公路仍傍水行。

【译文】

又向南二里,这里峡中地势平坦但水忽然南北分流,这才知道地脉由这个峡谷中自西往东延伸,峡谷上面我所穿越的夹立的隘口,是它延伸后在北边突起的山峰,不是南面来的山脊。这条山脊从西北方的罗均山分支,往东南延到此地,下降越过峡底,于是向东突起成为高峰,由高峰北边往东下延的山是横岭,而后在东面的白木铺到了尽头,由高峰南面往南逶迤而去的山,东面傍着碧溪江,西面傍着胜备江,而后在两条江的汇合处到了尽头,这样看,它的山脉也不是怎么长了。从峡中往南行半里转向西,有条小溪从东南方泻入峡中流来,开始成流向西流去。又行一里,顺着溪流向南转,开始沿着溪水东面的山崖底下走。渡到溪流西岸后，又涉水到溪流东岸，四里多，有水流从东面的峡谷中流出来，向西流与向南下流的山涧合流，溪流开始变大，而峡谷愈发狭窄起来，东面的山崖笔直向西俯瞰着流水，路于是渡过溪流后沿着西面山崖底下走。往南走出隘口，天已昏黑。渐渐上坡，共二里，有一两家人紧靠在西面的山坡上，投宿不成。又向南，两面的山崖愈加挤拢过来，三里后到达溪边，再次渡到溪流东岸，就见几家人紧靠在东面的山崖下，这里是太平铺，于是住宿在驿站的破楼上。据《一统志》，这条溪水是九渡河，沿着山绕流，河上跨有九座桥的就是了。它的下游与双桥河在黄连堡东南方合流，流入胜备江。

二十四日　鸡鸣具饭，昧爽即行。越涧傍西山而南，其峡仍逼。五里，遵西山之崖渐上，五里，盘其南突之嘴，遂挟北峰西行，路转于上，溪转于下。又西十里，有村倚北山坡峡间，庐舍最盛，是为打牛坪①。相传诸葛丞相过此，值立春，打牛以示民者也。又遵北坡随峡流西下，十里，有山横截其西，乃稍降而逼其下。忽见有溪自北而南，潄横截山之东麓，太平铺九渡河自东注之，有数家当其交会之峡，是为胜备村，此北来之水，即胜备江也。盘村坡溯江而北半里，乃涉亭桥，渡江西崖。江流差大于洱水，而不及漾濞，其源发于罗武山，下流达于蒙化，入碧溪江。由其西转而随流南下，循西山之麓行，崖峭甚。半里，又隔江与胜备村对。又南一里余，有小峡自西来，截之渐南上，盘其东突之坡，共七里，又上而盘其南突之嘴，水从其下西转南折而破峡去，路从其上挟北坡西下。盖其西有峡，自西坳下坠而来，又有山，从峡南挟之俱东，当突嘴之下，与胜备合而破其南峡，突嘴之路，不能超峡而度其南挟之东垂，故西折一里余，而下循其西坳，又东折一里，而上盘其东垂，东垂即胜备所破峡之西崖也。半里，转其南，又有一小水自东垂南西峡来入，乃舍其南去大流，而溯其西来小流，循东垂南崖西向入之。一里余，有村踞小流之北坡，夹路成聚，是为黄连堡②，始知此小流即双桥河也③。饭于其处，山雨骤至，稍待复行。渐转西北，行冈上二里，其下峡直自北来，乃下渡峡中小桥而西。此桥即双桥之一也，其河源尚在北坳中。

【注释】

①打牛坪：明设打牛坪驿，今名同，在太平铺以西的公路旁。

②黄连堡：今作黄连铺，在顺备江西岸，永平县东北隅。

③双桥河：今作双卡河，在黄连铺汇入顺备河。

【译文】

二十四日　鸡叫做饭，黎明就上路。越过山涧傍着西山往南行，这里的峡谷仍很狭窄。五里，沿着西山的山崖渐渐上走，五里，绕过西山向南突的山嘴，就傍着北峰往西行，路转到山上，溪水转流在山下。又向西十里，有个村庄紧靠在北山的山坡与峡谷间，房舍最为兴盛，这里是打牛坪。相传是丞相诸葛亮路过此地，恰逢立春，打牛给老百姓看的地方。又沿着北面的山坡顺着峡谷中的溪流往西下走，十里，有座山横堵在道路西边，于是慢慢下降后逼近山下。忽然看见有溪水自北往南流，冲激着横堵着的山的东麓，太平铺的九渡河自东边流入溪中，有几家人住在两条水流交汇的峡口，这是胜备村，这条从北面流来的溪水，就是胜备江了。绕过村庄所在的山坡，溯江流往北行半里，于是走过亭桥，渡到江流西岸的山崖上。江流比洱水稍大一些，但赶不上漾濞江，它发源于罗武山，下游到达蒙化府，流入碧溪江。由亭桥西边转而顺江流南下，沿着西山的山麓前行，山崖陡峭极了。半里，又隔着江流与胜备村相对。又向南一里多，有条小峡谷自西面来，横穿峡谷渐渐往南上坡，绕着那向东前突的山坡，共行七里，又上走后绕过那南突的山嘴，江水从山下向西转后折向南，冲破山峡流去，路从山上傍着北面的山坡往西下走。路的西边有条峡谷，从西面的山坳下坠而来，又有一列山，从峡谷南面傍着峡谷一起向东延伸，在南突的山嘴之下，与胜备江会合后冲破山嘴南面的山峡，南突山嘴上的路，不能越过峡谷过到山嘴南边傍着山的东垂走，所以向西折进去一里多，而后下山沿着它西边的山坳走，又向东折一里，而后上走绕过山的东垂，东垂就是胜备江冲破的山峡西边的山崖了。半里，转到山的南面，又有一条小溪从东垂南面的西峡中前来流入胜备江，于是我放弃那条向南流去的大江，而是逆着那条西边流来的小河走，沿着东垂南面的山崖向西进入峡中。一里多，有个村庄盘踞在小河的北坡上，夹住道路成为聚落，这里是黄连堡，这才知道这条小河就是双桥河了。在此处吃饭，山雨骤然来临，稍等了一会又上了路，渐渐转向西北，前行在山冈上二里，山冈下山峡笔直从北面过来，于是下山走过峡中的小桥往西行。这座桥就是双桥之一了，这条河的源头还在北面的山坞中。

　　从桥西即蹑西坡而上，二里稍平，西向坞倚南峰复上坡，二里，西逾冈脊，是为观音山脊，南北俱有寺。南峰当脊而起，其巅颇耸，有阁罩其上，以远不及登。拂脊间碑读之，言昔武侯过此，方觅道，闻犬吠声，而左右报观音现，故俗又呼为娘娘叫狗山①，即《郡志》所谓宝藏山也。从脊西遥望，其南壑杂沓而下，高山无与为匹者，当遥通阿禄司、新牛街之境也；其西壑亦杂沓而来，其外远山，自北亘脊南去，北支分而东向，逶迤与此山属，南抱为壑，颇宽豁，而坡陀层伏，

不成平坞；西山亘脊之半，有寺中悬，缥渺云岚间，即所谓
"万松仙景"也。

【注释】

①娘娘叫狗山：今仍称叫狗山，在黄连铺西北邻，双卡河西岸。

【译文】

从桥西立即踩着西面的山坡上走，二里后稍许平缓些，往西向着山坞紧靠南面的山峰又上坡，二里，向西越过冈脊，这是观音山的山脊，南北都有寺庙。南面的山峰在山脊上隆起，峰顶耸的相当高，有楼阁罩在峰顶上，由于太远来不及上登。擦拭山脊上的石碑读了碑文，说是从前武侯诸葛亮路过此地，正在找路时，听见狗叫声，而且左右的人报告观音菩萨现身，所以民间又把这里叫做娘娘叫狗山，就是《永昌府志》所说的宝藏山了。从山脊西面遥望，山脊南面的壑谷杂沓罗列在下方，没有与它匹敌的高山，应当远远通到阿禄司、新牛街的境内；山脊西面的壑谷也是杂沓而来，那以外远处的山，山脊自北向南绵亘而去，北面分出支脉向东延伸，逶迤下延与这座山连在一起，往南围抱成壑谷，相当宽阔，可山坡山冈层层低伏，没有成为平旷的山坞；西山绵亘山脊的半山腰，有座寺庙悬在中央，在缥缈的山间云雾之间，那就是所谓的"万松仙景"了。

于是从岭头盘旋，西北二里，转过西下之峡，由其北乃陟西来之脊。其脊南北俱有峡，路从其中，共二里，西向稍下，树木深翳。再下，再过脊，又八里，有数十家倚北坡夹道而庐，是为白土铺①。又西入峡，七里渐上，渐逼西山，山脊东垂，南北坠壑甚深，松翳愈密，上下亏蔽，有哨房在坡间，曰松坡民哨，而无居人。此处松株独茂，弥山蔽谷，更无他木，闻其地茯苓甚多，鲜食如山药。坡名以"松"，宜也。其脊盖自

西岭分支,东度观音山者,第不知南北之水何下耳。于是西上蹑磴,甚峻,数十盘而登。共五里,有寺踞东悬之脊,东向凭临于松云翠涛之间,是为万松仙景寺②。后有阁曰松梵,朱按君泰桢所题。登之,东眺甚豁,苍山雪色,与松壑涛声,远近交映也。由其后再曲折上跻,二里余,登岭头。又一里余,西过一脊,以为绝顶矣,顶脊南北分坠之峡,似犹东出者。又西上一里,蹑南突之巅,榜曰"日升天顶"。又西一里,穿峡而入,有数家散处峡洼间,俱以木皮为屋,木枝为壁,是为天顶铺。先是土人俱称为"天井",余以为在深壑中,而不意反在万山绝顶也,问所谓井者,亦竟无有。岭头之庐,以非常站所歇,强之后可。既止,风雨交作,寒气逼人,且无从市米,得面为巴而啖之③,卧。

【注释】

①白土铺:今作北斗铺,在北斗村以南、黄连铺以西。今公路旁的北斗村,有别于白土铺。

②万松仙景寺:今称万松庵,又讹作万松安,在公路稍南。

③巴:即粑粑。云贵通称麦面、荞面、包谷、米等做的饼类食物为粑粑,亦简称粑。

【译文】

于是从岭头向西北盘旋二里,转过向西下延的峡谷,由峡谷北边于是登上西面延伸来的山脊。这条山脊南北两面都有峡谷,路从其中走过,共行二里,向西稍下走,树木幽深密蔽。再下走,再次越过山脊,又行八里,有几十家人紧靠北面的山坡夹住道路居住,这里是白土铺。又往西进峡,七里渐渐上行,渐渐逼近西山。山脊向东下垂,南北下陷的壑谷非常深,松树密蔽,越来越浓密,上下荫蔽,有个哨房在山坡上,叫做松坡民哨，但无人居住。此处偏偏松树很茂盛，弥漫山野遮蔽山谷，再没有别的树木，听说此地茯苓特别多，新鲜时吃像山药。山坡用"松"来起名，很合适。这条山脊大概是从西岭分支后，往东延伸到观音山的山脊，只是不知道南北两面的水下流到哪里罢了。从这里向西上登石阶，非常陡峻，转折了几十台才登上去。共五里，有座寺庙盘踞在高悬于东面的山脊上，面向东方，凭临在白云和翠绿的松涛之间，这是万松仙景寺。寺后有座楼阁叫松梵阁，是巡按朱泰桢君题写的。登上松梵阁，往东眺望十分开阔，苍山雪景，与壑谷中的松涛声，远近交相映衬。由寺后再曲折上登，二里多，登上岭头。又行一里多，往西越过一条山脊，我以为这是绝顶了，山顶上山脊南北两面分别下坠的峡谷，似乎仍然是向东出去的。又往西上行一里，登上南突的山顶，匾额上题写着"日升天顶"。又往西行一里，穿进峡谷中，有几家人散布在峡谷中的洼地间，都是用树皮建屋，用树枝做墙壁，这里是天顶铺。这之前当地人都称为"天井"，我以为是在幽深的壑谷中，可意想不到反而是在万山中的绝顶之上，打听所谓"井"的地方，也竟然没有。岭头的房屋，因为不是常设驿站住宿的地方，强逼他们后才同意留宿。住下后，风雨交加，寒气逼人，而且无处买米，买到些面粉做成粑粑吃了，睡下。

二十五日　昧爽，啖所存巴，平明即行。雾蔽山顶，茫无可见。西向稍下一里，山峰簇立成洼，洼中有小路北去，有小水南流，大道随之。南行峡中，一里，折而随峡西下，峡南已坠壑盘空，窈然西出矣。西下三里余，有哨房当坡而西向，亦虚而无人。其北又有一峡自东下，与南峡会于坡前。路盘坡而北，渡坡北涧，即随北涧西下，共四里余，过梅花哨①，于是南北两界山渐开。循北山又西，四里，度西垂之脊，始全见其南北两崖下坠之坑，盘壑西出，而西有巨壑焉。

沿支西下，又八里，抵西麓，有寺当路北。渡峡中小水，从其西转西北，行田塍中二里，有一塘积水东坡下。挟其西而北，又三里。抵永平县之东街②。

【注释】

①梅花哨：今作梅花铺，在永平县城稍东的公路旁。

②永平县：隶永昌军民府。即今永平县，属大理白族自治州。

【译文】

二十五日　黎明，吃了存下的粑粑，天明就上路。浓雾遮蔽着山顶，茫茫一片看不见东西。向西慢慢下行一里，山峰成簇拥竖立围成洼地，洼地中有条小路往北去，有条小溪往南流，大路顺着小溪走。往南前行在峡谷中，一里，转而顺着峡谷往西下走，峡谷南边不久下陷成回绕空旷的壑谷，向深远的西方伸出去。往西下行三里多，有处哨房面向西方位于坡上，也是空无一人。这里的北边又有一条峡谷从东面下来，与南面的峡谷在山坡前会合。路绕着山坡往北行，渡过山坡北边的山涧，马上顺着山坡北边的山涧往西下走，共行四里多，经过梅花哨，到了这里南北两面的山渐渐开阔起来。沿着北山又往西行，四里，越过向西下垂的山脊，这才见到山脊南北两面山崖下陷形成的坑谷的全貌，盘绕的壑谷向西出去，而西边有个巨大的壑谷。沿着支脉往西下山，又行八里，抵达西面的山麓，有座寺庙在路北。渡过峡中的小溪，从小溪西岸转向西北，行走在田野中二里，有一塘积水在东面山坡下。傍着水塘西边向北走，又行三里，到达永平县城的东街。

其处东西两界山相距八里，北即其回环之兜，南为其夹门之峡，相距一十五里，而银龙江界其中。其水发源上甸里阿荒山①，一名太平河。每岁孟冬近晓，有白气横江，恍若银龙②，故名。下流经打坪诸寨③，入澜沧江。当县治东，有桥跨其上，其处即为市而无城。其北有城堞略具，乃守御所，而县不在其中也。银龙桥之西，又有桥名普济，桥下小水东南入银龙江。大道由县治西，沿西山而南，至石洞村西④，西南入山；余欲从石洞浴温泉，当不沿西山而由中坞，盖温泉当坞而出也。乃从银龙桥市蔬米，即从桥东小路，随江而渡其下流，由税司前西行，过一小浍⑤，即随之南行坞中，与大道之在西坡者，相望而南也。八里，则温泉当平畴之中，前门后阁，西厢为官房，东厢则浴池在焉。池二方，各为一舍，南男北女。门有卖浆者，不比他池在荒野也。乃就其前买豌豆，煮豆炊饭。余先酌而入浴。其汤不热而温，不停而流，不深而浅，可卧浴也。舍乃一参戎所构而成者。然求所谓石洞，则无有矣。

【注释】

①阿荒山：今作阿黄山，在永平县北隅。

②银龙：即银龙江，今称银江大河。

③打坪：今作打平，在昌宁县东北隅。

④石洞：《寰宇通志》金齿军民指挥使司载："曲洞河，在永平县西南十里，源出和丘山西麓，南流五十里入于银龙江。""和丘山，在永平县西三十里。"今永平县城南 8 公里处有曲洞，曲洞河从西往东在此汇入银江大河，曲洞村北的温泉仍存。则明代已有曲洞名，至今未变，位置及地理特点与《游记》所述完全一致，此处"石洞村"应为"曲洞村"。

⑤浍(kuài)：田间的水沟。

【译文】

此处东西两面的山相距八里，北面是两面的山环绕成口袋的样子，南面是两面的山夹成门一样的峡谷，南北相距十五里，而银龙江隔在山坞中。这条江水发源于上甸里的阿荒山，另一个名字叫太平河。每年冬季的第一个月，将近拂晓时，有白气横在江面上，仿佛好像银色的飞龙，所以起这个名字。下游流经打坪各个寨子，汇入澜沧江。在县治东边，有座桥跨在江水上，此处就是街市但没有城墙。这里的北边有城，城墙大致完备，是守御所，但县衙不在城中。银龙桥的西边，又有一座桥叫普济桥，桥下的小河向东南流入银龙江。大路由县治西边，沿着西山往南走，到石洞村西边，向西南进山；我想从石洞走去温泉洗澡，应当不是沿着西山走而是从山坞中走，大概温泉是在山坞中流出来的了。于是在银龙桥买来蔬菜和米，立即从桥东的小路，顺着江流走，渡过银龙江下游，由税司前往西行，越过田间的一条小水沟，立即顺着水沟往南行走在山坞中，与在西面山坡上的大路，互相望着往南走。八里，就见温泉在平旷的田野之中，前边有门，后边是楼阁，西厢房是官家专用的房间，东厢房就有浴池在里边。浴池有两个，各在一个房间，南边的是男的北边的是女的。门前有买酒水的，不像其他地方浴池是在荒野中了。于是走到门前买来豌豆，煮豆烧饭。我先喝酒后进去洗澡。温泉水不热只是温的，泉水不停而是流水，水不深而浅，可以躺下洗浴。房间是一个参将建成的。不过要找所谓的石洞，却没有啦。

既浴，饭而出眺，由其西向入峡不二里，即花桥大道；由其南向逾岭，为炉塘道。余时闻有清净宝台山，在炉塘之西，西由花桥抵沙木河大道入，其路迂，南由炉塘间道行，其路捷，余乃即从坞中南向行。二里余，抵南山之麓，有水自西峡来，东注而入银龙江峡口，即花桥之水也①。度桥而南半里，有寺倚南山而北向，曰清真寺。回回所造②。由其前东转半里，为后屯，有小坞自南来。又东截坞半里，逾桥上坡，东南跻一里余,转而东陟其岭。一里,从岭上误折而南,二里,逾山南下,路绝。二里,由坑西转,又二里,复转而北,仍出后屯小坞,乃复上东坡。二里,仍过岭上误处,乃竟岭峡而东。半里,有峡直东者,为铜矿厂道③;东南逾冈坳者,为门槛、炉塘道,乃折而从东南。稍上逾冈半里,东向随峡而下者二里,及峡底,则深峡自北而南,银龙江捣壑而随之,路随其西岸南行溪崖间,幽深窈窕,水木阴闷,一奇境也。雷雨大作,行雨中十里而雨止。有小溪自西峡来,架木桥渡之。依南山东转,二里,转而南。一里,有数家踞西山之半,东向临江,是为门槛村④,下跨江之桥,为门槛桥,言江流至此,破峡捣空,若门阈之当其前也。宿于村家,买米甚艰,只得半升。以存米为粥,留所买者,为明日饭。

【注释】

①花桥:今名同,在永平县西境。此水明代即称花桥河,今又称里海冲河。

②回回:即回回民族,简称回族。

③铜矿厂:此应指青羊厂,今名同,在永平县东境。

④门槛村:今名门坎桥,在永平县中部,银江河西岸的公路旁。

【译文】

洗完澡,吃过饭后出门眺望,由这里向西进峡不到二里,就是去花桥的大路;由这里向南越岭,是去炉塘的路。我这时听说有处清净宝台山,在炉塘的西面,往西经由花桥到沙木河的大路进去,这条路绕远了,向南由去炉塘的便道走,那条路便捷,我于是马上从山坞中向南行。二里多,到达南山的山麓,有水流从西面的峡谷中流来,往东注入银龙江的峡口,这就是从花桥流来的河水了。过桥后向南半里,有座寺庙背靠南山面向北方,叫清真寺是回族建造的。由清真寺前向东转半里,是后屯,有个小山坞从南面来,又向东横穿山坞半里,过桥后上坡,向东南上爬一里多,转向东上登山岭。一里,从岭上错误地折向南,二里,翻过山往南下走,路断了。二里,由深坑中向西转,又行二里,再转向北,仍然出到后屯的小山坞中,于是又上登东面的山坡。二里,仍旧经过岭上走错路的地方,就始终沿着山岭峡谷往东行。半里,有条一直往东去的峡谷,是去铜矿厂的路;向东南翻越山冈山坳的,是去门槛村、炉塘的路,于是转身从东南方走。稍上走翻越山冈半里,向东顺着峡谷往下走二里,来到峡底,就见深远的峡谷自北向南去,银龙江顺着峡谷冲捣着壑谷,路顺着银龙江的西岸往南行走在江流与山崖之间,幽深杳渺,江水林木阴森隐秘,是一处奇异的地方。雷雨大作,前行在雨中十里后雨停了。有条小溪自西面的峡中流来,架有木桥渡过小溪。靠着南山向东转,二里,转向南。一里,有几家人盘踞在西山的半山腰,面向东方,下临江水,这里是门槛村,下方跨过江流的桥,是门槛桥,意思是说,江水流到此地,冲破峡谷倒入空中,这座桥像门槛一样挡在江流的前方。住宿在村民家,买米非常艰难,只买到半升米。用原来保存着的米煮成粥,留下买来的米,作为明天的饭。

二十六日　鸡再鸣,具饭。平明,随江西岸行。四里余,南至岔路[1],有溪自西峡来,东与银龙江合,数十家下绾溪口。乃下涉其溪,缘南山之北,于是江东折于下,路东折于上。东向上者一里余,盘北突之坡而东,于是江南折于下,路亦南折于上。南折处,又有峡自东来入,正与东折之江对,或以为永平之界今仅止此,其南折之峡,已属顺宁矣。

【注释】

①岔路：今名同，在银江河西岸的公路边。

【译文】

二十六日　鸡叫第二遍，准备早饭。天明时，顺着江流西岸前行。四里多，往南来到岔路，有条溪水自西面的峡谷中流来，在东边与银龙江合流，几十家人在下游扼住溪口。于是下走涉过这条溪流，沿着南山的北面走，在这里江流在下方折向东去，路在上面转向东。向东上行一里多，绕过向北前突的山坡往东行，到这里江流在下方折向南去，路也在上面转向南。向南转折的地方，又有峡谷自东方前来汇入江中，正好与向东折的江流相对，有人认为永平县的辖地今天仅到此地为止，那条向南折的峡谷，已经属于顺宁府了。

循江西岭南向渐下，四里，稍折西南，下缘江岸。已复南折，二里余，出峡，峡乃稍开，始见田塍，有两三家倚西坡，是为稻场①。山行至是，始有稻畦，故以为名。其江之东南坡间，亦有居庐，其下亦环畦塍，亦稻场之属。江流其间直南去，与澜沧江合。路由西坡村右即西南缘坡上，一里，至岭头，正隔江与东坡之庐对，于是缘峡西入，遂与江别。其峡自西脊东下，循北崖平坡入之。四里，降度峡南，循南崖悬跻而上，乃西南盘折二里余，逾北突之冈。循南坡而西，二里，有坑北下，横陟之。又西二里，乃凌其东南度脊。此脊之东，水下稻场南峡中，西南水下炉塘。而南从脊上，即西望崇山高穹，上耸圆顶者，为宝台山；其北崖复突而平坠者，为登山间道；其南垂纤绕而拖峡者，为炉塘所依。余初拟从间道行，至是屡询樵牧，皆言间道稍捷而多岐，中无行

人,莫可询问,不若从炉塘道,稍迂而路辟,以炭驼相接②,不
乏行人也。其岐即从脊间分,脊西近峡南下,其中居庐甚
殷,是为旧炉塘③。由其北度峡上,即间道也;由其东随峡南
下,炉塘道也④。

【注释】

①稻场:今作稻田,在银江河东岸。

②炭驼:驮木炭的马帮。

③旧炉塘:今名炉塘,在炉塘河南岸。

④炉塘:即指上厂、下厂,今称厂街,在永平县南境。

【译文】

　　沿着江流西面的山岭向南渐渐下走,四里,慢慢转向西南,下山沿
着江岸走。不久又转向南,二里多,走出峡谷,峡谷于是逐渐开阔起来,
开始见到田地,有两三家人紧靠西面的山坡,这里是稻场。在山中行走
到这里,开始有稻田,所以用来作为地名。这条江东南的山坡上,也有
民居房屋,村居下也环绕着田畦,也是属于稻场的地方。江水流经其间
一直往南流去,与澜沧江合流。路由西面山坡村子的右边马上向西南
顺着山坡上爬,一里来到岭头,正好隔着江流与东面山坡上的村屋相
对,从这里顺着峡谷往西进去,终于与江流分别。这条峡谷从西面的山
脊向东下来,我沿着北面山崖上的平坡进峡。四里,下坡过到峡谷南
边,沿着南面的山崖悬空而上,于是往西南曲折上登二里多,越过向北
前突的山冈。沿着南面的山坡往西行,二里,有个坑谷往北下陷,横穿
坑谷。又向西二里,于是登上那往东南延伸的山脊。这条山脊的东面,
水往下流入稻场南面的峡谷中,西南方的水下流到炉塘。从山脊上往
南,就望见西面的高山高高隆起,圆顶向上高耸的地方,是宝台山;宝台
山北边山崖又向前突而后平缓下坠的地方,是登山的捷径;宝台山向南
下垂曲折回绕而拖着一条峡谷的地方,是炉塘所在之处。我最初打算

从捷径走,到了这里,多次询问樵夫牧人,都说捷径稍微便捷一些但岔路很多,途中没有行人,无人可询问,不如从去炉塘的路走,稍微绕点路但路宽一些,因为驮木炭的马帮前后相连,行人不少。那岔路就从山脊上分开,从山脊西面近处的峡谷中往南下走,峡中居民房屋非常多,这里是旧炉塘。由旧炉塘北边穿过峡谷上走,就是捷径了;由旧炉塘东边顺着峡谷往南下行,是去炉塘的路了。

余乃南下坡,一里,至峡底。半里,度小桥,随涧西岸南行。其涧甚狭,中止通水道一缕,两旁时环畦如梧椿。四里,稍上,陟西崖而下,半里,始有一旁峡自西北来,南涉之。又沿西崖渐上,五里,盘西崖而逾其南嘴,乃见其峡甚深,峡底炉烟板屋,扰扰于内,东南嵌于峡口者,下厂;西北缀于峡坳者,上厂也;缘峡口之外,南向随流下者,往顺宁之大道也。余从岭上西转,见左崖有窍,卑口竖喉,其坠深黑,即挖矿之旧穴也。从其上西行二里,越下厂,抵上厂,而坑又中间之,分两岐来,一自东北,一自西北,而炉舍踞其中。所出皆红铜,客商来贩者四集。肆多卖浆市肉者,余以将登宝台,仍斋食于肆。

【译文】

我于是往南下坡,一里,来到峡底。半里,走过小桥,顺着山涧西岸往南行。这条山涧非常狭窄,中间只通着一条线一样的水道,两旁不时有环绕成杯碗一样大的稻田。四里,稍上走,登上西边的山崖往下走,半里,旁边才有一条峡谷从西北来,向南涉过峡谷。又沿着西面的山崖渐渐上走,五里,绕着西面的山崖越过它南边的山嘴,就见这里的峡谷非常深,峡底的炉烟和木板房,在峡内纷纷扰扰,东南方深嵌在峡口的,是下厂;西北方点缀在峡谷山坳间的,是上厂了;沿着峡口之外,向南顺着水流下走的，是去顺宁府的大路。我从岭上向西转，见到左边的山崖上有个洞穴，洞口低矮，喉管样的洞直竖着，洞深陷漆黑，这就是挖矿的旧矿井了。从峡谷上方往西行二里，越过下厂，到达上厂，但坑谷又在中间隔开了上下厂，分为两条岔路前来，一条来自东北，一条来自西北，而炉子房屋盘踞在两条路中间。出产的全是红铜，前来购买的客商四面云集。店铺中有很多卖酒卖肉的人，我因为即将要去登宝台山，仍然在店铺中吃了斋饭。

由西峡溯流入，一里，居庐乃尽。随峡北转，峡甚深仄，而止通一水，得无他迷，然山雨倾注，如纳大麓①，不免淋漓。三里，渐上，又二里，上愈峻。见路有挑大根如三斗盎者，以杖贯其中，执而问之，曰："芭蕉根也。以饲猪。"峻上二里，果见芭蕉蔽崖，有掘而偃者，即挖根处也。其处树箐深窅，山高路僻，幸有炭驼俱从此赴厂。为指迷。又上二里，乃登其脊。有路自东北径脊而来者，乃随脊向西南去。从之行脊上二里，乃西南下。见路左有峡西北出，路遂分为两岐，而所望宝台圆顶，似在西南隔峰，乃误下从峡西南。一里余，渡峡中支涧，缘之西北转。一里，盘北突之嘴，复西南入峡中。溯涧二里，路渐湮②，见涧北有烧山者，遥呼而问之，始知为误。然不知山在何所，路当何从，惟闻随水一语，即奉为指南。复东北还盘嘴处，涧乃北转，遂缘坡北向下。二里，有一岐自东南来合，即前分岐西北之正道也。盖宝台正在西南所误之峡，其南即度脊之自东西突者，此宝台东隅之来脉也，而其路未开，皆深崖峭壑，为烧炭之窟，以供炉塘所用；峡中之流，从其西北向流，绕北崖而西出，至西北隅，始与竹沥寨南来之路合，故登山之道，必自西北向东南，而其东不能竟达也。循东崖又北一里,复随涧西转,循北崖西行二里,始望见前峡稍开,有村聚倚南山之坡。乃西下一里,度涧桥,缘其南崖西上,又一里余而抵其村,是为阿牯寨③,乃宝台门户也。由寨后南向登山,三里,至慧光寺。

【注释】

①大麓(lù):大山脚。《尚书·尧典》有"纳于大麓",指尧帝为考验舜的能力,而让舜担任守山林官吏,古今均有人解"大麓"为管理苑囿的官名,但此处"麓"指山脚。

②湮(yān):埋没不见。

③阿牯寨:今作阿古寨,在永平县西南隅。

【译文】

由西面的峡谷逆流进去,一里,居民房屋这才完了。顺着峡谷向北转,峡谷十分深邃狭窄,但只通着一条山涧水,我得以不迷路,然而山间大雨倾盆如注,如同大舜在大山脚下林间遭遇到的暴风雨一样,不免周身雨水淋漓。三里,渐渐上走,又行二里,上去更陡峻。见到路上有人挑着大处如同能装三斗的瓦瓮一样粗的树根,用手杖穿在树根中,拉住他询问,他说:"是芭蕉根。用来喂猪。"陡峻地上登二里,果然见到有芭蕉树布满山崖,有的被挖倒了,这就是挖树根的地方了。此处树林山箐深远,山高路僻,幸好有驮运木炭的马帮都是从此地赶去厂中。为我指点迷途。又上走二里,就登上了山脊。有条路从东北方经过山脊前来,就顺着山脊向西南走去。顺着路前行在山脊上二里,就往西南下行。看见路左边有条峡谷从西北方出来,道路于是分为两条岔路,而我所望见的宝台山的圆顶,似乎在西南方隔着山峰的地方,就错误地下山从峡谷中往西南走。一里多,渡过峡中分支的山涧,沿着山涧向西北转。一里,绕过北突的山嘴,再向西南进入峡中。溯山涧行二里,路渐渐埋没了,看见山涧北边有烧山的人,远远呼叫着向他问路,才知道走错了。但是不知道宝台山在什么地方，路应当从哪里走，只听见"顺水走"一句话，就奉为指南。又往东北回到绕过山嘴的地方，山涧于是向北转，就顺着山坡向北下走。二里，有一条岔路从东南前来会合，就是先前分岔向西北走的正路了。原来宝台山正是在西南方走错路的峡谷之处，它的南边就是延伸而过的山脊自西往东前突的地方，此地是宝台山东隅延伸过来的山脉，可道路还未开通，全是陡峭的山崖幽深的壑谷，是烧木炭的场所，木炭用来供给炉塘使用；峡中的流水，从峡中向西北流，绕着北面的山崖往西流出去，流到宝台山西北角，才与从竹沥寨向南来的道路会合，所以登山的路，必定要从西北走向东南，而从山的东面是不能直接到达的了。沿着东面的山崖又向北一里，再顺着山涧向西转，沿着北面的山崖往西行二里，才望见前方的峡谷稍微开阔起来，有村落紧靠南山的山坡。于是向西下山一里，走过山涧上的桥，沿着山涧南边的山崖往西上登，又行一里多后抵达这个村庄，这是阿纻寨，是宝台山的门户。由阿纻寨后方向南登山，三里，来到慧光寺。

　　其寺西向，前临一峡，隔峡又有山环之而北，而终不见宝台。盖宝台之顶，高穹于此寺东南，而其正寺又在台顶之南，尚当从西南峡中盘入也。宝台大寺为立禅师所建，三年前，立师东游请《藏》，久离此山。余至省，即闻此山之盛，比自元谋至姚安途中，乃闻其烬于火，又闻其再建再毁。余以为被灾久矣，至是始知其灾于腊月也，计其时余已过姚安矣，不知何以传闻之在先也？自大寺灾后，名流多栖托慧光。余至，日犹下午，僧固留，遂止寺中。

【译文】

这座寺院面向西方，前方面临一条峡谷，隔着峡谷又有山环绕着峡谷往北延伸而去,但始终看不见宝台山。原来宝台山的山顶,高高隆起在这座寺院的东南方,而山中的正寺又在宝台山顶的南面,还应当从西南方的峡中绕进去。宝台大寺是立禅师修建的,三年前,立禅师东游去请《大藏经》,离开这座山很久了。我到省城时,就听说过这座山的盛况,等到在从元谋到姚安的途中,却听说寺院被火烧毁了,又听说寺院再次建起再度被毁。我以为遭火灾是很久以前的事了,到这里才知道那场火灾是在腊月中,算起来那时我已经走过姚安府了,不知为何会传闻在先呢?自从大寺火灾后,名僧大多投身居住在慧光寺。我到时,时间还是下午,僧人坚决挽留,便住在寺中。

二十七日　饭于慧光寺,即南上五里,登其西度之坳。此坳乃宝台之西支,下而度此者,其坳西余支,即北转而环于慧光之前。逾坳南,见南山前矗,与坳东横亘之顶,排闼两重,复成东西深峡。南山之高,与北顶并,皆自东而西,夹重峡于中而下不见底,距澜沧于外而南为之堑。盖南山自炉塘西南,转而西向,溯澜沧北岸而西行,为宝台南郛,于是西距澜沧之水,东包沙木河之流,渡江坡顶而北尽于沙木河入澜沧处,此南山外郛之形也。宝台自炉塘西南亦转而西向,大脊中悬,南面与南山对夹而为宝台,西面与西度北转之支,对夹而为慧光,此宝台中踞之势也。其内水两重,皆西转而北出,其外大水逆兜,独南流而东绕,此诸流包络之分也。至是始得其真面目,其山如环钩,其水如交臂。山脉自罗均为钩之根把,博南丁当关为钩干之中①,正外与钩端相对,而江坡顶即钩端将尽处,宝台山乃钩曲之转折处也。澜沧江来自云龙州为右臂,东南抱而循山之外麓,抵山东垂尽处而后去。沙木河源从南山东峡为左臂，西北抱而循山之内坞，抵山西垂尽处而后出。两水一内一外，一去一来，一顺一逆，环于山麓，而山之南支又中界之，自北自南，自东自西，复自南而北，为宝台之护，此又山水交潆之概也。

【注释】

①博南：即博南山，即永平县西境花桥和杉阳间的大山，又称金浪颠山、丁当丁山，山上所设关即丁当关。今仍称博南山或叮当山。

【译文】

二十七日　在慧光寺吃完饭，立即向南上登五里，登上宝台山向西延伸的山坞。这个山坞是宝台山西面的支脉，下延经过此地形成的，这个山坞西面余下的支脉，马上转向北环绕在慧光寺的前方。穿越到山坞的南边，见到南山矗立在前方，与山坞东边横亘的山顶，门扇样排列成两层，又形成东西向的深峡。南山的高处，与北面的山顶一样高，都是自东往西延伸，夹着重重峡谷在山中而且下面深不见底，把澜沧江挡在外面，在南面形成天堑。南山从炉塘的西南方，转而向西，溯澜沧江的北岸往西延伸，成为宝台山南面外围的山，于是西边挡住澜沧江的江水，东边围住沙木河的水流，延过江坡顶，然后在北边沙木河流入澜沧江的地方到了尽头，这是南山外围的山的地形。宝台山从炉塘的西南也转向西延伸，大山脊悬在中央，南面与南山对面相夹成为宝台山，西面与从西边延伸来转向北的支脉，对面相夹而成为慧光寺，这是宝台山盘踞在中央的地势。山内水分为两重，都是由西转向北流出去，山外的大江逆向包抄过来，独自往南流后向东绕去，这是各条水流穿行环流的分布情况。来到这里才见到它的真实面目，这里的山如环状的钩子，这里的水如交叉的手臂。山脉从罗均山起是钩子根部的把手，博南山丁当关是钩子主干的中段，正好与外边钩子的尖端相对，而江坡顶就是钩子尖端将要完结的地方,宝台山是钩子弯曲的转折处。澜沧江来自云龙州,是右臂,向东南环抱,沿着宝台山外围的山麓,流到宝台山东垂的尽头处而后流去。沙木河源自南山东面的峡谷,是左臂,向西北围抱,沿着宝台山山中的山坞,流到宝台山西垂的尽头处而后流出去。两条水流一条在内一条在外,一条流去一条流来,一条顺流一条逆流,环绕在山麓,而宝台山南面的支脉又在中间隔开了它们,从北面从南面,自东方自西方,再由南向北,成为宝台山的护卫,这又是山水交错潆绕的大概情形了。

　　从坞南于是东转,下临南峡,上倚北崖,东向行山脊之南,两降两上,三里,东至万佛堂。此即大寺之前院也,踞宝台南突之端①,其门西向,而堂阶俱南辟,前临深峡之南,则南山如屏,高穹如面墙。其上多木莲花,树极高大,花开如莲,有黄白蓝紫诸色,瓣凡二十片,每二月则未叶而花,三月则花落而叶生矣。绝顶有涌石塔,高二丈,云自地涌出,乃石笋也。其南坞间,又有一陕西老僧结茅二十年,其地当南山奥阻,曾无至者,自万佛堂望之,平眺可达,而下陟深峡,上跻层崖,竟日而后能往返焉。由万佛堂后北上不半里,即大寺故址。寺创于崇祯初元,其先亦丛蔽之区,立禅师寻山见之,为焚两指,募开丛林,规模宏敞,正殿亦南向,八角层甍,高十余丈,址盘数亩。其脉自东北圆穹之顶,层跌而下,状若连珠,而殿紧倚之,第其前横深峡,既不开洋,而殿址已崇,西支下伏,右乏护砂,水复从泄,觉地虽幽闷而实鲜关锁,此其所未尽善者。或谓病在前山崇逼,余谓不然,山外大江虽来绕,而无此障之则旷,山内深峡虽近环,而无此夹之则泄,虽前压如面墙,而宇内大刹,如少林之面少室,灵岩之面岱宗,皆突兀当前,而开拓弥远,此吾所谓病不在前之太逼,而在右之少疏也。

【注释】

①宝台:即宝台山,今名同,俗称木莲花山,在永平县西南隅、澜沧江东北岸,海拔 2913 米,为永平县境最高峰。现山上有金光寺,古木参天,风景优美。群众指说该山特产木莲花,现有十五万亩原始森林,近年发现一棵五百年树龄的原种云南山茶,高七米,根部直径 70.63 厘米,分五大枝,花开万朵,颜色深红,为目前所知云南最大的山茶。

【译文】

从山坳南边于是向东转,下边面临南边的峡谷,上面紧靠北面的山崖,向东前行在山脊的南面,两次下走两次上登,三里,往东来到万佛堂。这就是大寺的前院了,盘踞在宝台山南突之处的尖端,寺门向西,但殿堂台阶全都开向南,前方下临深峡的南边,只见南山就像屏风,高高隆起如同一面墙。山上有许多木莲花,树极为高大,开的花如同莲花,有黄、白、蓝、紫各种颜色,花瓣共二十片,每年二月底没长树叶便开花,三月份花落后就长出树叶了。绝顶上有座涌石塔,高二丈,说是从地下涌出来的,原来是石笋。寺南的山坳中,又有一个陕西老和尚建了茅庵达二十年,那地方正当南山幽深险阻之处,从来没有人到过,从万佛堂远望那里,水平看去可以到达,可是下走跋涉深峡,上登层层悬崖,要一整天然后才能往返。由万佛堂后边往北上走不到半里,就是宝台大寺的旧址。寺院创建于崇祯初年,那之前也是丛林密蔽的地方,立禅师找山见到这里,为此烧了两个手指,募化开创了寺院,规模宏大宽敞,正殿也是面向南,一层层的八角屋脊,高十多丈,基址的地盘有几亩地。这里的山脉从东北方圆形穹隆的山顶,层层跌落下来,形状好似连成串的珠子，而殿宇紧靠着山，只是寺院前方横着的深峡，既不开阔，而且殿址太高，西面的支脉在下方低伏着，右边缺乏围护的虎砂，水又从此处外泄，我觉得地势虽然幽僻隐秘实际上却缺少闭锁的门户，这是它未能尽善尽美之处。有人认为毛病在于前方的山太高太近，我认为不是这样，山外的大江虽然流来环绕，但没有这座山挡着它就太空旷，山内的深峡虽然在近处环绕着，可如果没有这座山夹住它水流就会外泄，虽然压在前方如同一面墙，但天下的名山大寺，例如少林寺面对少室山，灵岩寺面对泰山，都是突兀的高山挡在前方，可眼界开拓得更远。这就是我认为毛病不在于前方太过于逼近，而在于右边稍微空阔了些的原因。

　　初余自慧光寺来，其僧翠峰谓余曰："僧少待一同伴，当即追随后尘。"比至万佛堂，翠峰果同一僧至，乃川僧一苇自京师参访至此，能讲演宗旨。闻此有了凡师，亦川僧，淹贯内典[①]，自立师行后，住静东峡，为此山名宿，故同翠峰来访之。时了凡因殿毁，募闪太史约庵先铸铜佛于旧基，以为兴复之倡，暂从静室中移栖万佛前楼，余遂与一苇同谒之。了凡即曳杖前引，至大寺基观所模佛胎，遂从基左循北崖复东向行。盘磴陟坡，路极幽峭，两过小静室，两升降，南下小峡，深木古柯，藤交竹丛，五里而得了凡静室。室南向，与大殿基东西并列，第此处东入已深，其前南山并夹如故，而右砂层叠，不比大殿基之西旷矣。其脉自直北圆穹之顶中垂而下，至室前稍坳，前复小起圆阜，下临深峡之北。而室则正临其坳处，横结三楹，幽敞两备，此宝台奥境也。一苇与了凡以同乡故，欲住静山中，了凡与之为禅语。余旁参之，觉凡公禅学宏贯[②]，而心境未融，苇公参悟精勤，而宗旨未彻,然山穷水尽中亦不易得也。了凡命其徒具斋,始进面饼,继设蔬饭。饭后雨大至,半晌方止。下午乃行,仍过寺基,共十五里,还宿慧光寺。

【注释】

①淹贯:深入精通。　内典:佛教徒认为佛教经论为影响人们思想的"济神之典',因称内典。

②禅学:本为佛教的一大宗,偏重宗教修持,主要流行于北方,后也泛指佛学为禅学。

【译文】

最初我从慧光寺来时,寺里的僧人翠峰对我说:"和尚我暂时等一位同伴,就将追随您的后尘。"等到了万佛堂时,翠峰果然同一位僧人来到,是四川和尚一苇从京城来到此地参拜访问,能够讲演佛法的主旨。听说此处有位了凡禅师,也是四川和尚,精通佛学经论,自从立禅师走后,住在东面的峡谷中静修,是此山的著名高僧,所以同翠峰前来拜访他。这时了凡因为佛殿被毁,募化闪约庵太史先在旧基址上铸造铜佛,作为复兴寺院的首倡,暂时从静室中迁居于万佛堂的前楼上,我于是与一苇一同去拜见他。了凡当即拖着拐杖在前边领路,来到宝台大寺的基址观看铸造铜佛的胎模,随后从基址左边一座北面的山崖再向东行。绕着石阶爬坡,路上极为幽静陡峭,两次路过小静室,两次上升两次下降,向南走在下方小峡谷中,深树古木,藤枝交缠,翠竹丛生,五里后走到了凡的静室。静室面向南,与大殿的基址东西并列,只是这里往东进来已经很深,静室前方南山并排相夹依然如故,而且右边的虎砂层层叠叠,不像大殿基址的西边那样空旷了。这里的山脉从正北方圆形穹窿的山顶由中间垂下来,到静室前边稍稍凹下去,前方又隆起圆形的小土丘,下临深峡的北边。而静室则正好面临那下凹之处,横向建了三间房,幽静宽敞两样都具备,此地是宝台山深远隐秘的地方。一苇与了凡因为是同乡的缘故，想住在山中静修，了凡与他互相讲说佛理。我在旁边观察他们，觉得了凡公对佛学广博通晓，但心境未能融通，一苇公参悟佛理精当勤奋，可主旨未能领悟透彻，不过在这山穷水尽的地方也是不容易见到的了。了凡命令他的徒弟准备斋饭，开始时呈上面饼，继而摆上蔬菜米饭。饭后大雨来临，半晌才停。下午就动身。仍旧经过大寺基址，共行十五里，回来住在慧光寺。

二十八日　平明，饭而行。三里，北下至阿牯寨。由其西下又二里，越东来涧，缘北山之南崖，西北上一里余，盘其西垂而北，其下即阿牯北西二涧合而北流之峡也。二里，越西突之坡，仍循东坡西北行。六里，坠悬坡而下，一里及涧。仍随涧东岸北行，望见峡北有山横亘于前，路直望之而趋。五里，有一二家倚东山下，其前始傍水为田。又北二里，直抵北山下，有峡自东而西，中有一水沿北山而西注。此即旧炉塘西来之道，阿牯寨之涧南来，此与之合，是为三汊溪，旧炉塘指答者，谓间道捷而难询，正指此也。于是其峡转为东西，夹水合而西去，路北涉之，循北崖西行。

【译文】

二十八日　天亮时，吃饭后上路。三里，往北下到阿牯寨。由阿牯寨的西边又下走二里，越过东面来的山涧，沿着北山南面的山崖，往西北上行一里多，绕着北山的西垂往北行，山下就是阿牯寨北面、西面两条山涧合流后向北流淌的峡谷了。二里，越过向西前突的山坡，仍然沿着东面的山坡往西北行。六里，从高悬的山坡上下坠，一里来到山涧边。仍然沿着山涧东岸往北行，望见峡谷北面有山横亘在前方，路笔直望着山通过去。五里,有一两家人紧靠在东山下,村前开始傍着涧水开垦为田地。又向北二里,直接抵达北山下,有条峡谷自东向西延伸,峡中有一条溪水沿着北山往西流淌。这就是从旧炉塘往西来的道路,阿枯寨的山涧水向南流来,这条溪水与它合流,这就是三汊溪,在旧炉塘指路的人回答说,说是捷径便捷但难以问路,正是指此地。在这里山峡变成东西向,相夹的流水合流后往西流去,路向北涉过溪水,沿着北面的山崖往西行。

　　三里,西降而出峡口,其西乃开南北大峡。盖南自宝台南峡来,从南山北转,而界澜沧于外者,为此坞西山;从西坳北转,而挟慧光寺于内者,为此坞东山,东山为三汊溪西出而界断,宝台中脉止至其北。又旧炉塘北脊之支,分派西突,与西山对峡,而北峡中坞大开,陂陀杂沓,底不甚平,南峡与三汊溪水合流北去,是为沙木河上流①。峡中田塍,高下盘错,居庐东西对峙,是名竹沥寨②。路挟东山北转,行东村之上而北三里,坞中水直啮东山之麓。路缘崖蹑其上,又北二里,逾马鞍岭。此岭乃东山西突之嘴,水曲而西环其麓,路直而北逾其坳,此竹沥寨之门户也。北下二里,始为平川,水与路俱去险就夷。

【注释】
①沙木河:今又称倒流河。
②竹沥寨:今作竹林祠,在永平县西隅,倒流河东岸。
【译文】
　　三里,向西下走出了峡口,峡口西边于是敞开成为南北向的大峡谷。大体上,南面从宝台山南面的峡谷前来,从南山向北转,而后把澜沧江隔在外面的山，是这个山坞的西山；从西面的山坞向北转，而后把慧光寺夹在里面的山，是这个山坞的东山，东山被向西流出来的三汊溪隔断，宝台山中间的一条山脉延伸到溪流北岸断了。还有旧炉塘北面山脊的支脉，分支向西前突，与西山对峙成峡谷，而北面峡谷中的山坞十分开阔，山坡山冈杂沓，底部不怎么平坦，南边的山峡与三汊溪的溪水合流后往北流去，这就是沙木河的上游。峡中的田地，高低盘绕错落，居民房屋东西对峙，这里名叫竹沥寨。路傍着东山向北转，行走在东面山村的上方向北三里，山坞中的溪水直接啃咬着东山的山麓。路沿着山崖登到山上，又往北行二里，翻越马鞍岭。这座山岭是东山向西突出来的山嘴，溪水弯向西环绕在山麓，路一直往北越过山坞，这个山坞是竹沥寨的门户。向北下山二里，开始变为平川，溪水与道路都离开险阻走上坦途了。

　　北行溪东三里，有村倚东山下，曰狗街子，倚西山曰阿夷村。东山乃博南大脊西盘，西山乃宝台南山北转者也。其山平展而北，又四里，而沙木河驿之西坡[①]，自丁当关西突于川之北，与西界山凑，川中水自沙潭亦逼西山之麓而北。路乃涉水，缘西崖之上行。又三里，北下及溪，有桥跨溪，东来者，是为沙木河驿大道。其桥有亭上覆，曰凤鸣桥。余南来路，经桥西，不逾桥也。饭于桥西。随西山大路北行三里，盘西山北突之嘴，于是北坞稍开，田塍交布，其下溪流贯直北去，透北峡，入澜沧。路盘嘴西行又一里，为湾子村[②]。数家倚南山北麓，当北突之腋，故曰湾子。由其西循峡南入，一里，峡穷。复遵峡西之山，曲折西向上跻，三里，陟岭脊，此即宝台南山北转至此者。踞岭东望，东界即博南山所从南环而至者。北望峡口中伏，即沙木河北注澜沧,而此支所北尽于此者;其外有崇峰另起,横峙于五十里外者,曰瓦窑山,为永平北与云龙州分界③,昔王磐踞而为乱处。按《腾永图说》,崇祯戊辰④,王磐据险为叛,烧断澜沧桥。又按,马元康曾领兵追捣王磐、何某巢穴于曹涧。马亦言:先是王、何构叛,来袭攻永昌,幸从澜沧烧桥而来,故得为备。按曹涧在云龙州西界⑤,瓦窑山在云龙州南界,曹涧当永昌北鄙。王、何二贼不直南下,而东由澜沧桥,固欲截其东援大路,亦以与瓦窑相近也,盖瓦窑、曹涧皆二贼之窟矣⑥。西望则重崖层峡,其下逼簇,不知澜沧之流已嵌其底也。由脊而南,有庵横跨坳中,题曰普济庵,有僧施茶于此,是即所谓江坡顶也。出其南,西瞰峡底,浊流一线绕东南而去,下嵌甚深,隔流危崖崒嵂⑦,上截云岚而下啮江流者,即罗岷山也。

【注释】

①沙木河驿:今杉阳街,在永平县西隅。

②湾子村:今仍名湾子,在杉阳稍西、倒流河西岸。

③云龙州:隶大理府,原治今云龙县西部、澜沧江西岸的旧州,崇祯年间迁治于雒马井,即今沘江边的宝丰。

④崇祯戊辰:即崇祯元年,1628年。

⑤曹涧:今作漕涧,在云龙县西南境。

⑥瓦窑:今名同,在保山市隆阳区东北隅,澜沧江西岸。

⑦崒嵂(zú lù):山高峻而危险。

【译文】

　　向北前行在溪流东岸三里,有村落紧靠在东山下,叫做狗街子,紧靠西山的叫阿夷村。东山是博南山的大山脊向西盘绕之处,西山是宝台山的南山向北转的山。这里的山向北平缓伸展而去,又行四里,沙木河驿西面的山坡,从丁当关西面前突在平川的北面,与西面一列山凑拢,平川中的水流从沙潭也是逼近西山的山麓往北流。道路于是涉过溪水,沿着西面的山崖上行走。又行三里,向北下到溪水边,有座桥跨在溪水上,从东边来的路,是去沙木河驿的大路。这座桥上盖有亭子,叫凤鸣桥。我从南面来的路,经过桥的西头,不过桥。在桥西吃了饭。顺着西山的大路往北行三里,绕过西山向北突的山嘴,到这里北面的山坞略微开阔了一些,田亩交错密布,山下溪流一直向北流贯而去,穿过北面的峡谷,流入澜沧江。路绕着山嘴往西又行一里,是湾子村,几家人紧靠南山的北麓,位于北突山嘴的山窝中,所以叫做湾子。由村西沿着峡谷向南进去,一里,峡谷完了。再沿着峡谷西面的山,曲折向西上登,三里,登上岭脊,这就是宝台山的南山向北转到此地的山。坐在岭上向东望,东面就是博南山从南面环绕而来的山。远望北边,峡口低伏在中央,就是沙木河向北流入澜沧江,而这条支脉往北在此地到了尽头的地方;它的外层另外有高峰耸起,横向耸峙在五十里之外,叫做瓦窑山,是永平县北境与云龙州分界的地方,是从前王磐盘踞着造反的地方。

据《腾永图说》记载,崇祯戊辰年,王磐占据天险叛乱,烧断澜沧江桥。又据考察,马元康曾经领兵追剿,在曹涧捣毁王磐、何某人的巢穴。马元康也说:这之前,王磐、何某人造反,前来袭击进攻永昌府,幸好是从澜沧江被烧断的桥那里来,所以得以做准备。据考察,曹涧在云龙州的西境,瓦窑山在云龙州的南境,曹涧位于永昌府的北部边区。王、何两个盗贼不直接南下,却向东经由澜沧江桥,肯定是想截断官军东援的大路,也是因为与瓦窑相接近,大概瓦窑、曹涧都是这两个盗贼的巢穴。眺望西方,就见重重山崖层层峡谷,那里的下方狭窄簇拥,不知澜沧江的江流已深嵌在峡底了。由山脊上往南走,有座寺庵横跨在山坳中,匾额题写为普济庵,有和尚在这里施舍茶水,这里就是所谓的江坡顶了。出到寺庵南边,向西俯瞰峡底,一线浑浊的江流绕向东南流去,嵌在下方非常深,隔着江流,危崖高耸险峻,上边截断云雾而下面啃咬着江流的山,就是罗岷山了。

　　澜沧江自吐蕃嵯和哥甸南流,经丽江兰州之西,大理云龙州之东,至此山下,又东南经顺宁、云州之东,南下威远、车里①,为挝龙江,入交趾至海。《一统志》谓赵州白崖睑礼社江至楚雄定边县合澜沧②,入元江府为元江③。余按,澜沧至定边县西所合者,乃蒙化漾濞、阳江二水,非礼社也;礼社至定边县东所合者,乃楚雄马龙、禄丰二水④,非澜沧也。然则澜沧、礼社虽同经定边,已有东西之分,同下至景东⑤,东西鄙分流愈远。李中谿著《大理志》,定澜沧为黑水,另具图说,于顺宁以下,即不能详。今按铁锁桥东有碑,亦乡绅所著,止云自顺宁、车里入南海,其未尝东入元江,可知也。

【注释】

①威远:明置威远御夷州,治今景谷县。现景谷坝子仍称威远坝。车里:明置车里宣慰司,范围比今西双版纳傣族自治州大,中心在景昽,即今景洪。

②睑:又作"赕"、"睑"、"脸"。《新唐书·南诏传》载,"夷语赕若州。"《元混一方舆胜览》亦载:"脸,汉语府也。"睑是唐代南诏相当于府州一级的政区设治。后世有的地名仍保留"睑"字,但已完全失去原来的含义,而突出了平坝的意思,与"甸"意同。白崖睑为南诏中心区十睑之一,明代亦沿袭旧称白崖睑,即今弥渡坝子北端的红岩。

③元江府:明置元江军民府,即今元江哈尼族彝族傣族自治县。

④马龙水:今仍称马龙河,源自南华县西部,从北往南流经楚雄、双柏县西部,汇入礼社江。禄丰水:即源自禄丰往南汇入礼社江的水道,明代自北而南各段分别称星宿河、舍资河、九渡河、绿汁江,现仍分别称星宿江、绿汁江、丁癸江、太和江。

⑤景东:明置景东府和景东卫,皆在今景东县。

【译文】

　　澜沧江从吐蕃的嵯和哥甸往南流,流经丽江府兰州的西面,大理府云龙州的东面,流到这座山下,又向东南流经顺宁府、云州的东面,往南下流到威远、车里,称为挞龙江,流入交趾流到大海中。《一统志》认为,赵州白崖睑的礼社江流到楚雄府的定边县汇合澜沧江,流入元江府称为元江。我考察,澜沧江流到定边县所汇合的,是蒙化府的漾濞江、阳江两条江水,不是礼社江;礼社江流到定边县东面所汇合的,是楚雄府马龙、禄丰两地的河水,不是澜沧江。既然这样,那么澜沧江、礼社江虽然同样流经定边县,已经分在东西两面,一同下流到景东县东西两面的边远地区,分流得就更远了。李中谿著的《大理志》,认定澜沧江是黑水,另外备有图说,在顺宁府以下,就不能详细说明。今天根据铁索桥桥东存有的碑文,也是本乡士绅所著,只是说从顺宁、车里流入南海,可知澜沧江未曾往东流入元江了。

　　由岭南行一里,即曲折下,其势甚陡。回望铁桥嵌北崖下甚近,而或迎之,或背之,为"之"字下者,三里而及江岸。即挨东崖下溯江北行,又一里而至铁锁桥之东①。先临流设关,巩石为门②,内倚东崖,建武侯祠及税局。桥之西,巩关亦如之,内倚西崖,建楼台并祀创桥者。巩关俱在桥南,其北皆崖石巉削,无路可援。盖东西两界山,在桥北者皆夹石,倒压江面,在桥南者皆削土,骈立江旁,故取道俱南就土崖,作"之"字上下,而桥则架于其北土石相接处。其桥阔于北盘江上铁锁桥,而长则杀之。桥下流皆浑浊,但北盘有奔沸之形,溯湃之势③,似浅;此则浑然逝,渊然寂,其深莫测,不可以其狭束而与北盘共拟也。北盘横经之练,俱在板下;此则下既有承,上复高绷,两崖中架两端之楯间,至桥中,又斜坠而下绷之，交络如机之织，综之提焉④。此桥始于武侯南征，故首祀之，然其时犹架木以渡，而后有用竹索用铁柱维舟者，柱犹尚存。或以为胡敬德，或以为国初镇抚华岳。而胡未之至，华为是。然兰津之歌，汉明帝时已著闻，而不始于武侯也⑤。万历丙午⑥，顺宁土酋猛廷瑞叛，阻兵烧毁。崇祯戊辰，云龙叛贼王盘又烧毁⑦。四十年间，二次被毁，今己巳复建⑧，委千户一员守卫，固知迤西咽喉，千百载不能改也。余时过桥急，不及入叩桥东武侯祠，犹登桥西台间之阁，以西崖尤峻，为罗岷之麓也。于是出巩关，循罗岷之崖，南向随江而上。按《志》，罗岷山高十余丈。蒙氏时有僧自天竺来⑨，名罗岷，尝作戏舞，山石亦随而舞。后没于此，人立祠岩下，时坠飞石，过者惊趋，名曰"催行石"。按石本崖上野兽抛踏而下，昔有人于将晓时过此，见雾影中石自江飞上甚多，此又一异也。五里，至平坡铺⑩，数十家夹罗岷东麓而居⑪，下临澜沧，其处所上犹平，故以"平坡"名，从此则蹑峻矣。时日色尚可行，而负僧苦于前，遂止。按永昌重时鱼。其鱼似鲭鱼状而甚肥，出此江，亦出此时。谓之时者，惟三月尽四月初一时耳，然是时江涨后已不能得。

【注释】

①铁锁桥：即澜沧江铁索桥，元代以来称霁虹桥。桥身总长115米，净跨56.2米，宽3.8米。由18根铁索组成，其中底链16根，扶链2根，上横覆以木板。两岸以条石倚崖筑成半圆形桥墩。1986年因上游大面积滑坡截流，桥被洪水冲断。现存遗迹有桥墩、护堤和铁柱，有东岸武侯祠、玉皇阁和西岸观音阁的石屋、石墙，还有西岸摩崖石刻23幅。

②巩：原作"鞏"，通"拱"。

③溯湃：同"澎湃"，波涛汹涌冲击。

④综(zèng)：织布机上使经线上下交错以受纬线的一种装置。

⑤"然兰津之歌"三句：《华阳国志·南中志》载："孝武时，通博南山，度兰沧水，耆溪，置嶲唐、不韦二县，……人歌之曰：'汉德广，开不宾，渡博南，越兰津，渡兰沧，为他人。'渡兰沧水以取哀牢地，哀牢转衰。"西汉武帝时，势力已达今澜沧江以西。不韦在今保山金鸡村，后为永昌郡治。嶲唐在今漕涧，初为益州郡西部都尉治。

⑥万历丙午：即万历三十四年，1606年。

⑦王盘：应即前"王磐"。

⑧己巳：崇祯二年，1629年。

⑨天竺(zhú)：古印度的别称。玄奘《大唐西域记》："详夫天竺之称，异议纠纷，旧云身毒，或曰贤豆，今从正音，宜云印度。"

⑩平坡铺：今仍名平坡，在保山市隆阳区东隅。

⑪罗岷：万历《云南通志》永昌军民府山川载"罗岷山，在府城北八十里，即澜沧江西，岩高千丈，袤四十里。"

【译文】

由岭上往南行一里，立即曲折下走，地势非常陡。回头望去，铁索桥深嵌在北面的山崖下非常近，但有时迎面对着它，有时背对着它，呈"之"字形下走，三里后来到江岸。随即靠着东面的山崖下边溯江流往北行，又行一里后来到铁索桥的东头。先面临江流设了城关，用石块筑成拱券城门，里面紧靠东面的山崖，建有武侯祠和税局。桥的西头，拱门筑成的城关也和桥东一样，里面紧靠西面的山崖，建有楼台并祭祀建桥的人。有拱门的城关都在桥的南边，桥的北边全是高险陡削的崖石，无路可攀。原来东西两面的山，在桥北的全是夹立的石崖，倒压在江面上，在桥南的都是陡削的土山，并排矗立在江边，所以道路都是就着南面的土山走,作"之"字形上下,而桥就架在城关北边土石互相交接之处。这座桥比北盘江上的铁索桥宽,而长处则比它要短些,桥下的江流都很浑浊,但北盘江有奔流沸腾的姿态,汹涌澎湃的气势,江水似乎很浅;这里却是浑浑的流逝着,渊深寂静,水深不可测,不能因为它狭窄紧束便拿它来与北盘江一起比较。北盘江铁索桥横在纵向桥链上的铁链,都是在木板下面;这座桥则是下面既有托着的铁链,上面又有高高的绷子,位于两面山崖中间架在两头的柱子之间,到了桥中心,又有倾斜下坠的铁链向下绷紧桥身,如同织布机织布一样经纬线交织,就像综提起经线一样。这座桥始建于武侯诸葛亮南征时,所以首先祭祀他,不过那时还是架木桥渡江,而后有用竹绳用铁柱系在船上渡江的,铁柱仍然还保存着。有人认为是胡敬德,有人认为是国朝初年镇抚此地的华岳。但胡敬德未到过这里,华岳是对的。然而那首提及兰津的歌谣,汉明帝时已经著名,却不是开始于武侯时的了。万历丙午年,顺宁府的土人酋长猛廷瑞反叛,为阻击官兵烧毁了桥。崇祯戊辰年(崇祯元年,1628),云龙州的叛贼王磐再次烧毁桥。四十年之间,两次被毁,今天的桥是己巳年重建的,委派了一个千户守卫,本来就知道这是滇西的咽喉,千百年不能改变的。我这时急着过桥,来不及进去叩拜桥东的武侯祠,但仍然登上桥西平台上的楼阁,是因为西面的山崖格外陡峻,是罗岷山的山麓。从这里出了有拱门的城关,沿着罗岷山的山崖,向南顺着江流上走。根据《一统志》,罗岷山高十多丈。南诏蒙氏时,有个僧人从天竺来,名叫罗岷,曾经演出歌舞戏,山石也跟随着起舞。后来死在此地,人们在岩石下建了祠堂,不时坠落下飞石,过路的人受惊奔跑,名叫"催行石"。据考察,飞石本来是石崖上野兽踩踏抛落下来的。从前有人在天将要亮时路过此地,看见雾影中有很多石头从江中飞上山,这又是一件怪异的事。五里,来到平坡铺,几十家人夹在罗岷山的东麓居住,下临澜沧江,到此处为止上走的路还算平坦,所以用"平坡"来起名,从这里起就上登险峻的山路了。此时天色还可以走路,可挑担子的僧人再往前走很辛苦,便住下来。按,永昌府的人看重时鱼。这种鱼像鲭鱼的样子但很肥,出产在这条江中,也是出在这一季。把它称为时鱼的原因,是只在三月末四月初一时之间出产罢了。但是这时江水上涨后已不能捕到。

二十九日　鸡再鸣，具餐。平明行，即曲折南上。二里余，转而西，其山复土尽而石，于是沧江东南从大峡去，路随小峡西向入。西一里，石崖矗夹，有水自夹中坠，先从左崖栈木横空度，即北向叠磴夹缝间，或西或北，曲折上跻甚峻。两崖夹石如劈，中垂一窗，水捣石而下，磴倚壁而上，人若破壁扪天，水若争道跃颡，两不相逊者。夹中古木参霄，虬枝悬磴，水声石色，冷人心骨，不复知有攀陟之苦，亦不知为驱驰之道也。上二里，有庵夹道，有道者居之，即所谓山达关也①。

【注释】

①山达关：今作山大铺，在保山市隆阳区东隅，水寨东南。

【译文】

二十九日　鸡叫第二遍，准备早餐。天明上路，马上往南曲折上走。二里多，转向西，这里的土山完后又变成石山，在这里澜沧江向东南从大峡谷中流去，路顺着小峡谷向西进去。向西一里，石崖矗立相夹，有水流从夹谷中下坠，先从左边石崖上的木头栈道横在空中走过去，马上向北走上夹缝中层层叠叠的石阶，有时向西有时向北，曲折上登非常陡峻。两面夹立的石崖如同刀劈开的，中间垂下来一个溜槽，水冲捣着岩石流下来，石阶紧靠石壁往上走，人就像是破开石壁去摸天，水好像要争道跃过额头，两者互不相让。夹谷中古木参天，屈曲的树枝悬在石阶上，水声石色，让人心骨俱冷，不再知道有攀登跋涉的辛苦，也不知道是要快步赶路的险途了。上登二里，有座寺庵夹住道路，有道士住在庵中，就是所谓的山达关了。

由其后又西上，路分为二，一渡水循南崖，一直上循北崖，共一里余而合，遂凌石峡上。余以为山脊矣，其内犹然平峡，水淙淙由峡中来，至是坠峡石东下，其外甚峻，其内甚平。登其峻处，回望东山之上，露出层峰，直东而近者，乃狗街子、沙木河驿后诸脊，所谓博南丁当也；东南而远者，宝台圆穹之顶也。内平处亦有两三家当峡而居。循之西入，坞底成畦，路随涧北。二里，涉涧而南，盘南峰之腋而西。一里，透峡西出，则其内平洼一围，下坠如城，四山回合于其上，底圆整如镜，得良畴数千亩，村庐错落，鸡犬桑麻，俱有灵气。不意危崖绝磴之上，芙蓉蒂里，又现此世界也，是为水寨①。先是闻其名，余以为将越山而下，至是而知平洼中环，山顶之水，交注洼中，惟山达关一线坠空为水口，武陵桃源，王官盘谷，皆所不及矣。此当为入滇第一胜，以在路旁，人反不觉也。循洼东稍南上，有庐夹道，是为水寨铺，按《志》有阿章寨，岂即此耶？又南随峡坡东行二里，逾一东坡之脊，脊两旁有两三家，脊南水犹东南下澜沧，仍非大脊也。过脊南，东南二面，山皆下伏，于是东望宝台，知澜沧挟其南去，南瞻澜沧西岸，群峰杂沓②。（已下缺）

【注释】

①水寨：今名同，在保山市隆阳区东隅，为乡驻地。

②自此以下缺。本日徐霞客当取大道经山达关、水寨，在天井铺翻过山脊，以后再往西南，经官坡、板桥抵永昌府（今保山市）。

【译文】

由庵后又往西上登，路分为两条，一条渡过溪水沿着南面的山崖走,一条一直上行沿着北面的山崖走,共行一里多后两条路会合,于是登到石头峡谷的上方。我以为是山脊了,山内仍然是一条平坦的峡谷,溪水淙淙地从峡中流来,流到这里坠入石头峡谷中往东下流,峡谷外侧非常陡峻,峡谷里面十分平坦。登上那险峻之处,回头望去,东山的上方,露出层层山峰,正东方近处的山峰,是狗街子、沙木河驿后面群山的山脊,就是所谓的博南丁当关了;东南方远处的山峰,是宝台山圆形穹隆的山顶。峡谷内平坦之处也有两三家人在峡谷中居住。沿着峡谷向西进去,山坞底部开垦成田地,路顺着山涧北岸走。二里,涉过山涧往南行,绕着南峰的侧旁向西行。一里,向西穿出峡谷,就见那里面有一圈平坦的洼地,下陷的如同城池,四面的山回绕合拢在洼地上方,底部浑圆平整如同镜子,有良田几千亩,村屋错落,鸡犬桑麻都有灵气。料想不到在这危崖绝磴之上,芙蓉花蒂般的山崖里边,又呈现出如此的一个世界,这里是水寨。这之前听说过它的名字,我以为要翻过山在山下,到这里才知道是环绕在山中的平坦洼地,山顶的水,纵横交错流淌在洼地中,只有山达关一线宽的地方坠空而下成为出水口,武陵的桃花源,王官的盘谷,都有所不及了。这里应当是进入云南后的第一胜景,因为是在路旁,人们反而不能察觉到了。沿着洼地东边稍往南上走,有房屋夹住道路,这是水寨铺,根据《一统志》有处阿章寨,莫非就是此地了吗? 又往南顺着峡谷东边的山坡行二里,越过东面山坡上的一条山脊,山脊两旁有两三家人,山脊南面的水仍然是向东南流下澜沧江,仍然不是大山主脊。过到山脊南面,东、南两面,山全在下方低伏着,在这里远望东方的宝台山,知道澜沧江傍着宝台山的南麓流去,向南远望澜沧江的西岸,群峰杂沓。(以下缺失)

　　(自此至四月初九,共缺十日①。其时当是在永昌府入叩闪人望:韦仲俨②,乙丑庶吉士,与徐石城同年,霞客年家也。并晤其弟知愿:韦仲侗③,丙子科解元也。即此时。业师季会明志）。

【注释】

①共缺十日：徐霞客在永昌府最初十天的活动，季会明注作了说明，其时当是在永昌府入叩闪人望，并晤其弟知愿。

②闪仲俨：字人望，闪继迪长子，保山人。天启五年（1625）进士，官至礼部右侍郎，因得罪权贵魏忠贤被革职。后崇祯皇帝召为纂修日讲官。文中称"闪太史"。

③闪仲侗：字知愿，闪继迪次子。据雍正《云南通志》、党乐群《云南古代举士》，为天启七年（1627）丁卯科解元，丙子科之说有误。曾随其父游学吴越，父子唱和，善诗画。著有《鹤和篇》、《似堂文集》、《诗集》等。文中又尊称"闪次公"。

【译文】

（从这里到四月初九日，共缺少十天的日记。那段时间应当是在永昌府去叩拜闪人望：名叫闪仲俨，是乙丑年的庶吉士，与徐石城是同年，与徐霞客是同年世交。并会见了闪人望的弟弟闪知愿：名叫闪仲侗，丙子年科举考试的解元。就在此时。授业教师季会明记。）

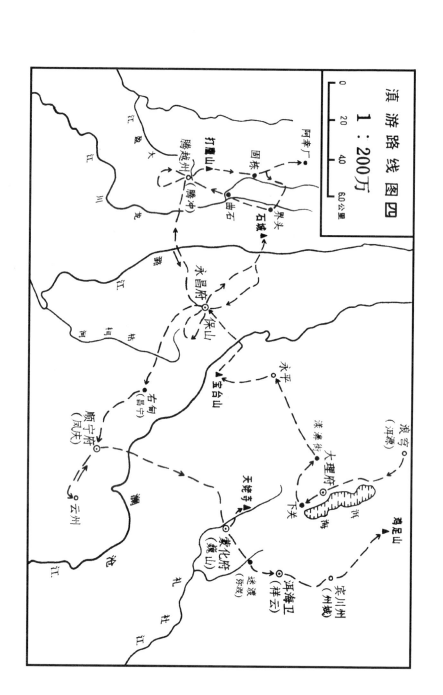

滇游路线图四

1：200万

0   20   40   60公里

滇游日记九①

《滇游日记九》是徐霞客旅游云南腾越州(今腾冲县)的游记。

崇祯十二年(1639)四月初十日,徐霞客离永昌府西行,途中渡怒江,越高黎贡山,过龙川江桥,十三日抵腾越州城。以后经顺江、固栋、南香甸、界头、瓦甸、曲石等遍游腾冲北境。为探寻雄奇的山河,艰难险阻在所不顾。扒石房洞山,"欲上既无援,欲下亦无地,生平所历危境,无逾于此"。下坡则双脚向前,随草下滑。结果把盘费抛掉,只得脱下身上的绸裙换钱买饭吃。

腾冲是丰富多采的"自然博物馆"。徐霞客详析了当地的山川形势,游览了宝峰山、云峰山、迭水河瀑布,考察了怒江及伊洛瓦底江水系的龙川江、大盈江的源流,干峨的海子,阿幸附近的温泉和打鹰山。他记载打鹰山万历年间火山爆发的情形,为我们认识腾冲火山群提供了宝贵的依据。腾冲是徐霞客一生旅游最西的地方,他涉足滇滩关、姊妹山一带,详记了三宣、六慰、八关、九隘等边境形势;他途经景颇族、傣族聚居区,详记了民族风情和土特产品;他考察了明光六厂的银矿、腾冲赶街的习俗和丛山中的各式桥梁。《徐霞客游记》再现了明末腾冲一带社会生活的生动画面。

己卯四月初十日^②　闪知愿早令徐使来问夫,而昨所定
者竟不至。徐复趋南关觅一夫来,余饭已久矣。乃以衣四
件、书四本并袜包等寄陶道,遂同至夫寓。候其饭,上午乃
行,徐使始去。出南门,门外有小水自西而东,吊桥跨其上,
即太保山南峡所出者。南行五里,有巨石梁跨深溪上,其下
水断而不成流,想即沙河之水也。又南半里,坡间树色依
然,颇似余乡樱珠,而不见火齐映树,一二家结棚树下,油碧
与五六肩,乃妇人之游于林间者,不能近辨其为何树也。又
南半里,有堤如城垣,自西山环绕来。登其上,则堤内堰水
成塘,西浸山麓,东筑堰高丈余^③。随东堰西南行,二里堰
尽,山从堰西南环而下,有数家当曲中。南转行其前,又二
里,有数十家倚西山下,山复环其南,是为卧狮窝^④。盖其西
大山将南尽,支乃东转,其北先有近支,东向屡下,如太保、
九隆皆是也;又南为卧狮,在西南坳中,山形再跌而下,其上
峰石崖盘突,俨然一如狻猊之首^⑤,其下峰颇长,则卧形也。

【注释】

①《滇游日记九》:在乾隆刻本第八册下。

②己卯:崇祯十二年,公元 1639 年。

③"东筑堰"句:此即诸葛堰,该水利工程一直留存至今。《明一统
　志》金齿军民指挥使司山川载:"大诸葛堰,在府城南一十五里,
　其东有东岳堰及小诸葛堰,皆有灌溉之利。"

④卧狮窝:1963 年更名云瑞街,在保山坝子西缘。

⑤狻猊(suān ní):狮子。

【译文】

　　己卯年四月初十日　闪知愿早上命令姓徐的使者前来询问找脚夫的情况，而昨天讲定的脚夫竟然不来。姓徐的又赶到南关去找来一个脚夫，我吃过饭已经很久了。于是把四件衣服、四本书以及袜子包裹等寄存在陶道士那里，便一同来到脚夫的家。等脚夫吃饭，上午才动身，姓徐的使者这才离开。出了南门，门外有小溪自西向东流，有吊桥跨在溪流上，就是太保山南面峡谷中流出来的溪流。往南行五里，有座巨大的石桥跨在深深的溪流上，桥下的水断断续续的不成流，猜想就是沙河的水了。又向南半里，山坡间树影依然，很像我家乡的樱桃，但不见火红的果子映衬在树上，一两家人在树下搭起棚子，旁边有五六乘油绿色的轿子，这是到树林中游玩的妇女乘坐的，所以我不便走近去分辨那是什么树。又向南半里，有堤坝如城墙，从西山环绕而来。登到堤坝上，就见堤坝内拦水成为水塘，西边浸泡着山麓，东侧筑起一丈多高的堤坝。顺着东边的堤坝往西南行，二里后堤坝完了，山从堤坝西南方环绕而下，有几家人住在山弯中。转向南走到村前，又行二里，有几十家人紧靠在西山下，山又环绕在村南，这里是卧狮窝。这里西面的大山将要到达南面的尽头，支脉于是向东转，它的北面先有近处的支脉，屡屡向东下延，如太保山、九隆山都是这样的支脉；又向南延伸成为卧狮窝，在西南方的山坳中，山势再次跌落而下，它上面的山峰石崖盘结突兀，俨然像一头雄狮的头，狮头下边的山峰很长，就是狮子趴着的形状了。

　　余先望见大路在南坡之上，初不知小路之西折而当狮崖盘突间，但遥见其崖突兀，与前峰凑峡甚促，心异之。候土人而问，初一人曰："此石花洞也。"再问一人，曰："此芭蕉洞也。"小路正从其下过，石花即其后来之名耳。盖大路上南坡,而小路西折而由此,余时欲从小路上,而仆担俱在后,坐待久之。俟其至,从村南过小桥,有碑称卧佛桥。过桥,即西折从小路上坡。一里余,从坡坳间渡小水,即仰见芭蕉洞在突崖之下,盖突崖乃狮首,而洞则当其卧脐之间。涉涧,又西上而探洞。洞门东向,高穹二丈,正与笔架山遥对。洞内丈余,即西北折而下。其洞下虽峻而路颇夷,下三丈渐暗,闻秉炬入,深里余,姑俟归途携炬以穷也。

【译文】

　　我先望见大路在南面的山坡之上,开始并不知道小路折向西后走在盘结突兀的狮形石崖之间,只远远望见那里石崖突兀,与前边的山峰紧凑的峡谷十分靠近,心里觉得它很奇异。等候当地人来到打听,起初一个人说:"这是石花洞。"再问另一个人,说:"这是芭蕉洞。"小路正好从它下边经过,石花洞就是它后来的名字罢了。原来大路上登南面的山坡,小路折向西后经由这里,我此时从小路上走,可仆人担子都在后面,就坐着等了他们很久。等他们来到,从村南走过小桥,有石碑称为卧佛桥。过桥后,立即折向西从小路上坡。一里多,从山坡山坳间渡过小溪,马上抬头望见芭蕉洞在突兀的石崖之下,原来突兀的石崖是狮子头,而山洞则正在狮子躺卧的肚脐眼之间。涉过山涧,又向西上山去探看山洞。洞口面向东,高高隆起二丈,正好与笔架山遥遥相对。洞内进去一丈多,立即折向西北下去。这个洞下走虽然陡峻但路很平坦,下去三丈渐渐暗下来,听说举着火把进去深一里多,姑且留待归途时带上火把再来穷究它。

　　出洞,循崖西上一里,过突崖下峡,透脊而西半里,度一洼。脊以内乃中洼之峡,水东挨突崖脊,下捣其崖麓,无穴以泄，水沫淤浊，然前所渡芭蕉洞前小水，即其透崖沥峡而出者。从水上循岭南转，一里，逾南坡之脊，始见脊南亦下坠成大洼，而中无水。南坡大道，从右洼中西南上；而余所从小道，则循西大山南行岭间。五里，连逾二坡脊。共二里，则西界大山南向坠为低脊，此其东转之最长者也，南坡涉洼之路，至此而合。乃共转西向，循低脊而进，脊北亦中洼潴水焉。西一里，降而下坡，半里而得洼底铺，五六家在坑峡间。其峡虽纵横而实中洼，中无滴水。随洼西下一里，直抵大山下。复南行洼峡中二里，又得东坠之脊，脊南坞稍开，于是小圆峰离立矣，然其水犹东行。一里，又南上坡，盘坡南离立圆峰，取道峰隙而南。一里，转峰腋，始东南上盘而西南。共里余，则南北两支，俱自北大山之西分支东绕，中夹成峡甚深。路逾北支，从其上西向入峡；其南支则木丛其上，箐坠其下①，虽甚深而不闻水声焉。西行二里，乃西下箐中。又一里，有数家当箐底，是为冷水箐，乃饭于鬻腐者家②。于是西南随箐上，一里，过一脊，其脊乃从西而东度之脉也。脊南始见群山俱伏，有远山横其西南。路又逾冈西上，一里，登其南突之崖，是为油革关旧址，乃旧之设关而榷税处，今已无之。其西即坠崖西下，甚峻。下二里，渐平。又二里，西峡渐开，有僧新结楼倚北山下施茶，曰孔雀寺。由寺西循山嘴南转，共一里，逾嘴而西，乃西北盘其余支，三里而得一亭桥。桥跨两峡间，下有小涧，自北而南，已中涸无滴。桥西逾坡西北下，路旁多黄果，即覆盆子也，色黄，酸甘可以解渴。其西坞大开，坞西大山，一横于西，一横于南，而蒲缥之村，当西大山下。其山南自南横大山，又东自油革关南下之支，横度为低脊而复起者；其中水反自南而北，抵罗岷而西入潞江焉。共西下二里，乃得引水之塍，其中俱已插秧遍绿。又西北行二里余，过蒲缥之东村③。村之西，有亭桥跨北注之溪，曰吴氏舆梁。又西半里，宿于蒲缥之西村。其地米价颇贱，二十文可饱三四人。蒲缥东西村俱夹道成街，而西村更长，有驿在焉。

【注释】

①箐（qìng）：云南、贵州称树木丛生的山谷为箐。

②腐：即豆腐。

③蒲缥：今仍名蒲缥，在蒲缥河东，应即明代蒲缥东村。昔日蒲缥西村为今大站、中站、陈家门口几部分。

【译文】

出洞来，沿着石崖往西上走一里，经过突兀石崖下方的峡谷，越过山脊往西行半里，走过一处洼地。山脊以内是中间下洼的峡谷，水在东边紧靠石崖突兀的山脊，下泄直捣那石崖的山麓，没有洞穴外泄，水沫淤积浑浊，不过前边渡过的芭蕉洞前的小溪，就是这里的水渗过石崖滴到峡谷中流出去的水流。从水边沿着山岭向南转，一里，越过南面山坡的坡脊，才见到坡脊南面也下坠成大洼地，但中间没有水。南面山坡上的大路，从右边洼地中往西南上走；而我所走的小路，则是沿着西面的大山向南行走在山岭间。五里，一连越过两条山坡的坡脊。共二里，就见西面一列大山向南下坠成低矮的山脊，此地是它向东转最长的山脊，南面山坡涉过洼地的路，到此地后会合。于是一同转向西，沿着低矮的山脊前进，山脊北面也是中央下洼积着水。向西一里，下降下坡，半里后走到洼底铺，五六家人住在深坑峡谷间。这个峡谷虽然纵横裂开但实际上中间下洼，峡中没有一滴水。顺着洼地往西下行一里，径直抵达大山下。再向南前行在下洼的峡谷中二里，又遇上向东下坠的山脊，山脊南面的山坞稍微开阔一些，一座小圆峰矗立在这里，然而这里的水还是向东流。一里，又向南上坡，绕着山坡南面矗立的圆峰，取道山峰间的缝隙往南行。一里，转到山峰侧旁，开始向东南上走绕到西南。共一里多，就见南北两条支脉，都是从北面大山的西边分支向东环绕，中间夹成峡谷非常深。路翻越北面的支脉，从山上向西进峡；那南面的支脉则树木丛生在山上，山箐深陷在山下，虽然非常深但峡中听不到水声。往西行二里，就向西下到山箐中。又行一里，有几家人在山箐底下，这是冷水箐，就在卖豆腐的人家吃了饭。从这里向西南顺着山箐上走，一里，翻过一条山脊，这条山脊是从东向西延伸的山脉。山脊南边才见到群山都低伏着，有远山横亘在它的西南方。路又越过山冈向西上登，一里，登上那山冈向南前突的山崖上，这里是油革关的旧址，是旧时设关卡征税的地方，今天已没有关。这里西边山崖立即向西下坠，非常高峻。下行二里，渐渐平缓了些。又行二里，西面的山峡渐渐开阔起来，有僧人紧靠北山下新建了楼施舍茶水，叫做孔雀寺。由寺西沿着山嘴向南转，共一里，越过山嘴往西行，就向西北绕过它的余脉，三里后走到一座亭桥。桥跨在两面的峡谷间，桥下有条小山涧，自北向南，山涧中已干涸没有一滴水。从桥西翻过山坡往西北下走，路旁有许多黄色的野果，就是覆盆子了，黄色，味道酸甜可以解渴。这里西面的山坞十分开阔，山坞西面的大山，一列横在西边，一列横在南边，而蒲缥的村落，位于西面的大山之下。这里的山南面起自南边横着的大山，又从东方起自油革关往南下延的支脉，横向延伸变为低矮的山脊后重又突起；其中的水反而自南向北流，流到罗岷山后向西流入潞江。共往西下行二里，才见到引水灌溉的田地，田中都已经插秧，遍野碧绿。又向西北行二里多，经过蒲缥的东村。村子的西头，有座亭桥跨在向北流淌的溪流上，叫做吴氏舆梁。又向西半里，住宿在蒲缥的西村。此地的米价很便宜,二十文铜钱可以吃饱三四个人。蒲缥的东村、西村都是夹住道路形成街市,而西村更长一些,有驿站在村中。

　　十一日　鸡鸣起,具饭。昧爽,从村西即北向循西大山行。随溪而北,渐高而陟崖,共八里,为石子哨,有数家倚西山之东北隅。又北二里,乃盘山西转,有峡自西而东,合于枯飘北注之峡。溯之,依南山之北,西入二里,下陟南来峡口。峡中所种,俱红花成畦①,已可采矣。西一里,陟西来峡口,其上不多,水亦无几,有十余家当峡而居,是为落马厂②。度峡北,复依北山之南西入,一里,平上逾脊。其脊自南而北度,起为北峡之山,而北尽于罗岷者也。逾脊西行峡中,甚平,路南渐有洞形依南崖西下,路行其北。三里,数家倚北山而居,有公馆在焉,是为大坂铺③。从其西下陟一里,有亭桥跨涧,于是涉涧南,依南山之北西下。二里,有数家当南峡,是为湾子桥④。有卖浆者,连糟而啜之,即余地之酒酿也⑤。山至是环萦杂沓,一涧自东来者,即大坂之水;一涧自南峡来者,坠峡倒崖,势甚逼仄,北下与东来之涧合而北去,小木桥横架其上。度桥,即依西山之东北行,东山至是亦有水从此峡西下,三水合而北向破峡去。东西两崖夹成一线,俱摩云夹日,溪嵌于下,蒙箐沸石,路缘于上,鏖壁摭崖。排石齿而北三里,转向西下,石势愈峻愈合。又西二里,峡曲而南,涧亦随峡而曲,路亦随涧而曲。半里,复西盘北转,路皆凿崖栈木。半里,复西向缘崖行。一里,有碑倚南山之崖,题曰"此古盘蛇谷",乃诸葛武侯烧藤甲兵处,然后信此险之真冠滇南也。水寨高出众险之上,此峡深盘众壑之下,滇南二绝,于此乃见。碑南渐下,峡亦渐开。又西二里,乃北转下坡。复转而西一里,有木桥横涧而北,乃度,循北崖西行。一里,逾南突之脊,于是西谷大开,水盘南壑,路循北山。又西平下三里,北山西断,路乃随坡南转。西望坡西有峡自北而南,俱崇山夹立,知潞江当在其下而不能见⑥。南行二里余,则江流已从西北嵌脚下,逼东山南峡之山,转而南去矣。乃南向下坡,一里,有两三家倚江岸而栖,其前有公馆焉,乃就潴水以饭。

【注释】

①红花:一年生直立草本,菊科,夏季开桔红色花,果实可榨油,花可做染料,制胭脂,也可入药。

②落马厂:今称马厂,分里马厂和外马厂,又称马街,在蒲缥以西的公路旁。

③大坂铺:《游记》五月二十二日作打板箐,今亦作打板箐。

④湾子桥:即今里湾。亦在今蒲缥以西的公路旁。

⑤酒酿:用糯米酿成,云南现称甜白酒,贵州称甜酒。

⑥潞江:唐时已作怒江,见《蛮书》。后讹为潞江。《明史·地理志》保山县注:"又南有潞江,旧名怒江,一名喳里江,自潞江司流入。"今仍称怒江。

【译文】

十一日　鸡叫起床,准备早饭。黎明,从村西立即向北沿着西面的大山前行。顺着溪流往北走,地势渐渐高起来,上登山崖,共八里,是石子哨,有几家人紧靠在西山的东北角。又向北二里,就绕着山向西转,有峡谷自西向东流去,与枯瓢向北流淌的峡谷会合。逆流走,靠着南山的北面,向西进峡二里,往下走过南面来的峡口。峡中种植的,全是成片的红花，已经可以采摘了。向西一里，越过西面来的峡口，上走的路不多，水也没有多少，有几家人在峡中居住，这里是落马厂。过到峡谷北面，再靠着北山的南面向西进去，一里，平缓上山翻越山脊。这条山脊自南向北延伸，耸起成为北面山峡的山，而后在北面的罗岷山到了尽头。越过山脊往西行走在峡谷中，十分平坦，路南边渐渐有山涧依傍着南面的山崖向西下流，路前行在山涧北边。三里，几家人紧靠北山居住，有公馆在村中，这里是大坂铺。由村西下行一里，有座亭桥跨在山涧上，于是过到山涧南边，靠着南山的北面向西下走。二里，有几家人位于南面的峡谷中，这里是湾子桥。有卖淡甜酒的，连酒糟喝了它，就是我们地方的酒酿了。山延伸到这里，环绕高耸，杂沓罗列，一条山涧从东边来的，就是大坂铺流来的水流；一条山涧自南面峡谷中流来的，坠入峡谷，倒悬于山崖上，水势十分狭窄，向北下流与东边来的山涧水合流后往北流去，一座小木桥横架在水流上。过桥后，即刻靠着西山的东面往北行，东山到了这里也有水流从这条峡谷中往西下流，三条水流合流后向北冲破峡谷流去。东西两面的山崖夹成一条线，全都上摩云天夹住红日，溪流深嵌在山下，山箐蒙密，溪石沸腾，路沿着山崖上走，鏖战石壁在悬崖间选择路径。攀着齿状的岩石往北行三里，转向西下行，石山的山势愈加险峻愈加合拢。又往西行二里，峡谷弯向南，山涧也随着峡谷弯曲，路也随着山涧弯曲。半里，又由西转向北，道路都是开凿山崖建成的木栈道。半里，再向西沿着山崖前行。一里，有石碑背靠南山的山崖，题写着"此处是古盘蛇谷"，是武侯诸葛亮火烧藤甲军的地方，这才相信此处天险真正是雄冠滇南了。水寨高高突起在众多险峰之上，这条峡谷深深盘绕在众多壑谷之下，滇南的两处奇绝之境，到这里才见到了。从石碑往南渐渐下走，峡谷也渐渐开阔起来。又向西二里，就转向北下坡，再转向西行一里，有座木桥横通到山涧北岸，于是过桥，沿着北面的山崖往西行。一里，越过南突的山脊，到这里西面的山谷一下子开阔起来，涧水绕着南面的壑谷流，道路沿着北山走。又往西平缓下行三里，北山在西边断了,道路于是顺着山坡向南转。向西望去,山坡西面有条峡谷自北向南去,全是崇山峻岭夹立,心知潞江应当就在峡谷下方但不能见到。往南行二里多,就见江流已从西北方流来深嵌在山脚下,逼近东山南面峡谷的山,转向南流去了。于是向南下坡,一里,有两三家人紧靠江岸居住,村前有公馆,于是进村烧水做饭。

时渡舟在江南岸,待久之乃至。登舟后,舟子还崖岸而饭,久之不至,下午始放渡而南。江流颇阔,似倍于澜沧,然澜沧渊深不测,而此当肆流之冲,虽急而深不及之,则二江正在伯仲间也。其江从北峡来,按《一统志》云,其源出雍望,不知雍望是何地名。据土人言出狗头国,言水涨时每有狗头浮下也。注南峡去,或言东与澜沧合,或言从中直下交南,故蒙氏封为"四渎"之一①。以余度之,亦以为独流不合者是。土人言瘴疠甚毒,必饮酒乃渡,夏秋不可行。余正当孟夏,亦但饭而不酒,坐舟中,棹流甚久②,亦乌睹所云瘴母哉。渡南崖,暴雨急来,见崖西有树甚巨,而郁葱如盘,急趋其下。树甚异,本高二丈,大十围,有方石塔甃其间,高与干等,干跨而络之,西北则干密而石不露,东南临江,则干疏而石出,干与石已连络为一,不可解矣,亦穷崖一奇也③。

【注释】

①渎(dú):独流发源注海的大河。

②棹流甚久:"棹"原作"擢","四库"本作"櫂",即"棹",据改。

③"树甚异"数句:清初刘昆《南中杂说》亦记此树:"潞江之滨一石塔,累巨石而成之,四面各阔二丈,高亦二丈有奇,一大树冠其

上,亭亭如盖,严冬不凋,根分十余股,笼罩石塔,下垂入地,南人不识此木,……余戍腾冲日,就而察之,盖闽广之榕树云。"此即今傣族地区常见的大青树,通称榕树。

【译文】

这时渡船在江南岸,等了很久才来到。上船后,船夫返回石崖岸上吃饭,长时间不来,下午才放船渡到南岸。江流相当宽阔,似乎是澜沧江的一倍,但澜沧江渊深不可测,而此处正当江水肆意奔流的冲要,水流虽但水深赶不上澜沧江,然而两条江各有特点不相上下。这条江从北面的峡中流来,据《一统志》说,它的源头出自雍望,不知雍望是什么地名。据当地人说,出自于狗头国,说是江水上涨时每每有狗头飘下来。流注到南面的峡中去,有人说向东流与澜沧江合流,有人说从中间下流到交趾南部,所以蒙氏把它封为"四渎"之一。以我来推测它的流向,也认为独自流淌不合流的说法是对的。当地人说瘴气非常毒,必定要饮酒后才能渡江,夏秋两季不能渡江。我此时正当初夏,也只是吃过饭但没有饮酒,坐在船中,在江流中划了好久的船,也没见到所说的瘴母呀! 渡到江南的山崖上,暴雨急骤来临,见到山崖西边有棵树非常巨大,郁郁葱葱如同盘子,急忙赶到树下。这棵树十分奇异,树干高二丈,大处要十人围抱,有座方形石塔砌在树中间,高处与树干相等,树干高跨缠绕着石塔,西北方则是树干密布而石塔没有露出来,东南一面临江,却是树干稀疏石塔漏了出来,树干与石塔已经连接缠绕为一个整体,不可分了,这也算是偏僻山间的一处奇景了。

已大风扬厉,雨散,复西向平行上坡。望西北穹峰峻极,西南骈崖东突,其南崖有居庐当峰而踞,即磨盘石也。望之西行,十里,逼西山,雨阵复来。已虹见东山盘蛇谷上,雨遂止。从来言暴雨多瘴,亦未见有异也。稍折而南,二里,有村当山下,曰八湾①,数家皆茅舍。一行人言此地热不可栖,当上山乃凉。从村西随山南转,一里,过一峡口。循峡西入,南涉而逾一崖,约一里,遂从南崖西上。其上甚峻,曲折盘崖,八里而上凌峰头,则所谓磨盘石也②。百家倚峰头而居,东临绝壑,下嵌甚深,而其壑东南为大田,禾芃芃焉。其夜倚峰而栖,月色当空,此即高黎贡山之东峰。忆诸葛武侯、王威宁骥之前后开疆③,方威远政之独战身死④,往事如看镜,浮生独倚岩,慨然者久之!

【注释】

①八湾:今作坝湾,在保山市隆阳区西隅。

②磨盘石:今名同,但仅留地名,已无百家之居。

③诸葛武侯:诸葛亮南征,时在建兴三年(225),从安上(今四川屏山县)由水路进入大凉山,五月渡过泸水(今金沙江),"亮至南中,所在战捷",俘降孟获后,"遂至滇池"。这年冬天取归途经过汉阳(今贵州威宁附近),年底还成都。行程和战事都在一年之内。当时永昌郡已有吕凯保境,"执忠绝域",诸葛亮没有必要渡过澜沧江。经过诸葛亮南征,蜀汉在西南边疆的统治进一步巩固,并以庲降都督统领南中的朱提、牂柯、越巂、建宁、兴古、云南、永昌等七郡,都督治所迁至今曲靖。诸葛亮对南中的经营,在西南边疆各族中产生了极深的影响,至今云贵两省有关诸葛亮的传说和遗迹还很多。王威宁骥:即王骥(1378—1460),字尚德,束鹿人,官至兵部尚书,封靖远伯,死后赠靖远侯,故又称王尚书、王靖远。"威宁"当作"靖远"。明代,麓川土司经常骚扰内地,为了应付麓川土司的叛乱,明廷曾多次出兵,最后才有王骥三征麓川的事。1441年,王骥带领南京、湖广、四川、贵州等地军

队共十五万,分三路进兵,东路由湾甸、镇康趋孟定,西路由上江西进,中路由下江西进,合兵腾冲。追思任发至杉木笼山,破其连环七营。又追至马鞍山,以精骑突寨,并败其象阵,思任发逃。1443年复令王骥总督军务,调五万兵征麓川。王骥从腾冲趋者兰,"捣机发巢,破之",思任发子思机发逃据孟养,明在麓川旧地设立了陇川宣慰司。1449年,王骥又统官军、土军十三万三征麓川。由干崖造船,水陆兼程,过浮桥进至伊洛瓦底江西岸,攻破思机发设在鬼哭山的栅寨。结果,许思任发少子思禄"部勒诸蛮,居孟养如故。立石金沙江为界,誓曰:'石烂江枯,尔乃得渡。'思禄亦惧,听命,乃班师"。至此,最后平定了麓川土司的叛乱。

⑤方威远政:即方政,事迹见《明史·云南土司传二》。正统三年(1438),麓川土司思任发叛,扰孟定、湾甸等地,"掠杀人民"。廷臣举右都督方政往云南,协同镇守右都督沐昂率兵讨之。"任发方修贡冀缓师,而晟遽信其降,无渡江意。任发乃遣众万余夺潞江,沿江造船三百艘,欲取云龙,又杀死甸顺、江东等处军余殆尽。帝以贼势日甚,责晟等玩寇养患。政亦至军,欲出战,晟不可。政造舟欲济师,晟又不许。政不胜愤,乃独率麾下与贼将缅简战,破贼旧大寨。贼奔景罕,指挥唐清复击破之。又追之高黎贡山下,共斩三千余级。乘胜深入,逼任发上江。上江,贼重地也。政远攻疲甚,求援于晟,晟怒其违节制渡江,不遣。久之,以少兵往,至夹象石,又不进。政追至空泥,知晟不救,贼出象阵冲击,军歼,政死焉"。"而晟惧罪,暴卒。"后追赠方政为威远伯。

【译文】

不久大风飘扬凌厉,雨散开,又向西平行上坡。望见西北方穹隆的山峰极为险峻,西南方并立的山崖向东前突,路南边的山崖上有居民房屋在山峰上盘踞着,就是磨盘石了。望着它往西行,十里,逼近西山,阵雨又来临。不久彩虹出现在东山盘蛇谷的上方,雨终于停了。从来都说暴雨时多有瘴气,也没见有什么异样。稍折向南,二里,有村庄位于山下,叫八湾,几家人都是茅草房。一个行人说此地炎热不可居住,要上山后才会凉快。从村西顺着山势向南转,一里,经过一个峡口。沿着峡谷向西进去,向南涉水后越过一处山崖,大约一里,于是从南面的山崖往西上登。那上面的路非常陡峻,曲曲折折绕着山崖走,八里后登上峰头,就是所谓的磨盘石了。百来家人依傍着峰头居住,东边面临绝深的壑谷,下嵌之处非常深,而这个壑谷东南方是大片农田,禾苗茂盛生长在田中。这天夜里紧靠在峰头住下,月色当空,这里就是高黎贡山的东峰。回忆起武侯诸葛亮、靖远侯王骥前后开拓边疆,威远伯方政只身战死,往事如同观看镜中之影,漂泊一生独自背靠着岩石,感慨了很长时间!

　　十二日　鸡再鸣,饭,昧爽出门。其处虽当峻峰之上,而居庐甚盛,有公馆在村北,潞江驿在其上。山下东南成大川,已插秧盈绿,潞江沿东山东南去,安抚司依西南川坞而居①。遂由磨盘石西南上,仍峻甚。二里,逾其南峡之上,其峡下嵌甚深,自西而东向,出安抚司下。峡底无余隙,惟闻水声潺潺在深箐中。峡深山亦甚峻,藤木蒙蔽,猿鼯昼号不绝。峡北则路缘崖上,随峡西进,上去山顶不一二里,缘峡平行西四里,有石洞南临路崖,深阔丈余,土人凿石置山神碑于中。又四里,稍折而北上崖,旋西,西登临峡之坡。北峡之上,至是始南垂一坡,而南峡之下,则有峡自南山夹底而出,与东出之峡会成“丁”字,而北向垂坡焉。又西二里,或陟山脊,或缘峰南,又三里,有数家当东行分脊间,是为蒲满哨②。盖山脊至是分支东行,又突起稍高,其北又坠峡北下，其南即安抚司后峡之上流也。由此西望，一尖峰当西复起，其西北高脊排穹，始为南渡大脊，所谓高黎贡山③，土人讹为高良工山，蒙氏僭封为西岳者也。其山又称为昆仑冈，以其高大而言，然正昆仑南下正支，则方言亦非无谓也。由蒲满哨西下一里，抵所望尖峰，即蹑级数转而上。两旁削崖夹起，中坠成路，路由夹崖中曲折上升，两岸高木蟠空，根纠垂崖外，其上竹树茸密，覆阴排幕，从其上行，不复知在万山之顶，但如唐人所咏："两边山木合，终日子规啼"④，情与境合也。一里余，登其脊。平行脊上，又二里余，有数家倚北脊，是为分水关⑤，村西有水沿北坡南下，此为潞江安抚司后峡发源处矣。南转，西逾岭脊，砖砌巩门，跨度脊上。其关甚古，顶已中颓，此即关之分水者。关东水下潞江，关西水下龙川江。

【注释】

①安抚司：此即潞江安抚司，隶永昌军民府，在今潞江坝。先治城子田，天启年间迁治老城。

②蒲满哨：今名同，在高黎贡山上的公路边。

③高黎贡山：山名最早见于唐代，又作"高丽共"，系景颇语地名，高良工即高黎贡的同音异写。高黎今译作"高日"，为景颇族的一个姓，汉姓作"排"。贡又作"共"，今译作"硪"，是地方的意思。高黎贡山即景颇族高日家支居住的地方。

④"但如唐人"句：此系杜甫于大历元年（766）春在云安所著《子规》诗。

⑤分水关：今称城门洞，在公路稍北，海拔2561米，为高黎贡山脊，隆阳区和腾冲县以此为界。

【译文】

十二日　鸡叫第二遍,吃饭,黎明出门。此处虽然位于险峻的山峰之上,但居民房屋十分兴盛,有公馆在村北,潞江驿在公馆上方。山下东南一面成为大平川,已插满秧绿色盈野,潞江沿着东山向东南流去,安抚司依傍着平川西南方的山坞居住。于是由磨盘石往西南上走,仍然非常陡峻。二里,翻越到磨盘石南面峡谷的上方,这里的峡谷下嵌得非常深,自西延向东,延伸到安抚司下方。峡底没有空余的缝隙,只听见在深嵌的山箐中有潺潺的水声。峡深山也非常高峻,藤枝树丛蒙密荫蔽,猿猴鼯鼠在白昼嚎叫不止。峡谷北面就是道路沿着山崖上走,顺着峡谷往西进去,上边距山顶不到一二里,顺着峡谷向西平缓前行四里,有个石洞面向南下临道路经过的山崖,深处宽处各有一丈多,当地人用石头凿了一块山神碑放在洞中。又行四里,稍微折向北上登山崖,旋即转向西,往西上登面临峡谷的山坡。北面的山峡之上,到这里开始向南垂下一条山坡,而南面的山峡之下,却有峡谷自南山的夹谷底伸出来,与东面出来的峡谷相会形成一个“丁”字,然后向北下垂成山坡。又往西二里,有时上登山脊,有时沿着山峰南面走,又行三里,有几家人位于向东分支延伸的山脊之间,这里是蒲满哨。大体上山脊到了这里分出支脉向东延伸,又稍微高高突起,山脊北面又向北下坠成峡谷,山脊南面就是安抚司后峡的上游了。由此向西望去,一座尖峰在西面重又突起,尖峰西北方排列着高大穹隆的山脊,开始成为往南延伸的大山脊,就是所谓的高黎贡山,当地人错读为高良工山,是蒙氏僭封为西岳的山。此山又称为昆仑冈,是就它的高大而言的,不过它正好是昆仑山往南下延的正脉,那么方言也不是没有道理的了。由蒲满哨往西下行一里,抵达来时望见的尖峰,立即踏着石阶转了几道弯上登。两旁陡削的山崖夹立耸起,中间深坠成道路,道路经由夹立的山崖中间曲折上升,两侧的高崖上高大的树木盘曲在空中,树根缠绕下垂在石崖外边,山崖上竹树蒙茸浓密,下覆的树荫似成排的帷幕,从树海之上走,不再觉得是在万山之顶上,只是如唐代人所吟咏的"两边山林合,终日杜鹃啼",情与景合一了。一里多,登上山脊。平缓行走在山脊上,又是二里多,有几家人背靠北面的山脊,这是分水关,村西有水沿着北面的山坡向南下流,这里是潞江安抚司后峡的发源处了。转向南,往西越过岭脊,有砖砌的拱门,横跨在延伸的山脊上。此关非常古老,顶上中央已经倒塌,这就是分水的关隘。关东的水下流进潞江,关西的水下流进龙川江。

　　于是西下峡,稍转而南,即西上穿峡逾脊,共五里,度南横之脊,有村庐,是为新安哨。由哨南复西转,或过山脊,或蹈岭峡,屡上屡下,十里,为太平哨①。于是屡下屡平,始无上陟之脊。五里,为小歇厂。五里,为竹笆铺。自过分水关,雨阵时至,至竹笆铺始晴。数家夹路成衢,有卖鹿肉者,余买而炙脯②。于是直下三里,为茶庵。又西下五里,及山麓,坡间始盘塍为田。其下即龙川江自北而南,水不及潞江三分之一,而奔坠甚沸。西崖削壁插江,东则平坡环塍。行塍间半里,抵龙川江东岸。溯江北行,又半里,有铁锁桥架江上。其制两头悬练,中穿板如织,法一如澜沧之铁锁桥,而狭止得其半。由桥西即蹑级南上,半里为龙关,数十家当坡而居,有税司以榷负贩者③。又西向平上四里余,而宿于橄榄坡④。其坡自西山之脊,东向层突,百家当坡而居,夹路成街,踞山之半。其处米价甚贱,每二十文宿一宵,饭两餐,又有夹包⑤。

【注释】

①太平哨:今作太平铺,与下文竹笆铺,皆在腾冲县东隅,高黎贡山

　　西坡。

②炙(zhì)：熏烤。脯(fǔ)：干肉，云南俗称干巴。腾冲向以产鹿著
　　称，所出鹿茸称为南茸，现在和顺的下庄建有人工养马鹿的养
　　鹿场。

③榷(què)：征税。

④橄榄坡：今作橄榄寨，在腾冲县东部，龙川江西岸，上营和芒棒
　　之间。

⑤夹包：带在路上吃的食品。

【译文】

　　从这里向西下峡，稍转向南，随即往西上走穿过峡谷越过山脊，共
有五里，越过横在南面的山脊，有村庄房屋，这是新安哨。由哨南再向
西转，有时越过山脊，有时跋涉山岭峡谷，多次上登多次下走，十里，是
太平哨。从这里起屡次下山屡次遇上平地，开始没有上登的山脊。五
里，是小歇厂。五里，是竹笆铺。自从过了分水关，阵雨不时降临，到竹
笆铺天才晴起来。几家人夹住道路形成街市，有卖鹿肉的人，我买了一
些准备熏烤成肉干。从这里一直下走三里，是茶庵。又往西下行五里，
来到山麓，山坡间开始有田埂盘绕的农田。山坡下就是龙川江自北往
南流，水面不到潞江的三分之一，但水势奔腾倾泻非常汹涌。西面山崖
陡削的石壁插进江中，东面则是平缓的山坡田塍环绕。前行在田塍间
半里，抵达龙川江东岸。逆江流往北行，又行半里，有座铁索桥架在江
上。它的建造方法是两头悬吊着铁链，中间用木板像织布一样穿起来，
方法完全和澜沧江铁索桥一样，但窄一些，只有澜沧江桥的一半。由桥
西立即踏着石阶往南上登，半里是龙关，几十家人居住在山坡上，有税
司向肩挑背驮贩卖的人征税。又向西平缓上行四里多，而后住宿在橄
榄坡。这里的山坡起自西山的山脊，向东层层突过来，百来户人家在坡
上居住，夹住道路形成街市，盘踞在山的半中腰。此处米价很贱，每二
十文铜钱住宿一晚上，管两餐饭，另有带在路上吃的食物。

　　　　龙川江发源于群山北峡峨昌蛮七藏甸[①]，经此，东为高黎贡，西为赤土山。下流至缅甸太公城[②]，合大盈江。

【注释】

①峨昌蛮：即阿昌族。

②太公城：今作达冈，在缅甸北部，伊洛瓦底江上游东岸，杰沙西南。

【译文】

　　　　龙川江发源于峨昌蛮七藏甸北面的群山峡谷中，流经此地，东面是高黎贡山，西面是赤土山。往下流到缅甸太公城，汇合大盈江。

　　　十三日　平明而饭。由坡西登岭西北上，八里，稍北，逾北峡西上，二里，从岭上平行。望西北有层峰排簇岭上，初以为将由其南垂行，一里，忽从岭头转北，三里，乃西南下峡中。一里，有四五家当峡而居，竹篱茅舍，颇觉清幽，是为赤土铺。其村当西面排簇层峰之麓，东与橄榄坡夹而为坞。村西有亭桥架小涧上，其水自南峡来，捣北峡去，桥名建安。按《志》，大盈江之水，一出自东北赤土山，而此铺名赤土，水犹似东北下龙川者，岂其西排簇层峰为赤土山，而此犹其东麓之水，以其在麓，即以名铺耶？由桥西即南向上坡，二里，西南登脊，即自排簇峰东南分支下者。又转而西一里余，有庵施茶，当脊北向而踞，是为甘露寺[①]。又西一里，坡间水北向坠崖，路越之西向下峡。峡中有水自北而南，又与坡上水分南北流，以余意度之，犹俱东下龙川者。半里，乃从峡底溯水北入。其峡东西两崖，俱从排簇层峰分支南下者，西崖即其本支,东崖乃分支,东南由甘露寺脊而下者也,第峡水南出东转,不知其北合于建安桥,抑直东而下龙川否也？北行峡底一里余,水分二道来,皆细甚。遂从坡西蹑峻上,一里,北穿岭夹,半里,透脊。其脊自东北度西南,脊以北即坠峡西下。路从峡端北转而西,有数家倚北山之上,是为乱箭哨,至是始出排簇层峰岭脊之西。按《志》,赤土山在州城东三十里,水至是始分,则前之赤土铺犹东岸之麓,非分流之正脊可知也。

【注释】

①甘露寺:今名同,在腾冲县东境的公路边。

【译文】

十三日　天亮后吃饭。由山坡西边向西北登岭上走,八里,略偏北,越过北面的山峡往西上走,二里,从岭上平缓前行。望见西北方有层层山峰排列簇拥在岭上,起初以为将要由它的南垂走,一里,忽然从岭头转向北,三里,就向西南下到峡中。一里,有四五家人住在峡中,竹篱笆茅草房,觉得很是清净幽雅,这里是赤土铺。这个村子位于西面层层排列簇拥山峰的山麓,东面与橄榄坡夹成山坳。村西有座亭桥架在小涧上,涧水自南面的峡中流来,捣入北面的峡中流去,桥名叫建安。根据《一统志》,大盈江的水源,一条出自东北的赤土山,而此铺名叫赤土,江水仍然似乎是往东北下流进龙川江的样子,莫非村西那层层排列簇拥的山峰是赤土山,而这里的水仍然是它东麓的水流,因为村子在山麓,就用山名来起铺名吗？由桥西立即向南上坡,二里,向西南上登山脊,就是从成排簇拥山峰往西南分支下延的山脊。又转向西行一里多,有座寺庵施舍茶水,在山脊上面向北盘踞着,这是甘露寺。又向西一里,山坡间的水向北坠下山崖,道路越过流水向西下到峡中。峡中有水自北往南流,又与山坡上的水分向南北流去,以我的意思来估计,仍然都是向东下流进龙川江的水流。半里，便从峡底溯水流往北进去。这条峡谷东西两面的山崖，都是从层层排列簇拥的山峰分支往南下延的山，西面的山崖是它的主干支脉，东面的山崖是分出的支脉，往东南由甘露寺所在的山脊下延的山崖，只是峡中的水往南流出去向东转，不知它是否是向北流到建安桥合流，还是一直向东后下流进龙川江呢？往北前行在峡底一里多，水分为两条流来，都十分细小。于是从山坡西侧踩着陡峻的山坡上爬，一里，向北穿过岭上的夹谷，半里，穿过山脊。这条山脊自东北向西南延伸，山脊以北马上向西下坠到峡中。路从峡谷尽头由北转向西，有几家人依傍在北山之上，这里是乱箭哨，来到这里才走出到层层排列簇拥山峰岭脊的西面。据《一统志》，赤土山在州城东面三十里，水到这里开始分流，那么前边的赤土铺还只是龙川江东岸的山麓，可知不是水流分流的主脊了。

　　饭于岭哨。西向行稍下，共二里，有坞自南而北，细流注其中。按《志》，大盈江有三源，一出赤土山，当即此矣，从此而西，出马邑河，绕州城北而西合巃岏、罗生二水，同为大盈之源者也。又北上坡二里余，有一二家当坡之南，环堵围南峡之坳甚遥，杂植果树于中，是为板厂。由其西二里，又西下半里，有十余家当峡坳而居，是为芹菜塘①。其前小水，东北与大盈之源合。村庐不多，而皆有杜鹃灿烂，血艳夺目。若以为家植者，岂深山野人，有此异趣？若以为山土所宜，何他冈别陇，杳然无遗也？由村西复西上坡一里余，转峡而平行顶上三里余，乃出西岭之端。下望其坞甚深，而中平如砥，良畴远村，交映其间。其坞大而圆，乃四面小山环围而成者，不比他川之沿溪成峡而已。西向峻下者五里，循峡东北折，又折而西三里，乃循东山北行，其下稍平。又二里,有村当东山之麓,是为坡脚村。有卖浆者,出酒甚旨②,以醋芹为菜。与同行崔姓者,连啜二壶乃行。于是西行平畴中,一里,有小水自南而北,即《志》所云罗生山之水,亦大盈三源之一,分流塍中者也。又西北二里余,有村曰雷打田。其东亦有小溪自南而北,则罗生山之正流也,与前过小流,共为大盈之一源云。是溪之东田洼间,土皆黑坟③,土人芟其上层曝干供爨④,盖煤坚而深入土下,此柔而浮出土上,而色则同也。由村北又西三里,有庐舍当坡塍间,曰土锅村⑤,村皆烧土为锅者。于是其西庐舍联络,一里为东街,又半里,西交大街,则“十”字为衢者也。腾越州城之南门⑥,即当大街之北。城南居市甚盛,城中所无,而此城又迤西所无。乃税驾于大街东黔府官舍,时适过午也。时黔府委官王仰泉者已返省,阮玉湾导书姑与店中。

【注释】

①芹菜塘:今名同。在腾冲县东境的公路边。

②旨(zhǐ):味美。

③坟:高出地面的土堆。

④曝干供爨(cuàn):晒干后当烧的东西。这种东西俗称草煤,腾冲坝子群众至今仍在采用,称为海粪。

⑤土锅村:即今满金邑,在城东郊。

⑥腾越州:隶永昌军民府;即今腾冲县。明清城为石城,周七里三分,开四门,作正方形,城墙、街道及房屋基址至今尚存。闹市则在明清城址的南郊。

【译文】

在岭上的哨房吃饭。向西稍往下走,共二里,有个山坞自南向北延伸,细小的水流流淌在山坞中,据《一统志》,大盈江有三个源头,一个出自赤土山,应当就是这里了,从此往西流,流出马邑河,绕到州城北面后向西汇合龙氹山、罗生山两地的水流,一同成为大盈江源头的水源。又往北上坡二里多,有一两家人位于山坡南面,环绕的围墙围住南面峡谷中的山坞非常远,在其中杂乱地种植着果树,这里是板厂。由板厂西边行二里,又往西下行半里,有十多家人住在峡中的山坞里,这里是芹菜塘。村前的小溪,流向东北与大盈江的源头合流。村中房屋不多,但都有灿烂的杜鹃花,血红的颜色鲜艳夺目。如果以为是农家种植的,难道深山中的山野之人,有此等奇异的情趣?如果认为是山上的土适宜杜鹃生长,为什么别的山冈土陇上,杳然不见踪影呢?由村西再向西上坡一里多,转出山峡后平缓前行在山顶上三里多,便到达西岭的顶端。向下望,山下的山坞很深,可山坞中平得像磨刀石,良田和远处的村庄,交互掩映在山坞中。这个山坞又大又圆,是四面的小山环绕围抱而成的,不像别的平川是沿着溪流形成的峡谷而已。往西陡峻地下走五里,顺着峡谷向东北转,又折向西行三里,于是沿着东山往北行,这下走的路稍稍平缓些。又行二里,有村子位于东山的山麓,这里是坡脚村。有卖酒浆的人,拿出来的酒味道很美,用醋渍的芹菜当下酒菜。与同行姓崔的人,一连喝了两壶才上路。从这里起往西行走在平旷的田野中,一里,有条小溪自南往北流,就是《一统志》所说的罗生山的溪水,也是大盈江的三个源头之一,分流在田野中。又往西北行二里多,有个村庄叫雷打田。村东也有条小溪,自南往北流,那是罗生山的主流,与前边走过的小溪流,共同成为大盈江的一个源头。这条溪流东岸的田间洼地中,土地都是黑土堆,当地人铲来黑土的上层晒干后供烧火做饭用,煤炭都很坚硬而且深埋在土下,这种东西柔软且浮出地面上,但颜色则是相同的。由村北又往西行三里,有房屋位于坡上的田野间,叫土锅村,村中都是用土烧制土锅的人家。从这里起,村西房屋连接,走一里是东街,又行半里,西边大街相交,便成为"十"字形的大路口。腾越州城的南门,就位于大街的北边。城南居民街市十分繁荣,是城中所没有的,而此城又是滇西所没有的。于是住宿在大街东头黔府官邸的客馆中,这时刚好过了正午。此时黔府委派的官员叫王仲泉的人,已返回省城,阮玉湾引荐的信姑且交给客店中。

十四日　早雨。命顾仆觅潘秀才家①,投吴方生书。上午雨止,潘来顾。下午,余往顾而潘出,乃返,作记寓中。薄暮,同行崔君挟余酌于市,以竹实为供,竹实大如松子,肉圆如莲肉,土人煮熟以卖。投壶畅饮②。月上而返,冰轮皎然。

【注释】

①秀才:经过考试取入府州县学的生员。

②投壶:古人饮酒娱乐的一种方式,依次投矢于壶中,决定胜负而喝酒。

【译文】

十四日　早晨下雨。命令顾仆去找潘秀才的家,投递了吴方生的信。上午雨停了,潘秀才来拜访。下午,我去拜访他但姓潘的外出了,只好返回来,在寓所中记日记。傍晚,同行的崔君拉我到集市中饮酒,用竹实来供餐,竹实大处如松子,肉圆圆的如同莲子肉,当地人煮熟了拿来卖。作投壶游戏畅饮。月上天空才返回来,明月皎洁。

十五日　晨往晤潘。潘劝无出关。上午,潘馈酒肴。下午,店中老人亦来劝余无行。先是余以阮玉湾书畀杨主人,托其觅同行者,主人唯唯。至暮,以潘酒招之共酌。兄弟俱劝余毋即行,谓炎瘴正毒,奈何以不赀轻掷也。屈指八月,王君将复来,且入内,同之入关最便。余姑诺之。是夜月甚皎，而邸舍不便凭眺，竟郁郁卧。

【译文】

　　十五日　早晨前去会晤潘秀才。潘秀才劝我不要出关。上午，潘秀才馈赠了酒肴。下午，客店中的老人也来劝我不要前行。这之前，我把阮玉湾的信交给杨姓店主人，拜托他寻找同行的人，店主人口中是是是的。到天黑时，拿出潘秀才馈赠的酒菜招待他们一同饮酒。兄弟二人都劝我不要马上上路，说是天气炎热瘴气正毒，怎能把无价的生命轻易抛掷呢！屈指算来已有八个月，王仲泉君即将再来，况且进入内地时，同他一起入关最为方便。我姑且答应了他们。这天夜里月光非常皎洁，可在官邸的客馆中不便凭眺，最终郁郁不欢地躺下了。

　　十六日　晨起，候主人饭，欲为尖山之行。其山在州城西北百里。先是主人言其灵异，怂恿余行，故谋先及之。乃以竹箱、衫、毡寄杨主家，挈轻囊与顾仆行。从南门外循城西行，半里，过新桥，巨石梁也。桥下水自北合三流，襟城西而南，过此南流去，即所谓大盈江矣。

【译文】

　　十六日　早晨起床，等候店主人开饭，打算出行去尖山。这座山在州城西北一百里处。这以前店主人说起过它的灵异之处，怂恿我前去，所以计划先到那里。于是把竹箱、衣衫、毡子寄放在杨主人家，带上轻装与顾仆上路。从南门外沿着城墙往西行，半里，走过新桥，是座巨大的石桥。桥下的水从北边汇合三条水流，绕过城西往南流，流过此桥向南流去，这就是所谓的大盈江了。

余既过桥,四望山势回环,先按方而定之。当城之正东而顶平者,为球珲山,乱箭哨之来道逾其南脊;当城之正西而尖耸者,为擂鼓山,南为龙光台,为缅箐道,为水口西夹;直北者,为上干峨山,乱箭哨之脉,从之东度南起,去城北二十里;直南者,为来凤山,州治之脉,从之北度,又西突保禄阁,为水口东夹。城西南为水口,束峡极紧,坠空而下,为跌水崖。城东南、东北俱有回坞,乃来凤山自北环度之脉。而东北独伏,有高山穹其外,即龙川江东高黎贡山北来之脉也。城西北一峰独耸,高出众峰,为籠岈山,乃北来分脉之统会。从此直南,为笔峰,为宝峰,为擂鼓,而尽于龙光台。从此西度南转,为猛蚌。从此东度,为上干峨;低伏而东度南起,为赤土山乱箭岭;南下西转,为罗生山;支分直北者,为球珲,峙州东而北尽马邑村;支分由西而南者,为来凤,峙州南而西夹水口,北与龙光对。此州四面之山也。

【译文】

我过桥后,四面望去,山势回绕环抱,先按方位来确定群山。在州城正东而且山顶平平的山,是球珲山,从乱箭哨来的路越过它南面的山脊;在州城正西而且尖耸的山,是擂鼓山,南边是龙光台,是去缅箐的路,是江口西面相夹的山;正北的山,是上干峨山,乱箭哨的山脉,从那里往东延伸后向南突起,距离城北二十里;正南的山,是来凤山,州城所在的山脉,从这里往北延伸,又向西突起成为保禄阁,是江口东面相夹的山。州城西南是江口,紧束的峡谷极为紧凑,江水坠入空中下泻,成为跌水崖。州城的东南、东北都有回绕的山坞,是来凤山从北面回绕延伸的山脉。而唯独东北一面地势低伏,有高山隆起在山坞之外,那就是龙川江东面的高黎贡山从北面延伸来的山脉了。城西北方一座山峰独自耸立,高出群峰,是巃凇山,是北面延伸来的各条支脉汇总的地方。从此地一直向南,是笔峰山,是宝峰山,是擂鼓山,而后在龙光台到了尽头。从此地向西延伸后转向南,是猛蚌。从此地往东延伸,是上干峨山;山势低伏往东延伸后向南突起,是赤土山乱箭哨所在的山岭;向南下延转向西,是罗生山;向正北分出的支脉,是球玶山,耸峙在州城东边而后在北边的马邑村到了尽头;分出的支脉由西往南延伸的,是来凤山,耸峙在州城南边而后往西延夹住江口,北边与龙光台相对。这是州城四面的山了。

　　其水一东南出罗生山,北流经雷打田,至城东北;一东出乱箭哨,北流西出马邑村西南,至城东北;一出巃凇山,潴为海子,流为高河,南至城东北。三水合为一,是为大盈江,由城西而南,过二桥,坠峡下捣,其深十丈,阔三丈余,下为深潭,破峡西南去,经和尚屯[1],又名大车江[2]。此州四面之水也。

【注释】

①和尚屯:《游记》又作河上屯,即今和顺,在腾冲稍西南,为著名侨乡。

②大车江:《元混一方舆胜览》镇西路景致:"大居江,出腾冲北山下,由南甸经干崖合槟榔江,入江头城,名大盈江。"江头城在今缅甸杰沙。大居江即大盈江,明清时又作大车(jū)江。

【译文】

　　这里的水流一条在东南出自罗生山,向北流经雷打田,流到州城东北;一条在东面出自乱箭哨,向北流后往西流出马邑村西南,流到州城东北;一条出自龙岕山,蓄积为海子,流出成为高河,往南流到州城东北。三条水流合为一条,这就是大盈江,由城西往南流,流过两座桥,下捣坠入峡中,峡谷深十丈,宽三丈多,下边是深水潭,冲破峡谷向西南流去,流经和尚屯,又叫大车江。这是州城四面的水流了。

其北二日抵界头,与上江对;其南一日抵南甸①,与陇川、缅甸对②;其西一日半至古勇,与茶山对;其东一日半至分水关,与永昌对。八关自其西北斜抵东南③,西四关属蛮哈守备④,自西北而东南:一曰神护,二曰万仞,三曰巨石,四曰铜壁。东四关属陇把守备,自西南而东南:一曰铁壁,二曰虎踞,三曰天马,四曰汉龙。八关之外,自神护而出,为西路,通迤西,出琥珀、碧玉;自天马而出,为南路,通孟密,有宝井⑤;自汉龙而出,为东南路,通木邦,出邦洋布;自铁壁而出,亦为南路,通蛮莫,为缅甸阿瓦正道。昔蛮莫、孟密俱中国地⑥,自万历二十二年金腾戚道立此八关,于是关外诸彝,俱为阿瓦所有矣⑦。由州南抵南甸分路:西向干崖⑧,至蛮哈诸关;南向陇川,至陇把诸关。由州西抵缅箐分路:西出神护,通迤西⑨;西北逾岭,至古勇。大概三宣犹属关内,而六慰所属⑩,俱置关外矣。**遂分华彝之界。此其四鄙之望也。**

【注释】

①南甸:即南甸宣抚司。元至元二十六年(1289)置南甸路,洪武十五年(1382)三月为府,后废,属腾冲守御千户所。永乐十二年(1414)正月置州,直隶布政司。正统九年(1444)六月升宣抚司,仍直隶布政司。南甸宣抚司治所常有迁徙,明末驻蛮干,在今梁河县九保街。

②陇川:即陇川宣抚司。元有麓川路,在今瑞丽市,又有平缅路,在

今陇川县。明初合并置麓川平缅军民宣慰使司,治所为猛卯城,后又称平麓城,在今瑞丽市区西郊,至今城墙、壕堑犹可辨识。后土官思氏叛乱,被平,司废。正统九年(1444)改置陇川宣抚司,并缩小了其辖境面积。司治陇把,即今陇川县城西南的弄巴,陇把守备与陇川宣抚司治同城。

③八关:神护关,在今盈江县苏典稍东北、猛戛稍西南的孔家湾。万仞关,在今盈江县西北的猛弄山。巨石关,在今盈江县西部的昔马。铜壁关,在今盈江县西部的戛渎山。铁壁关,在今陇川县西部境外洗帕河内的瓦兰岭下。虎踞关,在今陇川县西部境外的那潞班附近。天马关,在今瑞丽市西南境外的勐卯三角地。汉龙关,在今瑞丽市南部境外的南波河上游北岸。《游记》诸本皆误作"汉陇",据光绪《续云南通志稿·武备志》载:"于关址中掘得龙关二字各半残石额二块",证明应为"汉龙关"。

④蛮哈:蛮哈山在今铜壁关前,蛮哈守备即驻今铜壁关。

⑤宝井:在今缅甸蒙米特西南、曼德勒区东部的抹谷一带。

⑥蛮莫:万历十三年(1585)分孟密地置蛮莫安抚司,治今缅甸克钦邦东南、太平江北岸的蛮冒。　孟密:原作"猛密",据《明史·地理志》改。孟密即孟密宣抚司,治今缅甸掸邦西北部的蒙米特,亦仍写作孟密。

⑦阿瓦:明时缅甸的行政中心在阿瓦,即今曼德勒稍西南、伊洛瓦底江东岸的阿瓦。

⑧干崖:大理时称干额。景泰《云南图经志书》:"干崖宣抚司,旧名乾崖甸,元置镇西路军民总管府。"明永乐元年(1403)从麓川平缅司中析置干崖长官司,正统九年(1444)升干崖宣抚司,治今盈江县旧城。

⑨迤西:黄贞元《黑水考》:"孟养,腾人号为迤西,正在金沙江滨。"此金沙江为大金沙江,即今伊洛瓦底江,此迤西即指孟养。

⑩"大概三宣"二句：三宣六慰：即三个宣抚司、六个宣慰司，皆为明代在云南边疆设置的较大的土司。三宣即南甸宣抚司、干崖宣抚司、陇川宣抚司。六慰即车里宣慰司（治景昽，即今西双版纳景洪）、孟养宣慰司（治所今仍作孟养，在缅甸喀钦邦）、木邦宣慰司（治今缅甸腊戌北部的兴维）、缅甸宣慰司（治今缅甸曼德勒南部的阿瓦）、八百大甸宣慰司（治今泰国北部的清迈）、老挝宣慰司（治芒龙，即今老挝琅勃拉邦）。但实际不止此数，明初还设过底兀剌宣慰司（治洞吾）、大古剌宣慰司（治摆古，又称白古，即今缅甸勃固）、底马撒宣慰司（治马都八，即今缅甸莫塔马）。后来，又从木邦分出孟密宣抚司，从干崖分出盏达副宣抚司（治今盈江县西北的莲花山），从陇川分出遮放副宣抚司（今仍名遮放，在芒市南境）共为九个宣慰司、四个宣抚司、两个副宣抚司。

【译文】

州城北面两天的路程抵达界头，与上江相对；州城南面一天的路程抵达南甸，与陇川、缅甸相对；州城西面一天半的路程到古勇，与茶山相对；州城东面一天半的路程到分水关，与永昌相对。**八关自腾越州西北境斜向抵达东南境**，西面的四个关隶属于蛮哈守备，自西北往东南：第一叫神护关，第二叫万仞关，第三叫巨石关，第四叫铜壁关。东面的四个关隶属于陇把守备，自西南往东南：第一叫铁壁关，第二叫虎踞关，第三叫天马关，第四叫汉龙关。八关之外，从神护关出去，是西路，通往迤西，出产琥珀、碧玉；从天马关出去，是南路，通往孟密，有宝井；从汉龙关出去，是东南路，通往木邦，出产邦洋布；从铁壁关出去，也是南路，通往蛮莫，是去缅甸阿瓦的正道。从前蛮莫、孟密都是中国的土地，自从万历二十二年（1594）金腾戚主张设立这八个关后，从那时起关外众多的少数民族，全被阿瓦所拥有了。由州城往南抵达南甸后分路走：西面通向干崖，到蛮哈各关口；南面通向陇川，到陇把各关口。由州城往西抵达缅箐分路走：西面出了神护关，通往迤西；往西北越过山岭，通到古勇。大概三个宣抚司仍然属于关内，可是六个宣慰司所属之地，全都设置在关外了。**便是华夏与少数民族的分界。这是腾越州四周边远地区的大体形势。**

　　大盈江过河上屯合缅箐之水，南入南甸为小梁河；经南牙山，又称为南牙江；西南入干崖云笼山下，名云笼江；沿至干崖北，为安乐河；折而西一百五十里，为槟榔江，至比苏蛮界①，注金沙江入于缅。一曰合于太公城，此城乃缅甸界。按缅甸金沙江，不注源流，《志》但称其阔五里，然言孟养之界者，东至金沙江，南至缅甸，北至干崖，则其江在干崖南、缅甸北、孟养东矣。又按芒市长官司西南有青石山②，《志》言金沙江源出之，而流入大盈江，又言大车江自腾冲流经青石山下。岂大盈经青石之北，金沙经青石之南耶？其言源出者，当亦流经而非发轫，若发轫，岂能即此大耶？又按芒市西有麓川江，源出峨昌蛮地，流过缅地，合大盈江；南甸东南一百七十里有孟乃河③，源出龙川江。而龙川江在腾越东，实出峨昌蛮地，南流至缅太公城，合大盈江。是麓川江与龙川江，同出峨昌，同流南甸南干崖西，同入缅地，同合大盈。然二地实无二水，岂麓川即龙川，龙川即金沙，一江而三名耶？盖麓川又名陇川，"龙"与"陇"实相近，必即其一无疑；盖峨昌蛮之水，流至腾越东为龙川江，至芒市西为麓川江，以与麓川为界也。其在司境，实出青石山下，以其下流为金沙江，遂指为金沙之源，而非源于山下可知。又至干崖西南、缅甸之北，大盈江自北来合，同而南流，其势始阔，于是独名金沙江。而至太公城、孟养之界，实当其南流之西，故指以为界；非孟养之东又有一金沙南流，干崖之西又有一金沙出青石山西流；亦非大盈江既合金沙而入缅，龙川江又入缅而合大盈。大盈所入之金沙，即龙川下流，龙川所合之大盈，即其名金沙者也④。分而岐之名愈紊，会而贯之脉自见矣。此其二水所经也。于是益知高黎贡之脉，南下芒市、木邦而尽于海，潞江之独下海西可知矣。按《志》又有大车湖在州南⑤，甚广，中有山，如琼浪中一点青。今惟城北上干峨龙岘山下有二海子，城南并无潞水，岂洪流尽扬尘耶？

【注释】

①比苏蛮：原作"北苏"，应为"比苏"，因形近而误。比苏蛮即傈僳族。《元史·地理志》金齿等处宣抚司："其地在大理西南，兰沧江界其东，与缅地接其西。土蛮凡八种：曰金齿，曰白夷，曰峨，曰峨昌，曰骠，曰缥，曰渠罗，曰比苏。"《明史·地理志》腾越州亦载："西有大盈江，亦曰大车江，自徼外流入，下流自比苏蛮界注于金沙江。"

②芒市长官司：唐时已称茫施蛮，见《蛮书》。元置茫施路，明置芒市御夷长官司。今仍称芒市，为德宏傣族景颇族自治州首府。

③孟乃河：《明一统志》南甸宣抚司山川："孟乃河，在司东南一百七十里，即腾冲龙川江之源。"《明史·地理志》南甸宣抚司："又东南有孟乃河，即腾越州之龙川江。"

④金沙江：即今伊洛瓦底江，为别于长江上游的金沙江，又称大金沙江。大金沙江正源为恩梅开江与迈立开江，它们围成了"孟养陆阻地"，即里麻长官司的所在，现称为江心坡。合流后的一段成为孟养东边从北往南流的大金沙江，另有大盈与龙川两江皆汇入大金沙江。但霞客游缅的夙愿没有实现，未能亲履其境，不知道还有从北往南流的金沙主源。

⑤大车湖：《明一统志》卷八七腾冲军民指挥使司山川载："大车湖，在司南。湖甚广阔，中有山，远观之，真琼浪中一点青也。"万历

《云南通志》卷二永昌军民府山川所载较为具体:"大车湖,在州南团坡下。湖面广阔,中有小山,远观可爱。"天启《滇志》卷二永昌府山川载:腾越州"治南有大车湖,在团城下。湖面广阔,中有小山,远瞩如画。"《读史方舆纪要》卷一一八腾越州载:"大车湖,在州南团坡下。湖面广阔,中有小山若浮。"有关大车湖的记载明代诸书不绝,但徐霞客终未找到,特录出以备参考。

【译文】

　　大盈江流过河上屯汇合缅箐的水流,向南流入南甸称为小梁河;流经南牙山,又称为南牙江;往西南流入干崖的云笼山下,名叫云笼江;沿途流到干崖北面,称为安乐河;折向西流一百五十里,是槟榔江,流到比苏蛮境内,注入金沙江后流到缅甸。一种说法认为在太公城合流,此城是在缅甸境内。据考,缅甸的金沙江,没有注明它的源流,《一统志》只是称说它的江面宽五里,不过说到孟养的界限,东面到金沙江,南面到缅甸,北面到干崖,那么这条江在干崖南面、缅甸北面、孟养东面了。又考察,芒市长官司西南部有座青石山,《一统志》说金沙江的源头出自于那里,而后流入大盈江,又说大车江自腾冲流经青石山下。难道大盈江流经青石山的北面,金沙江流经青石山的南面么?《一统志》所说的源出之地,应当也是流经而不是发源,如果是发源,怎么能马上就有此等大的水流呢?又考察,芒市西部有条麓川江,源出于峨昌蛮的地区,流过缅甸的辖地,汇合大盈江;南甸东南一百七十里处有条孟乃河,源出于龙川江。而龙川江在腾越州东部,实际出自于峨昌蛮的地区,往南流到缅甸的太公城,汇合大盈江。这样,麓川江与龙川江,同样源出于峨昌蛮的地区,一同流到南甸南边干崖西面,一同流入缅甸的辖地,同样是汇合大盈江。但是这两个地方实际上没有这两条江流,莫非麓川江就是龙川江,龙川江就是金沙江,一条江却有三个名字吗?原来麓川又叫陇川,"龙"与"陇"的发音实际相近,必定就是其中之一无疑了;大概是峨昌蛮境内的水流,流到腾越州东部称为龙川江,流到芒市西部称为麓川江,因为与麓川交界罢了。它在长官司境内，实际上是流经青石山下，由于它的下游是金沙江，便被指认为是金沙江的源头，而不是源出于青石山下可知了。又流到干崖西南、缅甸的北部，大盈江自北面流来汇合，一同往南流，水势开始变宽，于是独自名叫金沙江。而后流到太公城、孟养的交界处，实际上正当它向南流的江流的西边，所以指认为边界；不是孟养的东边又有一条金沙江往南流，干崖的西面又有一条金沙江源出于青石山向西流；也不是大盈江汇合金沙江后流入缅甸，龙川江又流入缅甸后汇合大盈江。大盈江流入的金沙江，就是龙川江的下游，龙川江汇合的大盈江，就是那条名叫金沙江的江流了。把它们分开来不同的名称愈加紊乱，把它们会集贯通起来脉络自然显现出来了。这就是这两条江水流经的地方。到这时愈发了解到高黎贡山的主脉，往南下延到芒市、木邦而后在大海边到了尽头，潞江单独下流到大海西边可以知道了。据《一统志》，又有个大车湖在州城南边，非常宽广，湖中有山，如琼玉碧浪中的一点青色。今天只有城北上干峩的龍㟪山下有两个海子，城南并无积水，莫非滚滚洪流全部变为飞扬的尘土了吗？

过新桥，西行半里，有岐：西北行者，为乌沙、尖山道[①]；南下者，为跌水河道[②]。余闻其胜甚，乃先南趋。出竹坞中一里，涉一东流小涧，南上坡，折而东约半里，有大石梁架大盈江上，其桥东西跨新桥下流。从桥西稍南上坡，不半里，其水从左峡中透空平坠而下，崖深十余丈，三面环壁。水分三派飞腾，中阔丈五，左骈崖齐涌者，阔四尺，右嵌崖分趋者，阔尺五，盖中如帘，左如布，右如柱，势极雄壮，与安庄白水河齐观，但此崖更近而逼。从西崖绕南崖，平对而立，飞沫倒卷，屑玉腾珠，遥洒人衣面，白日间真如雨花雪片。土人所称久雨不晴者以此，但"雨"字当易"旱"为是，用"雨"字则叠床架屋矣。其水下坠成潭，嵌流峡底甚深，因下蹈之。有屋两重在夹壑中，乃王氏水舂也。复上西崖。其南一峰高耸，凭空揖瀑，是为龙光台，上建关帝殿。回盼久之，复下西崖。其崖甚狭，东即瀑流坠空，西亦夹坑环屋。俯视屋下坑底，有流泉叠碓，亦水舂也，而当环坡间，其西即南下缅箐大道③，不知水所从出。细瞰之，水从脚下透穴出，南分为二，一随大道南注，一复入巨石下，入夹坑之屋为舂。回眺崖北有峡一线，深下五六丈，骈峙北来，阔仅一尺，而高不啻三丈余，水从其底透入前崖之腹而出其南。计崖穴之上，高亦三丈余，南至出水之穴，上连三四丈，不识其下透之穴与上骈之峡从何而成，天巧人工，两疑不能至此矣。

【注释】

①乌沙：应即后文之"乌索"。

②跌水河：今作叠水河，为腾冲城西的风景胜地。瀑布高46米，上流有一石桥横卧江上，称太极桥。对岸的龙光台是观瀑的好地方。近年又在瀑布右侧建了水电站。

③缅箐：在腾冲县西境，至今仍有缅箐街。三水在缅箐合流后称缅箐河，往南称明朗河，再南入大盈江。

【译文】

过了新桥，往西行半里，有岔路：往西北走的，是去乌沙、尖山的路；向南下行的，是去跌水河的路。我听说那里非常优美，就先向南赶去。在满是竹林的山坞中走一里，涉过一条往东流淌的小山涧，向南上坡，折向东约走半里，有座大石桥架在大盈江上，这座桥呈东西向跨在新桥的下游。从桥西稍往南上坡，不到半里，江水从左边的峡谷中穿过空中平缓下坠，悬崖深十多丈，三面环绕着石壁。江水分为三条支流飞腾而下,中间的宽一丈五,左边与山崖并排一齐奔涌的,宽四尺,右边嵌入山崖分流的,宽一尺五,大体上中间的如门帘,左边的如布匹,右边的如圆柱,气势极为雄壮,与安庄的白水河一样壮观,但这里的山崖更加靠近而狭窄。从西面的山崖绕到南面的山崖,水平面对瀑布站着,飞溅的水沫倒卷而下,似玉屑珍珠飞腾,远远洒在人的衣服和脸上,白昼之间真如雨花雪片。当地人所称的"久雨不晴"的原因是因为这个,但是"雨"字应该改为"旱"字为好,用"雨"字那就重复累赘了。江水下坠成深潭,水流下嵌在峡底非常深,因此下去踏着江边走。有两层房屋在夹立的壑谷中,是王家的水碓。又上到西边的山崖上。这里南边一座山峰高耸,如凭临高空向瀑布拱手作揖,这是龙光台,上面建有关帝庙。回头顾盼了很久,再走下西边的山崖上。此处的山崖非常狭窄,东面就是飞流的瀑布坠入空中,西面也是夹谷深坑环绕着房屋。俯视屋子下边的坑底,有流淌的泉水和一层层水碓,也是水碓房,但正当环绕的山坡间,它的西面就是往南下通缅箐的大路,不知水从哪里流出去。仔细俯瞰地形,水从山脚下钻过洞穴流出去,在南边分为两条,一条随着大路往南流淌,一条又流入巨石之下,流入夹谷深坑中的屋子中推动水碓。回头眺望山崖北面有一线峡谷,深下去有五六丈,往北对峙而来,宽处仅有一尺,可高处不止三丈多,水从峡底钻入前边山崖的山腹后流出山的南边。估计山崖洞穴之上,高处也有三丈多,南边到出水的洞穴,上边相连之处有三四丈,不知山下穿通的洞穴与上边对峙的峡谷,是怎样形成的,天然之巧与人工之力,怀疑两者都不能做到这个地步。

从崖上蹑西峰,一里,有寺踞峰之东,门东向,为毗卢寺[①]。由其西二里,直抵擂鼓尖峰下,见有路直蹑峰西上,而路有二生指宝峰大道尚在北,乃横涉田间。半里,得大道,随而西上坡。二里,西抵擂鼓之北。当西北从岐上,而余误从西南,一里,蹑峻,一里,渐转南陟,复向擂鼓行。又一里,心知其误,遂西逾岭脊,则望见宝峰殿阁,在西北岭半,与此脊齐等,而隔箐两重,其下甚深,皆从西南岭脊坠下。计随坡东下,就大道复上,与蹑坡西上,从峰脊转下,其路相比,不若上之得以兼陟其顶也。遂西南上,甚峻,一里,直出擂鼓尖之西,有路自尖南向来合,同之西北度脊。脊北路分为二,一西北沿峰去,一东北攀岭行。一里,再逾岭陟脊,其脊两旁皆东西下,乃饭于脊。过北,路复分为二如前,然东北者犹非宝峰路,尚隔一箐也。乃复西北上顶,一里,蹑其最高处,东俯州城东坞,西俯峨陇南坞,皆近夹此脊下,而峨陇之西,又有高峰一重,自北而南,夹峨陇之坞,南出缅箐,而与大盈之江合而南去焉。顶东南深树密翳,乃从西北下,甚峻,半里就夷。随东箐北行岭脊,又半里,路交“十”字:一从南直北者,俱行其脊;一从东箐中上,横过西北者,出山腰。知宝峰之寺在箐翳矣,乃折而东下。木叶覆丛条间,甚峻而滑,非攀枝足无粘步。

【注释】

①毗卢寺:今存,现作小学校舍。

【译文】

从山崖上上登西峰,一里,有寺庙盘踞在山峰的东面,寺门向东,是毗卢寺。由寺西行二里,直达擂鼓山的尖峰下,见有路一直上登山峰向西上走,但路上有两个书生指点,去宝峰山的大路还在北边,于是横向跋涉在田间。半里,找到大路,顺着路往西上坡。二里,向西抵达擂鼓山的北麓。应当从西北方的岔路上走,可我错从西南方走,一里,上登陡峻的路，一里，渐渐转向南上登，再向着擂鼓山的尖峰前行。又行一里，心知路走错了，便向西越过岭脊，就望见宝峰山的殿堂楼阁，在西北方山岭的半山腰，与这条岭脊同样高，可是隔着两重山箐，那下面非常深，都是从岭脊向西南深坠下去。估计顺着山坡向东下走，走上大路再上走，与踏着山坡向西上走，从峰脊上转下去，它们的路程相比较，不如上走能得以兼带上登山顶了。于是向西南上登，十分陡峻，一里，直接出到擂鼓山尖峰的西面，有条路自尖峰向南来会合，随同这条路往西北越过山脊。山脊北面路分为两条，一条往西北沿着山峰而去，一条向东北攀登山岭前行。一里，再翻越山岭上登山脊，山脊两旁都是向东、向西下陷，于是在山脊上吃饭。过到北面，路又像前边一样分为两条，然而往东北去的仍然不是去宝峰山的路，还隔着一条山箐。于是再往西北登上山顶，一里，登上山峰最高处，向东俯瞰州城东面的山坞，向西俯瞰峨陇南面的山坞，都在近处夹在这条山脊的下方，而峨陇的西面，又有一重高峰，自北向南延伸，夹住峨陇所在的山坞，往南延到缅箐，而后与大盈江会合后往南延伸而去。山顶东南一面深树密蔽，只好从西北面下走，非常陡峻，半里走上平地。顺着东边的山箐往北前行在岭脊上，又行半里，道路相交成"十"字形：一条从南边一直往北走的，全是行走在山脊上；一条从东边山箐中上走的，横过到西北方的，通到山腰。心知宝峰山的寺庙在密蔽的山箐中了，于是折向东下走。树叶下覆枝条丛密之间，十分陡峻滑溜溜的，不抓住枝条脚下就无法站住脚底。

　　下一里，转殿角之右，则三清殿也。前有虚亭三楹，东揽一川之胜，而其下亭阁缀悬崖间，隔箐回坡，咫尺缥渺。殿西庑为二黄冠所栖。余置行囊，令顾仆守其处，乃由亭前东下。道分为二，一从右下危坡，一从左转深箐。余先随箐下，半里，右顾崖间，一亭飞缀，八角重檐，高倚悬崖之上，乃参府吴君蜀人，名茇臣。新建以祀纯阳者。由亭左再下，缘箐半里，南转，仰见亭下之石，一削千仞，如莲一瓣，高穹向空，其南又竖一瓣骈附之，皆纯石无纤纹，惟交附处中垂一线，阔仅尺余，凿级其中，仰之直若天梯倒挂也。北瓣之上，大书"奠高山大川"五字，亦吴参府笔；其下新构一轩跨路，貌灵官于中。南瓣侧有尖特耸，夹级为门，其下玉皇阁倚之。环腾多土山，独是崖纯石，危穹夹箐之间，觉耳目顿异。玉皇阁南亦悬箐无路，灵官轩北又凿崖为梯，嵌夹石间。北下数丈，有石坊当其前，大书曰"太极悬崖"。从此北度东下之箐，再上北坡，共里余，则宝峰寺当峰而踞①，高与玉皇阁等。而玉皇阁东向，此寺南向，寺东龙砂最微，固不若玉皇阁当环箐中央，得一山之正也。寺颇寥落，有尼居之②，此昔之摩伽陀修道处③。他处皆释盛于道④，而此独反之。已复下箐中，蹑太极崖，过北瓣下，从一线之级上。其级峻甚，几不能留趾，幸两崖逼束，手撑之以登。一上者八十级，当纯阳亭之南，峡始曲折为梯，又三十余级而抵虚亭间。余拟眺月于此，以扩末舒之观，因拭桌作记。令顾奴汲水太极下箐东以爨，二黄冠止之，以饭饭余。仍坐虚亭，忽狂飚布云，迨暮而月色全翳。邵道谓虚亭风急，邀余卧其榻。

【注释】

①宝峰寺，在腾冲城西5公里宝峰山的山谷中，有南天门、佛殿、皇殿、清殿、天梯及明代胡璇兄弟读书处等。

②尼："比丘尼"的简称，即尼姑。妇女出家为僧者称尼。

③摩伽陀：亦作摩揭陀，古印度的大国，又是早期佛教的中心。《新

唐书·西域传》说："天竺国，汉身毒国也，或曰摩伽陀。"此摩伽陀指印度僧人。

④释：佛教创始人为释迦牟尼，后泛指佛教为释。　道：道教的简称。

【译文】

下行一里，转到大殿角落的右边，就是三清殿了。殿前有空亭子三间，面向东收揽一片平川的胜景，而亭子下方的亭台楼阁点缀在悬崖间，隔着山箐围绕着山坡，咫尺之间飘飘渺渺。大殿西边的厢房是两个道士居住的地方。我安置了行李，命令顾仆守在此处，就由亭子前边向东下走。路分为两条，一条从右边走下高险的山坡，一条从左边转入深箐。我先顺着山箐下走，半里，回头看右边的山崖间，一座亭子飞缀，八角形，有重重窗棂，高高依傍在悬崖之上，是参将吴君四川人，名叫荩臣。新建成用来祭祀纯阳祖师的地方。由亭子左边再下走，顺着山箐行半里，转向南，仰面看见亭子下面的石崖，一如刀削，有千仞高，如同一瓣莲花，高大穹隆伸向天空，它的南边又竖立着一个莲瓣并排依附着它，都是纯一的岩石没有丝毫裂纹，只是在互相附着处中间垂着一线裂纹，宽处仅有一尺多，在其中凿了石阶，仰面看它简直像倒挂的天梯了。北边的莲瓣之上，写着"奠高山大川"五个大字，也是吴参将的手笔；岩石下新建了一座轩廊跨在路中，绘了灵官像在其中。南边莲瓣的侧边有尖尖的岩石独自耸立，夹住石阶成为门户，尖石下玉皇阁紧靠着它。环绕着腾越有许多土山，唯独这座山崖清一色是岩石，高高隆起在相夹的山箐之间，耳目顿时觉得不同。玉皇阁南面也是高悬的山箐，没有路，灵官轩北面又在石崖上凿成石梯，深嵌在夹立的岩石间。往北下走几丈，有座石牌坊挡在石梯前，大大写着："太极悬崖。"从此处穿过向东下延的山箐，再上登北面的山坡，共有一里多，就见宝峰寺在峰头盘踞着，高处与玉皇阁相等。但玉皇阁面向东，这座寺庙面向南，寺东的龙砂最小，当然不如玉皇阁在环绕的山箐中央，获得了整座山正中的位置。寺中相当冷落,有尼姑住在寺中,这里从前是摩伽陀僧人修道的地方。其他地方都是佛教比道教兴盛,可此处唯独相反。不久再次下到山箐中,登上太极崖,经过北边的莲瓣下边,从一线宽的石阶上登。这石阶非常陡峻,脚掌几乎不能停留,幸好两侧的石崖十分狭窄,用手撑着两侧上登。一口气上登了八十级,在纯阳祖师亭的南边,峡谷才变为曲折的石梯,又上登三十多级才到达空亭子中。我打算在这里眺望明月,以便扩展未能舒展的景观,因此擦拭桌子记日记。命令顾奴到太极崖下边的山箐东面去汲水来烧火做饭,两个道士止住了他,拿出饭来给我吃。仍然坐在空亭子中,忽然狂飙突起浓云密布,到天黑时月光全被遮住了。邵道人说是空亭子中风太急,邀请我睡在他的床上。

十七日　余起,见日丽山幽,拟暂停憩其间,以囊中存米作粥,令顾奴入州寓取贵州所买蓝纱,将鬻以供杖头①。而此地离州仅八里,顾奴去不返。抵下午,馁甚,胡道饭余。即而顾奴至,纱仍不携来也。

【注释】

①鬻(yù):卖。　杖头:买酒的钱。此处泛指路费。

【译文】

十七日　我起床后,看见旭日艳丽山境幽静,准备暂时停歇在山中,拿出口袋中保存的米做成稀粥,命令顾奴进州城寓所去取在贵州买到的蓝纱,将它卖了拿来作为路费。然而,此地距州城仅有八里地,顾奴一去不见返回来。到下午,饿极了,胡道士给我吃了饭。随即顾奴来到了,蓝纱仍然没有带来。

十八日　录记于虚亭。先夜有虎从山下啮参戎马,参

戎命军士搜山觅虎。四峰瞭视者，呐声相应，两箐搜觅者，
上下不一，竟不得虎①。

【注释】

①"先夜有虎"数句：腾冲一带向来多虎，曾有特产虎骨酒，远销
　各地。

【译文】

　十八日　在空亭子中记日记。头天晚上，有老虎在山下咬死了参
将的马，参将命令军士搜山找寻老虎。四面山峰瞭望的军士，呐喊声互
相呼应，两面山箐搜寻的人，上下不一，始终找不到老虎。

　巅塘关南越大山，西南绕古勇关北。分支东突者，为尖
山；东南突者，为马鞍山；又分支南下者，为宝峰，又南为打
鼓尖，又南尽于龙光台。其马鞍山正支东度者，一起为笔
峰，又起为龍岏，于是南环为赤土，为乱箭哨过脊，又南为半
个山，而西北环来风而结州治。此所谓回龙顾祖也。从古
勇关北分支南下者，为鬼甸西山，又南为鹅笼西山，又南抵
于缅箐；正支西南下者，为古勇西关，而南接于神护焉。八
关之外，其北又有此古勇、巅塘二关，乃古关也。巅塘之外为
茶山长官司，旧属中国，今属阿瓦。巅塘东北、阿幸厂北为姊妹山，出斑
竹，其外即野人。宝峰山东向屏立其前，下分为二箐，中垂石崖
高穹，两旁倒插箐底。北箐之上，环冈一支，前绕如堵墙，石
崖中裂，凿级悬其间，名猢狲梯。梯南玉皇阁倚其下，梯北
纯阳阁踞其上，旧有额名为"太极悬崖"，而吴参戎又大书镵
其上，曰"奠高山大川"①。纯阳阁之上，则开轩三楹，左右当

悬箐之中，而下临绝壑。向东北，近则环冈前伏，平川绕其下，远则东山之外，高黎贡北尖峰特出众山之顶，正对其中，此峰土人又名为小雪山，遥峰横亘天半，而其上特耸一尖如拱圭，盖在分水关之北二十里。关间无路能上，亦不能见，至此乃东见之。马鞍山宝藏之徒径空，昔在戎行时②，曾从赤土铺北度龙川至其下，为高简槽，有居人段姓者，导之登其顶。其高盖四十里云。目界甚爽。其后为三清殿，则邵道所栖也。三清殿去西顶不遥，余前从之下。盖是山之最高者，为三清殿，东北向；当石壁而居一山之中者，为玉皇阁，东向；居北箐之北，倚环冈腋间者，为宝峰寺，南向。玉皇阁当石壁下，两箐夹之，得地脉之正；而纯阳阁孤悬崖间，从莲花尖上现神奇，是奇正相生之妙也。盖腾阳多土山，而此山又以土山独裹石崖于中，如颖跃于囊③，且两箐中怪树奇株，郁葱蒙密。竹之大者，如吾地之猫竹，中者如吾地之筋竹，小者如吾地之淡竹，无所不有，又非迤东西所有也。（廷甲按："旧有额"至"大川"廿五字，宜从杨本节去，已见十六日。）

【注释】

①"旧有额"三句：叶迁甲按："'旧有额'至'大川'廿五字，宜从杨本节去，已见十六日。"其实，"四库"本所收的杨名时本"竟不得虎"后整段皆删，题额之事仅见于十六日记。

②戎行（róng háng）：军队。

③颖（yǐng）：锥尖，也比喻出类拔萃的东西。

【译文】

巅塘关南面延伸过的大山，向西南绕到古勇关北面。分支往东前突的，是尖山；向东南前突的，是马鞍山；又分出支脉向南下延的，是宝峰山，又往南成为打鼓尖，又往南在龙光台到了尽头。那马鞍山的正脉向东延伸的，第一次笔起成为笔峰山，又笔起成为竉屼山，于是往南环绕成赤土山，成为延过乱箭哨的山脊，又往南形成半个山，而后往西北环绕成为来凤山后盘结为州城。这就是所谓的"回龙顾祖"了。从古勇关北面分支往南下延的山，成为鬼甸的西山，又往南成为鹅笼的西山，又往南延到达缅箐；主脉向西南下延的山，成为古勇西关，而后往南连接到神护关。八关之外，它们的北面又有这古勇、巅塘二关，是古关。巅塘关之外是茶山长官司，旧时属于中国，如今属于阿瓦。巅塘关的东北、阿幸厂的北面是姊妹山，出产斑竹，那以外就是野人。宝峰山面向东方屏风样矗立在它的前方，下边分为两条山箐，中间垂直矗立着高大穹隆的石崖，两旁倒插进山箐底。北面的山箐之上，环绕着一条山冈，向前环绕如同一堵墙，石崖中间裂开，凿有石阶悬在石崖间，名叫猢狲梯。猢狲梯南边玉皇阁紧靠在它的下边，猢狲梯北边纯阳阁盘踞在它的上方，旧时有块匾额题名叫"太极悬崖"，而吴参将又写大字刻在它的上方，叫"莫高山大川"。纯阳阁之上，则有开阔的轩廊三间，位于左右高悬的山箐的中间，而下方面临绝深的壑谷。面向东北方，近处是环绕的山冈低伏在前方，平川围绕在山下，远处则是东山之外，高黎贡山北段的尖峰独自高出群山的山顶，正对着它的中央，这座尖峰当地人又称为小雪山，遥远的山峰横亘在半天空，而群峰之上独自耸立着一座尖峰，像拱形的玉圭，大约在分水关的北面二十里。分水关与尖峰之间无路能上去，也不能看见，来到此地才面向东方看见它。马鞍山宝藏的徒弟径空，从前在军队中时，曾经从赤土铺往北渡过龙川江走到山下，是高简槽，有个姓段的居民，带领他登上峰顶。山峰高处大约有四十里。眼界十分开阔。纯阳阁后面是三清殿，就是邵道士居住的地方了。三清殿距西面的山顶不远，我先前从那里下来过。大体上，这座山最高的地方，是三清殿，面向东北；位于石壁下边而居全山正中的，是玉皇阁，面向东；居于北面山箐的北边，紧靠环绕山冈的山窝间的，是宝峰寺，面向南。玉皇阁在石壁之下，两面的山箐夹住它，得到地脉的正位；而纯阳阁孤悬在山崖间，从莲花般的山尖上现出神奇，这是偏正相生的妙处。腾越州的北部土山很多，而这座山又是土山把石崖独自围裹在中央,如锥尖从口袋中刺出来,而且两条山箐中怪树奇木,郁郁葱葱,葱茏密布。竹子中大点的,如同我们地方的猫竹,中等的如我们地方的筋竹,小的如我们地方的淡竹,无所不有,又不是迤东迤西所能有的了。(叶廷甲按:从"旧有阁"到"大川"共二十五个字,应该从杨本删节掉,已经出现在十六日的日记中。)

　　二十一日　饭后别邵道,下纯阳阁,东经太极崖。其处若横北箐而上,半里而达宝峰寺;余以南箐悬峭,昨所未经,乃从大路循玉皇阁下悬崖。曲折下半里,又度北箐之下峡,从环冈大道复半里,北上宝峰寺。问道于尼。尼引出殿左峰头,指山下核桃园,直北为尖山道,西北登岭为打鹰山道。闻打鹰山有北直僧新开其地①,颇异,乃先趋打鹰。于是东北下坡,一里,抵坡北。又北一里余,有数家倚西山麓,是为核桃园②。其西北有坳颇低,乃宝峰之从北度脊者,有大道西向之,有小溪东注。逾之,直北一里余,乃西北登坡。四里,逾坡脊而西,是名长坡。又西半里,乃转而北,挟西峰而循其北,仍西行脊上。其脊北下,即酒店岭之东度为笔峰、龍岈者,南下,即野猪坡之南出为鹅笼、缅箐者,盖俱从分支之脊行也。西五里,岭坳间路交"十"字,乃西北横陟之。当从西北蹑坡,误从西行岭之南。二里,遇樵者,知为鬼甸道,打鹰开寺处已在直北双峰下。然此时已不见双峰,亦不见路影,乃蹑棘披砾,直上者三里,雾气袭峰,或合或开。又上二里,乃得乱坪,小峰环合之,中多回壑,竹丛杂布。见有撑架数柱于北峰下者,从壑中趋之,仍无路。柱左有篷一龛,僧宝藏见余,迎入其中,始知即开山之人也。因与余遍观形

势。饭后雾稍开,余欲行,宝藏固留止一宵。余乃从其后山
中垂处上。

【注释】

①北直:明代首都称京师,在顺天府,即今北京市。京师附近地区
　不设布政使司,各府州直隶于京师,这一地区即称为京师或直
　隶。为与南京相区别,则称北直隶,省称北直。管辖范围相当于
　今北京市、天津市、河北省大部及河南、山东的小部。

②核桃园:今名同。据李根源《雪生还乡吟·汉五铢钱诗注》,1938
　年在腾冲城西八里宝峰山下核桃园荒冢中发现汉五铢钱千枚,
　证明腾冲属汉益州永昌郡无疑。

【译文】

二十一日　饭后告别邵道士,走下纯阳阁,往东经过太极崖。此处
如果横过到北边的山箐往上走,半里后就到宝峰寺;我因为南边的山箐
高悬陡峭,昨天没有经过,便从大路沿着玉皇阁走下悬崖。曲折下行半
里,又越过北边山箐走下峡谷,从环形山冈上的大路再走半里,往北登
上宝峰寺。向尼姑问路。尼姑领路走出大殿左边的峰头,指着山下的
核桃园,正北是去尖山的路,向西北登岭是去打鹰山的路。听说打鹰山
有北直隶来的僧人新近在那地方开山,颇为奇异,就先赶去打鹰山。从
这里向东北下坡,一里,抵达山坡北面。又往北行一里,有几家人紧靠
西山山麓,这里是核桃园。村子西北有个山坳地势很低,是宝峰山往北
延伸的山脊,有条大路向西通往那里,有条小溪向东流淌。越过小溪,
一直往北行一里多,就向西北登坡。四里,越过坡脊往西行,这里名叫
长坡。又往西行半里,于是转向北,傍着西峰而且沿着它的北面走,仍
然往西前行在山脊上。这条山脊往北下去,就是酒店岭往东延伸形成
的笔峰山、籠岔山,从南面下走,就是野猪坡的南边出去称为鹅笼、缅箐
的地方,大概都是从分支的山脊上走。向西五里,山岭山坳之间道路交

又成"十"字形,于是向西北横向越过路口。应当从西北方登坡,错从西面行走在山岭的南面。二里,遇上打柴的人,了解到这是去鬼甸的路,打鹰山新建寺庙的地方已经在正北方的双峰之下。但是此时已经看不见双峰,也不见路的踪影,只好踏着荆棘分开砾石,一直上登三里路,雾气侵袭着山峰,时而分开时而合拢。又上登二里,才遇上一块杂乱的平地,小山峰环绕着平地,中间有许多回绕的壑谷,竹丛杂乱地分布着。看见北峰之下有个几根梁柱撑住屋架的地方,从壑谷中望着那里赶过去,仍然没有路。柱子左边有一个篷子搭成的佛龛,僧人宝藏见到我,迎入篷子中,这才知道他就是开山的人了。于是他与我遍观地形。饭后雾气渐渐散开,我想要上路,宝藏坚决留我住一夜。我只好从这里的后山下垂在中央的地方上登。

其山乃中起之泡也,其后复下,大山自后回环之,上起两峰而中坳,遥望之状如马鞍,故又名马鞍山。据土人言,其上多鹰,旧《志》名为集鹰山,而土音又讹为打鹰云①。其山脉北自冠子坪南耸,从顶上分二岐,一岭西南,一岭东北,二峰之支,如抱臂前环。西南下者,当壑右而伏,过中复起小阜而为中案,南坠而下,复起一峰为前案。东北下者,当壑左而伏,结为东洼之钥。两峰坳处正其环窝处,前蹲一峰当窝中,其脉复自东北峰降而中度,宛如一珠之托盘中。其前复起两小阜,如二乳之列于胸。其脉即自中蹲之峰,从左度右,又从右前度,而复起一阜于中,与双乳又成鼎足,前列为中峰近案,即南与中案并峙。稍度而东,又起一阜,即北与东洼之钥对夹。故两乳之前,左右俱有洼中坳,中峰之后,左右亦有峡中肩,其脉若甚平,而一起一伏,隐然可寻。

其两峰之高者,左右皆环而止,唯中之伏而起者,一线前度,其东为笔峰、龍岈,南为宝峰、龙光者,皆是脉也。土人言,三十年前[2],其上皆大木巨竹,蒙蔽无隙,中有龙潭四,深莫能测,足声至则涌波而起,人莫敢近;后有牧羊者,一雷而震毙羊五六百及牧者数人,连日夜火,大树深篁,燎无孑遗[3],而潭亦成陆,今山下有出水之穴,俱从山根分逗云。山顶之石,色赭赤而质轻浮,状如蜂房,为浮沫结成者,虽大至合抱,而两指可携,然其质仍坚,真劫灰之余也。宝藏架庐在中峰之下,前临两乳,日后有扩而大者,后可累峰而上,前可跨乳为钟鼓之楼云。今诸洼虽中坳,而不受滴水,东洼之上,依石为窨,有潴水一方,岂龙去而沧桑倏易,独留此一勺以为开山之供者耶! 宝藏本北直人,自鸡足、宝台来,见尖山虽中悬而无重裹,与其徒径空觅山至此,遂龛坐篷处者二年。今州人皆为感动,争负木运竹,先为结此一楹,而尚未大就云。径空,四川人,向从戎为选锋[4],复重庆,援辽援黔,所向有功,后为腾越参府旗牌[5],薙发于甘露寺,从师觅山。师独坐空山,径空募化山下,为然一指[6],开创此山,俱异人也。是晚宿龛中。有一行脚僧亦留为僧薙地者[7],乃余乡张泾桥人[8],萧姓,号无念,名道明。见之如见故人也。

【注释】

①打鹰山:今名同,又作打莺山,在腾冲往北至固东的公路西侧。腾冲县城周围有四十多座火山,呈南北方向线状排列。有些山峰的外貌,至今还保持着截顶状圆锥形的火山形体,山顶有圆形洼地,山周围遍布黑灰色含有大量气孔的浮石,当地人称蜂窝

石。腾冲火山群中,以打鹰山最典型。该山海拔 2614 米,相对高度 645 米,山体底面直径十二公里,顶部火山口直径三百米,深度超过一百米。火山口上覆盖着近二十厘米的尘土和火山灰混合物,以下则是暗红色的浮石和火山弹。火山口内还有三个间隔不一的火山口湖,冬季干枯,雨季积水。《游记》记载了难得的火山爆发的真实情景及火山爆发前后的变化,有重要的科学价值。

②三十年前:按其记载推算,应为万历三十七年,1609 年。

③孑(jié)遗:剩余。

④从戎:参军。选锋:经选择精锐之士作为冲突敌阵的先锋部队。

⑤旗牌:即王命旗牌,为上面写有令字的蓝旗和圆牌,由中央政府颁给地方官,用以代表王命。掌王命旗牌的官称为旗牌官,简称旗牌。

⑥为然一指:"然"同"燃"。《通鉴》后周世宗显德二年禁僧俗舍身炼指注:"炼指者,束香于指而燃之。"

⑦行脚僧:僧人随处参访,行踪无定,如行云流水,称为云水僧,亦称行脚僧。

⑧张泾桥:今名同,在江苏江阴市东南。

【译文】

这座山是中央凸起的水泡状的山,山后又低下去,大山从后面回绕着它,上方耸起两座山峰而中间下凹,远望它的形状如同马鞍,所以又叫做马鞍山。据当地人说,山上有很多鹰,旧志书名为"集鹰山",而土话又把音错读为"打鹰"了。它的山脉北面起自冠子坪南边耸立的山,从山顶上分为两岔,一座耸峙在西南方,一座耸峙在东北方,两座山峰的支脉,如围抱的手臂向前环绕。往西南下延的,在壑谷右边低伏下去,延过中央重又突起小土阜,成为中央的案山,向南深坠而下,再耸起一座山峰,成为前边的案山。往东北下延的,在壑谷左边低伏下去,盘结为东面洼地的门户。两座山峰间的下凹处正好在那环状的山窝处，前方蹲着一座山峰在山窝中，山脉又从东北方的山峰下降向中央延伸，宛如一颗明珠托在盘子中。它的前方又突起两座小土阜，如两个乳房排列在胸前。它的脉理就是起自蹲在中央的山峰，从左边延伸到右边，又从右边向前延伸，而后又在中间突起一座土阜，与两个乳房又形成鼎足之势，排列在前方成为中峰近处的案山，就在南面与中间的案山对峙。稍往东延伸，又突起一座土阜，就在北面与东面洼地的门户相对夹立。所以两个乳房的前方，左右都有中间下注的山坳，中峰的后面，左右也有峡谷锁闭着中峰，它的脉理好像非常平缓，但一起一伏的，隐约可以探寻。那两座山峰中较高的，左右都环绕过来便到了头，唯有中间低伏后又隆起的山，像一条线一样向前延伸，它的东面称为笔峰山、龙炭山的，南面称为宝峰山、龙光台的，都是这座山的山脉。当地人说起，三十年前，山上都是大树和巨大的竹子，密蔽得没有空隙，山中有四个龙潭，深不可测，有脚步声传来波浪就腾涌而起，人不敢走近；后来有牧羊的人，一声惊雷就震死了五六百只羊和几个牧羊人，一连几天几夜燃起大火，大树和幽深的竹林，被烧得了无孑遗，而龙潭也变成了陆地，今天山下有出水的洞穴，全是从山脚分别引流出来的。山顶的岩石，颜色赭红而质地轻浮，形状如同蜂房，是漂浮的泡沫凝结成的，即使大到一人合抱，但用两个手指就可以拿起来，不过石质仍然很坚硬，真是劫后剩余下的灰烬。宝藏在中峰之下架起屋架，前方面临两个乳房，日后有人扩大寺庙，后面可以靠着山峰叠累而上，前方可以横跨乳房建为钟、鼓楼。如今各个洼地中虽然中间下凹，但不能容留一滴水，东面的洼地之上，紧靠岩石形成深坑，有一池积水，难道是神龙离开后沧海桑田倏忽间变幻，唯独留下这一勺水供给开山的人饮用吗！宝藏本来是北直隶的人，从鸡足山、宝台山来，看见尖山虽然高悬在中央但没用重重围护的山，与他的徒弟径空找山来到此地，便在竹篷中设置佛龛坐禅两年。如今州里的人全被感动了，争相扛树运竹，先为他建了这间房，但尚未全部建成。径空，是四川人，以前从军担任选锋，收复重庆，救援辽东，救援贵州，所向之处建立了功勋，后来担任腾越参将府的旗牌官，在甘露寺剃发出家，跟随师傅找山。师傅独自坐在空寂的山中，径空到山下去募化，为此烧了一个手指，开创了此山，都是奇人。这天晚上住在佛龛中。有一个云游僧人也留下为僧人铲地，是我家乡张泾桥的人，姓萧，法号无念，法名叫道明。见到他如同见到了老朋友。

　　二十二日　晨起，宿雾净尽。宝藏先以点饷余，与余周历峰前。凭临而南为南甸，其外有横山前列，则龙川后之界也；近嵌麓西为鬼甸①，其外有重峰西拥，则古勇前南下之支也；下伏而东度，为笔峰，其外有高岭东穹，则高黎贡后耸之脉也；惟北向则本山后屏焉。然昨已登岭北眺，知东北之豁处，为龙川所合；西北之丛处，为尖山所悬；而直北明光六厂之外，皆野人之栖矣。久之，乃饭而别。

【注释】

①鬼甸：今作奎甸，又称民振，在腾冲西北境。

【译文】

　　二十二日　早晨起床，夜雾散尽。宝藏先拿点心款待我，与我遍游山峰前方。登高凭眺，南面是南甸，那以外有横亘的山排列在前方，就是龙川江后面的地界了；近处嵌在山麓西边的是鬼甸，那以外有重重山峰拥立在西面，就是古勇关前面往南下延的支脉了；在下方低伏着往东延伸的，是笔峰山，那以外有高大的山峰隆起在东方，就是高黎贡山后面耸起的山脉了；唯有北面就是本山在后面成为屏障了。不过我昨天已登上山岭向北方眺望过，知道东北方的开阔之处，是龙川江汇合的地方；西北山峰成丛之处，是尖山高悬的地方；而正北明光六厂之外，都是野人居住的地区了。很久之后，才吃了饭告别。

　　宝藏命其徒径空前导，从东北行，皆未开之径也。始逾东环之臂，即东北下，虽无径而颇坦。三里余，有路循岭北西去，往鬼甸道，盖是山前后皆向鬼甸道也。于是交之，仍东下，甚峻。一里，又有路自东南来，西北逾岭去，此即州中趋冠子坪道。盖冠子坪从北南度，穿起打鹰之顶，自北望之，不见双峰如鞍，只觉层起如冠。逾脊西下，是为坪村所托，有龙潭西涌，乃鬼甸上流，经鹅笼而南下者也。余交其路，仍东北下，行莽棘中。一里余，北向下，傍西小峡渐有微径，径右峡中亦有丛竹深藤。东转，再逾一峡。一里，乃北行环冈上。冈之西，大山始有峡中盘；冈之东，始随坡东下。共二里，抵坡麓，则响水沟之峡在其东矣。有溪自西峡出，北涉之，随西山北行。西山至是稍开，有路西入之。交其路而北，一里余，稍下，又有小水从西坞出，是为王家坝。以此水为界，南俱沐府庄。又北半里，遂与南来大路合。又北一里，有村在西山下，至是中坞始开。其坞南从酒店脊来，北至此东西乃辟，溪沿东麓北下，村倚西山东向，而路出其中。又北里许，有岐东北往界头。余循西山西北下，渡一小峡，半里，西转，其南谷为湾腰树①，盖王家坝之后山也；其北坞为左所屯，乃蠪崶北又起一峰，其余支西北而环者。坞中始有田畴下辟，响水沟之流亦西北贯之，而路从南山西向行。一里余，有小水北流。又西一里余，有结茅卖浆在南山下，于是巨松错立，高影深阴，午日俱碧。又西二里为马站②，其北坡下颇有隔林之庐，而当路左者止一家，州来者皆饭焉；其西始田塍环坡。从田中西北行一里余，抵北山下。稍西复北，一里，逾其坳，有墟场，为马站街房。其北山坡杂沓，石齿高下，东冈与西山，遂夹溪北注。共三里，有山横于前，乃西随之，半里，北透其坳，其北则山开而下盘环壑，溪从西山透峡南来，绕壑北去，固知透坳之山，乃自南而西转，坳西一峰，即西尽于溪者也。盘壑而西北一里余，遂循溪东岸行，其西冈松桧稠密，有大寺基在焉。乃饭于溪旁。又北半里为邱坡③，有两三家倚西山下。其西则群山中迸为峡，有岐西入之，为古勇道；其东则谷口横拓，南北之水俱由之出焉。于是北行田塍间，二里，屡逾其分流之水。又北一里余，为顺江村，古之顺江州治也④。西山至是中断复起，其特耸颇厉，是为三清山。村多环石为垣，连竹成阴者。又北半里，有水自西峡来，东向而注，是为顺江，有木梁跨其上。顺江村之东，山坞东辟。过桥，复北上坡，行竹径中。半里，北下，过乾海子。一里余，北上坡，有虚茅在坡北⑤，是为顺江街子。复西北行坡坂间。其坂西倚三清山，东临夹壑，壑之东，则江东山南下而横止焉。从此三清西亘，江东东屏，又成南北之坞。行坂间三里，北向稍下，忽闻水声，则路东有溪反自南而北，至是乃东转去，想顺江之分流而至者。盖江东山之西，已有两江自北而来，此流何以反北耶？流既东，路遂北盘东垂之坡，二里，是为鸡茨坪⑥。逾坪北下一里余，复得平畴，有卖浆者当路右。于是东北行田塍间，一里余，有江自西北注东南，长木桥横跨之，是为西江；其东又有一江自东北注东南,沿东山与西江并南行坞中,是为东江[7]。既度西江桥,遂北行江夹中,一里而至固栋[8],宿于新街。

【注释】

①湾腰树:"四库"本、丁本作"湾腰村",今称弯腰树坡。

②马站:今名同,又称保家。

③邱坡:今作秋坡,分上下村。以上居民点从南往北排列在今腾冲往北到固东的公路边。

④顺江州:《明一统志》腾冲军民指挥使司载:"至元中改腾越州及治腾越县。寻复腾冲府,仍置腾越县。后以顺江州及腾越、越赕、古勇三县省入。"乾隆《腾越州志》卷三古迹对置废年代有追叙:顺江废州,"元至元十一年置,寻废。至正七年酋长某求内附,立宣抚司,寻又废。"则元代前期曾设过顺江州,但元代各志缺载。今仍称顺江,又称顺利、和平,在腾冲北境,固东以南。顺江街子颇大,分上顺江、中顺江、下顺江。

⑤虚茅:赶街的草棚。虚:同"墟"。

⑥鸡茨坪:今又误作基刺平,在顺江稍北。

⑦东江:今称磨龙河,又称明光河,西江今称西沙河,又称固东河,在固东稍南汇合。

⑧固栋:今作固东,在腾冲县北境。

【译文】

宝藏命令他的徒弟径空在前领路,从东北方走,都是未开辟的小径。开始时翻越向东环绕的手臂,立即往东北下走,虽然没有路但很平坦。三里多,有条路沿着山岭北面向西去,是通往鬼甸的路,原来是这座山前后都有通鬼甸的路。于是与道路相交,仍然往东下走,十分陡峻。一里,又有一条路从东南方过来,向西北翻越山岭而去,这就是州里通往冠子坪的路。原来冠子坪从北往南延伸,隆起打鹰山的山顶,从北面望它，看不出双峰像马鞍，只觉得层层耸起如像帽子。翻过山脊向西下行，那是坪村依托的地方，有龙潭向西涌流，是鬼甸的上游，流经鹅笼后往南下流。我的路线与这条路相交，仍然往东北下行，行走在荆棘中。一里多，向北下走，依傍着西边的小峡谷渐渐有条小径，小径右边的峡谷中也有成丛的竹子和幽深的藤蔓。转向东，再越过一条峡谷，一里，就往北前行在环绕的山冈上。山冈的西面，大山开始有峡谷盘绕在山中；山冈的东面，开始顺着山坡往东下坡。共行二里，抵达坡脚，就见响水沟的峡谷在这里的东边了。有溪水自西面的峡谷中流出来，向北涉过溪水，顺着西山往北行。西山到这里稍微开阔了些，有路向西进山。穿过这条路往北走，一里多，略下走，又有一条小河从西面的山坞中流出来，这里是王家坝。以这条小河为界，南面全部是沐府的庄田。又往北行半里，便与南面来的大路会合。又向北一里，有个村庄在西山下，到这里中间的山坞开始开阔起来。这个山坞从南面酒店岭的山脊处伸展过来，北面到了此地东西两面才开阔起来，溪水沿着山的东麓往北下流，村庄背靠西山面向东方，而道路经过其中。又向北走一里左右，有条岔路向东北通往界头。我沿着西山向西北下走，渡过一条小峡谷，半里，转向西，这里南面的山谷是湾腰树，大概就是王家坝的后山了；这里北面的山坞是左所屯，是在龍㲹山北面又耸起的一座山峰，它的余脉向西北环绕的山。下边山坞中开始有开垦出来的田地，响水沟的水流也从西北方一直流过山坞，而道路从南山向西行。一里多，有条小河向北流。又向西一里多，有人在南山下建了茅屋卖酒浆，到这里巨大的松树错杂林立，高大的树影、深浓的树荫，正午的阳光都成了绿色的。又向西二里是马站，这里北面的山坡下隔着树林有许多房屋，但在路左边只有一家人，州里来的人都在这里吃饭；这里的西面开始有田地环绕着山坡。从田中往西北行一里多，到达北山下。稍向西再向北转，一里，越过这里的山坳，有个墟场，是马站赶街子的房子。这里的北面山坡杂沓，齿状的岩石高低不一，东面的山冈与西山，就夹住溪水向北流淌。

共三里,有山横在前方,就向西顺着山走,半里,向北穿过这里的山坳,山坳北边就见山势开阔而下方盘绕着壑谷,溪水从西山穿过峡谷向南流来,绕着壑谷往北流去,本来就知道山坳穿透的山,是自南往西转,山坳西面的一座山峰,就是在西面溪流边到头的山。绕着壑谷往西北走一里多,就沿着溪流东岸前行,溪流西面的山冈上松柏稠密,有大寺庙废弃的地基在那里。于是在溪边吃饭。又向北半里是邱坡,有两三家人紧靠在西山下。村西就见群山从中间迸裂成峡谷,有条岔路向西进峡,是去古勇关的路;村东是山谷口横向拓开,南北两面的水流都经由山谷流出去。从这里向北行走在田野间,二里,屡次越过田间分流的溪水。又向北一里多,是顺江村,是古代顺江州的州治。西山到这里从中间断开后又再耸起,那独自耸立的山势相当高险,这是三清山。村子多半是用石块垒成环绕的围墙,竹丛连片成荫。又向北半里,有河水自西面的峡中流来,向东流淌,这是顺江,有座木桥横跨江上。顺江村的东面,山坳向东拓展开去。过桥后,再往北上坡,前行在竹林小径中。半里,往北下行,经过乾海子。一里多,向北上坡,有赶街子用的茅草屋在山坡北边,这里是顺江街子。再向西北行走在山坡间。这里的山坡西面紧靠三清山,东边面临相夹的壑谷,壑谷的东面,就是江东山向南下延后横着止住的地方。从此处三清山横亘在西面,江东山屏风样挡在东面,又形成南北向的山坳。在山坡间行三里,向北稍下走,忽然听见水声,就见道路东边有溪水反而自南往北流,流到这里就转向东流去,猜想是顺江分出的支流流到这里的。原来江东山的西面,已有两条江水自北面流来,这条溪流为何反而向北流呢?溪流向东流后,道路于是往北绕过向东下垂的山坡,二里,这是鸡茨坪。穿过鸡茨坪往北下行一里多,又遇上平旷的田野,在道路右边有卖酒浆的人。于是向东北行走在田野间,一里多,有江水自西北流向东南,有座长木桥横跨在江上,这是西江;这里东面又有一条江水自东北流向东南,沿着东山与西江并排向南流经山坳中,那是东江。走过西江桥后,就往北前行在两条江相夹的地带中，一里后来到固栋，住宿在新街。

　　　　固栋一名谷栋，聚落当大坞中，东、西二江夹之。其北则雅乌山南垂，横亘两山间，至此而止；其南则两江交合于三里外，合流东南去，至曲石入龙川江；东则江东山北自石洞东，南向而下；西则三清山北又起一峰，南与三清雁行而峙，其中有峡如门，而小甸之路从之①。是峰即云峰尖山东下北转之脉，云峰正在其西，为彼所掩，故固栋止西见此山而不见云峰也。其地直东与瓦甸对，直西与云峰对，直北与热水塘对，直南与马站对。有新旧二街，南为新，北为旧。

【注释】

①小甸：今名同，在腾冲县北境，固东稍西。其西的山今仍称云峰，又称小尖山。

【译文】

　　固栋又叫谷栋，聚居的村落在大山坞中，东江、西江两条江夹住村落。固栋的北面就是雅乌山的南垂，横亘在两山之间，到此地便止住了；固栋的南面就是两条江在三里之外相交合流，合流后向东南流去，流到曲石汇入龙川江；东面就是江东山自北面的石洞东边，向南下延；西面则是三清山北边又耸起一座山峰，与南边的三清山如雁阵一样对峙，两山之中有条像门一样的峡谷，去小甸的路从峡谷中走。这座山峰就是云峰尖山往东下延向北转的山脉，云峰山正在它的西面，被它遮挡住了，所以固栋西面只看得见这座山却看不见云峰山了。此地正东与瓦甸相对，正西与云峰山相对，正北与热水塘相对，正南与马站相对。有新旧两个街子，南面的是新街，北面的是旧街。

二十三日　命主人取园笋为晨供，味与吾乡同。八九月间有香笋，薰干瓶贮，味有香气。北一里，过旧街。买飞松一梆于刘姓者家。"飞松"者，一名狐实，亦作梧实，正如梧桐子而大倍之，色味亦如梧桐，而壳薄易剥；生密树中，一见辄伐树乃可得，迟则树即存而子俱飞去成空株矣，故曰"飞松"，惟巅塘关外野人境有之①。野人时以茶、蜡、黑鱼、飞松四种入关易盐、布。其人无衣与裳，惟以布一幅束其阴，上体以被一方帏而裹之，不复知有衿袖之属也。此野人即茶山之彝，昔亦内属，今非王化所及矣②；然谓之"红毛"，则不然也。

【注释】

①野人：明时对景颇族的带有民族歧视的称呼。

②"此野人"句：《明史·地理志》永昌军民府："茶山长官司，永乐五年析孟养地置，属金齿军民司。嘉靖元年属府。东有高黎共山。"茶山长官司在高黎贡山以西、尖高山以北的糯千卡河两岸，即通常所称的小江流域。

【译文】

二十三日　命令房主人取来园子中的竹笋做早餐，味道与我家乡的相同。八九月间有种香笋，薰干后用瓶子贮存起来，笋味有香气。向北一里，经过旧街。在姓刘的人家买来一竹筒飞松。"飞松"这种东西，另一个名字叫狐实，也叫梧实，正好像梧桐子但大处有梧桐子的一倍，颜色味道也像梧桐子，但外壳薄容易剥开；生长在密林中，一看见就砍树才可得到，迟了就只有树还在但子实却马上全都飞去成空树了，所以叫做"飞松"，只有巅塘关外的野人境内有这种东西。野人时常用茶叶、蜂蜡、黑鱼、飞松四种东西入关来交换食盐、布匹。那些人没有衣服与裤子，仅用一幅布束在阴部，上身用一块方形布幔披着裹住身子，不再知道有衣襟袖子之类的了。这种野人就是茶山长官司的少数民族，从前也曾经归属内地，今天已不再是君王的教化所能达到的地方了；然而把他们称为"红毛"，却是不对的。

又北二里余，横冈后亘，望之若东西交属于两界崇山，不复知其内有两江之嵌于两旁也。此冈即雅乌山南垂尽处，东、西二江皆从其两腋南出，疑即挨河，而土人讹为"雅乌"耳。陟冈而北，又二里，冈左渐突而成峰，冈右渐嵌而为坑，路渐逾坑傍峰而上，于是坑两旁皆峰，复渐成峡。循峡西峰行二里，陟其北坳，遂挟西峰之北而西向下。二里，路右有大栗树一株，颇巨而火空其中；路左则西江自西壑盘曲东来，破峡而东南去，于是出固栋西山之西北矣。始下见盘壑西开，江盘壑底，而尖山兀然立其西南矣。又西下一里，随江北岸西行二里，始有村庐倚冈头，是为乌索。其江反北向折而来，路乃南下冈就之，半里，则长木桥横架江上，反自西而东度之。桥东复有竹有庐，从其侧转而西南，则固栋西山与尖峰后大山围环其南，而江曲其北者也。又西半里，有村连竹甚盛。半里，从其村南西转，复行冈坂者二里，冈头巨松错落，居庐倚之。半里，西向下，涉一坑。又西南一里余，连过两村，又西向下，涉一坑，始及山麓。遂西向上，半里，有小水注坡坂间，就而涤体。时日色亭午[①]，解衣浣濯久之，乃西南循小径上。一里，转而西，始与东来路合。时雷雨大至，行草径间，一里，稍西下，涉一峡底，于是巨木参霄，纬藤蒙坞，遂极幽峭之势。盘峡嘴而西，一里，又涉一峡底。二峡皆在深木中，有小水淙淙自北而南，下注西来之溪，合

而东行北出者也。涉峡之西崖,有巨石突立崖右。路由巨
石之东,北向上,曲折跻树荫中,高崖滴翠,深木筛金,始知
雨霁日来,阴晴弄影,不碍凌空之屐也。上三里,遂陟冈脊。
脊两崖皆坠深涵碧,闻水声潺潺在其底,而不辨其底也。脊
狭不及七尺,而当其中复有铺木以度者,盖脊两旁皆削,中
复有窞下陷,故以木填之。行脊上一里,北复稍下,又涉一
南坠之峡,半里,乃西北上,其上甚峻。一里余而饭。稍夷,
转西南盘而北,半里,复曲折上,峻愈甚。一里,又稍夷,循
峰崖而转其腰,始望见尖峰在隔箐陇树间,而不知所循者亦
一尖峰也。北半里,抵其峰西腋,稍西下度一脊,遂西上,上
皆悬崖削磴。回顾前所盘脊东峰,亦一峰复耸,山头尖削,
亦堪与尖山伯仲②,但尖山纯石中悬,而彼乃土峰前出耳。
两峰之北,复与西大山夹成深壑,支条盘突,箐树蒙蔽,如翠
涛沉雾,深深在下,而莫穷端倪,惟闻猿声千百,唱和其间,
而人莫至也。崖头就竖石凿级为梯,似太华之苍龙脊。两
旁皆危崖,而石脊中垂,阔仅尺许,若龙之垂尾以度,而级随
之,仰望但见层累不尽,而亦不能竟其端倪也。梯凡三转,
一里而至其顶。顶东西长五丈,南北阔半之,中盖玉皇阁,
前三楹奉白衣大士,后三楹奉三教圣人,顶平者如是而止,
其向皆东临前峰之尖。南北夹阁为侧楼,半悬空中,北祠真
武,下临北峡,而两头悬榻以待客;南祠山神,下临南峡,而
中厂为斋堂③。皆川僧法界所营构,盖其上向虽有道,而未
开辟,莫可栖托。法界成之,不及五年,今复欲辟山麓为下
殿,故往州未返。余爱其幽峻,遂止东侧楼。守寺二僧,一

下山负米，一供樵炊而已。

【注释】

①亭午：又作"停午"，即正午。

②"山头"二句：以下霞客所登之山即云峰山，在腾冲县城北50公里，海拔2445米，山顶有云峰寺。沿三折云梯而上，有玉皇阁、老君殿、观音殿、吕祖殿等，如琼阁玉宇，隐现云中。

③厂：通"敞"。"四库"本作"敞"。

【译文】

　　又向北二里多，横卧的山冈绵亘在后面，远望它好像与东西两面的高山互相连接，不再知道山内有两条江深嵌在两旁了。这座山冈就是雅乌山往南下垂的尽头处，东、西两条江都是从它的两侧向南流出来，怀疑就是挨河，不过是当地人错读为"雅乌"罢了。上登山冈后往北走，又行二里，山冈左侧渐渐突起变成山峰，山冈右侧渐渐下嵌成为深坑，道路渐渐越过深坑傍着山峰往上走，在这里深坑两旁都是山峰，又渐渐变成峡谷。沿着峡谷西面的山峰行二里，登上峡谷北面的山坳，于是傍着西峰的北面向西下行。二里，路右边有一棵大栗树，相当巨大但火烧空了树干；路左边就见西江自西面的壑谷中弯弯曲曲向东流来，冲破峡谷往东南方流去，到这里已走出固栋西山的西北方了。开始见到下方盘绕的壑谷在西面敞开，江流盘绕在壑谷底下，而尖山突兀地矗立在壑谷的西南方。又往西下行一里，顺着江流的北岸往西行二里，开始有村庄房屋依傍在冈头，这里是乌索。那江水反而折向北流来，道路于是向南走下山冈走近江流，半里，有座很长的木桥横架在江上，反而自西向东过桥。桥东边又有竹丛有房屋，从桥侧边转向西南，就见固栋的西山与尖峰后面的大山围抱在这里的南面，而江水弯曲流过这里的北面。又往西行半里，有村庄竹丛连片十分兴盛。半里，从这里的村子南边向西转，再在山冈山坡间前行二里，冈头巨松错落，居屋紧靠山冈。半里，向西下行,涉过一个坑谷。又向西南走一里多,一连经过两个村庄,又向西下行,涉过一个坑谷,这才到达山麓。于是向西上山,半里,有条小溪流淌在山坡间,走过去洗身子。此时天色是正午,脱下衣服洗了很久,这才往西南沿着小径上走。一里,转向西,开始与东面来的路会合。这时雷雨暴降,行走在草丛小径间,一里,略向西下走,涉过一条峡谷的底部,在这里巨树参天,横爬的藤蔓蒙住山坞,竟然极尽幽深峭拔的气势。绕过峡嘴往西行,一里,又涉过一条峡谷的底部。两条峡谷都在幽深树林中,有小溪水淙淙自北往南流淌,往下流入西面来的溪流中,合流后向东流淌再往北流出去。涉到峡谷西边的山崖上,有巨石突立在山崖的右边。路经由巨石的东边,向北上登,曲折上登在树荫中,高高的山崖翠色欲滴,深树丛中筛下金色的阳光,这才知道雨停后太阳出来,阴晴之间逗弄着光影,不妨碍我凌空上登的脚步。上登三里,终于登上冈脊。冈脊两侧的山崖都坠入深渊包涵在碧绿之中,听到在山崖底下水声潺潺,但不能分辨出峡底。冈脊狭窄不到七尺,但在冈脊中段又铺有木板越过去,原来冈脊两旁都很陡削,中间又有深坑下陷,所以用木板来填补空处。行走在冈脊上一里,再向北渐渐下走,又涉过一条往南下坠的峡谷,半里,就向西北上山,那上去的路非常陡峻。一里多后吃饭。稍微平坦了一些,转向西南绕向北,半里,再曲折上登,愈加陡峻得厉害。一里,又稍微平坦了一些,沿着山峰上的石崖转到山腰,开始望见尖峰在隔着山箐土陇的树丛间,却不知道我沿着走的也是一座尖峰了。向北半里,抵达那座尖峰的西侧,稍向西下走越过一条山脊,就向西上登,上面全是悬崖上陡削的石阶。回头看前边绕过的山脊东面的山峰,也是一座山峰又耸起,山头尖削,也能与尖山比高低,只是尖山是纯石的悬在中央,而那座尖峰是土山往前突出来罢了。两座尖峰的北面,又与西面的大山夹成深深的壑谷,支脉盘绕前突,山箐中树丛浓密荫蔽,如翠绿的波涛沉浮的浓雾,深深的在下方,可无法穷尽它的边际,只听到成百上千的猿猴啼叫声,唱和在山间,但人无法达到。悬崖上头就着竖立的岩石凿成一级级的石梯,好似太华山的苍龙脊。两旁都是奇险的山崖,而石头山脊垂在中间,宽处仅有一尺左右,好像下垂的龙尾向前伸,而石阶顺着山脊走,仰面望去只见层层叠叠延绵不尽,而且也不能完全看到它的边际。石梯共转了三次弯,一里后来到山顶。山顶东西长五丈,南北宽处有一半,中间建盖了玉皇阁,前边三间供奉着白衣观音,后面三间供奉着儒、释、道三教的圣人,山顶上平坦的地方如此便完了,建筑物的朝向都是朝向东方面临前方山峰的山尖。南北相夹的楼阁是侧楼,一半悬在空中,北楼祭祀真武大帝,下临北面的峡谷,而在两头悬架的卧床用来招待客人;南楼祭祀山神,下临南面的峡谷,而在中间敞开作为斋堂。都是四川僧人法界所营建的,原来山上从前虽然有路,但没有开辟,无处可以栖身。法界建成玉皇阁后,不到五年,今天又想开辟山麓作为下院,所以前往州城还没返回来。我喜爱这里幽静险峻,就住在东边的侧楼上。守寺的两个僧人,一个下山去背米,一个供烧火煮饭而已。

二十四日　晨起,天色上霁,四山咸露其翠微,而山下甸中,则平白氤氲,如铺絮,又如潆波,无分远近,皆若浮翠无根,嵌银连叠,不知其下复有坡渊村塍之异也。至如山外之山,甸外之甸①,稍远辄为岚掩翠映,无能拈出,独此时层层衬白,一片内,一片外,搜根剔奥,虽掩其下而愈疏其上。乃呼山僧与之指质远近诸山,一一表出,因与悬南崖而下。有崖前临绝壑,后倚峭壁,中刿横罅,下平上覆,恰如匡床,虽小而可憩可卧,是名仙床。俯层峭之下,巉覆累累,无可攀循。僧指其下有仙洞,须从梯级下至第二层,转崖下坠,乃可得之,遂导而行。其洞乃大石叠缀所成,乱崖颠磴,欲坠未坠,迸处为罅,覆处为洞,穿处为门,门不一窍,洞不一层,中欠宽平,外支幽险,若叠级架板,亦可幽栖处也。洞门东向腋中者为大,入而南穿,一峡排空而下,南出峡门。其门南临绝壑,上夹重崖,有二木球倒悬其前。仰睇之,其上垂藤,自崖端悬空下丈余,即结为瘿②,如瓠匏之缀于蔓者③。瘿之端,缀旁芽细枝,上迎雨露,茸苴夭矫,花叶不一状,亦有结细子圆缀枝间者,即山僧亦不能名之,但曰寄生,或曰木胆而已④。一丝下垂,结体空中,驭风吸露,形似胆悬,命随空寄,其取意亦不诬也。余心识其异,欲取之,而高悬数丈,前即崩崖直坠,计无可得。但其前有高树自崖隙上耸,若得梯横度树间,缘柯而上,以长竹为殳⑤,可钩藤而截取之。余乃识而行,复随导僧由梯级北下悬空之台。乃石脊一枝,下瞰北壑,三面盘空,矫若龙首,条冈回壑,纡郁其下,与仙洞各缀梯级之旁,若左右垂珥。洞倚南崖,以幽峭见奇;台踞北壑,以凭临为胜! 此峰前两概也。由峰后西南越脊而下,更多幽境。近法界新开小路,下十里至小甸,乃固栋西向入峡,经此而趋古勇之道⑥。其坡有热水塘,亦法界新开者,由此东可出固栋,西可穷古勇,而余时有北探滇滩、阿幸之兴,遂不及兼收云。

【注释】

①甸:云南也称坝子为甸,即山间盆地。腾冲称甸的大小坝子更为普遍。

②瘿(yǐng):动、植物体上出现的囊状赘生物。

③瓠匏(hù páo):即瓠瓜,俗称葫芦。

④木胆:近年,友人在腾冲马站的农家院里看到若干堆垒为盆景的

寄生植物,农村集市也有售卖,大小不一,形状各异,与《游记》描述的木胆同,当地俗称树挂。

⑤殳(shū):用长竹制的撞击用的兵器。

⑥古勇:元曾设古勇县,后并入腾冲府,明为古勇关。今作古永,在腾冲县西北隅。

【译文】

二十四日　早晨起床,天空上方晴开,四面群山都露出翠微的山色,但山下的甸子中,却平铺着白色氤氲的云气,如铺开的棉絮,又像翻涌的波涛,不分远近,全都像是无根漂浮的翠玉,连片重叠镶嵌的白银,不再知道那下面还有山坡深渊村庄田野的异境了。至于山外的山,甸子外的甸子,稍微远一点的就被山间的雾气和翠色掩映着,不能分辨出来,唯独此时层层白云映衬着,一片在内,一片在外,寻根究底,虽然云层下方遮住了但云层上方愈加疏朗。于是把山中的僧人叫来与他一同指点质证远近的群山,一一指认出来,因而与他从南边的悬崖下走。有悬崖前方面临绝壑,后方背靠峭壁,中间挖空成横向的裂缝,下面平整上面下覆,恰好像方方正正的小床,虽然小一些却可以歇息躺卧,这名叫仙床。俯瞰层层峭壁之下,巉岩累累下覆,没有可以顺着攀登之处,僧人指点那下面有个仙洞,必须从石梯上下到第二层,转过悬崖下坠,才可走到洞口,于是领路前去。这个石洞是大石块叠垒连缀而成的,杂乱的石崖倒斜的石阶,想要坠落又没坠落,迸裂之处成为裂缝,下覆之处成为洞穴,穿通之处成为洞口,成为洞口的石窍不止一处,石洞不止一层,洞中缺少宽敞平整的地方,外边支撑着幽深的险石,如果垒砌台阶架起木板,也可以作为隐居之处了。洞口面向东方山窝中的大一点,进去后向南穿行,一条峡谷凌空而下,往南走出峡口。峡口南边面临绝深的壑谷,上方夹着两层悬崖,有两个木球倒悬在前方。仰面斜视木球,那上边垂下藤枝,从悬崖顶端悬空一丈多,随即结为瘤状的囊体,如同葫芦连缀在藤蔓上。囊体的顶端,旁边连缀着嫩芽细枝,向上迎着雨露,毛茸茸的,屈曲夭矫,茁壮生长,花和叶子的形状不一致,也有结出圆圆的细小子实连缀在枝条间的,即便是山中的和尚也不能说出它的名字,只是叫做寄生,或者称为木胆而已。一丝下垂,结出的囊体中间是空的,驾驭着山风,吸吮着雨露,形状似悬挂着的胆囊,顺从命运寄生在高空,取这个意思作为它的名字也不冤枉啊。我心知它的奇特之处,想把它摘取下来,但悬在几丈高的地方,前方就是崩塌的悬崖笔直下坠,估计不能得到。但是它的前边有高大的树从石崖的缝隙中向上耸立,如果找到梯子横渡到树上,顺着树枝上爬,用长竹竿当做殳,可钩住藤条后截断取到它。我于是记住这个地方后才走开,又跟随导游的僧人经由石阶往北下到悬空的高台上。是一条石脊,下瞰北边的壑谷,三面盘绕在高空,姿态屈曲好像龙头,条形的山冈回绕的壑谷,曲折盘结在山下,与仙洞各自点缀在石阶的两旁,就像垂在左右的耳环。仙洞紧靠南面的悬崖,以幽深峭拔见奇;石台盘踞在北面的壑谷上方,以凭高临险为胜!这是山峰前边的两处景象。由山峰后面往西南翻越山脊下走,幽境更多。近来法界新开辟了小路,下行十里到小甸,是固栋向西进峡,经过此地通往古勇关的路。这里的山坡上有个热水塘,也是法界新开辟的,由此往东可出到固栋,向西到头可达古勇关,但我此时有往北去探寻滇滩关、阿幸厂的兴致,便顾不及兼带游览了。

　　是午返寺,同顾仆取斧缚竿负梯而往,得以前法升木取瘿。而崖高峡坠,木杪难于著力,久而后得之。一瘿圆若葫芦倒垂,上大下小,中环的颈[①];一瘿环若巨玦,两端圆凑而中空:皆藤悬于上而枝发于下。如玦者轻而松,如葫芦者坚而重,余不能兼收,后行时置轻负坚者而走。

【注释】

①的(dì)颈：白色的颈子。

【译文】

这天中午返回寺中，同顾仆拿来斧子绑在竹竿上扛着梯子前去，得以用前述的方法爬上树去取囊体。可悬崖太高峡谷深陷，树梢难以受力，很久之后才取到囊体。一个囊体圆得好像倒垂的葫芦，上大下小，中间是白色环形的颈；一个囊体呈环状如像巨大的玉玦，两头圆圆的凑在一起而中间是空的：都是藤条悬在上方而枝芽发在下边。像玉玦的又轻又松，像葫芦的又硬又重，我不能兼顾，后来上路时放弃了轻的背走了坚硬的。

二十五日　余留二诗于山，负木胆于肩，从东大道下梯级。一里余，东度过坳，遂东南循前峰之腰。又半里，东度脊项，于是俱深木夹道。曲折峻下者二里，涉一南盘峡，复东北上。半里凌脊，乃东行脊间，左右皆夹壑甚深，而重木翳之。又半里，度脊间铺木。脊两旁甚狭，而中复空坠，故以木填而度之①。又东南半里，复盘壑东北下。二里，至前巨石之左，遂涉南下之溪。半里，复东逾一冈。又半里，再涉一南下之溪，东向稍上，遂出箐东北行。一里，至下院分岐之路，仍从向来之小路，一里余，至前浴流之所。又半里，越坳而得一村，入问热水塘道。仍东北三里，过乌索桥，从桥西逾冈而北，一里，与大道合。随之西北，循东山之麓行。六里，有冈自东山直对西峰而下，驱江流漱西峰之麓，而路亦因之与江遇。已复逾冈北下，北坳稍开，有小水交流西注，蒸气杂沓而起，即热水塘也②。半里，抵塘上，有池而无屋，雨霏霏扑人。乃令顾仆守行囊于塘侧，北半里上坡，观其街子，已散而无他物。望南冈有村庐在坳脊间，街子人指其上有川人李翁家可歇。复南半里回觅之。有闽人洪姓者，向曾寓余乡，为导入同寓。余乃出就塘畔招顾仆入，出携餐啖之，而北探滇滩、阿幸之兴不能自己③。问阿幸路，须仍从此出。此中东至明光，虽止隔一山，险峻不可行也。见日色尚早而雨止，乃留热水待出时浴，并木胆寄李翁家菜园中，遂仍西北行。

【注释】

①脊两旁甚狭，而中复空坠，故以木填而度之：原脱此句，据徐本补。

②热水塘：此温泉今存，温泉北的街子即腊幸街。

③而北探滇滩、阿幸之兴不能自己：原脱此句，据"四库"本补。

【译文】

二十五日　我留下两首诗在山上，把木胆扛在肩上，从东边的大路走下石阶。一里多，向东越过山坳，就往东南沿着前峰的山腰走。又行半里，向东越过山脊的脖子，在这里全是幽深的树木夹住道路。曲折陡峻地下走二里，涉过一条向南盘绕的峡谷，再向东北上登。半里登上山脊，于是向东行走在山脊上，左右都夹着壑谷非常深，但重重树木遮住了壑谷。又行半里，越过山脊上铺设的木板。山脊两旁极为狭窄，而中间又从空中下陷，所以用木板填补缺口走过去。又往东南行半里，再绕着壑谷往东北下行。二里，来到先前走过的巨石的左边，于是涉过向南下流的溪水。半里，再往东越过一座山冈。又行半里，再次涉过一条向南下流的溪水，向东稍上走，就走出山箐往东北行。一里，来到下院分岔的路口，仍然从先前来的小路走，一里多，到了先前在溪流中洗澡的地方。又行半里,越过山坞后遇见一个村庄,进村去问到热水塘的路。仍然往东北行三里,过了乌索桥,从桥西越过山冈后往北行,一里,与大路会合。顺着道路往西北行,沿着东山的山麓走。六里,有山冈从东山正对着西峰往下延伸,驱赶江流冲激着西峰的山麓,而道路也顺着山冈与江流相遇。不久又越过山冈往北下山,北面的山坞稍许开阔起来,有小溪相交向西流淌,蒸汽杂乱升起,这就是热水塘了。半里,到达热水塘上边,有池子没有屋子,雨雾霏霏扑人。于是命令顾仆在水塘侧边守行李,我向北上坡半里,观看这里的街子,集市已散而且没有其他东西。望见南面的山冈上有村庄房屋在山坳和山脊间,街子上的人指点,山冈上有个四川人李翁的家中可以住宿。又往南走半里回头去找他。有个姓洪的福建人,从前曾经寓居我家乡,为我领路一同进入寓所中。我于是出门走近水塘边招呼顾仆进来,拿出带的饭吃下,但是向北去探寻滇滩关、阿幸厂的兴致自己也不能控制。打听去阿幸厂的路,必须仍旧从这里出去。此地往东到明光,虽然只隔着一座山,但险峻不可走。见天色还早而且雨停了,就留下热水塘等回来时再沐浴,并且把木胆寄放在李翁家的菜园中,就仍然向西行。

　　五里,北上坡,为左所,盖其分屯处也。其处居庐甚盛,行者俱劝余宿此,谓前皆僰彝家[1],不可栖,且多茶山彝出入,不可晚行。余不顾。又北二里,逾一坡,又三里,过后所屯[2]。渐折而从西北,三里,直逼西大山东北垂,复与江遇。回顾尖山与前峰并峙,中坳如马鞍,而左所之南,复有峰一支自西山突出,横亘其北,故路必东北从乌索桥抵热水塘,又西北至此也。此地正当尖山之北,其北则西大山渐伏,中逊而西,为滇滩过脉处;东大山直亘而南,分坠西窜,下冲小山,横界于北,为松山坡,坡之北,即阿幸北进之峡。其西北,高峰浮出于横坡之上,则阿幸、滇滩之间,又中界之一峰,所谓土瓜山也。行江东岸一里,复折而东北一里,抵东山腋下。山峰丛立处,有两三家倚东坡而栖,是为松山。从其前又北一里,上北山西亘之坡,一里蹑坡脊。其脊正西与滇塘相对,有坞西盘,而江水自北横界脊下,脊若堵墙。溯水北上,从脊间行二里,乃西北下。半里,有石屏西向立峰头,是为土主碑,乃神之所托也。从石西随坡下,涉江西上,乃滇滩关道③,已茅塞不通。惟茶山野人间从此出入,负茶、蜡、红藤、飞松、黑鱼,与松山、固栋诸土人交易盐布。中国亦间有出者,以多为所掠,不甚往也。其关昔有守者,以不能安居,多遁去不处,今关废而田芜,寂为狐兔之穴矣。其隘亦纡坦,不甚崇险,去此三里,已望而知之,遂北下坡。一道从坞间溯江东岸北行,为度桥捷径;一道沿东坡北上,为托宿之所。乃下半里,渡东来小涧,复上东坡,北随之行。

【注释】

①僰(bó)彝:元明时期原作"白夷",万历《云南通志》始将白夷改写为"僰夷"。李思聪《百夷传》说:"今百字或作伯、僰,皆非也。"雍正《顺宁府志》说:"僰彝,一作百彝,一作摆夷,有水旱二种。"则僰彝即傣族。

②后所屯:今作后所。与前文"左所"皆在腊幸街往北的公路旁。

③滇滩关:在今腾冲县北隅瑞滇北部的水城附近,近年设滇滩镇。乾隆《腾越州志》说:"大塘隘,即巅塘关也",但在《游记》中仍作"大塘"。四月十八、二十三、二十五日有作"巅塘"者,其位置接近茶山司、阿幸厂和姊妹山,应为"滇滩"之误。

【译文】

五里，向北上坡，是左所，大概是腾越卫分兵屯垦的地方。此处居民房屋十分兴盛，走路的人都劝我住在此地，说是前方都是僰彝人家，不能住，又多有茶山彝人出入，不可在晚上走路。我不理睬。又向北二里，翻过一条山坡，又行三里，路过后所屯。渐渐转向从西北走，三里，直逼西面大山的东北垂，又与江流相遇。回头看去，尖山与前峰并排对峙，中间下凹如同马鞍，而左所的南边，又有一列山峰从西山突出来，横亘在左所的北面，所以路必得从东北方的乌索桥到达热水塘，又往西北来到此地。此地正在尖山的北面，这里的北面就是西部的大山渐渐低伏下去，中段向西退去，是滇滩关的山脉延伸经过之处；东部的大山一直往南绵亘，分支下坠向西窜，下奔成为小山，横隔在北方，那是松山坡，松山坡的北面，就是阿幸厂向北进去的峡谷。这里的西北方，高峰浮出在横亘的山坡之上，那是阿幸厂、滇滩关之间，中间又隔着一座山峰，就是所谓的土瓜山了。前行在江东岸一里，再转向东北一里，抵达东山的山窝下。山峰成丛矗立处，有两三家人紧靠东面的山坡居住，这是松山。从村前又向北一里，上登北山向西绵亘的山坡，一里登上坡脊。这条坡脊正西与滇塘相对，有山坞向西盘绕，而江水从北面横隔在的山脊下，山脊好像一堵墙。溯江水往北上走，从山脊上前行二里，于是向西北下走。半里，有块岩石屏风样面向西竖立在峰头，这是土主碑，是神灵依托的地方。从岩石西边顺着山坡下走，涉过江水向西上走，是去滇滩关的路，已被茅草阻塞不通。只有茶山的野人间或从此地出入，背来茶叶、蜂蜡、红藤、飞松、黑鱼，与松山、固栋等地的当地人交换食盐和布匹。中国也间或有出去的人，因为多被抢劫，不怎么愿意去。这里的关口从前有守卫的人，由于不能安居，大多逃走不愿定居，如今关口废弃田园荒芜，荒寂得成为狐狸野兔的巢穴了。这里的隘口也曲折平坦，不怎么高险，离此地还有三里路，望过去就已经知道它的地形了，就向北下坡。一条路从山坞中沿江东岸逆流往北行，是过桥的捷径;一条路沿着东面的山坡向北上爬,是投宿的地方。就下坡半里,渡过东面流来的小山涧,再走上东面的山坡,往北顺着山坡走。

二里,有四五家倚东山而居,即托宿之所也。其主人王姓者,夫妇俱伐木山中未归。余将西度桥,望西山下投栖;闻其地江岸西庐,乃土舍所托,皆不纳客,纳客者惟东岸王店。方踌躇间,一锄于田者,乃王之邻,谓其妇亦入山未归,不识可徐待之否。余乃还待于其门。久之妇归,为汲水而炊。此地名土瓜山①,西乃滇滩东北高峰南下之支,东乃雅乌直北崇亘之岭,中夹成坞,江流贯其间;南则土主碑之横冈自东而西突,北则土瓜山之东岭自西而东突,中界此坞,南别松山坡,北别阿幸厂,而自成函盖于中。盖滇滩土巡检昔为某姓,已绝,今为土居之雄者,曰龙氏,与此隔江相向,虽未授职,而俨然以土舍自居矣。

【注释】

①土瓜山:今名同,既是山名,又是山边的村名。在滇滩滇以北、核桃园南邻。

【译文】

二里,有四五家人紧靠东山居住,就是投宿的地方了。村中姓王的房主人,夫妇都到山中伐木没回来。我即将向西过桥,望着西山下去投宿;听说此地江西岸的房屋,是土舍居住的场所,都不接纳旅客,接纳旅客的只有东岸的王家客店。正在犹豫之间,一个在田中锄地的人,是王家的邻居,说他的妻子也进山没回来,不知可不可以慢慢等等她。我于是返回来在他门口等待。很久之后妇人归来,为我汲水煮饭。此地名叫土瓜山,西面是滇滩关东北方的高峰往南下延的支脉,东面是雅乌山正北高大横亘的山岭,中间夹成山坞,江水流贯在山坞中;南面是土主碑所在的横亘的山冈自东向西前突,北面是土瓜山的东岭自西向东前突,中间隔着这个山坞,南边与松山坡隔开,北边与阿幸厂隔开,而在中间自然形成一处盒子盖一样的地形。原来滇滩关的土巡检从前是某姓人,已经绝嗣,今天是土著居民中称雄的,称作龙氏,与此地隔江相望,虽然没有授过职位,但俨然以土舍自居了。

二十六日　凌晨起饭,西下行田间,半里,抵江岸。溯江北行,有木桥跨江而西,度之。复溯江西岸北行,一里,北上坡。半里,折而东,盘其东突之嘴。半里,复转而北,从坡上行。西循峰腰,东瞰江流,坞底至此,遂束而为峡。隔峡瞻东山之崖,崩石凌空,岩岩上拥,峡中之水,北自阿幸厂北姊妹山发源南下,南趋乌索而为固栋西江者也。东西两界山,自姊妹山分支:西下穹为滇滩东北峰,而下为土瓜山;东下穹为阿幸东山,而南接雅乌。东山之东,北为明光,南为南香甸,第此山峻隔,路仄难逾,故行者避之。北行西坡五里,稍下,有小涧自西而东,涉之北上,于是屡陟东突之坡,再渡东流之涧。八里,西坪稍开,然北瞻姊妹,反茫不可见。又北二里,盘西山之嘴,始复见姊妹山北倚,而前壑之下,炉烟氤氲,厂庐在焉。遂五里而至厂①。厂皆茅舍,有大炉、小炉。其矿为紫色巨块,如辰砂之状。有一某姓者,方将开炉,见余而留饭于凳中。言其北姊妹山后,即为野人出没之地,荒漠无人居,而此中时为野人所扰,每凌晨逾箐至,虽不满四五十人,而药箭甚毒,中之无不毙者。其妻与子,俱没于此,现葬山前。姊妹山出斑竹②,北去此三十里,可望而尽,不必登。明光逾峻而过,东去此四十里,然径仄无行者,恐菁深蔓翳,亦不可行。乃遂出,仍二十里下土瓜山。

【注释】

①至厂:此即阿幸厂,在今滇滩滇北隅的棋盘石附近。

②姊妹山:乾隆《腾越州志》载:姊妹山,在滇滩关西北三十里,其地崇山密岭,有双峰插天,亭亭卓立,宛如巫峡神女峰,山后即茶山野人矣。其山出斑竹。姊妹山海拔3158米。因一大一小,故名姊妹。按其走向又分上姊妹山和下姊妹山。

【译文】

二十六日 凌晨起床吃饭,向西下走前行在田野间,半里,抵达江岸。溯江流往北行,有木桥跨到江西岸,过桥。再溯江西岸往北行,一里,向北上坡。半里,折向东,绕过那向东突的山嘴。半里,再转向北,从山坡上前行。向西沿着山峰的半中腰走,东面俯瞰着江流,山坞底到这里,便束拢成为峡谷。隔着峡谷远看东山的石崖,崩裂的岩石凌空而起,高高地向上围抱着,峡中的水,是从北面的阿幸厂以北的姊妹山发源往南下流,向南奔流到乌索后成为固栋西江的水流。东西两列山,从姊妹山分支:往西下延隆起成为滇滩关东北的山峰,而后下延成为土瓜山;往东下延隆起成为阿幸厂的东山,而后往南连接到雅乌山。东山的东面,北边是明光,南边是南香甸,只是这座山高险隔绝,道路狭窄,难以翻越,所以走路的人避开它。在西面的山坡上往北行五里,渐渐下走,有条小山涧自西向东流,涉过山涧向北上走,从这里起屡次上登向东突的山坡,两次渡过向东流的山涧。八里,西面的平地稍微开阔一些,然而向北望姊妹山,反而茫然不可见。又向北二里,绕过西山的山嘴,这才又看见姊妹山斜靠在北边,而山前的壑谷之下,炉烟氤氲,厂房就在那里了。于是五里后走到厂区。厂区都是茅草屋,有大炉子、小炉子。所练的矿石是紫色的巨大石块,如朱砂的形状。有一个某姓的人,正即将开炉，见到我就留我在他屋中吃饭。谈到这里北面姊妹山后的后面，就是野人出没的地方，荒凉偏僻无人居住，而且这一带时常被野人骚扰，每到凌晨穿越山箐来到，虽然不满四五十人，但毒箭非常毒，中箭的人没有不死的。他的妻子和儿子，都死在此地，现在埋葬在山前。姊妹山出产斑竹，在北面距离此地三十里，可以一眼完全看见，不必去攀登。明光翻越峻岭过去，在东面距离此地四十里，然而小径狭窄无人行走，担心山箐幽深藤蔓密布，也不能走。于是只好出来，仍旧二十里下到土瓜山。

　　又一里，过江桥而东，乃沿江南随坞中捷径，二里，抵西南坡下。江漱坡而南，路稍东，逾东峡来小涧。其涧西注于江，即前涉土主碑坡北之流。江之西亦有小涧自滇滩南来，东注于江，其处乃正流之会也。复东南上坡半里，至石屏土主碑下，与前来之道合。又南越冈而下，过松山及诸所，二十里而入热水塘李老家。时犹下午，遍观热水所泄，其出甚异。盖坞中有小水自东峡中注而西者，冷泉也。小水之左右，泉孔随地而出，其大如管，喷窍而上，作鼓沸状，滔滔有声，跃起水面者二三寸，其热如沸，有数孔突出一处者，有从石窦中斜喷者，其热尤甚。土人就其下流，作一圆池而露浴之。余畏其热，不能下体，仅踞池中石上拂拭之而已。外即冷泉交流，若导入侵之即可浴。此冷泉南坡之热水也。其北倚东坡之下，复有数处，或出于砂孔，或出于石窦，其前亦作圆池，而热亦如之。两池相望，而溢孔不啻百也。

【译文】

又行一里，过了江上的桥往东行，于是沿着江南岸顺着山坞中的捷径走，二里，来到西南面的山坡下。江水冲刷着山坡往南流，路稍偏向东，越过东面峡谷中流来的小涧。这条山涧向西注入江中，就是先前涉过的土主碑所在山坡北面的溪流。江的西岸也有小涧从滇滩关向南流来，向东注入江中，此处是与江水主流汇流之处。再往东南上坡半里，来到石屏风样的土主碑下，与前边来时的道路会合。又往南越过山冈下走，经过松山及几个哨所，二十里后进入热水塘李老的家。此时才是下午，观遍了热水流泄之处，热水流出的样子十分奇异。山坞中有小溪从东面峡谷中往西流淌的，是冷水泉。小溪的左右，泉眼随地而出，泉眼大处如竹管，泉水从窍中喷上来，作出凸起沸腾的样子，水流滔滔发出声音，跃出水面有两三寸高，水热得如同开水，有几个孔在一处突出来的，有从石坑中斜着喷出来的，那里的水尤其热得厉害。当地人就在泉水的下游，建了一个圆形的池子在露天沐浴。我害怕水太热，不能浸下身子，仅仅是蹲在池中的石头上用水轻轻擦拭身体而已。池外就是冷泉水交错流淌，如果把冷水引入池中混合就能沐浴了。这是冷水泉南面山坡的热水。这里的北边紧靠东面山坡之下，又有几处泉眼，有的从砂孔中流出来，有的从石坑中流出来，泉眼前边也建有圆形的池子，而且水也像南面山坡的热水一样热。两个池子相望，而溢水的泉眼不下一百个了。

二十七日　晨起，饭而行，仍取木胆肩负之。由冈东南下峡一里余，复有烟气郁勃，则热水复溢坞中，与冷水交流而西出峡，其坞皆东大山之环壑也。由其南复上坡里余，有坑自东山横截而西，若堑界之者，其下亦水流淙淙。随坑东向上一里，从坑坠处南渡其上。盖其东未渡处，亦盘壑成坪，有村倚东峰下，路当其西南。半里，有岐：一南行坡上，一东向村间。余意向东者乃村中路,遂循东峰南行,前望尖山甚近。三里稍下,见一坞横前,其西下即乌索之旁村,其南逾即雅乌之西坳矣,乃悟此为固栋道。亟转而东,莽行坡坂间。一里,得南来大路,乃知此为固栋向南香甸道,从之。渐东北上一里,稍平,东向半里,复上坡。平上者一里,行峰头稍转而南半里,即南雅乌之脊也。从其上可南眺龙岘山,而北来之岭,从其北下坠为坳,复起此坡。东随坞脊平行半里,乃东北下。抵坳东,则有路西自坳中来者,乃热水塘正道,当从坠坑东村之岐上,今误迂而南也。于是又东下一里余,其下盘而为坪,当北山之东,山界颇开,中无阡塍,但丰草芃芃。东北一峰东突,巀嶪前标,即石房洞山也,其后乃西北而属于西山。西山则自北而南,如屏之列,即自热水塘之东而南度雅乌者也。于是循西山又北下半里,见有两三家倚南坡而庐,下颇有小流东向而坠,而路出其西北,莫可问为何所。已而遇一人,执而询之。其人曰“雅乌山村也[①]”,亟驰去。后乃知此为畏途,行者俱不敢停趾,而余贸贸焉自适也[②]。又北一里,再逾一东突之坡,一里,登其坳中,始觉东江之形,自其南破雅乌东峡而去,而犹不见江也。北向东转而下,一里,有峡自西北来,即巀嶪后西北之山,与西界夹而成者,中有小水随峡东出,有小木桥度其上。过而东,遂循北山之麓,始见南壑中,东江盘曲,向西南而破峡。盖此地北山东突而巀嵲,南山自石洞厂南,盘旋西转,高耸为江东山北岭,与北对夹,截江西下,中拓为坞,曲折其间。路从其北东行一里,有岐东南下坞中,截流渡舟,乃东趋石洞之道;有路东北挟巉嶙之峰而转,乃北趋南香甸道。于是东北一里余,转巉嶙峰东。遥眺其坞大开,自北而南,东西分两界夹之。西山多东突之尖,东山有亘屏之势,坞北豁然遥达,坞东则江东北嶂,矗峙当夹。惟东南一峡,窈窕而入,为杨桥、石洞之径;西南一坞,宛转而注,为东江穿峡之所。

【注释】

①雅乌山:今作鸦乌山,亦省称鸦乌,在固东与明光间的公路旁。

②贸贸:糊涂不明的样子。

【译文】

二十七日　早晨起床,吃饭后上路,仍然取来木胆用肩扛着它。由山冈东南方下到峡中一里多,又有浓郁蓬勃的烟气,是热水又从山坞中溢出,与冷水交混流淌后向西流出峡谷,这里的山坞都是东面的大山环绕形成的壑谷。由泉水的南边再上坡一里多,有个坑谷自东山向西横截过来,好似堑沟一样隔在这里,坑谷下也有水淙淙流淌。顺着坑谷向东上行一里,从坑谷下坠处向南越到坑谷上。在这里的东面我未走过之处,也有盘绕的壑谷形成的平地,有个村子紧靠在东峰下,路在村子的西南方。半里,有岔路:一条往南行走在坡上,一条向东经过村子中。我意料向东走的是去村子中的路,就沿着东峰往南行,望见前方尖山非常近。三里后稍下走,看见一个山坞横在前边,山坞的西面下去就是乌索近旁的村子,山坞的南面越过去就是雅乌山西面的山坳了,这才醒悟过来这是去固栋的路。急忙转向东,莽然前行在山坡上。一里,遇到南面来的大路,才知道这是固栋通向南香甸的路,顺着这条路走。渐渐往东北上行一里,稍平缓了些,向东半里,再上坡。平缓上爬一里,走在峰头渐渐转向南半里,就向南走上雅乌山的山脊了。从山脊上向南可以眺望龍炎山,而北面延伸来的山岭,从这里的北面下坠成山坳,再隆起成为这条山坡。往东顺着山坞和山脊平行半里，就向东北下行。抵达山坞的东面，就见有条路从西面的山坞中过来，是去热水塘的正道，原来应当从下坠坑谷东面村庄的岔路上走，现在错绕向南了。于是又往东下走一里多，山坞下边盘绕成平地，在北山的东面，两面山之间的距离相当开阔，其中没有田地，但丰美的草地十分茂盛。东北方一座山峰向东突起，山势高大险峻，标杆样矗立在前方，就是石房洞山了，它的后面就往西北连接到西山。西山则是自北向南延伸，如屏风一样排列，就是自热水塘的东面往南延伸的雅乌山了。从这里沿着西山又往北下行半里，见到有两三家人紧靠南面的山坡居住，下边有些小溪流向东下泄，而路通到村子的西北方，无人可以打听是什么地方。随后遇见一个人，拉着他问路。那人说："这是雅乌山村。"急忙跑开了。后来才知道这里是险途，走路的人都不敢停止脚步，可我却糊里糊涂地坦然自如。又向北一里，在越过一条向东突的山坡，一里，登到山坞中，这才察觉到东江的形迹，东江从这里的南边冲破雅乌山东面的峡谷流去，可还看不见江流。向北转向东下走，一里，有条峡谷自西北方过来，就是高大险峻之山后边西北方的山，与西面一列山相夹形成的，峡谷中有小溪顺着峡谷往东流出来，有座小木桥横过溪流上。过桥后向东，就沿着北山的山麓走，这才看见南面的壑谷中，东江盘绕弯曲，向西南冲破峡谷流去。此地的北山向东前突而且高大险峻，南山自石洞厂南面，盘旋着向西转，高耸成为江东山的北岭，与北山对面相夹，横截江流往西下延，中间拓宽成为山坞，江流曲折流经山坞间。路从江北往东行一里，有条岔路向东南下到山坞中，乘船截流而过，是向东通往石洞厂的路；有条路往东北傍着高大险峻的山峰转，是往北通往南香甸的路。于是往东北行一里多，转到高大险峻山峰的东面。远远眺望，这里的山坞十分开阔，自北伸向南，东西分为两列山夹住山坞。西山多有向东突起的尖峰，东山有屏风横亘之气势，山坞北面豁然开阔通到远方，山坞东面就是江东山屏障样的北山，矗立着相对夹峙。唯有东南面一条峡谷，深远地通进去,是去杨桥、石洞的小径;西南面一个山坞,弯弯转转流淌,是东江穿流峡谷的地方。

　　先是,余望此巉嵲之峰,已觉其奇;及环其麓,仰见其盘亘之崖,层耸叠上;既东转北向,忽见层崖之上,有洞东向,欲一登而不见其径,欲舍之又不能竟去。遂令顾仆停行李,守木胆于路侧,余竟仰攀而上。其上甚削,半里之后,土削不能受足,以指攀草根而登。已而草根亦不能受指,幸而及石。然石亦不坚,践之辄陨,攀之亦陨,间得一少粘者,绷足挂指,如平帖于壁,不容移一步。欲上既无援,欲下亦无地,生平所历危境,无逾于此。盖峭壁有之,无此苏土;流土有之,无此苏石。久之,先试得其两手两足四处不摧之石,然后悬空移一手,随悬空移一足,一手足牢,然后悬空又移一手足,幸石不坠,又手足无力欲自坠。久之,幸攀而上,又横帖而南过,共半里,乃抵其北崖。稍循而下坠,始南转入洞。洞门穹然,如半月上覆,上多倒垂之乳。中不甚深,五丈之内,后壁环拥,下裂小门。批隙而入,丈余即止,无他奇也。出洞,仍循北崖西上。难于横帖之陟,即随峡上跻,冀有路北迁而下,久之不得。半里,逾坡之西,复仰其上崖高穹,有洞当其下,洞门南向,益竭蹶从之。半里,入洞。洞前有巨石当门,门分为二,先从其西者入。门以内辄随巨石之后东转,其中夹成曲房,透其东,其中又旋为后室,然亦丈余而止,不深入也。旋从其东者出。还眺巨石之上,与洞顶之覆者,尚余丈余。门之东,又环一石对之,其石中悬如台,若置梯蹑之,所揽更奇也。出洞,循崖而北半里,其下亦俱悬崖无路,然皆草根悬缀。遂坐而下坠,以双足向前,两手反而后揣草根,略逗其投空之势,顺之一里下,乃及其麓。与顾仆见,若更生也。

【译文】

这之前,我望见这座高大险峻的山峰,已觉得它很奇特;到环绕在它的山麓时,仰面看见它盘绕绵亘的山崖,层层高耸重叠在上方;由东转向北后,忽然看见层层山崖之上,有个洞面向东方,想登一次却不见有上去的路,想舍弃它又始终不能离去。最终命令顾仆放下行李,在路边守着木胆,我竟然仰面攀登而上。那上走的路极为陡削,半里之后,山土陡削不能承受脚掌,用手指抓住草根上登。不久草根也不能承受手指,幸好已到了有岩石的地方。然而岩石也不坚固,踩上去岩石总是坠落,手攀岩石也会坠落,间或找到一处稍微粘牢的,双腿绷紧手指挂牢,如同平贴在墙壁上,不容许移动一步。想上去既无处可抓,想下去也没有地方,生平所经历的险境,没有超过此处的。峭壁有过,没有这种酥松的土质;流动的土石有过,没有此等松散的岩石。很久之后,先试探着找到那能承受两手两脚四处不会动摇的岩石,然后悬空移动一只手,随后悬空移动一只脚,一只手一只脚抓牢,然后又悬空移动一只手一只脚,幸好石头没有坠落,可又手脚无力想自己坠落下去。很久之后,侥幸攀登上去,又贴身横过南边,共半里,才抵达山洞北边的悬崖。沿着悬崖渐渐下坠,才向南转进洞中。洞口穹然隆起,如半个月亮覆盖在上方,顶上有很多倒垂的钟乳石。洞中不怎么深,五丈之内,后面的洞壁呈环状前拥,下方裂开一个小洞口。分开缝隙进去,一丈多就到了头,没有别的奇特之处。出洞后,仍然沿着北边的石崖向西上爬。比贴身横着爬艰难,随即顺着山峡上登,希望有路向北绕下山,很久都没找到。半里,翻越到山坡的西面,又抬头望见山坡上面的山崖高峻穹隆,有个山洞位于山崖下,洞口向南,益发竭力跌跌撞撞向那里走去。半里,进了洞。洞前有巨石挡在洞口,洞口分为两个,先从那西边的洞口进去。洞口以内立即随着巨石的后方向东转,洞中夹成深邃隐蔽的密室,钻到洞的东边,洞中又旋绕成后室,不过也是一丈多就到了头,不能深入进去。旋即从山洞东边的洞口出来。回头眺望巨石之上,与洞顶下覆之处,还余下一丈多。洞口的东边,又环绕着一块岩石对着洞口,那块岩石悬在中央如同平台,如果放把梯子登上岩石,收揽的景色会更奇妙了。出洞后,沿着山崖往北行半里,脚下也都是悬崖无路可走,不过全是草根悬挂着。于是坐下向下坠,把双脚伸向前,两手反向后面拉住草根,略微作出那投空而下的姿势,顺山势下滑一里,竟然来到山麓。与顾仆相见,就像再生一样了。

日将过午,食携饭于路隅,即循西山北行。三里而西山中逊,又一里,有村倚西山坞中,又半里,绕村之前而北,遂与江遇,盖江之西曲处也。其村西山后抱,东江前揖,而南北两尖峰,左右夹峙如旗鼓,配合甚称。有小溪从后山流出,傍村就水,皆环塍为田,是名喇哈寨,亦山居之胜处也。溯江而北,半里,度小溪东注之桥,复北上坡。二里,东北循北尖峰之东麓。一里余,仰见尖峰之半,有洞东向高穹,其门甚峻,上及峰顶,如檐覆飞空,乳垂于外,槛横于内,而其下甚削,似无陟境,盖其路从北坡横陟也。余时亦以负荷未释,遂先趋厂。又北一里余,渡一西来之涧,有村庐接丛于江之西岸,而矿炉满布之,是为南香甸。乃投寓于李老家,时甫过午也。

【译文】
　　太阳快过中午,在路旁吃了带来的饭,立即沿着西山往北行。三里后西山从中间向后退去，又行一里，有村庄依傍在西山的山坞中，又行半里，绕到村子的前边往北行，终于与江水相遇，大概是江流向西弯曲之处了。这个村子，西山在后面围抱，东江在前方作揖，而南北两座尖峰，夹峙在左右如同旗鼓，配合得十分相称。有条小溪从后山流出来，村子附近靠着水边，都是土埂环绕着的水田，这里名叫喇哈寨，也是山间居住景色优美的地方。溯江流往北行，半里，走过向东流淌小溪上的桥，再往北上坡。二里，向东北沿着北面尖峰的东麓走。一里多，仰面看见尖峰的半中腰，有个洞面向东高高隆起，洞口非常高峻，上方直达峰顶，如下覆飞空的屋檐，石钟乳垂在洞外，门槛横在洞内，可洞的下方非常陡削，似乎没有上登的地方，大概去那里的路要从北面的山坡横向上登。我此时也因为挑着担子未能放下，就先赶往矿厂。又向北一里多，渡过一条西面流来的山涧，有村庄房屋成群连接到江的西岸，而炼矿的炉子布满甸子，这是南香甸。于是投宿到李老家中，此时刚过正午。

先是，余止存青蚨三十文，携之袖中，计不能为界头返城之用，然犹可籴米为一日供。迨石房洞扒山，手足无主，竟不知抛堕何所，至是手无一文。乃以褶袜裙三事悬于寓外[①]，冀售其一，以为行资。久之，一人以二百余文买䌷裙去。余欣然，沽酒市肉，令顾仆烹于寓。余亟索饭，乘晚探尖峰之洞。乃从村西溯西来之溪，半里，涉其南，从僰彝庐后南蹑坡。迤逦南上一里，遂造洞下。洞内架庐三层，皆五楹，额其上曰"云岩寺"。始从其下层折而北，升中层，折而南，升上层。其中神像杂出，然其前甚敞。石乳自洞檐下垂于外，长条短缕，缤纷飘飏，或中透而空明，或交垂而反卷，其状甚异。复极其北，顶更穹盘而起，乃因其势上架一台，而台之上又有龛西进，复因其势上架一阁。又从台北循崖置坡,盘空而升,洞顶氤氲之状,洞前飘洒之形,收览殆尽。台之北,复进一小龛南向,更因其势而架梯通之,前列一小坊,题曰"水月",中供白衣大士。余从来嫌洞中置阁,每掩洞胜,惟此点缀得宜,不惟无碍,而更觉灵通,不意殊方反得此神构也②。时洞中道人尚在厂未归,云磴不封,乳房无扃,凭憩久之,恨不携囊托宿其内也③。洞之南复有一门骈启,其上亦有乳垂,而其内高广俱不及三之一,石色赭黄如新凿者。攀其上级,复透小穴西入,二丈后曲而南,其中渐黑,而有水中贮,上有滴沥声,而下无旁泄窦,亦神瀵也。洞中所酌惟此。其中穴更深迥,但为水隔而黑,不复涉而穷之。乃下,仍从北崖下循旧路,二里返寓。遂啜酒而卧,不觉陶然。

【注释】

①褶(dié):夹衣。裙:古代男子的下身也穿裙。

②殊方:边远偏僻的地方。

③瀵(fèn):水源深大而由地底下喷出者。《列子·汤问》:终北国有"山名壶领,状若甔甄。顶有口,状若员环,名曰磁穴。有水涌出,名曰神瀵,臭过兰椒,味过醪醴。"神瀵可算是形状奇特、味道醇美的神泉。

【译文】

这之前,我只剩下三十文铜钱,把它们携带在袖子中,估计不够作为从界头返回城中的费用,但还可以买米作为一天的口粮。到石房洞爬山时,手脚无主,竟然不知道抛落在什么地方,到这时手中没有一文钱。只好把夹衣、袜子、裙子三件东西悬挂在寓所外边,指望卖掉其中之一,作为路费。很久后,一个人用二百文钱把绸裙买走。我十分欣喜,打酒买肉,命令顾仆在寓所中烧煮。我急忙要饭来吃了,乘着晚照去探尖峰上的洞。于是从村西溯西面流来的小溪走,半里,涉到溪水南岸,从僰彝的屋后向南上登山坡。逶迤向南上登一里,就到了山洞下。洞内架起三层房屋,都是五开间,屋上的匾额写着"云岩寺"。开始时从洞的下层折向北,爬上中层,折向南,爬到上层。屋子中神像杂乱出现,不过屋子前方十分宽敞。石钟乳从洞檐上下垂在外边,长的成条短的为缕,缤纷飘扬,有的中间穿通而且又空又亮,有的相交下垂而且翻卷上去,它们的形状十分奇异。再穷尽洞的北边,洞顶更加穹隆盘绕而起,便就着地势在上边架起了一座平台,而平台之上又有石龛向西迸裂,再就着地势在上边架起一个楼阁。又从平台北边沿着石崖设置了斜坡,向高空盘绕上升,洞顶的氤氲之状,洞前的飘扬潇洒之形,几乎尽数收揽。平台的北边,又迸裂开一个面向南的小石龛,再就着地势架了梯子通到那里,前方立着一座小牌坊,题写着"水月",石龛中供奉着白衣观音。我从来都厌恶在洞中建楼阁,每每遮住了洞中的胜景,唯有此处点缀得宜,不仅没有妨碍,而且更觉得灵妙通畅,意想不到在偏僻边远的地方反而见到如此神奇的建筑。此时洞中的道人还在矿厂没回来,入云的石阶没封闭,石钟乳上的房屋没上锁,歇息凭眺了很久,悔恨没带来行李寄宿在洞中了。洞的南边又有一个洞口并排开启,洞的上方也有石钟乳下垂,但洞内高处宽处都不到前边那个洞的三分之一,岩石的颜色赭黄,如新开凿成的样子。攀登那向上去的石阶,再钻过小洞向西进去,两丈后弯向南,洞中渐渐黑下来,但洞中积有水,顶上有滴水声,可下边四旁没有泄水的孔洞,也算是一处神奇的泉水。洞中取水唯有此处。它的中洞更加深远,但被水隔开又黑暗,不再涉水去穷尽洞中。于是下山,仍然从北面的山崖沿着原路下走,二里返回寓所。于是喝酒后躺下,不知不觉舒畅快乐地睡着了。

南香甸[①],余疑为"兰香"之讹,盖其甸在北,不应以南称也。山自明光分派来,西即阿幸东南来之山,东乃斜环而南,至甸东乃西突而南下,夹江流于中。其流亦发于明光,北即姊妹山东行之脉也,是为固栋东江之源。此中有"明光六厂"之名,而明光在甸北三十里^②,实无厂也,惟烧炭运砖,以供此厂之鼓炼。此厂在甸中,而出矿之穴在东峰最高处,过雅乌北岭,即望而见之,皆采挖之厂,而非鼓炼之厂也。东峰之东北有石洞厂,与西北之阿幸,东南之灰窑,共为六厂云。诸厂中惟此厂居庐最盛。然阿幸之矿,紫块如丹砂;此中诸厂之矿,皆黄散如沙泥,似不若阿幸者之重也。

【注释】

①南香甸:在今小辛街一带。其南的喇哈寨,今称老花寨。寨南北两尖峰今皆称大尖山,南峰海拔 2150 米,北峰海拔 2196 米。北尖山麓今仍存银岩寺,即古云岩寺。

②明光六厂:包括明光、南香甸、石洞、阿幸、灰窑、雅乌,为明代在今腾冲县北境著名的银矿区。明光厂在南香甸北三十里,则应位于今东营以北。

【译文】

　　南香甸,我怀疑是"兰香"的错读,因为这个甸子在北面,不应该用"南"来称呼。山从明光分出支脉延伸而来,西面就是阿幸厂东南延伸来的山,向东延伸后斜着往南环绕,到甸子东面就向西前突后往南下延,把江流夹在中间。这条江流也是发源于明光,北面就是姊妹山往东延伸的山脉了,这是固栋东江的源头。这一带有"明光六厂"之名,而明光在甸子北边三十里,实际没有厂,只是烧炭运砖,用来供这里的厂中鼓铸冶炼。这个厂在甸子中,但出矿的矿坑在东峰的最高处,过了雅乌山的北岭,立即就能望见矿区,都是开采挖掘的矿厂,却不是鼓铸冶炼的厂。东峰的东北有个石洞厂，与西北的阿幸厂，东南的灰窑厂，一共是六个厂。各厂中唯有这个厂居民房屋最兴盛。然而阿幸厂的矿石，是紫色的块状体如同丹砂；这一带各厂的矿石，都是黄色松散的如同泥沙，似乎不如阿幸厂的矿石那样重了。

二十八日　晨起，雾甚。平明，饭而为界头之行。其地在南香甸东南，隔大山、大江各一重。由南香东北大厂逾山①，则高壑重叠，路小而近；由南香东南阳桥矿逾东岭，则深峡平夷，路大而遥。时因霾黑，小路莫行，遂从土人趋阳桥道②，且可并揽所云石洞也。从村东度江桥。其桥东西横架于东江之上，覆亭数楹。由桥东，即随江东岸，循东山南向行。东山者，即固栋江东山之脉，北自明光来，至大厂稍曲而东南，至是复西突而南下，屏立南香甸之东。其上有矿穴当峰之顶，茅舍缘之，自雅乌北岭遥望，以为南香甸也，至而后知为朝阳出矿之洞。然今为雾障，即咫尺东山，一无所睹，而此洞直以意想定之而已。南行八里，则有峡自东山出，遂东转而蹈之。其峡北即东山至此南尽，南即东岭之转西，西矗于南香甸南，为江东山北岭者也。开峡颇深，有泉西出而注于东江，即昨所从巉嵲山前分岐渡江而东入之峡也。峡径虽深，而两崖逼仄。循北山东行二里，望见峡内乱峰参差，扼流跃颖，亟趋之。一里至其下，忽见北崖中迸，夹峙如门，路乃不溯涧东上，竟北转入门。盖门左之崖，石脚直插涧底，路难外漤，故入而内绕耳。由门以内，仍东蹑左崖之后，一里，遂逾乱峰之上，盖石峰三四，逐队分行，与流相鏖，独存其骨耳。循北峰揽涧南乱峰，又东一里，路复北转,蹈北峰之隙北下。半里,则峰北又开一峡,自北而南,与东来之峡,会于北峰东突之下,同穿乱峰之隙而西。所谓北峰者,从大厂分支西南下,即南香甸东突之峰,余今所行路,循其南垂向东者也,其东南垂亦至是而尽。是山之西北,有矿西临南香甸者,曰朝阳洞;是山之东南,有矿东临是峡者,曰阳桥。阳桥之矿,亦多挑运就煎炼于南香,则知南香乃众矿所聚也。随峡北望,其内山回壑辟,有厂亦炉烟勃勃,是为石洞厂③。所云石洞者,大厂之脉,至是分环:西下者,自南香东界而南至阳桥,下从峡中,又东度一峰,突为"虎砂"而包其内;东下者,亦南走而东环之,至东岭而西转,穹为江东山北境,绕为"龙砂"而包其外。其水自石洞东,南出合东岭北下之水,西注于乱峰,与阳桥度峡水合流,西注东江。是石洞者,众山层裹中之一壑也,从阳桥峡北望而见之,峡中度脉而东,虽无中界之脊,而水则两分焉。

【注释】

①大厂:今为大洞铅厂。

②阳桥:二十七日记作"杨桥"。

③石洞厂:今称石洞坝,在明光、界头间。

【译文】

二十八日　早晨起床,雾很大。黎明,饭后动身去界头。那地方在南香甸的东南方,隔着大山、大江各一重。由南香甸东北的大厂翻山走,高山壑谷重重叠叠,路小但近一些;由南香甸东南的阳桥矿翻越东岭,深山中的峡谷平坦,路大但远一些。这时因为阴霾天黑,小路无法走,就跟随当地人走上去阳桥的路,而且可以一并收揽所说的石洞了。

从村东越过江上的桥。这座桥呈东西向横架在东江之上，覆盖着几间亭子。由桥东头，立即顺着江的东岸，沿着东山向南行。东山这座山，就是固栋江东山的山脉，从北面明光延伸来，延到大厂稍微弯向东南，到这里又向西前突后往南下延，屏风样矗立在南香甸的东面。山上有矿坑位于山峰的顶上，茅草房沿着矿井建盖，从雅乌山的北岭远远望去，以为就是南香甸了，来到后才知道是朝阳出矿的矿洞。然而今天被雾气遮着，即便是近在咫尺的东山，也一无所见，而这个矿洞的位置只是凭主观想象来推定它而已。往南行八里，就有峡谷从东山出来，于是向东转后踩着峡谷走。这条峡谷北面就是东山延伸到这里在南边的尽头处，南面就是东岭向西转，往西延伸矗立在南香甸的南面，成为江东山北岭的山了。开阔的峡谷相当深远，有泉水向西流出后注入东江，就是昨天我从高大险峻的山前边分岔渡江后向东走进去的峡谷了。峡谷纵向虽然深远，但两面的山崖十分狭窄。沿着北山往东行二里，望见峡谷内杂乱的山峰参差不一，扼住水流，如锥尖跃出，急忙向那里赶过去。一里来到山峰下，忽然看见北面的山崖从中迸裂开，对峙如门，路于是不溯山涧往东上走，竟然向北转进门内。门左边的石崖，石脚笔直插进山涧底，路难以从外边绕过去，所以进入门内绕路走罢了。从石门以内，仍然向东登上左边的石崖之后，一里，就翻越到杂乱的山峰之上，是三四座石峰，分行成对追逐着，与流水相鏖战，仅保存下那骨状的山石。沿着北峰游览山涧南边杂乱的山峰，又向东一里，路又向北转，踏着北峰的缺口往北下走。半里，就见山峰北面又敞开一条峡谷，自北向南，与东面来的峡谷，在北峰向东前突之处的下方会合，一同穿过杂乱山峰间的空隙向西而去。所谓的北峰，从大厂分支往西南下延，就是南香甸往东前突的山峰，我今天所走的路，沿着它的南垂向东而去，它的东南垂也是到了这里就到了头。这座山的西北，有矿厂西边面临南香甸的，叫做朝阳洞；这座山的东南，有矿厂东边面临这条峡谷的，叫做阳桥。阳桥的矿石，也大多挑运到南香甸去烧炼，这才知道南香甸是各地矿石聚集的场所。顺着峡谷往北望,峡谷内山峰回绕壑谷开阔,有矿厂也是炉烟浓浓的,那是石洞厂。所说的石洞,大厂的山脉,延伸到这里分支环绕:往西下延的,从南香甸东部往南延伸到阳桥,从峡中下延,又向东延过一座山峰,突起成为"虎砂"而后把石洞包围在内;向东下延的,也是往南延伸后往东环绕着石洞,延到东岭后向西转,隆起成为江东山的北境,绕成"龙砂"后把石洞包围在外。这里的水出自石洞东边,向南流出来汇合东岭往北下流的水,向西注入乱峰丛中,与阳桥流过峡中的水合流,向西注入东江。这样,石洞这地方,是群山层层包裹中的一个壑谷,从阳桥的峡谷中向北望就能望见它,峡中延过的山脉往东去,虽然没有隔在中间的山脊,而水却两面分流了。

　　余时欲从峡趋石洞,虑界头前路难辨[①],不若随同行者去,遂舍石洞,从东峡溯流入。三里,则路东有峰前屏,北界阳桥东度之峰,至是东尽。石洞之水,随东屏之山,南出而西转,则阳桥南峡之上流也。路抵东屏前山下,亦分岐为二:东北溯石洞水逾岭者,为桥头路;东南溯东岭北下之水逾岭者,为界头路。然则西下峡中之水,以石洞者为首,以东岭者为次也。于是东南上坡,二里余,陟岭巅,是即所谓阳桥东岭矣。逾岭即南下。一里,复陟峡而上,从岭上南行。二里,就其东南坡而下,二里,越东流之壑。复稍上二里,越其南坡,再下。有岐下东大峡,为同行者误而南,一里余,始知其误。乃莽陟坡而东北,一里,遇西来道,偕之东陟塍。一里余,则龙川东江之源,滔滔南逝,系藤为桥于上以渡。桥阔十四五丈,以藤三四枝高络于两崖,从树杪中悬而反下,编竹于藤上,略可置足,两旁亦横竹为栏以夹之。盖

凡桥巩而中高，此桥反挂而中垂，一举足辄摇荡不已，必手
揣旁枝，然后可移，止可度人，不可度马也。从桥东遵塍上，
始有村庐夹路。二里，复东上坡，由坡脊东行。其坡甚平，
自东界雪山横垂而西下者。行其上三里，直抵东山下，是为
界头村。其村倚东山而北，夹庐成街，而不见市集。询之，
知以旱故，今日移街于西北江坡之间，北与桥头合街矣②。
盖此地旱即移街，乃习俗也。乃令顾仆买米而炊。余又西
北下抵街子，视其扰扰而已，不睹有奇货也。既乃还饭于界
头。其地已在龙川江之东，当高黎贡雪山西麓③，山势正当
穿窿处。盖高黎贡俗名昆仑冈，故又称为高仑山。其发脉
自昆仑，南下至姊妹山；西南行者，滇滩关南高山；东南行
者，绕小田、大塘④，东至马面关⑤，乃穿然南耸，横架天半，为
雪山、为山心、为分水关；又南而抵芒市，始降而稍散，其南
北之高穹者，几五百里云；由芒市达木邦，下为平坡，直达缅
甸而尽于海：则信为昆仑正南之支也。

【注释】

①界头：今名同，在腾冲县东北境。

②桥头：今名同，在界头北8公里的龙川江东岸。

③雪山：海拔3822米，为腾冲、保山界上高黎贡山的最高点。

④大塘：今名同，在腾冲县东北隅，界头北境。

⑤马面关：今名同，在腾冲县桥头、大塘及隆阳区勐古间的适中处，
高黎贡山脊，海拔3194米。原称马回关，光绪《腾越厅志》卷二
地舆志，"曰马回者，言其山险，马至此而回也，今马面关即马回
之讹。"大塘、马面皆明清时著名隘口。明代已有九隘之称，明人

吴宗尧著《腾越八关九隘论》。但乾隆《腾越州志》称七隘，且列六隘名。光绪《腾越厅志》称九隘，又注"后增一隘为十隘"。看来，隘的多少并无定数，比较一致的有止那隘、古勇隘、滇滩隘、明光隘、大塘隘，马面隘。关偏在西南，隘则在北面；关多建在山顶，居高临下，隘多设于山腰，堵截来路；关主要防备缅甸，隘主要针对"野夷"。但有的隘也称关。

【译文】

　　我这时想从峡中赶到石洞去，考虑前去界头的路难以辨认，不如跟随同行的人前去，就放弃了石洞，从东面的峡谷中逆流进去。三里，就见路东边有座山峰屏风样矗立在前方，北面阳桥向东延伸的山峰，到这里到了东面的尽头。石洞的水，顺着东面屏风样的山，往南流出后向西转，就是阳桥南面峡谷中流水的上游了。路抵达前方东面屏风样的山下，也分为两条岔路：向东北溯石洞流出来的水翻越山岭的，是去桥头的路；向东南溯东岭往北下流的水翻越山岭的，是去界头的路。然而往西下流到峡中的水，以从石洞流出的居首位，以从东岭下流的居于次。从这里往东南上坡，二里多，登上岭头，这就是所谓的阳桥东岭了。翻过岭头立即往南下行。一里，再涉过峡谷上爬，从岭上往南行。二里，顺着山岭东南面的山坡下走，二里，越过水向东流的壑谷。再渐渐上走二里，越过这里南面的山坡，再次下走。有条岔路下到东面的大峡谷中，被同行的人错领向南走，一里多，才知道路走错了。于是茫然地往东北爬坡，一里，遇上西面来的道士，与他一同往东上登土埂。一里多，就见龙川江东江的源头，滔滔不绝往南流逝，在江上系藤条作为桥以便渡江。桥宽十四五丈，用三四根藤条高高地连接着两岸的山崖，从树梢向中间悬垂反曲向下，编竹子在藤条上，略微可以放脚，两旁也横有竹子作为护栏夹着中间。凡是桥都是中央高拱，这座桥反而悬挂着向中间下垂，一抬脚就摇晃动荡不已，必得要手拉着两旁的藤条，然后才可移步，只可以过人，不能过马。从桥东沿着土埂上走，开始有村庄房屋夹在路旁。二里,再往东上坡,由坡脊上往东行。这条山坡十分平坦,是从东面的雪山向西横向下垂形成的。行走在坡上三里,直达东山下,这里是界头村。这个村子背靠东山面向北,房屋夹成街市,但不见集市。询问原因,知道是由于天旱的缘故,今天街子移到西北面的江流与山坡之间,与北边桥头的街子合在一起了。原来此地天旱就迁移街子,是习俗。于是命令顾仆买米来做饭。我又往西北下到街子中,只见街子上也是扰扰攘攘而已,不见有奇特的货物。既而就回来在界头吃饭。此地已在龙川江的东面,位于高黎贡雪山的西麓,山势正当穹隆之处。高黎贡山俗名叫昆仑冈,所以又称为高仓山。它的山脉起自于昆仑山,往南下延到姊妹山;向西南延伸的,形成滇滩关南面的高山;向东南延伸的,绕过小田、大塘,往东延到马面关,就穹然向南耸起,横架在半天之上,成为雪山,成为山心,成为分水关;又往南延伸到芒市,山势才降低渐渐散开,山脉由南到北高大穹隆的山峰,几乎有五百里;由芒市到达木邦,下延成为平缓的坡地,直达缅甸而后在海边到了头:这确实是昆仑山正南方的支脉。

由界头即从雪山西麓南行,屡逾西突之坡,十五里,遥望罗古城倚东山坡间[①],有寺临之。此城乃土蛮所筑之遗址。其寺颇大。有路从此逾雪山,过上江。又南二里,过磨石河。又南二里,越一山,又逾一西突之坳。又南二里,过一小木桥。又南一里,越一坡,乃循坡东转。二里,抵东南峡口,有山自东大山南环而峙于门,大路逾坡而南上,小径就峡而西南。乃就峡口出,则前所过藤桥江亦自坞北来,遂循其东岸而南。三里,始有村倚江岸,乃傍村南行。又一里,宿瓦甸[②]。濒江东岸,亦南北大坞也,村膴连络;东向大山,即雪山,渐南与山心近矣。

【注释】

①罗古城：今作罗哥城。另有罗妹城。两城相隔数里，建在高台上的城墙犹存。

②瓦甸：宣德二年（1427）置瓦甸长官司，正统五年（1440）升为瓦甸安抚司，属永昌府。今仍称瓦甸，又称永安，在腾冲县东北境，界头和曲石之间的龙川江东岸。

【译文】

由界头立即从雪山西麓往南行，屡次翻越向西突的山坡，十五里，远远望见罗古城紧靠在东山的斜坡上，有寺庙面临罗古城。这座城是土著蛮族修筑的遗址。那座寺庙相当大。有路从此地翻越雪山，翻过去是上江。又向南二里，经过磨石河。又往南行二里，越过一座山，又越过一个向西前突的山坳。又向南二里，走过一座小木桥。又向南一里，翻越一条山坡，就沿着山坡向东转。二里，抵达东南方的峡口，有座山从东面的大山向南环绕后屹立在峡口，大路翻越山坡后往南上走，小径走入峡中往西南行。于是走近峡口出来，就见前边走过的藤桥下的江水也从山坳北边流来，就沿着江的东岸往南行。三里，开始有村庄紧靠着江岸，就从村庄旁边往南行。又行一里，住宿在瓦甸。濒临江的东岸，也是个南北向的大山坳，村庄田野相连；东边面对的大山，就是雪山，渐渐向南与山心接近了。

二十九日　饭而平明，随江东岸行。二里余，两岸石峰交合，水流峡间，人逾崖上，江为崖所束，奔流若线，而中甚渊深。峡中多沸水之石，激流荡波，而渔者夹流置罾于石影间，揽瑶曳翠，无问得鱼与鱼之肥否①，固自胜也。半里，越崖南下。江亦出峡，有石浮波面，俨然一鼋鼍随水出也②。又南二里，过上庄，有山西突，中夹坞成田，村倚突峰之东，江曲突峰之西,而路循坞中。逾脊而西南,又一里余,复与江遇,而两崖复成峡,石之突峡迎流,与瞽之夹流曳翠,亦复如前也。一里,江曲而西,路从江之南,亦曲而西截向北之坞。于是北望隔江南下之山,至是中分:其东支已尽横突而东,即西峡之绕而下者;其西支犹横突西南,即固栋两江所合而南盘者;两支之中,北逊成坞,而灰窑厂临其上焉③。是厂亦六厂之一,所出矿重于他处,昔封之而今复开,则不及他处矣。西一里,复上一北突小冈,有竹环坡,结庐其中者,是为苦竹冈。越而南下,共一里,又越坞南上,遂从坡上南行。二里,江随西峰之嘴曲而东南,始舣舟而渡其西岸,随西山南行。一里,坡尾东掉,路亦随而东。南逾之一里,有一二家倚坡北向而居,由其东更南上一里,遂逾其东下之脊。南行脊间二里,复稍下,有小峡自西而东,其峡甚逼,中有小水,捣坑东出。乃下半里,稍西转,迎流行峡中,有数家倚峡北,是为曲石④。而峡之西,其内反辟而成坞,亦有村庐倚之,则峡水之所从来也。于是南截峡流,又上坡,行坡间二里,有村当路左,亦曲石之村庐。又南三里,乃随坡西转,始见坡南坞大开,水东贯之,则固栋两江合而与顺江、响水沟诸流一并东出者也。循此坡稍北,即与界头、瓦甸之江合,是为龙川江之上流,盖交会于曲除者也。固栋之江东山,自石洞南度脊,亦中尽于曲除者也。余先自固栋历其西,又从阳桥东岭逾其北,又从瓦甸瞻其东,又从灰窑、曲石转其南,盖江流夹其三方,而余行周其四隅矣。西行一里,又南向峻下者一里,及坞底,有桥跨江,亦铁锁交络而覆亭于其上者，是为曲石桥。按《一统志》，龙川江上有藤桥二，其一在回石。按江之上下，无回石之名，其即曲石之误耶？岂其桥昔乃藤悬，而后易铁锁耶？

【注释】

①无问得鱼与鱼之肥否：原作"无问得鱼与否"，据徐本、陈本补。"四库"本作"无论得鱼与鱼之肥否"。

②鼋（yuán）：团鱼。　鼍（tuó）：亦称扬子鳄，为鳄鱼的一种。

③灰窑厂：今仍称灰窑，又称江南，在曲石稍西北的西沙河边上。现有灰窑水泥厂。

④曲石：《游记》诸本多处作"曲尺"，有误。唯本日记作"曲石"，据此统正为"曲石"。曲石在今腾冲县东北境，明光大河与界头小江在此合流后称龙川江。

【译文】

二十九日　饭后天才亮，顺着江的东岸前行。二里多，两岸的石峰交相合拢，水流在峡谷中，人翻越在石崖上，江流被石崖约束，奔腾的江流如线一样宽，但江中极为渊深。峡中有很多激起水浪的岩石，激流荡起波涛，而打鱼的人夹住江流把罾放在石影之间，如同网美玉拉翡翠，不问捕到捕不到鱼，不问鱼肥不肥，自身本来就是美景了。半里，越过石崖往南下行。江水也流出了峡谷，有块岩石浮出在水面上，俨然像一只团鱼或是鳄鱼随水浮出来。又向南二里，路过上庄，有座山向西前突，中间相夹的山坞开垦成田地，村庄紧靠突立山峰的东面，江流弯曲在突立山峰的西面，而路沿着山坞中走。越过山脊往西南行，又行一里多，再次与江流相遇，而且两面的山崖又变成峡谷，岩石突立在峡中迎着江流，以及夹住江流放罾拉起翡翠的景色，也又如前边一样了。一里，江流向西弯曲，道路从江的南面，也向西弯曲横截通向北面的山坞。在这里向北远望隔着江流往南下延的山，延到这里从中间分开：那东面的支脉已到头,横向往东突,就是绕着西面的峡谷往下延伸的山;那西面的支脉仍然向西南横突,就是固栋东西两条江汇合处向南盘绕的山;两条支脉的中间,北面退缩进去成为山坞,而灰窑厂面临在山坞上方。这个厂也是六厂之一,出产的矿石比其他地方的重,从前封闭了矿井但如今重新开挖,就赶不上其他地方的了。向西一里,又上登一座向北突的小山冈,有竹林环绕着山坡,竹林中建有房屋的地方,这是苦竹冈。越到南面下走,共一里,又越过山坞往南上走,于是从山坡上往南行。二里,江流顺着西峰的山嘴往东南弯曲,这才乘船渡到江西岸,沿着西山往南行。一里,坡尾向东掉过去,路也随着山坡往东走。向南翻越山坡一里,有一两家人紧靠山坡面向北居住,由村东再往南上行一里,于是翻越那向东下延的山脊。向南行走在山脊上二里,又渐渐下走,有条小峡谷自西通向东,这条峡谷非常狭窄,峡中有小溪,冲捣着坑谷向东流出去。于是下山半里,稍向西转,迎着溪流前行在峡谷中,有几家人紧靠峡谷北面,这里是曲石。而峡谷的西边,峡谷内反而开阔起来成为山坞,也有村庄房屋依傍在山坞中,就是峡中溪水从那里流来的地方了。于是向南横截峡中的溪流,又上坡,前行在坡上二里,有村庄位于路左边,也是曲石的村屋。又向南三里,就顺着山坡向西转,这才见到山坡南面的山坞十分开阔,水流向东流贯在山坞中,就是固栋东西两条江汇合后与顺江、响水沟各条水流一同合流向东流出去的江流了。沿着这条山坡稍向北流,马上与界头、瓦甸的江水合流,这是龙川江的上游,大概是在曲除交汇的江流了。固栋的江东山,山脊自石洞往南延伸,也是中途在曲除到了头的山脉。我先前从固栋走过它的西面,又从阳桥的东岭翻越过它的北面,又从瓦甸远望过它的东面,又从灰窑厂、曲石转到它的南面,原来江流夹在它的三面,而我走遍了它的四面了。往西行一里,又向南陡峻地下走一里,来到山坞底,有座桥跨在江上,也是铁锁链交错连接而桥上建有亭子的桥,这是曲石桥。据《一统志》,龙川江上有两座藤桥,其中一座在回石。考察沿江上下,没有回石的地名,那它就是曲石的误写吗? 难道这座桥从前是用藤条悬挂的,而后才改建成铁索桥的吗?

　　于是从江南岸上坡,西向由峡上。二里余,复南向陟岭,二里余,登岭头。有三四家当岭而居,是为酒店[①],以卖浆得名也。饭而行,循岭东南向二里下,稍西转,复南行坡上。又二里稍下,陟一坞而上。又南二里,过陈挥使庄。又南随峡中行,二里,有陇环前峡折而自西来,有岐直南蹑其陇,余乃随众从峡中西行。半里,渐西上,又半里,折而南上,又半里,南登陇脊,始逾东度之脉。于是南望前壑大开,直南与罗生山相对,其中成坞甚遥,州城隐隐在三十里外,东之球玶,亦可全见,惟西之宝峰,又西北之集鹰,皆为龙峋南下之支所掩,不得而见焉。余先贾勇独上,踞草而坐。久之后行者至,谓其地前有盗,自东山峡中来,截路而劫,促余并驰南下。东望层峡重峦,似有寻幽之径,而行者惟恐不去之速也。

【注释】

　　①酒店:今名同,在腾冲城与曲石间,分上酒店、中酒店、下酒店三村。

【译文】

　　于是从江南岸上坡,向西由峡谷上走。二里多,再向南登岭,二里多,登上岭头。有三四家人在岭头居住,这里是酒店,以卖酒得名。吃饭后上路,沿着岭头向东南下行二里,稍向西转,再往南前行在山坡上。又行二里逐渐下走,越过一个山坞后上走。又向南二里,路过陈指挥使庄。又向南顺着峡谷中前行,二里,有条土陇环绕过前边的峡谷自西边折过来,有条岔路一直向南登上那条土陇,我就跟随众人从峡中往西行。半里,渐渐往西上走,又行半里,折向南上走,又行半里,向南登上陇脊,开始翻越向东延伸的山脉。从这里向南望去,前方的壑谷十分开阔,一直向南与罗生山相对,这其中形成的山坞非常遥远,州城隐隐约约在三十里开外,东面的球琜山,也可以全部看见,唯有西面的宝峰山,还有西北的集鹰山,都被龍岆山往南下延的支脉遮挡住了,不能够见到。我先一步鼓足勇气独自上登,盘腿在草上坐下。很久,后边走路的人才来到,说是此地前面有强盗,从东面的山峡中出来,拦路抢劫,催促我一同向南跑步下山。远望东方,层层深峡重重山峦,似乎有探寻幽境的路径,但路上走的人唯恐不快些离开。

　　下二里,望见澄波汇山麓,余以为即上干峨清海子矣。又峻下二里,有村庐当海子北岸,竹径扶疏,层峦环其后,澄潭映其前。路转其东北隅,有小水自峡间下注,有卖浆之庐当其下。入而少憩,以所负木胆浸注峡泉间,且问此海子即上干峨澄镜池否。其人漫应之,但谓海子中有鱼,有泛舟而捕者,以时插秧,止以供餐,不遑出卖。然余忆《志》言,下海子鱼可捕,上海子鱼不可捕①,岂其言今不验耶?循海东峻麓行二里,及海子南滨,遇耕者,再问之。始知此乃下海子②,上海子所云澄镜池者,尚在村东北重山之上,由此而上五里乃及之。余不能从。南二里,越一涧,有村连竹甚深,是为中干峨村③。由村南又南下三里,其村竹庐交映更遥,是为下干峨村。至是东坡之下,辟为深坞,而溪流南贯。由是从村南稍西,即转南向,随坡上行。一里,渐南下,俯瞰坞中溪流,已有刺小舟而浮者。既而南行二里,有一二家倚坡湾而居,与下干峨南北遥对。从此东向随坡上半里,乃蹑坡之东嘴。从其上南转,则东嘴之下,其崖甚峻,又数十家倚其麓而居,竹树蒙茸,俯瞰若不可得而窥也。南半里,稍西复转而南,半里,崖下居庐既尽,忽见一大溪东向而横于前,乃透崖而出石穴者。崖峻无路下坠,沿崖端南行半里,稍下,见有径下沿坡麓,乃令顾仆守木胆于路隅,余策杖坠麓循崖北转。又半里,投丛木中,则其下石穴交流,土人以石堤堰水北注。堤之上,回流成潭,深及四五尺④;堤之下,喷壑成溪,阔几盈四五丈。泉之溢处,俱从树根石眼纠缪中出⑤,阴森沁骨。掬而饮之,腑脏透彻,悔不携木胆来一投而浸之也。既乃仍南沿崖麓,半里,至顾奴候处,取木胆负而行。

【注释】

①上海子:即澄镜池,又名清河,今仍称青海。

②下海子:今称北海。下海子所在的坝子今仍称干峨。青海在东北,北海在西南,相距3公里。青海水面0.4平方公里,海拔1893米,最深处27米。北海水面0.35平方公里,海拔1730米,水深5米,周围已成沼泽。当地有谚云:"北海无边,青海无底。"

③中干峨村:即今岗峨中村,省称中村,在北海和青海以南。

④深及四五尺:原缺"深及四五"四字,据宁抄本补。

⑤纠缪(liǎo):缠绕。

【译文】

下山二里,望见澄澈的碧波汇积在山麓,我以为就是上干峨的清海子了。又陡峻地下行二里,有村庄房屋位于海子的北岸,竹丛小径,枝叶扶疏,层层山峦环绕在村后,澄碧的水潭映照在村前。路转到村庄的东北角,有条小溪从峡中往下流淌,有卖酒人的房屋正在小溪下边。进屋稍作休息,把背着的木胆浸泡在峡中流出来的泉水中,并且询问这个海子是否就是上干峨的澄镜池。那人漫不经心的答应着我的话,只是说海子中有鱼,有乘船去捕鱼的人,因为这个时节插秧,鱼只拿来供吃饭用,来不及出卖。不过我回忆起《一统志》上说的,下海子的鱼可以捕,上海子的鱼不能捕,难道志书上的话今天不灵验了吗?沿着海子东面陡峻的山麓前行二里,来到海子南岸的水边,遇到耕田的人,再问他。才知道这是下海子,所说的上海子澄镜池的地方,还在村子东北的重重深山之上,由此地往上走五里才能到达那里。我不能从那里走。向南二里,越过一条山涧,有个村子竹林连片十分幽深,这是中干峨村。由村南又往南下行三里,这里的村子竹丛居屋交相掩映得更远,这里是下干峨村。到这里,东面的山坡之下,拓展为深深的山坞,而溪流向南流贯山坞中。由这里从村南稍向西走,马上转向南,顺着山坡上行。一里,渐渐往南下走,俯瞰山坞中的溪流,已经有撑小船漂浮的人。随即往南行二里,有一两家人依傍在山坡下的水湾居住,与下干峨村南北远远相对。从此处向东顺着山坡上爬半里,于是上登山坡向东突的山嘴。从坡上向南转,就见东突山嘴之下,那里的山崖非常险峻,又有几十家人背靠山麓居住,竹丛树林蒙蒙茸茸,俯瞰过去好似不能窥见的样子。向南半里,稍向西再转向南,半里,山崖下的居民房屋完了后,忽然看见一条大溪横在前方向东流,是穿过山崖从石洞中流出来的水流。山崖险峻无路下坠,沿着山崖前端往南行半里,略下走,见有条小径向下沿着坡脚走,就命令顾仆在路边守着木胆,我拄着手杖坠下坡脚沿着山崖向北转。又行半里,投身丛林中,就见那下边石穴中流水交错流淌,当地人用石堤拦水向北流淌。石堤之上,回旋的水流积成水潭,深达四五尺;石堤之下,水喷进壑谷形成溪流,宽处几乎达到四五丈。泉水溢出的地方,全是从树根石眼缠绕中渗出来,阴森森的沁入心骨。捧一捧水喝下,透彻肺腑,后悔没带木胆来投入水中浸泡一下了。既而仍然向南沿着崖脚走，半里，来到顾奴等候之处，取来木胆扛着上路。

　　又南二里下坡，有数家当坡之东，指余东向逾梁。其梁东西跨干峨下流之溪，《志》所谓马场河也。逾梁东，即东南逾田塍间，三里，抵东山下，又有溪自东而西，有梁南北跨之，是为迎凤桥，以其西有飞凤山也。桥下水即东南出于赤土坡者，北流至罗武塘，出马邑村，西向经此而与马场河合[1]。过桥遂直趋而南。二里，再南逾一梁，梁下水如线将绝，则黄坡泉之向北而西转者。又南一里，又南逾一梁，其水亦将绝，则饮马河之向北而西转者[2]。又南一里，入腾越北门。行城中二里，出南门。城中无市肆，不若南关外之喧填也[3]。抵寓已下午矣。

【注释】

①"出马邑村"二句：马邑村，今作蚂蚁村。此水明时称马邑河，即今沙河。马场河因马场得名，今作马厂，分上、下两村，临近马场河汇入沙河处。

②饮马河：今称运马水河，在腾冲城边。

③喧填：声大而杂。

【译文】

　　又向南下坡二里，有几家人位于山坡的东面，指引我向东过桥。这座桥东西向横跨在干峨下游的溪水上，是《一统志》所说的马场河了。过到桥东，立即向东南穿越在田野间，三里，抵达东山下，又有溪水自东向西流，有座桥南北向横跨溪流，这是迎凤桥，是因为桥西面有座飞凤山。桥下的溪水就是从东南方的赤土坡流出来的，往北流到罗武塘，流出马邑村，向西流经此地后与马场河合流。过桥后就一直向南赶路。

二里,再次向南走过一座桥梁,桥下的水如线一样将要断流,这是黄坡泉向北流淌后向西转来的水流。又向南一里,又向南走过一座桥梁,桥下的水也将要断流,这是饮马河向北流后向西转来的水流。又向南一里,进入腾越州城北门。前行在城中二里,走出南门。城中没有集市店铺,不如南关外那样喧哗繁荣。抵达寓所已经是下午了。

滇游日记十①

【题解】

《滇游日记十》是徐霞客旅游云南腾越州（今腾冲县）和永昌府（今保山市隆阳区）的游记。

崇祯十二年（1639）五月，徐霞客主要旅游腾冲南境，途经绮罗、团山、杨广哨、半个山等地，考察了壮观的硫磺塘沸泉及罗汉冲、大洞等温泉。霞客游展南到马鹿塘一带，考察的范围已达今德宏傣族景颇族自治州梁河县境。

十九日离腾越州东返，以后六月份都在永昌。永昌府是滇西重镇，也是《徐霞客游记》记录字数最多的府县。徐霞客寓居太保山腰的会真楼，得闪人望、闪知愿等朋友的盛情款待，游憩甚欢。徐霞客游遍城附近的太保山、易罗池及其他风景园林；往南游石花洞，浴蒲缥温泉，考察诸葛堰等水利设施；往北游龙王塘、卧佛寺，浴金鸡温泉；往东南登哀牢山，考察东河伏流的天生桥。保山、腾冲物产丰富，《徐霞客游记》记录了各种玉石及如何碾玉，也记录了各种花卉和水果。

己卯五月初一日②　平明起，店主人言："自往尖山后，参府吴公屡令把总来候，且命店中一至即入报。"余不知其因，令姑缓之，且游于市，而主人不听。已而吴君令把总持名帖来,言:"欲躬叩,旅肆不便,乞即枉顾为幸。"余颔之,因出观街子。此处五日一大街,大街在南门外来凤山麓。是日因旱,断屠祈雨,移街子于城中。旱即移街,诸乡村皆然。遂往晤潘捷余。捷余宴买宝舍人③,留余同事。余辞之,入城谒参府。一见辄把臂入林④,款礼颇至。是日其子将返故乡,内简拾行囊,余辞之出。吴,四川松潘人⑤。为余谈大江自彼处分水岭发源,分绕省城而复合⑥。且言昔为贵州都阃,与陈学宪平人士奇同事,知黄石斋之异。下午还寓。集鹰山宝藏徒径空来顾,抵暮别去。

【注释】

①《滇游日记十》:在乾隆刻本第九册上。 徐本自己卯五月初一日至七月三十日在第十册上,自己卯八月初一日至九月十四日在第十册下,上下合题曰"滇",有提纲云:"自腾越罗生山、杨广哨、硫磺塘还至腾越。过龙川、高良工山、潞江、蒲缥、永昌、哀牢山、清水沟、峡口山、笔架山、山窠、卧佛寺、金鸡村、宝盖山、虎坡、干海子、玛瑙山、松坡、猛赖、上江蛮边、石城、北冲、清水关、再还永昌。养邑、腊彝、枯柯、右甸、锡铅、顺宁府、云州。再从顺宁渡澜沧江、三台山、阿禄司、新牛街,渡壁溪江、瓦葫芦、猪矢河、蒙化府、天姥崖、龙庆关、迷渡、清华洞大脊、洱海城、荞甸、宾川州、炼洞,还至鸡足山止。"

②己卯:崇祯十二年,公元1639年。

③舍人:公侯都督及各卫指挥嫡长次子才可试用者,为散骑参侍舍人,隶都督府,充宿卫,或署各卫所司,听候差遣。

④把臂:互相扶住手臂,表示亲密。

⑤吴,四川松潘人:吴荩臣,字忠宇,号巨卿,四川松潘人。其先祖洪武年间立有战功,擢松潘卫百户,世袭,数传至荩臣。天启二

年(1622)奢崇明围成都,奉调驰援,事平,升松潘卫指挥佥事。崇祯六年(1633)升贵州都司。崇祯十年(1637)转腾冲卫参将。崇祯十四年(1641)升云南协副将。在腾冲所题写的摩崖"莫高山大川"今存。松潘:明置松潘卫,隶四川都司,在今四川松潘县。

⑥"为余谈"二句:此处指岷江源。省城指四川布政司治成都府,即今成都市。

【译文】

己卯年五月初一日　黎明起床,店主人说:"自从您前往尖山之后,参将府的吴公屡次命令把总前来等候,并且命令店中您一到就进府去报告。"我不知道其中的原因,命令他暂缓报告,暂且去游一游街市,但店主人不听。不久吴君命令把总拿着名帖前来,说:"想要亲自叩拜,但旅店中不方便,乞请您马上枉驾前来拜访便是幸事。"我点头同意了他,于是出门观看街子。这地方五天赶一次大街,大街在南门外来凤山山麓。这一天因为天气干旱,停止宰杀牲口祈雨,把街子移到城中。天旱就迁移街子,各地乡村都这样。于是前往会见潘捷余。潘捷余宴请来买珠宝的舍人,挽留我一同赴宴。我辞谢了他,进城拜谒参将府。一见面就互相拉住手臂志气相投,款待的礼节相当周到。这一天他的儿子即将返回故乡,在内室收拾行李,我告辞他出门来。姓吴的,是四川松潘卫人。向我谈起大江从他们地方的分水岭发源,分流绕过省城后再次合流。并且说起从前他担任贵州都司时,与学官陈平人(表字士奇)是同事,了解黄石斋的奇异之处。下午返回寓所。集鹰山宝藏的徒弟径空前来拜访,到天黑告别离去了。

初二日　余止寓中。云峰山即尖山老师法界来顾。州庠彦李虎变昆玉来顾①。李居绮罗。

【注释】

①李虎变:腾冲下绮罗村人,原名李振邦,虎变为其乳名,痒生。当

地人习称他们这支李家为"老虎李"。其父经商创业,家境殷富,不忘报恩乡里,常施钱粮济困。虎变与其妻尹氏不仅同年同月同日生,还双双寿过百年,乾隆三年(1738)获旌表"双寿"。见《保山师专学报》2000年第3期高镇仁《徐霞客居住李虎变家遗址考》。昆玉:对于他人兄弟的美称。

【译文】

初二日 我停在寓所中。云峰山就是尖山的老禅师法界来拜访。州学中的贤士李虎变兄弟来拜访。李家住在绮罗。

初三日 参府来候宴。已又观音寺天衣师令其徒来候,余以参府有前期,辞之。上午赴参府招,所陈多腊味,以断屠故也。腊味中始食竹䴲。下午别之出。醉后过万寿寺拜法界,不在。出西门半里,过凌云桥①,又西半里,由玉泉池南堰上西山之麓②,则观音寺在焉③。寺东向临玉泉池,寺南有古刹并列,即玉泉寺矣。天衣师拜经观音寺,三年不出,一见喜甚,留余宿。余辞以他日,啜其豆浆粥而返,已昏黑矣。

【注释】

①凌云桥:俗称观音塘桥,近年改建后称新桥。
②玉泉池:今名同,建有自来水厂。
③观音寺:今存,在腾冲城北郊。所在的村因名观音塘。

【译文】

初三日 参将府派人来等候我去赴宴。不久又有观音寺的天衣法师命令他的徒弟前来迎候,我因为与参将府事前有约定,辞谢了他。上午赴参将府的召请,陈列的多半是腊味,是由于停止屠牲的缘故。腊味中第一次吃到竹䭔。下午告别参将出来。酒醉后到万寿寺去拜访法界,不在。走出西门行半里,过了凌云桥,又往西行半里,由玉泉池南边的堤坝上走到西山的山麓,就见观音寺在那里了。寺庙向东面临玉泉池,寺南边有座古刹并列,就是玉泉寺了。天衣法师在观音寺拜经,三年不出门,一见面高兴极了,挽留我住宿。我答应改天来住辞谢了他,喝了他的豆浆粥后返回来,已经天色昏黑了。

初四日　参府令门役以《州志》至。方展卷而李君来候。时微雨,遂与之联骑,由来凤山东麓循之南,六里,抵绮罗,入叩李君家。绮罗①,《志》作矣罗,其村颇盛,西倚来凤山,南瞰水尾山,当两山夹凑间。盖罗汉冲之水,流经大洞、长洞二小阜间,北曲而注于平坞,乃分为二流,北为饮马河而抵城东,南为绮罗水而逼南山下,又西逼来凤东南麓,乃南捣两山夹间。是村绾其谷口,竹树扶疏,田塍纡错,亦一幽境云。是夜宿李君家。

【注释】

①绮罗:今名同,又作矣罗,分上绮罗与下绮罗。按霞客所行里距,此应为今下绮罗。

【译文】

初四日　参将府命令守门的差役把《腾越州志》送来。刚翻开书而李君前来问候。这时下着细雨,便与他并排骑马,由来凤山的东麓顺着山麓往南行,六里,抵达绮罗,进去拜见李君的家人。绮罗,《一统志》写作矣罗,这个村子颇为兴盛,西面紧靠来凤山,南面远看水尾山,位于两山相夹凑拢之间。罗汉冲的水,流经大洞、长洞两座小土阜间,向北弯曲后流入平坦的山坞中,于是分为两条支流,北面的是饮马河,流到城东,南面的是绮罗水,逼近南山下,又往西逼近来凤山的东南麓,于是往南捣入两山的夹谷间。这个村庄盘结在山谷口,竹林树丛摇曳扶疏,田野壑谷迂曲错杂,也是一处幽雅的环境。这天夜里住在李君家中。

　　余初望腾越中坞,东为球瑸、矣比,西为宝峰、毗卢,南为来凤、罗生,北为干峨、飞凤。西北则龙岘最耸,而龙潭清海之水溢焉;东南则罗汉冲最深,而罗生、黄坡之流发焉;东北则赤土山最远,而罗武、马邑之源始焉;大盈江惟西南破龙光台、来凤西麓而去。则是州之脉,盖西北由集鹰山分脉:南下者,为宝峰、毗卢,而尽于龙光台;东曲者,一峙为笔峰,再耸为龙岘,遂东下而度干峨之岭,又东南而纡为永安、乱箭之哨。其曲而西也,余初疑南自罗生、水尾,而北转为来凤,至是始知罗汉冲水又南下于罗苴冲,则来凤之脉,不南自罗生、水尾,而实东自黄坡、矣比二坡也。但二坡之西皆平坞,而南抵罗生,脉从田塍中西度。郡人陈彝典进士《文星阁记》云①:"嘉靖壬子②,城外周凿城隍③,至正南迤东窀地丈许④,有络石,工役斫截之。其石累累如脊骨,穿地而来,乃秀峰之元龙正脉也⑤。"其说可与余相印证。土人不知,乃分浚罗汉冲水一枝,北流为饮马河而抵于城东。是此脉一伤于分流,再凿于疏隍,两受其病矣。土人之为之解者曰,脉由龙光台潜度于跌水河之下。不知跌水河虽石骨下亘,乃大水所趋,一壑之流交注焉;饮马河本无一水两分之理,乃人工所为,欲以此掩彼不可得也。

【注释】

①陈彝典:原作"陈懿典",据《云南腾越州志》、《腾越厅志》改。陈

彝典，明隆庆五年(1571)辛未科进士。

②嘉靖壬子：即嘉靖三十一年，1552年。

③隍(huáng)：城外的护城濠，有水称池，无水称隍。

④窀(cuì)：挖地造穴。

⑤秀峰：今仍名秀峰山，为腾冲古城中心的最高点，山上原有秀峰亭。

【译文】

我最初远望腾越州中间的山坞，东面是球琅山、矣比坡，西面是宝峰山、毗卢山，南面是来凤山、罗生山，北面是干峨山、飞凤山。西北则是巃嵸山最为高耸，而龙潭清海子的水从那里溢出来；东南则是罗汉冲最深，而罗生山、黄坡的水流从那里发源；东北则是赤土山最远，而罗武塘、马邑村的水源从那里起始；唯有西南方大盈江冲破龙光台、来凤山西麓后向西流去。那么这个州的山脉，大体上在西北方由集鹰山分出支脉：往南下延的，成为宝峰山、毗卢山，而后在龙光台到了头；向东弯曲的，最先耸起成为笔锋山，再次耸起成为巃嵸山，于是向东下延后越过干峨村所在的山岭，又往东南曲折延伸成为永安哨、乱箭哨所在的山。那向西弯曲的，我最初怀疑是起自南面的罗生山、水尾山，而后向北转成为来凤山，到这时才知道罗汉冲的水又向南下流到罗苴冲，那么来凤山的山脉，不是起自南面的罗生山、水尾山，却实际上是起自东面的黄坡、矣比坡两条山坡了。但是这两条山坡的西面都是平敞的山坞，而后往南抵达罗生山，山脉从田野中向西延伸。本府人进士陈彝典的《文星阁记》中说："嘉靖壬子年，在城外四周挖掘护城濠，挖到正南方向东挖坑一丈左右，有脉络状的岩石，工匠夫役们凿断了岩石。那里的岩石层层累累如像脊梁骨，穿过地下延伸而来，是秀峰最主要的龙脉的正脉。"这个说法可与我的看法互相印证。本地人不知道，就把罗汉冲的水分流，疏挖出一条支流，向北流成为饮马河，而后流到城东。这样，这条地脉第一次被分流损伤，再一次在疏挖护城濠时被凿断，两次受到伤害了。当地人为此解释说，山脉由龙光台潜伏在地下延伸到跌水河的下方。却不知道跌水河虽然是骨状的岩石从地下绵亘，却是大水流向的地方，一条壑谷的流水都交相流淌在壑谷中；饮马河本来没有一条河分为两条河的道理，是人工建成的，想以此来掩盖那样的过失是不可能的。

初五日　晨餐后，即从李君循南山之麓东向行。先半里，过水应寺①。又东二里，两逾南山北下之支，有寺在南峡中北向峙，即天应寺也②。其后即罗生主峰，仰之甚峻，《志》称其条冈分布，不诬也。又东半里，上一北下之支，随之北下。共一里，冈东尽处，竹树深密，绿荫袭人，披映心目。其前复起一圆阜，立平畴中，是为团山③，与此冈断而复续。冈东村庐连络。余从竹中下，一老人迎入其庐，具腊肉火酒献。盖是日端午，而老人与李君有故，遂入而哺之。既午，复东向循南山行。半里，其北复起一长阜，如半月横于前，是为长洞山。又东二里，遂入山峡，有溪中贯而出，是为罗汉冲④。溪南北皆有村夹峙峡口。由南村溯溪而东，又二里，越溪之北，有大路倚北山下，乃东逾岭趋猛连者⑤，从其北坞中觅温泉。其泉不热而温，流不急而平，一大石突畦间，水汇其旁，浅不成浴。东山下有"大洞温泉"，为八景之一，即在其北岭峡中，与此隔一支岭，逾而北颇近，而李君急于还家，即导余从大路西出。二里，过溪南村，出峡口，随溪西行。一里，过一桥，从溪南又西一里，过长洞北麓。北望大洞之阜，夹溪而峙，余欲趋之，浴其温泉。李君谓泉在东峡中，其入尚远，遂强余还。又西一里，过团山北麓，又西三里而还李君家。

【注释】

①水应寺:今作水映寺。

②天应寺:今名同,建筑皆存。

③团山:与下文"长洞山"今名皆同,已为村落布满。

④罗汉冲:今名同,温泉犹存。以上皆在腾冲县南境。

⑤猛连:今作勐连,在腾冲县东南境。

【译文】

初五日　早餐后,立即跟随李君沿着南山的山麓向东行。先走半里,经过水应寺。又向东二里,两次翻越南山往北下延的支脉,有座寺庙在南面的峡谷中面向北屹立,就是天应寺了。寺后就是罗生山的主峰,仰面看它非常高峻,《一统志》称它是呈条状分布的山冈,不假呀!又往东行半里,上登一条往北下延的支脉,顺着山冈往北下行。共一里,山冈东面的尽头处,竹丛树木又深又密,绿色的树荫袭人,树影婆娑,映人心目。山冈前方又耸起一座圆形的土阜,蠹立在平旷的田野中,这是团山,与这座山冈断开后又连接起来。山冈东面村庄房屋连接不断。我们从竹林中下来,一位老人把我们迎进他的屋子中,准备了腊肉、火酒献上来。原来这一天是端午节,而老人与李君有交情,就进屋吃饭。中午之后,又向东沿着南山行。半里,这里北边又突起一条长形的土阜,如半个月亮横在前方,这是长洞山。又向东二里,就进入山峡,有溪水从峡中流贯而出,这里是罗汉冲。溪水南北都有村庄夹峙在峡口。由南面的村庄溯溪流往东行,又行二里,越到溪流的北岸,有条大路紧靠在北山下,是向东翻越山岭通往猛连的路,到大路北边的山坞中去找温泉。这里的温泉不热但是温的,水流不急而平缓,一块大岩石突立在田地中,水汇积在岩石旁,浅得洗不成澡。东山下有个"大洞温泉",是八景之一,就在这里北面山岭的峡谷中,与这里隔着一条岭,向北翻越相当近,可李君急于回家,就领我从大路往西出来。二里,经过溪流南岸的村庄,走出峡口,顺着溪流往西行。一里,走过一座桥,从溪流南岸又向西一里，经过长洞山的北麓。远望北边大洞温泉所在的土阜，夹住溪流耸峙，我想要望着那里赶过去，在那里的温泉中洗澡。李君说泉水出在东面的峡谷中，进去的路还很远，就强逼我往回走。又向西一里，路过团山北麓，又往西行三里后返回李君家中。

初六日　晨饭，令顾仆携卧具，为杨广哨之游。先是李君为余言，此地东南由罗汉冲入二百里，有滃吕山，东南由罗生四十里，有马鹿塘，皆有峰峦可观。余乃先其近者，计可从硫磺塘、半个山而转也。东三里，从水应、天应二寺之间，南向上山。愈上愈峻，七里，登绝顶。北瞰即天应寺悬其坑麓，由州坞而北，惟龍枞山与之对峙焉；西瞰则旁峡分趋，势若赘旒[①]，皆下坠于绮罗南向之峡，有龙井出其下焉；惟东眺则本峰颉颃自掩；而南眺则浓雾弥沦，若以山脊为界，咫尺不可见。于是南从岭上盘峡，俱行氤氲中，茫若蹈海。半里，南下。下二里余，山半复环一壑，其脊自东南围抱而西，中藏圆坞，有小水西去。其内雾影稍开，而雨色渐逼，虽近睹其田塍，而不免远罹其沾湿矣。复上南坡，蹑坡脊而南，五里，一岐随脊而西南，一岐坠坡而东向。余漫从脊上直南，已而路渐东下而穷。二里，有村倚东坡下，披雾就讯之，乃清水屯也[②]。按《志》，城南三十里为清水朗，此其地矣。然马鹿塘之径，当从北岐分向而东，此已逾而过南。

【注释】

①赘旒(zhuì liú)：古代旗帜边缘悬垂的飘带。

②清水屯：今仍作清水，在绮罗正南，与清水朗无涉。

【译文】

初六日　早晨吃完饭，命令顾仆带上铺盖，动身去游杨广哨。这之前李君对我说，此地东南方由罗汉冲进去二百里，有座滃吕山，东南方经由罗生山走四十里，有个马鹿塘，都有峰峦值得观览。我于是先去那近处的，预计可以从硫磺塘、半个山转回来。向东三里，从水应寺、天应寺两座寺庙之间，向南上山。越上去越险峻，七里，登上绝顶。俯瞰北面就是天应寺高悬所在坑谷的山麓，由州城所在的山坞往北，唯有巃岤山与这座山对峙；俯瞰西面，就见两旁山峡分向延伸而去，势如旗帜上悬垂的飘带，都是下坠到绮罗向南的峡谷中，有个龙井在峡谷下方涌出来；只有向东眺望则是本山的山峰互相抗衡，自相挡住了；而眺望南方，就见浓雾弥漫沉浮，好像是以山脊为界，咫尺之间不能看见东西。从这里向南从岭上绕着峡谷走，都是行走在氤氲的浓雾之中，茫茫一片如蹈大海。半里，往南下行。下行二里多，山半腰又环绕成一个壑谷，这里的山脊自东南往西围抱，中间藏着圆形的山坞，有小溪向西流去。山坞内雾影稍稍散开，可雨势渐渐逼近，虽然近处看得见四旁的田野，但远处不免被雨水沾湿了。又上登南面的山坡，登上坡脊后往南行，五里，一条岔路顺着山脊通向西南方，一条岔路向东坠下山坡。我漫无目的地从山脊上一直往南行，不久路渐渐向东下去后断了。二里，有个村庄紧靠在东面的山坡下，分开浓雾去村中问路，是清水屯了。根据《一统志》，州城南面三十里是清水朗，这就是那地方了。不过去马鹿塘的小径，应当从北边的岔路分向往东行，此地已经走过头在南边了。

屯人指余从坡北东下，当得大路。从之，半里，东北涉一坑甚深，雾影中窥其东南旋壑下盘，当时不知其所出何向，后乃知其南界高蜂，反西自竹家屯而东突，为陈播箕哨也。复东北上坡半里，见有路东向下，辄随之行，不意马鹿塘正道尚在其北。雾漫不辨,踉跄东下。一里余,有峡自北而南,溪流贯之,有田塍嵌其底,而绝无人居。塍中插禾已遍,亦无一人。抵塍而路绝,塍狭如线,以杖拄畦中,东行抵溪,而溪两岸蒙翳不可渡。复还依西坡南向,一里得小径,渡溪东上。一里,路伏草间,复若断若续,然其上甚峻。三里,东向登岭头,复从岭上东南再陟一岭。半里,始见岭北有坳,自北南度,中伏再起,其东则崩崖下坠,其势甚拓,其坠甚峭,若中剖其脊并左右两帏而平坠焉。坳北有路自崩崖北岭东行,南亦有微路,自崩崖南岭东上,而坳中独无北交之路。余遂循崖南路上。东一里,路为崩崖所坠,复岐而南,再陟南岭。半里,复东行岭脊。二里始有南来之路,循之东。北瞰崩崖下陷,东向成坑,箐木深翳。又东半里,再陟岭,岭乃南去,微径始东北下坡。曲折连下三里,余以为将及北坑之底,随之出即马鹿塘矣;孰知一坡中环,路岐而东西绕之,未几遂绝,皆深茅丛棘,坑嵌其下甚深。余始从其南,不得道,转而东,复不得道,往返踟蹰,茅深棘翳,遍索不前。久之,复从南坡下得微径,下一里余而东抵坑底。则坑中有水潺潺,自崩崖东南流,坑两旁俱峭崖密翳,全无路影,而坑底甚平,水流乱砾间,时有平沙漾之,遂随之行。或东或南,仰眺甚逼,而终绝路影。三里,稍开,俯见漾沙之上,虎迹甚明,累累如初印。随之又东南一里余,有小溪自西南来注,有路影南缘之,始舍坑而南陟坡,一里,越其上。余意将逾坡东下,而路反从坡脊南行,余心知其误,然其路渐大,时亦渐暮,以为从大道,即不得马鹿塘,庶可得栖宿之所。乃蹑脊西驰二里，见西峰顶有峰特倚如覆钟，大道从此分岐，一自东南坡下而上，一向西北峰顶而趋，一从西南盘壑而行。未审所从，姑解所携饭啖之。余计上下二径，其去人必远，不若从盘壑者中行。于是又东南三里，遂坠坡而下，渐闻人声。

【译文】

清水屯的人指引我从山坡北面往东下走，应该找得到大路。听从他的话走，半里，向东北涉过一个非常深的坑谷，雾影中窥见坑谷的东南方旋绕的壑谷向下盘绕，当时不知道壑谷出去通往哪里，后来才知道壑谷南面的高峰，反而自西面的竹家屯往东突，是陈播箕哨了。再向东北上坡半里，见有路向东下走，就顺着这条路走，没想到去马鹿塘的正路还在这里的北边。浓雾弥漫辨不清方向，跟跟跄跄往东下走。一里多，有条峡谷自北通向南，溪流贯穿峡谷中，有田地嵌在峡底，可完全没有人居住。田野中已插遍了禾苗，也没有一个人。走到田埂路就断了，田埂窄得如同一根线，用手杖挂在田中，往东走到小溪边，但溪流两岸树丛浓密遮蔽不能渡水。再返回来靠着西面的山坡向南走，一里后遇上小径，渡过溪流往东上走。一里，路隐伏在草丛中，再次似断似续的，然而那上去的路非常陡峻。三里，向东登上岭头，又从岭上向东南再上登一座山岭。半里，才见到岭北有个山坳，自北向南延伸，中间低伏后再次隆起，山坳东面就是崩塌下坠的山崖，山势非常宽阔，那下坠之处十分陡峭，好像山脊从中剖开左右两幅帷幔并排平平下坠的样子。山坳北边有条路自崩塌的山崖北面的山岭往东行，南边也有一条小路，自崩塌的山崖南面的山岭往东上行，可唯独山坳中没有北面来相交的路。我于是沿着山崖南面的小路上走。向东一里，路被崩塌坠落的崖石阻断，又岔向南，再上登南面的山岭。半里，又往东行走在岭脊上。二里后才有南面来的路,顺着这条路向东走。向北俯瞰,崩塌的山崖下陷,向东处形成深坑,山箐中林木幽深浓密。又向东半里,再次登岭,山岭于是向南延伸而去,小径开始向东北下坡。一连曲折下坡三里,我以为将要走到北面深坑的底部,顺着深坑出去就是马鹿塘了;谁知道一条山坡环绕在中间,路分为东西两条岔道绕过山坡,不多久就断了,都是深深的茅草成丛的荆棘,坑谷嵌在它的下方非常深。我开始时从这里往南走,找不到路,转向东,还是找不到路,往返徘徊,茅草深深,荆棘密蔽,四处搜索不能前行。很久后,又从南面的山坡下找到小径,下行一里多后向东到达坑底。就见坑中有潺潺流水,自崩塌的山崖那里往东南流,坑谷两旁都是陡峭密蔽的悬崖,完全没有路的踪影,可坑底十分平坦,溪水流淌在杂乱的砾石间,不时有平坦的沙滩潆绕着溪流,就随着溪流前行。有时向东有时往南,仰面眺望非常狭窄,可始终绝对没有路的影子。三里,稍开阔了些,俯视看见潆绕的沙滩之上,老虎脚印十分明显,一串串的像是刚印上去的。随着溪流又往东南行一里多,有条小溪自西南流来汇入,有条路的影子向南沿着小溪走,这才离开坑谷向南爬坡,一里,越到坡上。我本想即将翻过山坡往东下坡,可路反而从坡脊上往南行,我心知路走错了,不过这条路渐渐变大,这时天也渐渐黑下来,以为从大路走,即便找不到马鹿塘,或许可以找到栖身寄宿的处所。于是登上坡脊向西疾走二里,看见西峰顶上有山峰依傍着如下覆的铜钟,大路从此处分岔,一条自东南面的山坡下往上走,一条向西北的峰顶走去,一条从西南方绕着壑谷前行。我不清楚从那条路走,姑且解下带来的饭吃了。我估计上下两条小径,它们离开人必定很远,不如从盘绕在壑谷中的路走。于是又向东南行三里,就从坡上下坠,渐渐听到人声。

下里余,得茅二龛在峡间,投之,隘鄙不堪宿。望南坡上有数龛,乃下陟深坑,攀峻而上,共一里而入其龛,则架竹

为巢,下畜牛豕,而上托爨卧,俨然与粤西无异。屈指自南
丹去此,至今已阅十五月,乃复遇之西陲,其中数千里所不
见也。自登崩崖之脊,即望见高黎贡南亘之支屏列于东,下
有深峡,而莫见龙川,意嵌其下也。又西南二十余里,至所
宿之坡,下瞰南峡甚深,即与高黎贡遥夹者,意龙江从此去。
西坞甚豁,远见重山外亘,巨壑中盘,意即南甸所托也。时
雾黑莫辨方隅①,而村人不通汉语,不能分晰微奥。即征其地
名,据云为凤田总府庄,南至罗卜思庄一日余②,东北至马鹿
塘在二十里外③,然无确据也。夜以所携米煮粥,啜之而卧。

【注释】

①方隅:四方和四隅。

②罗卜思庄:又作罗必丝庄,今称罗卜坝,在梁河县南境。

③马鹿塘:今名同,在梁河县东北隅,襄宋河北。

【译文】

　　下行一里多,在峡中找到两间茅房,到那里投宿,又窄又简陋不能
住宿。望见南面山坡上有几间房,就下到深坑,攀登陡峻的山路上走,
共行一里后进入那里的房屋,是竹子架成的窝棚,下边圈养着牛猪,而
上方托举着烧火做饭和睡觉的地方,俨然与广西的竹楼没有不同之处。
屈指算来,自从离开南丹州来到此地,至今已经历十五个月,才又在西
部边陲遇见这种竹楼,这期间几千里路上没有见到过。自从登上崩塌
山崖的山脊,立即望见高黎贡山往南绵亘的支脉屏风样排列在东方,下
边有深峡,但无法见到龙川江,推想是深嵌在山下。又向西南走二十多
里,来到投宿的山坡,下瞰南面的峡谷非常深,就是与高黎贡山远远相
夹之处,推想龙川江从这里流去。西面的山坞非常开阔,远远望见重重
山峦横亘在外面,巨大的壑谷盘绕在中间,推想就是南甸依托之处了。

这时雾浓天黑无法辨清方位，而且村里人不通汉语，不能分辨清楚地形的细微深奥之处。随即追问这里的地名，据说是凤田总府庄，南面到罗卜思庄要走一天多，东北到马鹿塘在二十里之外，然而没有确凿的证据。夜里用带来的米煮粥，喝下稀粥后睡下。

初七日　阴雨霏霏①，饭后余姑止不行。已而村人言天且大霁，余乃谋所行。念马鹿塘在东北，硫磺塘在西北，北山之脊，昨已逾而来，西山之脊，尚未之陟，不若舍马鹿而逾西脊，以趋硫磺塘，且其地抵州之径，以硫磺塘为正道，遂从之。土人指余从村后西北向大山行。余误由直北，一里余，下涉一涧，溯之北上坡，一里余，又下涉涧。其处一涧自西峡崩崖来，一涧自北峡崇山来，涉其西来者。又北上坡半里，路复分岐，一向北峡，一向西峡，皆盘其上坡。余从其北峡者，二里，路渐湮。已北下，则其涧亦自西来，横堑于前，虽小而颇深，藤箐蒙塞，雨雾淋漓，遂不能入。乃复出，至岐口，转向西峡。一里，路亦渐湮，其南崩崖下嵌，即下流之所从出，而莫能逾焉。复出，从岐口南涉其涧，从涧南又得一岐西上，其路甚微。一里，北逾一坡，又北一里，即崩崖西对之坡也，其上皆垦崖，而仍非通道。蹑之行，一里，上西顶。顶高云黑，莫知所从，计返下山，乃转南行莽棘中。湿茅瓮箐，踯躅东南向，二里，渐有径，下眺凤田所宿处，相距止二三里间。

【注释】

①阴雨霏霏：原脱"霏霏"，据徐本、陈本、史序本补。

【译文】

初七日　阴雨霏霏，饭后我暂且停下不走。不久村里人说天将要大晴，我这才打算上路。考虑马鹿塘在东北方，硫磺塘在西北方，北山的山脊，昨天已经翻越过来，西山的山脊，还没有上登过，不如舍弃马鹿塘去翻越西山的山脊，以便赶往硫磺塘，而且此地到州城的路，以走硫磺塘是正路，就从这条路走。当地人指点我从村后向西北的大山走。我错从正北走，一里多，下走涉过一条山涧，溯山涧向北上坡，一里多，又下走涉过山涧。此处一条山涧自西面峡中崩塌的山崖处流来，一条山涧自北面的峡谷高山中流来，涉过那条西面流来的山涧。又往北上坡半里，路又分岔，一条通向北面的峡谷，一条通向西面的峡谷，都是绕着峡谷上坡。我从那通向北面峡谷的路走，二里，路渐渐堙没了。不久向北下走，就见那条山涧也从西边流来，堑沟样横在前方，水流虽小但相当深，藤枝竹丛浓密堵塞，雨雾湿淋淋的，始终不能进去。只得又出来，来到岔路口，转向西面的峡谷。一里，路也渐渐堙没了，路南边崩裂的山崖向下深嵌，就是山涧从那里向下流出去的地方，可是不能超越过去。又出来，从岔路口向南涉过那条山涧，从山涧南边又找到一条岔路往西上走，这条路非常小。一里，往北越过一条山坡，又向北一里，就是崩塌的山崖西边面对着的山坡了，那上边都是开垦过的山崖，但仍然不是通行的路。踏着山坡前行，一里，登上西面的山顶。顶高云黑，不知从哪里走，打算返回去下山，就转向南行走在草莽荆棘中。茅草湿淋淋的，壅塞着山箐，跌跌绊绊走向东南，二里，渐渐有小径，往下眺望凤田总府庄住宿过的地方，相距只有二三里之间。

更南半里，得大道西去，遂从之。西循北山行一里，得耕者在坡下，问之，始知其上有小寨，名掗图①，即从杨广哨入州正道矣。乃迤西北上，蹑坡一里，有二茅当峡坪间，是为掗图寨。由寨后更蹑峻而北，半里，登冈。西望盘壑下开，水田漠漠,有溪流贯其中,壑西复有崇山外峙,其南又起一崇山,横接而南,交接之中,似有水中贯而去。又北上一里半,遂凌大脊。北下回峡中,半里,一村庐倚南坡,是为杨广哨②。从此西北下峡底一里余,有小溪自东北坠西南,其嵌甚深,乃从昨所度崩崖南岭分坠而成者。涉之西北上,复一里余而跻其脊,余以为即从此缘脊上北大峰矣,而孰意犹中界之支也。半里越脊,又即北下峡底。一里余,有大溪自北南坠,皆从石崖中破壁而去,此即清水朗东溪也③。水嵌峡底甚逼,横独木渡其上。余宁木下涉水,即西北上坡。始循崖石,继蹑陇脊,一里余,转而东北上,一里跻峰头。由峰头西盘半里,复随峡北行。其峡颇平,行其中一里余,当其东西分峡处,有村庐倚其中,是为陈播箕哨。从哨北即西北下,二里,循南山而西,一里,有村庐当坡,是为竹家寨。由寨东向北行,寨后复起一峰,有峡横其中,路分为二:循北峰直去,为腾越、南甸大道;穿北峰南峡而西,为硫磺塘道。余乃舍大道从横峡西行。半里,忽坠峡西下。其峡甚逼而下甚峻,坠级历坎,与水争隘。一里余,望见西峡自北而南,一溪贯其中,即矣罗村之水④,挟水尾山西峡而南者。溪西之山,嵲屼南踞,是为半个山。按《一统志》有罗苴冲,硫磺塘在焉,疑即此山。然《州志》又两书之,岂罗苴冲即溪东所下之山耶?

【注释】

①始知其上有小寨,名挼图:"挼图",徐本、"四库"本、陈本作"摆图"。

②杨广哨：今作羊管哨，在腾冲县南隅。

③清水朗：即今朗蒲寨，在腾冲县南境。

④矣罗村："四库"本作"绮罗村"。

【译文】

　　再向南走半里，遇上向西去的大道，就顺着这条路走。往西沿着北山行一里，在山坡下遇见耕田的人，向他问路，才知道坡上有个小寨子，名叫捯图，就是从杨广哨进州城的正路了。于是急忙往西北上坡，爬坡一里，有两间茅屋位于峡谷中的平地里，这是捯图寨。由寨子后面再踩着险峻的山路往北走，半里，登上山冈。远望西面，盘绕的壑谷在下方敞开，水田密布，有溪流纵贯壑谷中，壑谷西面又有高山耸峙在外层，壑谷南面又耸起一座高山，横着连接到南边，互相连接处的中间，似乎有水从中间流贯而去。又往北上行一里半，就登上大山的山脊。往北下到回绕的峡谷中，半里，一个村庄的房屋紧靠南面的山坡，这里是杨广哨。从此地向西北下到峡底一里多，有条小溪自东北倾泻到西南，溪流嵌得非常深，是从昨天越过的崩塌山崖处南面的山岭分流下泄形成的。涉过溪流向西北上走，又行一里多后登上山脊，我以为就是从此处沿着山脊上登北面的大山峰了，可谁想到还只是隔在中间的支脉。半里越过山脊，又立即向北下到峡底。一里多，有条大溪自北向南流泄，都是从石崖中冲破石壁流去，这就是清水朗的东溪了。溪水嵌在峡底非常狭窄，溪流上横架了独木桥渡过去。我宁愿从独木桥下涉水，随即往西北上坡。开始时沿着崖石走，继而上登陇脊，一里多，转向东北上走，一里登上峰头。由峰头向西绕半里，再顺着峡谷往北行。这条峡谷相当平坦，行走在峡中一里多，在峡谷分为东西两条的地方，有村庄房屋依傍在峡谷中，这是陈播箕哨。从陈播箕哨北边立即往西北下行，二里，沿着南山往西行，一里，有村庄房屋位于坡上，这是竹家寨。由寨子东边向北行，寨子后边又突起一座山峰，有峡谷横在其中，路分为两条：沿着北峰一直去的，是去腾越州、南甸的大路；穿过北峰南面的峡谷往西行,是去硫磺塘的路。我于是舍弃大路从横向的峡谷往西行。半里,忽然峡谷向西下坠。这条峡谷非常狭窄而且下走的路十分陡峻,坠下台阶经过坑穴,与水流争夺隘口。一里多,望见西面的峡谷自北延向南,一条溪水流贯峡谷中,这就是矣罗村的溪水,傍着水尾山西边的峡谷往南流的溪流。溪流西面的山,突兀地盘踞在南边,这是半个山。据《一统志》,有处罗苴冲,硫磺塘在那里,怀疑就是这座山。但是《腾越州志》又把它记载为两个地方,莫非罗苴冲就是溪流东面我走下来的山吗?

又西下半里,直抵溪上,有二塘在东崖之下,乃温水之小者。其北崖之下,有数家居焉,是为硫磺塘村,有桥架溪上。余讯大塘之出硫磺处,土人指在南峡中,乃从桥南下流涉溪而西,随西山南行。时风雨大至,田塍滑隘,余踯躅南行,半里得径。又南一里,则西山南进,有峡东注大溪,遥望峡中蒸腾之气,东西数处,郁然勃发,如浓烟卷雾,东濒大溪,西贯山峡。先趋其近溪烟势独大者,则一池大四五亩,中洼如釜,水贮于中,止及其半;其色浑白,从下沸腾,作滚涌之状,而势更厉;沸泡大如弹丸,百枚齐跃而有声,其中高且尺余,亦异观也。时雨势亦甚大,持伞观其上,不敢以身试也。其东大溪,从南下,环山南而西合于大盈;西峡小溪,从热池南东注大溪。小溪流水中亦有气勃勃,而池中之水,则止而不流,与溪无与也。溯小溪西上半里,坡间烟势更大,见石坡平突,东北开一穴,如仰口而张其上腭,其中下缩如喉,水与气从中喷出,如有炉橐鼓风煽焰于下①,水一沸跃,一停伏,作呼吸状。跃出之势,风水交迫,喷若发机,声如吼虎,其高数尺,坠涧下流,犹热若探汤。或跃时风从中卷,水辄旁射,揽人于数尺外,飞沫犹烁人面也。余欲俯窥喉中,为水所射不得近。其龈齶之上,则硫磺环染之。其东数步,凿池引水,上覆一小茅,中置桶养硝,想有磺之地,即有硝也。又北上坡百步,坡间烟势复大,环崖之下,平沙一围,中有孔数百,沸水丛跃,亦如数十人鼓煽于下者。似有人力引水,环沙四围,其水虽小而热,四旁之沙亦热,久立不能停足也。其上烟涌处虽多,而势皆不及此三者。有人将沙圆堆如覆釜,亦引小水四周之,虽有小气而沙不热。以伞柄戳入,深一二尺,其中沙有磺色,而亦无热气从戳孔出,此皆人之酿磺者②。时雨势不止,见其上有路,直逾西岭,知此为半个山道,遂凌雨蹑崖。其崖皆堆云骈瓣,岈岈嵌空,或下陷上连,或旁通侧裂,人从其上行,热气从下出,皆迸削之余骨,崩坠之剥肤也,所云"半个"之称,岂以此耶?

【注释】

①橐(tuó):炉子鼓风吹火的器具。

②酿磺者:腾冲地热资源十分丰富。据初步统计,沸泉、热泉、喷泉多达79处,有不少高温沸泉,有12个泉群水温在70~90℃。硫磺塘温泉可算腾冲地热的中心。直径三米的圆形沸水池,水温高达96.6℃,翻滚沸涌之势十分壮观,群众俗称大滚锅,说老水牛掉下去很快就煮离骨了。至今当地群众仍用简单方法提取硫磺,全县每年可得硫磺一万多斤。硫磺塘稍南不远的黄瓜箐温泉,含有氡等元素,可治关节炎、高血压、末梢神经疼等多种疾病,医药疗效特好,现建有专门医疗机构,每年冬天,远近都有人到那里长住治疗。在硫磺塘和黄瓜箐之间是澡塘河瀑布,很多喷冒热水、热气的泉眼点缀在河中、瀑下,泉眼岩石形状奇异,当

地人形象地称为"狮子头"、"蛤蟆嘴"等等。

【译文】

又向西下行半里,直达溪流边,有两个水塘在东边的山崖之下,是温水塘中小一些的。水塘北面的山崖之下,有几家人住在那里,这里是硫磺塘村,有桥架在溪流上。我打听出产硫磺的大塘所在之处,当地人指点在南面的峡谷中,就从桥南的下游涉过溪水向西走,顺着西山往南行。这时风雨猛烈降临,田埂又滑又窄,我跌跌撞撞地往南行,半里后遇到小径。又向南一里,就见西山的南面迸裂开,有条峡谷,大溪向东流注,遥望峡中升腾的蒸汽,东西有几处,浓郁旺盛地喷发,如浓烟或翻卷的雾气,东边濒临大溪,向西纵贯山峡。先赶去那靠近溪边烟势特别大的地方,就见一个水池大有四五亩,中间像大锅一样下洼,水贮在池中,只到池子的一半;水色浑浊发白,从下往上沸腾,作出翻滚腾涌的形状,但气势更加猛烈;沸腾的水泡大如弹丸,成百个一齐跃起而且伴有声音,其中高的将近一尺多,也算是奇异的景观了。这时雨势也非常大,打着伞在水池上观看,不敢用身子去试水。水池东边的大溪,从南面下流,环流过山的南面后向西汇流进大盈江;西面峡中的小溪,从热水池南边向东注入大溪。小溪的流水中也有勃勃升腾的热气,而池中的水,却停止不流,与溪水不相干。溯小溪向西上行半里,坡上的烟势更大,只见石坡平地前突,东北面开有一处洞穴,如仰着的嘴张开它的上腭,穴中下边绾结如同喉咙,水与气从穴中喷出,如同有火炉用的风箱在下边鼓风煽焰,水沸腾上跃一次,停歇潜伏一次,作出呼吸的样子。水跃出的气势,风水交迫,喷射时好像抛石机发射,声音如猛虎吼叫,水高数尺,坠落到下游的山涧中,还热得好像伸手去摸沸水。有时水上跃时风从中卷起,水便向四旁喷射,在几尺之外洒在人的身上,飞溅的水沫还会烁人脸面。我想俯身窥视喷水的喉咙中,被水射得不能靠近。那如同齿龈上腭的上边,就有硫磺环绕沾在上面。这个洞穴东边几步开外,挖凿了水池引水,池上覆盖着一间小茅屋,屋中放了木桶养硝，想来有硫磺的地方，就有硝了。又向北上坡一百步，坡上烟势又大起来，环绕着山崖之下，一圈平坦的沙地，其中有几百个孔，沸水成丛腾跃，也像有几十个人在下边鼓风煽火的样子。似乎有人力引水，环绕沙地四周，那水虽小但很热，四旁的沙也是热的，站立久了不能停脚。这里的上面烟气腾涌的地方虽然很多，但气势都不如这三处的。有人把沙堆积成圆形的沙堆如同倒覆的大锅，也引来了小股水流四面围绕着沙堆，虽然有少量热气但沙不热。用伞把戳入沙中，深达一二尺，其中的沙有硫磺的颜色，可也没有热气从所戳的孔中溢出，这都是人酿制硫磺的地方。这时雨势不停，见那上边有路，径直翻越西面的山岭，心知这是去半个山的路，便冒雨上登山崖。这里的山崖都像是云朵堆积、花瓣并列，高峻挺拔，嵌入高空，有的下边深陷上面相连，有的两旁相通侧旁裂开，人从那上边走去，热气从下面冒出来，全是迸裂开来如削去皮肉剩余的骨头，崩塌坠落剥去皮肤的样子，所说的"半个"的名称，难道是根据这种地形吗？

　　躐崖半里，从其南循岭西上一里，渐随峡南转，则其峡自南岭头坠，中有水悬而为瀑，作两叠坠北下，即峡水之上流也。又上半里，遂西逾瀑布之上。复从峡西更西南上一里，渐转而西半里，见大道盘西崖坠处，出南坳去，小径则西上峰顶，渐转北行，盖此即半个山之顶，至此南下为坳，入城之路，当在其东北，不应西去，遂舍大道从小道。西上半里，随峰东向北行二里余，乃西北下，得竹坞村庐。时雨势甚大，避雨庐中，就火沸汤，瀹饭而食之。其处即半个山村也[①]，昔置镇彝关于路次，此为屯哨，今关废而村存云。由其东下坡，随峡东行里余，与南来大道合。随西山北转而行，于是水尾西溪即从此峡南下硫磺塘矣。北行二里余，复陟东突之坡。行坡峡中，五里稍下，又一里而绮罗村在东坡下矣。时已薄暮，遂舍入州大道，东里余，宿李虎变家。虎变以骑候于马鹿道中，不遇，甫返，煮竹鼯相待。

【注释】

①半个山：在腾冲南境，南麓陡峭，北麓平缓，似只有半个，因名。半个山村亦因山得名。另有镇彝关，今作镇邑关，在半个山以北的大盈江畔，为腾冲城西跌水河、芭蕉关道所经。《肇域志》载："罗左冲山、半个山，俱在州治南六十里，上有镇夷关。后即南甸之界，悬崖峭壁，是为华夷之限。"霞客已到了南甸宣抚司境，即今德宏傣族景颇族自治州的梁河县。

【译文】

上登山崖半里，从山崖南面沿着山岭往西上行一里，渐渐顺着峡谷向南转，就见这条峡谷从南面的岭头下坠，峡中有水流下垂成为瀑布，分作两台向北下泄，就是峡中的水的上游了。又上走半里，就向西越过瀑布的上方。又从峡谷西边再往西南上爬一里，渐渐转向西行半里，看见大路盘绕在西面山崖下坠之处，出到南面的山坳去，小径则向西上登峰顶，逐渐转向北走，大概这就是半个山的山顶，到此地向南下走是山坳，进城的路，应当在这里的东北方，不应当往西去，于是舍弃大路从小道走。向西上行半里，顺着山峰东面向北行二里多，于是往西北下走，走到山坳中满是竹林的村庄房屋。此时雨势很大，在屋中避雨，就着火炉烧开水，煮熟饭后吃饭。此处就是半个山村了，从前在路旁设置了镇彝关，此地是驻屯的哨所，如今关废弃了可村子留存了下来。由村东下坡，顺着峡谷往东行一里多，与南面来的大路会合。顺着西山转向北走，在这里水尾山的西溪就从这条峡谷向南下流到硫磺塘了。往北行二里多，再上登东突的山坡。行走在山坡峡谷中，五里稍微下走，又行一里后绮罗村在东面的山坡下了。此时已近傍晚，就舍弃进州城的大路,向东一里多,住宿在李虎变家中。李虎变带了坐骑等候在去马鹿塘的道路中,没有遇上,刚返回来,煮了竹鼯在等待。

初八日　大雨,不成行,坐李君家作《田署州期政四谣》①,以李君命也。

【注释】

①署州:州官离任,暂以其他官代理者,即称署州。

【译文】

初八日　下大雨,未成行,坐在李君家中写《田署州期政四谣》,是奉李君的命令。

初九日　大雨,复不成行,坐李君家录《腾志》。

【译文】

初九日　下大雨,又未能成行,坐在李君家中抄录《腾越州志》。

初十日　雨不止。既午稍霁,遂同李君联骑,由村西半里,横陟半个山、南甸大路,经南草场,半里,西上岭坡,乃来凤南度半个山之脊也。来凤至是南降而下伏①,脊间中洼为平塘而不受水。洼之西为金银堆,即南度之脊。洼北半里,有坪倚来凤而南瞰半个山,乃昔王尚书骥驻营之处,《志》称为尚书营。陟坪北半里,有路横沿来凤峰南,西越金银堆,出芭蕉关②。芭蕉关西通河上屯、缅箐之道,州西跌水河路不若此之平,昔兵部郎中龚永吉从王公南征③,有“狭转芭蕉关,难于橄榄坡”之

^句。从此复转骑，循来凤东峰而北，八里，乃还官店。迨晚复雨。

【注释】

①来凤：来凤山，在腾冲城南郊，海拔 1914 米。近年以来凤寺为中心建为公园，设腾冲历史陈列馆、地貌馆及碑林。北麓有腾冲茶花园。

②芭蕉关：今名同，在和顺稍南的丛山中。

③郎中：明代各部皆沿置郎中，分掌各司事务，为尚书、侍郎、丞以下的高级部员。

【译文】

初十日　雨不停。中午后稍微晴开，就同李君并肩骑马，由村西行半里，横向上登通向半个山、南甸的大路，途经南草场，半里，向西走上岭上的山坡，就是来凤山往南延伸到半个山的山脊了。来凤山到了这里向南下降低伏，山脊中间下洼成平坦的池塘但不积水。洼地的西边是金银堆，就是往南延伸的山脊。洼地北边半里，有块平地依傍着来凤山而西南远看着半个山，是从前尚书王骥驻扎兵营之处，《一统志》称为尚书营。骑马走过平地北边半里，有条路沿着来凤峰的南面横着，往西越过金银堆，通到芭蕉关。芭蕉关向西通到河上屯、缅箐的道路，州城西面跌水河的路不如这条路平坦，从前兵部郎中龚永吉跟随王骥公南征，有"狭转芭蕉关，难于橄榄坡"的诗句。从此地再掉转马头，沿着来凤山的东峰往北行，八里，就返回官办的客店。到晚上又下雨。

十一日　雨不止，坐官店。上午，李君来。下午，雨少止，泞甚，跎泥往潘生家①，不遇；以书促其为余买物，亦不答。潘生一桂虽青衿，而走缅甸，家多缅货。时倪按君命承差来觅碧玉,潘甚苦之②,故屡屡避客。

【注释】

①跖(zhí):踩踏。

②潘甚苦之:原脱"甚"字,据"四库"本补。

【译文】

　　十一日　雨不停,坐在官办的客店中。上午,李君来访。下午,雨稍停,非常泥泞,踏着稀泥前往潘秀才家,没遇上;用书信催促他为我买东西,也不回信。秀才潘一桂虽然是儒生,却跑缅甸,家中多有缅甸货。这时巡按倪君命令差役来寻找碧玉,姓潘的被他缠苦了,所以常常回避客人。

　　十二日　雨,坐店中。李生以《期政四谣》私投署州田二府①,不答。

【注释】

①二府:对府、州同知的别称。

【译文】

　　十二日　下雨,坐在客店中。李生把《期政四谣》私下投送给代理州官田同知,没有回音。

　　十三日　雨时止时作,而泥泞尤甚。李生来,同往苏玄玉寓观玉。苏,滇省人,本青衿,弃文就戎,为吴参府幕客。先是一见顾余,余亦目其有异,非风尘中人也。苏有碧玉,皆为簪,但色太沉。余择四枝携寓中,后为李生强还之。

【译文】

十三日　雨时停时下,而尤其泥泞得厉害。李生来访,一同前往苏玄玉的寓所观赏玉石。姓苏的是云南省人,本来是儒生,弃文从戎,成为吴参将府中的幕僚门客。这之前一见面就回头看我,我看他也有奇异的气质,不是风尘中的俗人。苏玄玉有碧玉,都制成簪子,但颜色太沉暗。我选择了四支带回寓所中,后来被李生强逼着归还了苏玄玉。

十四至十八日　连雨不止,坐寓中,不能移一步。潘捷余以倪院承差苏姓者,索碧玉宝石,窘甚,屡促不过余寓,亦不敢以一物示人,盖恐为承差所持也。幸吴参府以程仪惠余,更索其"八关"并"三宣"、"六慰"诸图,余一一抄录之,数日无暇刻,遂不知在寓中并在雨中也。潘生送翠生石二块①。苏玄玉答华茶竹方环②。

【注释】

①翠生石:即翡翠,为较名贵的玉石之一,光泽如脂肪,半透明,硬度较宝石低,产于今缅甸北部伊洛瓦底江西岸。腾冲加工的宝石及雕琢宝石的传统工艺,至今仍名扬远近。

②苏玄玉答华茶竹方环:"四库"本作"苏答荽茶以方环"。

【译文】

十四日至十八日　连日阴雨不止,坐在寓所中,不能移动一步。潘捷余因为倪按院姓苏的差役,逼着要碧玉宝石,处境非常窘迫,屡次催促仍不肯来我的寓所探访,也不敢拿一件东西给人看,大概是害怕被差役拿走。幸好吴参将府拿来路费惠赠给我,另外要来他的"八关"以及"三个宣抚司"、"六个宣慰司"的各种地图,我一一把它们抄录下来,几天来没有片刻闲暇,竟然不知道是在寓所中并且是在雨中了。潘秀才赠送了两块翠生石。苏玄玉答谢了花茶、竹方、玉环。

十九日　晨，雨少止。觅担夫，以连日雨泞，贵甚。既而雨复作，上午乃止而行。店人欲掯余罗一端，不遂，与之哄而后行。由东街，始泞甚，已而渐燥。二里，居庐始尽，下坡行塍中。半里，连越二小桥，水皆自东南来，即罗汉冲所出分流之水也。又二里余，为雷打田，有数家东向。从其前转而东行里余，又过一小亭桥，其流亦自东南向西北者，乃黄坡泉所溢也。又东里余，抵东坡下，停担于酒家。问大洞温泉道，土人指在东南山坳中，此去尚有数里。时天色已霁，令担夫与顾行待于其家，余即循东山而南。

【译文】

十九日　清晨，雨稍停。去找挑夫，因为连日阴雨道路泥泞，夫价很贵。随后雨又下起来，上午雨才停，于是上路。店里的人想要勒索我的一匹绫罗，没得逞，与他争吵后动身。由东街走，开始非常泥泞，不久渐渐干燥一些。二里，居民房屋才完了，下坡行走在田埂中。半里，一连走过两座小桥，水都是从东南方流来，就是罗汉冲流出来分流的水了。又行二里多，是雷打田，有几家人面向东方。从村前转向东行一里多，又走过一座小亭桥，桥下的水流也是自东南流向西北的，是黄坡泉溢出的水。又向东一里多，抵达东面的山坡下，把担子停放在酒店中。打听去大洞温泉的路，当地人指点是在东南方的山坳中，从此地去还有几里地。这时天色已经晴开，命令挑夫和顾行在他家等着，我立即沿着东山往南行。

二里，过土主庙。庙倚山西向，前二柏巨甚。又南二里，路岐为二：一南循山麓，为黄坡道；一东南上坡，为趋温泉道。乃从上坡者，南一里，登坡嘴。西瞰山麓，有泉西向溢于下，即黄坡之发源处也。于是东转，有路颇大，横越之，就其东南小径。一里，渐上坡，折而东北。睨温泉之峡，当在其南，中亦有峡南下，第茅塞无径，遂随道西北上。一里，其道渐高，心知其误。有负刍者二人至，问之。曰："此入山樵道，可通芹菜塘者。温泉在南，尚隔一峰。"遂与之俱返，一里，下至茅塞之峡，指余南去。余从之，横蹈峡中，既渐得小径。半里，忽有峡从足下下坠而西，其上石崖骈突如门。从其东又南半里，逾坡而下，其峡始大，有水淙淙流其中，田塍交潆之，即大洞村之后峡也①。有大道从峡中东上，又南下半里，从之东。半里，上一坡，大道东北上，亦芹菜塘道；乃从坡东南下，半里，及溪。又东溯溪半里，则溪流奔沸盘石中，右一崖突而临之，崖下则就石为池，而温泉汇焉。其池与溪同峡，而水不关溪流也。崖石叠覆如累棋，其下凑环三面，成一小孔，可容一人坐浴。其后倒覆之石，两片下垂而中划，如所谓试剑石，水从片石中淙淙下注，此温泉之源也。池孔之中，水俱不甚热，正可着体。其上更得一亭覆之，遂免风雨之虑矣。时池上有十余人共浴，余恐其旁有石洞，姑遍觅之，不得，乃还浴池中。

【注释】

①大洞村：今作大董。此温泉在黄坡村东峡谷中，俗称黄坡澡塘，
　　水温 39℃。

【译文】

　　二里,路过土主庙。寺庙靠山向西,寺前两棵柏树非常巨大。又向南二里,路岔为两条:一条往南沿着山麓走,是去黄坡的路;一条往东南上坡,是通向温泉的路。于是从上坡的路走,向南一里,登上坡嘴。向西俯瞰山麓,有泉水在山下向西溢出,就是黄坡泉的发源地了。从这里向东转,有条路很大,横越过这条路,走上那东南方的小径。一里,渐渐上坡,转向东北。斜视温泉所在的山峡,应当在这里的南面,中间也有峡谷向南下延,只是茅草阻塞没有路径,就顺着小道往西北上走。一里,这条小道渐渐爬高,心知路走错了。有两个背干草的人来到,向他们问路。说:"这是进山打柴的路,可以通到芹菜塘。温泉在南面,还隔着一座山峰。"就与他们一起返回来,一里,下到茅草阻塞的峡谷中,他们指引我向南去。我听从他们的话,横向踏入峡谷中,不久渐渐找到小径。半里,忽然有峡谷从脚下向西下坠,峡谷上方的石崖并排突起如门一样。从它的东边又往南行半里,翻过山坡下走,这里的峡谷开始变大,有溪水淙淙流淌在峡谷中,田埂交相潆绕着峡谷,就是大洞村后面的峡谷了。有条大路从峡中向东上行,又向南下行半里,顺着大路往东行。半里,上了一道坡,大路向东北上走,也是去芹菜塘的路;于是从坡上往东南下走,半里,来到溪边。又往东溯溪流半里,只见溪流奔泻沸腾在盘结的岩石中,右边一座石崖前突面临着溪流,石崖下方就着崖石建成水池,而温泉蓄积在池子中。这个水池与溪流同在峡中,但泉水与溪流不相通。崖石叠累下覆如累起来的棋子,石崖下部三面环绕凑拢,形成一个小孔,可容得下一个人坐着洗澡。石崖后方倒覆的岩石,两片下垂而中间分开,如同所谓的试剑石,水从石片中淙淙下流,这是温泉的源头。孔洞和水池中,水都不怎么热,正可以用身体接触。石崖上面另外有一座亭子覆盖着水池,便免去了风雨的忧虑了。此时水池上有十多个人一同沐浴,我担心温泉旁边有石洞,姑且四处去找石洞,找不到,这才返回池中洗澡。

又三里，随山之西嘴抵黄坡①，转北一里，过麓间溢水之上。又北三里，乃入来时分岐处。又西北四里，至矣比坡之麓②。促挑夫行，以晚辞，遂止。

【注释】

①黄坡：今名同，在大董东郊。

②矣比坡：今作玉壁村，在腾冲坝子东缘。

【译文】

又行三里，沿着西面的山嘴走到黄坡，转向北一里，经过山麓间溢水处的上方。又往北行三里，这才走入来时道路分岔的地方。又向西北四里，来到矣比坡的坡脚。催促挑夫上路，他用天晚来推辞，只好停下。

二十日　晨起，饭而登坡，雨色复来。平上二里，峻上八里，抵岭头。又平行岭上四里，又稍下一里，过芹菜塘。复东上坡，半里而下，半里过木厂，又下二里，过北下之峡。又东上三里，至坡脊。平行脊间，一里至永安哨，五六家当坡间而已。又东南半里，逾岭脊而下。一里，有水自北而南，路从之。半里，乃东陟坡，平行脊上。三里，至甘露寺，饭。从寺东下三里，至赤土铺桥，其下水自南而北，即大盈江水也。《一统志》谓大盈之源出自赤土，其言不谬。桥东复上半里，有四五家当坡坳，为赤土铺。铺东又上半里，遂从岭脊东南行。一里，有岐南去，为猛柳道；余仍东南，三里，乃东下，又十里而止于橄榄坡。时才午，雨时下时止，遂止不前。

【译文】

二十日　清晨起床，吃饭后登坡，雨又来临。平缓上爬二里，陡峻地上登八里，到达岭头。又平缓地前行在岭上四里，又稍下走一里，经过芹菜塘。再向东上坡，半里后下走，半里后路过木厂，又下行二里，走过北面下来的峡谷。又向东上行三里，走到坡脊上。平缓行走在坡脊上，一里来到永安哨，五六家人位于坡上而已。又往东南行半里，翻过岭脊下走。一里，有溪水自北向南流，路顺着溪流走。半里，就向东上坡，平缓走在山脊上。三里，来到甘露寺，吃饭。从寺东下行三里，走到赤土铺桥，桥下的水自南流向北，就是大盈江江水了。《一统志》说大盈江的源头出自赤土山，这话不错。从桥东再上走半里，有四五家人在坡上的山坳间，是赤土铺。从赤土铺东边又上走半里，就从岭脊上往东南行。一里，有条岔路向南去，是去猛柳的路；我仍向东南走，三里，就往东下走，又行十里后停在橄榄坡。此时才是中午，雨时下时停，于是停止不前。

二十一日　平明起饭。自橄榄坡东下，五里，抵龙川江西岸，过巡检司，即下渡桥。西岸峻若堵墙，乃循岸北向叠级，始达桥。桥东有阁，登之可眺江流夭矫之势。又南向随东岸行半里，东向平上者一里余，始曲折峻上。五里，过茶房，僧舍无一人。又峻上三里，过竹笆铺。又上七里余，饭于小歇场。又上五里，过太平铺，又平行入坞。二里余，有水自北涧来，涉之，遂东上。其上愈峻，两旁皆竹石深翳，而风雨西来，一天俱漫，于是行雨浪中。三里，逾一最高之岭，乃屡上屡下，屡脊屡坳，皆从密箐中行。七里抵新安哨，两三家夹岭头，皆以劈藤竹为业。时衣湿透，寒甚，就其家烧薪烘之。又二里余，抵分水关，有五六家当关之东。余乃就火炙衣,贳烧酒饮四五杯乃行。天色大霁,路磴俱燥,乃知关名分水,实分阴晴也。于是东向下者八里,始就东行之脊。又二里,过蒲满哨。又平行岭上,东十五里,宿于磨盘石之卢姓者;家有小房五六处,颇洁。

【译文】

二十一日　天明起床吃饭。从橄榄坡往东下走,五里,抵达龙川江的西岸,路过巡检司,立即下走过桥。西岸险峻得好像一堵墙,只能沿着江岸向北垒砌的石阶,才能到达桥头。桥东头有楼阁,登上楼阁可以眺望江流屈曲弯曲的形势。又向南顺着东岸行半里,向东平缓上行一里多,开始曲折陡峻地上登。五里,经过茶房,僧房中没有一个人。又陡峻地上登三里,路过竹笆铺。又上登七里多,在小歇场吃饭。又上登五里,路过太平铺,又平缓地走入山坞中。二里多,有水流自北边的山涧中流来,涉过涧水,就向东上走。那上走的路愈加险峻,两旁都是竹石深深地遮蔽着,而风雨从西边下过来,满天都是漫漫一片,于是行走在如浪的暴雨中。三里,越过一座最高的岭,于是屡次上登屡次下行,多次上登山脊,多次越过山坞,都是从浓密的竹木丛中前行。七里抵达新安哨,两三家人夹住岭头,都是以劈藤条竹子为业。这时衣服湿透了,冷极了,到他们家中烧柴烘干衣服。又行二里多,抵达分水关,有五六家人在关隘的东边。我便就着火烤衣服,买烧酒来饮下四五杯才上路。天色十分晴朗,道路石阶都是干燥的,这才知道关隘的名字叫分水,实际是按天气阴晴来划分的。从这里向东下走八里,才走上向东延伸的山脊。又行二里,路过蒲满哨。又平缓前行在岭上,向东十五里,住宿在磨盘石姓卢的人家;他家有小房间五六处,相当清洁。

二十二日　平明饭而行①。其下甚峻,曲折下者六里,及岭北之涧。是岭自蒲满哨分支东突,左右俱有深峡夹流,来时从南峡上行,至此坠北峡之口过。涉北涧,又越北岭东突之嘴,共一里余而过八湾。八湾亦有数家居坡上,人谓其地暑瘴为甚,无敢置足者。于是东向行平坡间,十二里抵江,则怒流奔腾,势倍于来时矣。乃坐巨树下待舟,观洪流汹涌,竞渡者之纷纭,不啻从壁上观也。俟久之,乃渡而东上坡。三里,抵北山之麓,循坡东行。五里,逾南下之嘴,得一桥跨涧,是为箐口。于是渡涧入峡,循涧南崖东向上,二里,过一碑,即来时所见盘蛇谷碑也。又东三里,过一西来枯涧。又二里,南折而北,乃逾其北突之嘴而东,遂东南渐上,其峡遂曲折掩蔽,始不能西见高黎贡峰矣。又南六里,抵杨柳湾而饭。乃逾南来之峡,溯东来之流,二里,有桥跨涧,西度之。从涧西溯箐上,又一里,为打板箐,有数十家当涧西。又东北四里,过平度之脊。其脊度峡中,乃自北而南,即从冷水箐西度蒲缥,又北过此,夹蒲缥之水北出而入潞江者也。是日热甚,得一荫辄止而延飕②,数息树边,不复问行之远近矣。过脊东下一里,止于落马厂。时才下午,以热甚,担夫不前也。

【注释】

①平明饭而行:原脱“饭而”,据徐本、陈本、史序本、“四库”本补。

②延飕(sōu):纳凉。飕,寒气。

【译文】

二十二日　黎明吃饭后上路。那下走的路非常陡峻,曲折下走六里,到达岭北的山涧。这座山岭自蒲满哨分支向东前突,左右都是深深的峡谷夹住溪流,来的时候从南面的峡谷上方走,到此地坠入北面峡谷的峡口走过。涉过北面的山涧,又越过北面山岭向东突的山嘴,共一里多后路过八湾。八湾也有几家人住在坡上,人们称说此地暑热瘴气最为厉害,无人敢驻足的。从这里向东前行在平缓的山坡间,十二里到达江边,就见狂怒的江流奔腾,水势比来的时候加倍了。于是坐在大树下等船,观看汹涌的洪流和纷纷纭纭争着渡江的人,不亚于是从壁上旁观了。等了很久,才渡过江向东上坡。三里,抵达北山的山麓,沿着山坡往东行。五里,越过向南下延的山嘴,见到一座桥横跨山涧,这里是箐口。于是渡过山涧进入峡谷,沿着山涧南边的山崖向东上走,二里,路过一块石碑,就是来的时候见到的盘蛇谷碑了。又向东三里,走过一条从西面来的干枯的山涧。又行二里,由南转向北,就越过那向北突的山嘴后往东行,于是往东南渐次上走,那峡谷便曲曲折折地掩蔽起来,开始不能见到西面高黎贡山的山峰了。又向南六里,抵达杨柳湾后吃饭。于是越过南边来的峡谷,溯东面流来的水流,二里,有座桥跨在山涧上,向西过桥。从山涧西面溯山箐上走,又行一里,是打板箐,有几十家人位于山涧西面。又向东北四里,越过平缓延伸的山脊。这条山脊延伸到峡中,是自北向南延伸,就是从冷水箐往西延伸到蒲缥,又往北经过此地,夹住蒲缥的水流向北流出后流入潞江的山脊了。这一天热得厉害,见到一处树荫就停下来纳凉,几次在树边休息,不再过问走路的远近了。翻过山脊往东下山一里,停在落马厂。时间才是下午,因为太热了,挑夫不肯前走了。

二十三日　平明,从落马厂东行。三里,逾东突之山嘴而南,又一里余,有一庵倚西山之上。又南四里,过石子哨,始南下。二里余,望温泉在东山下,乃从岐东南下。二里余,转而北涉北流一涧,又半里,东从石山之嘴,得温泉焉。

其水温而不热,浑而不澄,然无气焰,可浴。其山自东山横突而西,为蒲缥下流之案也。浴久之,从涧东溯流二里余,抵蒲缥之东村,蒲人[1]、缥人,乃永昌九蛮中二种。饭。以担夫不肯前,逗留久之。乃东二里上坡,五里,迤逦上峰头。又平行岭夹,一里稍东下,有亭桥跨峡间。时风雨大至,而担夫尚后,坐亭桥待久之,过午始行。又东南上坡,逾坡一重,转而北,又逾坡一重,共六里,过孔雀寺。又东上坡五里,直蹑东峰南突之顶。此顶自北而南,从此平坠度为峡,一冈西迤,乃复起为崖,度为蒲缥后山,北去而夹蒲缥之涧,南去而尽于攀枝花者也[2]。又东一里稍上,复盘一南突之嘴,于是渐转而北,二里,有公馆踞冈头。乃北下一里,而止于冷水箐[3]。时方下午,以担不能前,遂止。见邸榻旁有卧而呻吟者,乃适往前途,为劫盗所伤,还卧于此。被劫之处,去此才六里,乃日才过午,盗即纵横,可畏也。

【注释】

①蒲人:又称蒲蛮或扑子蛮,即布朗族。《滇略》卷九说:“蒲人,散居山谷,无定所,永昌凤溪、施甸二长官司及十五喧、二十八寨皆其种也。”

②攀枝花:今仍称攀枝花寨,在保山市隆阳区西境,蒲缥坝子南缘。

③冷水箐:今名同,在蒲缥与保山城之间,但不在公路边上。

【译文】

二十三日　黎明,从落马厂往东行。三里,翻越东突的山嘴后往南行,又走一里多,有一座寺庵紧靠在西山之上。又向南四里,经过石子哨,开始往南下行。二里多,望见温泉在东山下,就从岔路往东南下走。

二里多,转向北涉过一条向北流的山涧,又行半里,向东在石山的山嘴处,找到温泉。温泉的水温而不热,浑浊而不清澈,不过没有蒸汽火焰,可以洗澡。这里的山起自东山向西横突,是蒲缥下游的案山。洗澡洗了很久,从山涧东面溯水流走二里多,抵达蒲缥的东村,蒲人、缥人,是永昌府九种蛮人中的两种。吃饭。由于挑夫不肯前行,逗留了很久。于是向东二里后上坡,五里,逶逶迤迤登上峰头。又平缓行进在山岭夹谷间,一里后稍向东下走,有座亭桥跨在山峡间。这时风雨大作,可挑夫还在后面,坐在亭桥中等了很久,过了中午才动身。又向东南上坡,翻过一重山坡,转向北,又翻过一重山坡,共六里,路过孔雀寺。又向东上坡五里,径直登上东峰南突的山顶。这座山顶自北向南延伸,从此处平缓下坠延伸成为山峡,一条山冈向西延伸,于是再度突起成为山崖,延伸成为蒲缥的后山,向北延去夹住蒲缥的山涧,向南延去在攀枝花到了尽头。又往东一里稍上走,再绕过一处南突的山嘴,从这里渐渐转向北,二里,有公馆盘踞在冈头。于是向北下行一里,而后停止在冷水菁。此时正好下午,因为挑夫不能前走,便停下来。见客店中卧床旁有躺着呻吟的人,是刚才去到前边的途中,被抢劫的强盗杀伤,返回来躺在这里。被抢劫的地方离此地才有六里地,竟然太阳才过正午,强盗就横行霸道,可怕呀!

二十四日　雨复达旦,但不甚大。平明,饭而行。随东行之菁,上其北坡,三里,循嘴北转。二里渐下,一里下至坳,即昨被劫之商遇难处也。其北丛山夹立,穿其峡行三里,再过一东突之坡,其水始北下。随之北二里,下至坳洼中,乃东转而上。一里,过坳子铺,觅火把为芭蕉洞游计。又东半里,过冈头洼地,遂转北下。三里余,越一坡脊,过洼中汇水之崖。崖石上插而水蓄崖底,四面俱峻,水无从出而甚浑。由其南再越脊而下，一里余，至芭蕉洞，乃候火于洞门。担夫摘洞口黑果来啖，此真覆盆子也①；其色红，熟则黑而可食，比前去时街子所鬻黄果，形同而色异，其熟亦异，其功用当亦不同也。黄者非覆盆。覆盆补肾。变白为黑，则为此果无疑。火至，燃炬入洞。始向北，即转东下四丈余，至向所入昏黑处，即转北向，其下已平，两崖愈狭而愈高。六七丈，更宽崇，一柱中悬，大如覆钟，击之声铉铉然②。其处盖不特此石有声，即洞底顿足，辄成应响，盖其下亦空也。又入五六丈，两崖石色有垂溜成白者，以火烛之，以手摩之，石不润而燥，纹甚细而晶。土人言，二月间石发润而纹愈皎苗，谓之"开花"，洞名"石花"以此。石花名颇佳，而《志》称为芭蕉，不如方言之妙也③。更北路尽，由西腋透隙入，复小如门。五丈，有圆石三叠，如幢盖下垂，又如大芝菌而三级累之者。从其下复转而北，其中复穹然宏窅。又五六丈，西北路尽，洞分两岐：一南上环为曲室，三丈而止；一北入降为坠道，七丈而止。是洞曲折而旁窦不多，宛转而底平不汙，故游者不畏深入，使中有通明之处，则更令人恍然矣。出至向所入昏黑北转处，今已通明。见直东又一岐入，有柱中间之，以余炬入探其中，亦穹然六七丈而止。出，从洞门外以余炬入探西崖间小窦。其窦北向悬壁间，其门甚隘，而中亦狭而深，秽气扑人，乃舍之。出洞，下百余步，抵坑峡下观水洞。水洞者，即此洞之下层也，虽悬数丈，实当一所，前中入有声，已知其下之皆空矣。洞前亦东向，稍入，亦曲而自北来，与上洞同一格，但水溢其中，不能进也。由此东折而北，共里余，抵卧狮窝村④，饭于村妇家。

【注释】

①覆盆子：蔷薇科落叶灌木，茎叶皆有刺，夏季开淡红色小花。果实为聚合的小核果，呈头状，红色，可食，亦可入药。

②铉（hóng）铉：形容其声音轰轰响。

③"石花"三句：今仍称石花洞，在保山坝子西缘，从云瑞街入山不远即是，曾为风景胜地。

④卧狮窝村：1963年新命名为云瑞街。

【译文】

二十四日　夜雨又下到天亮，但不这么大。黎明，吃饭后上路。顺着向东去的山菁走，上登山菁北面的山坡，三里，沿着山嘴向北转。二里渐渐下走，一里下到山坳，就是昨天被抢劫的客商遇难之处了。山坳北面成丛的山峦相夹而立，穿行在山间峡谷中三里，再次翻过一条东突的山坡，这里的水开始向北下流。顺着水流向北二里，下到山坳的洼地中，就向东转后上行。一里，路过坳子铺，找火把准备去游芭蕉洞。又向东半里，经过冈头的洼地，就转向北下走。三里多，越过一道坡脊，经过洼地中积水的石崖。崖石上插而水蓄积在石崖脚下，四面全很险峻，水无处流出去而且非常浑浊。由这里的南边再翻越山脊往下走，一里多，来到芭蕉洞，就在洞口等候火种。挑夫摘了洞口的黑色果子来吃，这是真正的覆盆子；果子颜色是红的，成熟就变黑可以吃，比较先前去的时候在街子上所卖的黄色果子，形状相同但颜色不同，它们成熟的情况也不同，它们的功用应当也不同了。黄色的不是覆盆子。覆盆子补肾。由白色变为黑色，那是这种果子无疑了。火种到后，点燃火炬进洞。开始时向北走，随即转向东下走四丈多，来到从前进洞时的昏黑处，立即转向北，脚下随即平坦起来，两面的崖壁越来越窄而且越来越高。六七丈后，又变宽变高，一根石柱悬在中央，大处如下覆的铜钟，敲击石柱声音轰轰响。

原来此处不仅这根石柱有声音，就是在洞底踩脚，也立即形成回响，大概洞下边也是空的。又深入五六丈，两侧崖壁石头的颜色有水滴垂流形成白色的地方，用火光照亮岩石，用手去摸岩石，岩石干燥不湿润，纹理十分细腻晶莹。当地人说，二月间石头发润而且纹理愈加皎洁粗壮，把这种现象称为"开花"，山洞起名叫"石花"是根据这个原因。"石花"的名字很美，可《一统志》称为"芭蕉"，不如方言起得巧妙了。再向北路到了头，由西侧钻过缝隙进去，又小得像门一样。五丈后，有三层圆形的石头，如石幢的顶盖样下垂，又像巨大的灵芝菌分三层叠起来的样子。从它下边再转向北，洞中再次穹然宏大高耸。又进去五六丈，西北方的路到了头，山洞分为两个岔洞：一个往南上去环绕成深邃的密室，三丈后到头；一个通入北边下降为深坠的通道，七丈后到头。这个洞曲曲折折的可旁洞不多，弯弯转转的但洞底平坦不积水，所以游览的人不怕深入进去，假使洞中有通进亮光之处，那就更能让人豁然开朗了。出来到从前进洞时昏黑向北转的地方，现在已通入亮光了。看见正东方又有一个岔洞进去，有石柱在中央隔开洞口，用剩余的火把进去探看洞中，也是穹然隆起六七丈便到了头。出来，从洞口外用剩余的火把进去探察西边石崖上的小洞。这个洞面向北，高悬在石壁间，洞口非常狭窄，而洞中也是又窄又深，污秽之气扑人，只得放弃了它。出洞来，下走一百多步，抵达深坑样的峡谷中，下去观看水洞。水洞，就是这个洞的下层了，虽然悬隔几丈远，实际应当是一个地方，先前进去洞中有声音，已经知道洞的下方全是空的了。洞前边也是面向东，稍稍进去，也是转弯而且从北边通来，与上洞同样一种格局，但水溢满洞中，不能前进了。由此地从东转向北，共一里多，到达卧狮窝村，在村中农妇家吃饭。

北三里，过一村，即东上堤，是为大海子。随海子南堤东行，二里下堤，又东一里为沙河桥。其桥五巩，名众安桥。越桥东，即从岐西北循山行。二里，过胡家坟，为正统间挥使胡琛墓。墓有穹碑,为王学士英所撰①,又一碑,乃其子名誌者②,则王翰时撰之文③,与吾家梧塍之垅④,文翰规制颇相似,其颓芜亦相似也。其一时崇尚,穷徼薄海,万里同风,至荆棘铜驼⑤,又旷代无异,可慨也!其墓欲迎水作东北向,遂失下手砂,且偏侧不依九隆正脉,故胡氏世赏虽仅延,而当时专城之盛遂易。永昌,故郡也,胡氏时适改为司,独专其地⑥。今复为郡,设流官,胡氏遂微。土人言,胡氏墓法宜出帝王,为朝中所知,因掘断其脉。余按,凿脉乃诸葛南征时所为,土人误耳。更循山而北,一里,上一东盘之嘴。于是循冈盘垅,甃石引槽,分九隆池之水,南环坡畔,以润东坞之畦。路随槽堤而北,是堤隆庆二年筑,置孔四十一以通水,编号以次而及,名为"号塘",费八百余金。遇有峡东出处,则甃石架空渡水,人与水俱行桥上,而桥下之峡反涸也。自是竹树扶疏,果坞联络,又三里抵龙泉门,乃城之西南隅也。城外山环寺出,有澄塘汇其下,是为九隆池。由东堤行,见山城围绕间,一泓清涵,空人心目。池北有亭阁临波,迎岚掬翠,滟潋生辉。有坐堤垂钓者,得细鱼如指;亦有就荫卖浆者。惜有担夫同行,急于税驾,遂同入城⑦。半里。北抵法明寺,仍憩会真楼。而崔君亦至,崔,江西人,寓此为染铺。前去时从磨盘石同行,抵腾依依,后复同归,以担夫行迟,至蒲缥先返。余迟一日至,故复来此看余。遂与同入市,换钱界夫,市鱼烹于酒家,与崔共酌。暮返楼。夜大雨。

【注释】

①学士:官名,因所属机构不同,职权各异。明代翰林院长官亦称学士,掌管文墨,并备皇帝顾问。

②乃其子名誌者:原脱"名誌"二字,据"四库"本补。

③则王翰时撰之文:原倒误为"王翰撰时之文",据近年移置太保山顶碑林之原碑实物改。陈本、"四库"本作"王翰时撰之坟"。

④梧塍:即明代江阴县的梧塍里,为霞客家乡。

⑤荆棘铜驼:《晋书·索靖传》说:"靖有先识远量,知天下将乱,指洛阳官门铜驼叹曰:'会见汝在荆棘中耳!'后因此用"荆棘铜驼"慨叹旧王朝被推翻后的残破景象。

⑥独专其地:按明制,军民指挥使司由军事长官统管军事、民政,"尚无考选军政,可使世世专有此土。"这与明代府、卫分管地方军、政不同,只用于边境战略要地。

⑦入城:指入永昌城,明代永昌府治保山,在今保山城区,西倚太保山,东临保山坝。今保山城建城始于南诏的永昌城,但今城的规模则为明代所奠定,至今还能辨认整齐的街巷和方正的城基。

【译文】

　　向北三里,走过一村,立即往东走上堤坝,这是大海子。顺着海子南面的堤坝往东行,二里后走下堤坝,又向东一里是沙河桥。这座桥有五个桥拱,名叫众安桥。过到桥东,立即从岔路往西北沿着山走。二里,路过胡家坟,是正统年间(1436—1449)指挥使胡琛的墓地。墓前有高大的石碑,是学士王英撰写的,又有一块碑,是他的儿子名叫胡誌的墓碑,则是由翰林院撰修王时撰文,与我家乡梧塍里的坟墓,文笔辞藻规模形制很是相似,它们的颓败荒芜也相似了。那种一时间的崇尚,穷尽边境逼近海疆,万里之间风气相同,到了旧王朝灭亡后铜驼埋藏于荆棘之中,又隔代无异了,可叹息呀! 他的墓地想要面迎水流作东北向,便失去了下手的龙砂,而且偏在一侧没有背靠九隆山的正脉,所以胡家世代的赏赐虽然仅能延续,然而当时独占一城的盛况终于改变了。永昌,是旧时设置的郡,胡氏时恰好改为军民指挥使司,独占了这一地区。今天恢复为府,设置了流官,胡氏便衰微了。当地人说,胡家墓葬的葬法应该出帝王,被朝廷中知道后,于是挖断了它的地脉。我考察,凿断地脉是诸葛亮南征时做的事,当地人错了。再沿着山往北行,一里,走上一处向东盘绕的山嘴。在这里沿着山冈绕着土陇,用石头砌成引水槽,分流九隆池的水,往南环绕在山坡畔,用以灌溉东边山坞中的田地。路顺着水槽的石堤往北行,这道石堤是隆庆二年(1568)修筑的,设置了四十一个孔洞以便通水,按次序相继编上号,起名叫"号塘",花费八百多两黄金。遇到有峡谷往东出来的地方,就砌石槽架空引水,人与水都通行在桥上,而桥下的峡谷中反而干涸了。从这里起竹丛树木扶疏,满是果木的山坞相连,又行三里到达龙泉门,是永昌城的西南隅。城外山峰环绕佛寺显露,有澄澈的池塘汇积在城下,这是九隆池。由东面的池堤前行,只见青山和城墙围绕之间,涵养着一池清水,让人心目空阔。水池北边有亭台楼阁面临清波,迎着山风捧来翠色,水波潋滟生辉。有坐在水堤上垂钓的人,钓到的小鱼如手指一样大小;也有就着树荫卖酒的人。可惜有挑夫同行,急于住下,便一同进城。半里,向北抵达法明寺,就歇息在会真楼。而崔君也来到,姓崔的,是江西人,寓居此地开染铺。以前去的时候从磨盘石同行,到达腾越后依依不舍,后来又一同归来,因为挑夫走得慢,他到蒲缥后就先返回来。我晚一天到,所以又来此处看望我。于是与他一同进街市,换钱来交给挑夫,买鱼来在酒家烹煮,与崔君一起饮酒。天黑返回会真楼。夜里下大雨。

二十五日　晓霁。崔君来候余餐,与之同入市,买琥珀绿虫。又有顾生者,崔之友也,导往碾玉者家,欲碾翠生石印池盃子,不遇,期明晨至。

【译文】

二十五日　拂晓转晴。崔君来等候我用餐,与他一同进市场,买了琥珀绿虫。又有个姓顾的儒生,是崔君的朋友,带领前去碾玉的人家中,打算碾翠生石的印池和杯子,没遇上,约定明天早晨来。

二十六日　崔、顾同碾玉者来，以翠生石畀之。二印池、一盃子，碾价一两五钱，盖工作之费逾于买价矣，以石重不便于行，故强就之。此石乃潘生所送者。先一石白多而间有翠点，而翠色鲜艳，逾于常石。人皆以翠少弃之，间用搪抵上司取索，皆不用之。余反喜其翠以自白质而显，故取之。潘谓此石无用，又取一纯翠者送余，以为妙品，余反见其黯然无光也。今命工以白质者为二池，以纯翠者为盃子。时囊中已无银，以丽江银盃一支，重二两余。畀顾生易书刀三十柄，余付花工碾石。是午，工携酒肴酌于北楼，抵晚乃散。

【译文】

二十六日　崔、顾二人同碾玉的人来到，把翠生石交给碾玉的人。两个印池、一个杯子，碾玉的工价一两五钱，这样，加工的费用超过买石料的价钱了，因为石料太重不便带着走路，故而勉强迁就了他。这些石料是潘生赠送的。最先的一块石料白色多而间或杂有翠色的点，但翠色鲜艳，超过平常的石料。一般人都认为翠色少放弃这种石料，间或用来搪塞充抵上司的索取，都不用它。我反而喜爱它的翠色从自身的白色质地中显露出来，所以选择了它。潘生认为这种石头没有用，又拿出一块纯翠绿色的送给我，认为是绝妙的品种，我看它反而觉得黯然无光了。今天命令工匠把白色质地的做成两个印池，把纯绿色的做成杯子。这时口袋中已没有银子，把丽江的一只银杯，重二两多。交给顾生换来三十把书刀，剩余的付给姓花的工匠碾玉石。这天中午，工匠带来酒肴在北楼饮酒，到晚上才散去。

二十七日　坐会真楼作记。

【译文】

二十七日　坐在会真楼写日记。

二十八日　花工以解石来示。

【译文】

二十八日　姓花的工匠拿解开的石料来给我看。

二十九日　坐会真楼。上午往叩闪知愿,将取前所留翰札碑帖。闪辞以明日。还过潘莲华家,将入晤,遇鸡足安仁师丽江公差目把延至①,求闪序文。与邱生邱,新添人,眇一目②,以箕仙行术③,前会于腾,先过此。同行。万里知己,得之意外,喜甚,遂同过余寓。坐久之,余亦随访其寓。下午乃返。

【注释】

①把延:执请。

②眇(miǎo):一只眼睛瞎。

③箕仙行术:用筲箕插筷子占卜的一种迷信活动。

【译文】

二十九日　坐在会真楼。上午前往叩拜闪知愿,将取回从前寄存的信札碑帖。闪某推辞说明天。返回时路过潘莲华家,将进门见面,遇见鸡足山安仁禅师丽江府木公遣头目延请来的,求闪知愿为文章作序。与姓邱的儒生姓邱的,是新添卫人,瞎了一只眼睛,以箕仙的身份行法术,先前在腾越见过面,先我一步来到此地。同行。万里之外遇见知己,意外之间遇到他,非常高兴,就一同到我的寓所,座谈了很久。我也跟随他去拜访他的寓所。下午才返回来。

三十日　晨餐后,往拜潘,即造闪。知愿犹不出,人传先生以腹泻,延入西亭相晤。余以安仁远来,其素行不凡,且赍有丽江《云薖全集》来至，并求收览。闪公颔之。余乃出往安仁寓，促其以集往，而余遂出龙泉门观九龙泉①。

【注释】

①九龙泉：在保山市区西南隅。初名易乐池，又作易罗池，因泉有九窦，故名九龙泉、九龙池。呈砚形，中有湖心亭，池西有濯缨亭，池北山丘上有慈云塔。林木掩映，风景秀丽。

【译文】

三十日　早餐后，前去拜访潘莲华，随即去找闪知愿。闪知愿仍然不出来见客，有人传言先生因为腹泻，延请到西亭相见。我因为安仁远道而来，他平素的德行不凡，而且持有丽江木知府的《云薖全集》来到，一并请求收藏阅览。闪公点头答应了这件事。我这才出门，前往安仁的寓所，催促他把集子送去，而我便出了龙泉门去观览九龙泉。

龙泉门，城之西南门也，在太保山之南麓①。门外即有涧自西山北夹而出，新城循之而上。涧之南有山一支，与太保并重，而易罗池当其东尽处，周回几百亩，东筑堤汇之，水从其西南隅泛池上溢，有亭跨其上，东流入大池。大池北亦有亭。池之中，则邓参将子龙所建亭也，以小舟渡游焉。池之南，分水循山腰南去，东泄为水窦，以下润川田。凡四十余窦，五里，近胡坟而止焉。由池西上山，北冈有塔，南冈则寺倚之。寺后有阁甚钜。阁前南隙地，有花一树甚红，即飞松之桐花也，色与刺桐相似，花状如凌霄而小甚，然花而不实，土人谓之雄树。既而入城，即登城北，蹑其城侧倚而上。一里余，过西向一门，塞而不开。乃转而北又里余，则山东突之坪也。其西宝盖山穹立甚高，东下而度一脊，其南北甚狭，度而东，铺为平顶，即太保之顶也，旧为寨子城。胡渊拓而包此顶于内，西抵度脊处而止，亦设门焉；塞而不开，所谓永定、永安二门也。旧武侯祠在诸葛营，今移于此顶，余入而登其楼，姜按君有诗碑焉。坪之前有亭踞其东。由此坠而下，甚峻，半里即下临玉皇阁后，由其西转阁前而入会真饭焉。

【注释】

①太保山：在保山市区西隅，保山坝子西缘，海拔 2257 米。山顶平敞，有武侯祠及碑林。山腰为玉皇阁，系三层高台回廊式建筑。阁北侧为会真楼，即徐霞客在保山的寓所，南侧有翠微楼。其他建筑还有四川会馆、阐化楼、状元楼等。

【译文】

龙泉门，是城的西南门，在太保山的南麓。城门外就有山涧自西山北边的夹谷中流来，新城沿着山涧向上修建。山涧的南边有一条山脉，与太保山一样重要，而易罗池正在山脉东面的尽头处，周围有几百亩，东面筑堤蓄水，水从易罗池的西南角漫过池子从上边溢出，有亭桥跨在水面上，向东流入大池子中。大池子北边也有亭子。池子的中央，则是参将邓子龙修建的亭子，用小船渡过去游览。池子的南边，池水分流沿着山腰往南流去，东边泄水的是水洞，以便下流灌溉平川中的农田。共有四十多个洞，五里长，接近胡家坟地便完了。由水池西边上山，北面的山冈上有座塔，南面的山冈则有佛寺背靠着山冈。寺后边有座楼阁极为巨大。楼阁前方南边的空地上，有一树花开得十分红艳，就是叫飞松的桐花了，颜色与刺桐相似，花的形状像凌霄花但非常小，然而只开花却不结果，当地人称之为雄树。既而进城，立即登上北面的城墙，踏着那城墙倾斜地向上走。一里多，经过向西的一道城门，城门堵塞着没有开。于是转向北又行一里多，就到山东突之处的平地了。这里的西面宝盖山穹然矗立非常高峻，一条山脊向东下延，山脊的南北非常狭窄，往东延伸，铺开成为平缓的山顶，就是太保山的山顶了，旧时是寨子城。胡渊拓宽城区把这座山的山顶包围在城内，西面抵达山脊延伸的地方便止住了，也设有城门；堵塞没有开的，是所谓的永定、永安两座城门。旧时武侯祠在诸葛营，今天移到这座山顶上，我进去登上祠堂的楼，按察使姜君在楼上立有诗碑。平地的前方有亭子盘踞在祠堂的东面。由此坠落而下，甚为陡峻，半里路就下临玉皇阁后方，由玉皇阁西边转到玉皇阁前边后进入会真楼吃饭。

六月初一日　憩会真楼。

【译文】

六月初一日　在会真楼休息。

初二日　出东门，溪之自龙泉门灌城而东者，亦透城而出。度吊桥，遂随之东行田塍中。十里至河中村，有石桥，北来之水遂分而为二①：一由桥而东南注，一绕村而西南曲。越桥东一里余，则其地中洼而沮洳②。又里余，越冈而东，一里，抵东山之麓。由岐东北二里，过大官庙③。上山，曲折甚峻，二里余，至哀牢寺。寺倚层岩下，西南向，其上崖势层叠而起，即哀牢山也。饭于寺。由寺后沿崖上，一里转北，行顶崖西，半里转东，行顶崖北，一里转南，行顶崖东。顶崖者，石屏高插峰头，南北起两角而中平。玉泉二孔在平脊上，孔如二大屦并列④，中隔寸许，水皆满而不溢，其深尺余，所谓金井也。今有树碑其上者，大书为"玉泉"。按玉泉在山下大官庙前，亦两孔，而中出比目鱼，此金井则在山顶，有上下之别，而碑者顾溷之，何也？又一碑树北顶，恶哀牢之名，易为"安乐"焉，益无征矣。南一里至顶南。一里，东南下，又一里，西南下。其处石崖层叠，盖西北与哀牢寺平对，俱沿崖而倚者也。

【注释】

①北来之水：此水从北往南流贯保山坝子。明代称清水河、永昌溪，今称东河。此水分两股绕过的村子即前文"河中村"，后因村边河床拐弯多变，改名河图村，现为河图镇。

②"则其他"句：此水面即青华海，万历《云南通志》永昌军民府山川载："青华海，在府城东五里，汇诸水为池。"王崧《道光云南志钞》地理志载：保山县"东有青华海，广二十余里，汇纳众流，足资灌溉"。

③大官庙：今名同，在保山坝子东缘。

④屦（jù）：麻鞋。

【译文】

初二日　走出东门，自龙泉门灌溉城中往东流的溪水，也穿城而出。走过吊桥，就顺着溪流往东行走在田野中。十里到河中村，有座石桥，北面流来的河水于是分为两条：一条由桥下往东南流淌，一条绕着村庄向西南弯曲。过到桥东行一里多，就见这里的地势中间下洼而且全是泥淖。又行一里多，越过山冈向东走，一里，抵达东山的山麓。由岔路往东北行二里，经过大官庙。上山，曲曲折折十分陡峻，二里多，来到哀牢寺。寺院依傍在层层岩石之下，面向西南，寺院上方崖势层层叠累而起，就是哀牢山了。在寺中吃饭。由寺后沿着石崖上登，一里后转向北，行走在山顶石崖的西边，半里后转向东，行走在山顶石崖的北边，一里后转向南,行走在山顶石崖的东边。山顶的石崖,是屏风状的岩石高插在峰头。南北突起两角而中段平缓。玉泉的两个泉眼在平缓的石脊上,孔洞如并列的两只大麻鞋,中间隔开一寸左右,泉水都是满而不溢,水深一尺多,就是所谓的金井了。今天有人在泉水上树了碑,大字写着"玉泉"。据考察,玉泉在山下大官庙前,也是两个泉眼,而且水中出产比目鱼,这个金井则是在山顶,有上下的区别,可立碑的人却把它们混淆了,为什么呢?又有一块碑树在北面的山顶,厌恶哀牢的名称,改为"安乐",益发没有根据了。向南一里来到山顶的南面。一里,往东南下走,又行一里,往西南下走。此处石崖层层叠叠,大概与西北方的哀牢寺水平相对,都是沿着石崖紧靠着石崖的地方了。

又南下里余,为西来大道,有茅庵三间倚路旁,是为茶庵。由此东向循峡而入,五里,过一坳。坳中有庙西向。东一里,度中洼之宕,复东过坳。又从岭上二里余,盘北突之嘴。其北峡之底,颇见田形。于是东南下,二里,越一峡而东,一里,东上冈。又里余,逾坳东南行,见其东有南北峡,中干无水。峡东其山亦南北亘,有一二家倚之,是为清水沟①。沟中水不成流,似从峡底东度脉者。随峡南行一里,复度而东上冈,始望见南壑中洼,其南有峰危耸中立,即笔架山之北峰也;前从水寨西南盘岭时,所望正南有峰双突如马鞍者,即此峰也。其峰在郡城东南三十余里,即清水西山南下之脉,至此而尽,结为此山,南北横亘,西自郡城望之,四顶分尖,北自此临之,只见北垂一峰如天柱。从冈上东盘北峰,三里降而下洼,始有小水自北峡下,一里,涉之。又东循北山一里余,过一脊坳。又西稍降一里,始见东山渐豁,山冈向东南下，中路因之；又一岐东北分趋瓦渡^②；又一岐西南下坑，坑中始闻水声。有三四家倚西山崖下，是为沈家庄，其下有田塍当坑底焉。已暮，欲投之宿，遂西南下一里余，及坑底。渡小水，西南半里，投宿村家，暮雨适来。

【注释】

①清水沟：今名同，在瓦渡西南邻。

②瓦渡：今名同，在保山市隆阳区东境。

【译文】

　　又向南下走一里多，是西面来的大路，有三间茅草盖成的寺庵紧靠在路旁，这是茶庵。由此地向东沿着峡谷进去，五里，走过一个山坳，山坳中有座庙面向西方。向东一里，越过中间下注的石坑，再往东走过山坳。又从岭上行二里多，绕过北突的山嘴。山嘴北面峡谷的谷底，颇能见到田地的形迹。从这里往东南下走，二里，穿越一条峡谷往东行，一里，向东上登山冈。又是一里多，穿越山坳往东南行，看见山坳东面有条南北向的峡谷，峡中干涸没有水。峡谷东面那里的山也是呈南北向绵亘，有一两家人背靠着山，这里是清水沟。沟中的水不成流，似乎是从峡底向东穿流过山脉的水。顺着峡谷往南行一里，再向东登上山冈，这才望见南面的壑谷中间下注，壑谷南边有座高险耸立的山峰当中而立，就是笔架山的北峰了；从前从水寨向西南绕着山岭走时，望见正南方有座山峰双双突起如同马鞍的，就是这座山峰了。这座山峰在府城东南三十多里，就是清水沟的西山往东下延的山脉，延到此地到了尽头，盘结为这座山，呈南北向横亘，从西面的府城远望它，分为四个尖顶，从北面的这里面向它，只见北面垂下一座山峰如同擎天柱。从山冈上向东绕过北峰，下降三里后下到洼地中，这才有小溪自北面峡中流下来，一里，涉过溪水。又往东沿着北山走一里多，走过一个山脊上的山坳。又往西稍下降一里，开始见到东山渐渐开阔起来，山冈向东南下延,中间的路顺着山冈走;又有一条岔路往东北分开通向瓦渡;又有一条岔路向西南下到坑中,坑中开始听见水声。有三四家人紧靠在西山的山崖下,这里是沈家庄,村子下方有田地位于坑底。已是傍晚,想到村中投宿,就向西南下走一里多,来到坑底。渡过小溪,向西南半里,投宿到村中农家,暮雨恰好来临。

初三日　雨潺潺不止。饭而登途,稍霁。复南下坑底,半里,渡坑涧。复东南上坡,一里余,得北来大路,随之南行冈脊三里。其冈在垂坞中,遂随之下一里,南行坞中。其中有小水唧唧,乃穿壑西南,逼近笔架东北之麓,合北来沈庄水,同东而绕于闪太史墓前者也。路又南一里,逾一小坳。一里稍下,遂沿坞东行,其坞始豁而东向去,水从其西南濒笔架山之北冈,亦随之东折。一里余,逾一小冈而下,即闪墓之虎砂也。北望有茔当中坡之嘴,乃涉壑而登之,即闪太史夫人马氏之冢,太翁所择而窆者[①],已十余年矣。其脉西北自昨所度沈家庄东岐之脊东南下,又崎为一巨山下坠。自西而东者为虎砂,即来道所再逾者;自东而南者为龙砂,即庄居外倚者;而穴悬其中,东南向。外堂即向东之坞,水流横其前,而内堂即涉壑而登者,第少促而峻泻。当横筑一堤,亘两砂间[②],而中蓄池水,方成全局。虎砂上有松一圆独耸,余意亦当去之。其庄即在龙砂东坡上,又隔一小坞,亦有细流唧唧,南注外堂东下之水。从墓又东半里,逾小水抵庄。庄房当村庐之西,其门南向。前三楹即停太翁之枢者,钥之未启;后为庐居,西三楹差可憩。时守者他出,止幼童在。

【注释】

①太翁:祖父。此系对闪人望、闪知愿的父亲闪继迪的尊称。闪继
迪,字允修,万历十三年(1585)举人,官吏部司务。性笃孝,家法
严正。喜奖掖人,不喜人谀。著有《羽岑园秋兴》、《吴越游草》诸
集。乡人为之立祠。

②亘两砂间:"亘"原作"拒",据徐本改。

【译文】

初三日　雨哗哗下个不停。饭后登上旅途,渐渐晴开。再向南下
到坑底,半里,渡过坑中的山涧。再往东南上坡,一里多,遇上北面来的
大路,顺着大路往南行走在冈脊上三里。这条山冈在下垂的山坞中,于
是顺着山冈下行一里,往南行走在山坞中。山坞中有小溪潺潺流淌,是
穿过壑谷往西南流,逼近笔架山东北的山麓,汇合北面沈家庄流来的水
流,一同向东绕到闪太史墓地前的溪流。路又向南一里,穿越一个小山
坳。一里后稍下走,于是沿着山坞往东行,这里山坞开始开阔起来向东
伸展而去,水流从山坞西南方濒临笔架山的北冈,也随着北冈向东转。
一里多,越过一座小山冈往下走,就是闪太史墓地的虎砂了。远望北边
有坟地在中间山坡的尖嘴处,就涉过壑谷登上坟地,是闪太史夫人马氏
的坟墓,是闪家祖父选择的埋葬地,已经十多年了。这里的山脉从西北
方昨天走过的沈家庄东面分支的山脊往东南下延,又耸峙为一座巨大
的山峰往下坠。自西往东延伸的是虎砂,就是来的时候道路两次翻越
的山;自东往南延伸的是龙砂,就是庄园的居屋在外面紧靠着的山;而
墓穴悬在两者中间,面向东南方。墓地外堂就是向东的山坞,水流横在
它的前方,而墓地的内堂就是我涉过壑谷上登之处,但只是稍有些狭窄
而且陡峻下泻。应当横着修筑一条堤坝,横亘在龙砂和虎砂之间,而在
中间蓄一池水,才成完整的格局。虎砂上有一棵圆圆的松树独自耸立,
我的意思也应该去掉它。守墓的庄子就在龙砂东面的山坡上,又隔着
一个小山坞,也有细流唧唧流淌,是往南流淌在墓地外堂向东下流的溪

水。从墓地又往东行半里，越过小溪水抵达庄子。庄子的房屋位于村庄房屋的西面，庄子大门面向南。前边三开间就是停放闪太翁灵柩的地方，门锁着未开启；后面是居住的房屋，西侧三间房屋勉强可以歇息。此时守墓的人外出，只有年幼的儿童在家。

　　余待久之，欲令其启钥入，叩太翁灵几，不得。遂从村东问所谓落水坑者，其言或远或近，不可方物。有指在东北隅者，趋之。逾冈脊而北，二里余，得一中洼之潭，有水嵌其底，四面皆高，周遭大百亩，而水无从出。从洼上循其北而东上坡，又里余而得偞偞寨，数十家分踞山头。其岭亦从北而亘南，东南接天生桥者，为闪庄东障之山。余时不知其为天生桥，但求落水坑而不得，惟望闪庄正东，其山屏起下陷，如有深穴，意此中必有奇胜，然已随土人之指而逾其北矣。遍叩寨中偞偞，终无解语者。遂从东岭西南下，仍抵洼潭之东，得南趋之道，乃随之循东岭而南。二里，见有峡东自屏山下陷处出，峡中无水而水声甚沸。乃下，见有水西自壑底，反东向腾跃，而不见下流所出，心奇之而不能解。乃先溯旱峡遵北岭东入，二里抵下陷处，见石崖骈列，中夹平底。半里，峡分两岐：一北向入者，峡壁双骈而底甚平，中无滴水，如抉堑而入，而竟无路影；一南向入者，东壁甚雄，峡底稍隆起，而水与路影亦俱绝。路则直东蹑岭而上，余意在穷崖不在陟岵①，乃先趋北向峡中。底平若嵌，若鸿沟之界，而中俱茅塞，一里未有穷极。复转，再趋南向峡中，披茅而入。半里，东崖突耸，路辄缘西崖上。俯瞰峡中，其南忽平坠而下，深嵌数丈。东崖特耸之下，有洞岈然，西向而辟于坑底。

路亦从西崖陡下坑中,遂伏莽而入洞。洞门高数丈,阔止丈余,水痕尚湿,乃自外入洞中者。时雨甫过,坑源不长,已涸而无流。入洞二丈,中忽暗然下坠,其深不测。余乃以石块掷之,久而硁然,若数十丈不止。然有声如止洞底,有声如投水中,固知其下有水而又不尽水也。出洞南眺,其坑亦南夹,不知穷极,然或高或洼,底亦无有平准。乃从旧路北出半里,复随大路行峡底半里,复随北岭小径二里,西抵闻水声处,其坡在闪墓正东。二里,逾横峡而南,有寨数家,乃西通山寨,南通落水寨总道。大路自山寨走天生桥,出枯柯、顺宁,即从此寨沿南岭而入者。余时尚不知所入岭即天生桥也,惟亟西下绝壑,视西来腾跃之水。一里,抵壑之悬绝处,则水忽透石穴下坠。其石皆磊落倚伏,故水从西来,捣空披隙而投之,当亦东合天生桥之下者也。其水即沈家庄西北岭岇①诸水,环闪墓、闪庄之前,又东盘冈嘴,始北曲东入于此。此所谓小落水坑也,即土人所谓近者,余求之而不得,不意过而遇之。

【注释】

①岇(hù):有草木的山。

【译文】

我等了很久,想让儿童开锁进屋,叩拜闪太翁的灵柩几案,不行。于是在村东打听所谓的落水坑的地方,他们说的有的远有的近,不可辨别方位。有人指点在东北方的,就向那里赶去。越过冈脊往北行,二里多,见到一个中间下洼的水潭,有水深嵌在潭底,四面地势都高,周围大一百亩,可水没有流出去的地方。从洼地上沿着洼地的北边往东上坡,又走一里多后遇见个伢伢寨,几十家人分散盘踞在山头上。这里的山岭也是从北向南绵亘,东南方连接到天生桥的山,是闪家庄东面屏障样的山。我这时不知道它就是天生桥,只管去找落水坑却找不到,只是望见闪家庄的正东方,那里的山屏风样耸起下陷,好像有深藏的洞穴,意料这里边必定有奇异的胜景,然而已经按照当地人的指点走过头到了它的北边了。问遍了寨子中的伢伢,始终没有懂汉语的人。就从东岭往西南下行,仍然抵达下洼水潭的东边,找到通向南面的道路,就顺着路沿着东岭往南行。二里,看见有条峡谷从东面屏风样山的下陷处出来,峡中没有水但水声十分鼎沸。于是下去,见有水出自西面的鳌谷底,反而向东腾跃,但不见下游流出去的地方,心里对此很奇怪却不能解释。便首先溯干旱的峡谷沿着北岭向东深入,二里路抵达下陷处,见有石崖并列,中间夹着平坦的谷底。半里,峡谷分为两条岔开:一条向北进去的,峡谷两侧的崖壁双双并列但底部非常平坦,峡中没有一滴水,如同挖掘成的堑沟通进去,但始终没有路的影子;一条向南进去的,东面的崖壁十分雄伟,峡底稍稍隆起,而水与路的影子也是全然断绝。道路则是一直向东登岭上行,我的兴趣在于穷尽山崖不在登山,就先赶到向北的峡谷中。峡底平整好似镶嵌成的,犹如鸿沟一样隔开,而峡中全是堵塞的茅草,一里路后还没有穷尽。又转回来,再赶到那向南的峡谷中,拨开茅草进去。半里,东边的石崖突耸,路就沿着西边的山崖上走。俯瞰峡中,峡谷南面突然平缓下坠,深嵌下去几丈。东面特别高耸的石崖之下,有个山洞十分深邃,面向西,在坑底张开。路也从西面的山崖上陡直地下到坑中,于是伏在草丛中进入洞中。洞口高几丈,宽处只有一丈多,水的痕迹还湿淋淋的,是从外边流入洞中的水。这时雨刚刚下过,坑中的水源不长,已经干涸没有流水。进洞去两丈,洞中忽然在黑暗中下坠,洞深不可测。我于是用石块抛入洞中,咚咚咚地响了很久,好像不止几十丈。然而有的声音好像是在洞底止住,有的声音好像是投入水中,我本来就知道那下边有水却又不全然是水。出洞来向南眺望,那坑谷也是向南相夹而去,不知尽头,不过有的高些有的下洼,底部也没有一定的高度。于是从原路向北出来半里,又顺着大路前行在峡底半里,又顺着北岭的小径走二里,抵达西边听见水声之处,这里的山坡在闪太史墓地的正东方。二里,越过横向的峡谷往南行,有个几家人的寨子,是往西通往山窠,向南通往落水寨的道路会聚之处。大路从山窠通向天生桥,通到枯柯、顺宁府,就是从这个寨子沿着南岭进去的。我这时还不知道走进去的山岭就是天生桥了,只是急忙向西下到断绝的壑谷中,观看从西边流来腾跃的水。一里,抵达壑谷悬绝之处,就见水忽然钻入石穴中下泄。这里的岩石都错杂地斜靠着卧伏着,所以水从西边流来,冲捣着空隙分开石缝后投入洞穴中,应当也是向东流在天生桥之下汇合的水流了。这里的水就是沈家庄西北岭坳间的诸条水流,环流在闪太史墓地、闪家庄之前,又向东绕过山冈的尖嘴,才向北弯曲后向东进峡流到此地。这是所谓的小落水坑了,就是当地人所说的在近处的,我四处找它却找不到,不料经过时遇见了它。

时已过午,遂南越一冈,又西下一里,仍南渡其水曲,复西逾坡,一里再至闪庄。余令顾奴瀹水餐饭。既毕,而其守者一人归,觅匙钥不得,乃开其外门而拜于庭,始询所谓天生桥落水洞之道。乃知落水有二洞,小者近,即先所遇者,为本坞之水;大者远,在东南十里之外,乃山窠南道所经,为合郡近城诸流。又知天生桥非桥也,即大落水洞透穴潜行,而路乃逾山陟之,其山即在正东二里外[1]。

【注释】

[1]"又知天生桥"四句:此处今仍称落水洞和天生桥,在保山市隆阳区东南境,丙麻街稍南,东河至此伏流从洞中穿过。

【译文】

此时已过中午,就向南越过一座山冈,又往西下行一里,仍然向南渡过那水流弯曲的地方,再往西翻越山坡,一里后再次来到闪家庄。我命令顾奴烧水做饭吃。吃完饭,那守墓的有一个人归来了,找不到钥匙,只好开了灵堂的外门在庭院中叩拜,这才询问去所谓天生桥落水洞的路。才了解到落水洞有两个洞,小的近,就是先前我遇见的,是本处山坞中的水;大的远,在东南十里之外,是去山寨的南路经过的地方,是汇合了全府靠近府城的诸条水流。又了解到天生桥不是桥,而是大落水洞穿过地穴潜流,而道路就翻山越过它,这座山就在正东方二里开外。

余随其指,先正东寻天生桥。二里,至横峡南岭之寨,将由南岭大路东入。再执途人问之,始知即前平底峡中东上之坡,是为天生桥,逾之即为枯柯者。余乃不复入,将南趋落水寨。一土人老而解事,知余志在山水,曰:"是将求落水洞,非求落水寨者。此洞非余不能指。若至落水寨而后回,则迂折多矣。"遂引余从其寨之后东逾岭。莽苍无路,姑随之行。二里,越岭东下,即见一溪西南自落水寨后破石门东出,盘曲北来,至此岭东麓,即捣入峡。峡东即屏山下陷之南峰,与所逾之岭夹成南北峡。水从南入峡,悬溜数丈,汇为潭。东崖忽迸而为门,高十余丈,阔仅数尺,西向峙潭上,水从潭中东捣而入之,其势甚沸。余从西崖对瞰,其入若饮之入喉,汩汩而进,而不知其中之崆峒作何状也。余从西崖又缘崖石而北,见峡中水虽东入,而峡犹北通,当即旱峡南或高或洼南出之峡,由此亦可北趋峡底,西向旱壑洞。

固知两洞南北各峙，而同在一峡中，第北无水入而南吸大川耳，其中当无不通，故前投石有水声，而上以桥名也。从西崖俯瞰久之，仍转南出。土老翁欲止余宿，余谓日尚高，遂别之。遵南路可以达郡，惟此处犹不得路，盖沿大溪而南，抵西山峡门，即落水寨；西越坡，溯小溪而西上岭，盘笔架山之南，即郡中通枯柯大道。余乃西从之。

【译文】

　　我按照他指点的，先到正东方去找天生桥。二里，来到横向峡谷南岭的山寨，即将由南岭的大路向东进去。再次拉住路上的人问路，才知道就是先前底部平坦的峡谷中向东上走的山坡，那就是天生桥，翻过山坡就是枯柯的地方。我便不再进去，就将向南赶去落水寨。一个年老的当地人明白事理，知道我的志趣在于山水，说："这是要去找落水洞，不是去找落水寨的人。这个洞除了我不能指路。如果到了落水寨后往回走，就迂回曲折多了。"于是带领我从他的寨子的后面向东越岭。莽莽山野无路可走，姑且跟随他走。二里，越过山岭往东下走，马上见到一条溪水从西南方的落水寨后冲破石门向东流出来，弯弯曲曲向北盘绕流来，流到这座山岭的东麓，随即捣入峡中。峡谷东面就是屏风样的山下陷处的南峰，与我所翻越的山岭夹成南北向的峡谷。水从南面流入峡中，迅疾的水流高悬几丈，汇积为深潭。东面的石崖忽然迸裂为石门，高十多丈，宽处仅有几尺，面向西，耸峙在深潭之上，水从潭中向东捣入石门，水势甚为沸腾。我从西面的石崖上对面俯瞰，水流进去就好像把水饮入喉咙中，汩汩地流进去，但不知道其中的空洞是什么形状了。我从西面的石崖上又沿着崖石往北走，见到峡中的水虽然向东流进去，但峡谷仍然通向北方，应该就是干涸的峡谷南面有的高些有的下洼向南通出去的峡谷，由此地也可以向北走向峡底，往西通向干旱壑谷中的山洞。我本来就知道两个洞分在南北各自对峙，但同在一条峡谷中，只是北面的没有水流进去，而南面的吞吸着大河水罢了，其中应当无处不通，所以我之前投石有水声，而上面用桥来起名了。从西面的石崖上俯瞰了很久，仍然转向南出来。当地的老人想留我住宿，我认为日头还高，便辞别了他。沿着往南走的路可以到达府城，只是此地还找不到路，大概沿着大溪往南行，到达西山的峡口，就是落水寨；向西翻越山坡，溯小溪往西上岭，绕过笔架山的南面，就是府城中通往枯柯的大路。我就向西顺着大路走。

　　沿坡涉坞，八里抵西坡下，有㑩㑩寨数家，遂西上坡。层累而上八里，其山北盘为壑，而南临下嵌之涧，有四五家倚北峡而居，上复成田焉。又西盘西峰南嘴而上三里，其上甚峻。又平行峰头二里，余以为此笔架南峰矣，而孰知犹东出之支也，其西复下坠为坑，与笔架尚隔一坞。乃下涉坑一里，越坑西上，始为笔架南垂。有数十家即倚南崖而居，是为山寨。当从投宿，而路从树底行，不辨居址，攀树丛而上，一里遂出村居之后。意西路可折而转，既抵其西，复无还岐，竟遵大路西北驰。二里余，下涉一涧，复西北上坡。二里余，越坡，复下而涉涧。共三里，又上逾一坡，乃西向平下。二里出峡门，已暮，从昏黑中峻下二里，西南渡一溪桥，又西北从岐逾坡，昏黑中竟失路[1]。踯躅二里，得一寨于坡间，是为小寨。叩居人，停行李于其侧，与牛圈邻，出囊中少米为粥以餐而卧[2]。

【注释】

①昏黑中竟失路：原脱"昏黑中"，据徐本、陈本、史序本补。

②橐（tuó）：此处指袋子。

【译文】

沿着山坡涉过山坳，八里抵达西坡下，有个几家人的倮倮寨，于是向西上坡。层层叠叠地上走八里，这里的山北面盘绕成壑谷，而南边面临下嵌的山涧，有四五家人背靠北面的峡谷居住，山上又开垦成农田。又向西绕着西峰南突的山嘴上登三里，那上走的路非常陡峻。又平缓在峰头前行二里，我以为这是笔架山的南峰了，可谁知还只是向东延伸出来的支峰，山峰西面又下坠成深坑，与笔架山还隔着一个山坳。于是下到坑中跋涉一里，越过深坑向西上山，这才是笔架山的南垂。有几十家人就紧靠南面的山崖居住，这里是山寨。应当从此地去投宿，可路从树底下走，辨不清民居的地点，攀着树丛上登，一里便出到村庄的后面。猜想西去的路可以折转来，抵达村庄的西面后，又没有返回来的岔路，竟自沿着大路向西北疾奔。二里多，下走涉过一条山涧，又向西北上坡。二里多，翻越山坡，又下走涉过山涧。共三里，又上走翻越一条山坡，于是向西平缓下行。二里走出峡口，已经天黑，在昏黑中陡峻地下走二里，往西南渡过一座溪流上的桥，又向西北从岔路翻越山坡，昏黑中竟然迷了路。跌跌撞撞地走了二里路，在坡上遇到一个寨子，这是小寨。敲开居民的门，把行李停放在屋子侧边，与牛圈相邻，拿出袋子中的少许米煮粥来吃了便躺下。

初四日　其家插秧忙甚，竟不为余炊。余起问知之，即空腹行，以为去城当不及三十里也。及西行，复逾坡两重，共八里，有庐倚山西向而居，始下见郡南川子。又随坡西向平行五里，趋一西下小峡，复上一西突之冈，始逼近西川。下瞰川中之水，从坡西南环坡足，东南抱流而入峡，坡之南有堰障之，此即清水关沙河诸水，合流而东南至此，将入峡东向而出落水寨者也。于是东北一里余,下至坡麓。循嘴北转半里,始舍山而西北行平陆间。二里,西及大溪,有巨木桥横其上,西渡之。西北行川间,屡过川中村落,十六里而及城之东南隅。度小桥,由城南西向行,一里而入南门,始入市食馒面而饱焉①。下午,返会真楼。

【注释】

①一里而入南门,始入市食馒面而饱焉:"四库"本作"一里半入南门,始索面及馒头于市而饱餐焉"。

【译文】

初四日　他家插秧非常忙,竟然不为我做饭。我起床后问知情况,立即空腹上路,以为距离府城不到三十里了。到往西走时,又越过两重山坡,共行八里,有房屋背靠山面向西方居住,这才看见下方府城南面的平川。又顺着山坡向西平缓前行五里,走向一条向西下延的小峡谷,再上登一座向西前突的山冈,开始逼近西面的平川。下瞰平川中的水,从山坡西南环绕到坡脚,向东南围抱流入峡中,山坡的南面有堤坝拦水,这就是清水关沙河各条河水,合流后往东南流到此地,即将流入峡中向东流到落水寨的水流。从这里往东北行一里多,下到坡脚。沿着坡嘴向北转半里,开始离开山往西北行走在平旷的陆地上。二里,向西来到大溪边,有座巨大的木桥横架在溪流上,向西渡过溪流。往西北前行在平川中,屡次经过平川中的村落,十六里后来到府城的东南角。走过小桥,由城南向西行,一里后进入南门,这才走入街市买来馒头和面条吃了个饱。下午,返回会真楼。

初五、初六两日　憩会真楼。

【译文】

初五、初六两天　在会真楼休息。

初七日　闪知愿来顾，谢余往叩灵几，礼也。知愿馈饼二色。

【译文】

初七日　闪知愿来探访，答谢我前去叩拜他家的灵柩几案，是礼俗。闪知愿馈赠了两种饼子。

初八日　知愿又馈猪羊肉并酒米甚腆。

【译文】

初八日　闪知愿又馈赠了猪、羊肉以及酒、米，十分丰厚。

初九日　闪太史招游马园。园在龙泉门外，期余晨往。余先从法明寺南，过新建太翁祠。祠尚未落成，倚山东向，与法明同。其南即方忠愍公祠，名政，征麓川死于江上者①。亦东向。正室三楹，俱守者栖止于其中，两庑祀同难者，俱倾倒，惟像露坐焉。出祠，遂南出龙泉，由池东堤上抵池南，即折而西入峡。半里，园临峡西坡上，与龙泉寺相并。园之北，即峡底也，西自九隆山后环峡而来。有小水从峡底东出，仅如线不绝。而园中则陂池层汇。其北一池，地更高，水从其底泛珠上溢，其池浅而水独澄映有光，从此遂潺潺泻外池。外池中满芰荷。东岸旧有菜根亭，乃马玉麓所建者，并园中诸榭俱颓圮。太史公新得而经始之，建一亭于外池南岸，北向临流。隔池则龙泉寺之殿阁参差，冈上浮屠，倒浸波心。其地较九龙池愈高，而陂池罨映，泉源沸漾，为更奇也。盖后峡环夹甚深，其水本大，及至峡口，此园当之，峡中之水，遂不由溪而沁入地中②。故溪流如线，而从地旁溢如此池与九龙池，其滔滔不舍者，即后峡溪中之流也。

【注释】

①征麓川死于江上者：诸本如此，疑应为"死于上江"，详《滇游日记九》四月十一日方政条注。

②沁（qìn）：渗入。

【译文】

初九日　闪太史召唤去游马园。园子在龙泉门外，约我早晨前去。我先从法明寺南边，走过新建的太翁祠。祠堂尚未落成，背靠山面向东，与法明寺相同。太翁祠南边就是方忠愍公祠，名叫方政，是征麓川时死在江上的人。也是面向东。正室有三开间，都是守祠堂的人住在屋子中，两侧的厢房祭祀一同遇难的人，全倾倒了，唯有塑像露天坐在那里。出了祠堂，就向南走到九龙泉，由九龙池东面的堤坝上走到九龙池南面，随即折向西进峡。半里，园子高临在峡谷西面的山坡上，与龙泉寺相并排。园子的北边，就是峡底了，峡谷自西边的九隆山后环绕而来。有小溪水从峡底向东流出来，仅如线一般流淌不绝。而园子中却有层层陂池积着水。那北边的一个池子，地势更高，水从池底泛着水珠上溢，这个池子水浅但池水唯独澄澈映照有光，从此处就潺潺流泻到外池中。外池中满是菱角荷花。东岸旧时有个菜根亭，是马玉麓修建的，连同园中的各处水榭全都颓败倒塌了。太史公新近买到手后开始营建园子，建了一座亭子在外池的南岸，朝向北面临流水。隔着池子就是龙泉寺高低不一的殿宇楼阁,山冈上的佛塔,倒影浸入波心。这里的地势较九龙池更高,但陂池掩映,泉水源源不绝,沸腾荡漾,就更为奇妙了。大概是后面峡谷环绕的夹谷非常深,峡中的水本来很大,流到峡口时,这个园子挡住水路,峡中的水,便不经由溪中而是渗入地下。所以溪流如线一样,却从地下四旁溢出进入这个池子与九龙池,池水滔滔不绝的原因,就是有后面峡谷溪流中的流水了。

余至,太史已招其弟知愿相待。先同观后池溢泉,遂饭于池南新亭。开宴亭中,竟日欢饮,洗盏更酌,抵暮乃散。是日始闻黄石翁去年七月召对大廷①,与皇上面折廷诤②,后遂削江西郡幕③。项水心以受书帕亦降幕。刘同升、赵士春亦以上疏降幕④。翰苑中正人一空⑤。东省之破⑥,传言以正月初二,其省中诸寮⑦,无不更易者。虽未见的报,而颜同兰之被难可知矣。

【注释】

① 大廷:朝廷。

② 面折:当面指责过失。廷诤:在朝廷上向皇帝谏争。诤(zhèng),直言规谏。

③ 幕:即幕僚,为地方官吏幕府中的属员。

④ 赵士春:原作“陈之遴”,据徐本、《明史·黄道周传》改。

⑤ 翰苑(hàn yuàn):为翰林院的别称。唐初始置,明代翰林院正式成为外朝官署,负责修史、著作,图书等事。翰林院的职官统称翰林,从进士中选拔。

⑥ 东省之破:指清兵入山东省,破济南,俘德王朱由枢等,官民死者无数。

⑦寮：通"僚"，同官为寮。

【译文】

我到时，闪太史已经招来他的弟弟闪知愿等候。先一同观赏后池溢水的泉，就在池子南面新建的亭子中吃饭。在亭子中开宴，终日欢饮，洗过杯盏再斟上酒，到天黑才散。这天才听说黄石斋老翁去年七月被朝廷召见对策，在朝廷上当面指责皇上直言规劝，后来就被削职降为江西府幕僚。项水心因为收受书帕贿赂也降为幕僚。刘同升、赵士春也因为上疏降为幕僚。翰林院中正人君子一扫而空。山东省的失守，传言是在正月初二，该省中的众多官僚，无不被更换的。虽然未见到准确的通报，但颜同兰的被害可想而知了。

初十日　马元中、刘北有相继来拜，皆不遇，余往玉工家故也。返楼知之，随拜马元中，并拜俞禹锡。二君襟连也①，皆闪太翁之婿，前于知愿席相会而未及拜。且禹锡原籍苏州，其祖讳彦，中辛丑进士②，中时犹李时彦，后复俞姓，名彦。移居金陵大功坊后③。其祖、父年俱壮，闪太翁寓金陵时，欲移家南来，遂以季女字俞④。前年太翁没，俞来就婚，拟明春偕返云。时禹锡不在，遂返会真。闪太史以召对报来示⑤。

【注释】

①襟连：姊妹的丈夫。

②辛丑：万历二十九年，1601 年。

③金陵：战国时置的古邑名，在今江苏南京市，后人因作今南京市的别称。

④季女：排行最小的女儿。　字：过去称女子许嫁为字。

⑤召对报：登载皇帝召致臣僚问对的内部通报。

【译文】

初十日　马元中、刘北有相继前来拜访，都没有遇上，是我前往碾玉工匠家的缘故。返回楼中知道了这件事，随即去拜访马元中，一并拜见了俞禹锡。二位先生是连襟，都是闪太翁的女婿，从前在闪知愿的酒席上相会但未来得及拜访。而且俞禹锡的原籍是苏州，他的祖父名叫彦，考中辛丑年的进士，考中时还叫李时彦，后来恢复姓俞，名叫彦。迁居到金陵大功坊后面。他的祖父、父亲年纪都是壮年，闪太翁寓居金陵时，想要把家搬到南方，就把最小的女儿许配给俞禹锡。前年闪太翁死后，俞禹锡前来完婚，打算明年春天偕同妻子返回家乡。这时俞禹锡不在，便返回会真楼。闪太史把召对报拿来给我看。

十一日　禹锡招宴。候马元中并其内叔闪孩识、孩心等同饮，约同游卧佛。

【译文】

十一日　俞禹锡招去赴宴。等候马元中以及他妻子的叔父闪孩识、闪孩心等人一同饮酒，约定一同去游览卧佛寺。

十二日　禹锡馈兼金。下午，元中移酌会真楼，拉禹锡同至。雷风大作，既暮乃别。

【译文】

十二日　俞禹锡馈赠了纯金。下午，马元中把酒宴搬到会真楼，拉着俞禹锡一同来到。雷电大风狂作，天黑后才道别。

十三日　禹锡以他事不及往卧佛，余遂独行。东循太保山麓，半里，出仁寿门。仁寿西北倚太保山北麓，城随山西叠而上，与龙泉同。出城，即有深涧从西山悬坑而下，即太保山顶城后度脊所分之水也。逾桥循西山直北半里，有岐东北行平川中，为纸房村间道；其循山直北者，乃逾岭而西，向青蒿坝通乾海子者。余乃由间道二里，北过纸房村①，又东一里余，出大道，始为拱北门直向卧佛寺者。又北一里，越一东出小涧，其北有庙踞冈头，乃离城五里之舍也。大道中川而行，尚在板桥孔道之西。又北五里，再过一庙，在路之西。其西又有巨庙倚西山②，村落倚之，所谓红庙村也③。又北八里，有一涧自西山东出，逾之而北，是为郎义村。村庐联络，夹道甚长，直北二里，村始尽。缘村西转，有水自北堰中来，即龙王塘之下流也。溯流沿坡西北行，三里，有一卷门东向列路旁，其北即深涧缘坡下。乃由卷门西入，缘南坡俯北涧西入。半里，闻壑北水声甚沸，其中深水丛箐，亏蔽上下，而路乃缘壑北转。不半里，穿门北上，则龙王祠巍然东向列④，其前与左，皆盘壑蒙茸，泉声沸响。乃由殿左投箐而下，不百步，而泓泉由穴中溢，东向坠坑。其北坑中，又有水泻树根而出，亦坠壑同去。其下悬坠甚深，而藤萝密蔓。余披蔓涉壑求之，抵下峡则隔于上，凌上峡则隔于下，盖丛枝悬空，密蔓叠幕，咫尺不能窥，惟沸声震耳而已。已乃逾其上，从棘蔓中攀西北崖而上。按《统志》谓龙王岩断崖中劈，兀立万仞。余望双岩上倚山顶，谓此有路可达，宛转上下，终不可得，乃返殿前而饭。

【注释】

①纸房村:今作纸坊,分两村,黄纸坊在南,白纸坊在北,皆位于保
　　山城北郊,保山坝子西缘。

②庙:指一般奉祀神的庙宇。

③红庙村:与下句"郎义村"今名皆同,在保山坝子西缘。

④龙王祠:即今龙王塘。在保山城北8公里,保山坝子西缘。清泉
　　从石隙涌出,汇而为潭,分三沟向外流淌。亭台楼阁掩映在古树
　　苍藤中。

【译文】

十三日　俞禹锡因为别的事来不及去卧佛寺,我就独自上路。往
东沿着太保山的山麓走,半里,出了仁寿门。仁寿门在西北方紧靠太保
山的北麓,城墙顺着山势向西重叠而上,与龙泉门相同。出城后,立即
有深深的山涧从西山高悬的坑谷中流下来,就是太保山山顶城墙后面
山脊延伸处分流的水流了。过桥后沿着西山一直向北半里,有条岔路
向东北前行在平川中,是去纸房村的便道;那沿着山一直向北走的,是
翻越山岭往西行,走向青蒿坝通往乾海子的路。我于是经由便道走二
里,往北经过纸房村,又向东一里多,走上大道,这才是由拱北门直接通
向卧佛寺的路。又向北一里,越过一条向东流出去的小山涧,山涧北边
有座庙盘踞在冈头,是离城五里的住宿地。大道在平川中前行,还在通
往板桥必经之路的西面。又向北五里,再次经过一座庙,在路的西边。
庙西又有一座巨大的寺庙紧靠西山,村落依傍着寺庙,是所谓的红庙村
了。又向北八里,有一条山涧从西山向东流出来,越过山涧往北行,这
里是郎义村。村中房屋连接,夹住道路非常长,向正北走二里,村子才
到了头。沿着村子向西转,有水从北边的堤堰中流出来,就是龙王塘的
下游了。溯水流沿着山坡往西北行,三里,有一道拱门面向东立在路
旁,拱门北边就是深深的山涧顺着山坡下流。于是由拱门向西进去,沿
着南面的山坡俯瞰着北面的山涧向西深入。半里,听见壑谷北边水声

极为鼎沸，壑谷中深水丛竹，荫蔽上下，而路就沿着壑谷向北转。不到半里，穿过山门往北上走，就见龙王祠巍然向东而立，龙王祠的前方和左边，都是盘绕的壑谷蒙蒙茸茸的，泉水沸腾发出声响。于是由大殿左边投身走下山箐，不到一百步，奔涌的泉水从洞穴中溢出来，向东坠入深坑中。泉水北边的深坑中，又有水冲激着树根流出来，也一同坠入壑谷中流去。壑谷下面高悬下陷非常深，而藤萝密布蔓延。我拨开藤蔓涉过壑谷去探寻泉水，来到下边的峡中便被隔在上边，登到峡谷上方却被隔在下面，原来是树丛枝叶悬在空中，浓密的藤蔓如层层叠叠的帷幔，咫尺间不能窥视，唯有沸腾的泉水声震响在耳中而已。不久就翻越到泉水上方，从荆棘藤蔓中攀着西北面的山崖上登。据《一统志》，说是龙王岩是从中劈开的断崖，突兀直立有万仞高。我望见一双石崖紧靠着山顶，认为这里有路可以到达，弯弯转转上上下下，始终不能找到路，只好返回殿前吃饭。

仍出卷门，遂北下度涧桥。见桥北有岐缘涧西入，而山顶双岩正峙其西，余遂从之。始缘涧北，半里遂登坡西上。直上者三里，抵双岩之下，路乃凌北岩之东，逾坳而西北去。余瞰支峰东北垂，意卧佛当在其西北峰下，遂西北逾支峰，下坑盘峡，遵北坡东行。二里，见有路自北坡东来，复西北盘坳上，疑以为此即卧佛路，当从山下行，不登山也，欲东下。土人言："东下皆坑崖，莫可行；须仍转而南，随路乃下。"从之转南，又二里，随前东来之路下坡。二里，从坡麓得一村，村之前即沿麓北行之大道。沿之北，又五里，稍西向入谷，则卧佛寺环西谷中①，而谷前大路，则西北上坡矣。

【注释】

①卧佛寺:在保山城北 10 公里,云岩山东麓。山麓有一宽大石洞,分内外两重,又分南北两重。原有就岩凿成的大卧佛,因名。现有从缅甸接回的汉白玉卧佛一尊,长 1.8 米。寺前有半月形水池,池中有亭,周围林木荫翳。

【译文】

仍然走出拱门,就向北下走越过山涧上的桥。看见桥的北边有条岔路沿着山涧往西进去,而山顶的一双石崖正耸峙在这里的西面,我就顺这条路走。开始时沿着山涧的北边走,半里就向西登坡上行。一直上爬三里,抵达那一双石崖之下。路于是登到北面石崖的东边,穿过山坳往西北去。我俯瞰支峰的东北垂,猜想卧佛寺应当在这里西北方的山峰下,就西北越过支峰,下到坑谷中绕着峡谷走,沿着北面的山坡往东行。二里,看见有条路从北面的山坡上向东来,再向西北绕着山坳上走,心中疑惑以为这就是去卧佛寺的路,应当从山下走,不必登山,想往东下走。当地人说:“往东下去都是坑谷悬崖,不能走;必须仍然转向南,顺着路走才能下去。”听从他的话转向南走,又行二里,顺着之前东面来的路下坡。二里,在坡脚见到一个村子,村子的前边就是沿着山麓往北行的大路。沿着大路往北行,又走五里,渐渐向西走入山谷,就见卧佛寺环绕在西面的山谷中,而山谷前的大路,便向西北上坡了。

盖西山一支,至是东垂而出,北峡为清水关,南抱为卧佛岩,但清水深入,而卧佛前环耳。入谷即有池一围当寺前,其大不及九隆池,而回合更紧。池东有一亭缩谷口。由池北沿池入,池尽,其西有官房三楹临其上。北楹之下,泉泪泪从坳石间溢入池中,池甚清浅。官房之西历砌上,即寺门也,亦东向临之。其内高甍倚岩,门为三卷,亦东向。卷中不楲而砖亦横巩如桥，卷外为檐，以瓦覆石连属于洞门之上壁。洞与巩连为一室，巩高而洞低，巩不掩洞，则此中之奇也。其洞高丈余，而深入者二丈，横阔三丈，其上覆之石甚平。西尽处，北有门，下嵌而入；南有台，高四尺，其上剜而入。台如胡床横列①，而剜有石像，曲肱卧台上，长三丈，头北而足南。盖此洞横阔止三丈，北一丈嵌为内洞之门，南二丈犹不足以容之，自膝以下，则南穴洞壁而容其足。其像乃昔自天成者，自镇守内官巩其前轩②，又加斧琢而贴之金，今则宛然塑像，失其真矣。内洞门由西北隅透壁入，门凹而下，其内渐高，以觅炬未入。时巩殿有携酒三四生，挟妓呼僧，团饮其中，余姑出殿，从北庑厢楼下觅睡处，且买米而炊焉。北庑之西亦有洞，高深俱丈五尺，亦卷其门，而南向于正洞之北隅，其中则像山神以为护法者。是夜卧寺中，月颇明，奈洞中有嬲子③，寺中无好僧，恹恹而卧。

【注释】

①胡床：一种可以折叠的轻便躺椅。

②内官：即宦官，也称太监。因其专门在宫廷内侍奉皇帝及其家族，故称内官。明中叶以后，太监权力扩大，拥有出使、监军、镇守、侦察臣民等大权，出镇一方者即称镇守内官。

③嬲（niǎo）子：猥亵的家伙。

【译文】

西山的一条支脉，延到这里向东下垂而出，北面的峡谷是清水关，南面环抱为卧佛岩，只是清水关深入进去，而卧佛岩向前环绕罢了。进入山谷就有一围池水位于寺前，水池大处赶不上九隆池，但回绕合抱更为紧凑。水池东边有一座亭子控制着山谷口。由水池北边沿着水池进去，水池完了，水池西边有三间官房下临在水池上方。靠北的一间之下，泉水汩汩地从山坳的石缝中溢出流入水池中，池水很浅，十分清澈。官房的西边经由台阶上去，就是寺门了，也是面向东方下临水池。寺内高高的屋脊紧靠着岩石，寺门是三个拱，也是面向东。门拱中不用柱子而是也像桥一样用砖横向砌拱，门拱外是屋檐，用瓦片覆盖在石头上连接到洞口上面的石壁。山洞与拱门连成一间屋子，门拱高而洞口低，门拱遮盖不了洞口，是这个寺中的奇观。这个山洞高一丈多，而深入之处有两丈，横处宽三丈，洞内上覆的岩石十分平滑。西面的尽头处，北边有洞口，下嵌进去；南边有石台，高四尺，石台上方剜空进去。石台如同胡人用的床横放着，而且雕凿有石像，弯着胳膊躺在石台上，长三丈，头向北而脚朝南。这个洞横处只有三丈宽，北边的一丈深嵌为内洞的洞口，南面的二丈还不足以容纳石像，从膝盖以下，就在南面的洞壁上开凿了洞穴来容纳石像的脚。这座石像是从前天然形成的，自从镇守的宦官修筑了石像前边的轩廊，又加以雕凿后给它贴上了金，如今就宛如一尊塑像，失去了它天然纯真的味道了。内洞口由西北角穿过洞壁进去，洞口凹向下方，洞内渐渐高起来，因为要找火把没进去。这时拱门殿中有三四个儒生带着酒，抱着妓女呼唤僧人，聚成一团在殿中饮酒，我姑且出殿来，在北厢房楼下找到睡觉的地方，暂且买米来做饭吃。北厢房的西头也有个洞，高处深处都是一丈五尺，也是在洞口建了拱门，但朝向南方，在主洞的北隅，洞中则塑了山神像作为护法神。这天夜里躺在寺中，月光相当明亮，无奈洞中有些猥亵的家伙，寺中没有好和尚，怏怏不乐地睡了。

十四日　早饭于僧舍，觅火炬入内洞。初由洞门西向直入，其中高四五丈，阔二丈，深数丈，稍分岐辄穷，无甚奇也。仍出，从门内南向觅旁窦而上。入二丈，亦穷而出，笑此洞之易穷。有童子语于门外曰："曾入上洞乎？余今早暗中入，几坠危窦。若穿洞而上，须从南，不可从北也。"余异其言，乃益觅炬再入。从南向旁窦得一小穴，反东向上，其穴圆如甑。既上，其穴竖而起，亦圆如井。从井中攀南崖，则高而滑，不可上，乃出，取板凳为梯以升。既上，其口如井栏，上有隙横于井口之西。复盘隙而北，再透出一口，则有峡东西横峙。北向出峡，则渊然下坠，其深不可睹，即前内洞直入之底也，无级可梯，故从其东透层穴而上耳。南向下峡丈余，有洞仍西向入，其下甚平，其上高三四丈，阔约丈五，西入亦五六丈，稍分为岐而止，如北洞之直入者焉。此洞之奇，在南穿甑穴，层上井口，而复得直入之洞。盖一洞而分内外两重，又分上下二重，又分南北二重，始觉其奇甚也。

【译文】

十四日　在僧房中吃早饭，找来火把进内洞。最初由洞口向西一直进去，洞中高四五丈，宽二丈，深有几丈，略微分出岔洞就到了头，没什么奇特之处。仍旧出来，从洞口内向南找到旁洞上去。进去二丈，也到了头便出来，嘲笑这个洞容易走到头。有个儿童在洞口外说道："曾经进过上洞吗？我今早在黑暗中进去，几乎跌入危险的洞穴中。如果穿过山洞上去，必须从南边走，不可从北边走。"我觉得他的话很奇怪，就多找了些火把再次进洞。从向南的旁洞中找到一个小洞穴，反向东上爬，这个洞穴圆得如像甑子。上去后，洞穴直竖而起，也圆得像井。从井中攀登南侧的崖壁，却又高又滑，不能上去，只好出来，取来板凳当做梯子上登。上去后，出口如同井栏，上边有裂隙横在井口的西边。又绕着裂隙往北进去，再钻出一个洞口，就见有峡谷呈东西向横着对峙。

向北出到峡谷边,就见渊然向下深陷,峡谷深得不能见到底,就是之前从内洞一直深入的洞底了,没有台阶可以踩踏,所以从它的东边钻过层层洞穴后上来罢了。向南走下峡中一丈多,有个洞仍然向西进去,洞下边非常平坦,洞上方高三四丈,宽约一丈五,向西进去也有五六丈,略微分为岔洞便断了,如同北洞一直进去的地方一样。这个洞的奇特之处,在于向南穿过甑子样的洞穴,一层层上到井口,而后又找到一直深入进去的洞。一个洞分为内外两重,又分为上下两层,又分为南北两重,这才觉得它非常奇特了。

既出,仍从池左至谷口大路。余时欲东访金鸡温泉,当截大川东南向板桥,姑随大路北瞰之,半里,稍西北上坡,见其路愈西上,乃折而东,随旁岐下坡。盖西北上者为清水关道,乃通北冲者;川中直北五里,为章板村,为云龙州道;川东蹑关坡而上,为天井铺道①,从此遥望皆相对也。下坡一里,其麓有一村。从此由田塍随小溪东南行,二里,始遇清水关大溪②,自北而南流川中。随之南行半里,渡横木平桥,由溪东岸又东半里,过一屯,遂从田塍中小径南行。半里,稍折而西,复南就一小水。随之东下,遂无路。莽苍行草畦间,东南一里半,始得北来小路。随之南,又得西来大路,循之。其东南一里,又有溪自北而南,其大与清水溪相似,有大木桥架其上。度桥东,遂南行。二水俱西曲而合,受龙王塘之水,东折于板桥之南焉。路南行塍中,又二里半而出板桥街之中③。由街稍南过一小桥,则沿小溪东上。半里,越溪上梗④,东南二里半,渐逼东山。过一村,稍南又东,半里,有小溪自东北流西南,涉之从溪东岸。又东南二里,直逼东山下,复有村倚之。从村南东向入,有水春踞冈上。冈之南,即有涧自木鼓山北峡来,绕冈南西去,有亭桥跨其上,此大道也;小径即由北脊入峡,盘冈东下。遂溯溪岸东行。一里,有小木桥平跨上流,乃南度之。又东上坡,一里而至金鸡村⑤。其村居庐连夹甚盛,当木鼓山之东南麓。村东有泉二池,出石穴中,一温一寒。居人引温者汇于街中为池,上覆以屋。又有正屋三楹临池之南,庭中紫薇二大树甚艳,前有门若公馆然。乃市酒餐饭于市,而后浴于池。池四旁石甃,水止而不甚流,亦不甚热,不甚清,尚在永平温泉之下,而有馆有门则同也。从村后东南循峡上岭数里,自金鸡村逾岭东下,通大寨、瓦渡之路也;从村后直东上木鼓西南峰,二十里,有新建宝顶寺。余不及登,遂从村西南下。

【注释】

①天井铺:今名同。上半句"关坡",今作"官坡"。皆在保山市隆阳区东北境,板桥与水寨之间。

②清水关:在隆阳区北境清水河源,今名清水河村。

③板桥街:今名同,在保山坝子北部,为交通要道。

④梗:即"埂",指田埂、堤埂。

⑤金鸡村:今名同,在保山坝子东缘。金鸡村是澜沧江西部最早的行政中心,汉代永昌郡治及附郭县不韦县即设于此。东汉设永昌郡,不韦又为附郭县。至今还有三国时吕凯的祠堂,当地群众还流传吕凯的故事,金鸡村现在是隆阳区最大的村子。

【译文】

出洞来,仍然从水池左边来到山谷口的大路上。我此时想往东去探访金鸡村的温泉,应该横截大平川往东南走向板桥,姑且顺着大路从北方远看着它走，半里，慢慢向西北上坡，看见这条路愈发向西上走，就折向东，顺着旁边的岔路下坡。原来往西北上走的是去清水关的路，是通往北冲的路；在平川中一直向北五里，是章板村，是去云龙州的路；平川东边踏着关坡上去，是去天井铺的路，从此地遥望全都远远相对。下坡一里，坡脚有一个村子。从此地经由田埂顺着小溪往东南行，二里，开始遇见清水关流来的大溪，自北向南流淌在平川中。顺着大溪往南行半里，渡过横架着的木头平桥，由溪流东岸又向东半里，路过一个屯子，于是从田野中的小径往南行。半里，稍折向西，再向南走近一条小溪。顺着小溪往东下走，竟然无路可走。苍茫一片行走在长满草的田野间，向东南一里半，才遇见北面来的小路。顺着小路往南行，又遇上西面来的大路，顺着大路走。大路东南一里处，又有溪水自北向南流，溪流的大小与清水关流来的大溪相似，有座大木桥架在溪流上。过到桥东，就往南行。两条溪流都是向西弯曲后合流，接受了龙王塘的水，向东折到板桥的南面。路往南行走在田野中，又行二里半后出到板桥街的中段。由街上稍往南走过一座小桥，就沿着小溪向东上行。半里，越过溪流走上田埂，向东南二里半，渐渐逼近东山。经过一个村子，稍向南又往东，半里，有条小溪自东北流向西南，涉过溪水从小溪东岸走。又向东南二里，直逼东山之下，又有村子紧靠东山。从村南向东进去，有水碓盘踞在山冈上。山冈的南面，就有山涧从木鼓山北面的峡中流来，绕过山冈南面向西流去，有座亭桥跨在山涧上，这是大道；小径就经由北面的山脊进入峡谷，绕着山冈往东下行。于是溯溪流沿着岸边往东行。一里，有座小木桥平平地跨在溪流上游，就向南过桥。又往东上坡，一里后来到金鸡村。这个村落居民房屋连成片夹住道路，十分繁荣，在木鼓山的东南麓。村东有两池泉水，从石洞中流出来，一个是温水一个是凉水。居民把温水引到街道中蓄水建为水池，上边用房子覆盖。又有三间正屋面临水池的南边，庭院中两棵紫薇大树非常艳丽，前边有门好像公馆的样子。于是在集市上买酒来吃了饭，然后在池中沐浴。水池四旁是用石头砌成的,池水静止而不怎么流动,也不怎么热,不怎么清澈,还在永平县的温泉之下,但有公馆有门则是相同的了。从村后往东南沿着峡谷上岭走几里,从金鸡村翻越山岭往东下行,是通往大寨、瓦渡的路;从村后一直向东上登木鼓山西南的山峰,二十里处有座新建的宝顶寺。我来不及去登,就从村子往西南下行。

三里,北折,度亭桥北,随溪西南行塍中。五里,西值大溪,溪之东有村傍之,乃稍溯之北,度大木桥而西行塍中。又四里而至见龙里。其南有报功祠甚巨,门西向①,而祠楼则南面。入其中,祠空而楼亦空,楼上止文昌一座当其中。寺僧云昔有王靖远诸公神位,觅之不见也。由此又十里,入拱北门,又二里而返会真。令人往讯安仁,已西往腾越矣。

【注释】

①门西向:原脱"门"字,据徐本补。

【译文】

三里,折向北,过到亭桥的北边,顺着溪流往西南前行在田野中。五里,在西边遇上大溪,溪流的东岸有村庄紧靠着溪流,就溯溪流稍向北走,走过大木桥后往西行走在田野中。又行四里后来到见龙里。村南有座报功祠非常巨大,大门面向西,但祠堂的楼阁则面向南。进入祠堂中,祠堂是空的而且楼也是空的,楼上只有一尊文昌帝君的坐像位于当中。寺里的僧人说,从前有王靖远诸公的神位,寻找神位见不到了。由此处又行十里,进入拱北门。又行二里后返回会真楼。派人前去问讯安仁,已经西去腾越了。

十五日　憩会真楼。

【译文】

十五日　在会真楼休息。

十六日　往晤闪知愿。还拜刘北有，留饭，即同往太保山麓书馆。馆中花木丛深，颇觉幽闲。坐久之，雨过，适闪知愿送《南园录》并《永昌志》至，即留馆中。北有留余迁寓其内，余屡辞之，至是见其幽雅，即许之，约以明晨①。雨止，刘以钥匙付余，以刘将赴秋闱②，不暇再至也。余乃别，还会真。

【注释】

①约以明晨："晨"，徐本、陈本、"四库"本作"日"。

②闱(wéi)：科举考试的考场。科举考试时，各省在仲秋举行乡试，故称"秋试"或"秋闱"。

【译文】

十六日　前往会晤闪知愿。返回时拜见了刘北有，留我吃饭，随即一同前往太保山山麓的书馆。书馆中花木成丛幽深，觉得很是幽静闲适。坐了很久，雨下过后，恰好闪知愿送《南园漫录》和《永昌府志》来到，就留在书馆中。刘北有留我搬到书馆内来住，我多次辞谢了他，到这时见到这里幽静雅致，马上答应了他，约定在明天早晨搬迁。雨停后，刘北有把钥匙交给我，因为刘北有将要赶去参加秋试，无暇再来了。我于是告别，返回会真楼。

十七日　闪知愿再候宴，并候其兄太史及其族叔孩识同宴。深夜乃别。

【译文】

十七日　闪知愿再次前来迎候赴宴，并等候他的兄长闪太史以及他的堂叔闪孩识一同赴宴。深夜才告别。

十八日　迁馆于山麓西南打索街，即刘北有书馆也。其馆外有赁居者^①，以日用器进，亦刘命也。余独坐馆中，为抄《南园漫录》^②。既而马元中又觅《续录》至，余因先抄《续录》。乘雨折庭中花上花^③，插木球腰孔间辄活，蕊亦吐花。花上花者，叶与枝似吾地木槿，而花正红，似闽中扶桑，但扶桑六七朵并攒为一花，此花则一朵四瓣，从心中又抽出叠其上，殷红而开甚久，自春至秋犹开。虽插地辄活，如榴然，然植庭左则活，右则槁^④，亦甚奇也。又以杜鹃、鱼子兰、兰如真珠兰而无蔓，茎短，叶圆有光，抽穗，细黄子丛其上如鱼子，不开而落，幽韵同兰。小山茶分植其孔，无不活者。既午，俞禹锡雨中来看，且携餐觞酒，赠余诗有"下乔"之句。谓会真楼高爽，可尽收一川阴晴也。余答以"幽栖解嘲"五律。谓便于抄书也。

【注释】

①赁（lìn）居者：租房子住的人。

②《南园漫录》：与下句《南园续录》皆明人张志淳著。张志淳号南园，保山人，进士，官至南京户部侍郎。该书成于嘉靖以前，书中所记多有创见。

③花上花：清代《植物名实图考》载："佛桑一名花上花，云南有之。"花上花为扶桑中的重瓣良种，更为可贵。

④槁（gǎo）：枯干。

【译文】

十八日　把寓所迁到太保山山麓西南的打索街，就是刘北有的书馆了。他的书馆外边有个租房子住的人,把日用器具送进来,也是刘北有的命令。我独自坐在书馆中,为了抄写《南园漫录》。随后马元中又找来《续录》,我于是先抄《续录》。乘着雨势折来庭院中的花上花,插进木球腰部的孔洞中就活了,花蕊也吐出花朵。花上花这种花卉,叶片与枝条类似我们地方的木槿,但花色是正红,类似福建的扶桑,但扶桑是六七朵并拢攒聚成为一团花,这种花却是一朵有四瓣花片,从花心中又抽出花瓣来重叠在花上,殷红色而且时间开得很久,从春天到秋天还在开。即使插在地上也总能活,如石榴一样,不过种在庭院左边就能活,种在右边就会枯死,也是非常奇特。又把杜鹃、鱼子兰、这种兰草像珍珠兰但没有蔓枝,茎短,叶片圆而有光,抽出花穗,细小的黄色籽粒成丛结在上面如像鱼子,不开花就脱落,幽雅的韵味如同兰草。小山茶分别栽在木球的孔洞中,没有不活的。午后,俞禹锡在雨中来看我,并带来饭买来酒,赠送我的诗中有"下乔"的诗句。认为会真楼高旷清爽,可以把一片平川的阴晴尽数收揽。我用一首"幽栖解嘲"的五律诗来回答。是说方便抄书。

　　十九日　抄书书馆。闪知愿以竹纸湖笔馈①,以此地无,纸笔俱不堪书也。

【注释】

①湖笔:湖州在今浙江湖州市,湖州出产的毛笔全国著名,称为湖笔。

【译文】

　　十九日　在书馆抄书。闪知愿拿竹纸湖笔来馈赠,因为此地没有,当地的纸笔都不能书写。

　　二十日　抄书麓馆。

【译文】

二十日　在山麓的书馆抄书。

二十一日　孩识来顾。

【译文】

二十一日　闪孩识来探望。

二十二日　抄书麓馆。

【译文】

二十二日　在山麓的书馆抄书。

二十三日　晨，大雨。稍霁，还拜孩识，并谢北有。下午，赴孩识之招，闪、俞俱同宴。深夜乃别。

【译文】

二十三日　清晨，下大雨。稍转晴，回拜闪孩识，并向刘北有去道谢。下午，赴闪孩识的召请，闪知愿、俞禹锡都一同赴宴。深夜才分别。

二十四日　绝粮。知刘北有将赴省闱，欲设酌招余，余乃作书谓：“百杯之招，不若一斗之粟，可以饱数日也。”

【译文】

二十四日　断粮。知道刘北有即将赴省城去应试，打算设宴招待我，我就写信说：“一百杯酒的招待，不如一斗粟米，可以吃饱几天了。”

二十五日　新添邱术士挟一刘姓者至①，邱自谓诸生，而以请仙行。招游九龙池，遂泛池中亭子。候刘携酌不至，余返寓抄书。北邻花红正熟，枝压墙南，红艳可爱。摘而食之，以当井李。此间花红结子甚繁，生青熟红，不似余乡之熟辄黄也。余乡无红色者，"花红"之名，俱从此地也②。下午，北有以牛肉斗米馈，刘、闪、马俱教门，不食猪而食牛。刘以素肴四品馈。

【注释】

①术士：指占卜星相等迷信职业的人。

②俱从此地也："四库"本作"唯此地相称耳"。

【译文】

二十五日　新添卫人邱术士带来一个姓刘的人，姓邱的自认为是儒生，却靠请神为生。招呼我去游九龙池，于是泛舟来到池中的亭子里。等候姓刘的带酒来，没来，我返回寓所抄书。北面邻居的花红正好熟了，树枝压到墙的南边，红艳可爱。摘来吃下，拿它当做井李。这地方的花红结果子非常多，生的是青色，熟了就变红，不像我家乡的花红成熟后就变黄。我家乡没有红色的，"花红"的名字，全然是来源于此地了。下午，刘北有拿来牛肉和一斗米馈赠，刘北有、闪知愿、马元中都是教门中人，不吃猪肉而吃牛肉。刘生拿来四种素菜馈赠。

二十六至二十九日　俱抄书麓馆。俱有雨，时止时作，无一日晴也。

【译文】

二十六日至二十九日　都是在山麓的书馆抄书。都有雨，时停时下，没有一日天晴。

滇游日记十一^①

【题解】

《滇游日记十一》是徐霞客旅游云南永昌府(今保山市隆阳区)的游记续篇。

崇祯十二年(1639)七月,徐霞客仍在永昌府。永昌西北境一般旅游者很难涉足,徐霞客得马元康、早龙江的精心安排,经虎坡、大寨、松坡、勐赖、蛮边、北冲、清水关等处,沿途考察干海子,参观玛瑙的开采,欣赏水帘洞的奇景和"滇中之瀑,当以此为第一"的杨柳大瀑布,登上高黎贡山东坡的石城,对高黎贡山的原始森林作了生动的描述。归途遇大雨,"头目既伤,四肢受病","受寒受跌且受饥",但终于完成了这次考察。二十九日离永昌南行。

徐霞客曾途经彝族、傣族等聚居区,《徐霞客游记》记录了他们的生产、生活及古朴优良的民风。永昌以围棋"永子"、鸡枞等著称,徐霞客对这些特别宝爱。徐霞客忧国忧民,关心边疆问题,搜集资料,写成专篇《永昌志略》和《近腾诸彝说略》。《永昌志略》概述永昌府及所辖的腾越州、保山县、永平县、潞江安抚司、凤溪长官司、施甸长官司的设治沿革,《近腾诸彝说略》概述腾越边境形势,并提出了稳定边疆的时务策,都是重要的历史资料。

己卯七月初一至初三日②　抄书麓馆，亦无竟日之晴。先是俞禹锡有仆还乡，请为余带家报③。余念浮沉之身，恐家人已认为无定河边物④，若书至家中，知身犹在，又恐身反不在也，乃作书辞之。至是晚间不眠，仍作一书，拟明日寄之。

【注释】

①《滇游日记十一》：在乾隆刻本第九册下，原附《永昌志略》、《近腾诸彝说略》。

②己卯：崇祯十二年，公元 1639 年

③家报：家信。

④无定河：唐末陈陶诗《陇西行》有："可怜无定河边骨，犹是春闺梦里人。"无定河在今陕西北部，上源称红柳河，绕经内蒙古自治区南端，穿过长城折向东南汇入黄河，从唐至今皆称无定河。

【译文】

己卯年七月初一日至初三日　在山麓的书馆抄书，也是没有一整天的晴天。这之前俞禹锡有仆人返回家乡，请求替我带家信。我考虑自己沉浮不定的身躯，恐怕家里人已经认为我是无定河边的鬼物了，如果信到了家中，知道我还在，又担心我反而不在了，就写信辞谢了他。到这天晚上睡不着，仍然写了一封信，打算明天寄给家里人。

初四日　送所寄家书至俞馆，而俞往南城吴氏园。余将返，其童子导余同往。过南关而西，一里，从南城北入其园。有池有桥，有亭在池中。主人年甚少，昆仲二人，一见即留酌亭中。薄暮与禹锡同别。始知二主人即吴麟征之子，新从四川父任归者。麟征以乡荐，初作教毗陵①，升南都，故与俞遇②,今任四川建昌道矣③。

【注释】

①毗(pí)陵:古县名,西汉置,治今江苏常州市。明未设毗陵,此系
　沿用旧名。

②升南都,故与俞遇:"南都"原作"南部"。《滇游日记十》六月初十
　日记:俞禹锡原籍苏州,其祖时"移居金陵大功坊后。其祖、父
　年俱壮,闪太翁移金陵时,欲移家南来,遂以季女字俞。"禹锡家
　住南都无疑。"南部"应为"南都"之误。麟征升任南都,故与
　俞遇。

③建昌:明设建昌卫,为四川行都司治所,在今四川西昌市。《天下
　郡国利病书》"四川备录下"载:"建昌道开府建昌卫,辖行都司三
　员:一署篆,一操练,一屯局。近改屯局为游击将军。"

【译文】

初四日　送要寄的家信到俞禹锡的书馆,可俞禹锡去了城南的吴
家花园。我将要返回去,他的书童带领我一同前去。过了南关往西走,
一里,从城南进入那座园子。园中有池子有小桥,有亭子在水池中。主
人年纪很轻,兄弟二人,一见面就留我在亭子中饮酒。傍晚与俞禹锡一
同道别。这才知道二位主人就是吴麟征的儿子,新近从四川父亲的任
所归来。吴麟征以举人的身份,最初在毗陵做教谕,升职到南都金陵,所以与俞禹锡相
遇,如今出任四川省建昌道了。

初五日　又绝粮。余作书寄潘莲华,复省中吴方生,潘
父子以初八日赴公车①。且与潘索粮。不及待,往拜吴氏昆仲,
不遇,即乘霁出龙泉门,为乾海子之游。由九隆池左循北坡
西向上,一里,出寺后,南瞰峡中马家园,即前日闪太史宴余

其中者,昔为马业,今售闪氏矣。从此益西向上,一里,瞰其北峡,乃太保新城所环其上者,乃知其西即宝盖山之顶,今循其南冈而上也。又逶迤上者三里,始随南峡盘坡入。二里,路北之树木,森郁而上,路南之树木,又森郁而下,各有庄舍于其中。其北者为薛庄,其南者为马庄,其树皆梨柿诸果。余夙闻马元中有兄居此,元中嘱余往游,且云:"家兄已相候久矣。"至是问主人,已归城,庄虚无人。时日甫上午,遂从其后趋乾海子道。其处峰稍南曲,其下峡中有深涧,自西北环夹东出,水声骤沸,即马家园绾九隆南坞之上流也。此处腾涌涧中,外至坞口,遂伏流不见。南溢而下泛者,为马园内池;北溢而下泛者,为九隆泉池,皆此水之伏而再出者也。

【注释】

①公车:即官车,汉时以公家车马递送应举的人,后因以公车为举人入京会试的代称。

【译文】

初五日　又断了粮。我写信寄给潘莲华,回复省城中的吴方生,潘家父子在初八日要赴京城参加会试。并且向潘莲华要粮食。来不及等待,前去拜访吴家兄弟,没遇上,立即乘着天放晴走出龙泉门,去乾海子游览。由九隆池左边沿着北面的山坡向西上爬,一里,出到龙泉寺后面,向南俯瞰峡谷中的马家园,就是前几天闪太史在园子中宴请我的地方,从前是马家的产业,如今卖给闪家了。从此地再向西上走,一里,俯瞰这里北面的峡谷,就是太保山新城环绕在它上边的地方,才知道这里的西面就是宝盖山的山顶,今天沿着它南面的山冈登上来了。又逶迤上登三里,开始顺着南面的峡谷绕着山坡进去。二里,路北边的树木，森然茂密地在上方，路南边的树木，又森然茂密地在下方，各有村庄农舍在树林中。那路北边的是薛庄，那路南边的是马庄，那些树全是梨、柿各种果树。我过去听说马元中有个兄长居住在此地，马元中嘱咐我去游一游，并且说："家兄已经相等很久了。"到了这里一打听，主人已经归回城中，庄子中空无一人。这时日头刚到上午，就从庄子后面走向去乾海子的路。此处的山峰稍向南弯曲，山下的峡谷中有深深的山涧，从西北方环流过夹谷向东流出去，水声急骤沸腾，就是马家园控制着九隆池南面山坞的上游了。此处奔腾汹涌的山涧中，外流到山坞口，便成为伏流看不见了。往南溢出向下漫流的，成为马家园的内池；往北溢出向下漫流的，成为九龙泉的池水，都是这条山涧水伏流后再度流出形成的了。

于是循涧北崖盘坡而上，一里，北折入峡。二里，稍下就涧行。其处东西崖石夹峙，水腾跃其中，路随之而上，盖已披宝盖山之西麓矣。或涉水西，或涉水东，或涉水中而上。北五里，渐西，其溪分两道来。由其中蹑岭西北上，始望见由此而北，分峡东下者，为宝盖之脊，又东下而为太保；由此而南，分峡东下者，为九隆南山之脊，又东下为九隆冈。此其中垂之短支，蹑之迤逦上，五里始西越其脊。下瞰脊西有峡下绕甚深，水流其中沸甚，此即沙河之上流也^①。其西又有山一重横夹之，乃为南下牛角关之脊，而此脊犹东向之旁支也。循北崖西行三里余，始西南坠壑下。下又三里余，始抵溪之东岸。两崖夹溪之石甚突兀，溪流逗石底而下，层叠腾涌，而蒙箐笼罩之，如玉龙踊跃于青丝步障中，《志》所谓溜钟滩，岂即此耶？路缘东崖下，北溯溪，有小洞倚崖，西瞰溪流。入坐其间，水乳滴沥，如贯珠下。出，复北溯溪三里，有木桥跨而西。度其西上岭，遂与沙河上流别。

【注释】

①沙河：今名同，在保山市隆阳区西境丛山中，流到保山坝子汇入东河。

【译文】

　　从这里沿着山涧北面的山崖绕着山坡上走，一里，向北折进峡中。二里，渐渐向下靠近山涧走。此处东西两面崖石夹立对峙，水流腾跃在山涧中，路顺着山涧往上走，大概已穿越到宝盖山的西麓了。有时涉到涧水西边，有时涉到涧水东边，有时跋涉在水中往上走。向北五里，渐渐向西，这里溪水分为两条流来。由两条溪流中间踩着山岭往西北上登，才望见由此地往北，分出峡谷往东下延的，是宝盖山的山脊，又向东下延成为太保山；由此地往南，分出峡谷往东下延的，成为九隆山南山的山脊，又向东下延成为九隆冈。此地是两条山脉中间下垂的较短的支脉，踩着这条支脉逶迤上登，五里才向西越过它的山脊。下瞰山脊西面，有峡谷在下方盘绕得非常深，水流涡在峡谷中激烈沸腾，这就是沙河的上游了。峡谷西面又有一重山横夹着峡谷，那是往南下延到牛角关的山脊，而此处是山脊还只是向东延伸的旁系支脉了。沿着北面的山崖往西行三里多，开始向西南坠下壑谷。下走又是三里多，才抵达溪流的东岸。两面山崖夹住溪流的岩石十分突兀，溪流欢快地从岩石底下往下流，层层叠叠，奔腾汹涌，浓密的竹林笼罩着溪流，如同玉龙跳跃在青丝帷帐之中，《一统志》所说的溜钟滩，莫非就是此地吗？路沿着东面的山崖下走，溯溪流向北走，有个小山洞紧靠山崖，向西俯瞰着溪流。进去坐在洞中，钟乳石上水珠下滴，如串珠一样下落。出来，再向北溯溪流走三里，有座木桥跨到溪流西边。过到桥西上岭，便与沙河的上游分别。

　　三里，登南度之脊。其脊中低，南北皆高，南即牛角关之脉，北高处为虎坡，乃从西北度脉而来者。路逆溯之，循北岭东坡而上，又二里，从岭北西向穿坳，是为虎坡。此坡由北冲东蒲蛮寨岭度脊西南下[①]，绕为北冲南峰，南向逶迤，东坠沙河之源，西环乾海子之坞[②]，南过此岭，稍伏而南耸牛角关。又伏而度脉，分支西北掉尾者，为蒲缥西岭；正支东峙松子山，绕石甸东而南尽于姚关者也。过坳西即有坑西坠，路循北坡西北行，五里西下，行峡中。溯流蹑涧，三里，再逾岭。又三里，出岭西，始见西南下壑稍开，有西峡自北而南，与南峡合而西去，有茅数龛嵌峡底，曰锣鼓寨。<small>皆㑩㑩之居。</small>于是盘东坡北向，而转溯西峡之上行。盖西峡有山自北坳分支南亘，环于东界之西，路由其中直披北坳而入。三里，涉北来小水，遂西盘其坳脊。二里，出坳西，其西南盘壑复下开，而路乃北向蹑岭，曲折西北，盘之而升，三里余，登岭头。盖此岭从虎坡北乾海子东分支西突，又西度为大寨西峰，西北横亘于大寨、玛瑙山之间，此其东下之岭也；其北为崇脊，其南为层壑。遥望数十家倚西亘横峰下，即大寨也。于是西南盘层壑之上，二里，越冈西下，又二里，西南下至坞间。涉北来小峡，又西上半里，是为大寨[③]。所居皆茅，但不架栏，亦㑩㑩之种。俗皆勤苦垦山，五鼓辄起，昏黑乃归，所垦皆硗瘠之地，仅种燕麦、蒿麦而已，无稻田也。余初买米装贮，为入山之具，而顾仆竟不之携，至是寨中俱不稻食。煮大麦为饭，强啗之而卧。

【注释】

①蒲蛮寨:"寨"原作"塞",从"四库"本改。蒲蛮寨即蒲人聚居的村寨。

②乾海子:原夺"子"字,据徐本补。《游记》所述乾海子,今已建为大海坝水库。

③大寨:今名同,在保山市隆阳区西境,沙河稍西,大海坝水库以南。

【译文】

三里,登上往南延伸的山脊。这条山脊中间低,南北都高,南面就是牛角关的山脉,北面高的地方就是虎坡,是从西北的山脉延伸而来的。路逆向迎着山势走,沿着北岭东面的山坡往上走,又行二里,从岭北向西穿过山坳,这里是虎坡。这条山坡由北冲东面的蒲蛮寨岭延伸过的山脊往西南下延,回绕成北冲的南岭,向南逶迤而去,东面坠落在沙河的源头处,西面环绕着乾海子所在的山坞,南面延过这座山岭,略微低伏后在南面高耸成为牛角关。又有低伏延伸的山脉,分支向西北掉转尾部的,是蒲缥的西岭;正支在东方耸峙为松子山,绕到石甸东面后在南边的姚关到了尽头。过到山坳西边立即有坑谷向西下坠,路沿着北面的山坡往西北行,五里后向西下走,前行在峡谷中。逆流踩着涧水走,三里,再次翻越山岭。又行三里,出到岭西,才见到西南方下面的壑谷稍微开阔了些,西面有峡谷自北往南延伸,与南面的峡谷会合后向西延去,有几间茅草房深嵌在峡底,叫做锣鼓寨。都是㑩㑩的居住地。从这里绕着东面的山坡向北走,而后转到西峡之上逆向走。西峡有山从北面的山坳分支往南绵亘,环绕在东面一列山的西边,路经由两列山中间一直穿过北面的山坳进去。三里,涉过北面流来的小溪,就向西绕着这里的山坳和山脊走。二里,出到山坳西面,这里的西南方盘绕的壑谷又在下方张开,而路于是向北登岭,曲折地向西北走,绕着山岭上升,三里多,登上岭头。这座山岭从虎坡北面的乾海子东边分支向西突,又向西延伸成为大寨的西峰,向西北延伸横亘在大寨、玛瑙山之间,这里是它往东下延的山岭;这里北面是高大的山脊,这里南面是层层壑谷。遥望有几十家人紧靠在西面横亘的山峰下,就是大寨了。于是向西南盘绕在层层壑谷之上,二里,越过山冈往西下行,又行二里,往西南下到山坞中。涉过北面来的小峡谷,又向西上走半里,这里是大寨。所住的都是茅草房,但不架楼,也是倮倮一类的民族。民俗全是勤苦垦种山地,五更就起床,昏黑才归家,所垦种的都是瘠薄的山地,仅能种植燕麦、蒿麦而已,没有稻田。我起初买来米装好贮存起来,为进山做准备,可顾仆竟然没有把它带来,到了这里寨子中都不吃稻米饭。煮大麦当饭,勉强嚼了些大麦饭后睡下。

初六日　天色阴沉。饭麦。由大寨后西涉一小峡,即西上坡。半里,循西山北向而升。二里,坡东之峡,骈束如门,门以内水犹南流,而坡峡俱平,遂行峡中。又北一里,有岐逾西山之脊,是为玛瑙坡道。余时欲穷乾海子,从峡中直北行,径渐翳,水渐缩。一里,峡中累累为环珠小阜,即度脉而为南亘西山,此其平脊也。半里过北,即有坑北下。由坑东循大山西北行,又一里而见西壑下嵌,中圆如围城,而底甚平,即乾海子矣。

【译文】

初六日　天色阴沉沉的。吃大麦饭。由大寨后面往西涉过一条小峡谷,马上向西上坡。半里,沿着西山向北爬升。二里,山坡东面的峡谷,并列紧束如门一样,门以内水仍然向南流,而山坡峡谷都很平缓,就行走在峡谷中。又向北一里,有条岔路翻越西山的山脊,这是去玛瑙坡的路。我这时想穷究乾海子,从峡谷中一直往北行,小径渐渐被遮蔽了，水流渐渐缩小。一里，峡谷中层层累累变为圆珠状的小土阜，就是延伸而过的山脉往南绵亘成为西山，此地是山脉平缓的山脊。半里翻过北边，立即有坑谷往北下去。由坑谷东面沿着大山往西北行，又行一里后看见西边的壑谷下嵌，中间圆得如同围绕的城墙，但谷底非常平坦，这就是乾海子了。

路从东山西向，环海子之北，一里，乃趁峡下。东山即虎坡大脊之脉，有岐东向，逾脊为新开青江坝道①，入郡为近。南下半里，抵海子之北，即有泉一圆在北麓间，水淙淙由此成流出。其东西麓间，俱有茅倚坡临海而居，而西坡为盛。又半里，循麓而入西麓之茅。其庐俱横重木于前，出入皆逾之。其人皆不解汉语，见人辄去。庐侧小溪之成流者，南流海子中。海子大可千亩，中皆芜草青青。下乃草土浮结而成者，亦有溪流贯其间，第不可耕艺，以其土不贮水。行者以足撼之，数丈内俱动，牛马之就水草者，只可在涯涘间，当其中央，驻久辄陷不能起，故居庐亦俱濒其四围，只垦坡布麦，而竟无就水为稻畦者。其东南有峡，乃两山环凑而成，水从此泄，路亦从此达玛瑙山，然不能径海中央而渡，必由西南沿坡湾而去。于是倚西崖南行一里余，有澄池一圆，在西崖下芜海中，其大径丈余，而圆如镜，澄莹甚深，亦谓之龙潭。在平芜中而独不为芜翳，又何也？又南一里，过西南隅茅舍，其庐亦多，有路西北逾山，云通后山去，不知何所。其南转胁间，有水从石崖下出，流为小溪东注。余初狎之，欲从芜间涉此水，近水而芜土交陷，四旁摇动，遂复迂陟西湾，盘石崖之上，乃倚南山东向行。一里余，有岐自东峡上，南逾山脊，为新开道，由此而出烂泥坝者。余乃随坡而下东峡。半里，则峡中横木为桥，其下水淙淙，北自海子菰蒲中流出②，破峡南坠。峡甚逼仄，故一木航之，此水口之最为潆结者。其水南下，即为玛瑙山后夹中瀑布矣。度横木东，复上坡，半里，陟其东冈，由脊上东南行。还顾海子之窝，嵌其西北；出峡之水，坠其西南；其下东南坞中，平坠甚深，中夹为箐，丛木重翳，而轰崖倒峡之声不绝。其前则东西两界山又伸臂交舒，辟峡南去，海子峡桥之水，屡悬崖泻箐中，南下西转而出罗明坝焉③。于是循东山，瞰西峡，东南行一里余，转而南下。

【注释】

①青江坝：今作青岗坝，在保山市隆阳区西境的沙河边。

②菰(gū)：俗称茭白，可食用。　蒲：水生植物，可以制席。

③罗明坝：今名同，在保山市隆阳区西隅，怒江东岸，罗明坝河从此往西汇入怒江。

【译文】

路从东山向西行，环绕到海子的北边，一里，就急忙赶到峡谷底下。东山就是虎坡大山脊的山脉，有条岔路向东翻越山脊，是去新开发的清江坝的路，进府城要近一些。向南下行半里，抵达海子的北边，立即有一处圆圆的泉水在北面的山麓间，泉水淙淙由这里形成小溪流淌出来。这里东西两面的山麓上，都有茅草屋背靠山坡面临海子居住，而西面的山坡上要多一些。又行半里，沿着山麓进入西麓的茅草屋中。这里的房屋全都在屋前横放着重叠起来的木头，出入都要翻越木头。这里的人都不懂汉语，见人就走开。房屋侧边的小溪成流的，向南流进海子中。海子大处约有一千亩，其中全是青青的荒草。地下是草和土漂浮结成的，也有溪水流贯在其中，只是不能耕种，因为这里的土不能贮存水分。走路的人用脚震动地下，几丈之内都会摇动，就着水草放牧牛马的，只可以在水边，在海子中央，停留时间长了就陷下去不能起来，所以居民房屋也都是濒临在海子的四周，只是垦种了山坡布满小麦，而且竟然没有靠近水边开垦为稻田的地方。海子的东南方有条峡谷，是两面的山环绕凑拢来形成的，水从此处外泄，路也从这里通到玛瑙山，然而不能径直从海子中央横渡，必须从西南方沿着山坡水湾前去。于是紧靠西面的山崖往南行一里多，有一个圆形澄澈的水池，在西面山崖下满是荒草的海子中，水池大处直径一丈多，而且圆圆的如同镜子，澄澈晶莹非常深，也把它称为龙潭。水池在平旷荒芜之中却惟独不被荒草遮住，这又是为什么呢？又向南一里，走过西南角的茅屋，这里的房屋也很多，有条路向西北翻山，说是通到后山去，不知是什么地方。村南转到侧边，有水从石崖下流出来，流为小溪向东流淌。我起初走近小溪，想从荒草丛中涉过这条溪水，走近水边荒草和土地就交相下陷，四旁摇动，只得又绕道上爬西面的水湾，绕到石崖之上，就紧靠南山向东行。一里多，有条岔路从东面的峡中上来，向南翻越山脊，是新开通的道路，是由此地去烂泥坝的路。我于是顺着山坡下到东面的峡谷中。半里，就见峡中横放木头作为桥，桥下的水淙淙流淌，从北边海子茭白蒲草中流出来，冲破峡谷往南下泄。峡谷非常狭窄，所以一根木头就能架桥渡过河，这是河口中最为潆洄盘结的地方。这里的水往南下流，就成为玛瑙山后山夹谷中的瀑布了。过到横放的木头东边，又上坡，半里，登上峡谷东面的山冈，由山脊上往东南行。回头看海子所在的山窝，深嵌在这里的西北方；流出峡中的水，下陷在这里的西南方；这里下方东南的山坞中，平缓下坠得非常深，中间夹成山箐，丛林层层密蔽，而轰鸣着倾泻在山崖和峡谷中的水声不绝于耳。这里的前方就是东西两列山又伸开手臂交相展开，宽广的峡谷向南延去，海子峡中桥下的水，屡次从高悬的山崖上倾泻到山箐中，往南下流转向西后流到罗明坝。从这里沿着东山，俯瞰着西面的峡谷，往东南行一里多，转向南下走。

　　一里，有路逾东岭来，即大寨西来者，随之西南下坡。半里，忽一庐踞坡，西向而居，其庐虽茅盖，而檐高牖爽，植木环之，不似大寨、海子诸茅舍。姑入而问其地，则玛瑙山也。一主人衣冠而出，揖而肃客，则马元康也。余夙知有玛瑙山，以为杖履所经，亦可一寓目①，而不知为马氏之居。马元中曾为余言其兄之待余，余以为即九隆后之马家庄，而不知有玛瑙山之舍。玛瑙山，《一统志》言玛瑙出哀牢支陇，余以为在东山后。乃知出东山后者，为土玛瑙，惟出此山者，由石穴中凿石得之。其山皆马氏之业。元康一见即谛视曰："即徐先生耶？"问何以知之。曰："吾弟言之。余望之久矣！"盖元中应试省中，先以书嘱元康者，乃玛瑙山，而非九隆后之马家庄也。元康即为投辖②，割鸡为黍，见其二子。深山杳蔼之中，疑无人迹，而有此知己，如遇仙矣！

【注释】

①寓目：过目，看到。

②辖：车轴的键，去辖则车不能行，因以"投辖"比喻主人留客的殷勤。

【译文】

　　一里，有条路翻越东岭过来，就是大寨往西来的路，顺着这条路向西南下坡。半里，忽然一所房子盘踞在坡上，面向西居住，这所房子虽然是茅草盖顶，但屋檐高大窗户明亮，种了树环绕着房子，不像大寨、海子各处的茅屋。姑且进屋去打听这个地方，就是玛瑙山了。一个房主人衣冠整洁地出门来，尊敬地向客人作揖，是马元康。我过去就知道有处玛瑙山，以为是我游历要经过的地方，也可以去看一眼，却不知是马家的居住地。马元中曾对我说起过他的兄长在等我，我以为就是九隆池后山的马家庄，却不知他家还有玛瑙山的住房。玛瑙山，《一统志》说玛瑙出产在哀牢山分支的土陇上，我以为是在东山后面。这时才知道出产在东山后面的，是土玛瑙，只有出产在这座山的，是从石洞中挖凿岩石得到的。这里的山都是马家的产业。马元康一见面就仔细地看着说："是徐先生吗？"问他凭什么知道是我。说："我弟弟说起过您。我盼望您很久了！"原来马元中去省城应试时，事先送信嘱咐我去马元康所住的地方，是玛瑙山，而不是九隆池后山的马家庄。马元康立即殷勤挽留客人，杀鸡做饭，引见了他的两个儿子。杳渺蔼蔼的深山之中，怀疑没有人迹，却有这样的知己，如同遇见神仙了！

下午，从庐西下坡峡中，一里转北，下临峡流，上多危崖，藤树倒罱，凿崖迸石，则玛瑙嵌其中焉。其色有白有红，皆不甚大，仅如拳，此其蔓也。随之深入，间得结瓜之处，大如升，圆如球，中悬为宕，而不粘于石。宕中有水养之，其精莹坚致，异于常蔓，此玛瑙之上品，不可猝遇，其常积而市于人者，皆凿蔓所得也。其拳大而坚者，价每斤二钱。更碎而次者，每斤一钱而已。是山从海子峡口桥东，南环而下，此其西掉而北向处，即大寨西山之西坡也。峡口下流悬级为三瀑布，皆在深箐回崖间，虽相距咫尺，但闻其声，而树石拥蔽，不能见其形，况可至其处耶。坐玛瑙崖洞间，有覆若堂皇，有深若曲房，其上皆垂干虬枝，倒交横络，但有氤氲之气，已无斧凿之痕，不知其出自人工者。元康命凿崖工人停捶，向垂箐觅树蛾一筐，乃菌之生于木上者，其色黄白，较木耳则有茎有枝，较鸡菱则非土而木,以是为异物而已。且谓余曰:"箐中三瀑,以最北者为胜。为崖崩路绝,俱不得行。当令仆人停凿芟道,异日乃可梯崖下瞰也。"因复上坡,至其庐前,乃指点四山,审其形势。元康瀹茗命醴,备极山家清供,视隔宵麦饭粝口,不谓之仙不可也。

【译文】

　　下午,从房子西边下坡走入峡中,一里后转向北,下边面临峡中的流水,上方有许多高险的山崖,倒垂覆盖着藤蔓树枝,凿裂崖石,就有玛瑙深嵌在岩石中了。玛瑙的颜色有红的有白的,都不怎么大,仅像拳头,这就是玛瑙的矿脉了。顺着矿脉深入进去,间或挖得到结成瓜一样大的地方,大的如升,圆如球体,中间悬空成为石矿坑,却不粘在岩石上。石矿坑中有水养护着它,其中的精品,晶莹、坚硬、细密,不同于平常的矿脉所产的,这是玛瑙中的上品,不可能在仓猝间遇到,那些平常堆积着卖给人的,都是挖凿矿脉得到的。那种拳头大而且坚硬的,价格每斤二钱银子。更碎小而次一点的,每斤一钱银子而已。这座山从海子峡口木桥以东,往南环绕下延,这里是山脉从西向北掉头之处,也就是大寨西山西面的山坡了。峡口下游高悬为三级瀑布,都是在深箐回崖之间,虽然相距只是咫尺间,只听得见水声,但树丛岩石环拥密蔽,不能见到瀑布的踪影,何况是能够走到那地方呢!坐在挖掘玛瑙的石崖洞中,有的下覆如同厅堂,有的深似幽深的密室,洞的上方都下垂着拳曲的枝条,倒垂着横爬着交缠在一起,只有氤氲之气,已经没有斧头凿子挖凿过的痕迹,不再知道它们是出自人工所为的了。马元康命令挖凿石崖的工人停止捶打,去临近的山箐找来一筐树蛾,是生长在树上的一种菌子,菌子的颜色是黄白色,与木耳比较则有茎有枝,与鸡葼比较则不是生在土里而是长在树上,因此把它作为奇异的特产而已。并且对我说:"山箐中的三级瀑布,以最北边的最优美。因为山崖崩塌道路断绝,全然不能走。应当命令仆人停止挖凿,割草开道,改天就可以登上山崖下瞰了。"因此重新上坡,来到他的房子前边,于是指点四面群山,审视周围的地形山势。马元康泡好茶,命令上酒,极尽了山间人家清素的山珍,对比那隔夜糙口的大麦饭,非说是神仙不可了。

初七日　雨。与元康为橘中之乐①。棋子出云南,以永昌者为上②,而久未见敌手。元康为此中巨擘③,能以双先让。余遂对垒者竟日。

【注释】

①橘:通"局"。局中之乐指弈棋,这里说的是围棋。

②"棋子出云南"二句:云南出的围棋子一直名噪全国,称为"云子"。光绪《永昌府志》杂纪志载:"永棋:永昌之棋甲于天下。其制法以玛瑙石合紫瑛石研为粉,加以铅硝,投以药料,合而煅之,用长铁蘸其汁滴以成棋。有牙色深黑者最坚,次碧绿者稍脆,又腊色、杂色及黑白皆有花者其下也。"

③巨擘(bò):即大拇指。比喻如大指异于其他指头,杰出于众,堪称第一。

【译文】

初七日　下雨。与马元康下围棋找乐子。棋子出产在云南,以永昌府出产的为上品。但我长期未遇见敌手,马元康是棋局中的高手,能够以两个子先让我。我于是与他对垒了一整天。

初八日　晨饭,欲别而雨复至。主人复投辖布枰①。下午雨霁,同其次君从庐右瞰溪。悬树下,一里,得古洞,乃旧凿玛瑙而深入者,高四五尺,阔三尺,以巨木为桥圈,支架于下,若桥梁之巩,间尺余,辄支架之。其入甚深,有木杇而石压者,上透为明洞。余不入而下,仍悬树,一里坠涧底。其奔涌之势甚急,而挂瀑处俱在其上下峡中,各不得达,仍攀枝上。所攀之枝,皆结异形怪果,苔衣雾须,蒙茸于上。仍二里,还庐舍。元康更命其仆执殳前驱,令次君督率之,从向来路上。二里,抵峡口桥东冈,坠崖斩箐,凿级而下。一里余,凭空及底,则峡中之水,倒侧下坠,两崖紧束之,其势甚壮,黔中白水之倾泻,无此之深;腾阳滴水之悬注,无此之巨。势既高远,峡复逼仄,荡激怒狂,非复常性,散为碎沫,倒喷满壑,虽在数十丈之上,犹霏霏珠卷霰集。滇中之瀑,当以此为第一,惜悬之九天,蔽之九渊,千百年莫之一睹,余非元康之力,虽过此无从寓目也②。

【注释】

①枰(píng):棋盘。

②"滇中"数句:此瀑布在今杨柳白族彝族乡境内,称杨柳瀑布。

【译文】

初八日　早饭后,想要告别但雨又来临。主人重又留客布下棋局。下午雨后转晴,同他的二儿子从房子右侧俯瞰溪流。悬挂在树枝上下走,一里,见到个古洞,是旧时挖凿玛瑙深入进去的洞,高有四五尺,宽三尺,用巨大的木头作为拱券,支撑着架在下边,好像桥梁的桥拱,间隔一尺多,就支撑着木架。洞中进去非常深,有的地方木头腐杇后岩石压下来,上方穿通后成为透进亮光的洞。我没进去就下走,仍然悬挂在树枝上下走,一里下坠到山涧底。山涧奔腾汹涌的水势非常湍急,可悬挂着瀑布的地方都在这里上下方的峡谷中,各处都不能到达,仍然攀着树枝上登。所攀的树枝,都结着形状奇异的怪果子,苔藓地衣雾状的须根,毛茸茸地蒙在上面。仍旧走二里,返回房舍中。马元康再次命令他的仆人拿着刀斧在前引路,命令二儿子监督率领着他们,从先前来的路上走。二里,抵达峡口木桥东面的山冈,坠下石崖劈开竹丛,开凿台阶下行。一里多,凌空下到峡底,就见峡中的水,倒斜着下泄,两侧的石崖紧束着水流,气势非常雄壮,贵州省倾泻的白水河,没有这里深;腾越南面高悬倾泻的滴水河,没有这里大。水势既高又远,峡谷又狭窄,激荡狂怒,不再是平常的性子,散开成为碎沫,倒喷在整条壑谷中,虽然在几十丈远的上方,仍然水雾霏霏,水珠飞卷,雪珠凝聚。云南省中的瀑布,应当以这里为第一,可惜高悬在九天之上,九重深渊遮蔽着它,千百年来无人能见它一次,我要不是借助马元康的力量,即使路过此地也无法见到了。

　　返元康庐,挑灯夜酌,复为余言此中幽胜。其前峡下五里,有峡底桥;过之随峡南出,有水帘洞;溯峡北入,即三瀑之下层。而水帘尤奇,但路阒难觅,明晨同往探之。此近胜也。渡上江而西,有石城插天,倚雪山之东,人迹莫到,中夜闻鼓乐声,土人谓之鬼城。此远胜也。上江之东,玛瑙之北,山环谷进,中有悬崖,峰峦倒拔,石洞峍岈,是曰松坡,为其家庄。其叔玉麓构阁青莲,在石之阿①,其人云亡,而季叔太麓今继栖迟②,一日当联骑而往。此中道之胜也。余闻之,既喜此中之多奇,又喜元康之能悉其奇,而余之得闻此奇也。地主山灵③,一时济美,中夜喜而不寐。

【注释】

①阿:曲隅,弯曲的角落。

②季叔:小叔。　栖迟:游息。

③地主：所在地的主人。

【译文】

返回马元康的屋中，连夜挑灯饮酒，马元康又对我讲说这一带幽奇的胜景。这里前方从峡谷中下走五里，有座峡底桥；过桥后顺着峡谷往南出去，有个水帘洞；溯峡谷向北进去，就是三级瀑布的下层。而水帘洞尤其奇异，但道路堵塞难以找到，明天早晨一同前去探洞。这是近处的胜景。渡过上江往西走，有座石城高插天际，紧靠在雪山的东面，人迹无法到达，半夜能听见鼓乐声，当地人把它叫做鬼城。这是远处的胜景了。上江的东面，玛瑙山的北面，山脉环绕峡谷迸裂，山中有处悬崖，峰峦倒拔，石洞深邃，那里叫松坡，是马家的庄子。他的叔父马玉麓建了座青莲阁，在石山的弯曲处，此人已经仙逝，如今他的小叔马太麓继续隐居在那里，隔一天将一同骑马前去。这是中等路程的胜景。我听了这些话，既为这一带奇景多而高兴，又为马元康能熟悉这些奇景高兴，从而让我得以听说这些奇景了。主人的热情和山间的灵气，一时间成全了我的美事，半夜高兴得睡不着觉。

初九日　余晨起，欲为上江之游。元康有二骑，一往前山未归，欲俟明日同行。余谓游不必骑，亦不必同，惟指示之功，胜于追逐。余之欲行者，正恐其同，其不欲同者，正虑其骑也。元康固留。余曰："俟返途过此，当再为一日停。"乃饭而下山。元康命其幼子为水帘洞导。

【译文】

初九日　我早晨起床后，打算去游上江。马元康有两匹马，一匹前往前山没归来，想要我等到明天一同走。我认为游览不必骑马，也不必陪同，只要有那指点的功劳，就胜过追随我。我之所以想走的原因，正是担心他陪同，他不想一同走的原因，正是考虑他的马没回来。马元康坚决挽留。我说："等返回途中路过此地，将再停留一天。"这才吃了饭下山。马元康命令他的小儿子为我去水帘洞做向导。

　　于是西下者五里，及峡底，始与峡口桥下下流遇。盖历三瀑而北迁四寨崖之下，曲而至此，乃平流也，有桥跨其上。度桥，西北盘右岭之嘴，为烂泥坝道。从桥左登左坡之半，其上平衍，有水一塘汇冈头，数十家倚南山而居，是为新安哨，与右岭盘坡之道隔峡相对也。水帘洞在桥西南峡底，倚右岭之麓，幽闳深阻，绝无人行。初随流觅之，傍右岭西南，行荒棘中，三里，不可得，其水渐且出峡，当前坳尖山之隩矣。乃复转，回环遍索，得之绝壁下，其去峡底桥不一里也，但无路影，深阻莫辨耳。其崖南向，前临溪流，削壁层累而上，高数丈。其上洞门岭岈，重覆叠缀，虽不甚深，而中皆旁通侧透，若飞甍复阁，檐牖相仍。有水散流于外，垂檐而下，自崖下望之，若溜之分悬，自洞中观之，若帘之外幕，"水帘"之名，最为宛肖。洞石皆棂柱绸缪，缨幡垂飏，虽浅而得玲珑之致。但旁无侧路可上，必由垂檐叠覆之级，冒溜冲波，以施攀跻，颇为不便。若从其侧架梯连栈，穿腋入洞，以睇帘之外垂，只中观其飞洒，而不外受其淋漓，胜更十倍也。崖间有悬干虬枝，为水所淋漓者，其外皆结肤为石。盖石膏日久凝胎而成，即片叶丝柯，皆随形逐影，如雪之凝，如冰之裹，小大成象，中边不欹，此又凝雪裹冰，不能若是之匀且肖者。余于左腋洞外得一垂柯，其大拱把，其长丈余，其中树干已腐，而石肤之结于外者，厚可五分，中空如巨竹之筒而无节,击之声甚清越。余不能全曳,断其三尺,携之下,并取枝叶之绸缪凝结者藏其中,盖叶薄枝细,易于损伤,而筒厚可借以相护,携之甚便也。

【译文】

于是向西下走五里,来到峡底,开始与峡口桥下水流的下游相遇。原来流水经过三级瀑布后往北迂回到四窠崖之下,弯曲来到此地,是平缓的水流了,有座桥跨在流水上。过桥后,往西北绕过右边山岭的山嘴,是去烂泥坝的路。从桥的左侧登上左边山坡的半中腰,坡上平缓展开来,有一塘水汇积在冈头,几十家人紧靠南山居住,这里是新安哨,与右边的山岭绕着山坡走的道路隔着峡谷相对。水帘洞在桥西南方的峡底,紧靠右边山岭的山麓,幽寂隐秘,深邃险阻,绝对没有人走。起初顺着流水去找它,靠着右边的山岭往西南行走在荒草荆棘中,三里,找不到,那流水渐渐快要流出峡谷,已在前方山坳尖山的西南角了。只好再转回来,周围四处寻找,在绝壁下找到它,这里距峡底的木桥不到一里路,只是没有路的影子,深草阻隔无法辨认罢了。这里的石崖面向南,前方面临溪流,陡削的石壁层层叠累而上,高有几丈。石壁上洞口深邃,重重叠叠地下覆连缀着,虽然不怎么深,可洞中的侧旁都是通透的,好像层层飞檐楼阁,屋檐窗户互相重叠。有水散流在洞外,垂下洞檐下流,从石崖下望去,好像屋檐水分散悬落,从洞中观赏它,好似门帘一样覆盖在外面,"水帘"的名字,最为逼真。洞中的岩石全像窗棂柱子的样子,互相缠绕,璎珞旗帜般下垂飘扬,洞虽然浅却获得了小巧玲珑的情趣。只是旁侧没有路可以上去,必须经由下垂的洞檐下层层叠叠下覆的台阶,冒着滴水冲激着水波,才得以攀登上去,很是不方便。如果从洞的侧边架设梯子连接成栈道,穿过侧旁进洞,得以斜视外面垂挂着的水帘,只是在洞中观赏水滴的飞洒,而不必遭受洞外飞流的浇淋,更好过十倍了。石崖上有悬垂的树干拳曲的枝叶,被水浇淋到的,它们的外层都结成石头的外壳。大概是石膏天长日久凝结为石头的外壳形成的，即便是一片树叶一丝枝干，都随着枝干的形状追逐着它们的影子，如雪一样凝结，如冰一样包裹，大小都成为相像的形状，布满边缘不偏不倚，这又是雪凝冰裹，也不能如此均匀和逼真的了。我在左侧的洞外得到一支下垂的树枝，树枝的大处有一满把，树枝长一丈多，其中的树干已经腐烂，而结在外面的石头外壳，大约厚五分，中间是空的，如大竹子的竹筒却没有竹节，敲击它的声音十分清越。我不能整枝拖着走，折断其中的三尺，把它带下来，并选择些交缠凝结的枝叶藏在树筒中，因为叶子薄枝条细，易于损伤，而筒壁很厚可以借以保护枝叶，携带十分方便。

　　水帘之西，又有一旱岩。其深亦止丈余，而穹覆危崖之下，结体垂象，纷若赘旒，细若刻丝，攒冰镂玉，千萼并头，万蕊簇颖，有大仅如掌，而笋乳纠缠，不下千百者，真刻楮雕棘之所不能及！余心异之，欲击取而无由，适马郎携斧至，借而击之，以衣下承，得数枝。取其不损者二枝，并石树之筒，托马郎携归玛瑙山，俟余还取之。遂仍出桥右，与马郎别。乃循右坡西上里余，隔溪瞰新安哨而行。大雨忽来，少憩树下。又西里余，盘右坡之嘴，转而北行。盖右坡自四寨崖颉颃西来，至此下坠，而崖石遂出，有若芙蓉，簇萼空中，有若绣屏，叠锦崖畔，不一其态。北盘三里，又随湾西转，一里余。又北盘其嘴，于是向北下峡中。盖四寨横亘之峰，至此西坠为壑，其余支又北转而突于外，路下而披其隙也。二里余，坞底有峡自东北来，遂同盘为洼而西北出。路乃挟西坡之麓，随之西转，其中沮洳，踔陷深泞①，岂烂泥坝之名以此耶？西北出隘一里，循东坡平行，西瞰坠壑下环，中有村庐一所,是为烂泥坝村②。路从其后分为二岐:一西向下坞,循村而西北者,为上江道;一北向盘坡,转而东北登坳者,为松坡道③。余取道松坡,又直北一里,挟东坡北嘴,盘之东行。半里,遂东北披峡而上,蹴峻半里,其上峡遂平。溯之东入,一里,峡西转,半里,越西峡而西北上。其坡高穹陡削,一里余,盘其东突之崖,又里余,逾其北亘之脊。由脊东北向随坡一里,路又分岐为二:一直北随脊平行者,横松枝阻绝,以断人行;一转东入腋者,余姑随之。一里,其坡东垂为脊,稍降而东属崇峰。此峰高展众山之上,自北而南,东截天半,若屏之独插而起者,其上松罗丛密,异于他山,岂即松坡之主峰耶? 脊间路复两分:一逾脊北去,一随脊东抵崇峰。乃傍之南下,二里,径渐小而翳。余初随南下者半里,见壑下盘,绕崇峰南垂而东,不知其壑从何出,知非松坡道;乃仍还至脊,北向行,东截崇峰西坳。二里,坳北坠峡西下,路从崇峰之西北崖行,盘其湾,越突坡,三里余,西北下峡中。其下甚峻,而路荒径窄,疑非通道。下二里,有三四人倚北坡而樵,呼讯之,始知去松坡不远,乃西转而就峡平行。

【注释】

①踔(chuō):践踏。

②烂泥坝村:今称小浪坝,在保山市隆阳区西北境,怒江东边。

③松坡:今名同,在保山市隆阳区西北境,小浪坝稍北,河湾街稍东。

【译文】

水帘洞的西边,又有一个旱洞。洞内深处也只有一丈多,但穹隆下覆的危崖之下,岩石的结体呈各种形象下垂,纷纷然如下坠的玉串,细得好像刻出来的头发丝,如攒聚的冰凌、镂刻成的美玉,千百萼片并拢在头部,万朵花蕊簇拥成花穗,有的大处仅如手掌,而石笋石钟乳纠缠在一起,不下千百个,真正是精巧的木头雕刻所不能及的!我心里对此感到很奇异,想要敲取一些却没有办法,恰好马家儿郎带着斧头来到,借来敲击石钟乳,用衣服在下边接着,得到几条,挑选其中两条没有损坏的,连同石树的树筒,拜托马家儿郎带回玛瑙山,等我返回时来取。于是仍然出到桥的右边,与马家儿郎告别。便沿着右边的山坡向西上坡一里多,隔着溪流俯瞰着新安哨前行。大雨忽然来临,在树下稍作休息。又向西一里多,绕过右边山坡的坡嘴,转向北行。右侧的山坡起自四窠崖向西上下起伏而来,到了此地往下坠,而崖石便露了出来,有的像芙蓉,花萼簇拥在空中,有的似绣花的屏风,锦绣叠累在石崖畔,崖石的形态不一而足。向北绕三里,又顺着山弯向西转,一里多,又往北绕过山嘴,于是向北下到峡中。四窠崖横亘的山峰,到此地后向西下坠成壑谷,它余下的支脉又向北转后突出在外,路下走后穿过山的缺口。二里多,山坞底有条峡谷自东北方过来,随即一同盘绕成为洼地后往西北出去。道路于是傍着西面山坡的坡脚,随着山势向西转,山坞中全是泥沼,踩下去陷在深深的泥泞中,莫非烂泥坝的名字就是出于这个吗?往西北走出隘口一里,沿着东面的山坡平缓前行,向西俯瞰,深坠的壑谷在下方环绕,壑谷中有一处村庄,那是烂泥坝村。路从村后分为两条岔路:一条向西下到山坞中,沿着村子往西北去的,是去上江的路;一条向北绕着山坡走,转向东北登上山坳的,是去松坡的路。我选择了去松坡的路,又一直向北一里,傍着东面山坡朝北的坡嘴,绕着坡嘴往东行。半里,就向东北穿过峡谷上走,陡峻地上登半里,那上面峡谷便平坦起来。逆着峡谷向东进去,一里,峡谷向西转,半里,向西穿越峡谷后往西北上坡。这条山坡高高隆起,极为陡削,一里多,绕过那向东前突的石崖,又走一里多,翻越那向北绵亘的山脊。在山脊上向东北顺着山坡行一里,路又分岔成为两条:一条向正北顺着山脊平缓前行的,被横放的松枝阻断了,用以阻止行人通行;一条是向东转入侧旁的路,我姑且顺着这条路走。一里,这条山坡往东下垂变为山脊,稍微下降后往东连接到高峰。这座山峰高高展现在群山之上,自北向南,横截过东方的半天之上,好像单独插着的屏风耸起的样子,山上松林密布,不同于别的山,难道这就是松坡的主峰吗? 山脊上路又分为两条:一条翻过山脊向北去,一条顺着山脊向东通到高峰去。于是傍着山脊往南下走,二里,小径渐渐变小后被遮住了。我最初顺着向南下走的路走了半里,看见壑谷在下面盘绕,绕过高峰的南垂向东去,不知这条壑谷从哪里出去,心知不是去松坡的路;只好仍然返回到山脊上,向北行,往东横截高峰西面的山坞。二里,山坞北面向西下坠成峡谷,路从高峰西北的山崖上走,绕过山弯,越过前突的山坡,三里多,向西北下到峡中。那下走的路非常陡峻,而且道路荒芜小径狭窄,怀疑不是通道。下行二里,有三四个人紧靠北面的山坡打柴,呼叫着向他们问路,才知道离松坡已不远,就向西转后走到峡谷中平缓前行。

　　里余,出峡口,其西壑稍开,崇冈散为环皋,遂有参差离立之势。又西下里余,有村庐当中窝而居,村中巨庐,杨氏在北,马氏在南,乃南趋之。一翁方巾藜杖出迎[①],为马太麓;元康长郎先已经此,为言及。翁讶元康不同来,余为道前意。翁方瀹茗,而山雨大至。俟其霁,下午,乃东蹑坡上青莲阁。阁不大,在石崖之下,玉麓先生所栖真处。太麓于是日初招一僧止其中,余甫至,太麓即携酒授餐,遂不及览崖间诸胜。太麓年高有道气。二子:长读书郡城,元真。次随侍山中。元亮。为余言:其处多岩洞,亦有可深入者二三处,但路未开辟,当披荆入之。地当山之翠微,深崖坠壑,尚在其下，不觉其为幽闷；乱峰小岫，初环于上，不觉其为孤高。盖崇山西北之支，分为双臂，中环此窝，南夹为门，水从中出，而高黎贡山又外障之，真栖遁胜地②，买山而隐，无过于此。惟夹中无田，米从麓上，尚数里也。松坡虽太麓所居，而马元中之庄亦在焉。

【注释】

①方巾：明代处士及儒生所用的一种头巾。藜（lí）杖：用藜茎制的手杖。

②栖遁：隐居。

【译文】

一里多，走出峡口，峡口西面的壑谷渐渐开阔起来，高高的山冈散布为环形的土阜，便有了参差独立的气势。又向西下行一里多，有村庄房屋在山窝中居住，村中的房屋巨大，杨家在北，马家在南，就往南赶过去。一个老翁头戴方巾挂着藜茎手杖出门迎接，是马太麓；马元康的长子事先已经过此地，对他说起过。老翁惊讶马元康没一同前来，我为此说明了先前说过的意思。老翁正在烹茶，而山雨猛烈来临。等到天转晴，已是下午，就往东踏着山坡登上青莲阁。阁子不大，在石崖之下，是马玉麓先生隐居修真的地方。马太麓在这一天刚招来一个僧人住在青莲阁中，我刚到，马太麓就带来酒送来饭，便来不及游览山崖上的各处胜景。马太麓高龄，有道者的气度，有两个儿子：长子在府城读书，马元真。次子在山中随从伺候。马元亮。对我说：此处有很多岩洞，也有二三处可以深入进去的洞，只是路没有开辟，应当披荆斩棘进洞。此地在翠微的山间，山崖深坠成壑谷，还在它的下方，不觉得它幽暗闭塞；乱峰小山，本来就环绕在它的上方，不觉得它孤拔高耸。高山西北的支脉，分为一双手臂，中间环绕成这个山窝，南面相夹作为门户，水从中间流出去，而且高黎贡山又在外围屏蔽着这里，真是隐居遁世的胜地，买山来隐居，没有能超过此地的。只是夹谷中没有田地，米要从山麓运上来，还有几里路远。松坡虽然是马太麓的居住地，但马元中的庄子也在这里。

初十日 晨起，霁色可挹。遂由阁东竹坞，绕石崖之左，登其上。其崖高五六丈，大四丈，一石擎空，四面壁立，而南突为岩，其下嵌入，崖顶平展如台。冈脊从北来环其后，断而复起，其断处亦环为峡，绕崖左右，而流泉潆之。种竹峡中，岚翠掩映，道从之登。昔玉麓构殿三楹在顶，塑佛未竟，止有空梁落燕泥也。已复下青莲阁，从阁侧南透崖下，其岩忽绷云罨幕，亭亭上覆，而下临复蹬然无地。转其西，岩亦如之，第引水环流其前，而断北通之隘，致下岩与上台分为两截。余谓不若通北隘，断东路，使青莲阁中道，由前岩之下从西北转达于后峡，仍自后峡上崖台，庶渐入佳境，不分两岐也。

【译文】

初十日 早晨起床，天气晴朗，秀色可挹。于是从青莲阁东边长满竹林的山坞，绕到石崖的左边，登到石崖上面。这座石崖高五六丈，大四丈，一块岩石高擎空中，四面像墙壁一样竖立，而南面前突成为高峻的石崖，石崖下方深嵌进去，石崖顶上平平地展开如同平台。冈脊从北边过来环绕在石崖后面，中断后重又隆起，那断开的地方也环绕成峡谷，围绕在石崖的左右，而流淌的泉水萦绕着石崖。峡中种了竹子，山岚翠竹掩映，道路从这里上登。从前马玉麓在石崖顶上建了三间佛殿，佛像没塑好，只有空荡荡的梁上落下燕窝泥来。不久再下到青莲阁，从青莲阁侧边向南钻到石崖下，这里的岩石忽然像绷紧的云层下覆的帷幕，高高地覆盖在上方，而下临之势也是局促没有余地。转到石崖西面,岩石也是如此,只不过引水环流在石崖前方,而且阻断了通到北边的隘口,导致下边的岩石与上面的平台分为两截。我认为,不如打通北面的隘口,阻断东边的路,使青莲阁中间的路,经由前面的石崖之下从西北转到后面的峡谷,仍然从后面的峡谷上登到石崖上的平台,或许能够渐渐进入佳境,不必分为两条岔道走了。

　　既而太麓翁策杖携晨餐至。餐毕,余以天色渐霁,急于为石城游。太麓留探松坡石洞,余以归途期之。太麓曰:"今日抵江边已晚,不必渡,可觅土官早龙江家投宿。彼自为登山指南。不然,其地皆彝寨,无可通语者。"余识之,遂行。乃西南下,至其庐侧,遂渡坞中南出之水,其西一里,上循西坡北向行。一里,转而披其西峡,半里,逾脊西下,一里,下至壑中。其处忽盘窝夹谷,自东北而透西南之门。路循其南坡西行,一里,涉峡中小水,同透门出,乃西南随坡下。三里,复盘坡西转,望见南坞中开,下始有田,有路从东南来合,即烂泥坝北来道也。坡西南麓,有数家倚坡南向,是为某某。仍下坡一里,从村左度小桥①。是坡左右俱有小水从北峡来,而村悬其中。又西北开一峡,其水较大,亦东来合之,会同南去,当亦与松坡水同出罗明者。由是望其西北而趋,一里,逾坡入之。又渡一东北来小水,即循北坡溯涧西北行。二里西下,渡坞中涧,复西北上涧西之山。又随其支峡入,二里,再上盘西突之坡。坡西有壑中盘,由壑之北崖半里,环陟其西脊,约三里,由脊西南下。半里,平行枯峡中,一里,有枯峡自北来合,横陟之,循北岭之坡西行。一里,其处峡分四岐:余来者自东,又一峡自北,又一峡自南,虽皆中枯，皆水所从来者；又一峡向西，则诸流所由下注之口。路当从西峡北坡上行，余见北来峡底有路入，遂溯之。二里，其中复环为一壑，闻水声淙淙，数家倚西坡而居，是为打郎②。入询居人，始知上江路在外峡之西，壑东北亦有路逾岭，此亦通府之道，独西北乃山之环脊，无通途也。乃随西山之半南向出，二里，盘西山之南嘴而西，其前有路自峡底来合，则东来正道也。于是倚北崖西行西峡之上，峡南盘壑屡开，而水仍西注；峡北西垂渐下，石骨迸出。行二里，时上午暑甚，余择荫卧石半晌，乃西北下坡。

【注释】

①从村左度小桥："左"，徐本、"四库"本作"右"。

②打郎：今名同，又作打狼。

【译文】

　　既而太麓翁拄着手杖带来早餐。用餐完毕，我因为天色渐渐转晴，急着去游石城。马太麓挽留我去游松坡的石洞，我与他约定归途时去游。马太麓说："今天到达江边已经天晚，不必渡江，可以去找土官早龙江家投宿。他自然会成为登山的指南。不然，那地方都是彝人的村寨，没有可以通汉语的人。"我记下了他的话，便上了路。于是向西南下山，来到他的屋子侧边，就渡过山坞中往南流出来的溪水，从这里向西一里，上去沿着西面的山坡向北行。一里，转向穿过这里西面的峡谷，半里，翻越山脊向西下走。一里，下到壑谷中，此处山窝忽然盘绕成夹谷，自东北穿出西南的谷口。道路沿着这里南面的山坡往西行，一里，涉过峡中的小溪，一同穿过谷口出去，就向西南顺着山坡下行。三里，又绕着山坡向西转，望见南面的山坞中间开阔，下面开始有水田，有条路从东南方过来会合，就是烂泥坝通到北面来的路了。山坡的西南麓，有几家人背靠山坡面向南,这是某某村。仍然下坡一里,从村子左边走过小桥。这条山坡左右都有小溪从北面的峡中流来,而村子悬在两条溪流中间。西北方又裂开一条峡谷,峡中的水较大,也向东流来与两条小溪合流,合流后一同往南流去,应当也是与松坡的水一同流到罗明坝的水流。由此地望着峡谷向西北方赶去,一里,越过山坡进入峡谷。又渡过一条东北流来的小溪,立即沿着北面的山坡溯山涧往西北行,二里后向西下行,渡过山坞中的山涧,又往西北上登山涧西边的山。又顺着这里分支的峡谷进去,二里,再上走绕过向西突的山坡。山坡西面有条壑谷盘绕在山中,经由壑谷北面的山崖走半里,环绕着上登山崖西边的山脊,大约三里,由山脊上向西南下走。半里,平缓行走在干枯的峡谷中,一里,有条干枯的峡谷从北面来会合,横向涉过峡谷,沿着北岭的山坡往西行。一里,此处峡谷分为四岔:我走来的自东边来,又一条峡谷来自北边,又一条峡谷来自南边,峡中虽然都是干枯的,都是山水流来的地方;又一条峡谷通向西去,却是各处的流水经由下泄的水口。路应该从西面峡谷的北坡上行,我看见北边来的峡谷底有路进去,就逆着这条峡谷进去。二里,峡中又环绕成一个壑谷,听见水声淙淙流淌,几家人紧靠西面的山坡居住,这是打郎。进村询问居民,才知道去上江的路在峡谷外边的西面,壑谷东北方也有路翻越山岭,这也是通往府中的路,唯独西北方是环绕的山脊,没有通途。于是沿着西山的半山腰向南出来,二里,绕着西山南面的山嘴往西行,山嘴前方有条路从峡底过来会合,就是东面来的正道。从这里靠着北面的山崖向西行走在西面峡谷的上方,峡谷南边屡次有盘绕的壑谷敞开,而水仍然是往西流淌;峡谷北面渐渐向西下垂,骨状的岩石逆裂出来。前行二里,此时上午十分炎热,我选择了树荫在岩石上躺了半晌,这才向西北下坡。

半里,有涧自东来,其水淙淙成流,越之,仍倚北坡西北行。二里,饭于坡间。又西北二里,越冈西下,其间坑堑旁午,陂陀间错,木树森罗。二里,路岐为两,一西南,一西北。余未知所从,从西北者。已而后一人至,曰:"西南为猛赖渡江径道①,此西北道乃曲而从猛淋者。"余欲转,其人曰:"既来一里,不必转,即从猛淋往可也②。"乃西北随峡稍下。二里余,有聚落倚南坡,临北壑,是为猛淋。此乃打郎西山,南下西转,掉尾而北,环为此壑。其壑北向颇豁,遥望有巨山在北,横亘西下,此北冲后山,夹溪西行,而尽于猛赖溪北王尚书寨岭者也。壑中水当北下北冲西溪。其人指余从猛淋村后西南逾岭行。一里,陟岭头,逾而南下,遂失路。下一里,其路自西来合,遂稍东下,度一小桥,乃转西南越坡。二里,则坡南大涧自东而西向注,有路亦自涧北西来,其路则沿坡而上,余所由路则坠崖而下,于是合而西向。半里,沿崖半线路行。其崖峭石凌空,下临绝壑,其下奔流破峡,倒影无地,而路缘其间,嵌壁而行。西南半里,稍下离崖足,回眺北崖上插,犹如层城叠障也。又西二里余,从崖足盘西南突嘴,半里,始见上江南坞,其峡大开,中嵌为平畴,只见峡底而不见江流。有溪自西山东南横界平畴中,直抵东山之麓,而余所循之溪,亦西南注之。峡口波光,四围荡漾,其处不审即峡溪所汇,抑上江之曲。余又疑东南横界之流即为上江,然其势甚小,不足以当之。方疑而未定,逾突嘴而西,又半里,转而北,随北峡下一里,从北峡西转,始见上江北坞,虽平畴较小于南坞,而北来江流盘折其中,东峡又有溪西向入之。其南流虽大,而江流循东山之麓,为东山亏蔽,惟当峡口仅露一斑,不若此之全体俱现也。又西向者一里,有十余家倚南山北向而居，其前即东峡所出溪西南环之。问上江渡何在，村人指在其西北。问早土官何在，在其西南二里。乃北渡其溪。溪水颇大，而其上无桥，仅横一木，平于水面，两接而渡之，而木为水激，撼摇不定，而水时踊跃其上。虽跣足而涉，而足下不能自主，危甚。于是上西坡，南向随流行塍间，一里，稍折而西南，又一里，入早氏之庐，已暮。始在其外室，甚陋，既乃延入中堂，主人始出揖，犹以红布缠首者。讯余所从来，余以马氏对。曰："元康与我厚，何不以一柬相示？"余出元康诗示之，其人乃去缠首，易巾服而出，再揖，遂具晚餐，而卧其中堂。

【注释】

①猛赖：今名同，亦作勐来，又称大门坎，勐来溪从东往西在勐来汇入怒江。打郎、猛淋、猛赖三地皆在保山市隆阳区北境、怒江东岸，依次从南往北斜列。

②猛淋：今作勐林。

【译文】

半里，有条山涧从东边流来，涧水淙淙成流，越过山涧，仍然靠着北面的山坡往西北行。二里，在坡上吃饭。又向西北二里，越过山冈向西下行，这其中坑谷堑沟交错纵横，山坡错杂相间，树木森然罗列。二里，路岔为两条，一条通向西南，一条通向西北。我不知从哪条路走，就从通向西北的路走。不久后边一个人来到，说："西南方是去猛赖渡江的直路，这条往西北去的路是绕道从猛淋走的路。"我想转身走，那人说："既然过来一里路，不必转回去，可以就从猛淋前去了。"于是向西北顺着峡谷渐渐下走。二里多，有个聚落背靠南面的山坡，面临北边的壑谷，这里是猛淋。此地是打郎的西山，往南下延后向西转，向北掉转尾部,环绕成这个壑谷。这个壑谷面向北方相当开阔,遥望过去有巨大的山峰横亘在北边,往西下延,这是北冲的后山,夹住溪流向西延伸,而后在猛赖溪北边王尚书寨所在的山岭到了尽头。壑谷中的水应该是往北下流进北冲的西溪。那人指引我从猛淋村后向西南翻越山岭走。一里,登上岭头,越过后往南下走,就没有了路。下走一里,那条路从西边过来会合,就稍向东下走,走过一座小桥,于是转向西南翻越山坡。二里,就见山坡南面有条大山涧自东向西流淌,有条路也从山涧北边往西过来,那条路是沿着山坡往上走,我所经由的路则是坠下山崖,在这里会合后向西走。半里,沿着山崖半山腰线一样的路前行。这里的山崖峭石凌空,下临绝深的壑谷,脚下奔腾的溪流冲破峡谷,只见倒影不见地,而路沿着山崖中间,嵌在绝壁上前行。向西南半里,渐渐下走离开石崖脚,回头眺望,北边的石崖上插,犹如层层叠叠的城墙阻隔着。又向西二里多,从石崖脚下绕过向西南突的山嘴,半里,才看见上江南面的山坞,这里的山峡非常开阔,中间下嵌成为平旷的田野,只看得见峡底却看不见江流。有条溪流从西山流向东南横隔在平旷的田野中,一直流到东山的山麓,而我沿着走的溪水,也是向西南流入那条溪流。峡口波光粼粼,在四周荡漾,这地方不清楚是峡中的溪流汇积成的,还是上江的弯曲之处。我又怀疑东南方横隔着的溪流就是上江,然而它的水势非常小,不足以充当上江。正在疑惑未定时,翻越前突的山嘴往西行,又行半里,转向北,沿北面的峡谷下行一里,从北面的峡谷中向西转,才看见上江北面的山坞,虽然平旷的田野比南面的山坞要小些,可北面流来的江流盘绕曲折在山坞中,东面的峡谷中又有溪水向西流入江中。那向南的江流虽然很大,但江流沿着东山的山麓流淌,被东山遮住了,只在峡口露出一点斑点,不如在此地整体都显现出来了。又向西行一里,有十多家人背靠南山面向北居住,村前就是东面峡谷中流出来的溪水在西南方环绕着村庄。打听上江的渡口在哪里,村里人指点在村子的西北。询问旱土官在哪里,说在村子西南二里处,于是向北渡过这条溪流。溪流水势很大，可溪流上没有桥，仅横放着一根木头，平架在水面上，两段连接渡过溪流，但木头被水冲激，摇撼不定，而且溪水不时腾涌跃过木头上方。虽是赤脚涉过去，但脚下不能自主，危险极了。于是上登西面的山坡，向南顺着溪流前行在田野间，一里，稍稍折向西南，又行一里，进入早家的屋子中，已经天黑。最初在他家的外室，非常简陋，继而延请进入中间的堂屋，主人这才出来作揖行礼，仍然还是用红布缠头的人。讯问我是从哪里来的，我回答从马家来。他说："马元康与我交情深厚，为何不拿出一封柬帖来给我看看？"我拿出马元康的诗来给他看，那人才去掉缠头布，换成方巾儒服出来，再次作揖行礼，于是准备了晚餐，而后就睡在他家中间的堂屋里。

此地为猛赖，乃上江东岸之中①。其脉由北冲西溪北界之山，西突为王尚书营者，下坠坞中为平畴，南衍至此；上江之流西漾之，北冲西溪东夹之，而当其交会之中。溪南即所下之岭，自猛淋南夹溪南下，崎为下流之龙砂，而王尚书营岭即其本支，而又为上流之虎砂也。上江之东，尚称为"寨"，二十八寨皆土酋官舍。江以西是为十五喧，"喧"者，取喧聚之义，谓众之所集也。惟此地有此称②。其人皆彝③，栏居窟处，与粤西彝地相似。而早龙江乃居中而辖之者。

【注释】

①上江：明代云南境内怒江的一部分又有上江、下江之分。以怒江坝起算，上江在北，下江在南。今泸水县南隅设有上江乡，保山市隆阳区西北隅的一段狭长的怒江河谷今仍称上江坝。

②"江以西"句：《天启滇志·土司官氏》：保山县有十五喧、二十八寨，诸夷有大莪、蒲人、峨昌，其酋长或以百夫长称，或以千夫长

称,或以实授百户称,皆奉命令,服徭役,第性勇悍,不能骤格,又为市侩所诱,渐习奸伪耳。十五喧名,《天启滇志》录有敢顶喧、旱纳喧、古里喧、荡习喧、蛮云喧、西牙喧、蛮冈喧、空广喧、喇伦喧、蛮养上喧、蛮养下喧、蛮宽喧、蛮场喧。光绪《永昌府志》补充崩戛喧、蛮雷喧,分敢顶喧为敢顶上、下喧,但无蛮场喧。

③其人皆彝:此"彝"泛指少数民族。十五喧二十八寨为多种民族的村寨杂处,每寨又为一种单一民族。按其土官姓氏,旱氏土官多为阿昌族,罕氏、孟氏、线氏、刀氏多为傣族,莽氏多为布朗族。

【译文】

　　此地是猛赖,是上江东岸的中段。这里的山脉由北冲的西溪北面横隔着的山,往西前突成为王尚书营所在的山,下坠到山坞中成为平旷的田野,往南延展到此地;上江的江流在西面潆绕着这里,北冲的西溪在东面夹着这里,而这里正处在两条水流交会的中间地带。溪流南边就是我走下来的山岭,自猛淋南边夹住溪流往南下延,耸峙为溪流下游的龙砂,而王尚书营所在的山岭就是这条山脉的主脉,而且又成为溪流上游的虎砂了。上江的东面,还称为"寨",二十八寨都有土人首领的官邸。江以东那是十五喧,"喧"这个字,选取喧闹聚集的意思,是说人口众多聚集的地方。只有此地有这个名称。这里的人都是少数民族,居住在竹楼洞穴中,与广西的少数民族地区相似。而旱龙江是居住在中部管辖十五喧的人。

　　十一日　晨起,旱龙江具饭,且言:"江外土人,质野不驯,见人辄避。君欲游石城,其山在西北崇峡之上,路由蛮边入。蛮边亦余所辖,当奉一檄①,令其火头供应除道,拨寨夫引至其处,不然,一时无栖托之所也。"余谢之。龙江复引余出庐前旷处,指点而言曰:"东北一峰特耸,西临江左者,为王尚书驻营之峰。西北重峡之下,一冈东突江右者,是为蛮边,昔麓川叛酋思任踞为巢。其后重崖上,是为石城,思酋恃以为险,与王尚书夹江相拒者也。此地昔为战场,为贼窟。今藉天子威灵,民安地静,物产丰盈,盛于他所。他处方苦旱,而此地之雨不绝;他处甫插莳,而此中之新谷已登;他处多盗贼,而此中夜不闭户。敢谓穷边非乐土乎! 第无高人至此,而今得之,岂非山川之幸!"余谢不敢当。时新谷、新花,一时并出,而晚稻香风,盈川被陇,真边境之休风,而或指以为瘴,亦此地之常耳。

【注释】

①檄(xí):用于征召、晓谕的文书。

【译文】

十一日　早晨起床,早龙江准备了早饭,并说:"江外的土人,质朴粗野,不驯顺,见人就躲避。您要去游石城,那座山在西北的高峡之上,道路经由蛮边进去。蛮边也是我管辖的地方,当奉送一道檄文,命令那里的火头供应所需,清除道路,调拨寨子中的夫役领路去到那个地方,要不然,一时之间没有栖身的场所了。"我谢过他。早龙江又领我出到房子前的空旷处,指点着讲说:"东北方的一座山峰特别高耸,在西边面临江左岸的,是王尚书驻扎兵营的山峰。西北方重重山峡之下,一座山冈往东前突到江右岸的,那是蛮边,从前麓川叛逆的酋长思任盘踞作为巢穴。山冈后面重重山崖上面,那是石城,是姓思的贼首据为天险,与王尚书夹住江流互相抗拒的地方。此地从前是战场,是贼窟。今天凭借天子的威严神灵,百姓安居,地方安定,物产丰富,比其他地方兴盛。其他地方正苦于干旱,而此地的雨水不断;其他地方刚刚插秧,而这一带的新谷已经成熟;其他地方盗贼很多,而这一带夜不闭户。敢说闭塞的边疆不是乐土吗? 但只是没有高人来到此地,而今天得到了您,难道不是这一片山川的幸运？"我辞谢不敢当。当时新稻谷、新稻花，一时之间一齐长出来，而晚稻的香风，充盈笼罩在平川田野中，真正是边境的优美风光，但有人指摘为是瘴疠盛行的地方，这也是此地的常事罢了。

　　既饭，龙江欲侍行，余固辞之，期返途再晤，乃以其檄往。出门，即溯江东岸北行。二里，时渡舟在西岸，余坐东涯树下待之，半晌东来，乃受之。溯流稍北，又受驼骑，此自北冲西来者。渡舟为龙江之弟龙川所管，只驼骑各界之钱，而罄身之渡①，无界钱者。时龙川居江岸，西与蛮边之路隔一东下小溪。渡夫谓余，自蛮边回，必向溪南一晤龙川。余许之。乃从小溪北岸登涯，即西北行，于是涉上江之西矣。此十五喧之中也，循西山北二日为崩戞②，南二日为八湾。崩戞北为红毛野人。八湾南为潞江安抚司。昔时造桥，西逾山心，出壶瓶口，至腾阳道，尚在其南下流二十里。其天生石崖可就为桥址者，又在其下。昔众议就崖建桥，孙郡尊已同马元中辈亲至而相度之③。后徐别驾及腾越督造卫官，以私意建桥于石崖北沙嘴之冲，旋为水摧去，桥竟不成。此江王靖远与思任夹江对垒，相持不得渡。王命多缚筏。一夕缚羊于鼓，缚炬于筏，放之蔽江南下。思苦见之，以为筏且由下流渡，竟从西岸趋下流，而王师从上流济矣，遂克之。今东岸之罗明，乃其缚松明寨，罗鼓乃其造鼓寨也。

【注释】

①罄（qìng）身：只身不带其他东西。

②崩戞：今作丙贡，在泸水县南隅。

③郡尊：对知府的敬称。

【译文】

饭后，早龙江要陪同我上路，我坚决辞谢了他，约定返回途中再次会面，这才拿着他给的檄文动身。出门后，就溯流沿着江的东岸往北走。二里，这时渡船在江西岸，我坐在东岸树下等船，半晌来到东岸，船就上了人。逆流稍往北走，又装载了驮东西的马匹，这是从北冲往西来的马帮。渡船是早龙江的弟弟早龙川管辖的，只有驮东西的马匹每匹交给他钱，但空身渡江的人，没有人交钱。这时早龙川住在江岸上，西边与通往蛮边的路隔着一条向东下流的小溪。摆渡的船夫告诉我，从蛮边回来，必须去溪流南边与早龙川见一次面。我答应了他。于是从小溪的北岸登上江岸，立即往西北行，从这里起就跋涉在上江的西面了。此地是十五喧的中部地带，沿着西山向北走两天是崩戛，往南走两天是八湾。崩戛以北是红毛野人。八湾以南是潞江安抚司。昔日造有桥，向西越过山心，通出壶瓶口，到腾越州南部的通道，还在这里南面下游二十里处。那天生的石崖可以就势作为桥基的地方，又在它的下游。从前众人商议就着石崖建桥，孙知府已经会同马元中一帮人亲自前来考察地形。后来徐别驾以及来腾越州督造的卫官，凭私人的意思在石崖北面沙嘴的冲要之处建桥，不久被江水摧毁冲走，桥始终没有建成。这条江，靖远侯王骥与思任夹住江流对垒，互相坚守不能渡江。王骥命令多扎一些木筏。一天夜里把羊绑在鼓上，把火把捆在木筏上，放木筏布满江面往南下漂。姓思的贼首见此，以为木筏将要从下游渡江，争着从西岸赶到下游去，可王骥的军队却从上游渡江了，便战胜了思任。今天东岸的罗明坝，是王骥捆松明火把的营寨，罗鼓寨是王骥造鼓的营寨。

西北三里，有溪自西峡出，北渡之。半里，有聚落倚坡东向罗列，是为蛮边①。按《志》，十五喧无蛮边之名，想即所谓中冈也。闪太史亦有庄在焉。觅火头不见。其妻持檄觅一僧读之，延余坐竹栏上而具餐焉②。其僧即石城下层中台寺僧，结庵中台之上，各喧土人俱信服之，今为取木延匠，将开建大寺。

此僧甫下山，与各喧火头议开建之事，言庵中无人，劝余姑停此，候其明日归，方可由庵觅石城也。余从之，坐栏上作纪。下午浴于涧。复登栏，观火头家烹小豚祭先。令一人从外望，一人从内呼。问："可来？"曰："来了。"如是者数十次。以布曳路间，度入龛而酹之饭之，劝亦如生人。薄暮，其子以酒肉来献，乃火酒也。酹于栏上，风雨忽来，虽栏无所蔽，而川中蕴热，即就栏而卧，不暇移就其室也。"火头"者，一喧之主也，即中土保长、里长之类。

【注释】

①蛮边：在保山市隆阳区西北隅，怒江西岸，今小永附近的黑山河以北。

②"延余"句：此即古代所称的"干阑"，即今傣族的竹楼。墙壁、楼板全用竹子。人住楼上，火塘也在楼上，登梯而上，楼边还有阳台，楼下则养牲畜。

【译文】

向西北三里，有溪水自西面的峡中流出来，向北渡过溪流。半里，有个聚落背靠山坡向东分布，这是蛮边。根据《一统志》，十五喧中没有蛮边的名字，猜想就是所谓的中冈了。闪太史也有庄园在这里。找火头不见人影。他的妻子拿着檄文找来一个僧人读了，把我引入竹楼上坐下后就去做饭。那个僧人就是石城下层中台寺的和尚，在中台之上建了寺庵，各喧的土人全都信服他，今天是为了取木料请工匠来此地，将开始修建大寺院。这个僧人刚下山，就与各喧的火头商议开工建寺的事情，他说庵中无人，劝我暂且留在这里，等他明天回山，才可以经由寺庵去找石城。我听从了他，坐在竹楼上写日记。下午在山涧中洗澡。再登上竹楼，观看火头家煮小猪祭祀祖先。让一个人在外面望着，一个人在楼内高呼。

问道:"可来了?"回答说:"来了。"像这样子几十次。用布拖在地上,把祖先魂灵引入神龛中,再给他饮酒吃饭,劝吃劝喝也同活人一样。傍晚,火头的儿子拿酒肉来敬献,是火酒。在竹楼上饮酒,风雨忽然来临,虽然竹楼中没有东西遮蔽,但平川中郁闷炎热,便就在竹楼中躺下,顾不上搬到他的屋中去了。"火头"这种人,是一个喧的主人,就是中原地区的保长、里长一类的人。

十二日　火头具饭,延一旧土官同餐。其人九十七岁矣,以年高,后改于旱龙江者。喧中人皆言,其人质直而不害人,为土官最久,曾不作一风波,有馈之者,千钱之外辄不受。当道屡物色之,终莫得其过迹。喧人感念之,共宰一牛,卖为赡老之资。既饭,以一人引余往中台寺。余欲其人竟引探石城,不必由中台。其人言:"喧中人俱不识石城路,惟中台僧能识之;且路必由中台往,无他道也。"余不信,复还遍征之喧中,其言合,遂与同向中台。

【译文】

十二日　火头准备好饭,请来一个旧土官一同进餐。那人九十七岁了,因为年纪大,后来改任旱龙江为土官。喧中的人都说,这个人质朴正直而且不会害人,任土官时间最长,从不曾招惹一次是非,有送他钱的,一千文钱以上便不接受。当权者屡次罗织他的罪名,始终没法找到他犯过失的痕迹。喧中的人感激怀念他,共同宰了一头牛,卖了作为他养老的资金。饭后,派一个人领我去中台寺。我想要那个人直接领我去探石城,不必经由中台寺。那人说:"喧中的人都不认识去石城的路,只有中台寺的僧人能够认识这条路;并且道路必须经由中台寺前去,没有别的路了。"我不相信,又返回来问遍喧中的人,他们说的一致,便与他一同走向中台寺。

　　由村北溯溪西向入，二里，过上蛮边，渐入峡。又西一里余，涉一水沟，遂临南涧倚北坡而行。又里余，则北坡稍开，有岐北去。又西逾坡，过一水塘，北下峡中。共二里，有溪自北峡来，架木为桥，西度之。桥之南，又有溪自南峡西来，与桥水合，迸而出于蛮边南大溪者。既度桥西，即北向上坡。其坡峻甚，且泞甚，陷淖不能举足，因其中林木深闳，牛畜蹂践，遂成淖土，攀陟甚难。二里，就小径行丛木中。三里，复与大路合，峻与泞愈甚。又北上一里，折而西南上峡中。一里，南逾其冈，则中台东下之脊也，始见有茅庵当西崖之下，其崖矗然壁立于后，上参霄汉，其上盖即石城云。乃入庵。

　　【译文】

　　由村北溯溪流向西进去，二里，路过上蛮边，渐渐走入山峡。又向西一里多，涉过一条水沟，就面临南边的山涧紧靠北面的山坡前行。又是一里多，就见北面的山坡稍微敞开，有条岔路向北去。又往西翻越山坡，经过一个水塘，往北下到峡中。共行二里，有条溪水自北面的峡中流来，架有木头作为桥，向西过桥。桥的南面，又有溪水自南面的峡中向西流来，与桥下的溪水合流，奔流而出，流到蛮边南面的大溪中。过到桥西后，立即向北上坡。这条坡陡峻极了，并且十分泥泞，陷在泥淖中不能抬脚，因为这其中林木幽深密蔽，牛群牲畜蹂躏践踏，便成了泥淖，攀登十分艰难。二里，走上小径前行在丛林中。三里，又与大路会合，陡峻与泥泞愈加厉害。又向北上登一里，折向西南上到峡中。一里，往南越过这里的山冈，就是中台寺往东下延的山脊了，这才见到有座茅草庵在西面的山崖之下，那座山崖岿然矗立在后面，向上耸入云霄，那上边大概就是石城了。于是进入庵中。

　　庵东向，乃覆茅为之者，其前积木甚巨，一匠工斫之为殿材①。昨所晤老僧号沧海，四川人。已先至，即为余具饭。余告以欲登石城，僧曰："必俟明日，今已无及矣。此路惟僧能导之，即喧中人亦不能知也。"余始信喧人之言不谬，遂停其茅中。此寺虽称中台，实登山第一坪也。石城之顶，横峙于后者，为第二层。其后又环一峡，又矗而上，即雪山大脊之东突，是为第三重。自第一坪而上，皆危嶂深木，蒙翳悬阻，曾无人迹。惟此老僧昔尝同一徒，持斧秉炬，探历四五日，于上二层各斫木数十株，相基卜址，欲结茅于上，以去人境太远，乃还栖下层。今喧人归依②，渐有展拓矣。

【注释】

①斫(zhuó)：砍削。

②归依：又作"皈依"。对佛教表示归顺依附，信仰而且崇拜，称为归依。

【译文】

　　寺庵面向东，是茅草盖成的房屋，庵前堆积着的木料非常巨大，一个工匠在砍斫木头作为佛殿的材料。昨天见面的老和尚法号叫沧海，是四川省人。已经先到达，马上为我准备中饭。我告诉他想去登石城，和尚说："必须等到明天，今天已经来不及了。这条路只有和尚能够领路，即使是喧中的人也不能知道这条路。"我这才相信喧中人的话不假，就停在他的茅庵中。这座寺虽然称为中台，实际上是登山第一层平地。石城的山顶，横向耸峙在后方的，是第二层。第二层后面又环绕着一条峡谷,又高耸而上,就是雪山的大山脊东突之处,那是第三层。从第一层平地上去,全是高险的山峰幽深的林木,密蔽悬阻,从来没有人迹。只有这个老和尚从前曾经同一个徒弟,拿着斧子举着火把,经历了四五天的探寻,在上面两层各砍了几十棵树,观测选择基址,想在上面建茅庵,由于离有人的地方太远,只好返回来住在下层。今天喧中的人皈依佛门后,渐渐有所拓展了。

十三日　僧沧海具饭,即执殳前驱。余与顾仆亦曳杖从之。从坪冈右腋仆树上,度而入。其树长二十余丈,大合抱,横架崖壁下,其两旁皆丛箐纠藤,不可着足,其下坎坷蒙蔽,无路可通,不得不假道于树也。过树,沿西崖石脚,南向披丛棘,头不戴天,足不践地,如蛇游伏莽,狘过断枝①,惟随老僧,僧攀亦攀,僧挂亦挂,僧匍匐亦匍匐。二里,过崇崖之下。又南越一冈,又东南下涉一箐,共里余,乃南上坡,践积茅而横陟之。其茅倒者厚尺余,竖者高丈余,亦仰不辨天,俯不辨地。又里余,出南冈之上。此冈下临南峡,东向垂支而下,有微径自南峡之底,西向循冈而上,于是始得路。随之上蹑,其上甚峻,盖石城屏立,此其东南之趺,南峡又环其外,惟一线悬崖峡之间。遂从攀跻西向上者五里,乃折而北上。一里,西北陟坎坷之石,半里,抵石城南垂之足。乃知此山非环转之城,其山则从其后雪山之脊,东度南折,中兜一峡,南嵌而下,至此南垂之足,乃峡中之门也。其崖则从南折之脊,横列一屏②,特耸而上,至此南垂之足,则承趺之座也。峡则围三缺一,屏则界一为二,皆不可谓之城。然峡之杳渺障于内,屏之突兀临于外,此南垂屏峡之交,正如黄河、华岳,凑扼潼关，不可不谓险之极也。从南垂足盘其东麓而北，为崖前壁，正临台庵之上。壁间有洞，亦东向，嵌高深间，登之缥缈云端，凭临琼阁，所少者石髓无停穴耳。盘其西麓而北，为崖后壁，正环坠峡之东。削垒上压，渊堑下蟠，万木森空，藤薜交拥，幽峭之甚。循崖北行一里，路分为二：一东北上，为蹑崖顶者；一西北，为盘峡坳者。乃先从峡。半里，涉其底，底亦甚平，森木皆浮空结翠，丝日不容下坠。山上多扶留藤，所谓篓子也，此处尤巨而长，有长六丈者。又有一树径尺，细芽如毛，密缀皮外无毫隙。当其中有木龙焉，乃一巨树也。其下体形扁，纵三尺，横尺五。自地而上，高二尺五寸，即半摧半茂。摧者在西北，止存下节；茂者在东南，耸干而起。其干正圆，围如下体之半，而高不啻十余丈。其所存下节并附之，其圆亦如耸干，得下体之半，而其中皆空。外肤之围抱而附于耸干者，其厚止寸余，中环空腹如桶③，而水盈焉。桶中之水，深二尺余，盖下将及于地，而上低于外肤之边者，一寸有五，其水不甚清，想即树之沥也。中有蝌蚪跃跳，杓水而干之则不见。然底无旁穴，不旋踵而水仍满，亦不见所自来，及满至肤边下寸五，辄止不溢，若有所限之者，此又何耶？其树一名溪母树，又名水冬瓜，言其多水也。土人言，有心气痛者，至此饮之辄愈。老僧前以砍木相基至，亦即此水为餐而食。树之北，有平冈自西而东，属于石崖之峰。即度冈之北，有洼汇水，为马鹿潭，言马鹿所栖饮者。洼之北，则两崖对束如门，潭水所从泄也。循冈西上半里，西大山之麓有坡一方，巨木交枕，云日披空，即老僧昔来所砍而欲卜之为基者，寄宿之茅，尚在其侧。由此西上,可登上台,而路愈蔽,乃返由前岐东北蹑崖,半里而凌其上。南瞰下台之麑庵,如井底寸人豆马,蠕蠕下动,此庵遂成一画幅。其顶正如堵墙,南北虽遥而阔皆丈余,上下虽悬而址皆直立。由其上东瞰上江如一线,而东界极北之曹涧,极南之牛角关,可一睫而尽;惟西界之南北,为本支所掩,不能尽崩夏、八湾之境也;西眺雪山大脊,可以平揖而问,第深峡中嵌,不能竟陟耳。乃以老僧饭踞崖脊而餐之,仍由旧径下趋中台庵。未至而雨,为密树所翳不觉也。既至而大雨。僧复具饭。下午雨止,遂别僧下山,宿于蛮边火头家,以烧鱼供火酒而卧。

【注释】

①狨(róng):金丝猴。

②其崖则从南折之脊,横列一屏:徐本作"其南崖之脊,折而横列一屏。"

③中环空腹如桶:原脱"空"字,据徐本、陈本、史序本、"四库"本补。

【译文】

十三日　沧海和尚准备好饭,立即拿着刀斧在前边引路。我与顾仆也拖着拐杖跟着他走。从平地山冈右侧倒卧的树干上,横越进去。这棵树长二十多丈,大处有一抱粗,横架在崖壁下,树的两旁都是成丛的竹林和纠缠在一起的藤蔓,不能落脚,树的下方坎坷不平草木蒙蔽,无路可走,不得不从树干上借路走了。跨过树干后,沿着西面的石崖脚下,向南分开成丛的荆棘,头上顶不着天,脚下踩不着地,像蛇一样伏在草莽中游走,如金丝猴一般跃过折断的树枝,唯有跟随着老和尚,和尚攀登我也攀登,和尚悬挂我也悬挂,和尚趴下我也趴下。二里,走过高高的悬崖之下。又向南越过一座山冈,又往东南下走涉过一条山箐,共一里多,才向南上坡,踩着堆积的茅草横向登坡。这里的茅草，倒伏的厚一尺多，竖直的高一丈多，也是抬头不辨天日，俯身看不清地面。又行一里多，出到南面的山冈之上。这座山冈下临南面的峡谷，余脉向东下垂，有条小径从南面的峡底，向西沿着山冈上走，在这里才找到路。顺着小径上登，那上走的路非常陡峻，大体上石城像屏风样矗立，此地是屏风东南方的石座子，南面的峡谷又环绕在它的外层，只有一条线悬在石崖与峡谷之间。于是跟随他向西攀登上走五里，便折向北上登。一里，向西北爬过坎坷的岩石，半里，抵达石城南垂的山脚下。这才知道这座山不是环绕的城，这里的山势是从石城后面雪山的山脊，往东延伸后折向南，中间兜成一条峡谷，往南下嵌，延到此处南垂的山脚下，是进入峡中的门户。那山崖则是从向南折的山脊，横向排列成一座屏风，独自高耸向上，延到此处南垂的山脚下，就成了承受石碑的石座了。峡谷是围着三面缺开一面，屏风则是把一条山脉隔成两段，都不能称之为城。不过杳渺的峡谷阻隔在内，突兀的屏风高临于外，此地是山脉南垂屏风与峡谷相交之处，正像黄河、华山，凑在一起扼住潼关，不能不说是险要之极了。从南垂的山脚下绕着石城的东麓往北走，是悬崖的前壁，正下临中台寺之上。石壁上有个洞，也是面向东，嵌在高高的深崖间，登上洞后缥缈在云端，凭临在琼玉楼阁中，所缺少的是洞中没有积留的钟乳石罢了。绕着石城的西麓往北走，是悬崖的后壁，正在环绕深堑的峡谷东面。陡削的石壁压在上方，渊深的堑谷蟠曲在下方，万木森森竖在空中，藤蔓苔藓交缠围抱，幽深峭拔到了极点。沿着石崖往北行一里，路分为两条：一条向东北上走，是上登崖顶的路；一条通向西北，是绕进峡谷山坳的路。于是先从峡中走。半里，涉过峡底，峡底也十分平坦，森森的林木都浮在空中结成翡翠，不容一丝阳光下射。山上有很多扶留藤，就是所谓的篓子了，此处的尤其巨大修长，有长达六丈的。又有一种树直径一尺，细芽像毛一样，浓密地连缀在树皮外没有丝毫空隙。在树林中有条木龙，原来是一棵巨大的树啊。树干的下半截形状是扁的，长三尺，横处有一尺五。从地面往上，高二尺五寸，有一半折断一半枝叶茂盛。折断的在西北面，只存留着下半截；枝叶茂盛的在东南面，树干高耸而起。上面的树干是正圆形，外围如下半截的一半，可高处不止十多丈。那存留着的下半截并排附着在高耸的树干上，它也和高耸的树干一样圆，占了下半截树干的一半，但树干中全是空的。外边的树皮围抱附着在高耸的树干上的，树皮的厚度只有一寸多点，中间是圆形的空腹如水桶一样，而水充盈在树干中。桶中的水，深二尺多，大概下边将要到达地面，而上边低于外层树皮的边缘之处，有一寸五分，树干中的水不怎么清，想来是树上的滴水。水中有蝌蚪跳跃，舀干水后蝌蚪就不见了。然而底下没有别的洞穴，来不及转身水就仍然溢满了，也不见水从哪里来，等满到树皮边缘下边一寸五处，就停止不再溢出，好像有什么东西限制着水，这又是为什么呢？这种树一个名字叫溪母树，又叫水冬瓜，是说这种树多水。当地人说，有心痛病的人，到此处饮水后就会痊愈。老和尚从前因为砍树选择寺基来过，也就是用这个水做饭吃的。树的北面，有平缓的山冈自西向东延伸，连接到石崖所在的山峰。就在延伸的山冈的北面，有洼地积水，是马鹿塘，是说那是马鹿栖息饮水的场所。洼地的北面，是两座石崖对面紧束如门一样，塘中的水从那里外泄。沿着山冈往西上走半里，西面大山的山麓有一片山坡，巨树交错地倒在地上，白云红日披拂在空中，就是老和尚昔日来砍树想选为基址的地方，寄宿的茅屋，还在那片倒卧的大树的侧边。由此处向西上走，可以登到上台，但路更加隐蔽了，只得返回来经由前边的岔路向东北攀登悬崖，半里后登到悬崖顶上。向南俯瞰下台的佛龛寺庵，如同井底一寸高的人、豆大的马，在下方蠕蠕而动，这中台庵便成了一幅画。石城顶上正像一堵城墙，南北虽长一些但宽处都是一丈多，上下虽然悬绝但崖脚都是笔直竖立的。由顶上向东俯瞰，上江如一条线，而东境极北的曹涧，极南的牛角关，可以一眼望尽；只有西面的南北两端，被本山的支脉挡住，不能尽览崩戛、八湾那些地方了；向西眺望雪山的大山脊，可以平视作揖问候，只是深峡嵌在中间，不能径直攀登罢了。于是拿出老和尚带来的饭盘腿坐在悬崖脊上用餐,仍然经由原来的小径下山赶回中台庵。没到就下雨,被浓密的树林遮蔽着不觉得。到庵中后下大雨。和尚又准备了饭。下午雨停,就辞别僧人下山,住宿在蛮边的火头家中,等他们拿来烧鱼献上火酒吃后睡下。

十四日　从蛮边饭而行。仍从旧路东南一里,宜东下,误循大路倚西山南行。二里,望渡处已在东北,乃转一里,得东下之路,遂涉坑从田塍东行。一里,至早龙川家,即龙江之弟,分居于此,以主此渡者。时渡舟尚在江东岸,龙川迎坐以待之,其妻女即织纴于旁。出火酒糟生肉以供。余但饮酒而已,不能啖生也。雨忽作忽止,上午舟乃西过。又候舟人饭,当午乃发,雨大作。同渡者言,猛赖东溪水暴涨,横木沉水底,不能着足;徒涉之,水且及胸,过之甚难。余初以路资空乏,拟仍宿早龙江家,一日而至松坡,二日而至玛瑙山,皆可无烦杖头,即取所寄水帘石树归。今闻此,知溪既难涉,且由溪北岸溯流而入,由北冲逾岭,既免徒涉之险,更得分流之脊,于道里虽稍远,况今日尚可达歪瓦,则两日即抵郡,其行反速也。遂从渡口东向截坞望峡入,先由坞东行田塍间。一里,路为草拥,草为雨偃,几无从觅。幸一同渡者见余从此,亦来同行,令之前驱。半里,遂及峡口,循峡北突峰南麓东向入,溪沸于下,甚汹涌。五里,峡自北来,有村在东山下,曰猛冈①。路挟西山北转上坡,五里,遂东盘东峰之南椒。又东十里,有峡自东南来,想即猛淋所从来之小径也。于是折而北上山坳,二里,闻犬声。又里余,山环谷合,中得一坪,四五家倚之南向而居,曰歪瓦,遂止而宿。

【注释】

①猛冈：应即十五喧之一的蛮冈，即今芒冈。傣语"芒"为寨，"冈"
为中，意即中寨。今分为上芒冈、中芒冈、下芒冈三寨。

【译文】

十四日　从蛮边吃饭后上路。仍然从原路往西南行一里，应该向
东下走，却错误地沿着大路紧靠西山往南行。二里，远望渡江处已在东
北方，就转弯走一里，遇到向东下走的路，就涉过坑谷从田野中往东行，
一里，来到早龙川家中，他就是早龙江的弟弟，分居住在此地，是主管这
个渡口的人。这时渡船还在江东岸，早龙川迎接坐下等船，他的妻子女
儿就在旁边织布缝纫。拿出火酒与糟制生肉给我吃。我只是饮酒而
已，不能吃生肉。雨突然下突然停的，上午船才过到西岸来。又等候船
夫吃饭，正午才开船，雨势大作。一同渡江的人说，猛赖东溪的水暴涨，
横架的木头沉入水底，不能落脚；徒步涉水，溪水将要没到胸口，走过溪
水非常难。我起初因为缺乏路费，打算仍然住在早龙江家中，一天后到
松坡，两天后到玛瑙山，都可以不必麻烦带路费，就便取回寄放的水帘
洞石树回去。现在听到这话，知道溪水已经很难涉过去，并且由溪流北
岸溯流进去，经由北冲越岭，既免去徒步涉水的危险，更能见到分水的
山脊，就道路里程而言虽然稍远些，何况今天还可以到达歪瓦，那么两
天就可以抵达府城，那路反而走得快了。于是从渡口向东横截山坞望
着峡谷进去，先经由山坞往东行走在田野中。一里，路被草拥围着，草
被雨压倒，几乎无法找到路。幸好一同渡江的人见我从这里走，也过来
一同前行，叫他在前边引路。半里，便来到峡口，沿着峡谷北面前突山
峰的南麓向东进去，溪流沸腾在脚下，非常汹涌。五里，峡谷自北面来，
有个村庄在东山下，叫做猛冈。路傍着西山向北转上坡，五里，就向东
绕上东峰南面的山顶。又向东十里，有条峡谷自东南方过来，猜想就是
从猛淋过来的小径了。于是折向北登上山坳，二里，听见狗叫声。又走
一里多，山峰环绕山谷闭合，中间有一块平地，四五家人背靠山面向南

居住，叫歪瓦，便停下来住宿。

　　十五日　昧爽而炊①，平明饭而行。雨色霏霏②，南陟东坡一里，稍北下三里余，不得路。乃西向攀茅蹑坡，二里，登岭，乃得南来之路。又稍北，循崖曲复东向行。八里，有峡自东来，而大溪则自北峡来受，其回曲处藤木翳蔽，惟见水势腾跃于下。路仍北转溯之，遂从深箐中行。又二里稍下，渐与溪逼。又北五里，峡复转东，路乃东溯之。屡降而与溪会，一路皆从溪右深箐仄崖间。东北溯流行十五里，有一溪自北峡出，而下有田缘之，渐出箐矣。又东五里，其下田遂连畦夹溪。又东五里，又有水自西北峡来，溪源遂岐为两，有桥度其北来者，仍溯其东来者。其下田愈辟，路始无箐木之翳。又东五里，北界之山，中环为坪，而土官居之；_{亦早姓}，_{为龙江之佐}。南界之峡，平拓为田，而村落绕之，此即所谓北冲也。又东五里，山箐复合，是为箐口③。时才下午，而前无宿店，遂止。

【注释】

①昧爽而炊：原脱此四字，据徐本、陈本、史序本、"四库"本补。

②雨色霏霏：原作"雨中"，据徐本、陈本、史序本补。

③箐口：今名同，在保山市隆阳区北境，瓦房街边，土官驻地的北冲，今称瓦房，为瓦房乡驻地。

【译文】

　　十五日　天蒙蒙亮做饭，黎明吃饭后上路。雨势霏霏，往南上登东面的山坡一里，渐渐向北下行三里多，找不到路。于是向西抓着茅草登坡,二里,登岭,这才遇上南面来的路。又稍向北,沿着山崖弯曲处再向东行。八里,一条峡谷自东面来,而大溪则从北面的峡谷中流来接受了东来的溪水,溪流弯曲处藤蔓竹木掩映密蔽,只见汹涌的水势腾跃在下方。路仍然向北转溯溪流走,于是从深箐中前行。又行二里稍下走,渐渐与溪流逼近。又向北五里,峡谷又转向东,路于是向东溯溪流走。屡次下降后与溪流相会,一路上都是从溪流右边的深箐窄崖间走。向东北溯溪流前行十五里,有一条溪流自北面的峡谷中流出来,而下边有水田沿着溪流,渐渐走出山箐了。又向东五里,那下边的水田就连成片夹住溪流。又向东五里,又有水流自西北的峡谷中流来,溪流便岔为两条,有桥跨过那北面流来的溪流,仍然溯那条东面流来的溪流走。山下的田野更加开阔,道路开始没有竹丛树木的遮蔽。又向东五里,北面的一列山,中间环绕成平地,而土官住在这里;也是姓早,是早龙江的侄子。南面的峡谷,平缓拓展为田地,而村落环绕着这片平地,这就是所谓的北冲了。又向东五里,山箐重又合拢,这里是箐口。这时才是下午,可前方没有住宿的客店,便停下来。

是夕为中元,去岁在石屏,其俗犹知祭先,而此则寂然矣。

【译文】

这天晚上是中元节,去年在石屏,那里的风俗还知道祭祖先,可此地却寂然无声了。

十六日　平明饭①。由箐口东稍下入峡,二里,有涧自东北来,越之。其大溪则自峡中东来,犹在路之南。路从两涧中支东上,已复北倚中支,南临大溪,且上且平。七里稍下,又一里,下及溪,濒溪溯水而行。又里余,有木桥跨溪,遂度其南岸,倚南崖东向行。又里余,复度桥,行溪北岸。由是两崖夹涧,涧之上屡有桥左右跨,或度桥南,或度桥北,俱漾涧倚坡,且上且折。又连度六桥,共七里,水分两派来,一东南,一东北,俱成悬流,桥不复能施,遂从中坡蹑峻,盘垂磴而上。曲折八里,冈脊稍平,有庐三楹横于冈上,曰茶庵,土人又呼为蒲蛮寨,而实无寨也。有一道流瀹茗于中。余知前路无居庐,乃出饭就之而啖。又北上,始临北坑,后临南坑,始披峡涉水,后蹑磴盘脊,十里,乃东登岭坳。既至岭头,雨势滂沱,随流南下,若骑玉龙而揽沧海者。南下三里,雨忽中止,云霾遥涤。又二里,遂随西峡下,坠峡穿箐,路既蒙茸,雨复连绵。又五里,从箐底踏波随流出。又南五里,稍东逾一东障西突之坡。从其南坠坡直下者三里,复随峡倚东障之支南向行,其西中壑稍开,流渐成溪。二里,雨益大,沾体涂足,足滑不能定,上崄涉流②,随起随仆。如是者三四里,头目既伤,四肢受病,一时无可如何。雨少止,又东南五里,坞稍东曲,乃截坞而度一桥。桥下水虽汹涌浑浊,其势犹未大,仅横木而度。至是从溪西随西山行,溪逼东障山去。复逾坡坠箐向东南下,五里,又东南盘一坡,下涉一箐。又五里,转坡南,腋间得卧佛寺,已暮。急入其厨,索火炙衣,炊汤啖所存携饭,深夜而卧其北楼。

【注释】

①平明饭:原脱此三字,据徐本、陈本、史序本、"四库"本补。

②崄(xiǎn):高峻、险阻的山。

【译文】

十六日　黎明吃饭。由箐口向东稍下行进入峡谷，二里，有条山涧自东北流来，越过山涧。那条大溪则自峡中从东面流来，还在路的南边，路从两条山涧中间的支脉往东上登，随后又往北紧靠中间的支脉走，南边面临大溪，逐渐上走逐渐平缓起来。七里后渐渐下走，又行一里，下到溪流边，濒临溪流溯溪水前行。又行一里多，有座木桥跨在溪流上，就过到溪流南岸，紧靠南面的山崖向东行。又是一里多，又过桥，行走在溪流北岸。从这里起两面的山崖夹住山涧，山涧之上多次有桥跨到左右岸，有时过到桥南，有时过到桥北，全是山涧潆洄紧靠山坡，又是上走又是转弯，又一连过了六座桥，共行七里。水分为两条流来，一条来自东南，一条来自东北，都形成高悬的水流，不能再建桥，就从中间的山坡陡峻地上登，绕着悬垂的石阶往上走。曲折上登八里，冈脊上稍平缓了些，有三间房屋横在山冈上，叫做茶庵，当地人又称为蒲蛮寨，可实际上没有寨子。有一个道士在庵中煮茶。我知道前边的路上没有居民房屋，便拿出饭来到庵中吃饭。又向北上走，开始时面临北面的坑谷，后来面临南面的坑谷，开始时穿越峡谷涉过流水，后来踏着石阶绕上山脊，十里，便向东登上岭坳。来到岭头后，大雨滂沱，随着流水往南下走，就好像骑着玉龙力挽沧海的样子。向南下走三里，雨忽然中途停了，乌云雾霾远远涤荡着。又行二里，就顺着西面的峡谷下走，坠入峡谷穿越山箐，路既蒙蒙茸茸的，雨又连绵不断。又行五里，从箐底踏着水波顺流出来。又向南五里，稍往东越过东面一座屏障样山峰向西突的山坡。从山峰南面的山坡上一直下坠三里，再顺着峡谷紧靠东面屏障样山峰的支峰向南行，支峰西边中间的壑谷稍稍敞开，流水渐渐形成溪流。二里，雨更大，沾湿全身涂在脚上，脚下打滑不能站定，上登险峰涉过流水，随时站起来随即就跌倒。如此走了三四里，头和眼睛已经受伤，四肢筋疲力尽，一时之间无可奈何。雨稍停，又向东南五里，山坞略向东弯曲，就横穿山坞后走过一座桥。桥下的水虽然汹涌浑浊，但水势还不算大,仅仅是横架木头越过去。到这里从溪流西岸沿着西山行,溪流逼近东面屏障样的山峰流去。再翻越山坡坠入深菁向东南下走,五里,又向东南绕过一条山坡,下走涉过一个山菁。又行五里,转到山坡南面,山窝中见到了卧佛寺,已经天黑。急忙进去寺中的厨房,要火来烤衣服,烧来热汤吃下带来的剩饭,深夜才在寺中的北楼躺下。

十七日　晨起绝粮。计此地去郡不过三十余里,与前东自小寨归相似,遂空腹行。仍再上岩殿,再下池轩,一凭眺之。东南里许,过一小室,始有二家当路,是为税司。又南八里,过龙王塘峡,皆倚西山行。又东南五里,过郎义村,村西有路逾岭,为清江坝、打郎道。又南二十里,至郡城北通华门外,即随城北涧西上。二里入仁寿门,由新城街一里余,过法明寺前,西抵刘馆。余初拟至乾海子一宿即还,至是又十三日矣。馆前老妪以潘莲华所留折仪、并会真陶道所馈点畀余,且谓闪知愿使人以书仪数次来候。盖知愿往先茔①,恐余东返,即留使相待也。下午安仁来,俞禹锡同闪来,抵暮乃别。

【注释】

①先茔(yíng):祖先的墓地。

【译文】

十七日　早晨起床断了粮。估计此地离府城不超过三十多里,与此前从小寨归来相似,就空着肚子上了路。仍然再次登上岩洞中的佛殿,再次下到水池边的轩廊,凭眺了一番风光。向东南走一里左右,路过一间小屋,开始有两家人位于路旁,这是税司。又向南八里,经过龙王塘的峡谷,都是紧靠西山前行。又向东南五里,经过郎义村,村西有条路翻越山岭,是去清江坝、打郎的路。又向南二十里,来到府城北面的通华门外,立即顺着城墙北边的山涧向西上走。二里后进入仁寿门,经由新城街走一里多,路过法明寺前,往西抵达刘北有的书馆。我最初打算到乾海子去住一宿就回来,到这时又是十三天了。书馆前的老妇人把潘莲华留下的信札、赠送的路费以及会真楼陶道士赠送的点心交给我,并且说闪知愿派人拿着书信和馈赠的礼金几次前来等候。原来是闪知愿去祖先的墓地,担心我返回东方就留下使者相等了。下午安仁前来,俞禹锡同闪知愿来,到天黑才道别。

　　十八日　余卧未起,马元真同其从兄来候。余讶其早。曰:"即在北邻,而久不知。昨暮禹锡言,始知之。且知与老父约,而不从松坡返,能不使老父盼望耶?"余始知为太麓乃郎。太麓虽言其长子读书城中,而不知即与刘馆并也。禹锡邀饭,出其岳闪太翁降乩语相示①,录之,暮乃返。闪知愿使以知愿书仪并所留柬札来,且为余作书与杨云州。

【注释】

①降乩(jī):旧时迷信求神降示的一种方法,用木架在沙盘上划字预示吉凶。

【译文】

　　十八日　我躺在床上没起来,马元真同他的堂兄来访。我惊讶他们来得太早。他们解释说:"就在北边相邻,但长期不知道。昨天晚上俞禹锡说起,才知道住在近旁。并且知道您与老父亲相约,但没从松坡返回来,能不让老父亲盼望吗?"我这才知道他是马太麓的儿子。马太麓虽然说起过他的长子在城中读书,却不知道是就与刘北有的书馆相邻了。俞禹锡邀请我吃饭，拿出他岳父闪太翁扶乩时得到的话给我看，把它抄录下来，天黑才返回来。闪知愿的使者拿着闪知愿的书信、馈赠的礼金以及留下的柬帖前来，并为我写了给云州杨知州的信。

十九日　闪太史手书候叙，既午乃赴之。留款西书舍小亭间，出董太史一卷一册相示，书画皆佳，又出大理苍石屏置座间。另觅鲜鸡葼瀹汤以佐饭。深夜乃归馆。知安仁所候闪序已得，安仁将反命丽江矣。

【译文】

十九日　闪太史亲笔写信来等我去叙谈，中午后才去赴约。他款留我在西书房的小亭子中，拿出董其昌太史一个卷子一个册子给我看，书画都是佳作，又拿出大理苍山的石屏风放在座椅中间。另外找来新鲜鸡葼烧汤来下饭吃。深夜才回书馆。了解到安仁等着要的闪太史的序文已经得到，安仁即将返回丽江复命去了。

二十日　作书并翠生杯，托安仁师赍送丽江木公。

【译文】

二十日　写了封信连同翠生石杯，拜托安仁禅师带去送给丽江府木公。

二十一日　命顾仆往玛瑙山取石树，且以失约谢马元康。

【译文】

二十一日　命令顾仆前往玛瑙山去取石树,并以失约向马元康谢罪。

二十二日　雨①,禹锡同闪□□来寓②,坐竟日,贳酒移肴,为联句之饮。

【注释】

①雨:原脱,据徐本、陈本、史序本补。

②闪□□:叶本作"闪太史",史序本、"四库"本作"闪知愿"。二十九日记中"闪□□"同。

【译文】

二十二日　下雨,俞禹锡同闪□□来到寓所,坐了一整天,买酒端菜,联句饮酒。

二十三日　早,马元真邀饭。以顾奴往玛瑙山,禹锡知余无人具餐,故令元真邀余也。先是自清水关遇雨,受寒受跌,且受饥,连日体甚不安,欲以汗发之。方赴市取药,而禹锡知余仆未归,再来邀余,乃置药而赴之,遂痛饮。入夜,元真辈先去,余竟卧禹锡斋。禹锡携襆被连榻①,且以新绵被覆余,被褥俱丽甚。余以醉后觉蒸蒸有汗意,引被蒙面,汗出如雨,明日遂霍然,信乎挟纩之胜于药石也②。

【注释】

①襆(fú):被单。

②纩(kuàng):丝绵。

【译文】

二十三日　早上，马元真邀请去吃饭。因为顾奴去了玛瑙山，俞禹锡知道我无人做饭，所以让马元真来邀请我。这之前自从在清水关遇雨，受寒被摔，又挨饿，连日来身体十分不舒服，想要用出汗来发表风寒。刚到市场上去取来药，但俞禹锡知道我的仆人还没归来，再次来邀请我，便放下药去赴宴，于是痛饮。入夜后，马元真一帮人先离去，我竟然躺卧在俞禹锡的书斋中。俞禹锡拿来床单被子连同卧床，并且用新的丝绵被盖在我身上，被褥都非常华丽。我因为酒醉后觉得热腾腾地有出汗的意思，拉被子蒙在脸上，汗出得像下雨一样，第二天便霍然好转，确实是怀抱丝绵被胜过吃药呀！

二十四日　还寓。夜深而顾奴返。以马元康见余不返，亲往松坡询踪迹，故留待三日而后归也。

【译文】

二十四日　返回寓所。夜深后顾奴返回来。由于马元康见我没返回来，亲自前往松坡查询我的踪迹，故而顾奴留下等了三天后才归来。

二十五日　闪太史以所作长歌赠，更馈以赆。其歌甚畅，而字画遒劲有法，真可与石斋赠余七言歌并镌为合璧。已而俞禹锡又使人来邀移寓。余乃令顾仆以石树往视之，相与抵掌为异①。已而往谢太史之赐，太史亦为索观，遂从禹锡处送往观之。

【注释】

①抵(zhǐ)掌：拍手叫好。

【译文】

二十五日　闪太史把他所作的长歌相赠,另外馈赠了路费。他的长歌非常流畅,而且字画遒劲有笔法,真正可以与黄石斋赠送我的七言歌一同刻石,成为珠联璧合的作品。继而俞禹锡又派人来请我搬迁寓所。我于是命令顾仆拿着石树去给他看,互相击掌称异。随后前去感谢闪太史的赏赐,闪太史也为此想要观看石树,便从俞禹锡的住处送去给他观赏。

二十六日　禹锡晨至寓,邀余移往其斋。余感其意,从之。比至而知愿归,即同往晤,且与之别,知此后以服阕事①,与太史俱有哭泣之哀,不复见客也。比出门,太史复令人询静闻名号寺名,盖为静闻作铭已完②,将欲书以畀余也。更谓余,石树甚奇,恐致远不便,欲留之斋头,以挹清风。余谓:“此石得天禄石渠之供甚幸③,但余石交不固何!”知愿曰:“此正所谓石交也④。”遂置石而别。余仍还刘馆,作纪竟日。晚还宿于俞。既卧,太史以静闻铭来赐,谓明日五鼓祭先,不敢与外事也。

【注释】

①服阕(què):旧制,父母死后守丧三年,期满除服,称为服阕。

②铭(míng):古代刻于碑板或器物上称颂功德、记述事实的一种文体。

③天禄、石渠:皆阁名,汉初修在未央宫旁,专门收藏入关所得秦朝图籍,以后又增藏秘书。此处用以比喻石树放在闪家,犹如珍藏于天禄阁、石渠阁。

④石交:交谊坚固的朋友。

【译文】

二十六日　俞禹锡早晨来到寓所，邀请我搬到他的书斋去。我被他的诚意感动，听从了他。等来到书斋后才知道闪知愿归来了，立即一同前去会面，并且与与他道别，了解到他此后因为有服阕的事，与闪太史都有哭泣的哀痛，不再见客人了。到出门时，闪太史又派人来询问静闻的姓名、法号以及寺名，原来是他为静闻作的铭文已经完成，即将写好后交给我。另外对我说，石树非常奇特，恐怕带到远处不方便，想留在他书斋的案头上，以便感受一下清风。我说："这块石头得以存放在天禄阁、石渠阁一样的地方，非常幸运，但只是我与这块石头的交情不稳固怎么办？"闪知愿说："这正是所谓的坚如磐石的友情了。"便放下石树后告别。我仍旧返回刘北有的书馆，写了一整天日记。晚上回到俞禹锡的书斋住宿。躺下后，闪太史把静闻的铭文拿来赐赠，说他明天五更天祭祖先，不敢参与家外的事了。

二十七日　余再还刘馆，移所未尽移者。并以银五钱畀禹锡，买鸡葼六觔①。湿甚，禹锡为再蒸之，缝袋以贮焉②。乃为余定往顺宁夫。

【注释】

①觔：俗借为斤两的"斤"。"四库"本作"斤"。

②缝袋句：《黔书》卷下鸡葼条称："滇黔鸡葼之美，久为中州脍炙。""滇以永昌、蒙自为最，黔者普定所产，味不及滇"。光绪《永昌府志》杂纪志载："鸡葼，菌属，滇省在在有之，永郡惟永平尤多，以六七月大雷雨后生沙土中，或松下，或林中，鲜者多虫，间有毒，或云其下有蚁穴，出土一日即宜采，过五日即腐，采后过一日则香味俱减。土人盐而脯之，经年可食。若熬液为油，以代酱豉，其味尤佳，浓鲜美艳，侵溢喉舌，洵为滇中佳品，汉使所求蒟酱当

是此物。从来解者皆以为扶留藤,即今蒌子也,其味辛辣,以和槟榔之外,即不堪食,此有何美而求之。盖虽泥于蒟字之义,实于酱字之义何取? 必非扶留可知。然古今相沿已久,卒莫有识其误者,特为表而志之,格物之士或有采焉。"鸡葼(zōng)今作鸡㙡。云南鸡葼著名,霞客对鸡葼尤有爱好。至今油鸡㙡及干鸡㙡仍为云南特产。鸡㙡油是否蒟酱,此为一说,录出备考。

【译文】

二十七日　我再次返回刘北有的书馆,去搬没搬完的东西。并拿五钱银子交给俞禹锡,买来六斤鸡葼。湿气非常重,俞禹锡为我再蒸过,缝在布袋里贮存好。于是为我讲定了前往顺宁府的脚夫。

二十八日　夫至欲行,禹锡固留,乃坐禹锡斋头阅《还魂记》[1],竟日而尽。晚酌遂醉。夜大雨。

【注释】

①《还魂记》:即《牡丹亭》,又名《牡丹亭还魂记》,明人汤显祖撰。

【译文】

二十八日　脚夫到了打算上路,俞禹锡坚决挽留,只好坐在俞禹锡书斋的案头阅读《还魂记》,一整天就读完了。晚上饮酒居然喝醉了。夜里下大雨。

二十九日　晨,雨时作时止。待饭待夫,久之乃别禹锡。适马元真、闪□□亦来送。遂出南门,从大道南二里,至夹路村居之街,遂分路由东岐,当平坞中南行,西与沙河之道相望。五里,过神济桥。其南居庐连亘,是为诸葛营[1],诸葛之祠在焉,东向,颇小。又南为东岳庙,颇巨,亦东向。

又南五里,为大树墩②,亦多居庐。村之北有小溪东南流,村之南有小溪东北流,合于村之东而东去,此两流即卧狮窝之水也。又南三里,有水自西沿南坡而东,此乃坳子铺东注之水,小石桥跨其上。越桥南上坡,路分为三:一西南向大山之麓,一东南为石甸、姚关之道,一直东为养邑道。于是直东行坡上。三里,有小溪自南而北,此亦自西南而来,至此北注而入于东溪,同东向落水坑者,其源当出于冷水箐。于是下越一木桥,复东上坡,坡北有村倚之,其地为三条沟③。由坡东东南下而复上,三里,越一冈,有两三家当冈头,是为胡家坡④。越冈而东,三里又下,有水自南而北,南坞稍开,下盘为田,有数家倚南冈,是为阿今⑤。过阿今,复东上三里,其南坞水遂分东西下。又东五里,乃饭。又三里稍下,为养邑⑥。南有坞盘而为田,北正对笔架山之南垂,有数家当坞。日才下午,而前无止处,遂宿。

【注释】

①诸葛营:今名同,又称汉营,在保山坝子西部,公路东侧。《明一统志》金齿军民指挥使司祠庙载:"武侯庙,在司城南一十里,蜀汉诸葛亮擒孟获屯营于此,民怀其德,立祠祀之。至今土人自称为诸葛之遗民,因名诸葛村。"

②大树墩:今作大树屯。

③三条沟:今名同。

④胡家坡:今名同。此数村皆在今保山至昌宁的公路上。

⑤阿今:今作阿金,在胡家坡稍南的公路西边。

⑥养邑:今作羊邑街,在保山市隆阳区东南境,大庄东邻。

【译文】

二十九日　清晨,雨时下时停。等着吃饭等脚夫来,很久后才告别俞禹锡。恰好马元真、闪□□也来送行。于是走出南门,从大道向南二里,来到村庄房屋夹住道路的街市,就分路从东边的岔路走,在平旷的山坞中往南行,西面与去沙河的路相望。五里,走过神济桥。桥南居民房屋连绵不断,这里是诸葛营,诸葛亮的祠堂在这里,面向东,很小。又在南边是东岳庙,相当巨大,也是面向东。又向南五里,是大树墩,也有很多居民房屋。村庄的北边有条小溪往东南流,村庄的南边有条小溪向东北流,在村庄的东面合流后向东流去,这两条溪流就是卧狮窝流来的水了。又向南三里,有流水自西面沿着南面的山坡往东流,这是坳子铺向东流注的水,小石桥跨在流水上。越到桥南上坡,路分为三条:一条往西南通往大山的山麓,一条往东南是去石甸、姚关的路,一条向正东是去养邑的路。于是向正东行走在山坡上。三里,有条小溪自南往北流,这也是自西南流来,流到此地往北注入到东溪,一同往东流向落水坑的溪流,它的源头应当出自于冷水箐。从这里下走越过一座木桥,再向东上坡,山坡北面有村庄紧靠山坡,那地方是三条沟。由山坡东面往东南下走后再上走,三里,翻越一座山冈,有两三家人在冈头上,这是胡家坡。越过山冈往东行,三里后又下走,有水流自南往北流,南面的山坞稍微开阔了一些,下面盘绕成田地,有几家人背靠南面的山冈,这里是阿今。过了阿今,又向东上走三里,这里南面山坞中的水于是分向东、西下流。又向东五里,才吃饭。又行三里稍下走,是养邑。南面有山坞盘绕开垦为农田,北方正对着笔架山的南垂,有几家人位于山坞中。日头才是下午,可前方没有停留的地方,便住下了。

三十日　店妇鸡鸣起炊,平明余起而饭[①],出店东南行。稍下,渡南来小溪,即上坡,东逾南转,即养邑东环之支也。有公馆当坡,西瞰墅中,田庐历历。东逾坡而下,又涉一小

坞而东上坡,遂行冈头,共五里。路分二岐:一东南者,为西
邑道;一西北者,为山河坝道。先是问道,多言由西邑逾芭
蕉岭达亦登②,有热水从石盘中溢出,其处有大道通顺宁。
余欲从之,而养邑店主言,往西邑路近,而山溪无桥,今雨后
无桥,水涨难渡;当折而北,由山河坝渡其下流,仍由枯柯而
达亦登为便。至是,见同行者俱不走西邑而走山河坝,余亦
从之。

【注释】

①店妇鸡鸣起炊,平明余起而饭:原仅"平明起而饭",据徐本、陈
　本、史序本补"店妇鸡鸣起炊"、"余"等字。"四库"本作"店妇鸡
　鸣起炊平明饭"。

②西邑:今名同,在保山市隆阳区东南隅。

【译文】

三十日　店里的妇人鸡叫起床做饭,黎明我起床后吃饭,出客店后
往东南行。稍下走,渡过南面流来的小溪,立即上坡,向东翻越转向南,
就是自养邑向东环绕的支脉了。有公馆位于坡上,向西俯瞰壑谷中,田
野房屋历历在目。向东越过山坡往下走,又涉过一个小山坞后往东上
坡,于是行走在冈头,共五里。路分为两条岔路:一条向东南的,是去西
邑的路;一条往西北的,是去山河坝的路。这之前问路,多数人说经由
西邑翻越芭蕉岭到达亦登,有热水从石盘中溢出来,那个地方有大路通
往顺宁府。我想从这条路走,可养邑客店的主人说,去往西邑的路近,
但山间的溪流中没有桥,今天是雨后又没有桥,溪水上涨后难以渡过
去;应当折向北走,经由山河坝渡过溪流的下游,仍然经由枯柯到达亦
登也很方便。到这时,见同行的人都不走西邑而是走去山河坝的路,我
也跟随着他们。

　　遂西北两涉小坞，二里余，升坡而东，遂循永昌溪南崖行。溪嵌崖底，止见北崖削壁下嵌，而犹不见水。又东二里稍下，见水嵌崖底如一线，遂东见其门对束如削，门外环畴盘错，溪流曲折其中，有村倚北崖之东，即落水寨也。其南崖之夹溪为川者，东突如踞狮，水从其北出，路从其南下。半里，遂由狮腋下降，路甚逼仄，半里，抵狮麓。又东半里，一溪自南坞来，有坝堰其上流，有桥跨其下流。度桥东行田塍间，泞甚。一里，登坞东冈南行。一里，见坞西有瀑挂西崖，历两层而下，注坞中南来之溪。路隔对之，东向入峡，雨大至。二里，逾岭头，有路西南来合，山头坑洼旁错，乱水交流。又东三里，再度坑坳，盘而东北行。其下有流①，破石搜崖，亦突而北注。随之一里余，乃东下越其流。又东北上半里，见东坞又有小水自东而西向，与南来之溪合于北崖下。北崖纯石耸起，其上树木葱郁，而下则有穴，伏而暗坠，二水之所从入也。又东向上岭，半里，逾其脊。行岭头半里，始见东壑有田下盘，其东复有山夹之。路从岭上转而南行，一里余而下。下半里，其坞自南而北，水亦经之。度桥溯流而南，二里，南坞稍开，是为五马②。其西南壑中居庐颇多，东坡上亦有四五家居路左。坡南有一坑，自东峡出，有小水从其中注西南壑。下坑，涉其水之南，溯之东上。里余，随峡南转，而坑中水遂穷，有脊自东而西。度脊南，复坠坑而下，从脊东行，转坑东之崖。其下亦嵌而成壑，壑中亦有人家，隐于深崖重箐之间，但闻鸡鸣舂响而已。东坑既尽，从其上涉坞升冈，见冈南一峰特耸而卓立，白雾偏笼其半，乃东来脊上石峰之层起者。由其北穿坳而东，共二里而抵坳中之脊。有巨石当脊而中踞，其高及丈，大亦如之，其上有孔，大及尺，深亦如之，中贮水及其半，不涸不盈，正与哀牢金井之孔相似。踞大石而饭。土人即名此岭为大石头。

【注释】

①其下有流："流"原作"坑"，据"四库"本改。

②五马：今作乌马，在保山市隆阳区南隅、西邑东邻，保山至昌宁的公路边。

【译文】

于是向西北两次涉过小山坞，二里多，向东登坡，就沿着永昌溪南面的山崖走。溪流深嵌在山崖底下，只见北面山崖陡削的石壁下嵌，还仍然看不见溪水。又向东二里稍下走，看见溪水嵌在山崖底下像一条线，终于看见东面的峡口相对紧束如刀削出来的一样，峡口以外环绕的田亩盘绕交错，溪流曲折流淌在田野中，有个村子紧靠在北面山崖的东边，就是落水寨了。村子南面的山崖夹住溪流成为平川的山，向东前突如同蹲坐着的雄狮，水从雄狮的北边流出去，路从雄狮的南边往下走。半里，就由雄狮侧旁下降，路非常狭窄，半里，抵达雄狮山山麓。又向东半里，一条溪流自南面的山坞中流来，有水坝挡在溪流上游，有座桥跨在溪流下游。过桥后往东前行在田野间，非常泥泞。一里，登上山坞东面的山冈往南行。一里，看见山坞西面有瀑布挂在西面的山崖上，历经两层往下落，注入山坞中南面流来的溪流中。路隔着山坞面对瀑布，向东进入峡中，大雨来临。二里，翻越岭头，有条路从西南过来会合，山头上深坑水注四旁错杂，雨水交错乱流。又向东三里，两次穿越坑谷山坞，回绕着往东北行。坑谷下边有流水，冲破岩石搜寻山崖，也是奔涌着向北流淌。顺着水流走一里多，就向东下走越过水流。又向东北上走半里，看见东面山坞中又有小溪自东向西流，与南面来的溪水在北面的山崖下合流。北面的山崖是纯粹的岩石,高高耸起,山崖上树木郁郁葱葱,而下边则有洞穴低伏着,黑暗深坠,是两条溪水流进去的地方了。又向东上岭,半里,登上岭脊。前行在岭头半里,开始望见东面的壑谷中有农田盘绕在下方,壑谷的东面又有山夹住壑谷。路从岭上转向南行,一里多后下走。下行半里,那个山坞自南向北延伸,水也流经山坞中。过桥后溯水流往南行,二里,南面的山坞渐渐开阔起来,这里是五马。这里西南方的壑谷中居民房屋相当多,东面的山坡上也有四五家人住在道路左边。山坡南面有一个坑谷,从东面的峡中出来,有条小溪从坑谷中注入西南方的壑谷中。走下坑谷,涉到溪水的南岸,溯溪流往东上行。一里多,顺着峡谷向南转,而坑谷中的水便完了,有条山脊自东向西延伸。翻越到山脊南边,又有下坠的坑谷,从山脊上往东行,转到坑谷东面的山崖上。山崖下边也是深嵌成壑谷,壑谷中也有人家,隐藏在深深的山崖与重重山箐之间,只是听得见鸡叫声和舂米的响声而已。东面的坑谷到头后,从坑谷向上涉过山坞登上山冈,只见山冈南面一座山峰特别高耸卓立,白雾偏在一侧笼罩着半个山峰,是东面延伸来的山脊上层层突起的石峰。由石峰北面穿过山坳往东行,共二里后抵达山坳中的山脊。有块巨石在山脊中间盘踞着,岩石高达一丈,大处也如此,岩石上有个孔,大到一尺,深处也如此,孔洞中贮存着的水到达孔洞的半中腰,不干也不满,正好与哀牢山金井的孔洞相似。坐在大石头上吃饭。当地人就把这座岭起名为大石头。

　　从石东下坞中,道分为二:一由东向逾冈者,为大道,稍迂而达大猎彝[①];一由东南下峡者,为捷道,稍近而抵小猎彝。此皆枯柯属寨也。乃由峡中下,于是石崖南突,丛箐交萦,北嵌为峡,南耸为崖。二里,行南冈之上。又二里,盘冈嘴而南,其东峡中,平坠南绕。盖由此嘴东坠,其下皆削崖,故路又分为二：一由崖下循崖根南转，一由崖上蹑崖端南曲。乃从崖端南逾石隙而下，一里，仍随南坡东转。还瞰所逾之崖，壁立下嵌，其下盘为深坞，崖根有泉淙淙出穴间，小路之下盘者因之；遥望北崖山冈，排闼东出，大道之东陟者因之。余平行南冈，又东一里，下盘之小路逾冈来合。又东一里余，南冈复东突，路下其北腋间。复盘坳东上半里，登东冈之南坡，始东见枯柯之川，与东山相夹，而未见其西底。又西南见岭头一峰，兀突插云雾中，如大士之披络而坐者，闪烁出没，亭亭独上，乃南来脊上之峰，不知其为何名也。又东一里，复转冈之北坡，东下一里，有四五家倚冈而居，是为小猎彝。余欲下坡问亦登道，土人行人皆言下坡至江桥不可止宿，亦无居停之家，循江而南至亦登，且五六十里，时已不及，而途无可宿，必止于是。时才过午，遂偕止而止。幸主人杨姓者，知江流之源委，道路之曲折，询之无不实，且知溢盘温泉不在亦登而在鸡飞。乃止而作纪，抵暮而卧。

【注释】

①大猎彝：今作大腊邑，或称腊邑坝。下句"小猎彝"：今作小腊邑。二村皆在昌宁县西北隅，大腊邑在北，当公路旁；小腊邑在南。"猎"(liè 烈)，"腊"(là 蜡，又 xī 西)。它们含义不同，读音各异。"猎"应为"腊"，因形近而误。

【译文】

从大石头向东下到山坞中，路分为两条：一条由东面翻越山冈的，是大路，稍微绕些路，通到大猎彝；一条由东南下到峡中的，是捷径，稍近一些，通到小猎彝。这都是枯柯下属的寨子。于是从峡中下走，到这里石崖向南前突，树丛竹林交错萦绕，北面嵌为峡谷，南面高耸成山崖。二里，行走在南面的山冈上。又行二里，绕过山冈的山嘴往南走。这里东面的峡谷中，平缓下坠往南回绕。原来是从这里的山嘴往东下坠，那下边全是陡削的山崖，所以路又分为两条：一条由山崖下沿着崖脚向南转，一条由山崖上登崖顶向南弯曲。于是从崖顶向南钻过石缝下走，一里，仍然顺着南面的山坡向东转。回身远望翻越过来的山崖，墙壁一样竖立下嵌，山崖下盘绕成深深的山坞，崖脚有泉水从洞穴中淙淙流出来，向下盘绕的小路靠着泉水走；遥望北面的山崖山冈，门扉一样在东面排列而出，往东上登的大路沿着山冈走。我平缓前行在南冈上，又向东一里，向下盘绕的小路越过山冈前来会合。又向东一里多，南冈又向东突，路下到山冈北面的山窝间。又绕着山坞往东上登半里，登上东冈南面的山坡，开始看见东面枯柯所在的平川，与东山相夹，但看不见平川西面的底部。又看见西南方的岭头有一座山峰，突兀地上插进云雾之中，如同观音大士披着璎珞坐着的样子，闪烁出没，亭亭玉立，独立在上，是南面延伸来的山脊上的山峰，不知它是什么名字了。又向东一里，再转过山冈北面的山坡，向东下行一里，有四五家人背靠山冈居住，这里是小猎彝。我想下坡去打听前往亦登的路，当地人和走路的人都说下坡去到江桥不能住宿，也没有居住停歇的人家，沿着江流往南到亦登，将近五六十里，时间已来不及，而且途中无处可住，必须住在这里。此时才过中午，便跟随同行的人一同住下来。幸好姓杨的房主人，知道江流的源流和道路的曲折情况，询问他没有不符合实际的，并且知道石盘中溢出的温泉不在亦登而是在鸡飞。于是住下来写日记，到天黑才睡下。

永昌志略

汉永昌郡①，元为大理金齿等处宣抚司，总管置司治于永昌，后改为宣慰使司都元帅府。洪武十五年平云南，前永昌万户阿凤率其众诣指挥王贞降附，仍置永昌府，立金齿卫。十六年六月，麓川彝叛②，屠其城。二十三年，省府，改金齿卫为金齿军民指挥使司。从指挥使胡渊请也。于是遂名金齿，不名永昌，而实非金齿之地③，如澜沧江在永昌，而澜沧卫在北胜，各不相蒙。盖国初立卫，经理皆出武臣，故多名实悖戾耳④。景泰中设镇守，弘治二年设金腾道。嘉靖元年巡抚何孟春⑤、郴州籍，江阴人。巡按御史陈察常熟人。疏革镇守，设永昌府，立保山县，改金齿指挥使司为永昌卫。府领州一腾越，县二保山、永平，仍统潞江安抚司，凤溪、施甸二长官司。

【注释】

①汉永昌郡：永昌置郡始于东汉。公元 69 年，哀牢全部内属，汉王朝以其地置哀牢、博南两县，并分出原益州郡西部都尉所领的不韦、嶲唐、比苏、楪榆、邪龙、云南等六县，合为永昌郡。永昌郡辖境宽阔，包有洱海周围的昆明人和澜沧江以西的哀牢地两大部分。三国时，洱海地区分出为云南郡，永昌郡仍长期包有今保山市、临沧市、普洱市所辖各县及其以西、以南的广阔土地，置有不韦、嶲唐、比苏、博南、永寿、哀牢、南涪、雍乡等八县。

②麓川彝叛：原脱"彝"字，据徐本补。

③"于是"三句：顾炎武《肇域志》永昌军民府载："按永昌非金齿地。金齿在永昌徼外千里。古蒙乐山之银生甸。《纲目》注云：金齿地连八百媳妇。则其去永昌远矣。元置金齿百夷诸路，而永昌则隶大理路，初不相摄也。""最后不能守，移置金齿卫于永昌，乃遂以永昌为金齿，而诸《志》皆然，岂非误耶！"

④"盖国初"三句：《明史·地理志》北胜州载："澜沧卫旧在州南，本

澜沧卫军民指挥使司,洪武二十八年九月置,属都司。弘治九年徙州来同治。寻罢军民司,止为卫。西南有澜沧山。"《清史稿·地理志》永北直隶厅载:"西南澜沧山,卫、驿皆以此得名。"悖戾(bèi lì):违背。按,据《明史·地理志》"北胜州"及《清史稿·地理志》"永北直隶厅"相关记载,澜沧卫系以今永胜县城西南二里的澜沧山得名,并非完全"违背"事实。

⑤巡抚:明初派京官巡抚地方,事毕即罢。宣德时在一些地方专设巡抚,遂与总督同为地方的最高长官。俗称抚臣、抚院、抚台。

【译文】

汉代的永昌郡,元代是大理金齿等处宣抚司,总管在永昌设置了宣抚司治所,后来改为宣慰使司都元帅府。洪武十五年(1382)平定云南,前朝的永昌万户阿凤率领他的部众到指挥王贞处投降归附,仍旧设置了永昌府,建立了金齿卫。十六年(1383)六月,麓川彝人反叛,永昌城被屠城。二十三年(1390),撤销府,把金齿卫改为金齿军民指挥使司。是听从指挥使胡渊的奏请。从那时起便改名为金齿,不再称为永昌,但实际上不是金齿的地域,如同澜沧江在永昌府,可澜沧卫在北胜州一样,各自不相统辖。大概是国朝初年建立卫所时,谋划治理都是出自于武臣,所以有许多名称和事实相背离的事罢了。景泰年间(1450—1456)设立镇守使,弘治二年(1489)设立金腾道。嘉靖元年(1522)巡抚何孟春、原籍郴州路,江阴县人。巡按御史陈察常熟县人。上疏废除镇守使,设为永昌府,建立了保山县,把金齿军民指挥使司改为永昌卫。府管辖一个州、腾越州两个县,保山县、永平县。仍然统领潞江安抚司、凤溪和施甸两个长官司。

保山编户十里①。又城北彝民曰"喧",共十五;城南彝民曰"寨",共二十八②。

【注释】

①里：县以下的基层行政单位。明初以一百一十户为一里，推丁多粮多的十户为里长，其余百户为十甲，甲设甲首一人。

②"又城北彝民"四句：两处"彝"字皆脱，据徐本补。

【译文】

保山县编入户籍的有十个里。另外城北的彝民称为"喧"，共十五个喧；城南的彝民称为"寨"，共二十八个寨。

　　洪武三十三年，改腾冲守御千户所隶金齿司①。正统十四年，升为腾冲军民指挥使司，与金齿并。嘉靖二年，复置州，隶永昌府，改指挥使司为腾冲卫，州名腾越。在府城南三百六十里②，以地多藤，元名藤州③。

【注释】

①洪武三十三年，改腾冲守御千户所隶金齿司："洪武三十三年"，《明一统志》、《读史方舆纪要》作"洪武末"，《明史·地理志》作"永乐元年"，《嘉庆重修一统志》作"洪武三十一年"。

②在府城南三百六十里：《明一统志》载，金齿司"西至腾冲卫界二百三十里"，腾冲"东至金齿潞江安抚司界一百二十里"。《寰宇通志》所载同。《清史稿·地理志》亦载腾越厅在永昌"府西三百六十里。"此处"府城南"与实际方位不符，疑应为"府城西"。

③以地多藤句：腾冲在唐代作"藤充"，见《蛮书》。"以地多藤"，是对藤充最好的解释。但元代记录无藤州，藤州似即藤越州的省称。《元史·地理志》："腾冲府，在永昌之西，即越睒地，唐置羁縻郡。蒙氏九世孙异牟寻取越睒，逐诸蛮有其地，为软化府。其后白蛮徙居之，改腾冲府。元宪宗三年，府酋高救内附。至元十一年，改藤越州，又立藤越县。十四年，改腾冲府。二十五年，罢

州县,府如故。"

【译文】

洪武三十三年(1400),将腾冲守御千户所改为隶属于金齿军民指挥使司。正统十四年(1449),升级为腾冲军民指挥使司,与金齿同级。嘉靖二年(1523),重新设州,隶属于永昌府,把指挥使司改为腾冲卫,州名叫腾越。在府城南面三百六十里处,由于此地出产的藤条很多,元代名叫藤州。

永平,即东汉之博南县①。以山名。洪武初隶永昌府。二十三年②,改府为金齿指挥司,属指挥司管辖。嘉靖二年,复府,仍属府。在府东一百七十里。

【注释】

①即东汉之博南县:东汉博南县治今永平县花桥。直到数十年前,花桥仍称博南镇。

②二十三年:原作"三十二年",据上文及《明史·地理志》改。

【译文】

永平,就是汉代的博南县。用山来起名。洪武初年隶属于永昌府。二十三年,把府改为金齿指挥使司,属于指挥使司管辖。嘉靖二年,恢复府制,仍然归属永昌府。在府城东面一百七十里。

潞江安抚司,在城西南一百三十里。元柔远路,国初柔远府,永乐九年立安抚司。

【译文】

潞江安抚司,在府城西南一百三十里。元代是柔远路,国朝初年是柔远府,永乐九年(1411)设立安抚司。

凤溪长官司[1]，在城东二十五里。

【注释】

①凤溪长官司：在今保山市隆阳区东北，老营之南。

【译文】

凤溪长官司，在府城东面二十五里。

施甸长官司[1]，在城南一百里。唐银生府北境[2]，元为石甸，后讹为施甸。

【注释】

①施甸长官司：即今施甸县。

②唐银生府：银生府不是唐的建置，系唐代南诏所设银生节度，管理"墨嘴之乡"的广大傣族地区，中心在今澜沧拉祜族自治县北部的上允。

【译文】

施甸长官司，在府城南面一百里。是唐代银生府的北部辖境，元代是石甸，后来错读为施甸。

近腾诸彝说略

腾越密迩诸彝[1]，实滇西藩屏。而滇境大势，北近吐蕃，南皆彝缅，郡邑所置，介于其间，不过以声教羁縻而已。正统以来，经略南彝者，设宣慰司六，御彝府二[2]，宣抚司三，州四，安抚司一，长官司二。如孟养阻负于西，最为荒僻，而缅甸、八百、老挝，地势濒海，木邦、车里、孟密，又在其内，业非羁縻所可制驭,而近听约束者,惟南甸、干崖、陇川而已。数十年频为缅患,如刁落参以南甸近彝,夺刁落宁之官,尚构缅内讧,为兵备胡公心忠所歼③;岳凤父子以陇川舍目谋主多思顺之地,造逆犯顺,为游击刘綎所擒④,边境赖以安。其后阿瓦日强,蚕食日多。幸抚彝同知漆文昌、知州余懋学,请大司马陈公用宾檄暹罗以弱缅⑤,而腾获稍康。迨思正就戮,瓦酋猖獗,命思华据迤西,思礼据木邦,思绵据蛮莫,而内地渐为逆缅所窃。至若多俺席麓川之旧,附缅而叛天朝,参将胡显忠平之。多安民藉安酋、瓦酋之援,负固以拒天兵,兵备黄公文炳、参将董献策取之,腾之获存者,幸也! 目今瓦酋枭悍称雄,诸彝悉听号召,倘经略失驭⑥,其造乱者,尤有甚于昔也,为腾计者慎之! 外芒市虽属府,近于猛稳为木邦辖⑦,藏贼劫掠,腾境不安,所恃简廷臣防御之⑧,而反罹其害。自后当重其责以弭变⑨,庶于腾少安云。

【注释】

①密迩(ěr):贴近。迩,近。

②御彝府二:即孟定御夷府,治今耿马傣族佤族自治县孟定。孟艮御夷府,治今缅甸景栋。

③兵备:明代于各省重要地方设整饬兵备的道员,称为兵备道或兵备。

④为游击刘綎所擒:“游击”原作“参将”,据陈泓抄本、《明史·刘綎传》、《明史·云南土司传》改。

⑤暹罗:即今泰国。旧分暹与罗斛两国,十四世纪中叶,两国合并,称暹罗国。

⑥失驭(yù):失其统驭的办法。

⑦猛稳：清时设猛稳卡，属龙陵厅。今作勐稳，在芒市南境。

⑧简：原缺，据扫叶山房本、丁本补。通“柬”，选择。

⑨弭（mǐ）变：消除变乱。

【译文】

腾越附近地区的各族彝民，实际上是滇西的屏障。而云南省边境的大体形势，北部接近吐蕃，南边全是缅甸的彝人，设置府县的地区，介于两者之间，不过是用声威教化来羁縻约束而已。正统年间（1436—1449）以来，经营治理南部彝人的人，设置了六个宣慰司，两个御彝府，三个宣抚司，四个州，一个安抚司，两个长官司。如同孟养，在西面依仗险阻，最为荒凉偏僻，而缅甸、八百、老挝，地势濒海，木邦、车里、孟密，又在这些地区以内，已不是靠羁縻政策可以制服驾驭的了，而近处听从朝廷约束的，唯有南甸、干崖、陇川而已。几十年来缅人频频成为边患，例如刁落参因为南甸靠近彝人，抢夺了刁落宁的官位，还造成缅人内讧，被兵备道胡心忠歼灭；岳凤父子以陇川头目的身份图谋掌管多思顺的领地，造反作乱，被游击将军刘綎擒获，边境地区赖以安宁。那以后阿瓦日渐强盛，蚕食边疆的事日渐多起来。幸好主张安抚彝人的同知漆文昌、知州余懋学，请求大司马陈用宾发檄文给暹罗，得以削弱缅人，从而腾越稍微获得平安。到思正被斩时，阿瓦的贼首猖獗，命令思华占据迤西，思礼占据木邦，思绵占据蛮莫，而且内地渐渐被叛逆的缅人所窃据。至于多俺席是麓川的旧部，归附缅人而叛逆天朝，参将胡显忠平定了他。多安民凭借安酋、瓦酋的援助，依仗险要的地形来抗拒天朝的大军，兵备道黄文炳、参将董献策攻取了那里，腾越得以保存下来，侥幸呀！如今阿瓦首领强悍称雄，各族彝人全听他的号召，倘若经营治理失去驾驭的方法，那些制造动乱的人，更有比从前厉害的，为腾越谋划考虑的人对这种形势要慎重！另外，芒市虽然隶属于永昌府，近来由于猛稳为木邦管辖，窝藏盗贼抢劫掳掠，腾越境内不得安宁，所依赖的是选择朝廷中的大臣防御，搞不好就反遭他的祸害。自此以后应当加重镇边大臣的责任以便消除变乱，这样腾越庶几能稍稍安宁了。

滇游日记十二①

【题解】

《滇游日记十二》是徐霞客在云南省西部从永昌府(今保山市)回鸡足山的游记。

崇祯十二年(1639)八月初一日,徐霞客从小猎彝起行,往东南经枯柯新街、右甸(今昌宁县)、锡铅、顺宁府(今凤庆县)、鹿塘达云州(今云县)。复回顺宁府,往北渡澜沧江和黑惠江入蒙化府(今巍山彝族回族自治县),转东过龙庆关到迷渡(今弥渡县),再往东转北,经过洱海卫(今祥云县)、荞甸、宾川州(今宾川县州城),于二十二日回到鸡足山。

这是徐霞客一生的最后一段壮游,取道这条路线是为了追踪考察澜沧江,在云县终于搞清了澜沧江独流入海,不与礼社江合,订正了《明一统志》的讹误。在弥渡和巍山又得睹礼社江源,可惜霞客当时还不知道阳江是礼社江西源。至此,徐霞客在云南完成了对长江、珠江、红河、澜沧江、怒江及伊洛瓦底江支流等六条大河的考察。沿途浴锡铅温泉,游天摩雅寺;再探清华洞,因水淹及洞口,"望门而止";遍寻鸡飞温泉,却茫不可得。终因久涉瘴地,染疾在身,"头面四肢俱发疹块","时时有蠕动状"。旅途的艰辛于此可见。

己卯八月初一日② 余自小猎彝东下山。猎彝者,即石甸北松子山北曲之脉，其脊度大石头而北接天生桥，其东垂之岭，与枯柯山东西相夹。永昌之水，出洞而南流，其中开坞，南北长四十里，此其西界之岭头也。有大、小二猎彝寨，大猎彝在北岭，小猎彝在南岭，相去五里，皆枯柯之属。自大石头分岭为界，东为顺宁，西为永昌，至此已入顺宁界八里矣。然余忆永昌旧志，枯柯、阿思郎皆二十八寨之属，今询土人，业虽永昌之产，而地实隶顺宁，岂顺宁设流后界之耶？又忆《一统志》、《永昌志》二者，皆谓永昌之水东入峡口，出枯柯而东下澜沧。余按《姚关图说》，已疑之。至是询之土人，揽其形势，而后知此水入峡口山，透天生桥，即东出阿思郎，遂南经枯柯桥，渐西南，共四十里而下哈思坳，即南流上湾甸③，合姚关水④，又南流下湾甸，会猛多罗⑤，而潞江之水北折而迎之，合流南去。此说余遍访而得之猎彝主人杨姓者，与目之所睹，《姚关图》所云，皆合，乃知《统志》与《郡志》之所误不浅也。其流即西南合潞江，则枯柯一川，皆首尾环向永昌，其地北至都鲁坳南窝，南至哈思坳，皆属永为是，其界不当以大石头岭分，当以枯柯岭分也。

【注释】

①《滇游日记十二》：在乾隆刻本第十册上。

②己卯：崇祯十二年，公元 1639 年。

③湾甸：在昌宁县西南隅，枯柯河下游。傣语称勐哑，意为两河相汇的坝子；明永乐元午（1403）置湾甸长官司，后升为湾甸御夷州。上湾甸称城子，即过去土司驻地。下湾甸称新城。

④姚关：今名同，在施甸县南境。姚关有风景胜地清平洞，竹木掩

映,桥榭错落有致。姚关曾是古战场,至今还有明将邓子龙的遗迹磨剑亭、烹象池、古碑亭等。

⑤猛多罗:即今勐波罗河。

【译文】

己卯年八月初一日　我从小猎彝向东下山。猎彝这地方,就是石甸北面松子山往北弯曲延伸的山脉,山脉的山脊延伸过大石头后往北接到天生桥,山脉往东下垂的山岭,与枯柯山东西相夹。永昌的水,出洞后往南流,两列山中间是开阔的山坞,南北长四十里,此地是山坞西面一列山的岭头了。有大、小两个猎彝寨子,大猎彝在北岭,小猎彝在南岭,相距五里,都是枯柯的属地。以大石头的分水岭为界,东面是顺宁府,西面是永昌府,来到此地已经进入顺宁府境内八里了。不过我回忆永昌府的旧志书,枯柯、阿思郎都在二十八寨之列,今天询问当地人,虽然已经是永昌府的产业,可地方实际上隶属于顺宁府,莫非是顺宁设置流官后划给顺宁府的吗?又回忆起《一统志》、《永昌府志》二书,都说永昌的水向东流入峡口,流到枯柯后向东下流进澜沧江。我查看《姚关图说》,已经怀疑这种说法。来到这里向当地人询问地形,收揽这里的地理形势,然后了解到,这条水流流入峡口的山中,穿过天生桥,立即向东流到阿思郎,于是往南流经枯柯桥,渐渐往西南流,共四十里后下流到哈思坞,马上向南流到上湾甸,汇合姚关的水,又向南流到下湾甸,汇入猛多罗河,而潞江的江水向北折后迎着它流来,合流后向南流去。这个说法我四处查访后在猎彝姓杨的房主人那里得到了它,与亲眼所见的,《姚关图说》所说的,都合得上,这才知道《一统志》与《永昌府志》的错误不浅。它的流向如果就在西南方与潞江合流,那么枯柯一个平川的水流,都是首尾向着永昌环绕,流经的地域北面到达都鲁坞南窝,南面到达哈思坞,都属于永昌才对,顺宁府与永昌府的分界不应当以大石头所在的山岭来划分,应当以枯柯所在的山岭来划分。

　　由岭头东南直下者三里，始望见江水曲折，南流川中。又下三里，乃抵江上。有铁锁桥横架江上，其制一如龙江曲石，而较之狭其半。其上覆屋五六楹，而水甚急。土人言，桥下旧有黑龙毒甚，见者无不毙。又畏江边恶瘴，行者不敢伫足。云其南哈思凹更恶①，势更甚于潞江，岂其峡逼而深坠故耶？其水自阿思郎东向出石崖洞，而西南入哈思坳峡中者，即永昌峡口山入洞之下流也。按阿思郎在猎彝北二十里，其北有南窝都鲁坳，则此坳极北之回环处也。逾岭而北，其下即为沧江东向之曲。乃知罗岷之山，西南下者尽于笔架，直南下者尽于峡口山，东南挟沧江而东，为都鲁南窝北脊，山从其东复分支焉。一支濒江而东；一支直南而下，即枯河之东岭也，为此中分水之脊，迤逦由湾甸、镇康而南，界澜沧、潞江之中②，为孟定、孟艮诸彝，而直抵交趾者也。其濒江东去之支，一包而南，为右甸，再包而南，为顺宁、大侯即今之云州。焉③。是坳南北二坳北都鲁，南哈思。相距四五十里，甚狭而深。濒江两岸俱田，惟僰彝、俫俫居之，汉人反不敢居，谓一入其地即"发摆"④，寒战头疼也。故虽有膏腴而让之彝人焉。

【注释】

①哈思凹：《游记》多作哈思坳，今作卡斯坳，傣语意为茅草很多的地方。在枯柯坝南缘，称卡斯街。

②迤逦由湾甸、镇康而南，界澜沧、潞江之中："镇康"，诸本皆作"都康"。以地望考校，湾甸州南，澜沧江与潞江之间应为镇康州。

③大侯：此处诸本作"大猴"，但八月九日记作"大侯"，据改。明初为大侯长官司，宣德三年（1428）升为大侯御夷州，直隶布政司。

　　万历二十五年(1597)更名云州,始属顺宁府管辖。

　　④发摆:俗称打摆子,即患恶性疟疾。

【译文】

　　由岭头往东南一直下走三里,这才望见江水曲曲折折向南流淌在平川中。又下行三里,才到达江边上。有座铁锁桥横架在江面上,桥的形制完全同龙川江的曲石桥一样,但比曲石桥窄了一半。桥上盖了五六间房子,但江水非常湍急。当地人说,桥下旧时有条黑龙,非常毒,见到的人没有不死的。又害怕江边恶性的瘴气,走路的人不敢停止脚步。说是这里南边的哈思凹更恶劣,瘴气的势头比潞江更厉害,难道是那里的峡谷狭窄而且深深下坠的缘故吗?那江水是从阿思郎石崖的洞穴中向东流出来,而后往西南流入哈思坳的峡中的,就是永昌峡口山流入山洞中的水流的下游了。据考察,阿思郎在猎彝北面二十里,阿思郎北面有南窝都鲁坳,是这个山坝最北边回绕之处。越到山岭以北,山下就是澜沧江向东弯曲之处。这才知道罗岷山的山脉,往西南下延的在笔架山到了尽头,一直往南下延的在峡口山到了尽头,在东南方傍着澜沧江往东延伸的,成为都鲁坳南窝北面的山脊,山脉从这条山脊东面又分支了。一条支脉濒临江流往东延伸;一条支脉一直往南下延,就成为枯柯的东岭了,成为这一带分水的山脊,经由湾甸、镇康逶迤往南延伸,隔在澜沧江、潞江的中间,是孟定、孟艮各地彝人的区域,而后直达交阯。那濒临江流向东去的支脉,一条向南围绕,成为右甸,再向南围绕,成为顺宁府、大侯州。就是今天的云州。这个山坝有南北两个山坳,北面的是都鲁坳,南面的是哈思坳。相距四五十里,非常狭窄而且很深。濒江两岸全是农田,只有僰彝、保保族人居住在那里,汉人反而不敢居住,说是一进入那地方就"打摆子",发冷、发抖、头痛。所以虽然有肥沃的土地却把它让给了彝人。

　　渡桥沿江西岸①,西南至哈思坳,共四十里而至亦登②;沿江东岸,东南逾冈入峡,六十里而至鸡飞。余初闻有热水溢于石盘中,盘复嵌于台上,皆天成者;又一冷水流而环之,其出亦异。始以为在亦登;问道亦登,又以为在鸡飞;问道鸡飞③,又以为瘴不可行,又以为茅塞无路,又以为其地去村远,绝无居人,晚须露宿。余辗然曰④:"山川真脉,余已得之,一盘可无问也。"遂从东大路上坡,向枯柯、右甸道。始稍北,遂东上一里,而平行西下之冈。三里,有墟茅三四在冈头,是为枯柯新街⑤。又东一里,有一树立冈头,大合抱,其本挺直⑥,其枝盘绕,有胶淋漓于本上⑦,是为紫梗树,其胶即紫梗也,初出小孔中,亦桃胶之类,而虫蚁附集于外,故多秽杂云。冈左右俱有坑夹之,北坑即从冈盘窟下,南坑则自东峡而出。于是南转东盘北坑,又半里转东,半里抵东峰下,乃拾级上跻。三里,始登南突之岭,始望见南峡两山壁夹,自东而西,从此西出,则盘壑而西注于江桥之南,同赴哈思之坳者。乃知其山之度脊,尚在岭之东上,不可亟问也。此坡之即为团霸营,盖土官之雄一方者,即枯柯之夜郎矣。于是循南峡而东蹑,又一里,再登岭头,有一家隐路南,其后竹树夹路。从树中东行一里,稍转而北,盘一南突之坳,又向上盘坡而东,有大树踞路旁,下临西出之涧。其树南北大丈余,东西大七尺,中为火焚,尽成空窟,仅肤皮四立,厚二尺余,东西全在,而南北俱缺,如二门,中高丈余,如一亭子,可坐可憩,而其上枝叶旁覆,犹青青也。是所谓"枯柯"者,里之所从得名,岂以此耶? 由此又东二里,折而北,上一坡,盘其南下之坳。坳北有居庐东西夹峙,而西庐茅檐竹径,倚云临壑,尤有幽思。其东有神宇踞坡间,闻鲸音鼓赛出绝顶间,甚异之。有一家踞路南,藩门竹径,清楚可爱。入问之,曰:"此枯柯小街也。"距所上坡又二里矣。于是又东沿北坡平上。其南即西出深涧,北乃崇山,竹树蒙蔽,而村庐踞其端,东向连络不绝。南望峡南之岭,与北峰相持西下,而荞地旱谷,垦遍山头⑧,与云影岚光,浮沉出没,亦甚异也。北山之上虽高,而近为坡掩,但循崖而行,不辨其崇坠;而南山则自东西坠,而尽于江桥之南,其东崇巘穹窿,高拥独雄,时风霾蒙翳,出没无定,此南山东上最高之峰,自北岭东度,再突而起者也。沿之东行,南瞰深壑,北倚丛巘。又东二里有岐:一南下坞中,为垦壑之道;一北上丛岭,为庐坡之居;而路由中东行,南瞰下坳,有水出穴间。又东二里,下瞰南壑,有水一方倚北坡之上,路即由之北向而上,以有峡尚环而东也。北上里余,又转而东,盘北坳而东上坡,屡上不止,又七里而至中火铺。

【注释】

①渡桥沿江西岸:"西岸"原作"东岸",与下句重复,据"四库"本、丁本改。

②亦登:今作邑等,在昌宁县西境,柯街至昌宁的公路旁。

③鸡飞:今称鸡飞澡塘,在昌宁县西境鸡飞乡,澡塘河东岸,距县城西南17公里,有公路可通。传说过去有一个大石头压着一对金鸡,挣扎了一千多年,将大石挣开为两半,留下的石窝就是现在的金鸡窝温泉。大金鸡飞到英韬山,即今大鸡飞村,在今英韬;小金鸡落到澡塘河边,就是今小鸡飞村。鸡飞澡塘系一温泉群,在不到一平方公里的范围内,怪石嶙峋,大小泉华如钟、如兽、如

公母塔等。各泉眼高低不同，温度各异，有的高达 90℃，有的仅40℃左右，著名的有蒸塘、小石锅、大石锅数处。蒸塘水温达90℃，可煮熟鸡蛋；小石锅形如一口铁锅大，也不断涌出高达90℃的沸泉；大石锅是位于古泉华顶部的石潭，约有见方大，潭底涌出 50℃的热水，大旱之年也未干涸过。

④䜌（chǎn）然：形容笑的样子。

⑤枯柯新街：今名柯街，在昌宁县西境。

⑥其本挺直："直"原作"植"，据"四库"本改。

⑦"其枝盘绕"二句：此即紫胶，至今仍为滇西南的特产。紫胶为紫胶虫的分泌物，云南干热地区紫胶虫的寄主树种甚多，紫梗树为紫胶虫的寄主树。

⑧垦遍山头："垦"原作"恳"，据"四库"本改。下同。

【译文】

　　过桥后沿着江的西岸走，往西南到哈思坳，共四十里后到亦登；沿着江的东岸走，向东南越过山冈进入山峡，六十里后到鸡飞。我最初听说有热水从石盘中溢出，石盘又嵌在石台上，都是天然形成的；另外有一条冷水环绕着石台流淌，冷水的流出也很奇异。开始时以为是在亦登；打听去亦登的路，又认为是在鸡飞；打听去鸡飞的路，又认为有瘴气不能走，又认为茅草塞路无路可走，又认为那地方离村庄远，荒绝没有居民，晚上必须露天住宿。我灿然一笑说："山川的真实脉络，我已经得到了，一个石盘可以不去过问了。"就从东边的大路上坡，走向去枯柯、右甸的路。开始时稍向北，于是往东上行一里，而后平缓前行在向西下垂的山冈上。三里，有三四间赶集用的茅屋在冈头上，这是枯柯新街。又向东一里，有一棵树竖立在冈头，大有一抱粗，树干挺直，树枝盘绕，有胶汁湿淋淋地在树干上滴下来，这是紫梗树，它的胶汁就是紫梗了。最初从小孔中流出来，也是桃胶一类的东西，但虫子蚂蚁附着聚集在外边，所以有很多杂物脏东西。山冈左右都有坑谷夹住山冈，北面的坑谷就从山冈向下盘绕成洞窟,南面的坑谷则从东面的峡谷中出去。于是由南转向东绕着北面的坑谷走,又行半里转向东,半里抵达东峰下,就顺着石阶逐级上登。三里,才登上向南突的山岭,开始望见南面的峡谷中,两面的山如墙壁样夹立,自东向西延伸,从此地向西出去,就是盘绕在壑谷中往西流注到江桥的南边,一同奔流到哈思坳的水流。才知道这里的山延伸而过的山脊,还在山岭东面的上方,不可急着去过问了。这条山坡之上就是团霸营,大概是称雄一方的土官居住的地方,这就是枯柯的夜郎国了。从这里沿着南面的峡谷向东上登,又行一里,再次登上岭头,有一家人隐藏在道路南边,房屋后边竹丛树木夹住道路。从树丛中往东行一里,稍转向北,绕过一个南突的山坳,又向上绕着山坡往东走,有棵大树盘踞在路旁,下临西边流出来的山涧。这棵树南北大一丈多,东西大七尺,中间被火烧过,完全成了空洞,仅有四面的树皮立着,厚二尺多,东西两面全部在,可南北两面都缺失了,如同两道门,门中高一丈多,如一座亭子,可以坐着歇息,而且树上的枝叶向四旁下覆,还是青青的。这就是所谓的枯柯了,枯柯里之所以得到这个名字,难道是由于这棵树吗? 由此处又向东二里,折向北,登上一条坡,绕过那南下的山坳。山坳北边有居民房屋东西两面夹峙,而西边的房屋是茅草房,竹丛小径,背靠白云,下临壑谷,尤其富于幽雅的情思。房屋东边有神庙盘踞在山坡上,听见祭神的钟鼓声出在绝顶间,对此十分奇怪。有一家人盘踞在路南,篱笆门外竹丛小径,清雅可爱。进门问路,说:"此地是枯柯小街。"距离所上的山坡又是二里了。于是又向东沿着北面的山坡平缓上爬。山坡南面就是向西出去的深涧,北面是高山,竹林树丛密蔽,而村庄房屋盘踞在坡头,面向东,连接不断。向南望去,峡谷南边的山岭,与北峰相持向西下延,而种着荞麦旱谷的山地,垦遍山头,与山间是云雾光影,一同出没沉浮,也是非常奇异了。北山的上面虽然高,但近处被山坡挡住,只是沿着山崖前行,分辨不出它的高处深处;而南山则是自东往西下坠,而后在江桥的南边到了尽头,南山东面穹隆的高峰,高高拥立,独自称雄,这时山风夹着雾霾一片迷茫,出没不定,这是南山东面上方最高的山峰,是起自北岭往东延伸,再次突起的山峰。沿着这座高峰往东行,俯瞰南面深深的壑谷,北边紧靠成丛的峰峦。又向东二里有岔路:一条往南下到山坞中,是去壑谷中垦种的路;一条向北上登成丛的山岭,是居民房屋所在的山坡;而路由中间往东行,俯瞰南面的山坞,有水从洞穴中流出来。又向东二里,向下俯瞰南面的壑谷,有一池水紧靠北面的山坡之上,道路就经由水池向北上走,是因为还有峡谷向东环绕。往北上走一里多,又转向东,绕着北面的山坞往东上坡,屡屡上走不停,又行七里后来到中火铺。

其坡南突最高,中临南峡之上,峡脊由其东南环而西下。于坡之对崖,南面复耸一峰,高笼云雾间,即前所望东畔穿窿之顶也。自枯柯江桥东沿峡坡迤逦而上,约三十里矣。踞坡头西瞰江桥峡中,其水曲折西南下,松子山北环之岭,东北而突为猎彝之岭,峡南穿窿之峰,又南亘分支西绕,横截于江桥坞之南,西至哈思坞。坞之南复有小支,自猎彝西南湾中东突而出,与横截坞南之山凑,西南骈峙如门。门内之湾,即为哈思坞,门外又有重峰西障,此即松子山南下之脊,环石甸于西者也①。自此坡遥望之,午雾忽开,西南五十里历历可睹。

【注释】

①石甸:即今施甸,元置石甸长官司,明代虽已改为施甸长官司,但仍俗称石甸。

【译文】

这条山坡南突的最高处,位于中间下临在南面的峡谷之上,峡谷旁的山脊由山坡东南向西环绕下延。在山坡对面的山崖上，南面又耸起一座山峰，高高笼罩在云雾间，就是先前望见的东面穹隆的山顶了。自枯柯江桥往东沿着峡谷山坡逶迤上走，大约三十里了。坐在坡头向西俯瞰峡中的江桥，峡中的江水向西南曲折下流，松子山往北环绕的山岭，在东北方突起成为猎彝所在的山岭，峡谷南面穹隆的山峰，又向南绵亘分支向西环绕，横截在江桥所在山坞的南边，西面到达哈思坳。哈思坳的南面又有条小支脉，自猎彝西南的山湾中向东突出来，与横截在山坞南边的山会合，在西南方像门一样对峙。门内的山湾，就是哈思坳，门外又有重重山峰挡在西面，这就是松子山向南下延的山脊，环绕在石甸西面的山了。从这条山坡遥望群山，中午雾气忽然散开，西南五十里开外可以历历在目。

　　坡之东有瓦室三楹，踞冈东南，两旁翼以茅屋，即所谓中火铺。有守者卖腐于中，遂就炊汤而饭。及出户，则浓雾自西驰而东，其南峡近岭俱不复睹。东下半里，渡一脊，瞰其南北二峡，环坠如阱，而丛木深翳，不见其底，当犹西下而分注江桥南北者也。其脊甚狭，度而东，复上坡，山雨倏至。从雨中涉之，得雨而雾反霁。一里余，盘崖逾坳，或循北峰，或循南峰，两度过脊，始东上。沿北坡而东，一里余，又陟一南突最高之岭，有哨房一龛踞其上，是为瓦房哨。于是南临南峡，与峡南穹窿之顶平揖而对瞰矣。至是雨晴峰出，复见峡南穹顶直南亘而去，其分支西下者，即横截坞南之冈，西与哈思坳相凑成门者也。穹顶东环之脉，尚从东度，但其脊稍下，反不若西顶之高，皆由此北坡最高之岭，东下曲而度脉者。始辨都鲁坳东所分南下之脊，至此中突，其分而西

徐霞客游记

者，为中火铺、枯柯寨之岭；其曲而东降者，度脊南转西向而突为穹窿之顶。此分水之正脉也。

【译文】

　　山坡的东面有三间瓦房，盘踞在山冈的东南方，两旁像翅膀样排列着茅草屋，这就是所谓的中火铺。有守铺的人在房子中卖豆腐，于是就着火烧汤吃饭。到出门时，就见浓雾自西向东奔涌，这里南面的峡谷和近处的山岭都不再看得见了。往东下行半里，越过一条山脊，俯瞰山脊南北的两条峡谷，环绕深坠，如同陷阱，而林木深深密蔽，看不见峡底，应当仍然是向西下流后分别流入江桥南北两面的水流了。那山脊非常狭窄，过到东面，又上坡，山雨突然来临。在雨中涉水，遇到雨后雾气反而散开。一里多，绕过山崖穿越山坳，有时沿着北峰走，有时沿着南峰走，两次越过山脊，开始向东上走。沿着北面的山坡往东行，一里多，又跋涉一座向南突的最高的山岭，有一间哨房盘踞在岭上，这是瓦房哨。在这里，南边面临南面的峡谷，与峡谷南面穹窿的山顶平视作揖、相对远看了。到这时雨后天晴，山峰显现出来，又看见峡谷南面穹窿的山顶向正南方绵亘而去，山脉分支向西下延的，就是横截在山坳南面的山冈，在西面与哈思坳互相会合形成门的山了。穹窿山顶往东环绕的山脉，还向东延伸，但延伸的山脊略低一些，反而不如西面的山顶那样高，这都是由此地北面山坡上最高的山岭，向东曲折往下延伸的山脉。这才分辨清楚，都鲁坳东面分支往南下延的山脊，延到此地从中突起，山脉分支向西延伸的，是中火铺、枯柯寨所在的山岭；山脉曲折向东下降的，延伸的山脊由南转向西后突起成为穹窿的山顶。这是分水岭的主脉。

　　由瓦房哨东下半里，复东度脊，始见北峡坠坑，为东北而下右甸之上流,是北水之所分也,而南水犹西下南峡。又东度两脊,穿两夹岭,一里,复盘南岭之阴而上。其处深木丛篁,夹坡笼坳,多盘北坑之上。又一里,南转而凌其西下之坳,始逾南峡上流,从其东涉冈东上,始逾南渡之脊,此分水正脉所由度而西转者也。又东一里,有草龛踞北冈,是为草房哨。从其东又东北下一里,稍转而东南半里,有脊又南度而东转,此右甸南环之岭所由盘礴者也。于是东向而下二里余,下度一曲,有小水北下成小溪,小桥横涉之。又东逾一冈,共下四里,始南峡成溪,遂望见右甸城在东坞中,有岐从东北坡去,而大道循南峡东向平下。二里,南峡中始有村庐夹坞,春杵之声相应。又南三里,遂出坡口,乃更下一里而及坡麓。路由田塍中东南行,望见右甸之城①,中悬南坡之下,甸中平畴一围,聚落颇盛。四面山环不甚高,都鲁坳东分之脉,北横一支,直亘东去,又南分一支,南环右甸之东;草房哨南度之脉,东环右甸之南,从甸南界东北转,与甸东界南环之支凑;甸中之水,东向而破其凑峡,下锡铅去。甸中自成一洞天,其地犹高,而甸乃圆平,非狭嵌,故无热蕴之瘴,居者无江桥毒瘴之畏,而城庐相托焉。由塍中行,共四里,入其北门。暮宿街心之葛店。葛,江西人。

【注释】

①右甸:明有广邑州,直隶云南布政司,治所在今昌宁县西隅的广邑寨,又作广益。正统元年(1436)徙广邑州治于右甸。右甸城在坝子中的小山上,建于万历年间,为砖城,即今昌宁县治南门街和北门街所包围的老城部分。今仍俗称右甸城。

【译文】

由瓦房哨往东下行半里，再向东越过山脊，才看见北面峡谷深坠的坑谷，是从东北下流到右甸水流的上游，这是北面分流的水，而南面的水仍然向西下流进南面的峡谷中。又向东翻越两条山脊，穿过两面夹立的山岭，一里，再绕着南岭的北面往上走。此处满是深树丛竹，夹住山坡，笼罩着山坳，多数围绕在北面的坑谷之上。又行一里，向南转后登上那往西下延的山坳，开始穿越南面峡谷的上游，从峡谷东面向东上登山冈，这才越过向南延伸的山脊，这是分水岭的主脉延伸向西转的山脊。又向东一里，有草房盘踞在北面的山冈上，这是草房哨。从草房哨东边又往东北下走一里，稍转向东南行半里，有条山脊又向南延伸后向东转，这是右甸南面环绕的山岭盘绕延伸而来的山脊。从这里向东下行二里多，下走越过一个山弯，有小水流向北下流形成小溪，小桥横向涉过溪流。又往东越过一座山冈，共下走四里，南面峡谷中开始形成溪流，于是望见右甸城在东面的山坞中，有条岔路从东北方的山坡上去，而大路沿着南面的峡谷向东平缓下行。二里，南面的峡谷中开始有村庄房屋夹住山坞，杵臼舂捣谷米的声音互相应和。又向南三里，便出了坡口，于是再下走一里后来到坡脚。道路经由田野中往东南行，望见右甸的城墙，当中悬在南面的山坡之下，甸子中间是圆圆的一片平旷的田野，聚落非常兴盛。四面环绕的山不怎么高，都鲁坳东面分支的山脉，北面横出一条支脉，一直向东绵亘而去，又在南面分出一条支脉，向南环绕在右甸的东面；草房哨往南延伸的山脉，向东延伸环绕在右甸的南面，从甸子南部向东北转，与甸子东部往南环绕的支脉凑拢；甸子中的水流，向东冲破那凑拢的峡谷，下流到锡铅去。甸子中间自成一处洞天，这里的地势仍然很高，但甸子是圆形的平川，不是狭窄深嵌之地，所以没有酷热蕴涵的瘴气，居民没有江桥那样恶毒瘴气的畏惧，而城池房舍互相依托。由田野中前行，共四里，进入右甸城北门。天黑住在街心葛家客店。姓葛的，是江西人。

右甸在永昌东一百五十里,在顺宁西一百三十里。其东北邻莽水之境①,正与芦塘厂对②;其西南邻鸡飞之境,正与姚关对。其正南与湾甸对,正北与博南山对,正西与潞江安抚司对,正东与三台山对。数年前土人不靖,曾杀二卫官之莅其地者,今设城,以顺宁督捕同知驻守焉。城不大而颇高,亦边疆之雄也。

【注释】

①莽水:今作漭水,在昌宁县东北境。

②芦塘厂:即炉塘厂,又称铜矿厂,在今永平县南境,详《滇游日记八》。

【译文】

右甸在永昌东面一百五十里,在顺宁西面一百三十里。右甸东北邻境莽水的地域,正好与芦塘厂相对;右甸西南邻境鸡飞的地域,正好与姚关相对。右甸正南方与湾甸相对,正北方与博南山相对,正西方与潞江安抚司相对,正东方与三台山相对。几年前土人不安定,曾经杀了两个治理此地的卫所军官,如今建了城,派顺宁府的督捕同知驻守此地。城不大但相当高,也算是边疆的雄关了。

初二日　晨起,雾色阴翳。方觅饭而夫逃。再觅夫代行,久之不得。雨复狎至①,遂郁郁作记寓中者竟日。

【注释】

①狎(xiá):更迭,交替。

【译文】

初二日　早晨起床,天气浓雾阴蔽。正在找饭吃可脚夫逃走了。

再去找脚夫来代替他上路，很久找不到。雨又交替着来临，就闷闷不乐地在寓所中写了一整天的日记。

初三日　雨复霏霏，又不得夫，坐邸楼郁郁作记竟日。其店主葛姓者，乃市侩之尤，口云为觅夫，而竟不一觅，视人之闷以为快也。

【译文】

初三日　雨又霏霏下起，又找不到脚夫，坐在客店的楼上郁郁不欢地写了一整天日记。那店主姓葛的，是个极其市侩的人，口中说是为我找脚夫，但居然不去找一次，坐视别人的烦心事以为快乐。

初四日　早雾而晴。顾仆及主人觅夫俱不足恃，乃自行市中。是日为本甸街子。仍从北门内南转冈脊，是为督捕同知公署，署门东向，其南即往南门街，而东则曲向东门街，皆为市之地也。余往来稠人中，得二人，一担往顺宁，一驼往锡铅，皆期日中至葛寓，余乃返。迨午，往锡铅驼骑先至，遂倩之；而往顺宁者亦至，已无及矣。乃饭，以驼骑行。

【译文】

初四日　早晨下雾后晴开，顾仆和店主人去找脚夫都不值得依赖，只好自己走到集市中。这一天是本甸的街子天。仍然从北门内向南转到冈脊上，这里是督捕同知的衙门，衙门大门面向东，衙门南面就是通往南门的街道，而东边就是转向东门的街道，都是集市所在的地方了。我往来于稠密的人群中，找到两个人，一个挑担子前往顺宁府，一个用马匹驮物去锡铅，都约定中午到葛家寓所，我这才返回来。到了中午，前往锡铅驮物的马匹先来到，便请了他；而后前往顺宁府的人也来了，已经来不及了。于是吃饭，用马匹驮物上路。

　　出东门，循南坡东向半里，涉东来之坞，渡小溪东，山冈渐折而东南，行四里，遂临东坞。东坞者，右甸东南落水之坞尾也。城北大甸圆而东南开此坞，南北西三面之水，皆合而趋之。路临其西坡，于是南转二里余，又涉二东北注之坑，复依南麓东行二里余，上北突之嘴，则甸东之山，亦自北南环，与嘴凑峡，于是相对若门，而甸水由其中东注焉。此甸中第一重东锁之钥，亦为右甸东第一重东环南下之分支，虽不峻，而蜿蜒山顶，地位实崇也。

【译文】

　　出了东门，沿着南面的山坡向东半里，涉过东面来的山坞，渡到小溪东面，山冈渐渐折向东南，行四里，便下临东面的山坞。东面的山坞，是右甸东南落水的山坞末端。城北的大甸子圆圆地伸向东南敞开这个山坞，南、北、西三面的水流，都合流后流向这里。道路下临山坞西面的山坡，从这里向南转二里多，又涉过两条向东北流注的坑谷，再傍着南麓往东行二里多，登上北突的山嘴，就见甸子东面的山，也是自北向南环绕，与山嘴凑拢成为峡谷，与这里相对，像门一样，而甸子中的水，经由峡中往东流淌。这是甸子中锁住东面的第一重要地，也是右甸东面第一重向东环绕往南下延的分支，虽不险峻，但蜿蜒在山顶，地势实际上很高。

　　逾嘴东稍下，凑峡之外，复开小坞而东，水由其底，路由其南坡之半。又东二里余，有数家倚坡，北向坞而庐。过此东南下，有水自南峡出，涉之，上其东坡，遂循坡之南峡东南上，水流其冈北，路由其冈南，于是始不与水见。又东南循冈三里，盘一北下之坳而上冈头，是为玉璧岭。其岭自南北突，东西俱下分为坑，有两三家住峰头。时日尚高，以前路无可止，遂歇。

【译文】

　　越过山嘴往东稍下走，凑拢的峡谷之外，又向东敞开一个小山坞，水流经山坞底，道路经由山坞南面山坡的半中腰。又往东行二里多，有几家人紧靠山坡，面向北边的山坞建了房。路过此地往东南下行，有水流自南面的峡中流出来，涉过流水，上登峡谷东面的山坡，于是沿着山坡南面的峡谷向东南上坡，水流淌在这座山冈的北面，路经由这座山冈的南面，到这里开始不与水流见面。又往东南沿着山冈走三里，绕过一个从北面下来的山坳后登上冈头，这是玉璧岭。此岭自南向北突，东西两面都分别下陷成坑谷，有两三家人住在峰头。这时太阳还很高，因为前面的路上无处可住，便休息了。

　　初五日　平明起，饭而行，宿雾未收。下其东坑，涉之，复东南上一里，又循东来之峡，而行夹冈之南。东向四里，度其北过之脊，仍循峡东下，行夹冈之南。二里余，又稍下，涉北出之水，又循东来之峡，而行夹冈之南。东向二里，复度其北过之脊，于是从脊北东行之支，东向行其上。半里，有两三家夹道，是为水塘哨。由此东南行山夹间，五里，始坠坡而下。其右又坠一峡东下，其左路再随崖东下者二里，西临右峡之上。而路左忽坠一坑，盘阱而下者二丈，有水沉其底,长二丈,阔八尺,而狭处仅二尺,若琵琶然,渊然下嵌。左倚危壁,右界片栈,而外即深峡之下盘者,不知此水之何以独止也。由其南又半里,而蹑嘴下坠者半里,左崖之端遂尽,而右峡来环其前。还望左崖尽处,丛石盘崖,俨如花簇,而右崖西界大山,亦悬屏削于重树间,幽异之甚。由峡底又东南行一里,其峡外束如门。披门南出,稍转东而下坡,半里,有水自东曲而西,大木横架其上,南度之,是为大桥。桥下水即右甸下流①,东行南转,至是西折过桥,又盘西崖南去,已成汤汤之流。桥南沿流之峡,皆随之为田,而三四家倚桥南东坡上,有中火之馆。此右甸第二重东锁之钥,亦为右甸东第二重东环南下之分支,与东南行大脊右甸相对成峡,夹溪南去者也。

【注释】

①"桥下水"句:此即今右甸河。

【译文】

　　初五日　黎明起床,饭后上路,夜间的雾气还未收去。下到岭东的坑谷中,涉过坑谷,再往东南上走一里,又沿着东面来的峡谷,前行在夹立山冈的南面。向东四里,越过那北面延伸过来的山脊,仍然沿着峡谷往东下走,行走在夹立山冈的南面。二里多,又稍下走,涉过北面流出来的水,又沿着东面来的峡谷,前行在夹立山冈的南面。向东二里,再次越过那北面延伸过来的山脊,于是从山脊北面向东延伸的支脉,向东行走在山头上。半里,有两三家人夹住道路,这里是水塘哨。由此地往东南前行在两山相夹间,五里,开始坠下山坡。山坡右边又有一条山峡向东下坠,山坡左边道路再次顺着山崖往东下走二里,西边下临右边峡谷的上方。而路的左边忽然陷成一个深坑,绕着陷阱下去二丈,有水沉在坑底，长二丈，宽八尺，而狭窄处仅有二尺，好像琵琶的样子，渊深下嵌。左边靠着高险的石壁，右边隔着一片栈道，而外边就是在下方盘绕的深峡，不知这里的水为什么唯独能静止不流。由深坑南边又行半里，而后上登山嘴下垂处半里，左边山崖的前端于是到了尽头，而右边的峡谷过来环绕在这里的前方。回头望左边山崖的尽头处，岩石成丛山崖盘绕，俨然像花簇，而右边山崖西面的一列大山，也像陡削的屏风高悬在重重树林之间，幽深奇异之极。由峡底又往东南行一里，这条峡谷外边紧束如门。穿过门向南出来，稍转向东后下坡，半里，有水流自东向西弯曲，大树横架在流水上，向南过桥，这是大桥。桥下的水就是右甸河的下游，向东流淌转向南，流到这里向西折过桥下，又绕过西面的山崖向南流去，已成为浩浩荡荡的河流。桥南沿着河流的峡谷，都顺着河流开垦成农田，而三四家人紧靠在桥南东面的山坡上，有中途做饭的客馆。这里是右甸锁住东面的第二重要地，也是右甸东面第二重向东环绕往南下延的分支，是与向东南延伸的大山脊右甸相对形成峡谷，夹住溪流往南延伸而去的山。

　　由桥南即蹑东南坡而上，水由峡直南去，路蹑坡东南升。一上者二里，凌岭头。西望夹溪之山，稍南有破峡从西来者，即水塘哨西下之水也；其南夹水一支，亦至是东尽，而有寨盘其上焉；其又南一支，嶙峋独耸，上出层峦，是为杜伟山。此乃右甸南东来之正脊，自草房哨度脉至此，更崇隆而起，转而直南去，而东夹此溪，其脊乃东南下老龙，自云州南下，分澜沧、潞江之脊，而直下交南者也。所望处尚在寨盘顶之东北，从此更夭矫南向。夹溪渐上，又二里而隔溪与寨盘之顶对。又二里，降坡南下，穿坳而东，见其东又坠为小坑，路下而涉之。一里，又南逾东坡西环之坳。又一里，有数家倚东坡而居,其东又有一溪自东北来,环所庐之坡而注西峡,西峡水自北南下,与此水夹流而合于坡南。此坡居庐颇盛,是为小桥①,正西与杜伟山对。遥望杜伟山自西北来,至此南转,其挟臂而抱于西南者,皆湾甸州之境,水亦皆西南流;其北峡与寨盘之顶夹而东出者,皆顺宁之境,水皆东南流。则此山真一方之望,而为顺宁、湾甸之东西界者也。

【注释】

①小桥:即今昌宁县小桥街,有小桥温泉。

【译文】

由桥南立即踏着东南的山坡往上爬,水由峡中一直往南流去,路沿着山坡向东南上升,一口气上登二里,登上岭头。远望西边夹住溪流的山,稍往南处有冲破峡谷从西面流来的溪流,就是水塘哨向西下流的溪水了;溪流南边夹住溪水的一条支脉,也是到了这里便到了东面的尽头,有寨子盘踞在山上;它再南边的一条支脉,怪石嶙峋,独自高耸,向上高出层层山峦,这是杜伟山。这是右甸南面往东延伸来的主脊,山脉自草房哨延伸到此地,更加高高隆起,转向正南延伸而去,而在东面夹住这条溪流,这条山脊是往东南下延的主脉,自云州往南下延,是澜沧江、潞江分水的山脊,而后一直下延到交趾南部。我站着望的地方还在山寨盘踞的山顶的东北方,从此地起更加气势天矫地向南而去。夹住溪流渐渐上走,又行二里后隔着溪流与山寨盘踞的山顶相对。又行二里,从坡上往南下降,穿过山坳往东走,看见山坳东边又下陷成小坑,路下行涉过小坑。一里,又向南穿越东面的山坡向西环绕的山坳。又行一里,有几家人紧靠东面的山坡居住,村东又有一条溪水自东北流来,环绕过房屋所在的山坡后注入西面的峡谷,西面峡谷中的水自北向南下流,与这条溪水相夹而流,而后在山坡南面合流。这条山坡上的居民房屋十分兴盛,这是小桥,正西方与杜伟山相对。遥望杜伟山从西北方延伸而来,延到此地向南转,在这里的西南方山脉像手臂一样围抱的地方,都是湾甸州的辖境,流水也都是向西南流;这里北面的峡谷与山寨盘踞的山顶相夹向东出去的地方,都是顺宁府的辖境,流水都是向东南流。那么这座山真正是这一片地方最重要的山,而且是顺宁府、湾甸州东西分界的山。

　　饭于村家,大雨复至,久而后行。由坡东下,渡北来之溪,小石梁跨之。所谓小者,以别于大溪之桥也。复东南上,隔溪对杜伟山而南,下瞰西峡之底,二流相合,盘礲南去。此山为右甸东第三重东环南下之分支,为锡铅之脉者也。南五里,或穿岭而左,见岭东近峡坠坑,其远峰又环峙而东,又或分而南;穿岭而右,见岭西近峡,西溪盘底,杜伟骈夹。如是二里,乃坠其南坡,或盘礲西转,或蹑坳东折,或上或下,又五里,有两三家当坳而庐,是为兔威哨。于是再上其东坡,则东西礲皆可并睹矣。西礲直逼西麓而长,以杜伟西屏也;东礲遥盘东谷,其下丛沓,而犹不见底。其东北有横浮一抹者,此挟江澜沧而东南之岭也;其正东有分支南抱者,此中垂而为顺宁之脉也。从岭渐下,或左或右,岭脊渐狭。四里,始望见东坞有溪,亦盘折其底,与西峡似;而西界外山,自杜伟顶南,其势渐伏,又纡而南,则东转而环其前;东界外山则直亘南向,与东转前环之岭凑。问东西峡水,则合于锡铅之前,而东南当凑峙之峡而去。问顺宁之道,则逾东界之岭而行;有道逾前山南环之岭者,为猛峒道[①],从猎昔、猛打渡江而至兴隆厂者也[②]。于是从冈脊转东行。其脊甚狭,又二里,西峡之溪直逼南麓下,而东峡溪亦近夹,遂如堵墙上行。又东二里,又东南下者二里,坡尽而锡铅之聚落倚之③。此右甸东分支南下第三重之尽处也。其前东西二溪交会,有温泉当其交会之北涘,水浅而以木环其四周,无金鸡、永平之房覆,亦无腾越、左所之石盘,然当两流交合之间而独有此,亦一奇也。

【注释】

①猛峒:今作勐统,在昌宁县东南隅。

②猛打:据《游记》本月九日载:云州"西南逾猛打江二百三十里为耿马界",则猛打江即今南丁河,猛打应在南丁河北岸,兴隆厂应在南丁河以南。

③锡铅:今作习谦,在凤庆县西隅。

【译文】

在村中农家吃饭,大雨又来临,很久后才上路。由坡上向东下坡,渡过北面来的小溪,小石桥跨过溪流。所谓的小,是为了与大溪上的桥区别。再向东南上走,隔着溪流面对着杜伟山往南行,下瞰西面峡谷的谷底,两条溪流互相汇合,盘绕着壑谷向南流去。这里的山是右甸东面第三重向东环绕往南下延的分支,是成为锡铅的山脉的山。向南五里,有时穿越到山岭左边,看见岭东近处的峡谷下坠成深坑,那远峰又在东面环绕耸峙,又有的山分支向南延伸;穿越到山岭的右边,看见岭西近处的峡谷,西面的溪流盘绕在峡底,杜伟山并列夹峙。如此二里,就坠下岭南的山坡,有时绕着壑谷向西转,有时踏着山坳向东转,时上时下,又行五里,有两三家人在山坳中建了房,这是兔威哨。于是再上登兔威哨东面的山坡,就见东西两面的壑谷都可以一起看到了。西面的壑谷直逼西边的山麓而且很长,以杜伟山作为西面的屏障;东面的壑谷远远盘绕成东面的山谷，壑谷下方成丛杂沓，还仍然看不见底。此地东北方有一抹横浮着的山，这是夹住江流澜沧江往东南延伸的山岭；此地的正东有分支向南围抱的山，这是从中间下垂后成为顺宁府的山脉。从岭上渐渐下走，时左时右，岭脊慢慢变窄。四里，才望见东面的山坞中有溪流，也是盘绕曲折在山坞底，与西面的峡谷相似；而西面外围的山，自杜伟山顶以南，山势逐渐低伏，又向南迂曲，就向东转后环绕在杜伟山前；东面外围的山则是一直向南绵亘，与向东转往前环绕的山岭凑在一起。打听到东西两面峡谷中的水，则是在锡铅的前边合流，往东南在凑拢对峙的峡谷中流去。打听去顺宁府的路，则是翻越东面的山岭走；有道路越过前面的山向南环绕的山岭的，是去猛峒的路，是从猎昔、猛打渡江后到兴隆厂的路。于是从冈脊上转向东行。冈脊非常狭窄，又行二里，西面峡谷中的溪流直逼南面的山麓下，而且东面峡谷中的溪流也在近处相夹，于是便如同在一堵墙上行走。又向东二里，又往东南下走二里，山坡完后就见锡铅的聚落紧靠着山坡了。这是右甸东面分支往南下延的第三重山的尽头处了。村前东西两条溪流交汇，有温泉在溪流交汇处的北岸，水浅，用木头环绕在温泉四周，没有全鸡村、永平那样的房屋覆盖，也没有腾越、左所那样的石盘，不过正处在两条溪流交汇处的中间却仅有此处了，也是一个奇观。

是日下午至，驼骑税驾逆旅，先觅得一夫，索价甚贵，强从之，乃南步公馆，即锡铅驿也。按《旧志》作"习谦"。土人谓出锡与铁，作"锡铅"。返饭于肆，亟南由公馆侧浴于温泉①，暮返而卧。

【注释】

①温泉：明代在今昌宁、凤庆两县间的古道沿线有阿柱村温泉和西

添村温泉。阿柱村温泉即今昌宁县小桥街温泉，该处今设温泉
乡。西添村温泉即徐霞客所记锡铅温泉。清代后期以来无锡铅
温泉记载，可能因自然或人为原因破坏。近年该温泉被重新发
现，证明徐霞客的记录不诬。

【译文】

这天下午来到后，驮物的马匹投宿客店，先找到一个挑夫，要价太
贵，勉强依从了他，于是向南步入公馆，就是锡铅驿了。据考察，旧志书写作
"习谦"。当地人认为是出产锡矿与铁矿，称作"锡铅"。返回来在客店中吃完饭，急
忙往南经由公馆侧边到温泉洗澡，天黑返回来睡下。

初六日　晨起而饭。其夫至，付钱整担而行；以一饭包
加其上，辄弃之去，遂不得行。余乃散步东溪，有大木横其
上为桥，即顺宁道也。仍西上公馆，从其西南下西溪，是为
猛峒道。有茅茨丛北冈上，是为锡铅街子。问得一夫，其索
价亦贵甚，且明日行，遂返邸作记。

【译文】

初六日　早晨起床后吃饭。那个挑夫来到，付钱后整理担子上路；
把一包饭加在担子上，他立即抛下担子离开了，终于不能成行。我就到
东溪边散步，有大树横放在溪流上当做桥，这就是去顺宁府的路了。仍
然向西上到公馆，从公馆的西南下到西溪，这是去猛峒的路。有茅屋丛
集在北面的山冈上，这是锡铅街子。问到一个挑夫，他要价也非常贵，
并且是明天走，于是返回客店写日记。

初七日　前弃担去者复来，乃饭而同之行。从公馆东
向下，涉东溪独木桥，遂东上坡。半里，平行坡上，或穿坳而

南，或穿坳而北，南北皆深坑，而路中穿之。东去二里余，沿南崖北转，半里，穿西突之坳，半里，复东逾岭而南，半里，又出南崖上。于是见南壑大开，壑中支条崩叠，木树茸茏，皆出其下，而锡铅南山，其南又叠一支，纡而东南下，以开此壑。所陟山东自东大山分支，西突此冈，为锡铅东锁钥，直西南逼凑南山，水下其中甚束，至此而始出东壑也。瞰南倚北，又二里，见冈北亦嵌为东西坞，闻水声淙淙，余以为即西下锡铅东溪者，而孰知从倚北之岭已分脊，此坞且东南下矣。于是反倚坡北下，共半里而涉一桥，度坞中水，是为孟祐之西溪①，其水南出前坞，与锡铅之水合于孟祐之南，所谓孟祐河者也②。涧之东，居庐叠出，有坡自北来悬其中，一里，东向蹑其上，当坡而居者甚盛；又东转，再盘一坡，共一里，又有居庐当坡，皆所谓孟祐村矣。此右甸东分支南下第四重之尽处也。于是又见一溪自东坞出，环坞而前，与西溪交盘南壑中。南壑平开，而南抵南山下，锡铅之水沿其北麓，又破峡东南去，东南开峡甚遥，而溪流曲折其间，直达云州旧城焉。

【注释】

①孟祐：今作勐佑，在凤庆县西境。

②孟祐河：源自昌宁，今称右甸河；勐佑以下今仍称勐佑河，又称南桥河。

【译文】

初七日　前一天抛下担子离去的人又来了，就吃了饭同他上路。从公馆向东下走，涉过东溪的独木桥，就向东上坡。半里，平缓行走在山坡上,有时穿越到山坳的南边,有时穿行在山坳的北边,南北都是深坑,而路从中间穿过山坳。向东去二里多,沿着南面的山崖向北转,半里,穿过向西突的山坳,半里,再向东越过山岭往南走,半里,又到了南面的山崖上。在这里看见南面的壑谷十分开阔,壑谷中条状的支峰崩塌叠累,树木蒙茸葱茏,都出现在脚下,而锡铅的南山,南山的南面又叠起一条支脉,迂曲着往东南下延,所以敞开这个壑谷。我所上登的山东面自东大山分支,向西突为这座山冈,是锡铅东面的地理要地,一直向西南逼近南山,水下流在壑谷中非常狭窄,流到此地后开始流出东面的壑谷。俯瞰着南面的壑谷紧靠着北山,又行二里,看见山冈北面也下嵌成东西向的山坞,听见水声淙淙,我以为就是向西下流进锡铅东溪的水流,可谁知从紧靠着的北面的山岭已经是分水的山脊,这个山坞中的水将要向东南下流了。于是反向背靠山坡往北下行,共半里后涉过一座桥,越过山坞中的水,这是孟祐的西溪,溪水往南流到前方的山坞,与锡铅的水流在孟祐的南边合流,就是所谓的孟祐河了。山涧的东边,居民房屋层层叠叠地出现,有条山坡从北边来悬在山坞中,一里,向东踏着山坡上走,在坡上居住的人家非常众多;又向东转,再绕过一条山坡,共一里,又有居民房屋位于坡上,都是所谓的孟祐村了。这是右甸东面分支往南下延第四重山的尽头处了。在这里又看见一条溪流自东面的山坞中流出来,环绕在山坞中往前流,与西溪交相盘绕在南面的壑谷中。南面的壑谷平旷开阔,往南抵达南山下,锡铅的水流沿着南山的北麓,又冲破峡谷向东南流去,东南开阔的山峡非常遥远,而溪流曲折流淌在山峡间,一直流到云州的旧城。

　　由村东即循峡北入东坞,一里东下,度峡中桥。其桥东西跨溪上,上覆以亭,桥内大水自东北透峡出,桥外小水自东南透峡出。过桥东向,缘西垂之岭上,其上甚峻,曲折梯危,折而左,则临左峡,折而右,则临右峡,木荫藤翳,连幄牵翠，高下亏蔽，左右叠换，屡屡不已。五里渐平，则或沿左坡，或沿右坡，或陟中脊，脊甚狭，而左右下瞰者，亦与前无异也。又三里，则从坡右稍下。约一里，陟脊坳而东，又缘坡左上。一里，临南坡之上，于是回望孟祐、锡铅诸山，层环叠绕，山外复见山焉。余初疑锡铅西岭颇伏，何以猛峒之道不西由其坳而南陟其岑[①]？又疑湾甸之界，既东以猛峒，而猛峒以北，杜伟山以南，其西又作何状？至是而遥见西岭，又有崇峰一重臂抱于西。盖枯柯东岭老脊之南度者，一由瓦房哨东度脊西南下，其亘反高，夹永昌之流而南下哈思坳；坳之南其脉犹未尽，故亦登、温板、鸡飞在此脊之西者，犹顺宁属；而其南即东与杜伟山自草房哨度脊者，如椅之交环其臂，其中皆丛沓之山，直下东南，而开峡底于猛峒西坳之伏处，其西正开峡之始，南降三十里而后及猛峒焉。猛峒富庶，以其属湾甸境也。此正西遥望之所及者。而正南则前夹之顶，至是平等，而犹不能瞰其外；正北则本坡自障之；正东即其过脉分支之处，第见南峡之犹自东北环来也。

【注释】

①岑(cén)：小而高的山。

【译文】

由村东立即沿着峡谷往北进入东面的山坞，一里后向东下走，走过峡中的桥。这座桥东西向跨在溪流上，桥上用亭子覆盖，桥以内大溪水从东北方穿过峡谷流出来，桥以外小溪水从东南方穿过峡谷流出来。过桥后向东行，沿着西垂的山岭上登，那上去的路非常陡峻，曲曲折折上登险峰，转向左边，就下临左边的峡谷，转向右边，就下临右边的峡谷,树木藤蔓荫蔽,如帷幔相连,葱翠连片,上下遮蔽,左右重叠变换,屡屡不断。五里后渐渐平缓起来,便有时沿着左边的山坡走,有时沿着右边的山坡走,有时上登中间的山脊,山脊非常狭窄,而且向左右两边下瞰的景象,也与前边没有不同了。又行三里,就从山坡右边逐渐下走。大约一里,登上山脊上的山坳往东行,又沿着山坡左边上登。一里,下临在南面的山坡之上,从这里回头看孟祐、锡铅的群山,层层叠叠环绕,山外又看见山了。我最初疑惑锡铅的西岭相当低伏,为什么去猛峒的道路不向西经由那里的山坳,却往南上登那座高高的小山?又疑惑湾甸州的分界,既然东面是以猛峒来划分,可猛峒以北,杜伟山以南,这一线以西又是什么状况?来到这里后遥望西岭,又有一重高峰手臂样围抱在西面。大概是枯柯东岭的主脊向南延伸的山脉,一条从瓦房哨东面延伸的山脊向西南下延,绵亘的山势反而高,夹住永昌府的水流往南下流到哈思坳;哈思坳的南边山脉仍然没有完,所以亦登、温板、鸡飞在这条山脊西面的地方,仍然还是顺宁府的属地;而山脉南段就是在东面与杜伟山相对从草房哨延伸的山脊,如同椅子的扶手一样交错环抱,两列山中间全是成丛杂沓的山,一直下延到东南方,而后在猛峒西面山坳低伏的地方敞开成为峡底,它的西边正是开阔的山峡的起始处,向南下降三十里后到达猛峒。猛峒很富庶,因为它是属于湾甸州的辖境了。这是遥望正西所能见到的情况。但正南方却是前面相夹的山顶,到了这里平视过去同样高,从而还是不能看见它的外层;正北方则是本处的山坡自己挡住了视线;正东方就是那延伸而过的山脉分支之处,但只看见南面的峡谷仍然是从东北方环绕而来了。

又东上五里余,坡脊遂中夹为槽。路由槽中行里余,透槽东出,脊乃北转,其下右壑盘沓如初,而左峡又坠南下之坑,故路随脊北转焉。又一里,脊东有峰中突,稍上,有中火之馆,西向倚峰而峙,额曰"金马雄关",前有两家,即所谓塘报也,铺司、铺兵之类。卖腐以供旅人之饭云。既饭,由馆左又东半里,转而北透一坳。其西峰即中火之馆所倚者,此其后过脉处,与东峰夹成坳。由其中北透半里即东转,挟过脉东峰之北东向下。半里,又临北壑之上,旋入夹槽中,两崖如剖,中嵌仅通三尺,而底甚平。槽上丛木交蔽。半里,有倒而横跨其上者,连两株,皆如从桥下行,又一里,其跨者巨而低,必伛伏而过焉。槽南阙处犹时时见西坠之峡^①,最后又见槽北之峡犹西坠也。共二里,稍东上,逾脊南转,有架木为门踞岭东者,为白沙铺哨。此南度之脊也,乃右甸东分支南下之第五重。其脉独长,挟西分四支而抱于内,又南度而东南行,与右甸南杜伟山之脊,西夹孟祐河而出于云州旧城西;又与第六重沿澜沧南岸之脊,东夹顺宁河而出于云州旧城东;从此南度,纡而西南,折而东南下,东突为顺宁郡城,又东南而尽于云州旧城焉。

【注释】

①阙:通"缺"。

【译文】

　　又向东上走五里,坡脊上中央便对夹为沟槽。道路经由沟槽中前行一里多,向东钻出沟槽,山脊于是向北转,山脊下右边的壑谷盘绕杂沓如初,而左边的峡谷又下坠成向南下延的深坑,所以道路顺着山脊向北转了。又行一里,山脊东面有山峰当中突起,稍上走,有中午起火做饭的客馆,面向西,背靠山峰对峙着,匾额题为"金马雄关",前边有两家人,就是所谓的塘报了,驿站机构、驿站驻兵之类。卖豆腐来供给旅途上的人吃饭。吃完饭,由客馆左边又向东半里,转向北穿过一个山坳。这里的西峰就是中午做饭的客馆背靠着的山峰,此地是山峰后面山脉延伸过的地方,与东峰相夹形成山坳。由两座山峰中间向北穿越半里马上向东转,傍着东峰的山脉延过之处的北面向东下走。半里,又下临在北面壑谷之上,旋即进入相夹的沟槽中,两侧的山崖如同刀剖开的,中间深嵌仅通着三尺宽的地方,可底部非常平坦。沟槽上方树丛交缠密蔽。半里,有倒下横跨在沟槽上的树,一连两棵,都像是从桥下走一样,又行一里,那横跨的树又大又低伏着,必得弯腰卧伏着才能过去。沟槽南边的缺口处还时时能见到向西下坠的峡谷,最后又看见沟槽北边的峡谷仍然是向西下坠的。共行二里,稍向东上走,越过山脊向南转,有个用木头架成大门盘踞在岭东的地方,是白沙铺哨。这是往南延伸的山脊,是右甸东面分支往南下延的第五重山。这条山脉特别长,傍着西面分支的第四重支脉延伸环抱在内,又往南延伸后走向东南,与右甸南面杜伟山的山脊,在西面夹住孟祐河延伸而后出到云州旧城的西面;又与第六重山沿着澜沧江南岸延伸的山脊,在东面夹住顺宁河延伸而后出到云州旧城的东面;从此地往南延伸,向西南迁曲,折向东南下延,向东突起成为顺宁府城,又向东南延伸后在云州旧城到了尽头。

　　由哨门南向稍下,辄闻水声潺潺,从西南进峡下,即东北坠坑去;而路从其南东向下,犹有夹槽。坠其中二里余,出槽,东行冈脊上,于是见北壑之北,则澜沧南岸之山,纡回东抱而南,为老脊东之第六支,屏亘于顺宁河之东,今谓之东山,即《志》所称某山也。其脊南至云州西南突者,尽于新城西;东北由茅家哨过脉而南者,尽于云州旧城所合二水东下而入澜沧处。南壑之南,则即此白沙脊南度东转,为老脊东之第五支,屏亘于顺宁城之西,今谓之西山,即《志》所称某山也。两山夹坞东南去,而顺宁郡城踞其中西山下;西北盘东山之坳，为三台山渡江大道；东南坞尽之隙，则云州在焉。此一川大概也，而川中欹侧，不若永昌、腾越之平展云。

【译文】

由哨所大门向南稍下走，就听见有水声潺潺流淌，从西南峡中涌流而下，立即向东北坠入坑谷流去；而道路从哨所南向东下走，还是有相夹的沟槽。坠入沟槽中行二里多，出了沟槽，向东行走在冈脊上，在这里看见北面壑谷的北方，就是澜沧江南岸的山，迂回到东面又往南围抱，是山脉主脊东面的第六条支脉，屏风样横亘在顺宁河的东面，今天把它称为东山，也就是《一统志》所称的某某山了。这条山脊往南延伸到云州西南突起的，在新城西面到了尽头；东北方由茅家哨延伸过的山脉往南下延的山，在云州旧城两条水流合流后向东下流进澜沧江之处到了尽头。南面壑谷的南方，便就是这条白沙铺哨所在的山脊向南延伸后向东转，成为山脉主脊东面的第五条支脉，屏风样横亘在顺宁府城的西面，今天把它称为西山，也就是《一统志》所称的某某山了。两条山脉夹着山坞向东南而去，而顺宁府城雄踞在山坞中的西山下；往西北绕过东山的山坳，是从三台山渡江的大道；东南方山坞尽头的空隙处，便是云州在那里了。这是这一片平川的大概形势了，可平川中倾斜不平，不如永昌府、腾越州那样平坦开阔了。

从冈平行二里，又稍下一里，前有一峰中道而突，穿其坳而上，约一里，有一二家倚坡东，是为望城关，从东南壑中遂见郡城故也。从此又逶迤下坡，十里，抵坡下。东出大路，两度小桥，上一坡，约二里，入郡城新城之北门[①]。南过郡治前，稍转东街，则市肆在焉。又南逾一坡，出南门，半里而入龙泉寺，寺门亦东向。其地名为旧城，而实无城也。时寺中开讲甫完,僧俗扰扰,余入适当其斋②,遂饱餐之而停担于内。

【注释】

①"入郡城"句:明置顺宁府,府治所在的新城和旧城都在今凤庆县治凤山镇。新旧城的格局直到近年还能窥见。下文所说龙泉寺原址在旧城龙泉街西侧。《凤山镇志》载:龙泉寺在旧城龙泉街。明天启四年(1624)建。旧为勐家园亭。清康熙三十三年(1694)知府徐丽重修,内置十王殿、斗母宫、旁有龙泉,伏流石出,清冽异常,不盈不涸,有"龙湫泛月"之美景,是"庆阳十景"之一。咸丰七年(1857)兵焚毁。光绪五年(1879)僧真檀重建大殿、两庑文楼,光绪十三年(1887)绅士重修水阁,光绪二十七年(1901)重修池塘、围墙。后改为龙泉小学。建国初期,又改设县酒精厂,最后改为县造纸厂至今。

②斋(zhāi):施饭给僧人。

【译文】

从山冈上平缓行走二里,又渐渐下走一里,前方有一座山峰在路中间突起,穿过山峰上的山坳上走,大约一里,有一两家人紧靠在山坡东面,这里是望城关,是从东南方的壑谷中就能望见府城的缘故。从此处又逶迤下坡,十里,抵达坡下。向东走上大路,两次走过小桥,上爬一条山坡,约有二里,进入府城新城的北门。往南走过府衙前边,稍转弯走上东街,就有集市店铺在这里了。又向南越过一条坡,走出南门,半里后进入龙泉寺,寺门也是面向东。此地名为旧城,可实际上没有城。这时寺中开堂讲经刚刚完,僧俗纷纷扰扰,我进寺时刚好赶上寺中施斋,便饱餐斋饭后把担子停放在寺内。

初八日　晨起,从殿后静室往叩讲师①,当其止静,未晓而出。余时欲趋云州，云州有路可达蒙化。念从此而往，则雇夫尚艰，不若仍返顺宁，可省两日负戴。乃以行李寄住持师达周，以轻囊同仆行。达师留候饭。上午，乃出寺前，东随小溪下川中。一里，渡亭桥，循东界山麓南行。三里，稍上一西突之坡，村庐夹道，有普光寺傍东山西向。又东南半里，下涉一小涧，仍南上坡，居庐不绝。已而其山东夹而入，又有小水自东壑来，渡之。又东南逾一坡，共五里，则大溪之水自西而东折，有亭桥名归化。跨之，其水汤汤大矣②。由桥南里余，渐西南上东突之坡。上一里，村庐夹道，倚西山东向，有长窑高倚西坡，东下而西上，是为瓦罐窑。由其南再越东突之脊一里余，东南下东出之峡一里，又东南上，循西界山麓南行。再下再上，五里，有一二家倚东突之坡，坡间有小池一方，是为鸭子塘。又东南五里，冈头有村，倚西冈东向，是为象庄，此未改流时土酋猛廷瑞畜象之所也。由其南稍折而下，一里，渡一涧。其涧悬冈东下，其西山环峡。复东南上二里，逾其东突之冈。盘之而西南下，二里，抵西坳下。折而循南冈东上，盘嘴而南，六里，有坊倚路左，其上有村，曰安乐村。又东南四里，稍下，有村倚西坡东向，是为鹿塘。自归化桥渡溪右，循西界山行，其南支峰东突，溪流盘峡中；至鹿塘，其下壑稍盘而开，田塍益盛，村庐之踞东西两山者甚繁，而西坡之鹿塘尤为最云③。时日才下午，前无宿店，遂止邸楼作记。

【注释】

①讲师：宣讲佛法的僧侣称为讲师。

②"其水"句：此即顺宁河，今称凤庆河，又名迎春河、北桥河。

③鹿塘：今作洛党，在凤庆至云县的公路适中处。傣语"洛"为塘，"党"为路，意即大路水塘边。

【译文】

初八日　早晨起床，到大殿后面的静室去叩拜讲经的法师，正遇上他坐禅入定，没见面便出来了。我此时想赶到云州去，云州有路可到达蒙化府。考虑从此地前去，那么雇脚夫还很难，不如仍然返回顺宁府，可以省去两天的负重。于是把行李寄放在住持禅师达周处，带着轻装同仆人上路。达周禅师挽留，等着吃了饭。上午，才出到寺门前，向东顺着小溪下到平川中。一里，走过一座亭桥，沿着东面一列山的山麓往南行。三里，慢慢上登一条向西突的山坡，村庄房屋夹住道路，有个普光寺背靠东山面向西。又往东南行半里，下走涉过一条小山涧，仍然向南上坡，居民房屋不断。继而这里的山向东夹立而入，又有小溪自东面的壑谷中流来，渡过小溪。又向东南翻越一条山坡，共行五里，就见大溪的溪水自西向东弯折，有座亭桥名叫归化桥。跨过溪流，溪水浩浩荡荡变大了。由亭桥向南一里多，渐渐向西南上登向东突的山坡。上爬一里，村庄房屋夹住道路，紧靠西山面向东，有座长长的瓦窑高高地紧靠着西面的山坡，东边往下西面伸上去，这是瓦罐窑。由瓦罐窑的南边再翻越向东突的山脊一里多，向东南走下向东出去的山峡一里，又向东南上登，沿着西面一列山的山麓往南行。两次下行两次上行，五里，有一两家人紧靠向东突的山坡，坡上有一个小水池，这是鸭子塘。又向东南五里，冈头有个村子，背靠西面的山冈面向东，这里是象庄，此地是没有改设流官时土人首领猛廷瑞饲养大象的场所。由村南稍转向后下走，一里，渡过一条山涧。这条山涧高悬在山冈上往东下流，这里的西山环绕成峡谷。再向东南上走二里，翻越那向东突的山冈。绕着山冈往西南下走,二里,抵达西面的山坳下。转弯沿着南面的山冈向东上登,绕过山嘴往南行,六里,有座牌坊紧靠在道路左边,牌坊上边有村庄,叫安乐村。又向东南四里,稍下走,有个村子紧靠西面的山坡面向东,这是鹿塘。自从在归化桥渡到溪流右岸,沿着西面一列山前行,道路南边分支的山峰向东突,溪流盘绕在峡谷中;来到鹿塘,道路下方的壑谷稍稍回绕开阔些,田地更多,村庄房屋盘踞在东西两面山上的非常繁盛,而西面山坡上的鹿塘最为繁荣。此时才是下午,前方没有住宿的客店,便住在客店楼上写日记。

初九日 平明,饭而行。仍循西界山南行,八里,西界山忽横突而东,大溪乃东北折入峡,有小溪自西南山腋来合。乃舍大溪,溯小溪南半里,东度小溪石桥,又南半里,有村三四家倚南山东坳。由南山蹑西坳而上,一里,南逾东突之脊,有茅屋三楹踞脊间,是为把边关,有两三家傍之居,即西山之东突者,而溪流则绕其东峡而南焉。由关南下峡中,半里,透峡,仍循西山行,复东见溪流自其东破峡南出。又下一里,溪流西南来,路东南临其上。两盘西湾之峡,又稍上,共一里,有村踞路右冈上。又南一里,稍下,再盘西湾,南逾小石东行之脊,遂东南行坡塍间。一里余,又稍上东突之坡,东南盘其嘴。一里余,路分两岐,一东南下峡者,为渡溪往新城道,一西南循岭者,为翁溪往旧城道,盖新城道由溪东峡中行,旧城道由溪西崖半行也。时峡中溪桥已为水涨冲去,须由翁溪涉溪而渡,而水急难涉,不若由旧城东北度桥,迂道至新城,虽绕路十里,而免徒涉之艰焉。时闻杨州尊已入帘去[①],闪知愿书当不必投,正可从旧城兼收之。

【注释】

①"时闻"句：科举制度时，乡试的考官称帘官。帘官分为内帘与外帘，负责在外提调、监视的为外帘官，负责在内主试、阅卷的为内帘官。帘官系由各州、县官调入充任。担任帘官的人，必须暂时离开其知州或知县的本职，称为入帘。

【译文】

初九日　黎明，饭后上路。仍然沿着西面一列山往南行，八里，西面的山突然向东横突，大溪于是向东北折进山峡中，有条小溪自西南的山侧流来汇合。于是离开大溪，溯小溪向南半里，向东越过小溪上的石桥，又向南半里，有个三四家人的村子紧靠南山东边的山坳。由南山踏着西面的山坳往上走，一里，向南越过向东突的山脊，有三间茅屋高踞在山脊上，这里是把边关，有两三家人傍着茅屋居住，这就是西山向东突的山脊，而溪流则绕着山脊东面的峡谷往南流。由把边关往南下到峡中，半里，穿出峡谷，仍然沿着西山行，又向东看见溪流从这里的东面冲破峡谷向南流出去。又下行一里，溪流从西南方流来，道路向东南登临到溪流上方，两次绕过向西弯曲的峡谷，又稍上走，共一里，有村庄盘踞在路右侧的山冈上。又向南一里，稍下走，再次绕过西面的山弯，向南越过小石山往东延伸的山脊，就往东南行走在山坡上的田野间。一里多，又渐渐登上向东突的山坡，向东南绕过山嘴。一里多，路分为两条岔路：一条往东南下到峡中的路，是渡过溪流前往新城的路，一条向西南沿着山岭走的路，是翁溪通往旧城的路，原来是去新城的路经由溪流东面的峡中走，去旧城的路经由溪流西面山崖的半中腰走。这时峡中溪流上的桥已被上涨的溪水冲走，必须经由翁溪涉溪水渡过去，但溪水湍急难以涉水，不如经由旧城东北过桥走，绕道到新城，虽然绕了十里路，但免去了徒步涉水的艰难了。此时听说知州杨大人已经进省城担任帘官去了，闪知愿的信应当不必投递了，正可以从旧城走兼收两地的景色。

乃由溪西西南循山行，复入坡塍，一里，东南上东突之坡。又南二里，有村倚西山岭上，是为翁溪村。村之南，西界山又环而东突，东界山亦折而东向去，中开东西坞，大溪东盘坞底，平畴夹之。翁溪之村，正东向而下临坞中，有路下涉坞中者，即渡溪往新城道也；由村南循南山东转者，即旧城道也。乃循山东行一里，复东南缘坡上，北瞰坞中溪，南逼坡足，潆而东流。路蹑坡上，甚峻，二里，东登岭头，乃转南行，坞亦随之，南向破峡出。路南行西坡，一里，大溪纡东南去，路乃南下坡。二里，有数家分庐坞中，是为顺德堡。堡南有山，自西界横度而东突，大溪纡之。路南由其度脊处穿坳而过，半里，抵坳南，辄分峡下。又一里，有峡自南来。盖西大山由坳西直南去，南抵旧城之后，其东余支又北转如掉尾，而中夹为坞，其来颇深，有村庐倚西坡上，二峡合于前，遂东向成流坠峡下。路亦挟北坡东下，随之半里，度峡中小桥，其南则掉尾之支又横度东突，路复南向其度脊处穿坳而上。一里余，逾岭坳南下，有村在南坞，大溪自马鞍山西，盘西界东突之嘴，循东山南行坞东，路循西麓南行坞西。二里，西界山之南，复一支横障而东，又有数家倚南山，庐间曲路随山东转，溪亦随坞东折。一里余，盘其东突之嘴，大溪亦直捣其下，路与水俱抱之而南。南壑颇开，庐塍交错，黍禾茂盛，半秀半熟，间有刈者。壑中诸庐，函宗^{地名}最大，倚西山而居壑中。一里余及之，由其前东南行塍间，一里余，南从大溪西岸行。二里余，东西两界余支交环于前，而西支回突为尤甚，既东向环而至，中复起一小尖，若当门之标,水由其东裂堑出,路由其西逾坳上,是为顺宁、云州分界。

【译文】

于是由溪流西边往西南沿着山走,再次进入山坡上的田野,一里,往东南上登向东突的山坡。又向南二里,有个村庄紧靠在西面的山岭上,这是翁溪村。村庄的南边,西面一列山又环绕向东突,东面一列山也折向东延伸而去,中间敞开东西向的山坞,大溪向东盘曲在山坞底,平旷的田野夹着溪流。叫翁溪的村子,正好面向东下临着山坞中,有条路下走涉过山坞中的,就是渡过溪流前往新城的路了;由村南沿着南山向东转的,就是去旧城的路了。于是沿着山往东行一里,又向东南顺着山坡上爬,俯瞰北面山坞中的溪流,往南流逼近坡脚,潆绕着向东流去。路踏着山坡上走,非常陡峻,二里,向东登上岭头,就转向南行,山坞也随着路转,向南破开山峡出去。路向南前行在西面的山坡上,一里,大溪向东南迂曲而去,路于是向南下坡。二里,有几家人的房屋分散在山坞中,这里是顺德堡。顺德堡南面有山,自西面一列山横向延伸后向东突,大溪弯弯曲曲地顺着山势流淌。道路往南经由那山脊延伸之处穿过山坳,半里,抵达山坳南面,马上从分出的峡谷下走。又行一里,有条峡谷从南面来。西面的大山由山坳西边一直向南延去,往南抵达旧城之后,山脉东面余下的支脉又向北转如尾巴掉转过来一样,而中间夹成山坞,山坞过来的地方相当深远,有村庄房屋依傍在西面的山坡上,两条峡谷在前方会合,于是向东形成溪流坠下峡谷。路也傍着北面的山坡往东下走,顺着山坡走半里,走过峡中的小桥,小桥南面就是尾部掉转的支脉又横向延伸向东突,道路再次向南从山脊延伸处穿过山坳往上走。一里多,越过岭上的山坳往南下行,有个村庄在南面的山坞中,大溪自马鞍山的西面,绕过西面一列山向东突的山嘴,沿着东山向南流淌在山坞的东面,道路沿着西山的山麓向南行走在山坞的西面。二里,西面一列山的南面，又有一条支脉横挡着往东延伸，又有几家人紧靠南山，村舍间弯曲的道路顺着山势向东转，溪流也随着山坞向东折。一里多，绕过那向东突的山嘴，大溪也直捣到山嘴下边，道路与溪水都怀抱着山嘴向南去。南面的壑谷相当开阔，房屋田野交错，黍米稻谷茂盛，一半开花一半已经成熟，间或有收割的人。壑谷中各处的村屋，函宗是 <small>地名</small> 最大，背靠西山居住在壑谷中。一里多后来到函宗，由村前向东南行走在田野间，一里多，往南从大溪西岸走。二里多，东西两列山余下的支脉交互环绕在前方，而西面的支脉回绕前突尤其厉害，向东环绕到此地后，中间又耸起一个小山尖，好像挡在门口的标杆，溪水经由小山东面裂开的堑谷流出去，道路经由小山西面穿越山坳上走，这里是顺宁府、云州的分界处。

越脊南下，则其南壑又大开，坡流杂沓于其间。而远山旁午，或斜叠于南，则西大脊自锡铅南盘绕而东者；或天矫于东，则东界分支，沿澜沧西岸，度茅家哨而南尽于顺江小水者。此其外绕之崇峰也。而近山，则坞北西山之脉，至此南尽于西，为旧城，东山之脉，至此南尽于东，为新城；坞西则西大脊之中，一峰从湾中东突，直临旧城之西；坞南则西大脊东转之支，又从南大脊之北，先夹一支为近案；坞东则东界沿江之支，又从东西转，直抱于新城之前为龙砂。此其内逼之回峦也。然犹近不见壑中诸水，而只见旧城庐落即在南冈；一里及之，亦数百家之聚也。

【译文】

越过山脊南下，就见山脊南面的壑谷又十分开阔，山坡上流水杂乱流淌在坡上。而远处的山纷繁交错，有的斜斜地重叠在南面，就是西面的大山脊自锡铅南面往东盘绕的山；有的弯曲盘绕在东方，是东面一列山的分支，沿着澜沧江的西岸，延伸过茅家哨而后往南在顺江小河边到了尽头的山。这是那外围环绕的高峰。而近处的山，是山坞北面西山的山脉，延伸到此地在南面到了西边的尽头，辟为旧城，东山的山脉，延伸到此地在南面到了东边的尽头，辟为新城；山坞西面是西面大山脊的中段，一座山峰从水湾中向东突，一直下临在旧城的西边；山坞南面是西面的大山脊向东转的支脉，又从南面大山脊的北边，先夹着一条支脉成为近处的案山；山坞东面是东面一列山沿江的支脉，又从东向西转，一直围抱在新城的前方，成为龙砂。这是那向山坞内逼近回绕的山峦。不过仍然看不见近处壑谷中的各条水流，而只看得见旧城的房屋聚落就在南面的山冈上；一里后来到旧城，也是个有几百家人的聚居地了。

　　饭于旧城①，乃东向下坡。半里，有大道沿坡西南去者，兴隆厂道也；东北去者，新城道也。于是东北行田塍间。半里，有新墙一围，中建观音阁甚整②，而功未就，然规模雄丽，亦此中所未睹也。其处当壑之中两水交会处，目界四达。于是始见孟祐河即绕其东③，顺宁河即出其北，遂共会于东北焉。于是西向遥望，有特出而临于西者，即大脊湾中东突之峰；其北开一隙自西北来者，孟祐河所从出也；其南纤一隙向西南峡者，兴隆厂所从逾也。有中界而垂于东者，即沿江渡茅家哨西环之支；其北开一隙，直上而夹茅家哨者，新城所托之坞也；其南进一隙，东叠而注于顺江小水者，诸流所汇之口也。

【注释】

①饭于旧城：此旧城为大侯州治，即今云县县治爱华镇。改名云州

后,万历三十年(1602)迁治于新城,清乾隆五十九年(1794)治所
仍迁回旧城,至今未变。

②观音阁:近人修《云县志》,收有民国三十五年十二月的《三教寺
碑记》。该碑载:"云县城北有古刹名三教寺,明代江阴徐弘祖游
云城,曾有记载。因年久失修,殿寺飘零,佛像剥落。为保存古
迹,得地方士绅同意,……恢复旧观。"疑此三教寺即《徐霞客游
记》中的观音阁。

③"于是"句:此孟祐河下游今称南桥河、罗闸河、顺甸河。

【译文】

在旧城吃饭,于是向东下坡。半里,有条大道沿着山坡往西南去
的,是去兴隆厂的路了;向东北去的,是去新城的路了。从这里往东北
行走在田野间。半里,有一堵新围墙,围墙中建有观音阁,非常整齐,
但工程没有完成,不过规模宏伟壮丽,也是在这一带没有见过的了。
此处正当壑谷的中央两条水流交汇的地方,眼界四面畅达。在这里才
见到孟祐河就回绕在这里的东面,顺宁河就流淌在这里的北边,于是
一同在东北方汇合。从这里向西遥望,有特别高出来而下临在西边的
山,就是大山脊从水湾中向东突的山峰;山峰北面裂开一条缝隙从西
北方来的地方,是孟祐河从那里流来之处;山峰南面一条缝隙迂曲着
通向西南峡中的,是去兴隆厂穿越的地方。有隔在中间下垂在东方的
山,是沿着江流延伸到茅家哨往西环绕的支脉;这座山的北面裂开一
条缝隙,一直上走后夹着茅家哨的地方,是新城依托的山坞了;这座山
南面逆裂出一条缝隙,东面层层叠叠流注到顺江小河的地方,是各条
水流汇流的河口了。

小憩阁中,日色正午,凉风悠然。僧瀹茗为供。已出围
墙北,则顺宁之水,正出当门之堑。循北崖东转,架亭桥其
上,名曰砥柱。其水出桥东,绕观音阁后,则孟祐河自西南

来合之,东去入水口峡者也。度桥即东北上坡。是坡即顺宁东山之支,自澜沧西岸迤逦而来,其东南直下者,过茅家哨;此其西南分支者,至此将尽,结为马鞍山,东下之脉为新城,而此其东南尽处也。登坡里余,下瞰二流既合,盘曲壑底,如玉龙曲折。其北又有一坡东下,即新旧两城中界之砂,夹水而逼于南山者。稍下而上,里余,又越其脊,始望见新城在北峡之口,倚西山东下之脉。又三里,稍下,越一小桥,又半里,抵城之东南角。循城北行,又半里,入云州东门①。州中寥寥,州署东向,只一街当其前,南北相达而已。至时日才过午,遂止州治南逆旅。

【注释】

①云州:云州新城在旧城北,原名大栗村,为砖城,开四门。曾作为云州行政中心的新城存在了近二百年,至今已无迹可寻。但当地人仍称新城坝,有新城农场,保留的聚落名"城里"、"东门外"、"南门外",反映了当年新城的位置和范围。

【译文】

在观音阁中稍作休息,天色正当中午,凉风轻轻地吹。僧人烹茶来献上。不久出到围墙北边,就见顺宁河的河水,正好流过门对着的堑沟中。沿着北面的山崖向东转,架有亭桥在河上,名叫砥柱桥。河水流到桥东,绕到观音阁的后面,就有盂祐河从西南方流来合流,向东流去流入河口所在的峡谷中。过桥后立即向东北上坡。这条山坡就是顺宁东山的支脉,自澜沧江西岸逶迤延伸而来,那往东南一直下延的山,延过茅家哨;此处是山脉向西南分支的山,延到此地即将到尽头,盘结为马鞍山,往东下延的山脉成为新城,而这条山坡就是山脉东南方的尽头处了。登坡一里多，下瞰两条河流合流后，盘曲在壑谷底，如玉龙一样曲曲折折。这里的北面又有一条山坡向东下斜，是隔在新城、旧城两城中间的地脉，是夹着河水直逼到南山的山坡。稍下走后上走，一里多，又越过山脊，这才望见新城在北面峡谷的峡口，紧靠西山向东下延的山脉。又行三里，稍下走，越过一座小桥，又行半里，抵达新城的东南角。沿着城墙往北行，又是半里，进入云州的东门。州城中人烟非常稀少，州衙门面向东，只有一条街道位于衙门前，南北相通而已。我来到时日头才过中午，就住在州衙南边的客店中。

　　云州即古之大侯州也。昔为土知州俸姓，万历间，俸贞以从逆诛①，遂并顺宁设流官，即以此州属之。州治前额标"钦命云州"四字，想经御定而名之也。今顺宁猛廷瑞后已绝，而俸氏之后，犹有奉祀子孙，岁给八十五金之饩焉②。

【注释】

①俸贞：扫叶山房本，丁本作"奉敕"。据《明史·土司传》《滇史》、《蛮司合志》，被诛者系奉学，"学兄敕守大侯如故"。

②饩（xì）：赠送人的谷物、饲料或薪资。

【译文】

　　云州就是古代的大侯州了。从前的土知州姓俸，万历年间（1573—1619），俸贞由于跟随造反被诛杀，便连同顺宁府一起设置了流官，就把这个州归属了顺宁府。州衙前的匾额标明"钦命云州"四个字，想必是经过皇帝亲自定的名字了。今天顺宁府猛廷瑞的后代已经死绝，而俸家的后人，还有供奉祭祀的子孙，每年拨给八十五两黄金的薪资。

云州疆界:北至顺宁界止数里,东北至沧江渡八十里为蒙化界,西南逾猛打江二百三十里为耿马界①,东至顺江小水一百五十里为景东界,东南至夹里沧江渡二百里亦景东界。

【注释】

①耿马:万历十三年(1585)析孟定地置耿马安抚司,即今耿马傣族佤族自治县。

【译文】

云州的疆界:北边到顺宁府的边界只有几里,东北到澜沧江渡江八十里是蒙化府的边界,西南越过猛打江二百三十里是耿马安抚司的边界,东面到顺江小河一百五十里是景东府的边界,东南到夹里澜沧江渡口二百里也是景东府的边界。

余初意云州晤杨州尊,即东南穷澜沧下流,以《一统志》言澜沧从景东西南下车里,而于元江府临安河下元江,又注谓出自礼社江①,由白崖城合澜沧而南。余原疑澜沧不与礼社合,与礼社合者,乃马龙江及源自禄丰者,但无明证澜沧之直南而不东者,故欲由此穷之。前过旧城遇一跛者,其言独历历有据,曰:"潞江在此地西三百余里,为云州西界,南由耿马而去,为渣里江②,不东曲而合澜沧也。澜沧江在此地东百五十里,为云州东界,南由威远州而去,为挝龙江,不东曲而合元江也。"于是始知挝龙之名,始知东合之说为妄。又询之新城居人,虽土著不能悉,间有江右、四川向走外地者,其言与之合,乃释然无疑，遂无复南穷之意，而此来虽不遇杨，亦不虚度也。

【注释】

①礼社江：今名同，为红河上游。

②渣里江：又作喳哩江，为明清时期对怒江的另一称谓，专指木邦以东，镇康、孟定、孟连以西的一段怒江。

【译文】

我当初心想在云州会晤了知州杨大人，立即向东南去穷究澜沧江的下游，因为《一统志》说，澜沧江从景东府向西南下流到车里宣慰司，而后在元江府的临安河下流进元江，又在注释中认为出自礼社江，经由白崖城汇合澜沧江往南流。我原来怀疑澜沧江不与礼社江合流，与礼社江合流的，是马龙江以及发源于禄丰县的江流，但是没有澜沧江一直往南流不向东流的明确证据，所以想从此地去穷究澜沧江的源流。先前路过旧城时遇到一个瘸子，他说的话特别清楚有根有据，说："潞江在此地西面三百多里，是云州的西境，往南经由耿马安抚司流去，称为渣里江，不是向东弯曲后汇合澜沧江。澜沧江在此地东面一百五十里，是云州的东境，往南经由威远州流去，称为挝龙江，不是向东弯曲后汇合元江。"到这时才知道挝龙江的名字，才知道向东合流的说法是荒谬的。又拿这件事询问新城的居民，虽然土著人不能知悉详情，但中间有江西、四川一向走外地的人，他们说的与瘸子说的相合，这才释然无疑，便不再有向南穷究的想法，而且此次前来虽然没有遇上杨知州，也不算虚度了。

初十日　平明起饭。出南门，度一小坑桥，即西南循西山坡而行。二里余，渐折而沿其南坑之崖西向上，二里余，南盘崖嘴。此嘴东北起为峰顶，分两丫，即所谓马鞍山也；东南下为条冈，直扼旧城溪而东逼东山，界两城之间，为旧城龙砂，新城虎砂者也。此乃顺宁东山之脉，由三沟水西岭过脊南下而尽于此者。由此循峰西向北上，又二里，始平行峰西。一里，出马鞍峰后，为马鞍岭。有寺倚峰北向，前有室三楹当岭头，为茶房。从岭脊西向峻下，二里始平，又半里及山麓。有涧自东北小峡来，西注顺宁河，此已为顺宁属矣。盖云州北界，新城以马鞍山，旧城以函宗南小尖束水之坳，其相距甚近也。

【译文】

初十日　黎明起床吃饭。出了南门，走过一座小坑上的桥，立即往西南沿着西面的山坡前行。二里多，渐渐转向沿道路南面坑谷的山崖向西上走，二里多，向南绕过崖嘴。这个山崖嘴向东北突起成为峰顶，分为两丫，就是所谓的马鞍山了；向东南下垂成为条形的山冈，直接扼住旧城的溪流往东流逼近东山，隔在两座城之间，成为旧城的龙砂、新城的虎砂了。这是顺宁府东山的山脉，是由三沟水西面的山岭延伸过来的山脊往南下延后在此地到了尽头的山脉。由此处沿着山峰西面向北上登，又行二里，开始平缓前行在山峰西面。一里，出到马鞍峰后面，是马鞍岭。有座寺庙背靠山峰面向北方，寺前有三间房子位于岭头，是茶房。从岭脊上向西陡峻地下走，二里后才平缓些，又行半里来到山麓。有条山涧自东北的小峡谷中流来，向西注入顺宁河，此地已经是顺宁府的属地了。大体上云州北部的边界，新城以马鞍山，旧城以函宗南面小尖山紧束水流的山坳来划分，两地相距非常近了。

渡涧北上坡，盘北山西麓行，四里，东西崖突夹，顺宁溪捣其中出，路逾其东崖而入。又北一里，其坡西悬坞中，是为花地，其坡正与翁溪村东西遥对，中坠为平坞，则田塍与溪流交络焉。乃西北下坡，半里及坞，又有涧自东北小峡来，西注顺宁溪。路从溪北西向行坞中，三里余，将逼翁溪村之麓，大溪自北峡出，漱西麓而界之，当从此涉溪上翁溪村，出来时道，见溪东有路随北峡入，遂从之。又里余，路渐荒。又里余，坠崖而下，及于溪，即断桥处也。新城之道，实出于此，不由翁溪，从东崖坠流间架桥以渡；自桥为水汩①，乃取道翁溪，以溪流平坞间，可揭而涉也。临溪波涌不得渡，乃复南还三里，西渡翁溪。然溪阔而流涨，虽当平处，势犹悬激，抵其中流，波及小腹，足不能定，每一移趾，辄几随波荡去。半晌乃及西岸，复由田塍间上坡。一里，西抵村下大路，乃转而北，即来时道也。循西山蹑坡而下，三里，有岐自峡中来合，即断桥旧境矣。于是随大路又六里，过把边关，瀹汤而饭。下坞东北一里余，渡小桥。又一里，复与大溪遇，溯其西崖，北十里而至鹿塘。时才过午，以暑气逼人，遂停旧主人楼作记。

【注释】

　　①汩（gǔ）：即汩没，淹没。

【译文】

　　渡过山涧向北上坡，绕着北山的西麓走，四里，东西两面的山崖突立相夹，顺宁溪冲捣在夹谷中流出去，道路穿越夹谷东面的山崖进去。又向北一里，一条山坡在西面悬在山坞中，这是花地。这条山坡正好与翁溪村东西遥遥相对，中间下坠成平旷的山坞，只见田间土埂与溪流交互环绕。于是向西北下坡，半里来到山坞中，又有山涧自东北的小峡谷中流来，往西注入顺宁溪。道路从溪流北岸向西行走在山坞中，三里多，即将逼近翁溪村所在的山麓，大溪从北面的峡中流出来，冲激着山麓挡在道路前方，应当从这里涉过溪流上到翁溪村去，走上来时的路，看见溪流东岸有条路顺着北面的峡谷进去，就从这条路走。又行一里多，路渐渐荒芜了。又是一里多，坠下山崖，来到溪流边，就是断桥的地方了。去新城的路，实际上在这里通过，不经由翁溪村，从东面的山崖上下坠到溪流之间架桥渡过去；自从桥被洪水淹没后，只好取道翁溪村，因为溪水流淌在平坦的山坞中，可以提起衣服涉水。面对着水波汹涌的溪流不能渡水，只好再往南回走三里，向西渡到翁溪村。然而溪流宽阔而且水流上涨，虽然是在平缓的地方，水势仍然高悬激荡，到达水流中间，水波淹没到小腹，脚下不能站稳，每移动一只脚，总是几乎随着波浪漂荡而去。半晌才到达西岸，再经由田间土埂上坡。一里，向西抵达村子下边的大路，于是转向北，就走上来时的路了。沿着西山踏着山坡下走，三里，有条岔路自峡中前来会合，就是通往先前去过的断桥所在的地方了。从这里顺着大路又行六里，路过把边关，烧汤来吃饭。走下山坳往东北行一里多，渡过小桥。又行一里，再次与大溪相遇，溯大溪西面的山崖走，向北十里后到达鹿塘。这时才过中午，因为暑气逼人，便停下来在原先住过的房主人楼上写日记。

　　十一日　由鹿塘三十里，过归化桥①。从溪东循东山麓行，五里，入普光寺。余疑以为即东山寺也，入而始知东山寺尚在北。乃复随大路三里，抵南关坡下亭桥，即从桥东小径东北上坡。又二里而东山寺倚东山西向②，正临新城也。入寺，拾级而上。正殿前以楼为门，而后有层阁。阁之上层奉玉帝，登之，则西山之支络，郡堞之回盘，可平揖而尽也。下阁，入其左庐，有一僧曾于龙泉一晤者，见余留同饭。既饭而共坐前门楼，乃知其僧为阿禄司西北山寺中僧也，以听讲至龙泉,而东山僧邀之饭者。为余言,自少曾遍历挃龙、木邦、阿瓦之地③,其言与旧城跛者、新城客商所言,历历皆合。下午乃出寺。一里,度东门亭桥,入顺宁东门。觅夫未得,山雨如注,乃出南关一里,再宿龙泉寺。

【注释】

①归化桥:今作"桂花桥"。

②东山寺:一名万祥寺,明嘉靖间土知府勐效忠建,今存,在凤庆县城东郊。所在聚落亦称东山寺,位于迎春河东岸。

③挃龙:挃龙江又称九龙江。自明代至今,西双版纳傣族称澜沧江为九龙江。此处"挃龙"系地名,即景眬。自宋代以来,西双版纳即称景眬。其行政中心亦称景眬,即今景洪。挃龙、九龙皆为景眬的同音字。

【译文】

十一日　由鹿塘行三十里,走过归化桥。从溪流东岸沿着东山的山麓前行,五里,进入普光寺。我怀疑以为就是东山寺了,进寺后才知道东山寺还在北边。于是再顺着大路走三里,抵达南关山坡下的亭桥,立即从桥东的小径向东北上坡。又行二里后,东山寺背靠东山面向西方,正好面临着新城了。进寺后,沿着石阶逐级上登。正殿前边用楼作为大门,而后面有层层楼阁。楼阁的上层供奉玉皇大帝,登上楼阁,就见西山的支脉回绕,府城的城墙回旋盘绕,可以平视作揖而一眼览尽了。走下楼阁,进入楼阁左侧的僧房,有一个僧人曾经在龙泉寺见过一面,见到我挽留我一同吃饭。饭后便一同坐在前边的门楼中,才知道这位僧人是阿禄司西北山中寺院里的和尚,是因为听讲经来到龙泉寺,而后东山寺的僧人邀请他来吃饭。对我说起,从少年时代起曾经走遍挃龙江、木邦、阿瓦这些地方,他的话与旧城的瘸子、新城的客商所说的,清清楚楚全都相同。下午才出寺来。一里,走过东门的亭桥,进入顺宁府城东门。找脚夫没找到，山雨如倾盆，只得出了南关走一里，再次住宿在龙泉寺。

十二日　饭于龙泉。命顾仆入城觅夫，而于殿后静室访讲师。既见，始知其即一苇也。为余瀹茗炙饼，出鸡葼、松子相饷。坐间，以黄慎轩翰卷相示，盖其行脚中所物色而得者。下午，不得夫，乃迁寓入新城徐楼，与蒙化妙乐师同候驼骑①。

【注释】
①妙乐：四库本作"妙药"，下同。

【译文】
十二日　在龙泉寺吃饭。命令顾仆进城去找脚夫，而后在大殿后的静室拜访讲经的法师。见面后，才知道他就是一苇了。他为我煮茶、烤饼，拿出鸡葼、松子来款待。坐谈之间，拿出黄慎轩的书画卷轴给我看，大概是他云游四方途中物色到的东西。下午，找不到脚夫，就把寓所搬到新城徐家的楼上，与蒙化府的妙乐禅师一同等候马帮。

十三日　与妙乐同寓，候骑不至。薄暮乃来，遂与妙乐各定一骑，带行囊，期明日行。驼骑者，俱从白盐井驼盐而至，可竟达鸡足，甚便。时余欲从蒙化往天姥岩，恐不能待，止雇至蒙化城止。

【译文】
十三日　与妙乐同住，等候的马帮没有到。傍晚才来，便与妙乐各自讲定了一匹马，只带行李，约定明天上路。马帮，都是从白盐井驮运食盐过来的，可以径直到达鸡足山，非常方便。这时我想从蒙化府前往天姥岩，恐怕他们不能等我，只雇到蒙化府城为止。

十四日　晨起而饭。驼骑以候取盐价，午始发。出北门，东北下涉溪。约二里，过接官亭，有税课司在焉。其岐而西者，即永昌道也。时驼骑犹未至，余先至，坐览一郡形势，而并询其开郡始末。

【译文】

十四日　早晨起床吃饭。马帮因为等候收取盐款，中午才出发。出了北门，向东北下走涉过溪流。大约二里，经过接官亭，有税课司在这里。那分岔往西走的，就是去永昌府的路了。这时马帮还没来到，我先到，坐下观览全府的地理形势，而且一并询问顺宁设府的始末。

顺宁者，旧名庆甸，本蒲蛮之地。其直北为永平，西北为永昌，东北为蒙化，西南为镇康[①]，东南为大侯。此其四履之外接者。土官猛姓，即孟获之后。万历四十年，土官猛廷瑞专恣，潜蓄异谋，开府陈用宾讨而诛之[②]。大侯州土官俸贞与之济逆，遂并雉狝之[③]，改为云州，各设流官，而以云州为顺宁属。今迤西流官所莅之境，以腾越为极西，云州为极南焉。

【注释】

①镇康：明置镇康御夷州，治今永德县永康坝，其辖境西抵怒江。

②开府：原指成立府署，自选僚属，为古代高级官吏设置府署的制

度。汉代仅三公、将军可以开府,晋代诸州刺史多以将军开府,
都督军事。明代已废,仅借用开府为高级武官的代称。

③雉(zhì):牵牛绳;狝(xiǎn):杀伤禽兽。雉狝在此指消灭土司。

【译文】

　　顺宁这地方,旧时名叫庆甸,本来是蒲蛮的地方。顺宁的正北
是永平县,西北是永昌府,东北是蒙化府,西南是镇康州,东南是大
侯州。这是顺宁四境与外面接壤的地方。土官姓猛,是孟获的后
代。万历四十年(1612),土官猛廷瑞专权放肆,暗中图谋反叛,开府
陈用宾讨伐诛杀了他。大侯州土官俸贞与他一同叛逆,便被一起歼
灭了,改设为云州,各自设立了流官,而且把云州划为顺宁府的属
地。今天滇西流官治理的地区,以腾越州为最西,云州为最南了。

　　龙泉寺基,即猛廷瑞所居之园也,从西山垂陇东
下。寺前有塘一方,颇深而澈,建水月阁于其中。其后
面塘为前殿。前殿之右,庭中皆为透水之穴,虽小而所
出不一。又西三丈,有井一圆,颇小而浅,水从中溢,东
注塘中,淙淙有声,则龙泉之源矣。前殿后为大殿,余
之所憩者,其东庑也,皆开郡后所建。

【译文】

　　龙泉寺的基址,就是猛廷瑞居住的花园了,土陇从西山向东下
垂。寺前有一个方形池塘,池水相当深而且清澈,在池塘中建了水
月阁。池塘后边面对池塘是前殿。前殿的右边,庭院中都是出水的
洞穴,虽然小一点但出水的地方不止一处。又往西三丈,有一眼井,
很小,水又浅,水从井中溢出来,向东流淌到池塘中,有淙淙的水声,
就是龙泉的源头了。前殿后面是大殿,我所歇息的地方,是大殿的

东厢房了，都是设府后修建的。

　　旧城即龙泉寺一带，有居庐而无雉堞。新城在其北，中隔一东下之涧。其脉亦从西山垂陇东下，谓之凤山。府署倚之而东向。余入其堂，欲观所图府境四止，无有也。

【译文】

　　旧城就在龙泉寺一带，有居民房屋却没有城墙。新城在旧城北面，中间隔着一条向东下流的山涧。这里的山脉也是土陇从西山向东下垂，称之为凤山。府衙紧靠着凤山面向东方。我进入府衙的大堂，想观看顺宁府辖境四至的地图，没有地图。

　　顺宁郡城所托之峡，逼不开洋，乃两山中一坞耳。本坞不若右甸之圆拓，旁坞亦不若孟祐村之交错。其坞西北自甸头村，东南至函宗百里，东西阔处不及四里。

【译文】

　　顺宁府城依托的山峡，狭窄不开阔，只是两列山中间的一个山坞罢了。本地这个山坞不如右甸那样又圆又平展，四旁的山坞也不像孟祐村那样纵横交错。这个山坞西北起自甸头村，东南到达函宗有一百里，东西的宽处不到四里。

　　顺宁郡之境，北宽而南狭。由郡城而南，则湾甸、大侯两州东西夹之，尖若犁头。由郡城而北，西去绕湾甸之北，而为锡铅，为右甸，为枯柯，而界逾永昌之水；

东去入蒙化之腋，而为三台，为阿禄，为牛街，而界逾漾备之流；其直北，则逾澜沧上打麦陇，抵旧炉塘北岭，始与永平分界。俱在二百里外，若扇之展者焉。自以云州隶之，而后西南、东南各抵东、西二江，不为蹙矣。

【译文】

　　顺宁府的地域，北边宽而南边窄。由府城往南，就是湾甸州、大侯州两个州，在东西两面夹着它，尖尖的好像犁头。由府城往北，向西去绕过湾甸州的北边，便是锡铅，是右甸，是枯柯，而边界越过永昌河；向东去进入蒙化府的侧旁，便是三台山，是阿禄司，是牛街，而边界越过漾备江；府城的正北方，则是越过澜沧江登上打麦陇，抵达旧炉塘北面的山岭，才与永平县分界。全在二百里以外，好像扇子展开的样子。自从把云州隶属于顺宁府，那以后西南、东南各自抵达东、西两条大江，不再窘迫了。

　　澜沧江从顺宁西北境穿其腹而东，至苦思路之东，又穿其腹而南，至三台山之南，乃南出为其东界，既与公郎分蒙化[1]，又南过云州东，又与顺江分景东。郡之经流也。

【注释】

①公郎：今名同，在澜沧江北，南涧县西南境。

【译文】

　　澜沧江从顺宁府西北境穿流过顺宁府的腹地往东流，流到苦思路的东面，又穿流过它的的腹地往南流，流到三台山的南面，这才向南流出去成为顺宁府的东部边界，既流经公郎与蒙化府分界，又往南流过云州的东部，又流经顺江与景东府分界。这是府中的主要河流。

郡境所食所燃皆核桃油。其核桃壳厚而肉嵌，一钱可数枚，捶碎蒸之，箍搞为油，胜芝麻、菜子者多矣。

【译文】

顺宁府境内所吃所烧的都是核桃油。这里的核桃壳厚而且果肉深嵌，一文铜钱可以买到几个，把核桃敲碎后蒸，箍紧榨出油，出的油胜过芝麻、菜子油许多了。

驼骑至，即东下坡，渡北来溪身。以铁索架桥，亭于其上，其制仿澜沧桥者，以孔道所因也。度桥东，即北上坡，循东山之麓，北向而登。是时驼骑一群，以迟发疾趋，余贾勇随之。上不甚峻，而屡过夹坑之脊，三里，从脊上西望望城关，只隔一峡也。又北上，两过旁坠之脊，三里，忽随西坡下。转一坳，复一里，越一西突之冈。由其北下，环山为坞，有坪西向而拓，丰禾被塍，即西突之冈所抱而成者。一里，陟坪而北，又下，连越二小溪，皆从东南腋中来下西峡者。其处支流纵横，蹊径旁午，而人居隐不可见。从此复北上五里，有两三家倚冈头，是为二十里哨。登冈东北，平行其脊。一里，复转东向，循冈北崖下。又里余，则有溪自东峡来。余初以为既登冈，历诸脊，当即直上逾东大山，而不意又有此溪中间之也。既下，乃溯流东入峡。半里，其水分两峡出，一西南自冈脊后，一北自大岭过脊处。乃依南麓涉其冈后之流，溯北涧之左，复北向上，盖即两水中垂之坡也。于是从丛木深翳中上，二里，逾一冈，复循南崖之上行。一里余，又穿坳而西，临西崖之上。两崖俱下盘深箐，中翳丛木，而西箐即顺宁北坞大溪源所出矣。又穿夹槽而上半里，循西箐北崖上。西北平行一里，转入北坳。平透坳北一里，其脊南之箐，犹西坠也。半里，复入夹壁之槽。平行槽中半里，亦有上跨之树。又北一里，稍高，有石脊横槽底，即度脉也。此脊自罗岷山东天井铺南度①，逦迤随江西岸，至此为顺宁东山、云州北山，而南尽于顺江小水之口；若罗岷大脊，则自南窝东北折而南，自草房哨而去矣。已出夹槽，东北坠坑而下。一里，即有水自东南腋飞坠下西北坑者，路下循之，与白沙哨之东下者，同一胚胎。又东北陟脊，度脊再上，共三里，有四五家踞冈头，是为三沟水哨。盖冈之左右，下坠之水分为三沟，而皆北注澜沧矣。又东北下七里，盘一冈嘴。又下三里，有一二家当路右，是为塘报营。又下三里，过一村，已昏黑。又下二里，而宿于高简槽②。店主老人梅姓，颇能慰客，特煎太华茶饮予③。

【注释】

①此脊自罗岷山东天井铺南度："东"，徐本作"西"，不从。天井铺今为天井铺林场，在澜沧江以西，保山市隆阳区水寨和官坡之间的山脊。

②高简槽：今作高枧槽，在凤庆县北境大寺乡。

③太华茶：谢肇淛《滇略·产略》载明代云南名茶有三种，即太华茶、感通茶、普茶。"昆明之太华，其雷声初动者，色香不下松萝，但揉不匀细耳。"太华茶系昆明特产，徐霞客在昆明亦饮太华茶。

【译文】

马帮来到后，立即向东下坡，渡过从北面流来的溪流。用铁索架桥，在桥上建了亭子，桥的形制与澜沧江桥相仿，因为是交通要道必经之地。过到桥东，立即向北上坡，沿着东山的山麓，向北上登。这时一群马帮，因为出发晚了急忙赶路，我鼓足勇气跟随着他们。上走的路不怎么陡峻，但屡次走过坑谷夹着的山脊，三里，从山脊上向西远望望城关，只隔着一条峡谷。又向北上走，两次走过向两旁下坠的山脊，三里，忽然顺着西面的山坡下走。转过一个山坳，又是一里，越过一座向西突的山冈。由山冈北面下走，山冈环绕成山坞，有平地向西拓展而去，丰美的稻禾覆盖着田野，这就是向西突的山冈环抱成的地方。一里，从平地上往北上登，又下走，一连越过两条小溪，都是从东南的山窝中前来下流进西面峡谷中的溪流。这个地方支流纵横，蹊径交错，但人居住的地方隐藏着看不见。从此地又向北上登五里，有两三家人紧靠在冈头，这是二十里哨。登上冈头向东北走，平缓前行在冈脊上。一里，又转向东，沿着山冈北边的山崖下走。又行一里多，就见有溪水自东面的峡中流来。我最初以为登上山冈后，经过了多条山脊，应该立即直接向上翻越东面的大山，可意想不到又有这条溪流隔在中间了。下来后，就溯溪流往东进峡。半里，溪水分别从两条峡谷中流出来，一条在西南方来自冈脊后面，一条从北面来自大山山脊延伸而过之处。于是靠着山冈的南麓涉过那条从山冈后面流来的溪流，溯北面山涧的左岸，再向北上走，原来这里就是两条溪流中间下垂的山坡了。于是从深深密蔽的丛林之中上行，二里，越过一座山冈，再沿着南面的山崖上行。一里多，又穿过山坳往西行，登临到西面的山崖之上。山崖两侧都向下盘绕成深箐，深箐中密蔽着丛林，而西面的山箐就是顺宁北面山坞中的大溪的源头流出来的地方了。又穿过相夹的沟槽往上走半里，沿着西面山箐北面的山崖上走。往西北平缓前行一里，转进北面的山坳。平缓向北穿越山坳一里，那山脊南面的山箐，仍然向西下坠。半里，再次进入石壁夹立的沟槽。平缓行走在沟槽中半里，也有横跨在上方的树。又向北一里，地势稍高一些，有石脊横在沟槽底下，这就是延伸而过的山脉了。这条山脊起自罗岷山东面的天井铺往南延伸，沿着江流西岸逶迤下延，延到此地成为顺宁府的东山、云州的北山,而后向南延伸在顺江小河的河口到了尽头;至于罗岷山的主脊,则是起自南窝东北折向南,从草房哨延伸而去了。不久走出夹立的沟槽,向东北坠下坑谷。一里,马上有水流自东南一侧飞坠下西北的坑谷中,路下山沿着水流走,与白沙铺哨东面下流的水流,同出于一个源头。又往东北上登山脊,越过山脊再上走,共三里,有四五家人盘踞在冈头上,这里是三沟水哨。原来是山冈的左右两边,下泄的水分为三条水沟,而后都是向北注入澜沧江了。又往东北下行七里,绕过一座山冈的山嘴。又下走三里,有一两家人在道路右边,这是塘报营。又下走三里,路过一个村子,天已经昏黑。又下走二里,便住宿在高简槽。店主老人姓梅,很能安慰客人,特意煎了太华茶来给我饮下。

　　十五日　昧爽,饭①。平明,东北下坡。坡两旁皆夹深崖,而坡中悬之,所谓高简诸村庐,又中踞其上。二里,转坡北,下峡中。一里,复转东北,循坡而下。四里,始望见澜沧江流下嵌峡底,自西而东;其隔峡三台山犹为夙雾所笼,咫尺难辨。于是曲折北下者三里,有一二家濒江而居,是为渡口。澜沧至此,又自西东注,其形之阔,止半于潞江,而水势正浊而急。甫闻击汰声②,舟适南来。遂受之北渡,时驼骑在后,不能待也。

【注释】

①昧爽,饭:原脱此三字,据"四库"本补。

②汰(tì):水波。

【译文】

十五日　黎明,吃饭。天明后,向东北下坡。山坡两旁都夹着深深的山崖,而山坡悬在山崖中间,所谓的高简槽各村的房屋,又在中间盘踞在山坡上。二里,转到山坡北面,下到峡中。一里,又转向东北,沿着山坡往下走。四里,开始望见澜沧江的江流下嵌在峡底,自西往东流;那隔着峡谷的三台山还被晨雾笼罩着,咫尺之间难以辨认。从这里向北曲折下走三里,有一两家人濒临江流居住,这是渡口。澜沧江流到此地,又自西向东流注,江面的宽处,只有潞江的一半,但水势正是又浑浊又湍急。刚听到有拍击水浪的声音,渡船恰好来到了南岸,便上船北渡,这时马帮还在后面,不能等了。

　　登北岸,即曲折上二里余,跻坡头。转而东行坡脊,南瞰江流在足底,北眺三台山屏回岭北,以为由此即层累而升也。又闻击汰声,则渡舟始横江南去,而南岸之驼骑,犹望之不见。乃平行一里,折而北向逾脊。半里,乃循东崖瞰西坞北向行。二里,始望见三台村馆,在北山之半,悬空屏峙,以为贾勇可至。又一里,路盘东曲,反渐而就降,又二里,遂下至壑底。壑中涧分二道来,一自西北,一自东北,合于三台之麓,而三台则中悬之,其水由西坞而南入澜沧。乃就小桥渡东北来涧,约一里,即从夹中上跻中悬之坡。曲折上者甚峻,六里,始有数十家倚坡坪而居,是为三台山,有公馆焉。又东北瞰东坞循西崖而上,十二里,蹑南亘之脊,其脊之东西坞,犹南下者。又蹑磴三里,有坊,其冈头为七碗亭者。冈之东,下临深壑,庐三间缀其上,乃昔之茶庵,而今虚无人矣。又上里余,盘突峰之东。其峰中突,而脊则从北下而度,始曲而东起,故突峰虽为绝顶,其东下之坞,犹南出云。乃踞峰头而饭。其时四山云雾已开,惟峰头犹霏霏酿氤氲气。

【译文】

　　登上北岸，立即曲折上登二里多，登上坡头。转向东行走在坡脊上，向南俯瞰，江流就在脚底下，眺望北方的三台山，屏风样回绕在岭北，以为从此地就层层叠叠地上升了。又听见拍击水浪的声音，就见渡船开始横过江面往南去了，可南岸的马帮，仍望不见他们的踪影。于是平缓前行一里，转向北越过山脊。半里，就沿着东面的山崖俯瞰着西面的山坞向北行。二里，开始望见三台山的村庄公馆，在北山的半中腰，高悬在空中，屏风一样耸峙着，以为鼓足勇气一口气可以走到。又行一里，路盘绕着向东弯曲，反而渐渐往下降，又行二里，便下到壑谷底。壑谷中的山涧分为两条流来，一条来自西北方，一条来自东北方，在三台山的山麓合流，而三台山高悬在两条山涧的中间，山涧水经由西面的山坞往南流入澜沧江。于是走上小桥渡过东北方流来的山涧，大约一里，立即从夹角地带中间上登悬在中央的山坡。曲折上登的路非常陡峻，六里，才有几十家人紧靠在山坡上的平地居住，这里是三台山，有公馆在这里。又往东北俯瞰着东面的山坞沿着西面的山崖上走，十二里，上登往南绵亘的山脊，这条山脊东西两面的山坞，仍然是向南下延的。又上登石阶三里，有座牌坊，这里的冈头是叫七碗亭的地方。山冈的东面，下临深壑，三间房屋点缀在山冈上，是从前的茶庵，可今天空寂无人了。又上走一里多，绕到突立山峰的东面。这座山峰突立在中央，而山脊则是从北边往下延伸，开始向东弯曲后隆起，所以这座突立的山峰虽然是绝顶，山峰东面下方的山坞，仍然是向南出去的。于是坐在峰头吃饭。此时四面群山的云雾已经散开，只有峰头还是云雾霏霏酝酿着氤氲之气。

　　由峰北随北行之脊，下坠一里余，乃度脊东突，是为过脉。是山北从老君山南行，经万松岭、天井铺度脊南来，其东之横岭,西之博南二脊,皆绕断于中,惟此支则过此而南尽于泮山。从其北临西壑行,再下再上三里余,有哨房当路,亦虚无栖者。又东北随岭脊下六里,循东坞,盘西岭,又下二里,乃北度峡中小石桥。其水从西峡来,出桥而合于南峡,北从阿禄司东注于新牛街,入漾濞者也。石桥之南,其路东西两岐:东岐即余所从来道,西岐乃四川僧新开,欲上达于过脊者。度桥,即循北坡临南壑东北上。三里,蹑冈头,有百家倚冈而居,是为阿禄司①。其地则西溪北转,南山东环,有冈中突而垂其北,司踞其突处。其西面遥山崇列,自北南纡,即万松、天井南下之脊,挟澜沧江而南者;其北面乱山杂沓,中有一峰特出,询之土人,即猛补者后山,其侧有寺,而大路之所从者。余识之,再瀹汤而饭,以待驼骑。下午乃至,以前无水草,遂止而宿。是夜为中秋,余先从顺宁买胡饼一圆②,怀之为看月具,而月为云掩,竟卧。

【注释】

①阿禄司:在今凤庆县北境,澜沧江以北的鲁史。彝语"阿鲁"意为小城镇。明万历二十六年(1598)设阿鲁巡检司,后简称鲁司,转音为鲁史。1949 年设鲁史镇。

②胡饼:烧饼。

【译文】

由山峰北面顺着往北延伸的山脊,下坠一里多,是延伸的山脊向东突,这条山脊是延伸而过的山脉。这条山脉从北面的老君山往南延伸,山脊经过万松岭、天井铺向南延伸而来,山脉东面的横岭,西面的博南山两条山脊,都在环绕中途断了,只有这条支脉则是延过此地后在南面的泮山到了尽头。从山脊北面下临西面的壑谷前行,两次下走两次上登,三里多,有哨房在路上,也是空无人住。又往东北顺着岭脊下走六里,沿着东面的山坞,绕着西面的山岭,又下走二里,就向北走过峡中的小石桥。桥下的水从西面的峡谷中流来,流出桥下后在南面的峡中合流,向北流从阿禄司东面流淌到新牛街,流入漾濞江。石桥的南边,道路分为东西两条岔路:东边的岔路就是我从那里过来的路,西边的岔路是四川僧人新近开通的,想要上通到山脊延伸过的地方。过桥后,立即沿着北面的山坡下临南面的壑谷往东北上走。三里,登上冈头,有百来户人家紧靠山冈居住,这里是阿禄司。在此地就看见西溪向北转,南山向东环绕,有座山冈在中央突起而山冈的北面下垂,阿禄司盘踞在山冈突起之处。这里的西面远山高高排列,自北向南迁曲,那就是从万松岭、天井铺往南下延的山脊,傍着澜沧江往南延伸的山;这里的北面乱山杂沓,其中有一座山峰特别突出,向当地人打听,就是猛补者的后山,山侧有寺院,而且大路要从那里经过。我记下了这些话,再烧汤做饭吃,以便等待马帮。下午马帮才来,因为前方没有水草,便停下来住下。这天夜里是中秋节,我事先从顺宁府买了一个烧饼,把它揣在怀里作为赏月的点心,可月亮被云遮住了,竟自睡下。

十六日　昧爽,饭而北行。随坡平下十里,而下更峻。五里,至坡底,东西二坞水来合而北去,乃度东坞小桥,沿东麓北行坞中。随水三里,又一溪自东峡来,渡其亭桥。又北一里,渡一大溪亭桥,是为猛家桥。水由桥东破峡北出,路从桥北逾冈而上。其冈东绾溪口,有数家踞其上。从其北下,复随溪行西岸,曲折盘坞十二里,有百家之聚踞冈头,东临溪口,是为新牛街①。俱汉人居,而地不开洋,有公馆在焉,今以旧街巡司移此。由其北西北下二里,有小江自西而东,即漾濞之下流也。自合江铺入蒙化境,曲折南下,又合胜备江、九渡、双桥之水,至此而东抵猛补者地名,乃南折而环泮山,入澜沧焉。江水不及澜沧三之一,而浑浊同之,以雨后故也。方舟渡之,登北岸,即随江东南行。

【注释】

①新牛街:即明代顺宁府七巡检司之一的牛街,亦即今鲁史的犀牛村,在凤庆县北隅黑惠江边。

【译文】

十六日　黎明,饭后往北行。顺着山坡平缓下行十里,而后下走的路更陡峻。五里,来到坡脚底,东西两面山坞中的水流来汇合后向北流去,于是走过东面山坞中的小桥,沿着山的东麓向北前行在山坞中。顺着水流走三里,又有一条溪流自东面的峡中流来,渡过溪流上的亭桥。又向北一里,渡过一条大溪上的亭桥,这是猛家桥。溪水由桥东冲破山峡向北流出去,路从桥北翻越山冈往上走。这座山冈在东面控制着溪流的出水口,有几家人盘踞在山冈上。从山冈北面下走,再顺着溪流的西岸行,曲折盘绕在山坞中十二里,有个百户人家的聚落盘踞在冈头,东面下临溪流的出水口,这里是新牛街。全是汉人居住,可地势不开阔,有公馆在这里,如今把旧街的巡检司搬迁到这里。由新牛街北边往西北下走二里,有条小江自西向东流,就是漾濞江的下游了,自合江铺流入蒙化府境内,曲折往南下流,又汇合胜备江、九渡河、双桥河的水流,流到此地后向东流到猛补者是地名,于是向南折后环绕过泮山,流入澜沧江。江水不到澜沧江的三分之一,可浑浊的水势与澜沧江相同,是因为雨后的缘故了。两条船并在一起渡江,登上北岸,立即顺着江流往东南行。

半里，随江东北转，遂循突坡而上。二里，登南突之坡，下瞰隔江司，与阿禄司溪出江之口对，江流受之，遂东入峡，路从北山之半，亦盘崖而从之。半里，有一家独踞冈头，南临江坡而居，颇整。又东三里，有削崖高临路北，峭壁间有洞南向，其色斑赭，即阿禄所望北面特出之峰，此其西南隅之下层也。又东四里，有两三家倚冈而居，是为马王箐，江流其前峡中，后倚特出崇峰。东望遥壑中开，东北坳中有箐盘峡而下，西与江流合而南去，其东南两峰对峙，夹束如门，而江流由此南出焉。乃瀹汤而饭于村家。由村东北上三里余，当特出崇峰之南，其下江流峡中，至此亦直南去。又东北二里，盘其东南之垂支，有两三家踞冈上，是为猛补者①，亦哨寨之名也，于是逼特出崇峰东南麓矣。其东下盘壑中回，即东北杪松哨南箐之所下者；其正南江流直去，恰当两门之中。又从门隙遥见外层之山，浮青远映，此乃澜沧江畔公郎之境矣。又东北盘崖麓而上，二里而下。半里，忽涧北一崖中悬，南向特立，如独秀之状，有僧隐庵结飞阁三重倚之②。大路过其下，时驼马已前去，余谓此奇境不可失，乃循回磴披石关而陟之。阁乃新构者，下层之后，有片峰中耸，与后崖夹立，中分一线，而中层即覆之，峰尖透出中层之上，上层又叠中层而起。其后皆就崖为壁，而缀之以铁锁，横系崖孔，其前飞甍叠牖，延吐烟云，实为胜地，恨不留被襆于此，倚崖而卧明月也。隐庵为瀹茗留榻，余恐驼骑前去不及追，匆匆辞之出。此岩在特出崇峰东南峡中，登其阁，正南对双突之门。门外又见一远峰中悬，圆亘直上如天柱，其地当与澜沧相近，而不知为何所。隐庵称为钵盂山，亦漫以此岩相对名之耳；又谓在江外，亦不辨其在碧溪_{江名}外，抑在澜沧外也。

【注释】

①猛补者，今作蒙库者。

②"有僧"句：此"飞阁三重"即为灵岩寺建筑，俗称茶房寺，建筑今存，2005 年巍山县政府公布为县级重点文物保护单位。

【译文】

半里，随着江流向东北转，于是沿着前突的山坡往上走。二里，登上向南突的山坡，下瞰隔着江流的巡检司，与阿禄司的溪流流到江中的出水口相对，江流接受了溪流，就向东流入峡中，路从北山的半中腰，也是绕着山崖顺着江流走。半里，有一家人独自盘踞在冈头，南面下临江边的山坡居住，相当整洁。又向东三里，有陡削的山崖高高下临在路的北边，峭壁上有个山洞面向南，石头的颜色是赭红色，斑斑点点的，这就是在阿禄司望见的在北面特别突出的山峰，这里是山峰西南角的下层。又向东四里，有两三家人背靠山冈居住，这里是马王箐，江流在村子前方的峡谷中，后面背靠特别突出的高峰。远望东方远处的壑谷从中敞开，东北方的山坳中有山箐盘绕着峡谷往下流，在西面与江流合流后向南流去，这里东南方的两座山峰相对耸峙，夹立紧束如像门一样，而江流由此处向南流出去。于是在山村人家烧汤做饭吃。由村东往北上走三里多，在特别突出高峰的南面，山下江水流过峡中，流到此地也一直向南流去，又往东北行二里，绕过山峰东南下垂的支脉，有两三家人盘踞在山冈上，这是猛补者，也是哨所营寨的名字了，到这里已经逼近特别突出高峰的东南麓了。山峰东面下方盘绕的壑谷回绕在中间，那就是东北方枚松哨南面的山箐下延形成的；山峰正南方江流笔直流去，恰好位于两座山峰形成的门的中间。又从门缝中远远看见外层的群山，漂浮着一抹青色远远地映衬着，这是澜沧江畔公郎的境内了。又向东北盘绕着山麓的石崖往上走，二里后下走。半里，忽然山涧北边一座石崖悬在中央，向南独立，如独秀峰的形状，有位叫隐庵的僧人紧靠石崖建了三层飞凌空中的楼阁。大路经过山下，这时马帮已走到前面去了，我认为此处奇景不可错失，就沿着回绕的石阶穿过岩石关隘登上楼阁。楼阁是新建的，下层的后边，有一片石峰耸立在中央，与后面的石崖相夹而立，中间分开一条线，而中层就覆盖在石缝上边，峰尖钻出中层的上方，上层又重叠在中层上建起。楼阁的后部都是就着石崖作为墙壁，并用铁链它们连缀起来，横系在石崖上的孔洞中，楼阁的前部屋檐高飞窗户重叠，吞吐着云烟，实在是风景优美的胜地，遗憾不能把被子铺盖留在此地，紧靠着石崖躺卧在明月之下了。隐庵为我泡茶挽留我住下，我担心马帮向前走去来不及赶上，匆匆辞别他出来。这座石崖在特别突出的高峰东南方的峡谷中，登上这座楼阁，正南方面对着双双突立的门。门外又看见远处一座山峰悬在中央，圆圆地横亘着，笔直上耸，如同擎天柱，那地方应当与澜沧江接近，但不知道是什么地方。隐庵称为钵盂山，也不过是因为与这座石崖相对随便起的名字罢了；又说是在江外，也分辨不出它是在碧溪是江名之外，还是在澜沧江之外了。

　　由其东又上坡，二里，登东冈。又东北迢遥而上，八里而至桫松哨①。是哨乃东来之脊，西度而起为特出崇峰，南尽于碧溪江东北岸，是为顺宁东北尽处，与蒙化分界者也，以岭有桫松树最大，故名。时驼骑方饭于此，遂及之。又随脊东上四里，转而北，登岭头，是为旧牛街②。是日街子犹未散，已行八十里矣。此东来度脊之最高处，北望直抵漾濞，其东之点苍，直雄插天半；南望则瓦屋突门之峰③，又从东分支西绕，环瓕于前；西望则特出崇峰，近耸西南，江外横岭诸峰,遥环西北,亦一爽心快目之境矣。

【注释】

①桫(suō)松哨:今作杉松哨。

②旧牛街:今称老牛街。在巍山县西南隅。

③瓦屋:今名同,在凤庆县东北部,黑惠江西侧。

【译文】

由石崖的东边又上坡,二里,登上东面的山冈。又往东北远远地上走,八里后来到桫松哨。这个哨房是东面来的山脊,向西延伸后耸起成为特别突出的高峰,南面在碧溪江的东北岸到了尽头。这里是顺宁府东北境的尽头处,与蒙化府分界的地方,因为岭上有最大的桫松树,所以起这个名字。这时马帮正在此地吃饭,终于赶上了他们。又顺着山脊往东上走四里,转向北,登上岭头,这里是旧牛街。这天的街子还没有散,已经走了八十里了。此地是东面延伸过来的山脊的最高处,北方一直望到漾濞,漾濞东面的点苍山,笔直雄伟地插进半天之上;远望南方,就见瓦屋突立为门的山峰,又从东面分支向西回绕,壑谷回绕在前方;向西望去,就见特别突出的高峰,高耸在西南方的近处,江外横亘山岭的群峰,远远环绕在西北方,也是一处爽心悦目的地方呀!

于是北向随岭下,二里,盘崖转东,循脊北东行,八里,至旧巡司。又东北下二里,盘南壑之上,有路分岐:逾脊北下,想北通漾濞者;正路又东随脊。二里余,逾东岭北下,于是其峡北向坠,即随峡东坡东北行。五里,至瓦葫芦①,有数十家倚坡嘴,悬居环壑中。坡东有小水,一自西腋,一自南腋,交于前壑而北去。则此瓦葫芦者②,亦山丛水溢之源也。是夜宿邸楼,月甚明,恨无贳酒之侣,怅怅而卧。

【注释】

①瓦葫芦：今作瓦铺路，在巍山县西南境，石房河西岸，直捷村北邻。

②"则此瓦葫芦者"句：此句下叶本按："甲按，杨本添注云：'碧溪江即漾濞江'，当存考。"据《嘉庆重修一统志》永昌府山川："碧溪江在永平县东北二百里，旧志即漾濞江。"杨说是。

【译文】

从这里向北顺着山岭下走，二里，绕过山崖转向东，沿着山脊北边往东行，八里，来到旧巡检司。又往东北下行二里，绕到南面的壑谷之上，有路分为两条岔道：翻越山脊向北下走，猜想是向北通往漾濞的路；正路又往东顺着山脊走。二里多，越过东面的山岭向北下走，在这里山岭下的峡谷向北下坠，立即顺着峡谷东面的山坡往东北行。五里，到瓦葫芦，有几十家人紧靠坡嘴，悬隔居住在环绕的壑谷中。山坡东面有小溪，一条来自西侧，一条来自南侧，在前方的壑谷中交汇后向北流去。那么这个叫瓦葫芦的地方，也是群山中泉水溢出的源头了。这天夜里住宿在客店的楼上，月光非常明亮，遗憾没有买酒来喝的伴侣，闷闷不乐地躺下。

　　十七日　昧爽，饭而行，即东下坡。一里，渡西来小水，循北山而东。半里，南来小水与之合，同破峡北去，路亦随之，挟山北转，一里，有亭桥跨其溪，曰广济。渡而东，循东麓北行二里余，有峡自西山来合。又北五里，北壑稍开，水走西北峡去；又有一水自东峡来合，其势相埒，即溯之入。东行里余，有小桥架其上，北度之。复循北坡东上半里，溯溪北转二里余，转而东一里余，有数十家倚北山而居，是为鼠街子①。峡至是东西长亘，溪流峡底，路溯北崖。北崖屡有小水挂峡而下，路东盘之，屡上屡下。十里，逾坡东降，东峡稍开，盘北崖之纤，盖北崖至是稍逊，而南障之屏削尤甚也。东三里，其溪一自北来，一自南坠，而东面则横山障之，路乃折而溯北来之溪。二里稍下，一里余，涉溪东岸，复溯溪北行。半里，溪仍两派，一西北来，一东来，乃折而从东来者上。半里，有数家倚坡间，是为猪矢河哨[2]。"猪矢"乃土音。此处为诸河之始，恐是"诸始河"也。其处山回峡凑，中迸垂坡：一岐直北逾岭者，为漾备道；一岐逾坡东北去者，为炉塘道[3]；惟东向随峡上者，为蒙化大道。乃东上三里，稍随一北曲之湾。湾中有小水南坠其侧，岐径缘之而北，此非漾备，即下关捷径，惜驼骑不能从也。又东随大道上，或峻或平，皆瞰南壑行，五里，乃逾岭脊。脊稍中坳，乃东北自定西岭分支，西度为甸头山，又分两支：一支北转，挟洱水北出苍山后；一支南下，亘为蒙化西夹之山，而此其脊也。脊东即见大坞自北而南，其东界山与此脊排闼相对；而北之甸头山，则中联而伏，其外浮青高拥者，点苍山也；南之甸尾，阳江中贯，曲折下坠，而与定边接界焉[4]。蒙化郡城已东伏平川之中，而不即东下也。

【注释】

①鼠街子：今称西鼠街，在巍山县西境。

②猪矢河哨：今作猪食河，在巍山城至五印的公路边，鼠街河三源汇于此。

③一岐逾坡东北去者，为炉塘道：此作"东北去"，惟炉塘在其西北，至炉塘道似应作"西北去"。

④定边：明为县，隶楚雄府，在今南涧彝族自治县。

【译文】

十七日　黎明,吃饭后上路,立即往东下坡。一里,渡过西面流来的小溪,沿着北山往东行。半里,南面流来的小溪与它合流,一同冲破山峡向北流去,路也随着溪流走,傍着山向北转,一里,有座亭桥跨在这条溪流上,叫广济桥。渡到桥东,沿着山的东麓往北行二里多,有条峡谷自西山前来会合。又向北五里,北面的壑谷稍微开阔了一些,水流奔向西北的峡谷中流去;又有一条水流自东面的峡中流来汇合,水势相等,立即溯流进峡。往东行一里多,有座小桥架在流水上,向北过桥。又沿着北面的山坡向东上走半里,溯溪流向北转二里多,转向东一里多,有几十家人背靠北山居住,这里是鼠街子。峡谷到了这里呈东西向长长地绵亘,溪水流淌在峡底,道路溯溪流北面的山崖走。北面的山崖上屡屡有小股水流挂在峡壁上往下泄,路往东绕着峡谷走,屡次上走屡次下行,十里,越过山坡向东下降,东面的峡谷稍稍开阔一些,绕过北面山崖的迂曲处,原来北面的山崖到了这里稍稍后退,但南面像屏风样挡住的山崖陡削得特别厉害。向东三里,峡谷中的溪水一条从北边流来,一条从南边坠下来,而东面则是横挡着的山堵住溪流,道路于是转向逆着北边流来的溪流走。二里后稍下走,一里多,涉到溪流东岸,再溯溪流往北行。半里,溪流仍然分为两条,一条从西北方流来,一条从东面流来,于是转向顺着东面流来的溪流上走。半里,有几家人紧靠在山坡上,这里是猪矢河哨。"猪矢"是当地人的口音。此处是诸条河流起始的地方,恐怕是"诸始河"吧。此处山峰回转峡谷凑聚,中间迸裂开下垂着山坡:一条岔路向正北翻越山岭的,是去漾备江的路;一条岔路翻越山坡向东北去的,是去炉塘的路;唯有向东顺着峡谷上走的,是去蒙化府的大路。于是向东上走三里,慢慢顺着一个向北弯曲的山弯走。山弯中有条小溪向南下泄到山弯的侧边,岔开的小径沿着小溪向北去,这不是去漾备江的路,就是下关的捷径,可惜马帮不能从这里走。又向东顺着大路上走,有时陡峻有时平坦,都是俯瞰着南边的壑谷前行,五里,便越过岭脊。岭脊稍向中间下凹,是从东北方的定西岭分支,向西延伸成为甸头山,又分为两条支脉:一条支脉向北转,傍着洱水往北延伸到苍山后面;一条支脉往南下延,绵亘为蒙化府西面夹立的山,而此处就是这条支脉的山脊了。山脊东面立即看见一个大山坞自北向南伸展,山坞东面的一列山与这条山脊像门扉一样排列相对;而北面的甸头山,则连接在中间低伏着,甸头山之外浮着一抹青色高高拥立的,是点苍山了;南面的甸尾,阳江流贯在山坞中,曲折下泄,而与定边县交界了。蒙化府城已经伏在东面的平川之中,但不马上向东下走。

从岭脊平行而南半里,其脊之盘礴西去者,杪松、猛补者之支所由分;旁午东出者,郡城大路随之下。始由峡中坠者二里,既随北坡下者三里,又从坡脊降者五里,于是路南之峡,坠而愈开,路北之峰,断而复起。其峰自西脊下垂至是,屡伏屡耸,若贯珠而下,共四五峰,下至东麓,而阳江之水,自城西西曲而朝之,亦一奇也。路从其南连盘二峰,则南坞大开,有数家倚南山下,而峡中皆环塍为田。又东一里,乃转北,穿一东突峰后而透其坳。此峰即连珠下第五峰尽于东麓者,其上诸峰皆随下而循其南,至此峰独中穿而逾其北。此处似有神皋蕴结[①],而土人不识,间有旁缀而庐者,皆不得其正也。挟突峰之北而下,半里至麓。又东半里,则阳江自东来[②],抵山而南转去。路溯江北岸东行,半里,有三巩石桥南架江上。逾桥南,复东一里,入蒙化西门[③]。一里余,竟城而抵东门,内转半里,过等觉寺,税驾于寺北之冷泉庵[④],即妙乐师栖静处。中有井甚甘洌,为蒙城第一泉,故以名庵。

【注释】

①神臯(gāo)：神明所集聚之地。

②阳江：今称西河、蒙化大河或巍山河。

③蒙化：明置蒙化府，治今巍山彝族回族自治县。至今尚能看到部分城墙遗迹和明代碑刻。高大雄壮的北城楼和玲珑纤秀的鼓楼，亦完好地保存至今。

④"过等觉寺"二句：等觉寺、冷泉庵均在今巍山县城东部，为县医院住地。等觉寺今存有成化元年（1465）蒙化府土知府左琳建的双宝塔及碑刻。冷泉庵为古药师殿，嘉靖年间杨升庵两游蒙化，皆寓此。

【译文】

从岭脊上往南平缓前行半里，这里的山脊气势磅礴向西延伸去的，是杪松哨、猛补者所在的支脉从这里分出去的地方；纷繁交错地向东延伸出去的，去府城的大路顺着那里下走。开始时经由峡中下坠二里，随即顺着北面的山坡下走三里，又从坡脊上下降五里，到了这里道路南边的峡谷，深坠后愈发开阔，道路北边的山峰，中断后又耸起。这座山峰自西面的山脊下垂延伸到这里，多次低伏下去多次耸起，好像连贯在一起的珠子往下延伸，共有四五座山峰，下走到山的东麓，而阳江的江水，自城西向西弯曲后朝着山麓流过来，也是一处奇观。道路从山峰南面一连绕过两座山峰，就见南面的山坞非常开阔，有几家人紧靠在南山下，而峡中全是田埂环绕着的农田。又向东一里，就转向北，穿过一座向东突山峰的后面，穿出山坞。这座山峰就是连珠般下延的第五座山峰在东麓到了尽头的山峰，它上边的几座山峰，道路都是顺着山势下走而后沿着山峰的南面走，唯独来到这里是从这座山峰中间穿越到山峰的北面。此处似乎有神异的地脉蕴结着，可当地人不知道，间或有连缀在地脉旁边建房的，都没能得到地脉的正位。傍着突立山峰的北面往下走，半里来到山麓。又向东半里，就见阳江自东边流来，流到山下后向南转去。道路溯江流北岸往东行，半里，有一座三个桥拱的石桥向南架在江流上。过到桥南，再向东一里，进入蒙化府城西门。一里多，穿过城中后抵达东门，在城墙内转向走半里，路过等觉寺，住宿在寺北边的冷泉庵，就是妙乐禅师驻锡静修的地方。庵中有一眼井十分甘甜清凉，是蒙化府城中的第一泉，所以用来给庵起名。

　　蒙化城甚整，乃古城也，而高与洱海相似。城中居庐亦甚盛，而北门外则阛阓皆聚焉。闻城中有甲科三四家，是反胜大理也。北门外有卖饼者三四家，想皆中土人。其制酷似吾乡"眉公饼"，但不兼各味耳，即省中亦不及。

【译文】

　　蒙化府城非常整齐，是座古城，而高处与洱海卫城相似。城中的居民房屋也非常兴盛，而北门外则是街市相连都是居民区了。听说城中有三四家进士，这样反而胜过大理府了。北门外有三四家卖饼的人家，猜想都是中原地区来的人。饼的制法酷似我家乡的"眉公饼"，但不是兼有各种味道罢了，即便是省城中的饼也赶不上。

　　蒙化土知府左姓，世代循良，不似景东桀骜，其居在西山北坞三十里。蒙化有流官同知一人，居城中，反有专城之重，不似他土府之外受酋制，亦不似他流官之有郡伯上压也。蒙化卫亦居城中，为卫官者，亦胜他卫，盖不似景东之权在土酋，亦不似永昌之人各为政也。

【译文】

　　蒙化府的土知府姓左，世代奉公守法，不像景东府那样桀骜不驯,他的住处在西山北面的山坞中三十里之外。蒙化府有流官同知一人,居住在城中,反而有独擅全城的重权,不像其他土府流官在外边要受土官的制约,也不像其他流官那样有府官在上边压制了。蒙化卫也住在城中,出任卫官的人,也胜过其他卫,大概是不像景东府那样,权力在土官,也不像永昌府那样人人各自为政。

蒙化疆宇较蹙,其中止一川,水俱西南下澜沧者,以定西岭南脊之界其东也。

【译文】

蒙化府的疆域较紧促,府中只有一片平川,水流都是向西南下流进澜沧江的,因为定西岭往南下延的山脊隔在平川的东面。

定西岭从大脊分支,又为一东西之界,其西则蒙化、顺宁、永昌,其东则元江、临安、澂江、新化及楚雄。脊南之州县水,皆从是岭而分,南龙大脊虽长,此亦南条第一支也。至脊西之大理、剑川、兰州,脊东之寻甸、曲靖,虽在其北为大脊所分,而定西实承大脊而当其下流,谓非其区域所判不可也。

【译文】

定西岭从大山脊分支,又成为一列东西分界的山,山脉西面是蒙化府、顺宁府、永昌府,山脉东面则是元江府、临安府、澂江府、新化州和楚雄府。山脊南面各州县的水流,都是从这座山岭分流的,往南延伸的主脉大山脊虽然长,这座山岭也是南面的支脉中的第一支峰了。至于山脊西面的大理府、剑川州、兰州,山脊东面的寻甸府、曲靖府，虽然在定西岭的北面被大山脊分开，可定西岭实际上承接着大山脊而且位于大山脊的下游，我认为非得按它们的区域来判别不可了。

　　蒙化有四寺，曰天姥、竹扫、降龙、伏虎[①]，而天姥之名最著，在西北山坞间三十五里。余不及遍穷，欲首及之。

【注释】

①竹扫：即竹扫寺，在巍山、弥渡两县交界的太极顶。　降龙：似应为玄龙寺，在巍山县城东3公里的玄珠山上。　伏虎：即伏虎寺，在巍山县东隅龙箐关附近。

【译文】

　　蒙化府有四座寺院，名叫天姥寺、竹扫寺、降龙寺、伏虎寺，而天姥寺最著名，在西北的山坞中三十五里处。我来不及四处游遍，想要首先到天姥寺去。

　　十八日　从冷泉庵晨起，令顾仆同妙乐觅驼骑，期以明日行。余亟饭，出北门，策骑为天姥游，盖以骑去，始能往返也。北二里，由演武场后西北下，约一里，渡一沟，西北当中川行。五里，过荷池。又北一里，过一沟。又西北三里，则大溪自东曲而西流，北涉之。四里，盘西山东突之嘴，其嘴东突，而大溪上流亦西来逼之，路盘崖而北，是为蒙化、天姥适中处。又北二里，过西山之湾，又北二里，再盘一东突之嘴。又过西湾三里，其东突之嘴更长。逾其坞而北，有岐西向入峡，其峡湾环西入，内为土司左氏之世居。天姥道由坞北截西峡之口，直度北去。约三里,又盘其东突之嘴,于是居庐连络,始望见天姥寺在北坞之半回腋间,其山皆自西大山条分东下之回冈也。又三里,有一圆阜当盘湾之中,如珠在盘,而路萦其前。又北三里,循坡西北上,一里而及山门,是为天姥崖,而实无崖也。其寺东向,殿宇在北,僧房在南。山门内有古坊,曰"云隐寺"。按《一统志》,巄屼图山在城西北三十五里,蒙氏龙伽独自哀牢将其子细奴逻居其上,筑巄屼图城,自立为奇王,号蒙舍诏,今上有浮屠及云隐寺。始知天姥崖即云隐寺,而其山实名巄屼图也[①]。其浮屠在寺北回冈上,殿宇昔极整丽,盖土司家所为,今不免寥落矣。时日已下午,亟饭而归。渡大溪,抵荷池已昏黑矣。入城,妙乐正篝灯相待,乃饭而卧。

【注释】

①巄屼(lóng yú)图山:今人省称巄屼山,山上的天摩雅寺,即此所称天姥(mǔ)崖,在巍山坝子西缘。曾在此挖出过有字瓦及花瓣纹瓦当,应即南诏早期的巄屼图城。

【译文】

十八日　从冷泉庵早晨起床,命令顾仆同妙乐去找马帮,约定在明天动身。我急忙吃完饭,走出北门,策马去游天姥寺,因为骑马去,一天才能往返。向北二里,由演武场后面向西北下走,大约一里,渡过一条水沟,往西北在平川中前行。五里,路过荷花池。又向北一里,越过一条水沟。又往西北行三里,就见大溪自东弯向西流淌,向北涉过大溪。四里,绕过西山东突的山嘴,这个山嘴向东突,而大溪的上游也向西流来逼近山嘴,道路绕着山崖往北走,这里恰好是蒙化府城、天姥寺的半道上。又向北二里,经过西山的山湾,又向北二里,再次绕过一处东突的山嘴。又经过西山的山湾走三里,这里东突的山嘴更长。穿越山坳往北行,有条岔路向西进峡,那条峡谷弯弯绕绕地向西进去,里面是土司左家世代居住的地方。去天姥寺的路经由山坳北边横截西面峡谷的峡口,笔直过到北边去。大约三里,又绕过那东突的山嘴,在这里居民房屋连接不断,开始望见天姥寺在北面山坳的半山腰回绕的山窝中,那里的山都是从西面的大山分成条状向东下延回绕的山冈。又行三里,有一座圆形的土阜位于圆盘状山湾的中间,如同明珠在盘子里边,而道路萦绕在土阜前。又向北三里,沿着山坡向西北上登,一里后来到山门,这里是天姥崖,可实际上没有山崖。这座寺院面向东,殿宇在北边,僧房在南边。山门内有座古老的牌坊,题写着"云隐寺"。据《一统志》,巄屽图山在府城西北三十五里处,蒙氏龙伽独从哀牢山带领他的儿子细奴逻居住在山上,修筑了巄屽图城,自立为奇王,号称蒙舍诏,今天山上有佛塔及云隐寺。这才知道天姥崖就是云隐寺,而且这座山实际名叫巄屽图山了。山上的佛塔在寺北回绕的山冈上,殿宇从前极为整齐壮丽,大概是土司家修建的,今天免不了冷落了。这时日头已是下午,急忙吃饭后归来。渡过大溪,抵达荷花池天已经昏黑了。进城后,妙乐正点燃灯火等我,于是吃饭后躺下。

十九日　妙乐以乳线赠余①。余以俞禹锡诗扇,更作诗赠之。驼骑至,即饭而别,妙乐送出北门。仍二里,过演武场东。又北循东麓一里,有岐分为二:一直北随大坞者,为大理、下关道;一东向入峡逾山者,为迷渡、洱海道。乃从迷渡者东向上。五里,涉西下之涧,于是上跻坡。二里,得坪,有数家在坪北,曰阿儿村。更蹑坡直上五里,登坡头,平行冈脊而南度之。此脊由南峰北度而下者,其东与大山夹为坑,北下西转而入大川,其西则平坠川南,从其上俯瞰蒙城,如一瓯脱也②。又北倚坡再东上三里,有三四家当脊而居,是为沙滩哨③。脊上有新建小庵,颇洁。又蹑脊东上二里,盘崖北转，忽北峡骈峙，路穿其中，即北来东度而南转之脊也，是为龙庆关④。透峡，即随峡东坠，石骨嶙峋。半里，稍平。是脊北自定西岭南下⑤，东挟白崖、迷渡之水，为礼社江，南由定边县东而下元江；西界蒙化甸头之水，为阳江，南由定边县西而下澜沧，乃景东、威远、镇沅诸郡州之脉所由度者也⑥。东向下者四里余，有数家居峡中，是为石佛哨⑦，乃饭。

【注释】

①乳线：为云南的珍稀小吃，可携带远行，食用方便。景泰《云南图经志书》和曲州土产载："乳线，积牛乳澄定造之，土人以为素食，名曰连煎。"乳线又作乳腺，但与连煎有别。据嘉靖《大理府志》："乳腺，酥乳冰皮也，气味不异酥乳，然酥乳非盐，则不耐久，此则不盐而可以致远。""连煎，以乳腺为肤，珍蔬珍果为馅，酥沃成饼。"

②瓯(ōu)脱：边境屯戍或守望的土室。《史记·匈奴列传》载："中有弃地，莫居，千余里，各居其边为瓯脱。"此处用瓯脱形象地比喻巍山坝子虽宽阔，巍山古城却辟处山边以屯守的形势。

③沙滩哨：今作沙塘哨，在巍山县东隅。

④龙庆关：今作龙箐关，为巍山、弥渡两县分界丫口，东西两侧有山箐，为两县间驿道必经的关隘。此处为候鸟迁徙必经之道，该关附近有"鸟道雄关"古碑，近年成为对候鸟进行观察研究的基地。

⑤定西岭：今名同，俗称红岩坡，为大理市与弥渡县界山，此山南至定边即被二水交汇处截断，其脉亦未达景东等县。

⑥镇沅：明置府，在今镇沅县治按板镇。按，《明一统志》蒙化府山川载："阳江，在府城西，源出甸头洞，过定边县入澜沧江。"霞客本《明一统志》，故有此说。其实，毗雄河和巍山河在定边县汇合，即成为元江的东西二源，阳江并未流入澜沧江。

⑦石佛哨：今名同，在弥渡县西隅。

【译文】

十九日　妙乐把乳线赠送给我。我把俞禹锡的诗扇,另外题写了诗赠送给他。马帮来到后,立即吃饭后道别,妙乐送出北门。仍然走二里,路过演武场东边。又向北沿着山的东麓走一里,有岔路分为两条:一条向正北顺着大山坞走的,是去大理、下关的路;一条向东进峡翻山走的,是去弥渡、洱海卫的路。于是从去弥渡的那条路向东上走。五里,涉过向西下流的山涧,于是上登山坡。二里,遇到一块平地,有几家人在平地北边,叫阿儿村。再踏着山坡一直上爬五里,登上坡头,平缓行走在冈脊上,而后向南越过冈脊。这条冈脊是由南面的山峰往北下延形成的,山冈东面与大山夹成坑谷,向北下延后向西转,而后进入大平川,山冈西面就平缓下坠到平川的南边,从山上俯瞰蒙化府城,如同一间屯戍的土房子了。又紧靠北面的山坡再往东上登三里,有三四家人居住在山脊上,这里是沙滩哨。山脊上有座新建的小庵,相当整洁。又踏着山脊上登二里,绕着山崖向北转,忽然北面有峡谷对峙,道路穿越在峡谷中,这就是北面来的往东延伸后向南转的山脊了,这里是龙庆关。钻进峡谷,立即顺着峡谷向东下坠,石骨嶙峋。半里,稍平缓了些。这条山脊自北面的定西岭向南下延,东面傍着白崖站、弥渡的水流,称为礼社江,往南流经定边县东部后下流进元江;西境蒙化府甸头的水流,称为阳江,往南流经定边县西部后下流进澜沧江,是景东府、威远州、镇沅府各府州的山脉由这里延伸下去的山。向东下走四里多,有几家人住在峡中,这里是石佛哨,于是吃饭。

又三里,有三四家在北坡,曰桃园哨。于是曲折行峡中,随水而出,或东或北。不二里,辄与峡俱转,而皆在水左。如是十里,再北转,始望见峡口东达川中,峡中小室累累,各就水次,其瓦俱白,乃磨室也。以水运机,磨麦为面,甚洁白。乃知迷渡川中,饶稻更饶麦也。又二里,度桥,由溪右出峡口①，随山南转半里，乃东向截川而行。其川甚平拓，北有崇山屏立，即白崖站也②；西北有攒峰横亘而南，即定西岭南度之脊也。两高之间，有坳在西北，即为定西岭。逾岭而西，为下关道；从坳北转，为赵州道。余不得假道于彼，而仅一涉礼社上流，揽迷渡风景，皆驼骑累之也。东行平堤三里，有围墙当路，左踞川中，方整而甚遥，中无巨室，乃景东卫贮粮之所，是曰新城③。半里，其墙东尽，复行堤上三里，有碑亭在路右，乃大理倅王君署事景东，而卫人立于此者。又东半里，有溪自北而南，架木桥于上，水与溪形俱不大，此即礼社之源，自白崖、定西岭来，南注定边，下元江④，合马龙为临安河，下莲花滩者也⑤。时川中方苦旱，故水若衣带。从此望之，川形如犁尖，北拓而南敛，东西两界山，亦北高而南伏，盖定边、景东大道，皆由此而南去。又东半里，入迷渡之西门⑥。其墙不及新城之整，而居庐甚盛，是为旧城，有巡司居之。其地乃赵州、洱海、云南县、蒙化分界，而景东之屯亦在焉。买米于城。出北门，随墙东转一里，有支峰自东南绕而北，有小浮屠在其上。盘其嘴入东坞中，又一里，其中又成一小壑，曰海子⑦。有倚山北向而居者，遂投之宿。

【注释】

①"又二里"三句：当地人称此峡为蒙化箐，直到民国年间，还是巍山县通往昆明的要道。本段上文霞客所见"小室累累"的白瓦磨房，至今风光依然如此。在此峡口稍北的庙前村铁柱小学内，有著名的南诏铁柱，为全国重点文物保护单位。707年，唐王朝派唐九征在洱海地区大败吐蕃后，即在波州（今祥云县）建铁柱，上面刻有

唐中央在这一地区设置州县的地图和说明文字,是唐统一洱海地区的历史见证,这就是通常说的"唐标铁柱"。872年,南诏王蒙世隆可能利用了波州铁柱重铸为弥渡铁柱。今存铁柱高3.3米,圆周1.05米,直立在一米多高的土台上,题记为直列正书阳文二十二字:"维建极十三年岁次壬辰四月庚子朔十四日癸丑建立。"这就是南诏铁柱,又称为"天尊柱",被用作神化南诏统治的象征。

②白崖站:《明史·地理志》载:"有旧白崖城,嘉靖四十三年(1564)修筑,更名彩云城。"今称红岩,在弥渡坝子北端。

③新城:今名同,在弥渡县治稍西。

④"又东半里"八句:此水明代称白崖赕江,即今毗雄河,又称西大河。

⑤莲花滩:在今河口瑶族自治县田房附近的红河上。自古为水上交通要隘。原有许多乱石滩,如莲花开放,故名。前些年为方便航行,对莲花滩进行了炸滩整治。

⑥迷渡:明代作迷渡市,嘉靖初筑城,设有迷渡市巡检司,即今弥渡县治。

⑦海子:今名同,分下海子与上海子两村,村边一水塘称双龙海,皆在弥渡县治稍东。

【译文】

又行三里,有三四家人住在北面的山坡上,叫做桃园哨。从这里起曲曲折折行走在峡谷中,顺着水流出去,有时向东有时向北。不到二里,总是与峡谷一起转向,但都是在水流的左边。如此走了十里,再次向北转,才望见峡口向东通到平川中,峡谷中小房子层层叠叠的,各自靠近水边,屋瓦都是白色的,原来是磨房。用水力运转机械,把小麦磨成面,面粉非常洁白。这才知道弥渡的平川中,丰产水稻更丰产小麦了。又行二里,过桥,由溪流右边走出峡口,顺着山势向南转半里,就向东横截平川前行。这里的平川非常平坦广阔,北方有高山屏风样矗立着,那就是白崖站了;西北方有攒聚的山峰往南横亘,那就是定西岭往南延伸的山脊了。两面的高山之间,有山坳在西北方,那就是定西岭。翻越定西岭往西走,是去下关的路;从山坳向北转,是去赵州的路。我不能借道从那里走,却仅仅是在礼社江上游跋涉了一番,游览了弥渡的风景,都是马帮拖累我造成的。向东在平坦的堤坝上行三里,有围墙在道路左边,盘踞在平川中,方方正正而且非常长,围墙中没有巨大的房屋,是景东卫贮藏粮食的场所,这里叫新城。半里,围墙到了东边的尽头,又行走在堤坝上三里,有座碑亭在道路右边,是大理府的副职王君代理景东卫的政事,而卫里的人在此地立了石碑。又向东半里,有条溪流自北向南流,架有木桥在溪流上,水势与河床都不大,这就是礼社江的源头,从白崖站、定西岭流来,向南流入定边县,下流到元江府,汇合马龙河成为临安河,下流到莲花滩。此时平川中正苦于干旱,所以溪水像一条衣带一样宽。从此处远望过去,平川的形状如同犁尖,北面拓展开去而南面收拢来,东西两面的山,也是北边高而南边低,大概去定边县、景东府的大路,都是经由此地往南去的。又向东半里,进入弥渡的西门。弥渡城不如新城那样整齐,但居民房屋非常繁盛,这里旧城,有巡检司住在城中。此地是赵州、洱海卫、云南县、蒙化府的分界处,而且景东卫的驻屯地也在这里。在城中买了米。走出北门,顺着城墙向东转一里,有分支的山峰自东南方绕到北面,有座小佛塔在山上。绕过山嘴进入东面的山坳,又行一里,山坳中又形成一个小壑谷,叫做海子。有紧靠着山面向北居住的人家,就进门投宿。

二十日　平明,饭而行。又东一里,入峡,其中又成一小壑。二里,随壑北转,渐上坡。再上再平,三里,逾岭头,遵冈北行。又三里,有村在西坡腋间,为酒药村。又北循坡行,其坡皆自东而西向下者,条冈缕缕,有小水界之,皆西出迷渡者。再下再上约十里,有卖浆者庐冈头,曰饭店,有村在东山下,曰饭店村。又北逾一冈,二里,坡西于是有山,与东坡夹而成峡,其小流南下而西注迷渡。路乃从峡中溯之北,二里余,转而东北上,二里余,陟而逾其坳。此乌龙坝南来大脊,至此东度南转,而崒为水目者也。脊颇平坦,南虽屡升降坡间,而上实不多,北下则平如兜,不知其为南龙大脊。余自二月十三从鹤庆度大脊而西,盘旋西南者半载余,乃复度此脊北返,计离乡三载,陟大脊而东西度之,不啻如织矣!

【译文】

二十日　黎明,饭后上路。又向东一里,进入峡中,峡谷中又变成一个小壑谷。二里,随着壑谷向北转,渐渐上坡。两次上登两次平缓前行,三里,越过岭头,沿着山冈往北行。又行三里,有个村庄在西面山坡的侧旁,是酒药村。又向北沿着山坡行,这里的山坡都是自东向西下斜的,条状的山冈一缕缕的,有小溪隔在山冈之间,都是向西流到弥渡的溪流。两次下行两次上登大约十里,有卖酒的人在冈头建了房屋,叫做饭店,有个村子在东山下,叫做饭店村。又往北翻越一座山冈,二里,坡的西面在这里有座山,与东面的山坡夹成峡谷,峡中的小溪向南下流后往西流入弥渡。道路于是从峡中溯小溪往北行,二里多,转向东北上走,二里多,上登越过山坳。这是乌龙坝向南延伸来的大山脊,到了此地往东延伸后向南转,而后崒峙为水目山的山脊了。山脊颇为平坦,在南面走虽然多次升降在山坡间,可上走的路实际不多,往北下走却平坦得如同头盔一样,觉察不到这是向南延伸的山脉主脊。我自二月十三日从鹤庆府向西越过大山脊,盘旋在西南方的时间有半年多,于是再次越过这条山脊返回北方,算来离开家乡三年,上登大山脊而且翻越到山脊的东西两面,无异于像织布一样来往穿梭了!

脊北平下半里，即清华洞①，倚西山东向。再入之，其内黄潦盈潴②，及于洞口。余去年腊月十九日③，当雨后，洞底虽泞，而水不外盈，可以深入；兹方苦旱，而水当洞门，即外台亦不能及，其内门俱垂垂浸水中，止北穿一隙，其上亦透重光，不如内顶之崇深也。稍转而北，其上窦即黑暗而穷，其下门俱为水没，无从入中洞也。此洞昔以无炬不能深入，然犹践泞数十丈，披其中透顶之扃，兹以涨望门而止，不知他日归途经此，得穷其蕴藏否也？

【注释】

①清华洞：今存，在祥云县城西南约两公里，附近村子亦因洞得名清华洞。入洞约30米处，可看到菜碟大的一块蓝天，俗称"碟大天"。

②潦(lǎo)：雨后地面的积水。

③余去年腊月十九日："十九日"，原作"十八日"，徐本作"廿一日"。据本书前文，徐霞客初游清华洞为腊月十九日。

【译文】

从山脊北面平缓下走半里，就是清华洞，山洞紧靠西山面向东。再次进洞，洞内充盈着黄色浑浊的积水，淹到洞口。我去年腊月十九日，正是雨后，洞底虽然泥泞，但水没有漫到外边，可以深入进去；现在正苦于干旱，可水却挡在洞口，即便是外边的平台也不能去到，山洞的内洞口都低低地浸泡在水中，只在北边穿通着一条缝隙，缝隙上方也照射进亮光，不如内洞的洞顶那样高深了。稍转向北，洞内的上洞马上黑暗下来而且到了头，洞内的下洞口全被水淹没了，无法进入中洞了。这个洞从前由于没有火把不能深入，不过还踩着泥泞走了几十丈，钻入洞中通到山顶的门户，现在因为涨水望见洞口便停下来了，不知他日归途中经过此地，能不能穷究洞中蕴藏着真面目呢？

出洞，北行半里，逾岭即西向白崖大道，仍舍之而北。二里，有池一方在西坡下，其西南崖石嶙峋，亦龙潭也。又北一里，过一村聚，村北路右有墙一围，为杨土县之宅。又北一里，即洱海卫城西南隅。从西城外行半里，过西门，余昔所投宿处也。又随城而北半里，转东半里，抵北门外，乃觅店而饭。先是余从途中，见牧童手持一鸡葼，甚巨而鲜洁，时鸡葼已过时，盖最后者独出而大也。余市之，至是瀹汤为饭，甚适。

【译文】

出洞来，往北行半里，越过山岭后就是向西通往白崖站的大道，仍然放弃大路往北走。二里，有一池水在西面的山坡下，水池西南的石崖石骨嶙峋，也是一处龙潭了。又向北一里，经过一个村落，村北道路右边有一圈围墙，是杨土知县的宅院。又向北一里，就到了洱海卫城的西南角。从西城外行半里，经过西门，是我从前投宿的地方了。又顺着城墙往北走半里，转向东半里，抵达北门外，就找客店吃饭。这之前我在途中，遇见一个牧童手里拿着一朵鸡葼，非常巨大而且新鲜洁白，此时鸡葼已经过了季节，大概是最后长出来的要特别大一些了。我买下这朵鸡葼，到这时煮汤来下饭吃，非常适口。

洱海往鸡山道，在九鼎、梁王二山间，余昔所经者；骑夫以家在莽甸，故强余迁此。盖洱海卫所环之坞甚大，西倚大脊崇冈，东面东山对列，东南汇为青龙海子，破峡而绕小云南驿为水口，其南即清华洞前所逾南坳。其北即梁王山东下之支，平伏而横接东山者，自洱海北望，以为水从此泄，而

不知反为上流。余亦欲经此验之，于是北行田塍间，西瞻九
鼎道，登缘坡，在隔涧之外数里也。六里，抵梁王山东支之
南，有寺在其西腋，南向临川，曰般若寺。路乃东向逾冈，一
里余，有村庐倚西山而居，曰品甸①。由其东一里余，再北上
坡，乃一堤也。堤西北山回壑抱，东南积水为海，于时久旱，
半已涸矣。从堤而东半里，一庙倚堤而北悬海中，为龙王
祠。又东半里转北，堤始尽。复逾东突之坡，一里，复见西
腋尚蟠海子支流。平行岭脊，又北三里，则东峡下坠，遥接
东山，腋中有水盈盈，则周官㘬海子也②。其北则平冈东度，
而属于东山，此海实青龙海子之源矣。梁王之脉，由此东
度，不特南环为洱城东山，即荞甸北宾川东大山崇㟮，为铁
索箐、红石崖者③，皆此脊绕荞甸东而磅礴之。余夙闻洱城
北有米甸、禾甸、荞甸之名④，且知青海子水经小云南随川北
转，经胭脂坝，合禾、米诸甸水而北入金沙⑤，意此脊之北，荞
甸水亦东北流。至此乃知其独西北出宾川者，始晤此脊自
□□山南度为□□□山而尽于小云南⑥，北界于荞甸之东，
耸宾川东山而尽于红石崖金沙江岸，脊北盘壑是为荞甸，与
禾、米二甸名虽鼎列，而水则分流焉。从岭上转西北一里，
随北坞下，三里而至坞底。直北开一坞，其北崇山横亘，即
斜骞于宾川之东而雄峙者；西界大山，即梁王山北下之支；
东界大山，即周官㘬北冈东度之脊，所转北而直接横亘崇山
者。从岭上观之，东西界仅与脊平，至此而岩岩直上，其所
下深也。坞中村庐累落，即所谓荞甸⑦。度西南峡所出涧，
稍北上坡，又一里而止于骑夫家。下午热甚，竟宿不行。

【注释】

①品甸：今名同，在祥云县北隅。其东的海子今已建成品甸水库，又称丰收水库。

②周官岁海子：在祥云县北隅，今已建成前进水库，又称浑水海。

③红石崖：应为"赤石崖"，又名"赤石奢"，因蕴藏大量赤石矿得名。即邹应龙所征赤石崖。曾设古底彝族乡，2005年并入平川镇。

④米甸：今名同，在祥云县东北隅。禾甸：今名同，在祥云县东北境。

⑤"且知青海子"三句：青海经云南驿东流北转之水今称中河，为鱼泡江西源，禾、米诸甸水今称禾米河，其下称楚场河，往东北流入鱼泡江，再北入金沙江。

⑥始悟此脊自□□山南度为□□□山而尽于小云南："山南度为"四字据宁抄本补。

⑦荞甸：今名同，又称杨保街，在宾川县东南隅。

【译文】

　　洱海卫前往鸡足山的路，在九鼎山、梁王山两座山之间，是我从前所经过的路；马夫因为他的家在荞甸，所以强迫我绕道于此地。原来环绕洱海卫的山坞非常大，西边靠着大山脊高高的山冈，东面的东山相对排列，东南积水成为青龙海子，冲破峡谷后绕到小云南驿成为出水口，出水口南面就是清华洞前边我所翻越的南面的山坳。出水口的北面就是梁王山向东下延的支脉，平缓起伏横向连接到东山，从洱海卫向北方望去，以为水从这里外泄，却不知反而是上流。我也想经过此地验证这一点，于是向北前行在田野中，远望西面去九鼎山的路，沿着山坡上登，还在隔着山涧的几里地之外了。六里，抵达梁王山东面支脉的南麓，有座寺院在山麓的西侧，向南面临着平川，叫般若寺。道路于是向东翻越山冈，一里多，有村庄房屋紧靠西山居住，叫做品甸。由村东走一里多，再向北上坡，是一条堤坝了。堤坝西北山峦回绕壑谷围抱，东南方积水形成海子，在此时长期干旱，一半已干涸了。从堤坝上往东行半里，一座庙宇背靠水堤悬在北边的海子中，是龙王祠。又往东半里转向北，堤坝才完了。又翻越东突的山坡，一里，又看见西侧尚蟠海子的支流。平缓前行在岭脊上，又向北三里，就见东面的峡谷往下坠，远远连接着东山，侧边的峡中有水满满的，那是周官箐海子了。海子北面就是平缓的山冈往东延伸，而后连接到东山，这个海子实际上是青龙海子的源头了。梁王山的山脉，由此向东延伸，不仅在南面环绕成洱海卫城的东山，就是荞甸北面宾川东面高大穹隆的大山，称为铁索箐、红石崖的山，也都是这条山脊气势磅礴地绕过荞甸东面形成的。我过去听说洱海卫城北面有米甸、禾甸、荞甸的地名，并且知道青龙海子的水流经小云南驿随着平川向北转，流经胭脂坝，汇合禾甸、米甸各个甸子中的水后向北流入金沙江，推测这条山脊的北面，荞甸的水也是向东北流。来到此地才知道荞甸的水唯独是向西北流到宾川的，这才明白这条山脊自□□山往南延伸成为□□□山而后在小云南驿到了尽头，北面隔在荞甸的东方，高耸成为宾川的东山，而后在红石崖所在的金沙江岸边到了尽头，山脊北面盘绕的壑谷那就是荞甸，荞甸与禾甸、米甸两个甸子名称上虽然像鼎足一样并列，但水流却分流了。从岭上转向西北行一里，顺着北面的山坞下走，三里后来到山坞底。正北方敞开一个山坞，山坞北面高山横亘，那就是斜向高举在宾川东面雄峙的山；西面一列大山，就是梁王山向南下延的支脉；东面一列大山，就是周官箐北面的山冈向东下延的山脊，转向北后一直接到横亘着的高山的山。从岭上观看地形，东西两面的山仅仅与我所在的岭脊一样高，来到此地后却高高地笔直向上，山下的地势下去得很深了。山坞中村庄房屋重重叠叠的，那是所谓的荞甸。越过西南峡中流出来的山涧，渐渐向北上坡，又行一里后停在马夫家中。下午热极了，最终住下来不走了。

二十一日　平明，饭而行，骑夫命其子担而随。才出门，子以担重复返，再候其父饭，仍以骑行，则上午矣。北向随西山之麓，五里，有一村在川之东，为海子。村当川洼处，而实非海也，第东山有峡向之耳。渐转西北，五里，西山下复过一村。又四里，有数十家倚西山而庐，其前环堤积水，曰冯翊村，其北即崇山横障之麓。川中水始沿东山北流①，至是西转，潄北山而西，西山又北突而扼之，与北麓对峙为门，水由其中西向破峡去，路由其南西向逾坳入，遂与水不复见，盖北突之嘴，夹水不可行，故从其南披隙以逾之也。由冯翊村北一里，至此坳麓，乃西向盘崖历壑。山雨忽来，倾盆倒峡，浃地交流。二里，转西南盘崖上，又一里，转西北，遂蹑石坡，里余，升冈头。有岐西向逾坳者，宾居道也；北向陟冈者，宾川道也。乃北上半里，遂登岭头。于是西瞰大川，正与宾居、海东之山，隔川遥对，而川之南北，尚为近山所掩，不能全睹，然峰北荞甸之水，已透峡西出，盘折而北矣。

【注释】

①"川中水"句：此即荞甸水，今仍称乔甸河，上游分为东河和西河，并蓄为海哨水库。

【译文】

二十一日　黎明，饭后上路，马夫命令他的儿子挑着担子跟随我走。才出门，他儿子因为担子太重又返回去，再等候他父亲吃好饭，仍然用马匹上路，便已经是上午了。向北顺着西山的山麓走，五里，有一个村子在平川的东面，是海子。村子位于平川低洼之处，可实际上并不是海子，只是东山有条峡谷通向那里罢了。渐渐转向西北，五里，在西山下又经过一个村子。又行四里，有几十家人紧靠西山建了房，村前水堤环绕积着水,叫冯翊村,村北就是横挡着的高山的山麓。平川中的水开始沿着东山往北流,流到此地向西转,冲刷着北山往西流,西山又向北前突扼住水流,与北面的山麓对峙形成门,水经由门中向西冲破峡谷流去,道路经由门的南边向西穿越山坳进去,于是与水流不再见面,原来是向北突的山嘴,夹住流水不能行走,所以道路从山嘴南边分开缝隙得以穿越山坳进去了。由冯翊村向北一里,来到此处山坳的山麓下,于是向西绕着山崖走在壑谷中。山雨忽然来临,倾盆般倒入峡谷中,雨水遍地流淌。二里,转向西南绕着山崖上登,又行一里,转向西北,于是踏着石坡走一里多,登上冈头。有条岔路向西穿越山坳的,是去宾居的路;向北上登山冈的,是去宾川的路。于是向北上登半里,便登上岭头。在这里向西俯瞰大平川,正好与宾居、洱海东面的山,隔着平川远远相对,而平川的南北两面,还被近处的山遮住了,不能看到全貌,然而山峰北面荞甸的水流,已经穿过峡谷向西流出来,又曲折盘绕着往北流去了。

　　乃西北下山。一里余,骑夫指北峰夹冈间,为铁城旧址,昔土酋之据以为险者。盖梁王山北尽之支,北则荞甸水界为深堑,南则从峰顶又坠一坑环之,此冈悬其中,西向特立,亦如佛光寨恃险一女关之意也,非邹中丞_{应龙}芟除诸巢[①],安得此宁宇乎! 又下里余,渡坠坑之水,乃循东山北行。又三里,抵荞甸水所出口。其水分衍漫流,而北随之,或行水中,或趋碛上[②],或涉水左,或涉水右,茫无正路。四里,乃上东麓,始有路北向。循麓行六里,望路西有巩桥当川之中,则大理由宾居来大道。有聚落在桥西,是为周官营[③]。从其东直北三里,一小坊在冈上,过之,始见宾川城。又北一里,过南薰桥,入其南门。行城中,北过州治前,约一里,出北门饭,市肉以食。

【注释】

①邹应龙：字云卿，长安人，被任命为兵部侍郎兼右佥都御史巡抚云南。《明史·邹应龙传》载："万历改元，铁索箐贼作乱，讨平之。"《天启滇志·大事考》亦载：万历元年(1573)十一月，巡抚都御史邹应龙剿平铁索箐屡叛夷寇罗革等。霞客所到处今仍名铁城，在宾川县南境，与此无涉。万历《云南通志》姚安军民府山川载：铁索箐，在大姚县西北山阿水隈。箐夷党聚，专以剽掠为业，百年逋诛。万历元年，巡抚侍郎邹应龙帅师讨平，添捕设御，四郡乃安。铁索箐应在今大姚县西北的铁锁，为乡驻地，因江上有铁索桥得名，后讹为铁锁。与一泡江西侧宾川县的赤石崖(今古底)互相呼应，李元阳之说可从。

②碛(qì)：浅水中的沙石。

③周官营：今名同，在宾川县南境，州城稍南。

【译文】

于是向西北下山。一里多，马夫指点，在北面山峰山冈夹立之间，是铁城的旧址，从前是土人首领占据作为天险的地方。梁王山北面的支脉到了尽头后，北边则是荞甸水分隔成深堑，南面便从峰顶又下坠成一个坑谷环绕着山峰，这座山冈高悬在坑谷中，向西独立，也如同佛光寨一女关凭借险阻的意思了，要不是邹中丞邹应龙铲除各地的巢穴，哪能有这样安宁的天下呢！又下走一里多，渡过下坠坑谷中的水，于是沿着东山往北行。又行三里，抵达荞甸水流出去的出水口。这里的水分散蔓延开来四处流淌，而我向北顺着水流走，有时行走在水中，有时快步前行在浅水沙石滩上，有时涉到水流左边，有时涉到水流右边，茫茫一片没有正路。四里，便走上山的东麓，才开始有条路通向北方。沿着山麓行六里，望见道路西边有座拱桥位于平川之中，是大理府经由宾居过来的大道。有个聚落在桥西，这是周官营。从周官营东边一直向北走三里,有一座小牌坊在山冈上,走过牌坊,开始望见宾川州城。又向北一里,走过南薰桥,进入宾川州城南门。行走在城中,往北经过州衙前,大约一里,走出北门吃饭,买肉来吃了。

北一里,过小冈坊,西北下坡,一里,抵川中涧。其北有巩桥五洞,颇整[1],以涧水仅一衣带,故不由桥而越涧。又西北二里余,遂抵西山东突之嘴。盘之北,又二里,有路自西南逾岭坳来合,即余昔从梁王山来者。其北有村庐倚西峰下,是为红帽村,余昔来饭处也。从村后随西山北行四里,西山开小峡,于是路分为二,遂西向入峡。一里,涉小涧北上,一里,登冈头,过一坊,复西北行。二里,西逾冈脊,望见南山自西屏列而东,是排沙北界之山,西自海东,东抵宾居,南与大脊乌龙坝山并夹者,土人称为北山,而观音箐在其北坞。其西北濒洱海,为鲁摆山,则三涧门所来之脊,又东挟上下仓之水[2],而北出拈花寺南桥下者也。从冈头又西北行三里,稍下,有水自西南来,有亭桥北跨之,是为干果桥[3]。北有数家倚冈,余昔之所宿,而今亦宿之。干果北有一尖峰,东向而突,亭亭凌上,盖西南自鲁摆、海东之脊,分支东北,上为上下仓、观音箐分界,下为炼洞、干果二溪中垂,亦鸡山东第一水口山也。

【注释】

①"其北"二句:此处今有一村,称五洞桥。

②上下仓:即上仓、下仓,今作上沧、下沧,皆位于宾川县西境,原有小湖名沧海,上沧、下沧皆湖边聚落,上沧在湖南岸,下沧在湖北岸。

③干果：今无干果村，但《游记》说："余昔之所宿，而今亦宿之。"则应即戊寅年十二月二十一日所宿的江果村，且所记地形与今江股村一致。此处"干果"皆应为"江果"。

【译文】

向北一里，走过小山冈上的牌坊，向西北下坡，一里，抵达平川中的山涧边。这里的北边有座五个桥洞的拱桥，相当整齐，由于山涧中的水仅有一条衣带宽，所以不经过桥就越过山涧。又往西北行二里多，便抵达西山向东突的山嘴。绕到山嘴的北面，又行二里，有条路自西南方穿越山岭和山坳前来会合，这就是我从前从梁王山来的路。路口北边有村庄房屋紧靠在西面的山峰下，这是红帽村，是我从前来的时候吃饭的地方了。从村后顺着西山往北行四里，西山裂开一条小峡谷，在这里路分为两条，就向西进峡。一里，涉过小山涧往北上走，一里，登上冈头，走过一座牌坊，再往西北行。二里，向西越过冈脊，望见南山自西向东像屏风一样排列，那是排沙北面的山，西面起自洱海东面，往东延到宾居，在南边与大山脊乌龙坝的山并排夹立的山，当地人称为北山，而观音箐在它北面的山坞中。山脉的西北面濒临洱海，是鲁摆山，而三涧门延伸来的山脊，又向东傍着上仓、下仓的水流，往北流到拈花寺南边的桥下了。从冈头又往西北行三里，稍下走，有水流自西南方流来，有座亭桥向北跨过流水，这是干果桥。北岸有几家人背靠山冈，是我从前投宿的地方，而且今天也在这里住宿。干果村北面有一座尖峰，面向东突起，亭亭玉立，凌空而上，大体上西南方起自鲁摆山、洱海东面的山脊，分支向东北延伸，上延成为上仓、下仓、观音箐的分界，下延成为炼洞溪、干果溪两条溪流中间下垂的山，也就是鸡足山东面的第一座水口山了。

二十二日　平明，饭而行。西北三里余，涉一小溪，又上里许，抵尖峰下。循其东崖而北，一里，随崖西转，遂出峰北。于是北坞自西而东,即鸡山之水,自炼洞而东下牛井街,合宾川而北者也。路随南崖西向下,二里,有村在路旁,上有坊,曰"金牛溢井",土人指溪北村旁,有石穴为金牛溢处,而街则在其外。又西盘峡陟坡,二里,下渡一小水,复西北上。再下再上,五里,登一冈头,皆自南而北突者。又二里,稍下,过"广甸流芳"坊。又北一里,于是村庐相望,即炼洞境矣。南倚坡,北瞰坞,又二里,过公馆街,又北一里,过中谿庄。李中谿公以年老,炼洞米食之易化,故置庄以供餐。鸡山中谿公有三遗迹:东为此庄,西桃花箐下有中谿书院,大顶之侧礼佛台有中谿读书处。又北上冈一里,茅舍累累布冈头,是为炼洞街子。又北半里,过"炼法龙潭"坊。又北里余,稍下,过一桥,有数家倚西山坞中,前有水一塘,其上有井,一小亭覆之,即龙潭也,不知炼法者为谁矣。村北有巨树一株,根曲而出土上,高五六尺[①],中空,巩而复倒入地中,其下可通人行。于是又西北二里,逾一坡,又西北一里余,过茶庵。又西北下涉一坑,一里,涉坑复上,乃循北山之环腋而西上。一里余,瞰其南壑,中环如规,而底甚平。又西上一里,遂分两岐,北向逾岭为鸡山道。乃北上行岭头二里,复西折而下。下二里余,有峡自西南来,其底水破峡东北出,即下仓海子水所由注牛井者,有亭桥跨之,是鸡山东第二水口山也。渡桥西,复北上坡。折而南,盘西峡而北一里余,循峡西北上,又里余,有哨当岭头,从此平行直南,乃下仓道。逾岭北下一里,则拈花寺东向倚西山,居环壑中,乃入而饭。既饭,雨至,为少憩。遂从寺左转而西上,一里余,逾一北突之岭,有坊曰"佛台仰止"，始全见鸡山面目。顶耸西北，尾掉东南，高悬天际，令人神往。

【注释】

①根曲而出土上，高五六尺："高"原作"其"，据"四库"本、丁本改。

【译文】

二十二日　黎明，饭后上路。向西北三里多，涉过一条小溪，又上走一里左右，抵达尖峰下。沿着尖峰东面的山崖往北走，一里，顺着山崖向西转，便出到尖峰北面。在这里，北面的山坞自西向东延展，就是鸡足山的水流，自炼洞向东下流到牛井街，汇合宾川坝子的水流后往北流去了。道路顺着南面的山崖向西下走，二里，有个村子在路旁，路上边有座牌坊，叫"金牛溢井"，当地人指点说，溪流北岸的村庄旁，有个石穴是金牛溢出水来的地方，而街子则是在村子外边。又向西绕着峡谷上登山坡，二里，下走渡过一条小溪，再向西北上走。两次下走两次上登，五里，登上一处冈头，都是自南向北突的山冈。又行二里，稍下走，路过题为"广甸流芳"的牌坊。又向北一里，到了这里村庄房屋相望，这是炼洞境内了。南面紧靠山坡，北面俯瞰山坞，又行二里，走过公馆街，又向北一里，经过中谿庄。李中谿公因为年老，炼洞的米吃下去容易消化，所以购置了庄园以便供应伙食。鸡足山上中谿公有三处遗迹：东边是这个庄子，西边的桃花箐下有中谿书院，大山顶侧边的礼佛台有李中谿读书的地方。又往北上登山冈一里，茅草屋层层叠叠散布在冈头上，这里是炼洞街子。又向北半里，经过题为"炼法龙潭"的牌坊。又向北一里多，稍下走，走过一座桥，有几家人紧靠在西面山坞中，村前有一个水塘，水塘上边有眼井，一座小亭子覆盖着水井，这就是龙潭了，不知道炼法的人是谁了。村北有一棵巨树，树根弯曲突出地面上，高五六尺，中间是空的，弯曲成门拱形再倒插进土中，树根下边可让人通行。从这里又向西北二里，越过一条坡，又向西北一里多，经过茶庵。又向西北下涉一个坑谷，一里，涉过坑谷后再上走,于是沿着北山环绕的山窝往西上登。一里多,下瞰山南的壑谷,中间呈环状如同一个圆形,而且底部非常平坦。又向西上登一里,便分为两条岔路,向北越过山岭的是去鸡足山的路。于是向北上登行走在岭头二里,再向西转后下走。下行二里多,有条峡谷从西南方过来,峡底的水冲破峡谷向东北流出去,就是下仓海子的水经由这里流入牛井街的水流,有座亭桥跨在流水上,这里是鸡足山东面第二座水口山了。过到桥西,又向北上坡。折向南,绕着西面的峡谷往北行一里多,沿着峡谷向西北上登,又行一里多,有个哨房在岭头,从这里一直向南平缓前行,是去下仓的路。翻越到岭北下走一里,就见拈花寺面向东背靠西山,坐落在环绕的壑谷中,便进寺吃饭。饭后,雨来了,为此稍作歇息。于是从拈花寺左边转向西上走,一里多,翻越一座向北突的山岭,有座牌坊叫"佛台仰止",这才全部见到鸡足山的完整面貌。山顶高耸在西北方,尾部掉转到东南方,高悬在天际,令人神往。

　　逾脊西下,即转而北,一里,下涉北坠之峡。又半里,西逾一北突之坳。坳南岐有坊倚坡,此白石崖东麓坊也,余昔来未及见,故从其西麓之坊,折而东上。过坳复西向,循大路趋里余,过白石崖西坊。又西里余,有岐稍下,则鸡山前峡之溪,东向而入牛井街,合宾川溪北向桑园而下金沙矣。溪有小亭桥跨其上,过桥北,骑夫东转北上而向沙址,余西向溯溪,欲寻所谓河子孔者①。时水涨,浊流奔涌,以为不复可物色。遇一妪,问之,指在西南崖下,而沿溪路绝,水派横流,荆棘交翳。或涉流,或践莽,西二里,忽见一亭桥跨溪上,其大倍于下流沙址者,有路自北来,越桥南,即循南山东向,出白石崖前,乃登山官道。始知沙址小桥乃捷径,而此桥即洗心桥也,河子孔即在桥南石崖下。其石横卧二三丈,水由其下北向溢出，穴横长如其石，而高不及三尺，水之从中溢者甚清，而溪中之自桥西来者，浑浊如浆。盖桥以西水从二派来[②]：一北来者，瀑布峡中，与悉檀、龙潭二水所合；一西来者，桃花箐东下之流。二派共会桥西，出桥东，又会此孔中清派，此鸡山南涧之上流也。孔上有神祠。其南崖之上，更有静室。于是随北来大路，上"灵山一会"坊。

【注释】

①河子孔：《滇游日记五》作"盒子孔"或"禾字孔"，神祠已不存，水色之异，至今如此。

②派：水的支流。段玉裁《说文解字注》："刘逵注引《字说》曰：水别流为派。"文中"二派"指来水有二支。

【译文】

越过岭脊向西下行，随即转向北，一里，下涉向北下坠的峡谷。又行半里，往西越过一处向北突的山坳。山坳南边的岔路上有座牌坊紧靠着山坡，这是白石崖东麓的牌坊，我从前来的时候没来得及看见，所以从白石崖西麓的牌坊，折向东上山。过了山坳再向西行，沿着大路赶了一里多路，经过白石崖西麓的牌坊。又向西一里多，有条岔路稍下走，就见鸡足山前峡谷里的溪流，向东流入牛井街，汇合宾川溪向北流到桑园后流下金沙江了。溪上有座小亭桥跨在溪流上，过到桥北，马夫由东转向北往上走向沙址，我向西溯溪流走，想去寻找所谓的河子孔的地方。这时溪水上涨，浊流奔腾汹涌，以为不再可能找到了。遇见一位老妇人，向她打听，指点我在西南的山崖下，可是沿着溪流走路断了，溪水支流众多，纵横流淌，荆棘交错密蔽。时而涉过流水，时而踏着丛莽走，向西二里，忽然看见一座亭桥横跨在溪流上，桥的大处比下游沙址的桥大一倍，有条路从北边来，过到桥南，立即沿着南山向东走，通到白石崖前，这是登山的官修大道。这才明白沙址的小桥是捷径，而这座桥就是洗心桥了，河子孔就在桥南的石崖下。这块岩石横卧着有二三丈高，泉水从岩石下向北溢出来，洞穴横处长处都和这块岩石一样大，可高处不到三尺，从洞穴中溢出来的水非常清，但溪中从桥西流来的溪水，如泥浆一样浑浊。桥以西的溪水从两条支流流来：一条从北边流来的，在峡中形成瀑布，与悉檀寺、龙潭两处的水流合流；一条从西面流来的，是从桃花箐向东下流的溪流。两条支流一同在桥西汇合，流出桥东，又汇合此处河子孔中的清流，这是鸡足山南面山涧的上游了。河子孔上边有座神庙。神庙南面的山崖之上，还有静室。从这里顺着北面来的大路，上登"灵山一会"坊。

二里，至坊下，即沙址西来路所合者。其西南隔涧，有寺踞坡麓，为接待寺。此古刹也，在西第一支东尽之麓，鸡山诸刹，山路未辟，先有此寺，自后来者居上，而此刹颓矣。时余不知骑仆前后，徘徊一里，渐随溪东岸而上。其东峰下临，即东第三支回环之岭，新构塔基于其上，中与大士阁中第二支相对成峡，而路由其下者也。又北一里，盘坡稍上，过报恩寺。寺为东第三支山麓之首刹，亦如接待之在西支之首。惟中第二支，其麓为两溪交会处，夹尖无刹可托，其上即大士阁中临之而已。从报恩西又北一里，有桥西跨涧上。度桥，循大士阁东麓北向上半里，有岐：西南盘岭者，大士阁大道也；直北临东溪西崖而入者，悉檀、龙潭道也。问驼骑已先向龙潭，余随之。一里，又东度桥，从涧东蹑峻上。其上趾相叠，然巨松夹陇，翠荫飞流，不复知有登陟之艰也。又二里，转龙潭上，半里而入悉檀寺。时四长老俱不在，惟纯白出迎。乃税驾北楼。回忆岁初去此，已半载余矣。

【译文】

　　二里，来到牌坊下，这里就是由沙址向西来的路会合的地方。牌坊西南隔着山涧，有座寺院盘踞在坡脚，那是接待寺。这是座古刹，在山的西面第一座支峰东边尽头处的山麓，鸡足山各处的佛寺，进山的路未开辟时，先有了这座寺，自从后来者居上后，这座寺院便颓败了。我这时不知马匹和仆人在前还是在后，徘徊了一里路，慢慢顺着溪流的东岸往上走。溪流东面下临的山峰，就是山的东面第三座支峰回绕的山岭，在山上新建了塔基，中间与大士阁所在的中段第二座支峰相对形成峡谷，而道路经由山峰下面走。又向北一里，绕着山坡慢慢上登，路过报恩寺。报恩寺是东面第三座支峰山麓的第一座寺院，也正如接待寺是在西面的支峰的第一座寺院一样。唯有中段的第二座支峰，山麓是两条溪流的交汇处，相夹的尖角地带没有可让寺院依托的地方，交汇处的上方就是大士阁居中下临着山麓而已。从报恩寺西边又向北一里，有座桥向西横跨在山涧上。过桥后，沿着大士阁的东麓向北上登半里，有岔路：往西南绕着山岭走的，是去大士阁的大路；向正北方由西面的山崖面临东面的溪流进山的，是去悉檀寺、龙潭的路了。问知驮物的马匹已先走向龙潭，我便尾随而去。一里，又向东过桥，从山涧东面陡峻地上登。那上登的路脚步相重叠，然而两旁土陇上巨大的松树夹住道路，翠绿的树荫飞舞流动，不再知道有登山跋涉的艰难了。又行二里，转到龙潭上面，半里后进入悉檀寺。此时四位长老都不在，只有纯白出门来迎接。于是住在北楼。回忆起年初离开此地，已经半年多了。

滇游日记十三①

【题解】

《滇游日记十三》是徐霞客在鸡足山游记的续篇,也是保存至今的徐霞客写的最后一部分游记。

从崇祯十二年(1639)八月二十三日至九月十四日,徐霞客在鸡足山一边调治疾病,一边搜集资料,考究地形,并游前所未竟的水帘洞瀑布、山脊灵泉、崖半洞穴,为修《鸡山志》作准备。九月十五日以后,徐霞客受木增邀请,创修《鸡山志》。惜《鸡山志》及以后的日记已佚,保存至今的仅《鸡山志目》和《鸡山志略》一、二。附篇还有记丽江与其北各族关系的《丽江纪略》及有关西藏社会宗教制度的《法王缘起》。《溯江纪源》又名《江源考》,成篇当更晚。该文敢于大胆否定被视为《圣经》的《禹贡》"岷山导江"的传统说法,通过实地考察进行地理考证,"其所纪核,从足与目互订而得之",成为科学名篇。徐霞客在鸡足山赠妙行诗两首的原件保存在云南省博物馆,是流传至今徐霞客唯一的手迹。

在鸡足山,长年跟随徐霞客旅游的仆人顾行盗走他的钱物逃跑,霞客又患病,"两足俱废",再不能旅游,两个沉重的打击使霞客心力交瘁。崇祯十三年(1640)正月,徐霞客被丽江木土官派滑竿护送,后改乘船,经150日回到家乡。长达四年的"万里遐征",攀登上地理科学的高峰,极大地丰富了古代对我国西部的认识,为我们留下了一份文化瑰宝。

己卯八月二十三日^②　　雨浃日^③,憩悉檀。

【注释】

①《滇游日记十三》:在乾隆刻本第十册下,原附《鸡山志略》、《法王缘起》、《丽江纪略》、《江源考》。

②己卯:崇祯十二年,公元1639年。

③浃(jiā)日:整天。浃,周匝。

【译文】

己卯年八月二十三日　　雨下了一整天,在悉檀寺休息。

二十四日　　复雨,憩悉檀。

【译文】

二十四日　　又下雨,在悉檀寺休息。

二十五日　　雨仍浃日。下午,弘辨师自罗川、中所诸庄回,得吴方生三月二十四日书。乃丽江令人持余书往邀而寄来者。弘辨设盒夜谈。

【译文】

二十五日　　雨仍然下了一整天。下午,弘辨禅师从罗川、中所各地的庄子回来,接到了吴方生三月二十四日的信。是丽江府木公派人拿着我的信前去邀请他后寄来的信。弘辨摆上了食品盒彻夜交谈。

二十六日　　日中雨霁,晚复连绵。

【译文】

二十六日　正午雨后天转晴，晚上重又阴雨连绵。

二十七日　霁，乃散步藏经阁，观丁香花。其花娇艳，在秋海棠、西府海棠之间，滇中甚多，而鸡山为盛。折插御风球。时球下小截，为驼夫肩负而损，与上截接处稍解。余姑垂之墙阴，以遂其性。"御风"之意，思其悬崖飘飏而名之也。

【译文】

二十七日　天晴开，于是到藏经阁散步，观赏丁香花。这种花很娇艳，在秋海棠、西府海棠之间，滇中非常多，而鸡足山的最为繁盛。折了一些来插在御风球上。这时御风球下面的小半截，被马夫用肩扛着损伤了，与上半截的连接处稍稍分开了。我姑且把它垂挂在墙的背阴处，以便顺从它的天性。"御风"的意思，想来是它生长在山崖上随风飘扬因而给它起的名字了。

二十八日　霁甚。下午，体极自摩尼山回，与摩尼长老复吾俱至。素餐极整，设盒夜谈。

【译文】

二十八日　十分晴朗。下午，体极从摩尼山回来，与摩尼山的长老复吾法师一起来到。素餐极为规整，摆出了食品盒彻夜深谈。

二十九日　为弘辨师诞日，设面甚洁白。平午，浴于大池。余先以久涉瘴地，头面四肢俱发疹块①，累累丛肤理间，左耳左足，时时有蠕动状。半月前以为虱也，索之无有。至是知为风，而苦于无药。兹汤池水深，俱煎以药草，乃久浸而薰蒸之，汗出如雨。此治风妙法，忽幸而值之，知疾有瘳机矣②。下午，艮一、兰宗来。体师更以所录山中诸刹碑文相示，且谋为余作揭转报丽江。诸碑乃丽江公先命之录者。

【注释】

①疹：皮肤上出现的斑块病变。

②瘳（chōu）：病愈。

【译文】

二十九日　是弘辨禅师的生日，摆出的面点非常洁白。正午，在大池中沐浴。我先前由于长期跋涉在瘴疠流行的地区，头脸四肢全引发了块状的疹子，密密麻麻地成丛长在皮肤的纹理之间，左耳与左脚，时时有蠕动的症状。半个月前以为是生了虱子，四处找来又没有。到此时心知是中风了，但苦于没有药。这个热水池水很深，全是用药草烧煮的，便长时间浸泡在水中熏蒸身体，汗出得如同下雨。这是治中风的好方法，忽然间幸好遇上了这池热水，知道疾病有痊愈的机会了。下午，艮一、兰宗来访。体极禅师再次拿出他所抄录的山中各寺的碑文来给我看，并且打算替我写揭帖转报丽江府。各寺的碑文是丽江府木公事先命令他抄录的。

九月初一日　在悉檀。上午，与兰宗、艮一观菊南楼，下午别去。

【译文】

九月初一日　在悉檀寺。上午，与兰宗、艮一在南楼观赏菊花，下午他们告别离去。

初二日　在悉檀，作记北楼。是日体极使人报丽江府。

【译文】

初二日　在悉檀寺，在北楼记日记。这一天体极派人去丽江府报告。

初三日、初四日　作记北楼。

【译文】

初三日、初四日　在北楼写日记。

初五日　雨浃日。买土参洗而烘之。

【译文】

初五日　雨下了一整天。买土参来洗干净后把它烘干。

初六日、初七日　浃日夜雨不休。是日体极邀坐南楼，设茶饼饭。出朱按君泰贞、谢抚台有仁所书诗卷①，并本山大力、本无、野愚所存诗跋，程二游名还，省人。初游金陵，永昌王会图诬其骗银，钱中丞逮之狱而尽其家②。云南守许学道康怜其才③，私释之，避入山中。今居片角④，在摩尼东三十里。诗画图章⑤，他山陈浑之、恒之诗翰，相玩半日。

【注释】

①谢抚台有仁:"有仁",徐本、陈本作"存仁"。

②中丞:即御史中丞。汉代为御史大夫的属官,明代改御史台为都察院,其中副都御史即相当于前代的御史中丞。尽其家:陈泓本作"籍其家"。

③学道:明有儒学提举司,后又设提督学政,两京以御史、十三布政司以按察司佥事充任,为提学道,又省称学道。

④片角:今名同,系永胜县跨在金沙江南的部分。

⑤诗画图章:原"章"字重出,据四库本删。图章:印章的通称。

【译文】

初六日、初七日　一整天白天黑夜雨下个不停。这一天体极邀请我坐在南楼,设有茶水、饼子、米饭。拿出巡按朱大人朱泰贞、巡抚谢大人谢有仁所写的诗卷,连同鸡足山本山大力、本无、野愚所保存的诗跋,程二游名叫程还,省城人。当初游学金陵,永昌人王会图诬告他骗取银子,钱中丞把他逮捕入狱并抄没了他的家产。云南署理学道许康怜爱他的才能,私下释放了他,逃入山中避难。现今居住在片角,在摩尼山东面三十里。的诗、画和印章,他山陈浑之、陈恒之的诗文,互相赏玩了半天。

初八日　雨霁,作记北楼。体极以本无随笔诗稿示。

【译文】

初八日　雨后晴开,在北楼记日记。体极把本无的随笔诗稿拿来给我看。

初九日　霁甚。晨饭,余欲往大理取所寄衣囊,并了苍山、洱海未了之兴。体极来留曰:"已着使特往丽江。若去而丽江使人来,是诳之也。"余以即来辞。体极曰:"宁俟其信至而后去。"余从之,遂同和光师穷大觉来龙。

【译文】

初九日　天气晴朗极了。早晨吃饭后,我想到大理去取回寄存的衣服行李,一并了却苍山、洱海未了的游兴。体极前来挽留我,说:"已经派使者特意前往丽江。如果你离开后丽江府派人来,这是欺骗木公了。"我用马上回来的话答复他。体极说:"宁可等木公的信使来到后再离开。"我听从了他的话,就同和光禅师去穷究大觉寺的来龙去脉。

从寺西一里,渡兰那寺东南下水,过迎祥、石钟、西竺、龙华,其南临中溪,即万寿寺也,俱不入。西北约二里,入大觉,访遍周。遍周闲居片角庄,月终乃归。遂出,过锁水阁,于是从桥西上,共一里至寂光东麓。仍东过涧,从涧东蹑大觉后大脊北向上。一里余,登其中冈,东望即兰那寺峡,西望即水月庵后上烟霞室峡也。又上里余,再登一冈。其冈西临盘峡,西北有瀑布悬崖而下,其上静庐临之,即旃檀林也。东突一冈,横抱为兰陀后脊,冈后分峡东下,即狮子林前坠之壑也。于是岐分岭头:其东南来者,乃兰那寺西上之道;东北去者,为狮林道;西北盘崖而上者,为旃檀岭也;其西南来者,即余从大觉来道也。始辨是脊,从其上望台连耸三小峰南下,脊两旁西坠者,南下为瀑布而出锁水阁桥;东坠者,南下合狮林诸水而出兰那寺东。是东下之源,即中支与东支分界之始,不可不辨也。余时欲东至狮林,而忽见瀑布垂绡,乃昔登鸡山所未曾见,姑先西北上。于是愈上愈峻，路愈狭，曲折作"之"字而北者二里，乃西盘望台南嘴。此脊下度为大觉正脊，而东折其尾，为龙华、西竺、石钟、迎祥诸寺，又东横于大龙潭南，为悉檀前案，而尽于其下。此脊当鸡山之中，其脉正而雄，望台初涌处，连贯三珠，故其下当结大觉，为一山首刹，其垂端之石钟，亦为开山第一古迹焉。然有欲以此山作一支者，如是则塔基即不得为前三距之一，而以此支代之。但此支实短而中缩，西之大士阁，东之塔院，实交峙于前，与西支之传衣寺岭鼎足前列。故论支当以寂光前引之冈为中，塔基上拥之脊为东，而此脉之中缩者不与；论刹当以大觉中悬为首，而西之寂光，乃其辅翼，东之悉檀，另主东盟，而此寺之环拱者独尊。故支为中条附庸，而寺为中条冠冕，此寺为中条重，而中条不能重寺也。嘴之西有乱砾垂峡，由此北盘峡上，路出旃檀岭之上，为罗汉壁道；由此度峡西下，为旃檀中静室道，而瀑布则层悬其下，反不能见焉。

【译文】

　　从悉檀寺向西一里，渡过兰那寺往东南下流的山涧水，路过迎祥寺、石钟寺、西竺寺、龙华寺，那南边面临着中间那条溪流的，就是万寿寺了，都没有进去。向西北大约二里，进入大觉寺，拜访遍周。遍周闲居在片角庄，月底才回来。便出寺来，经过锁水阁，于是从桥西上走，共一里来到寂光寺的东麓。仍然往东越过山涧，从山涧东面踏着大觉寺后面的大山脊向北上登。一里多，登上山脊中间的山冈，向东望去就是兰那寺所在的峡谷，向西望去就是水月庵后面上通到烟霞室的峡谷。又上登一里多，再次登上一座山冈。这座山冈西面下临盘绕的峡谷，西北方有瀑布悬垂在山崖上往下流,瀑布上方有静室面临着瀑布,这就是旃檀林了。向东突的一座山冈,横着围抱成兰陀寺后面的山脊,山冈后面分出峡谷向东下延,那就是狮子林前方下坠的壑谷了。在这里岭头分出岔路:那从东南方来的,是由兰那寺向西上走的路;向东北去的,是去狮子林的路;往西北绕着山崖上登的,是去旃檀岭的路了;那从西南方来的,就是我从大觉寺来的路了。这才分辨清楚,这条山脊从山脊上面的望台一连耸起三座小山峰向南下垂,山脊两旁向西下坠的,往南下流形成瀑布,而后流出锁水阁桥下;向东下坠的,往南下流汇合狮子林各处的水流,而后流到兰那寺东边。这是向东下流的水源,这就是中间的一条支脉与东面的支脉分界的起始点,不可不分辨清楚了。我此时想往东到狮子林去,可突然看见瀑布像垂挂着的白绸子,是从前登鸡足山时所没有见到过的,姑且先向西北上登。从这里起越上去越陡峻,路越窄,曲曲折折呈"之"字形往北走二里,就向西绕过望台南面的山嘴。这条山脊往下延伸成为大觉寺所在的主脊,而后向东掉转它的尾部,成为龙华寺、西竺寺、石钟寺、迎祥寺各个寺院,又往东横在大龙潭的南边,成为悉檀寺前方的案山,然后在悉檀寺下方到了尽头。这条山脊位于鸡足山的中心地段,它的山脉方位又正又雄壮,望台最初涌起之处,如连贯的三颗珠子,所以山脊下方应当盘结着大觉寺,成为全山首要的佛寺,山脊下垂处前端的石钟寺,也成为开山以来的第一古迹了。不过有人想把这座山算作一条支脉,如果这样,那么塔基就不能作为前伸的三个鸡爪之一,而是用这座支峰来代替它。但是这座支峰实际上很短而且缩在中央,西面的大士阁,东面的塔院,实际上交相耸峙在前方,与西面一条支脉上传衣寺所在的山岭像鼎足一样排列在前方。故而论支脉应当把寂光寺前方延伸的山冈看做中间的支脉,塔基上方拥围着的山脊作为东面的一条支脉,但这条中间缩进来的山脉不算进来;论寺院应当把悬在中央的大觉寺作为首位,而西边的寂光寺,是辅佐大觉寺的羽翼,东面的悉檀寺,另外成为东面的盟主,而此寺环绕拱卫之处独自占有尊贵的地位。所以这座支峰是中间一条支脉的附庸,而大觉寺却是中间一条支脉的第一,这座寺院为中间一条支脉增强了地位,可中间这条支脉却不能增强寺院的地位。山嘴的西面有充满乱石块下垂的峡谷,由此地向北绕着峡谷上走,路通到旃檀岭之上,是去罗汉壁的路;由此地越过峡谷向西下行,是去旃檀林中静室的路,可瀑布却层层悬挂在道路的下方,反而不能看见了。

乃再度峡西崖,随之南下。一里,转东岐,得一新辟小室。问瀑布何在? 其僧朴而好事,曰:"此间有三瀑:东箐者,最上而小;西峡者,中悬而长;下坞者,水大而短。惟中悬为第一胜,此时最可观,而春冬则无有,此所以昔时不闻也。"老僧牵衣留待瀹茗,余急于观瀑,僧乃前为导。西下峻级半里,越级湾之西,有小水垂崖前坠为壑,而路由其上,南盘而下。又半里,即见壑东危崖盘耸,其上一瀑垂空倒峡,飞喷迢遥,下及壑底,高百余丈,摇岚曳石,浮动烟云。虽其势小于玉龙阁前峡口瀑,而峡口内嵌于两崖之胁,观者不能对峡直眺,而旁觑倒瞰,不能竟其全体;此瀑高飞于穹崖之首,观者隔峡平揖,而自颡及趾①,靡有所遗②。故其跌宕之势,飘摇之形,宛转若有余,腾跃若不及,为粉碎于空虚,为贯珠于掌上,舞霓裳而骨节皆灵③,掩鲛绡而丰神独迥,不由此几失山中第一胜矣!

【注释】

①颡(sǎng):额头。

②靡(mǐ):不。

③霓裳：如彩虹样漂亮而飘逸的裙裳。霓(ní)，虹的一种，也称副虹。

【译文】

　　于是再次穿越到峡谷西面的山崖上，顺着山崖往南下走。一里，转上东边的岔路，找到一处新开辟的小静室。询问瀑布在哪里？那和尚质朴又好事，说："这一带有三个瀑布：东边山箐中的，在最上方但水小；西面峡谷中的，悬在中央而且水最长；下面山坞中的，水很大但最短。唯有悬在中央的是第一胜景，此时最值得观赏，到春冬时节便没有水，这就是为什么昔日你没有听说过的原因了。"老和尚拉着我的衣服挽留我等着沏茶，我急于去观看瀑布，和尚便在前边为我领路。向西沿陡峻的石阶下走半里，沿石阶越到山湾的西边，有小溪垂挂在山崖前下坠成为壑谷，而石阶路经由小溪上方，向南盘绕而下。又行半里，马上望见壑谷东面的危崖盘绕着上耸，危崖上一条瀑布垂空倾泻进峡谷中，远远地飞溅喷泻，下泄到壑谷底，高一百多丈，山风飘摇，山石摇曳，烟云浮动。虽然水势小于玉龙阁前峡口的瀑布，但峡口的瀑布向内深嵌在两面山崖的侧旁，观看的人不能面对着峡谷直视，而是要在旁边弯腰斜着下瞰，不能完整看到瀑布的全貌；这个瀑布高高飞挂在穹隆的山崖头上，观看的人隔着峡谷平行观看，而且从头到脚，没有遗漏。所以它那跌宕的气势，飘摇的形态，弯弯转转好像有余，奔腾踊跃的气势好像不够，形成碎在虚空中的粉末，成为手掌上的串珠，似彩虹般的裙裳在飘舞而且身姿都很灵动，像披着鲛人织成的丝绢而丰姿神韵独特迥异，不经由此地几乎错失了山中的第一胜景了！

　　由对峡再盘西嘴，入野和静室。门内有室三楹甚爽，两旁夹室亦幽洁。其门东南向，以九重崖为龙，即以本支旃檀岭为虎，其前近山皆伏；而远者又以宾川东山并梁王山为龙虎，中央益开展无前，直抵小云南东水盘诸岭焉。盖鸡山诸刹及静室俱南向,以东西二支为龙虎,而西支之南,有木香坪山最高而前巩,亦为虎翼,故藉之为胜者此,视之为崇者亦此;独此室之向,不与众同,而此山亦伏而不见,他处不能也。野和为克新之徒,尚居寂光,以其徒知空居此。年少而文,为诗虽未工,而志甚切,以其师叔见晓寄诗相示,并己稿请正,且具餐焉。见晓名读彻,一号苍雪,去山二十年,在余乡中峰①,为文湛持所推许,诗翰俱清雅。问克新向所居精舍②,尚在西一里,而克新亦在寂光。乃不西,复从瀑布上,东盘望台之南。二里余,从其东胁见一静室,其僧为一宗,已狮林西境矣。室之东,有水喷小峡中,南下涉之。又东即体极静室,其上为标月静室。其峡中所喷小水,即下为兰那东洞者,此其源头也。其山去大脊已不甚遥,而崖间无道,道由望台可上,至是已越中支之顶而御东支矣。

【注释】

①在余乡中峰:"中"原作"三",据陈本改。

②精舍:寺院的异名。意为精行者所居,故称精舍。

【译文】

　　经由对面的峡谷再绕过西边的山嘴,进入野和的静室。大门内有三间房子非常清爽,两旁相夹的屋子也很幽静整洁。静室的门朝向东南方,把九重崖作为龙,就把本条支脉的旃檀岭作为虎,静室前方近处的山全都低伏着;而远处又把宾川的东山以及梁王山作为龙、虎,中央愈加开阔平展,前方没有障碍,一直抵达小云南驿东面的水盘岭各处。大体上鸡足山各处的寺院及静室都是面向南方,以东、西两条支脉作为龙、虎,而西面一条支脉的南边,有木香坪山最高而且向前环绕,也是虎翼，所以借此成为胜地的原因是这一点，把它视为崇山峻岭的原因也是这一点；唯独此处静室的坐向，与众不同，而且这座山也隐伏着看不见，其他地方不可能这样。野和是克新的徒弟，还住在寂光寺，让他的徒弟知空住在此地。知空年少而文雅，作的诗虽然不工整，但志向十分恳切，把他师叔见晓寄赠的诗拿给我看，并把自己的诗稿请我指正，并且准备了午饭。见晓法名叫读彻，另一个法号叫苍雪，离开鸡足山二十多年，在我家乡的中峰，被文湛持所推重称许，诗文都很清雅。打听克新从前居住的精舍，还在西边一里处，但克新也在寂光寺。就不再向西走，再从瀑布上方，往东绕到望台的南边。二里多，从望台的东侧见到一处静室，静室的僧人是一宗，已经到了狮子林的西境了。静室的东边，有溪水喷泻在小峡谷中，往南下涉溪流。又向东走就是体极的静室，它的上边是标月的静室。这条峡谷中喷泻的小溪，就是流下去成为兰那寺东面的山涧的溪流，这是那条山涧的源头。这里的山距离大山脊已经不是很远，可山崖间没有路，道路经由望台可以上行，来到此地已经越过中间一条支脉的山顶从而迎接东面的支脉了。

　　由此而东半里，入白云静室，是为念佛堂。白云不在。观其灵泉，不出于峡而出于脊，不出崖外而出崖中，不出于穴孔而出于穴顶。其悬也，似有所从来而不见；其坠也，曾不假灌输而不竭①。有是哉，佛教之神也于是乎征矣②。何前不遽出，而必待结庐之后，何后不中止，而独擅诸源之先，谓之非"功德水"可乎？较之万佛阁岩下之潴穴，霄壤异矣。又东一里，入野愚静室，是为大静室。浃谈半响。西南下一里，饭于影空静室。与别已半载，一见把臂，乃饭而去。从其西峡下半里，至兰宗静室。盖狮林中脊，自念佛堂中垂而下，中为影空，下为兰宗两静室，而中突一岩间之，一踞岩端，一倚岩脚，两崖俱坠峡环之。岩峙东西峡中，南拥如屏。东屏之上，有水上坠，洒空而下，罩于嵌壁之外，是为水帘。西屏之侧，有色旁映，傅粉成金，焕乎层崖之上，是为翠壁。水帘之下，树皆偃侧，有斜骞如翅，有横卧如虬，更有侧体而横生者。众支皆圆，而此独扁，众材皆奋，而此独横，亦一奇也。

【注释】

①曾不假灌输而不竭："曾"，徐本、陈本、"四库"本作"似"。

②有是哉，佛教之神也于是乎征矣：原脱此句，据徐本、陈本补。

【译文】

由此地往东行半里，进入白云的静室，这里是念佛堂。白云不在。观看这里的灵泉，不是从峡谷中流出来而是从山脊上流出来，不是从石崖外边流出来而是从石崖中间流出来，不是从洞穴的孔洞中流出来而是从洞穴的顶上溢出来。泉水高悬，似乎有流来的地方却看不见，泉水下流，从不必借助于排灌输送却不会枯竭，竟然有这样的泉水，佛教的神异在这里得到了证实了。为何从前不马上就流出来，却必定要等建了寺庵之后，为何后来不中止，却独擅了各处水源的先河？说它不是"功德水"行吗？把它与万佛阁岩石下积水的洞穴相比较，真是天地之别了。又向东一里，进入野愚的静室，这就是大静室。深谈了半晌。往西南下走一里，在影空的静室中吃饭。与影空分别已经半年，一见面就互相握着手臂，于是吃饭后离开。从静室西面的峡谷中下走半里，来到兰宗的静室。狮子林中间的山脊，自念佛堂居中下垂，中间是影空、下边是兰宗两位僧人的静室，而当中突起一座石崖隔开了它们，一个静室盘踞在石崖顶端，一个静室紧靠在石崖脚下，石崖两侧都有深坠的峡谷环绕着它。石崖耸峙在东西两条峡谷的中间，向南拥围如同屏风。东边的屏风之上，有水从上面下坠，洒在空中落下来，罩在下嵌的石壁之外，这便是水帘。西面屏风的侧边，有色彩向四旁映照，如同用粉抹成金色，光彩焕然地在层层石崖之上，这便是翠壁。水帘之下，树都是倒伏着侧着长的，有的斜举着如同翅膀，有的横卧着如同虬龙，更有枝干侧着横长的树。众多的树木枝干都是圆的，可这里的唯独是扁的，众多的树木都是向上直长的，但这里的唯独是横长的，也算是一处奇观了。

兰宗遥从竹间望余，至即把臂留宿。时沈莘野已东游，乃翁偶不在庐，余欲候晤，遂从之。和光欲下山，因命顾奴与俱，恐山庐无余被，怜其寒也。奴请匙钥，余并箱筐者与之，以一时解缚不便也。奴去，兰宗即曳杖导余，再观水帘、翠壁、侧树诸胜。既暮，乃还其庐。是日为重阳，晴爽既甚，而夜月当中峰之上，碧落如水，恍然群玉山头也。

【译文】

兰宗远远地从竹丛间望见我，来到后立即拉住手臂留我住宿。这时沈莘野已去东方游历，莘野的父亲偶然不在静室中，我想等他见面，便听从了兰宗。和光想下山去，因而命令顾奴与他一同去，担心山间的房舍中没有多余的被褥，是怜惜他会受寒。奴仆请求把钥匙交给他，我连同箱子竹筐的钥匙都给了他，因为一时间解开捆钥匙的线不方便。奴仆离开后，兰宗立即拖着拐杖引导我，再次去观看水帘、翠壁、侧树各处胜景。天黑后，就返回他的静室中。这天是重阳节，白天既已非常晴朗，而且夜里明月正在中峰之上，碧空明净如水，恍惚身在群玉山头了。

初十日　晨起，问沈翁，犹未归。兰宗具饭，更作饼食。余取纸为《狮林四奇诗》畀之。水帘、翠壁、侧树、灵泉。见顾仆不至,余疑而问之。兰宗曰:"彼知君即下,何以复上?"而余心犹怏怏不释,待沈翁不至,即辞兰宗下。才下,见一僧仓皇至。兰宗尚随行,讯其来何以故。曰:"悉檀长老命来候相公者。"余知仆遁矣①。再讯之。曰:"长老见尊使负包囊往大理,询和光,疑其未奉相公命,故使余来告。"余固知其逃也,非往大理也。遂别兰宗,同僧亟下。五里,过兰那寺前幻住庵东,又下三里,过东西两涧会处,抵悉檀,已午。启箧而视,所有尽去。体极、弘辨欲为余急发二寺僧往追,余止之,谓:"追或不能及。及亦不能强之必来。亦听其去而已矣。"但离乡三载,一主一仆,形影相依,一旦弃余于万里之外,何其忍也!

【注释】

①遁(bū):逃亡。

【译文】

初十日　早晨起床,打听沈翁,仍然没归来。兰宗备好饭,另外做了饼子来吃。我取出纸作了《狮林四奇》的诗送给他。水帘、翠壁、侧树、灵泉。见顾仆没来,我疑心去问兰宗。兰宗说:"他知道您就要下去,为何再上来?"但我心里仍然怏怏不乐放不下心,等不到沈翁,随即辞别兰宗下山。才下走,看见一个和尚仓皇来到。兰宗还随行,讯问他来是为什么事。说:"悉檀寺长老命令我前来迎候相公的。"我心知仆人逃走了。再次追问和尚。回答说:"长老见您的仆人背着包袱前往大理,询问和光,怀疑他不是奉相公的命令,所以派我来报告。"我本来就知道他逃跑了,不是去大理。于是告别兰宗,同和尚急忙下山。五里,走过兰那寺前幻住庵的东边,又下走三里,经过东西两条山涧交汇之处,抵达悉檀寺,已经是中午。打开箱子来察看,所有的东西全部不见了。体极、弘辨想要为我急速派两个寺里的僧人去追，我阻止了他们，说道："追或许不能追上。追上也不能强迫他一定回来。也只能听任他离开而已了。"只是离开家乡三年，一个主人一个仆人，形影相依，一旦在万里之外抛弃了我，为何这样狠心呀！

十一日　余心忡忡。体极恐余忧悴①，命其侄并纯白陪余散行藏经楼诸处。有圆通庵僧妙行者，阅《藏》楼前，瀹茗设果。纯白以象黄数珠见示②。象黄者，牛黄、狗宝之类，生象肚上，大如白果，最大者如桃，缀肚四旁，取得之，乘其软以水浸之，制为数珠，色黄白如舍利，坚刚亦如之，举物莫能碎之矣。出自小西天③，彼处亦甚重之，惟以制佛珠，不他用也。又云，象之极大而肥者乃有之，百千中不能得一，其象亦象中之王也。坐楼前池上征迦叶事，取《藏经》中与鸡山相涉者，摘一二段录之。始知《经》言"迦叶守衣入定，有四石山来合"，即其事也，亦未尝有鸡足名。又知迦叶亦有三，惟迦叶波名为摩诃迦叶。"摩诃"，大也，余皆小迦叶耳。是晚，鹤庆史仲文适自省来④。史乃公子，省试下第归⑤，登山自遣。

【注释】

①悴（cuì）：忧伤。

②数珠：又称念珠或佛珠，佛教徒随身携带，作为诵读佛号或经咒时计数的工具。

③小西天：今印度。

④鹤庆史仲文适自省来：原缺"文适"二字，据"四库"本补。

⑤下第：考试未被录取。

【译文】

十一日　我忧心忡忡。体极担心我忧伤，命令他的侄子和纯白陪同我到藏经楼各处散步。有个圆通庵的僧人妙行，在藏经楼前阅读《大藏经》，泡来茶摆上果子。纯白拿象黄念珠给我看。象黄这种东西，是牛黄、狗宝一类的东西，生长在大象肚子上，大处如同白果，最大的如同桃子，连缀在肚子四旁，取得象黄后，趁它柔软的时候用水浸泡，制成念珠，颜色黄中带白如同舍利子，坚硬也如同舍利子一样，举起重物不能砸碎它了。出自于小西天，那地方也十分看重象黄，只用来制造佛珠，不做其他用途。又说，极为巨大而且肥壮的大象才有象黄，成百上千头大象中不能找到一头，这样的大象也算是象中之王了。坐在藏经楼前的水池上探询迦叶尊者的事迹，选取《大藏经》中与鸡足山有关的内容，摘取一二段把它们抄录下来。这才知道佛经上所说的"迦叶守护佛衣入定，有四座石山飞来聚合在一起"，就是这里的事了，也未曾有鸡足山的名字。又知道迦叶也有三个，只有迦叶波的名字是摩诃迦叶。"摩诃"，是"大"的意思，其余的都是小迦叶而已。这天晚上，鹤庆府的史仲文恰好从省城来到。史仲文是位公子，到省城应试落第归来，登山自我排遣。

十二日　妙行来，约余往游华严，谓华严有老僧野池，乃月轮之徒，不可不一晤，向以坐关甓中，以未接颜色为怅。昔余以岁首过华严，其徒俱出，无从物色。余时时悼月公无后，至是而知尚有人，趣饭而行。和光亦从。西一里，逾东中界溪，即为迎祥寺，于是涉中支界矣。又一里余，南逾锁水阁下流水登坡①，于是涉中支脊矣。西北溯脊一里，过息阴轩。又循瀑布上流，西北行里余，渡北来之溪，于是去中支涉西支界矣。又北里余，西涉一峡溪，再上一西来小支之嘴，登之西北行。一里，又西度亭桥，桥下水为华严前界水，上下俱有桥，而此其下流之渡桥。内峡中有池一圆，近流水而不涸，亦龙潭类也。由溪南向西北行，于是涉西支脊矣。半里，乃入华严寺。寺东向，踞西支大脊之北，创自月潭②，以其为南京人，又称为南京庵。至月轮而光大之，为鸡山首刹，慈圣太后赐《藏》贮之。后毁于火，野池复建，规模虽存，而《法藏》不可复矣。野池年七十余，历侍山中诸名宿，今老而不忘先德，以少未参学，掩关静阅，孜孜不倦，亦可取也。闻余有修葺《鸡山志》之意，以所录《清凉通传》假余，其意亦善。下午将别，史君闻余在，亦追随至。余恐归途已晚，遂别之，从别路先返，以史有舆骑也。

【注释】

①南逾锁水阁下流水登坡："流"后原脱"水"字，据徐本补。

②月潭：《鸡山志略二》作"月堂"。

【译文】

十二日　妙行来，约我去游华严寺，说是华严寺有位老和尚野池，是月轮的徒弟，不可不见一面，以前因为在佛龛中闭门坐禅，所以未能接触到他的容貌，为之遗憾。从前我在岁首时路过华严寺，他的徒弟们都外出了，无法找到他。我时时为月轮公没有后继者而悲伤，到这时才知道还有这个人，急忙吃完饭动身。和光也跟随我们一同去。向西一里，越过东面、中间两条支脉分界的溪水，就是迎祥寺，从这里起跋涉在中间一条支脉的地界内了。又行一里多，向南越过锁水阁下游的溪水登坡，到这里跋涉在中间一条支脉的山脊上了。往西北逆着山脊走一里，路过息阴轩。又沿着瀑布的上游，往西北行一里多，渡过北面流来的溪水，到这里离开中间一条支脉跋涉在西面一条支脉的地界内了。又向北一里多，向西涉过一条峡谷中的溪流，再上登一条西面延伸来的小支脉的山嘴，登上山嘴后向西北行。一里，又向西走过一座亭桥，桥下的水是华严寺前面分界的溪水,上下游都有桥,而这座桥是渡过溪流下游的桥。桥内的峡谷中有一个圆形水池,靠近流水却不相混,也是龙潭一类的水源了。由溪流南边向西北行,到这里跋涉西面一条支脉的山脊了。半里,就进入华严寺。寺院面向东,盘踞在西方一条支脉主脊的北面,创始于月潭和尚,因为他是南京人,又称为南京庵。传到月轮后扩建了寺院,成为鸡足山首要的佛寺,慈圣太后赐给《大藏经》贮藏在寺中。后来毁于火灾,野池重新修建,规模虽然得以保存,可《法藏》不可恢复了。野池年纪有七十多岁,逐一侍奉过山中各位有名望的前辈,如今年老了却不忘先人的功德,由于年少时未探究过学问,关上门静心研读,孜孜不倦,也有可取之处。他听说我有修撰《鸡足山志》的意图,把他抄录的《清凉通传》借给我,他的用意也很好。下午即将告别时,史君听说我在这里,也追随而来。我担心归去途中已经太晚,便告别了他们,从别的路先返回去,因为史君有轿子和坐骑。

出寺,西北由上流渡桥,四里,连东北逾三涧,而至其东界之支,即圣峰、燃灯之支垂也。又一里,东下至其尽处,有寺中悬,是为天竺寺。其北涧自仰高亭峡中下,其南涧又从西支东谷屡坠而下者,夹圣峰之支,东尽于此。王十岳《游纪》以圣峰为中支,误矣。由其垂度北峡小桥,于是又涉中支之西界。循北麓而东,半里,两过南下小水,乃首传寺前左右流也。其南峡中始辟为畦,有庐中央,是为大觉菜圃。从其左北转,半里,逾支脊,连横过法华、千佛、灵源三庵,是皆中脊下垂处。半里,北逾锁水阁下流,即大觉寺矣。仍东随大路一里,过西竺寺前,上圆通庵,观灯笼花树。其树叶细如豆瓣,根大如匏瓠,花开大如山茱萸,中红而尖蒂俱绿,似灯垂垂。余从永昌刘馆见其树,未见其花也。此庵为妙行旧居，留瀹茗乃去。一里，由迎祥寺北渡涧，仍去中界而入东支界。溯水而北，过龙泉庵、五华庵。五华今名小龙潭，乃悉檀大龙潭之上流，大龙潭已涸为深壑，乃小龙潭犹汇为下流。余屡欲探之，至是强二僧索之五华后坡。见水流淙淙，分注悉檀右，而坡道上跻，不见其处。二僧以日暮劝返，比还，寺门且闭矣。

【译文】

　　出寺来，向西北由上游过桥，四里，一连向东北越过三条山涧，然后来到鸡足山东部的支脉上，就是圣峰寺、燃灯寺所在的支脉下垂处了。又行一里，往东下到这条支脉的尽头处，有座寺院悬在中央，这是天竺寺。寺院北边的山涧自仰高亭所在的峡谷中流下来，寺院南边的山涧又从西面一条支脉东面的山谷中屡次坠落流下来，夹住圣峰寺所在的支脉，东边在此地到了尽头。王十岳《游纪》把圣峰寺所在的山脉作为中间一条支脉，错了。由山脉的下垂处走过北边峡谷中的小桥，在这里又跋涉在中间一条支脉的西部地界内了。沿着北面的山麓往东行，半里，两次越过往南下流的小溪，是首传寺前方左右两侧的溪流了。这里南边的峡谷中开始开垦成田地，有房屋在中央，这是大觉寺的菜园。从菜园左边向北转，半里，越过支脉的山脊，接连横着走过法华庵、千佛庵、灵源庵三座寺庵，这都是中间一条支脉的山脊下垂处。半里，向北越过锁水阁的下游，就到了大觉寺了。仍然往东顺着大路走一里，经过西竺寺前，登上圆通庵，观赏灯笼花树。这种树的树叶细如豆瓣，树根大如葫芦，花开得大如山茱萸，中间红但花尖花蒂都是绿色的，像灯笼一样低低垂挂着。我在永昌府刘北有的书馆中见过这种树，没见过这种树开花。这座寺庵是妙行的旧居，留下泡茶喝后才离开。一里，由迎祥寺北边渡过山涧，仍旧是离开中间一条支脉的地界后进入东面一条支脉的地界内。溯涧水往北行,路过龙泉庵、五华庵。五华庵今天名叫小龙潭,是悉檀寺大龙潭的上游,大龙潭已经干涸成深深的壑谷,可小龙潭仍然积着水往下流。我多次想去探寻小龙潭,来到这里强逼着二位僧人到五华庵后面的山坡去找小龙潭。只见淙淙的水流,分散开流入悉檀寺的右侧,可沿着山坡上的路上登,看不见龙潭所在的地方。二位僧人因为天晚劝我返回去,等到回来时,寺门将要关闭了。

是夜,与史君对谈复吾斋头。史君留心渊岳,谈大脊自其郡西金凤哨岭南过海东,自五龙坝、水目寺、水盘铺,过易门、昆阳之南①,而包省会者,甚悉。且言九鼎山前梁王山西腋之溪,乃直南而下白崖、迷渡者,其溪名山溪。后人分凿其峡,引之洱海,则此溪又一水两分矣。果尔,则清华洞之脉,又自梁王东转南下,而今凿断之者。余初谓其脊自九鼎西坠,若果有南下白崖之溪,则前之所拟,不大误哉?目前之脉,经杖履之下如此,故知讲求不可乏人也。史君谓生平好搜访山脉,每被人哂②,不敢语人,邂逅遇余③,其心大快。然余亦搜访此脊几四十年,至此而后尽,又至此而后遇一同心者,亦奇矣。夜月甚明,碧宇如洗,心骨俱彻!

【注释】

①易门:明为县,隶昆阳州,即今易门县。

②哂(shěn):讥笑。

③邂逅(xiè hòu):不期而合。

【译文】

这天夜里,与史君在复吾的书斋案头对坐深谈。史君留心山川,谈起大山脊自他们鹤庆府西部的金凤哨所在的山岭往南延伸经过洱海东面，自五龙坝、水目寺、水盘铺，经过易门县、昆阳州的南部，而后包围省会的山脉，非常熟悉。并且说到九鼎山前面、梁王山西侧的溪流，是一直往南下流到白崖站、迷渡的水流，这条溪流名叫山溪。后代人凿开它所流经的山峡，把它分流引入洱海，那么这条溪流又是一条水流分为两条支流了。果然是这样，那么清华洞的山脉，又是起自梁王山东面转向南下延，而是今天凿断的地方。我当初认为这条山脊起自九鼎山向西下坠，如果有往南下流到白崖站的溪流，那么从前我所估计的，不是大错了吗？眼前的山脉，经过我拄着拐杖游历之下还如此，因此懂得了不可缺少研究探求的人。史君说起他生平喜爱搜寻探访山脉，每每被人讥笑，不敢对人说起，偶然之间遇上我，他的心中十分痛快。然而我也是搜寻探访这条山脊几乎四十年，来到此地后才完结，又是到此时才遇见一个同心的人，也算是一件奇事了。夜间月亮非常明亮，澄碧的天宇如水洗过一般，身心全都明澈透了！

十三日　史君为悉檀书巨匾①，盖此君夙以临池擅名者②，而诗亦不俗。复相与剧谈。既午，舆人催就道，史恳余同游九重崖，横狮林、觇檀而西，宿罗汉壁，明日同一登绝顶作别。余从之。遂由悉檀东上坡，半里，过天池静室，六里而过河南止足师静室。更北上里余，直蹑危崖下，是为德充静室。德充为复吾高足，复吾与史君有乡曲之好，故令其徒引游此室，而自从西路上罗汉壁，具饭于西来寺，以为下榻地。

【注释】
①匾：原作"扁"，从"四库"本改。
②临池：练习书法。

【译文】

十三日　史君为悉檀寺写了一块巨大的匾额,原来这位先生向来是以擅长于书法出名的人,而且诗也不俗。再次相互畅谈。午后,轿夫催着上路,史君恳切邀请我一同去游九重崖,向西横过狮子林、旃檀林,住在罗汉壁,明天一同登上绝顶告别。我听从了他。于是由悉檀寺东面上坡,半里,经过天池的静室,六里后经过河南止足禅师的静室。再向北上登一里多,一直登到危崖之下,这是德充的静室。德充是复吾的高足弟子,复吾与史君有乡亲的情谊,所以命令他的徒弟领路来游此处静室,然后自此地从西路上登罗汉壁,在西来寺备好饭菜,作为下榻的地方。

此室当九重崖之中,为九重崖最高处,室乃新构而洁,其后危岩之半,有洞中悬,可缘木而上。余昔闻之,不意追随首及于此。余仰眺丛木森霄,其上似有洞门仿佛。时史君方停憩不前,余即蹑险以登。初虽无径,既得引水之木,随之西行,半里,又仰眺洞当在上,复蹑险以登。初亦无径,半里,既抵岩下,见一木倚崖直立,少斫级痕以受趾,遂揉木升崖①。凡数悬其级,始及木端,而石级亦如之,皆危甚。足之力半寄于手,手之力亦半无所寄,所谓凭虚御风,而实凭无所凭,御无所御也。洞门正南向,上下皆削壁,中嵌一门,高丈五,阔与深亦如之,而旁无余隙。中有水自顶飞洒,贮之可供一人餐,憩之亦仅受一人榻,第无余隙,恐不免风雨之逼。然临之无前,近则木香坪之岭已伏于下,远则五龙坝之障正横于南,排沙、观音箐诸山层层中错,各献其底里而无余蕴焉②。久之,闻室中呼声,乃下。又随引水木而东过一栈,观水所出处,乃一巨石下,甫出即刳木引之西注,此最上层之水也；其下一二丈，又出一水，则复吾之徒引入静室；其下又出一水，则一衲轩引之。连出三级，皆一峡坳，虽穴异而脉必潜通，其旁分而支引者，举岩中皆藉之矣。

【注释】

①揉(róu)：攀揉，搓挪。

②底里：深藏不显见的地方。

【译文】

这个静室位于九重崖的中心地带，是九重崖的最高处，静室是新建的而且很整洁，静室后方危崖的半中腰，有个山洞悬在中央，可以顺着树木爬上去。我从前听说过这个山洞，意想不到追随别人游山，首次来到此地。我仰面眺望，丛林森森插入云霄，悬崖上仿佛有个洞口。这时候史君正好停下休息不再前行，我立即踏着险阻上登。最初虽然没有小径，遇到引水的木槽后，顺着木槽往西行，半里，又抬头眺望，山洞应当在上方，又踏着险阻上登。起初也没有路径，半里，抵达悬崖下之后，看见一棵树紧靠悬崖直立着，稍微有砍凿过台阶的痕迹可以承受脚掌，就攀着树干上登悬崖。一共悬空越过树干上的几台，才来到树梢，而石崖上的台阶也是如此，全都危险级了。脚上的力量一半寄托在手上，手上的力量也有一半无所寄托，这就是所谓的凭靠虚空驾驭山风了，可实际上要凭靠又无所凭靠，要驾驭又无所驾驭了。洞口面向正南方，上下全是陡削的石壁，中间嵌进一个洞口，高一丈五，宽处与深处也如此，而且四旁没有其余的缝隙。洞中有水从洞顶飞洒下来，把水贮存起来可供一个人饮用，在洞中歇息也仅能放下一个人的床，只是没有多余的缝隙，恐怕免不了风雨的逼迫了。然而在洞内临眺一望无际，近处就是木香坪所在的山岭已低伏在下方，远处则是五龙坝所在的山峰正好横在南方，排沙、观音箐的群山层层交错在中间，各自呈现出它们深藏着的地方而没有剩余的深奥之处了。很久之后，听见静室中的呼叫声，这才下来。又顺着引水的木槽往东经过一条栈道，观看泉水流出来的地方，是在一块巨石下。泉水刚流出来，立即用挖空的树干把水引向西边流，这是最上层的水；这里下去一二丈，又流出一处泉水，就被复吾的徒弟引入静室中；它的下边又流出一处泉水，则是被一衲轩把水引去。一连涌出三层泉水，都是在一个峡谷中的山坳上，虽然泉眼的位置不同可泉水的脉络必定暗中相通，那往四旁分支引流的泉水，整座山崖之中都仰仗着它了。

既下室中，啜茶果，复继以饼饵，乃随下层引水之木，西一里入一衲轩。延眺久之，又茶而行。西一里，过向所从登顶之坡。横而西，路渐隘，或盘坡嘴，或过峡坳，皆乱砾垂脊，而中无滴水，故其地不能结庐，遂成莽径。二里余，峡坳中有一巨木，横偃若桥。又西二里，乃践坡转嘴而上，过野愚静室。又半里，上至白云静室。白云固留，以日暮而去，白云随过体极静室而别。西半里，过一宗静室。傍水又蹑坡半里，逾望台南突之脊，于是暝色已来，月光渐耀。里余，两过望台西坳之水，又一里，南盘旃檀岭，乃西过罗汉壁东垂，皆乘月而行也。又稍盘嘴而上半里，是为慧心静室，此幻空碧云寺前南突之坡也。余昔与慧心别于会灯寺，访之不值，今已半载余，乃乘月叩扉。出茗酌于月下，甚适。此地去复吾先期下榻处尚三里，而由此西下度箐，暗不可行，慧心乃曳杖为指迷。半里，度而上，又半里，登坡，与碧云大路合，见月复如前，慧心乃别去。又西一里，过一静室，乃盘嘴北向蹑坡，则复吾使人遍呼山头矣。又一里，入西来寺。寺僧明空他出，其弟三空，余向所就餐者，闻之，自其静庐来迎。复吾知吾辈喜粥，为炊粥以供。久不得此，且当行陟之后,吸之明月之中,不啻仙掌金茎矣。

【译文】

　　下到静室中后,吃了茶水果子,又继之以糕饼,于是顺着下层引水的木槽,向西一里进入一衲轩。伸长脖子眺望了很久,又喝了茶后上路。向西一里,经过从前来的时候登顶的山坡。横着向西走,路渐渐变窄,有时绕过坡嘴,有时走过峡谷中的山坳,都是乱石块垂下山脊,峡中没有一滴水,所以这个地方不能建房屋,便成了满是草丛的小径。二里多,山峡的山坳中有一棵巨树,横躺着好像桥梁一样。又向西二里,便踏着山坡转过山嘴上登,路过野愚的静室。又行半里,上到白云的静室。白云坚决挽留,由于天晚便离开了,白云随同走过体极的静室才告别。往西行半里,路过一宗的静室。傍着水流又爬坡半里,越过望台向南突的山脊,到了这里暮色已经来临,月光渐渐照耀起来。一里多,两次越过望台西面山坳中的流水,又行一里,向南绕过旃檀岭,于是往西走过罗汉壁的东垂,都是乘着月光前行的。又渐渐绕过山嘴往上走半里,这是慧心的静室,此地是幻空住持的碧云寺前边向南突的山坡。我从前与慧心在会灯寺分别后,拜访他没遇上,至今已是半年多,便乘着月光敲开门。慧心出门来在月光下品茶,十分适意。此地距离复吾事先约定的下榻处还有三里地,然而由此地往西下行越过山箐,黑暗得不能走路,慧心便拖着手杖为我指点迷津。半里,越过山箐上走,又行半里,上登山坡,与碧云寺来的大路会合,看见月光又如先前一样,慧心这才告别离开。又往西行一里,路过一处静室,就绕过山嘴向北爬坡,就见复吾派人在山头上四处呼叫了。又行一里,进入西来寺。寺中的僧人明空出门去别的地方,他的师弟三空,是从前我们一起就餐的人,听见我的声音,从他的静室中出来迎接。复吾知道我们这帮人喜欢喝粥,为此煮了粥献上来。很久没有吃到这样的东西,并且是在行走攀登之后,在明亮的月光之中吸着稀粥,如同是仙掌金茎一般的东西了。

十四日　三空先具小食，馒后继以黄黍之糕，乃小米所蒸，而柔软更胜于糯粉者。乳酪、椒油、蒽油、梅醋，杂沓而陈，不丰而有风致。盖史君乃厥兄明空有约而来①。（以下缺）

【注释】

①"盖史君"句：本日记自此以下散佚。上一日记云："史恳余同游九重崖，横狮林、旃檀而西，宿罗汉壁，明日同一登绝顶作别。余从之。"十四日当按计划与史君同登鸡山绝顶。十五日以后的日记缺。

【译文】

十四日　三空先准备了些小食品，馒头之后继之以黄黍米做的糕，是用小米蒸制的，但柔软更胜过糯米粉做成的。乳酪、辣椒油、鸡蒽油、梅子醋，杂乱地陈放着，不丰盛却颇有风味。原来史君与他的师兄明空是有约而来的。（以下缺失）

（季梦良曰：王忠纫先生云："自十二年九月十五以后，俱无小纪。"余按公奉木丽江之命，在鸡山修《志》，逾三月而始就。则自九月以迄明年正月，皆在悉檀修《志》之日也。公另有《鸡山志》摘目三小册，即附载此后，而《丽江纪事》一段，及《法王缘起》一段，并附见焉。）

【注释】

①"季梦良曰"以下数句：崇祯十三年（1640）正月，丽江土官木增派人用滑竿护送双脚致残的徐霞客踏上归途。回程所经，《滇游日记十二》记清华洞载："此洞昔以无炬不能深入，然犹践泞数十丈，披其中透顶之局；兹以涨望门而止；不知他日归途经此，得穷

其蕴藏否也。"陈函辉《徐霞客墓志铭》载:"沐黔国亦隆以客礼。闻其携奇树虬根,请观之,欲以镒金易。霞客笑曰:'即非赵璧,吾自适吾意耳,岂假十五城乎?'黔国亦高之。"《溯江纪源》载:"在叙州者,只知其水出于马湖、乌蒙,而不知上流之由云南丽江;在云南丽江者,知其为金沙江,而不知下流之出叙为江源。"陈函辉《徐霞客墓志铭》又载:"霞客于峨眉山前,作一札寄予。其出外番分界地,又有书贻钱牧斋宗伯,并托致予。"钱谦益《徐霞客传》也记载:"还至峨眉山下,托估客附所得奇树虬根以归,并以《溯江纪源》一篇寓余。"徐霞客归程的路线,当从鸡足山往南再游清华洞,往东经昆明受到沐天波的礼遇,再往东北取东川驼铜道到金沙江与长江交汇处的叙州府(今四川宜宾),完成《溯江纪源》的考察,在峨眉山下定稿并寄出,乘肩舆登上峨眉山。以后取长江水道乘船东行。陈函辉《徐霞客墓志铭》又载:"至楚江困甚,黄冈侯大令为具舟楫,六日而达京口,遂得生还。"侯大令即无锡人侯鼎铉,时任黄冈县令。《锡山东里侯氏八修宗谱》第二册《澹泉公轶书》载:"江上振之徐君,负奇好游,足迹遍天下。自巴蜀经楚黄,贫病不能起,舟人谋弃诸野。适先户簿令黄(冈),乃延之入署,医药调治,有逾骨肉。病痊愈后,厚赠送归。"徐霞客在这年六月回到了故乡江阴。

【译文】

(季梦良说:王忠纫先生说:"自从崇祯十二年九月十五日以后,都没有短小的日记。"我考证,霞客公奉丽江府木公之命,在鸡足山纂修《鸡山志》,超过三个月后才完成。那么从九月以至第二年的正月,都是在鸡足山修撰《鸡山志》的日子了。霞客公另外有《鸡山志》摘要的目录三小册,就附载在这里的后面,而且《丽江纪事》一段,以及《法王缘起》一段,一并在这里附带参见。)

鸡山志目

一卷　真形统汇<small>此山之纲领也。</small>

　　　　山名　山脉　山形　山界　开辟　鼎盛

二卷　名胜分标<small>胜概本乎天,故随其发脉,自顶而下分也。</small>

　　　　峰　岩　洞　台　石　岭

　　　　梯　谷　峡　箐　坪　林

　　　　泉　瀑　潭　涧　温泉

三卷　化宇随支<small>功业本乎人,故因其登陟,自卑而上升也。</small>

　　　　中条刹舍

四卷　化宇随支

　　　　东条刹舍　西条刹舍

五卷　化宇随支

　　　　绝顶罗城　山外刹舍　附坊、亭、桥、聚

六卷　神迹原始

　　　　传法正宗传　附法显事迹　附小沈事迹

　　　　古德垂芬

　　　　名宿传　高隐传

七卷　宰官护法

　　　　名宦传　乡贤传　附檀越信施

　　　　胜事记余

　　　　灵异十则　景致十则　物产　临莅　朝参

　　　　市集　塔墓十则

八卷　艺苑集成

　　　　集诗　集文

徐子曰：志图经者，有山川之一款；志山川者，又有图经之全例，不相假也。兹帙首真形，次名胜，次化宇，渐由天而人；次古德，次护法，则纯乎人矣；胜事天之余，艺苑人之余，故又次焉。此编次之大意也。

【译文】

第一卷　真形统汇这是全山的纲领。

　　　　山名　山脉　山形　山界　开辟　鼎盛

第二卷　名胜分标胜景的根本在于天，所以顺着它们发展的脉络，从山顶往山下分别列出。

　　　　峰　岩　洞　台　石　岭

　　　　梯　谷　峡　箐　坪　林

　　　　泉　瀑　潭　涧　温泉

第三卷　化宇随支功业的根本在于人，所以沿着山势上登，从低矮处向上升高。

　　　　中间一条支脉上的佛寺

第四卷　化宇随支

　　　　东面一条支脉上的佛寺　西面一条支脉上的佛寺

第五卷　化宇随支

　　　　绝顶的罗城　山外的佛寺　附记牌坊、亭子、桥梁、聚落

第六卷　神迹原始

　　　　传法正宗传　附记法显事迹　附记小沈事迹

　　　　古德垂芳

　　　　著名前辈传　高人隐士传

第七卷　宰官护法

　　　　著名官宦传　乡绅名贤传　附记施主信徒布施

　　　　胜事记余

　　　　灵异十则　景致十则　物产　莅临视察　上朝参拜

　　徐子说:记述图经的人,有山川这一条目;记述山川的人,又有图经的全部体例,不相互借用。这册书首先记述真形,其次记述名胜,其次记述庙宇,逐渐由天到人;其次是前辈高僧,其次是护法,则纯粹关乎人事了;胜事是天余下的内容,艺苑是人事余下的内容,所以又在其次。这是编撰次序的主要旨意。

鸡山志略一

灵异十则

　　放光　老僧香　金鸡泉　收蛇穴　石门复开
　　土主报钟　经声应耳　然身雷雨　猿猴执炊
　　灵泉表异

【译文】

灵异十则

　　放光　老僧香　金鸡泉　收蛇穴　石门复开
　　土主报钟　经声应耳　然身雷雨　猿猴执炊
　　灵泉表异

景致十则

　　山之有景,即山之峦洞所标也。以人遇之而景成,以情传之而景别,故天下有四大景,图志有八景、十景。岂天下之景,数反诎于郡邑乎? 四乃拔其尤,十乃足其数

也。若鸡山则异于是,分言之,即一顶而已萃天下之四
观;合言之,虽十景犹拘郡邑之成数也。

【译文】

景致十则

　　山中之所以有景致,就是通过山中的峰峦洞穴表现出来的。因为
人遇见了这些峰峦洞穴便成了景致,凭着人的情感来传扬它们,景
致便有了区别,所以天下有四大景,图经志书中有八景、十景。难
道全天下的景致,数量反而屈居于府县之下吗? 四景是挑选其中
最突出的,十景是为了凑足景致的数量。至于鸡足山则不同于此,
分开来说,就是一个绝顶便已经荟萃了天下的四种景观;合起来
讲,纵然是十景也仍然是拘泥于府县通行的数目。

绝顶四观_{东日、西海、北雪、南云。}

　　观之有四,分于张直指,而实开辟以来,即罗而致之。四
之中,海内得其一,已为奇绝,而况乎全备者耶。此不特
首鸡山,实首海内矣。

　　　诗五首见《鸡山十景》

【译文】

绝顶四观_{东方日出、西面洱海、北方雪山、南面云海}

　　景观有四种,这种划分法始于张直指使,而实际上开天辟地以来,
就分布存在着这些景观。四种景观之中,海内得到其中之一,已经
是绝顶奇特的事了,何况是全部齐备的地方呢! 这不仅是鸡足山
的第一景,实在是海内的第一景。

　　　诗五首见《鸡山十景》

华首重门

龙华浩劫,转恨此门不辟。不知使其中堂奥潜通,纵别有天地,不过一窈窕之区耳;何如双阙高悬,一丸中塞,使仰之弥高,望之不尽乎。故方广石梁,以为五百应真之地,而亦旁无余窦,其意正与华首同也。

诗一首见《鸡山十景》

【译文】

华首重门

龙华浩劫之时,转而怅恨此门不开。不知即使其中深邃隐秘之处暗中相通,纵然另有天地,不过只是一处幽深杳渺的地方罢了;哪里比得上双阙高悬,一个弹丸塞在中央,使得仰望它更加高大,远望它望不到头呢!故而衡山方广寺的石梁,以为是五百罗汉应验真身的地方,然而也是四旁没有其余的洞穴,它的意境正好与华首门相同。

诗一首见《鸡山十景》

太子玄关

琼台中悬,已凌灏爽。玄关上透,更转虚灵。栈壁排云,出没于烟霞之上。所称群玉峰头,瑶池月下,仿佛在此。

诗一首见《鸡山十景》

【译文】

太子玄关

琼台悬在中央,已凌驾在浩大清朗的空中。玄关向上穿透,更变得虚幻灵妙。石壁上的栈道排上云天,出没在烟霞之上。所说的群玉峰头,瑶池月下,仿佛就在此地。

诗一首见《鸡山十景》

罗汉绝壁

每爱袁石公"补填积雪成新径,展拓闲云架小庐"之句。行罗汉壁,宛然诗中之画也。至其崩云叠翠,人皆面壁,石可点头,自是一幅西来景,不烦丹青落笔①。

　　诗一首见《鸡山十景》

【注释】

①丹青:中国古代绘画中常用的颜色,也泛指绘画艺术。

【译文】

罗汉绝壁

　　每每喜爱袁石公"补填积雪成新径,展拓闲云架小庐"的诗句。行走在罗汉壁,宛然是诗中之画了。来到罗汉壁乱云飞崩翠色重叠之处,人人都面向石壁,岩石可以触到头顶,自然是一幅西方来的景象,不必麻烦画家再落笔了。

　　诗一首见《鸡山十景》

狮林灵泉

山下出泉,有渟有流①,皆不为异。乃泉不出于麓而出于峦,峦不出于坳而出于脊,脊不出于外泻而出于中垂,中垂不出于旁溢而出于顶灌。此惟狮林念佛堂见之,欲不谓之灵不得也。

　　诗二首见《鸡山十景》

【注释】

①有渟有流:"渟"原作"停",据徐本改。

【译文】

狮林灵泉

　　山下流出泉水,有积水有流水,都不算奇异。此泉不是出在山麓而是出在山峦上,山峦上不是出在山坳中而是出在山脊上,山脊上不是出在向外流淌的地方而是出在中央下垂之处,中央下垂之处不是出在向四旁外溢之处而是出在山顶灌注之处。这种仅在狮子林念佛堂见过的泉水,想不说它灵异是不可能的了。

　　　诗二首见《鸡山十景》

放光瑞影

　　川泽之气,发为光焰,海之蜃楼,谷之光相①,皆自下而上。放光四面深环,危崖上拥,灵气攸聚,瑞影斯彰,其与四大比隆,宜也。然四大亦惟峨眉、五台,其光最异;若九华、普陀,亦止佛灯,未着光相。故放光之瑞影,真四之中,二之上者矣。

　　　诗一首见《鸡山十景》

【注释】

①光相:是一种特殊的自然现象。当太阳位置较低时,在太阳相对方向处形成围绕人影的彩色光环,太阳、观察的人和光环成一直线。这种现象,是光线通过云雾中的小水滴时,发生衍射作用而成,主要见于山区,过去被称为"佛光"或"峨眉宝光"。

【译文】

放光瑞影

　　江河湖泽的水蒸气,发散变成光焰,海中的海市蜃楼,山谷中的光相,都是自下而上。放光寺四面环绕着深深的壑谷,危崖拥围在上方,灵气聚集,瑞影彰显,它与四大名山并列崇高的地位,是合适的。然而四大名山也只有峨眉山、五台山,山中的光影最奇异;至于九华山、普陀山,也只有佛灯,挨不上光相,所以放光寺的灵瑞光影,真正是居于四大名山的中间,在两座名山之上的了。

　　　　诗一首见《鸡山十景》

浮屠缩胜

　　三距东环,百刹中峙;扃龙华于双阙,悬象魏于九重①;玉毫遍地,只欠当门一楗;金掌中天,忽成华藏千祥。既合此尖,永证胜果。

　　　　诗二首见《鸡山十景》

【注释】

①象魏:即官门外的双阙。因其为悬示教令的地方,故称象;因其巍然高大,故称魏。

【译文】

浮屠缩胜

　　三只鸡爪环绕在东方,百座庙宇屹立在山中;双阙锁住龙华寺,九重崖高悬着双阙;玉笔遍地,只欠当门的一根门闩;金掌立于中天,忽然幻化成光彩万丈的佛经,呈现出千种祥瑞。既已聚合在此处塔尖上,永证善果。

　　　　诗二首见《鸡山十景》

瀑布腾空

　　匡庐之瀑,不及雁宕,独得列名四景,以人所共瞻也。鸡山玉龙瀑布,亦不若猴子峒峡中崖石掩映,然玉龙独挂山前，漾荡众壑，领挈诸胜，与匡庐同，不得分大小观也。

诗一首见《鸡山十景》

【译文】

瀑布腾空

庐山的瀑布，赶不上雁宕山，唯独得以列入天下的四景，是因为它是人们共同瞻仰的地方。鸡足山的玉龙瀑布，也不像猴子峒的瀑布在峡谷中有崖石掩映，然而玉龙瀑布独自挂在山前，荡漾在群山壑谷中，带领着众多的胜景，与庐山瀑布相同，不能分出景观的大小来。

诗一首见《鸡山十景》

传衣古松

鸡山之松，以五鬣见奇，参霄蔽陇，碧荫百里，须眉尽绿，然挺直而不虬，巨润而不古。而古者常种也。龙鳞鹤氅，横盘倒垂，缨络千万，独峙于传衣之前，不意众美之外，又独出此一老。

诗一首见《鸡山十景》

【译文】

传衣古松

鸡足山的松树，以五鬣松见奇，耸入云霄，遮蔽了山冈，碧绿的树荫广布百里，映照得人的眉毛胡子都是绿色的，然而挺拔直立却不拳曲，巨大润泽而不古拙。而古拙的松树是常见的树种。龙鳞一样的树皮，仙鹤大氅一般的树冠，横缠倒垂，万千缨络，独自屹立在传衣寺的前方，意想不到众多的美景之外，又偏偏出现这样一棵老松树。

　　　诗一首见《鸡山十景》

古洞别天

　　　鸡山岩有重门，洞无奥室，独于山后另辟神境。盖山脉
　　至此将尽，更出一番胚胎，令人不可测识。人所共瞻
　　者，则扃之使不可几；人所不到者，则通之示有所入，何
　　山灵之幻乃尔？

　　　　诗二首见《鸡山十景》

【译文】

古洞别天

　　　鸡足山的山崖有重重石门，洞穴中没有深室，唯独在山后另外辟有
　　神奇之境。大概是山脉到此将要到头，另外翻出一番胚胎，让人不
　　可测知。人们所共同瞻仰的地方，便把它闭锁起来使人不可考察；
　　人迹所不能到达的地方，却把它打通显示有通进去的地方，为何山
　　间灵气的变幻竟然如此！

　　　　诗二首见《鸡山十景》

鸡山志略二

诸寺原始俱以年次为先后。

　　　接待寺嘉靖间，天心和尚跪华首门，遥礼初祖迦叶为师，落发，乃
　　　　　　创此寺于山麓，又建圣峰寺于山半。其后有宝山禅师得
　　　　　　授衣钵①。现在讲师和雅，住圣峰寺。

　　　圣峰寺宝山禅师建②，后嗣和雅。

　　　龙华寺隆庆间，元庆和尚开山，后阁是嗣孙雪亭重建③。前题"石

鼓名区"，阁题"水月"。石鼓，以左峰绝顶高耸，有声如鼓也。

石钟寺以楼下掘出石形如钟，故云石钟。又云以建寺时，侧崖有石，风吹如钟声。皆无的据④。

放光寺嘉靖间，古德无穷禅师，河南人，创建。护法檀越李中谿先生⑤。无穷后嗣有归空禅师，建藏经阁。阁成，神宗赐《藏》。

寂光寺嘉靖间，古德定堂禅师创建。檀越李中谿、苏大云、赵雪屏，三先生俱翰林。又居士杨碧泉，皈依禅师，捐资建造。后嗣用周禅师，大兴宏敞，又建大觉寺，请无心禅师住持。后嗣野愚大师现住静，见晓现住南直中峰，克心现住持。

大觉寺万历间，无心禅师奉密旨，赍华严寺《藏经》至此，用周请住此寺。后嗣遍周现在。

幻住庵嘉靖间，寂安禅师创建。德行具碑纪。后嗣定光。今名福宁，现在住持妙宗。天香寿九旬。

华严寺嘉靖间，南京古德月堂创建。圣母赐《藏》。回禄后，有法孙野池重建，参随张宾轩护法。

那兰陀寺万历间，古德所庵禅师创建。师寻甸人。护法檀越黔国武靖公，参随张宾轩。后嗣高僧本无，讲师了宗、念休，现在。克徽，在滇省圆通寺⑥。禅师大力现在。静主兰宗、干盅。常住艮一。

悉檀寺万历间，古德本无建。护法檀越丽府生白木公。后嗣法润、弘辨、安仁、体极，住静白云⑦。

补处庵嘉靖间，古德广西如正禅师创建。后嗣本真、所庵禅师传记，念诚住持。

西竺寺万历间，古德饮光禅师创建。

会灯寺嘉靖间,阔然老师先结静室。今法嗣朗耀创建<u>丛林</u>,迦叶殿法眷。

大士阁万历间,直指沈建立,请古德拙愚禅师住持。师乃五华、龙泉二寺法眷之主。后嗣虚宇,现在大士阁中住持。

传衣寺古圆信庵,古德大机禅师创建⑧,中谿李先生护法。后嗣映光禅师弘建。回禄后,映光后嗣法界重建,即今觉悟住持。旁建八角庵、圆通庵、慈圣庵、雷云寺、静云庵、净土庵、开化庵、九莲寺、报恩寺、白石庵。

万松庵万历间,古德中泉禅师创建,后嗣离微禅师重修,现在。

古迦叶殿

罗汉壁静室广西禅师　　印宗禅师　　幻空禅师

狮子林静室兰宗禅师　　大力禅师

大静室野愚禅师

旃檀岭静室克心禅师

九重崖静室本无禅师　　大定禅师　　闻玺禅师

【注释】

①衣钵:指佛教僧尼的袈裟和食器。禅宗师徒间佛法的授受,常付衣钵为信,称为授衣钵。

②禅师:对和尚的尊称。

③后阁是嗣孙雪亭重建:原脱"阁是"二字,据徐本补。

④的据:确实的依据。

⑤护法:保护佛法的人或鬼神。檀越:梵文音译,意即施主,系寺院僧人对施舍财物的人的尊称。

⑥圆通寺:在今昆明市圆通山南麓,南诏时始建补陀罗寺,元代改

建为圆通寺。《明一统志》云南府寺观载："圆通寺，在螺山下盘谷间，穷幽极阻。"现经修葺，为昆明市区最大古寺。

⑦住静白云：原脱此四字，据徐本补。

⑧古德大机禅师创建："大机"，徐本作"大和"。

【译文】

诸寺原始—概以年代先后为序。

接待寺嘉靖年间（1522—1566），天心和尚跪在华首门，遥拜初祖迦叶为师，削发，于是在山麓创建了这座寺院，又在半山腰上建立了圣峰寺。那以后有位宝山禅师得到他传授衣钵。现在讲经的法师是和雅，住在圣峰寺。

圣峰寺宝山禅师创建，后代传人是和雅。

龙华寺隆庆年间（1567—1572），元庆和尚开山，后面的楼阁是徒孙雪亭重建。前殿的匾额题为"石鼓名区"，楼阁题为"水月阁"。石鼓，是因为左边山峰的绝顶高耸，发出鼓声一样的声音。

石钟寺因为在楼下挖出的岩石形状如同铜钟，所以叫石钟寺。又说是建寺时，侧边的山崖上有块岩石，风吹过的声音如同钟声。都没有确凿的依据。

放光寺嘉靖年间，前辈高僧无穷禅师，河南人，创建该寺。护法施主是李中谿先生。无穷的后代传人有归空禅师，修建了藏经阁。藏经阁建成后，神宗皇帝赐给《大藏经》。

寂光寺嘉靖年间，前辈高僧定堂禅师创建。施主是李中谿、苏大云、赵雪屏，三位先生都是翰林。又有居士杨碧泉，皈依定堂禅师，捐资建造寺院。后代传人用周禅师，大兴土木扩建，又修建了大觉寺，请无心禅师担任住持。后代传人野愚大师现在住在寺中静修，见晓现在住在正南的中峰，克心现任住持。

大觉寺万历年间（1573—1619），无心禅师奉皇帝的密旨，带着华严寺的《大藏经》来到这里，用周禅师请他住持此寺。后代传人遍周今天还在。

幻住庵嘉靖年间，寂安禅师创建。德行全部有碑文记载。后代传人定光。现名叫福宁寺，现在的住持是妙宗。天香的寿命有九十岁。

华严寺嘉靖年间，南京前辈高僧月堂创建。皇太后赐给《大藏经》。火灾后，有个徒孙野池重建，参将随从张宾轩护法。

那兰陀寺万历年间，前辈高僧所庵禅师创建。禅师是寻甸县人。护法施主黔国武
靖公、参将随从张宾轩。后代传人是高僧本无，讲经的法师了宗、念休，
现今还在；克徽，在云南省城圆通寺；大力禅师如今健在；静室主人兰宗、
干盅；常住僧人艮一。

悉檀寺万历年间，前辈高僧本无创建。护法施主是丽江府木生白公。后代传人有
法润、弘辨、安仁、体极，住在白云寺静室中。

补处庵嘉靖年间，前辈高僧广西人如正禅师创建。后代传人本真、所庵禅师有传
记，念诚任住持。

西竺寺万历年间，前辈高僧饮光禅师创建。

会灯寺嘉靖年间，阔然老法师先建了静室。今天继承他衣钵的弟子朗耀创建了寺
院，与迦叶殿住持僧是同门弟子。

大士阁万历年间，直指使者沈某某建立，请前辈高僧拙愚禅师任住持。禅师是五华
寺、龙泉寺两座寺院同门弟子的主管。后代传人虚宇，现在大士阁中任住持。

传衣寺古代的圆信庵，前辈高僧大机禅师创建，李中黔先生护法。后代传人映光
禅师扩建。火灾后，映光的后代传人法界重建，今天觉悟是住持。四旁建
有八角庵、圆通庵、慈圣庵、雷云寺、静云庵、净土庵、开化庵、九莲寺、报恩
寺、白石庵。

万松庵万历年间，前辈高僧中泉禅师创建，后代传人离微禅师重修，现今尚存。

古迦叶殿

罗汉壁静室广西禅师　印宗禅师　幻空禅师

狮子林静室兰宗禅师　大力禅师

大静室野愚禅师

旃檀岭静室克心禅师

九重崖静室本无禅师　大定禅师　闻玺禅师

各刹碑记

《**止止庵记**》宾州知州黄冈廖自伸记[①]。万历三十二年。

又《**止止庵记**》荆州知府、前翰林庶吉士、监察御史、郡人李元阳

记。嘉靖三十八年。

《传衣寺记》长芦运使、郡人阮尚宾记②。万历甲辰③。

《鼎建大士阁三摩禅寺记》知宾州廖自伸记。万历丙午④。

《重建放光寺铜碑》李元阳记。

《仰高亭记》柱史周茂相记⑤。万历三十五年。

《寂光寺传衣法嗣纪略》云洱举人孙启祚撰⑥。崇祯九年。

《西竺寺碑记》进士陶珽撰。万历戊午⑦。

《寂光寺用周禅师道行碑记》御史昆明傅宗龙撰⑧。万历己未⑨。

【注释】

①黄冈:黄州府附郭县,即今湖北黄冈市黄州区。

②长芦:在今河北沧州市。

③万历甲辰:即万历三十二年,1604 年。

④万历丙午:即万历三十四年,1606 年。当年廖自伸所撰记文后收入范承勋《鸡足山志》,作"廖士伸"。

⑤柱史:因御史所掌职责及侍立的位置固定在殿柱之下,故又称柱史或柱下史。

⑥举人:明清科举制度中各省乡试被录取者称举人。

⑦万历戊午:即万历四十六年,1618 年。

⑧御史:秦以前本为史官,汉以后职权专主纠察。明代改御史台为都察院,仅存监察御史,御史即指监察御史。

⑨万历己未:即万历四十七年,1619 年。

【译文】

名刹碑记

《止止庵记》宾川州知州黄冈县人廖自伸作记。万历三十二年(1604)。

又一篇《止止庵记》荆州府知府、前任翰林院庶吉士、监察御史、本府人李元阳作记。嘉靖三十八年(1559)。

《传衣寺记》长芦转运使、本府人阮尚宾作记。万历甲辰年。

《鼎建大士阁三摩禅寺记》宾川州知州廖自伸作记。万历丙午年。

《重建放光寺铜碑》李元阳作记。

《仰高亭记》御史周茂相作记。万历三十五年(1607)。

《寂光寺传衣法嗣纪略》云南省洱海卫举人孙启祚撰文。崇祯九年(1636)。

《西竺寺碑记》进士陶珽撰文。万历戊午年。

《寂光寺用周禅师道行碑记》御史昆明县人傅宗龙撰文。万历己未年。

丽江纪略

　　丽江名山牯冈、辇果,俱与㑩罗相近。东北界。胡股、必烈,俱丽江北界番名。甲戌岁①,先有必烈部下管鹰犬部落,得罪必烈番主,遁居界上,剽窃为害。其北胡股贩商,与西北大宝法王往来之道②,皆为其所中阻。乙亥秋③,丽江出兵往讨之。彼先以卑辞骄其师,又托言远遁,丽人信之,遂乘懈返袭,丽师大败。丽自先世雄视南服,所往必克,而忽为所创,国人大愤,而未能报也。

【注释】

①甲戌岁:崇祯七年,1634 年。

②与西北大宝法王往来之道:原脱"往来"二字,据徐本补。

③乙亥:崇祯八年,1635 年。

【译文】

丽江府的名山牯冈、辇果,全都与㑩罗族人相接近。东北部边界。胡股、必烈,都是丽江府北部边界地区少数民族部落的名称。甲戌年,先有必烈部下面管辖的鹰犬部落,得罪了必烈部族的主子,逃走居住在边界上,抢劫为害边境。必烈部北面胡股部贩卖货物的商人,与西北大宝法王往来的通道,都被鹰犬部落从中阻断。乙亥年秋天,丽江出兵前往讨伐鹰犬部落。他们先用卑下谦恭的言辞让丽江的军队骄傲,又假意声称远逃了,丽江人相信了他,于是乘丽江人松懈时回师偷袭,丽江兵大败。丽江自从前代祖先起就雄视南部边疆,所到之处必定战胜,可突然遭到重创,全体人民极为愤怒,但是未能报仇。

法王缘起

吐蕃国有法王、人王①。人王主兵革②,初有四,今并一。法王主佛教③,亦有二。人王以土地养法王,而不知有中国;法王代人王化人民,而遵奉朝廷。其教,大法王与二法王更相为师弟。大法王将没,即先语二法王以托生之地。二法王如其言往求之,必得所生,即抱奉归养为大法王而传之道。其抱归时,虽年甚幼,而前生所遗事,如探环穴中,历历不爽。二法王没,亦先语于大法王,而往觅与抱归传教,亦如之。其托生之家,各不甚遥绝,若只借为萌芽,而果则不易也。大与二,亦只互为渊源,而位则不更也④。

庚戌年⑤,二法王曾至丽江,遂至鸡足。

大宝法王于嘉靖间朝京师,参五台。

丽江北至必烈界⑥,几两月程。又两月,西北至大宝法王。

【注释】

①吐蕃(bō)：为公元七至九世纪我国藏族在青藏高原建立的政权。在吐蕃崩溃后，仍相沿称青藏高原及当地土著族、部为吐蕃。明代设乌思藏都司和朵甘都司进行管辖。

②人王：明王朝对青藏地区封建领主的封号。所封"俱赐印诰"，各有分地，分别管辖一定地区，统一于明中央。

③法王：元明两代对藏传佛教首领的封号。元至元七年(1270)，忽必烈封萨迦派八思巴为"大宝法王"。明代又封噶玛噶举派首领为"大宝法王"，萨迦派首领为"大乘法王"，格鲁派首领为"大慈法王"等。

④"其教"以下句：所述即藏传佛教为解决其首领的继承而设立的转世制度。该法始于十三世纪噶举派的噶玛巴支系，后来，各教派竞相仿效，通称为活佛。宗喀巴进行宗教改革，创立黄教，禁止喇嘛娶妻生子，转世制度流行更广。宗喀巴死后，按照宗教的说法，他的两个大弟子世世转生，传其衣钵，称为"呼毕勒罕"，藏语为化身的意思。这两个弟子即此篇所述大法王与二法王，亦即后来的达赖喇嘛和班禅额尔德尼。《明史·乌斯藏大宝法王传》载："时帝惑近习言，谓乌斯藏僧有能知三生者，国人称之为活佛，欣然欲见之。""时有僧锁南坚错者，能知以往未来事，称活佛，顺义王俺答亦崇信之。万历七年，以迎活佛为名，西侵瓦剌，为所败。此僧戒以好杀，劝之东还。俺答亦劝此僧通中国，乃自甘州遗书张居正，自称释迦摩尼比丘，求通贡，馈以仪物。居正不敢受，闻之于帝。帝命受之，而许其贡。由是，中国亦知有活佛。此僧有异术能服人，诸番莫不从其教，即大宝法王及阐化诸王，亦皆俯首称弟子。自是西方止知奉此僧，诸番王徒拥虚位，不复能施其号令矣。"锁南坚错即达赖三世。俺答尊他为"圣识一切瓦尔齐达赖喇嘛"，自此才有达赖喇嘛的称呼。"达赖"为蒙

古语,意为大海,表示尊敬。没:通"殁",死亡。

⑤庚戌年:万历三十八年,1610年。

⑥必烈:应即必里,明设必里卫,在今青海省南境。

【译文】

吐蕃国有法王、人王。人王主掌军事,最初有四人,今天合并成一个人。法王主管佛教,也是有两个。人王用土地来养法王,却不知有中国;法王代替人王教化人民,但尊奉朝廷。他们的教规,大法王与二法王互相交替着作为师弟。大法王即将死时,就事先告诉二法王他托生的地方。二法王按照他说的前去寻找,必定能找到转生的人,马上抱回来奉养作为大法王并且传授给他教旨。他被抱回来时,虽然年龄非常幼小,但前生的遗事,如伸手从洞穴中去取玉环,清清楚楚没有差错。二法王死时,也是事先告知大法王,而后前去寻找、抱回来传教,也是如此。他们投生的人家,各自都不怎么遥远隔绝,好像只是借以作为萌生的幼芽,但结出的果子却不变。大法王与二法王,也只是互为渊源,而地位则是不变的。

庚戌年,二法王曾经到过丽江,便来到鸡足山。

大宝法王在嘉靖年间朝见京师,参拜五台山。

丽江向北到必烈境内,将近两个月的路程。又走两个月,往西北通到大宝法王的驻地。

溯江纪源(一作《江源考》)

(冯士仁曰:谈江源者,久沿《禹贡》"岷山导江"之说。近邑人徐弘祖,字霞客,夙好远游,欲讨江源,崇祯丙子秋,辞家出流沙外,至庚辰秋归。计程十万,计日四年。其所纪核,从足与目互订而得之,直补桑《经》、郦《注》所未及。夫江邑为江之尾闾,适志山川,而霞客归,出《溯江纪源》,遂附刻之。)①

　　江、河为南北二经流,以其特达于海也。而余邑正当大江入海之冲,邑以江名,亦以江之势至此而大且尽也。生长其地者,望洋击楫,知其大不知其远;溯流穷源,知其远者,亦以为发源岷山而已。余初考纪籍②,见大河自积石入中国③。溯其源者,前有博望之乘槎④,后有都实之佩金虎符⑤。其言不一,皆云在昆仑之北,计其地,去岷山西北万余里,何江源短而河源长也?岂河之大更倍于江乎?迨逾淮涉汴,而后睹河流如带,其阔不及江三之一,岂江之大,其所入之水,不及于河乎?迨北历三秦⑥,南极五岭⑦,西出石门、金沙,而后知中国入河之水为省五,陕西、山西、河南、山东、南直隶⑧。入江之水为省十一。西北自陕西、四川、河南、湖广、南直,西南自云南、贵州、广西、广东、福建、浙江⑨。计其吐纳,江既倍于河,其大固宜也。

【注释】

①此序出自冯士仁崇祯《江阴县志》。徐本收有此序。

②余初考纪籍:"初",徐本、史序本作"幼"。

③大河:即黄河。积石:山名,明代分大积石山和小积石山。大积石山即阿尼马卿山,在今青海省南部,距黄河源甚近。小积石山在青海省东部,两山如削,黄河从中冲出。明有积石关,今称积石峡,在甘肃、青海界上,附近的循化撒拉族自治县今亦称积石。

④槎(chá):用竹木编成的筏。神话中称乘木排上天河为乘槎。西汉人张骞曾被封为博望侯,他出使西域,回来后对汉武帝说:"于阗之西,则水皆西流,注西海;其东,水东流注盐泽。盐泽潜行地

下,其南则河源出焉。"这段话出自《史记·大宛列传》,是关于黄河源的最早记载。于阗,即今新疆维吾尔族自治区和田县。盐泽指今罗布泊。

⑤都实:元代人。《元史·地理志·河源附录》综录了元代探河源的成果,也概述了都实探河源的经过。"至元十七年,命都实为招讨使,佩金虎符,往求河源。""西去愈高,四阅月,始抵河源。是冬还报,并图其城传位置以闻。其后,翰林学士潘昂霄从都实之弟阔阔出得其说,撰为《河源志》。"

⑥三秦:秦亡后,项羽把关中分为三份,封给秦降将章邯、司马欣、董翳三人为王,后来即称陕西(不包括汉中)、陇东为三秦。

⑦五岭:即越城、都庞、萌渚、骑田、大庾五岭的总称。明代,越城岭又称始安峤,都庞岭又称永明岭,萌渚岭又称白芒岭,骑田岭又称黄岑山,大庾岭又称梅岭。五岭亦合称南岭,蜿蜒在今湖南、江西、广西、广东四省区之间。

⑧入河之水为省五:这是按明代的行政区划讲的。明代无甘肃省,今甘肃省大部份包入陕西,故不提甘肃。明代黄河往南夺淮入海,故说黄河经过南直隶,即今安徽、江苏两省。

⑨入江之水为省十一:按,现今广东、福建不属长江水系。另有江西属长江水系,《游记》未列。

【译文】

(冯士仁说:谈论长江源流的人,长期以来沿袭《禹贡》"岷山导江"的说法。近来本县人徐弘祖,表字霞客,素来喜好远游,想要探究长江的源流,崇祯丙子年(崇祯九年,1636)秋天,辞别家人出到沙漠之外,到庚辰年(崇祯十三年,1640)秋天归来,合计行程十万里,算来时间长达四年。他所纪录的内容期实正确,是从足迹所至和亲眼所见互相订正从而得出的结论,可以直接补充桑钦《水经》、郦道元《水经注》所不到之处。江阴县在长江的江尾,恰好县志中记载山川,而霞客归来,写出《溯江纪源》,便附带刻在书后。)

长江、黄河是南北方的两条主干河流,是因为它们特别出众通到大海。我们江阴县正在大江入海的冲要处,县因为长江而得名,也因为长江流到这里水势变大并且将要到头了。生长在这个地方的人,望着浩淼的江流击桨,知道水势浩大却不知道江流遥远;溯流穷源,知道江流遥远的人,也只是以为它发源于岷山而已。我最初考证典籍,了解到黄河自积石山流入中原。追溯黄河源头的人,前有博望侯张骞如乘竹筏上天河一样地出使西域,后有都实佩戴金虎符探求河源。他们的说法不一致,都说是在昆仑山的北面,估计那个地方,距离岷山西北一万多里,为何长江的源头短而黄河的源头长呢?莫非黄河的大处更比长江大一倍吗?等到我越过淮河涉过汴河,然后看到黄河的水流如像衣带一样宽,水面宽处不到长江的三分之一,难道长江这样大,它所汇入的水流,赶不上黄河吗?到我游历了北方的三秦地区,南方最远到了五岭,向西到了石门关、金沙江,然后才知道中国流入黄河的水域是五个省,陕西、山西、河南、山东、南直隶。流入长江的水域是十一个省。西北地区来自陕西、四川、河南、湖广、南直隶,西南地区来自云南、贵州、广西、广东、福建、浙江。计算它们水流的吞吐量,长江既然比黄河多一倍,说长江比黄河大本来就是应该的。

　　按其发源,河自昆仑之北,江亦自昆仑之南,其远亦同也。发于北者曰星宿海,佛经谓之徙多河①。北流经积石,始东折入宁夏②,为河套,又南曲为龙门大河,而与渭合。发于南者曰犁牛石,佛经谓之殑伽河。南流经石门关③,始东折而入丽江,为金沙江,又北曲为叙州大江④,与岷山之江合。余按岷江经成都至叙,不及千里,金沙江经丽江、云南、乌蒙至叙,共二千余里,舍远而宗近,岂其源独与河异乎?非也!河源屡经寻讨,故始得其远;江源从无问津,故仅宗其近。其实岷之入江,与渭之入河,皆中国之支流,而岷江为舟楫所通,金沙江盘折蛮僚溪峒间,水陆俱莫能溯。在叙州者,只知其水出于马湖、乌蒙,而不知上流之由云南、丽江;在云南、丽江者,知其为金沙江,而不知下流之出叙为江源。云南亦有二金沙江:一南流北转,即此江,乃佛经所谓殑伽河也;一南流下海,即王靖远征麓川,缅人恃以为险者,乃佛经所谓信度河也。云南诸志,俱不载其出入之异,互相疑溷,尚不悉其是一是二,分北分南,又何由辨其为源与否也。既不悉其孰远孰近,第见《禹贡》"岷山导江"之文,遂以江源归之,而不知禹之导,乃其为害于中国之始,非其滥觞发脉之始也。导河自积石,而河源不始于积石;导江自岷山,而江源亦不出于岷山。岷流入江,而未始为江源,正如渭流入河,而未始为河源也。不第此也,岷流之南,又有大渡河,西自吐蕃,经黎、雅与岷江合⑤,在金沙江西北,其源亦长于岷而不及金沙,故推江源者,必当以金沙为首。

【注释】

①徙多河:古代印度传说,以为地面各大河都是从雪山(指今喜马拉雅山西部一带)四向分流,因称四河。往北流出的一条称徙多(sītā)河,后有人以今叶尔羌河和塔里木河为徙多河,并误认为它是黄河上源。东面流出的一条称殑伽(jìng jiā)河,指今印度恒河。南面流出的一条称信度河,即今巴基斯坦的印度河。西面流出的一条称缚刍河,应为今阿姆河。在此篇,霞客对以上各河多有自己的解释。

②宁夏:明置宁夏卫和宁夏镇,隶陕西省,治今宁夏回族自治区银川市。

③石门关:明设石门关巡检司,在今玉龙纳西族自治县西一百二十里石鼓镇稍北的金沙江西岸,地当吐蕃、么些界上。

④叙州：明置叙州府，在今四川宜宾市。

⑤黎：明置黎州安抚司，治今四川汉源县九襄镇。

【译文】

考察黄河、长江的发源地，黄河源自昆仑山的北面，长江也是源自昆仑山的南面，它们的长度也相同。发源于北面的叫星宿海，佛经把它称为徙多河。往北流经积石山，这才向东折进宁夏卫，形成河套，又向南弯曲成为龙门峡一带的大河，而后与渭水合流。发源于南面的叫犁牛石，佛经把它称为殑伽河。往南流经石门关，这才向东折进丽江府，称为金沙江，又向北弯曲成为叙州府一带的大江，与源于岷山的江水合流。我考察，岷江流经成都后流到叙州府，不到一千里，金沙江流经丽江府、云南府、乌蒙府后流到叙州府，共有二千多里，舍弃远处的源头却尊崇近处的，难道长江的源头唯独要与黄河的不同吗？不对！黄河的源头多次经过寻找探求，所以才找到它远处的源头；长江源头从来无人问津，所以仅仅尊崇它近处的支流。其实岷江流入长江，与渭水流入黄河一样，都是在中国境内的支流，而且岷江是舟船通航的地方，金沙江盘绕曲折在蛮、僚各民族聚居的溪谷之间，水陆两路都无人能逆流进去。在叙州府的人，只知道这条江水出自于马湖府、乌蒙府，却不知道上游流经云南府、丽江府；在云南府、丽江府的人，知道它是金沙江，却不知道下游流到叙州府成为长江的源头。云南省也有两条金沙江：一条往南流后向北转，就是这条金沙江，是佛经所称的殑伽河了；一条向南流下大海，就是靖远侯王骥征讨麓川时，缅甸人凭借作为天险的金沙江，是佛经所称的信度河了。云南的各种志书，都不记载两条金沙江出入的差异，互相疑惑混淆，还不知悉它们是一条江还是两条江，分流在北方还是分流在南方，又从那里来分辨清楚它是不是长江的源头呢？既然不知悉它们谁远谁近，只是见到《禹贡》"岷山导江"的字句，便把长江的源头归属于岷江，却不知道大禹疏导岷江，是因为岷江是为害于中国的起点，不是长江滥觞发源的起点。疏导黄河起自积石山，可黄河的源头不是起始于积石山；疏导长江起自岷山，而长江的源头也不是起始于岷山。岷江流入长江，却不是长江起始的源头，正如渭水流入黄河，却不是黄河起始的源头一样的了。不仅如此，岷江流域的南边，又有一条大渡河，源自西面的吐蕃，流经黎州、雅州与岷江合流，在金沙江西北方，大渡河的源头也比岷江长但赶不上金沙江，所以推寻长江源头的，必定应当把金沙江作为第一。

　　不第此也，宋儒谓中国三大龙，而南龙之脉，亦自岷山，濒大江南岸而下，东渡城陵、湖口而抵金陵[①]，此亦不审大渡、金沙之界断其中也。不第此也，并不审城陵矶、湖口县为洞庭、鄱阳二巨浸入江之口。洞庭之西源自沅，发于贵州之谷芒关[②]；南源自湘，发于粤西之釜山、龙庙。鄱阳之南源自赣，发于粤东之浰头、平远；东源自信、丰，发于闽之渔梁山、浙之仙霞南岭[③]。是南龙盘曲去江之南且三千里，而谓南龙濒江乎？不第此也，不审龙脉，所以不辨江源。今详三龙大势，北龙夹河之北，南龙抱江之南，而中龙中界之，特短。北龙亦只南向半支入中国。俱另有说。惟南龙磅礴半宇内，而其脉亦发于昆仑，与金沙江相持南下，经石门、丽江，东金沙，西澜沧，二水夹之。环滇池之南，由普定度贵竺、都黎南界[④]，以趋五岭。龙远江亦远，脉长源亦长，此江之所以大于河也。不第此也，南龙自五岭东趋闽之渔梁，南散为闽省之鼓山[⑤]，东分为浙之台、宕。正脉北转为小箄岭，闽浙界。度草坪驿，江浙界。岵为浙岭、徽浙界。黄山，徽宁界。而东抵丛山关[⑥]，绩溪、建平界。东分为天目、武林[⑦]。正脉北度东坝[⑧]，而岵为句曲[⑨]，于是回龙西结金陵，余脉东趋余邑。是余邑不特为大江尽处，亦南龙尽处也。龙与江同发于昆仑，同尽于余邑，屹为江海锁钥，以奠金陵，拥护留都千载不拔之基以此。岂若大河下流，昔曲而北趋碣石[⑩]，今徙而南夺淮、泗,漫无锁钥耶? 然则江之大于河者,不第其源之共远,亦以其龙之交会矣。故不探江源,不知其大于河;不与河相提而论,不知其源之远。谈经流者,先南而次北可也。

(陈体静曰:此考原本已失,兹从本邑冯《志》中录出,非全文也。前人谓其书数万言,今所存者,仅千有余言而已。考内"北龙亦只南向半支入中国"下注云:"俱另有说。"其说必甚长,乃一概删去,殊为可惜。)

【注释】

①城陵:指城陵矶,今名同,为洞庭湖口,在湖南省岳阳市北。湖口:明设湖口县,今名同,为鄱阳湖口,在江西省九江市东。

②谷芒关:今名同,在贵定县稍东,有公路从此经过。

③"东源"二句:渔梁山在福建北隅,仙霞南岭在浙江西南隅,皆位于闽、浙、赣三省交界处。而信丰在赣南,今名同,赣水南源亦称信丰江,与渔梁、仙霞不相值。信丰应为广信、永丰的省称,广信府在今江西上饶市,永丰县在今广丰县。鄱阳东源应指上饶江,即今信江。

④贵竺:即贵竹,明置贵竹长官司,治今贵州省贵阳市。都黎:即都泥江。

⑤鼓山:今名同,在福州市东郊,闽江北岸,山顶有大石如鼓,故名。为著名风景胜地。

⑥"正脉"四句:小箪岭,今作小竿岭,在浙江江山市南,此地《江右游日记》首日所载较详。草坪驿:即《江右游日记》首日所经之草萍公馆,在浙江常山与江西玉山两县间,"昔有驿,今已革"。又作草平,曾设镇。按,此江浙界的"江"应指江西。丛山关:在今安徽绩溪县北三十里。

⑦东分为天目、武林:"林"原作"陵",据徐本改。武林山为灵隐、天竺诸山的总名,在今浙江杭州市西。天目山在浙江省西北部,分

为东天目山与西天目山两支,多奇峰竹林,为风景胜地。

⑧东坝:明时又称广通镇,今仍称东坝,在江苏南京高淳区东境。

⑨句曲:指句曲山,在今江苏句容市东南,金坛、溧阳以西,又称茅山,有三峰,分别为大茅、中茅、小茅。

⑩碣石:古籍中称碣石的地方很多。一说即今河北昌黎县西北的碣石山,一说在今秦皇岛市北戴河附近。《肇域志》又载:“山东海丰县马谷山,即大碣石。”明清海丰县在今无棣旧城,今无棣县北,仍称碣石山。依文意,此碣石应在古黄河河口附近。

【译文】

不仅如此,宋代儒生认为中国有三大龙脉,而南方的龙脉,也是起自岷山,濒临大江南岸往下延伸,向东延过城陵矶、湖口县后抵达金陵,这也是不清楚大渡河、金沙江在山脉中间隔断了。不仅如此,并且是不清楚城陵矶、湖口县是洞庭湖、鄱阳湖两个巨大的湖泊流入长江的出水口。洞庭湖西边的水源来自于沅江,发源于贵州的谷芒关;南边的水源来自于湘江,发源于广西的釜山、龙庙。鄱阳湖南边的水源来自于赣江,发源于广东的浰头、平远县;东边的水源来自于信江、永丰溪,发源于福建的渔梁山、浙江的仙霞岭南面的山岭。这样,南方的龙脉盘绕屈曲地距离长江的南岸将近三千里,却认为南方的龙脉是濒临长江吗?不仅如此,不清楚龙脉,所以不能分辨长江的源头。今天已经详尽知晓三大龙脉的大体走势,北方的龙脉夹在黄河的北面,南方的龙脉围抱在长江的南面,而中部的龙脉隔在两者中间,特别短。北方的龙脉也只有向南延伸的半条支脉进入中原。全都另外有论说。只有南方的龙脉气势磅礴地延伸在半个中国境内,而且它的山脉也是起始于昆仑山,与金沙江互相并列往南下延,经过石门关、丽江府,东面是金沙江,西面是澜沧江,两条江水夹着山脉。环绕到滇池的南面,经由普定延伸到贵竹、都黎的南境,以后奔向五岭。龙脉远长江也远,山脉长江源也长,这就是长江之所以大于黄河的原因了。不仅如此,南方的龙脉从五岭往东延伸到福建的渔梁山，向南散开成为福建省的鼓山，向东分支成为浙江的天台山、雁宕山。主脉向北转成为小箅岭，福建、浙江交界处。延伸到草坪驿，江西、浙江交界处。高耸成为浙岭、徽州府、浙江省交界处。黄山，徽州府、宁国府交界处。往东抵达丛山关，绩溪县、建平县交界处。向东分散成为天目山、武林山。主脉向北延伸经过东坝，而后耸峙成为句曲山，于是龙脉向西回绕盘结为金陵，余脉往东奔向我们江阴县。这样，我们江阴县不仅是大江的尽头处，也是南方这条龙脉的尽头处了。龙脉与长江一同发源于昆仑山，一同在我们江阴县到了尽头，屹立成为长江入海的门户，得以奠定金陵，拥围守护着留都金陵千年不动摇的基础就是凭借这一点。难道是像黄河的下游，从前向北弯曲流向碣石，如今改道往南流夺取了淮河、泗水的河道，漫无边际没有入海的门户吗？既然这样，长江之所以大于黄河的原因，不但是它们的水源都一样长远，也是因为长江与龙脉交会了。所以不探索长江的源头，不知道长江比黄河大；不与黄河相提并论，不知道长江的源头长远。谈论主干河流的人，可以先谈南方而后再谈北方了。

（陈体静说：这个《江源考》原来的本子已经佚失，现在从本县冯士仁的《江阴县志》中抄录出来，不是全文。前人说徐霞客的书有几万字，今天存留下来的，仅有一千多字而已。考察文章内"北方的龙脉也只有向南延伸的半条支脉进入中原"下面的注释提到"全都另外有论说"，他的论说必定非常长，竟然一概删去了，特别可惜。）

中华经典名著
全本全注全译丛书
（已出书目）

读通鉴论

宋论

文史通义

鹖子·计倪子·於陵子

老子

道德经

帛书老子

鹖冠子

黄帝四经·关尹子·尸子

孙子兵法

墨子

管子

孔子家语

曾子·子思子·孔丛子

吴子·司马法

商君书

慎子·太白阴经

列子

鬼谷子

庄子

公孙龙子(外三种)

荀子

六韬

吕氏春秋

韩非子

山海经

黄帝内经

素书

新书

淮南子

九章算术(附海岛算经)

新序

说苑

列仙传

盐铁论

法言

方言

白虎通义

论衡

潜夫论

政论·昌言

风俗通义

申鉴·中论

太平经

伤寒论

周易参同契

人物志

博物志

抱朴子内篇

抱朴子外篇

西京杂记

神仙传

搜神记

拾遗记

世说新语

弘明集

齐民要术

刘子

颜氏家训

中说

群书治要

帝范·臣轨·庭训格言

坛经

大慈恩寺三藏法师传

长短经

蒙求·童蒙须知

茶经·续茶经

玄怪录·续玄怪录

酉阳杂俎

历代名画记

唐摭言

化书·无能子

梦溪笔谈

东坡志林

唐语林

北山酒经（外二种）

折狱龟鉴

容斋随笔

近思录

洗冤集录

传习录

焚书

菜根谭

增广贤文

呻吟语

了凡四训

龙文鞭影

长物志

智囊全集

天工开物

溪山琴况·琴声十六法

温疫论

明夷待访录·破邪论

陶庵梦忆

西湖梦寻

虞初新志

幼学琼林

笠翁对韵

声律启蒙

老老恒言

随园食单

阅微草堂笔记

格言联璧

曾国藩家书